에듀윌과 함께 시작하면,
당신도 합격할 수 있습니다!

에듀윌 IT자격증은 학문을 연구하지 않습니다.
가장 효율적이고 빠른 합격의 길을 연구합니다.

IT자격증은 '사회에 내딛을 첫발'을 준비하는 사회 초년생을 포함하여
새로운 준비를 하는 모든 분들의
'시작'을 위한 도구일 것입니다.

에듀윌은
IT자격증이 여러분의 최종 목표를 앞당기는 도구가 될 수 있도록
빠른 합격을 지원하겠습니다.

누구나 합격할 수 있습니다.
시작하겠다는 '다짐', 이루겠다는 '목표'면 충분합니다.

마지막 페이지를 덮으면,

에듀윌과 함께
IT자격증 합격이 시작됩니다.

매달 선물이 팡팡!
독자참여 이벤트

교재 후기 이벤트

나만 알고 있기 아까운!
에듀윌 교재의 장단점, 더 필요한 서비스 등을 자유롭게 제안해주세요.

이벤트 참여

오타 제보 이벤트

더 나은 콘텐츠 제작을 돕는 일등 공신!
사소한 오타, 오류도 제보만 하면 매월 사은품이 팡팡 터집니다.

이벤트 참여

IT자격증 A~Z 이벤트

모르고 지나치기엔 아쉬운!
에듀윌 IT자격증에서 제공 중인 무료 이벤트를 확인해보세요.

이벤트 참여

참여 방법 | 각 이벤트의 QR 코드 스캔
당첨자 발표 | 매월 5일, EXIT 합격 서비스(exit.eduwill.net) 공지사항
사은품 | 매월 상이하며, 당첨자 발표 후 순차 발송

※ 이벤트는 공지 없이 변경되거나 종료될 수 있습니다.

가장 빠른 합격출구 EXIT

안정적이고 체계적인 합격을 노린다면?

정석 ver. 합격 가이드

1회독
전체 내용을 "후루룩" 읽어보면서 문제를 풀어보세요.

2회독
교재에서 짚어주는 중요 포인트들을 "암기"하면서 문제를 풀어보세요.

3회독
[필수부록] 한번에 몰아보는 #빈출개념을 읽으면서 "문제만" 풀어보세요.

• 공부를 완료하면 동그라미( )를 하세요.

가위로 잘라서 책갈피로 사용하세요.

정석 ver.

2주합격 스터디 플래너

과목	CHAPTER		1회독	2회독	3회독
1과목 컴퓨터 일반	01	Windows 10의 기본 기능	1일	6일	10일
	02	Windows 10의 고급 기능			
	03	컴퓨터 시스템 활용			
	04	컴퓨터 소프트웨어			
	05	멀티미디어 활용			
	06	인터넷 활용			
	07	컴퓨터 시스템 보호			
2과목 스프레드시트 일반	01	스프레드시트의 개요	2일	7일	11일
	02	데이터 입력 및 편집			
	03	수식 활용			
	04	데이터 관리			
	05	차트 활용	3일		
	06	출력 작업			
	07	매크로 활용			
필수부록 Level Up 최신 기출&기출변형문제	제1회 기출변형문제 (2024 상시)		4일	8일	12일
	제2회 기출변형문제 (2024 상시)				
	제3회 기출변형문제 (2023 상시)				
	제4회 기출변형문제 (2023 상시)		5일	9일	
	제5회 기출변형문제 (2022 상시)				
	제6회 기출변형문제 (2022 상시)				
필수부록	한번에 몰아보는 #빈출개념+틀린 문제만 풀기		13일		

14일 D-day **합격!**

벼락치기 ver.

10일합격 스터디 플래너

과목	CHAPTER		1회독	2회독
1과목 컴퓨터 일반	01	Windows 10의 기본 기능	1일	6일
	02	Windows 10의 고급 기능		
	03	컴퓨터 시스템 활용		
	04	컴퓨터 소프트웨어		
	05	멀티미디어 활용		
	06	인터넷 활용		
	07	컴퓨터 시스템 보호		
2과목 스프레드시트 일반	01	스프레드시트의 개요	2일	7일
	02	데이터 입력 및 편집		
	03	수식 활용		
	04	데이터 관리		
	05	차트 활용	3일	
	06	출력 작업		
	07	매크로 활용		
필수부록 Level Up 최신 기출& 기출변형문제	제1회 기출변형문제 (2024 상시)		4일	8일
	제2회 기출변형문제 (2024 상시)			
	제3회 기출변형문제 (2023 상시)			
	제4회 기출변형문제 (2023 상시)		5일	
	제5회 기출변형문제 (2022 상시)			
	제6회 기출변형문제 (2022 상시)			
필수부록	한번에 몰아보는 #빈출개념+틀린 문제만 풀기		9일	

10일 D-day **합격!**

단기간 내 빠르게 합격하고 싶다면?

벼락치기 ver. 합격 가이드

1회독

"최빈출 개념끝"만 골라서 이론 암기 및 문제 풀이를 하세요.

2회독

"최빈출 개념끝" 문제들만 다시 풀어보면서 선지를 암기하세요.

• 공부를 완료하면 동그라미(◯)표시를 하세요.
＊ 최빈출 개념끝은 차례에서 확인하세요!

✂ 가위로 잘라서 책갈피로 사용하세요.

에듀윌이
너를
지지할게

ENERGY

시작하는 방법은

말을 멈추고

즉시 행동하는 것이다.

– 월트 디즈니(Walt Disney)

에듀윌 EXIT

컴퓨터활용능력

2급 필기 기본서

1권 컴퓨터 일반

eduwill

exit.eduwill.net

EXIT 합격 서비스에서 드려요!

저자에게 묻는
실시간 질문답변

① 로그인
② 교재 구매 인증
③ 실시간 질문답변 게시판
④ 질문하기

핵심만 모은
무료강의

① 로그인
② 무료강의 게시판
③ 수강하기

더 공부하고 싶다면
PDF 학습자료

① 로그인
② 자료실 게시판
③ 다운로드

실전처럼 연습하는
필기CBT

① 로그인
② 교재 구매 인증
③ 필기CBT 게시판
④ 응시하기

직접 따라해 볼 수 있는
실습파일

① 로그인
② 자료실 게시판
③ 다운로드

바로 확인하는
정오표

교재 구매 인증 방법

EXIT 합격 서비스의 [실시간 질문답변 게시판]과 [필기CBT 게시판]을 이용하기 위해서는 교재 구매 인증이 필요합니다.
❶ EXIT 합격 서비스(exit.eduwill.net) 접속 → ❷ 로그인 → ❸ 우측 구매도서 인증 아이콘 클릭 → ❹ 정답은 교재 내에서 확인

1*

혼자 고민하지 마세요. 바로 질문하세요.

저자가 직접 답변하는 **실시간 질문답변**

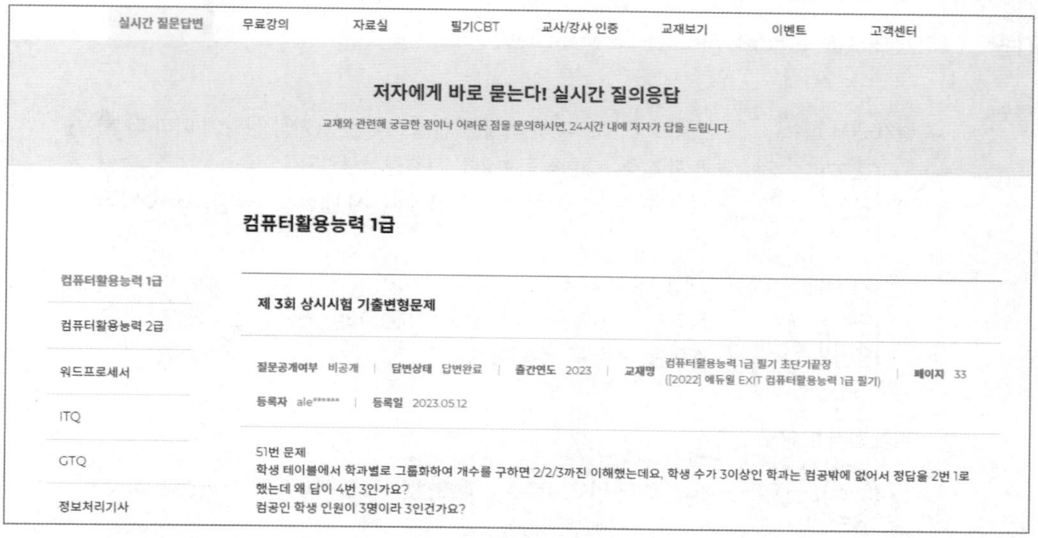

용어가 너무 생소한가요? 문제에 대한 해설이 이해가 잘 안되시나요?
공부하다 모르는 내용은 혼자 고민하지 마세요. 교재를 집필한 저자가 직접! 자세하게! 설명해 드립니다.

4*

실전 같은 연습이 필요하신가요?

필기CBT 서비스

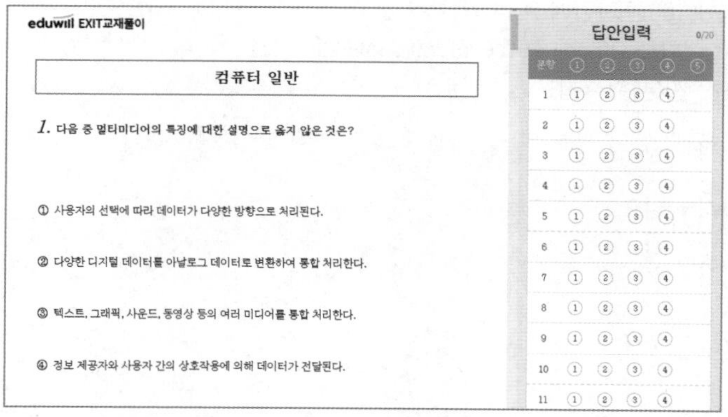

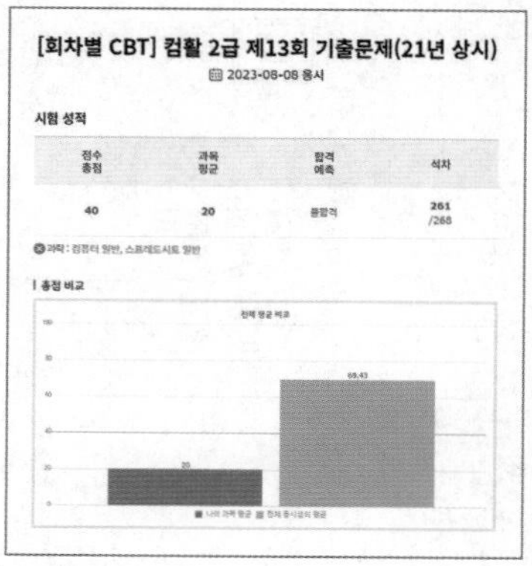

시험장과 동일한 CBT 환경에서 실제 시험 보듯 기출문제를 풀어볼 수 있습니다.
정해진 시간 동안 문제를 풀고 점수 확인 후 오답을 모아 어떤 개념에 대한 학습이 부족한지 파악할 수 있습니다.
에듀윌의 필기CBT 서비스를 통해 합격 여부를 미리 예측해 보세요.

시험 절차

시행 기관 대한상공회의소(https://license.korcham.net/)

시험 절차

필기 원서 접수
- 상시 시험: 매주 시행(시험 개설 여부는 시험장 상황에 따라 다름)
- 원서 접수: 대한상공회의소 자격평가사업단
- 검정 수수료: 20,500원(인터넷 접수 시 대행 수수료 1,200원 별도)

필기 시험
- 시험 시간: 40분
- 합격선: 100점 만점에 과목당 40점 이상, 평균 60점 이상
- 준비물: 신분증, 수험표

필기 합격 발표
- 필기 유효 기간
  필기 합격 발표일로부터 만 2년/ 1급 합격 시 1급, 2급 실기 시험에 모두 응시 가능

↓

실기 원서 접수
- 상시 시험: 매주 시행(시험 개설 여부는 시험장 상황에 따라 다름)
- 원서 접수: 대한상공회의소 자격평가사업단
- 검정 수수료: 25,000원(인터넷 접수 시 대행 수수료 1,200원 별도)

실기 시험
- 시험 시간: 40분
- 합격선: 100점 만점에 70점 이상
- 프로그램: MS Office LTSC Professional Plus 2021
- 준비물: 신분증, 수험표

실기 합격 발표

최종 합격자 발표

↓

자격증 발급
- 자격증 신청: 대한상공회의소 자격평가사업단 홈페이지를 통한 인터넷 신청만 가능
- 자격증 수령: 등기우편으로만 수령 가능

필기 시험 유효 기간은 언제인가요?

필기 합격 유효 기간은 필기 합격 발표일을 기준으로 만 2년입니다. 필기 시험 합격자 발표일로부터 2년 이내에 실기 시험에 응시하고 합격해야 합니다.

에듀윌

필기 시험에 합격하면 바로 상시 실기 시험 접수가 가능한가요?

예, 가능합니다. 상시 실기 시험을 보기 위한 별도의 조건은 존재하지 않습니다. 필기 시험에 합격한 분이라면 누구나 필기 시험 유효 기간 안에 횟수에 관계없이 상시 실기 시험에 접수, 응시 가능합니다.

에듀윌

자격증의 유효 기간 및 갱신 기간은 어떻게 되나요?

대한상공회의소에서 시행하는 모든 자격증은 자격증 유효 기간이 따로 없습니다. 한번 취득한 자격증은 평생 유효하며, 별도의 갱신이 필요하지 않습니다.

에듀윌

접수한 시험을 다음 회차로 연기할 수 있나요?

접수한 시험은 시험일로부터 4일 전까지 시험일 및 등급, 급수 변경이 가능합니다.
예 6월 15일 시험(12, 13, 14, 15) = 4일 → 6월 11일까지 변경 가능

에듀윌

필기 CBT가 무엇인가요?

CBT는 메인 컴퓨터에 많은 문제를 저장시켜 놓고 시험 당일 수험자용 컴퓨터가 랜덤으로 문제를 출제하는 것입니다. 수험자는 모니터를 보면서 정답을 클릭하는 방식으로 시험을 봅니다. CBT는 큐넷 혹은 에듀윌 EXIT 합격 서비스에서 체험 가능합니다.

에듀윌

1과목 컴퓨터 일반

※ 최근 기출 10개년 기준

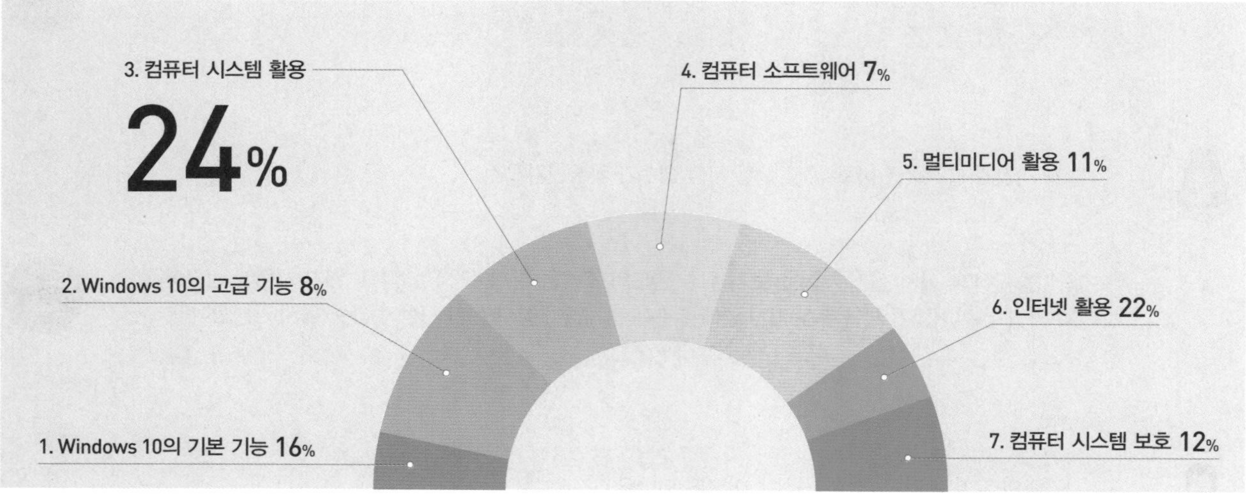

출제 경향 분석

컴퓨터 일반은 컴퓨터 시스템을 활용하기 위해 반드시 필요한 운영체제인 Windows 10의 기본 기능과 고급 기능, 컴퓨터 하드웨어 활용에 필요한 컴퓨터 시스템 활용, 컴퓨터 소프트웨어, 멀티미디어 활용, 정보 통신과 인터넷, 컴퓨터 시스템 보호 등으로 구성되어 있습니다. 컴퓨터 시스템 활용과 인터넷 활용이 가장 출제 비중이 높고, Windows 10의 기본 기능도 출제 비중이 높은 편입니다.

한 번에 합격하려면?

1과목 컴퓨터 일반의 경우, 기존에 출제되었던 문제가 반복 출제되는 경향이 높은 편으로, 최근 기출문제를 중심으로 기출문제를 반복 학습하는 것이 효율적인 대비 전략입니다. CHAPTER 1~2는 자주 접하는 Windows 화면이지만 문제에서 만나면 생소하게 느껴질 수 있으므로 직접 실습을 통해 학습하시기 바랍니다. CHAPTER 5~7은 신기술 용어 등이 매번 추가되는 부분입니다. 자주 출제되는 용어들을 따로 정리해서 암기하시기 바라며, 출제빈도가 높지 않은 용어들까지 모두 암기하는 것은 비효율적입니다.

2과목 스프레드시트 일반

※ 최근 기출 10개년 기준

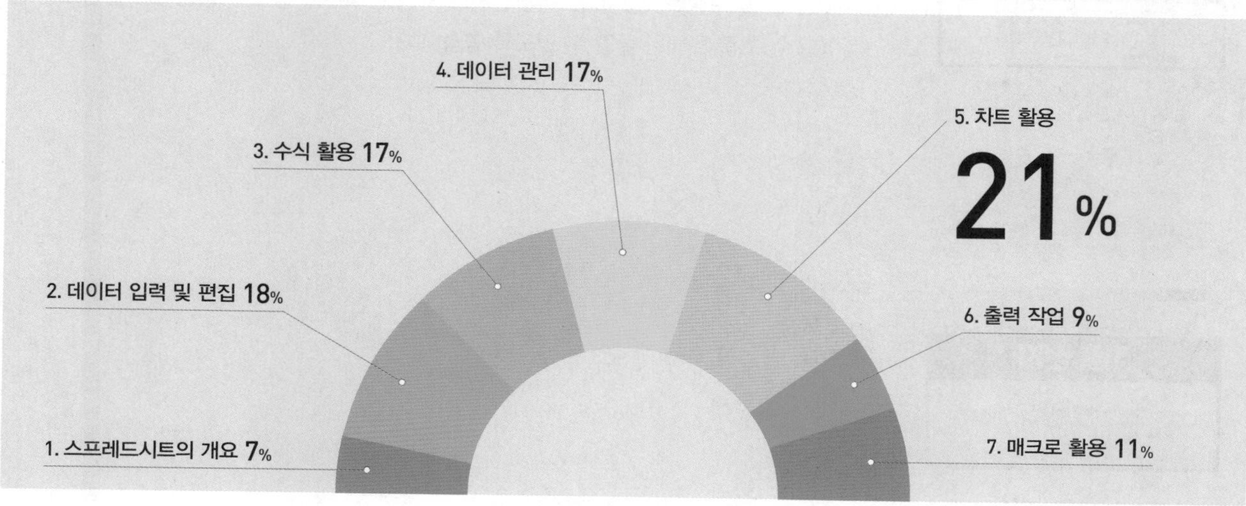

출제 경향 분석

스프레드시트 일반은 엑셀 활용을 위한 스프레드시트의 개요, 데이터 입력과 편집, 함수를 이용한 수식 활용, 유용한 데이터 관리, 차트 활용, 출력 작업에 필요한 기능, 업무 자동화를 위한 매크로 활용으로 구성됩니다. 수식 활용 부분과 차트 활용, 데이터 입력 및 편집 등의 출제 비중이 높습니다.

한 번에 합격하려면?

2과목 스프레드시트 일반은 단순 암기보다는 실습을 병행하여 자연스럽게 외워지도록 하는 것이 좋습니다. 특히 함수는 대부분의 수험생이 어려워하는 부분이니만큼 학습 시간을 많이 할애해야 하며, 실기 문제도 함께 풀어보면 학습 효과가 더 좋아집니다. '차트 활용' 부분은 매회 빠지지 않고 여러 문제가 출제되므로 차트의 구성 요소, 관련 속성 등을 꼼꼼히 학습하는 것이 좋습니다.

1 기출 선지들을 완벽하게 분석하여 담아낸 **핵심이론**

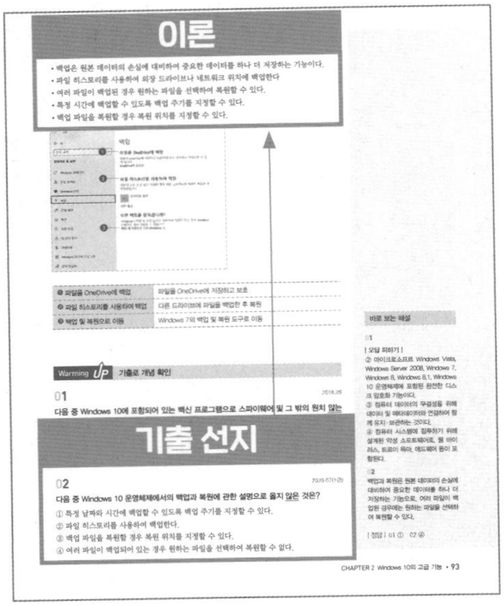

지금까지 치러진 컴퓨터활용능력 필기 시험을 완벽하게 분석, 압축하여 이론을 구성하였습니다. 기출 선지로 구성된 이론을 통해 수험생들이 불필요한 암기를 최대한 줄일 수 있도록 했습니다.

2 중요 포인트만 쏙쏙! **학습 효율 극대화!**

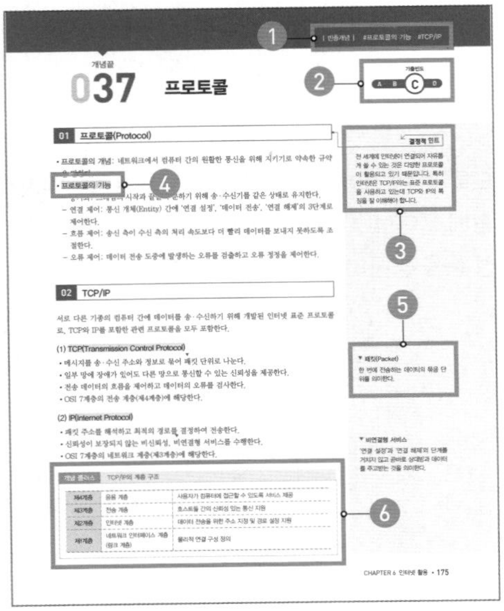

❶ 빈출개념을 선별하여 전략적으로 학습할 수 있도록 했습니다.

❷ 기출빈도 기재를 통해 해당 내용이 얼마나 자주 출제되는지 확인할 수 있습니다.

❸ 결정적 힌트로 해당 내용이 시험에 어떻게 출제되는지 포인트를 잡아줍니다.

❹ 중요 키워드는 형광펜으로 강조하였습니다.

❺ 보조단을 활용하여 부가적인 설명을 추가했습니다.

❻ 개념 플러스를 통해 안정적으로 합격권에 들 수 있습니다.

3 Jump UP 기출 재구성 과목별 모의고사

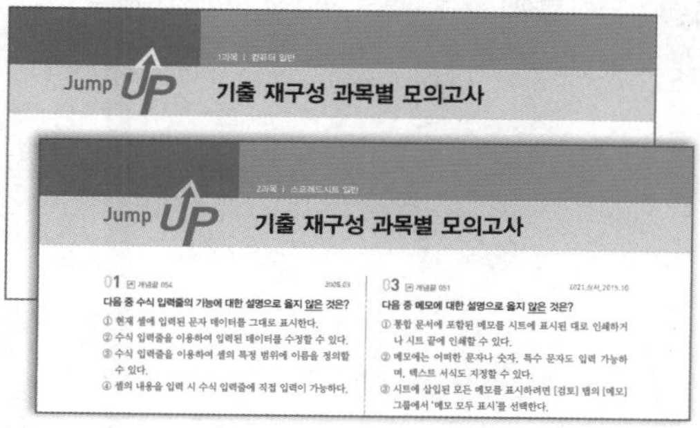

모든 학습을 마치고 마무리를 할 수 있도록 Jump UP 기출 재구성 과목별 모의고사를 구성했습니다. 실제 시험처럼 제한시간을 두고 풀어보면서 실전 감각을 익힌다면, 자신 있게 시험장에 입장할 수 있을 것입니다.

더 드립니다!

계획적인 학습을 위해!

스터디 플래너

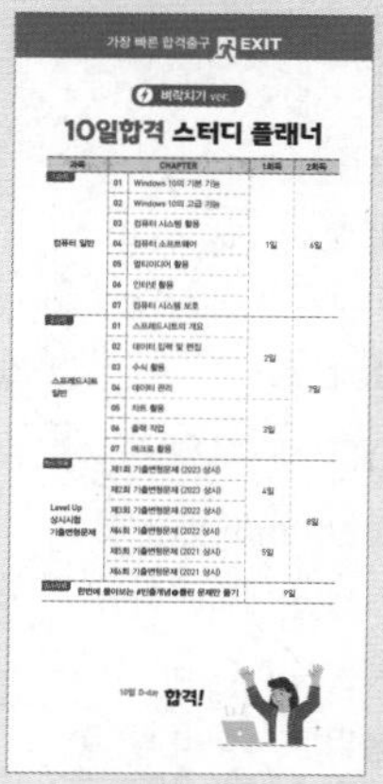

학습 효율 극대화를 위해 스터디 플래너를 제공합니다. **정석 버전과 벼락치기 버전 두 가지 중 본인의 학습 패턴에 맞는 것을 선택하여 계획적으로 공부**하세요.

정석 ver. 2주합격 스터디 플래너

벼락치기 ver. 10일합격 스터디 플래너

빠른 총정리와 실전 대비를 한 권으로 끝내자!

빈출개념 & 상시시험 기출변형문제

〈한번에 몰아보는 #빈출개념〉은 핵심만 모아 구성하였습니다. 복습 및 마무리 점검용 교재로 활용하세요. 2024~2022년 최신 기출을 수록한 **〈상시시험 기출변형문제〉**는 3회독으로 구성하였어요. 꼭 3번 풀어보세요.

1권

1과목 컴퓨터 일반

2권

※실습파일 다운로드
EXIT 합격 서비스(exit.eduwill.net) ▶ 로그인 ▶ 자료실 게시판 ▶ 컴퓨터활용능력 2급 ▶ 필기 ▶다운로드

2과목 스프레드시트 일반

3권

필수부록

[PDF] OX퀴즈

※ EXIT 합격 서비스(exit.eduwill.net)의 [자료실 게시판]에서 다운로드

#컴퓨터 일반
#기출다회독
#쉬운공부법

컴퓨터 일반이란 무엇인가요?

컴퓨터 일반은 컴퓨터 시스템을 활용하기 위해 반드시 필요한 운영체제인 Windows 10의 기본 기능과 고급 기능, 컴퓨터 하드웨어 활용에 필요한 컴퓨터 시스템 활용, 컴퓨터 소프트웨어, 멀티미디어 활용, 정보 통신과 인터넷, 컴퓨터 시스템 보호 등으로 구성되어 있습니다.

어떻게 공부해야 할까요?

컴퓨터 시스템 활용과 인터넷 활용이 가장 출제 비중이 높고, 컴퓨터 소프트웨어, Windows 10의 기본 기능도 출제 비중이 높은 편입니다.

출제 비중 체크해 보시고 중요도에 따라 공부하세요.

출제비중 (최근 기출 10개년 기준)

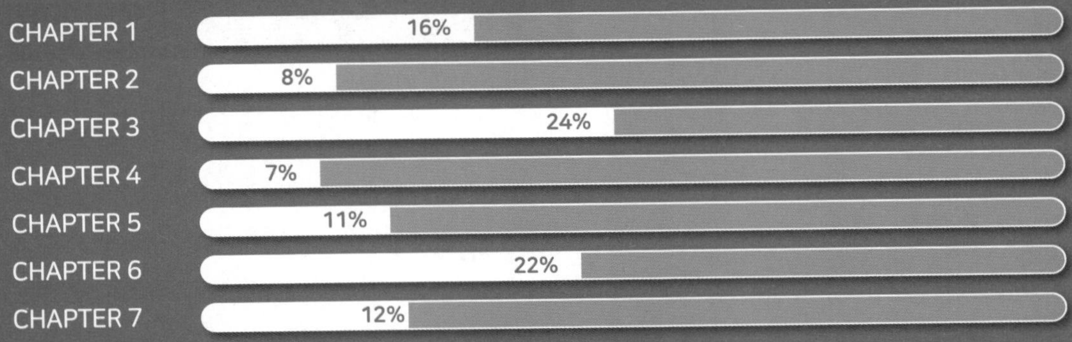

1과목

컴퓨터 일반

최근 기출 10개년 기준

16%

CHAPTER 1

Windows 10의 기본 기능

무료 동영상 강의

학습전략

컴퓨터활용능력의 가장 기본이 되는 부분은 Windows 10의 기본 기능이므로 Windows 10의 전반적인 내용을 이해하는 것이 중요합니다. 먼저 개념을 이해하고 세부적인 기능에 대해 정확하게 암기하는 것이 좋습니다.

개념끝

001 Windows 10의 특징

기출빈도 A B C D

01 Windows 10의 특징

(1) Windows 10의 개념

Windows 10은 운영체제의 하나로, 컴퓨터 시스템과 사용자 간의 편리한 인터페이스를 제공하는 프로그램이다.

결정적 힌트

Windows 10의 특징에서는 운영체제와 관련된 다양한 용어들이 등장합니다. 용어의 의미와 기능을 잘 정리해 두세요.

(2) Windows 10의 특징

GUI (Graphical User Interface)	키보드나 마우스를 사용하여 메뉴나 아이콘을 선택하면 수행되는 환경 지원
플러그 앤 플레이 (PnP; Plug & Play)	컴퓨터에 새로운 하드웨어를 설치할 때 해당 하드웨어를 사용하는 데 필요한 시스템 환경을 자동으로 구성
선점형 멀티태스킹 (Preemptive Multi-tasking)	운영체제가 앱의 제어권을 가지므로 앱의 오류가 발생했을 경우 오류가 발생한 앱만 강제 종료할 수 있음
OLE (Object Linking and Embedding)	Windows 환경에서 각종 앱 간의 데이터 교환을 위해 서로의 데이터를 공유하는 기능 지원
Windows Defender 방화벽	Windows에 포함된 보안 소프트웨어로, 스파이웨어 및 그 밖의 원치 않는 침입으로부터 컴퓨터를 보호할 수 있음
에어로 피크, 에어로 스냅, 에어로 셰이크 등의 에어로 인터페이스 기능 제공	• 에어로 피크(Aero Peek): 모든 창을 최소화할 필요 없이 바탕 화면을 빠르게 미리 보거나, 작업 표시줄의 해당 아이콘을 가리켜서 열린 창을 미리 볼 수 있게 하는 기능 • 에어로 스냅(Aero Snap): 화면의 가장자리로 창을 드래그하면 자동으로 배열하는 기능 • 에어로 셰이크(Aero Shake): 창을 흔들면 열려있는 다른 모든 창을 최소화하거나 다시 원래의 상태로 나타내는 기능
핫 스왑(Hot Swap)	컴퓨터가 동작하는 상태에서 컴퓨터 시스템의 장치를 연결하거나 분리하는 기능 지원
64비트 데이터 처리 지원	• 완전한 64비트의 데이터 처리 방식을 지원하므로 데이터 처리량이 뛰어남 • 64비트 버전의 Windows를 설치하려면 64비트 버전을 실행할 수 있는 CPU가 필요함 • 64비트 버전의 Windows용으로 설계된 프로그램은 32비트 버전에서 호환되지 않음

▼ 앱(App)

애플리케이션(Application)의 줄임말로, Windows 10에서는 프로그램 대신 앱이라는 용어를 사용한다.

▼ OLE

OLE 기능을 지원하면 그림판에서 그린 그림을 문서 편집기에 연결한 경우 그림판에서 그림을 수정했을 때 문서 편집기의 그림도 같이 변경된다.

■ 32비트 프로세서는 x86, 64비트 프로세서는 x64라고 표시한다.

02 Windows의 파일 시스템

(1) 파일 시스템의 개념

파일 시스템이란 컴퓨터에서 데이터를 효과적으로 관리하기 위해 체계적으로 파일을 저장하고 관리하는 방식을 말한다.

(2) 파일 시스템의 기능 및 특징

- Windows 계열의 파일 시스템에는 FAT16, FAT32, NTFS가 있다.
- NTFS(New Technology File System): 성능, 보안, 안정성 면에서 고급 기능을 제공하는 파일 시스템이다.
  - 파일 및 폴더에 대한 액세스 제어를 유지하고 제한된 계정을 지원한다.
  - ▼Active Directory 서비스를 제공한다.
  - 하드디스크의 파티션 크기를 256TB까지 지원하여 디스크 공간의 효율적인 활용이 가능하다(Windows 10 버전 1709 이상에서 최대 8PB 볼륨 지원).
  - 비교적 큰 오버헤드가 발생하므로 약 400MB 이하의 볼륨에서는 사용하지 않는 것이 좋다.

▼ **Active Directory 서비스**

사용자, 사용자 그룹, 네트워크 데이터 등을 하나로 통합 관리하는 새로운 인터페이스이다.

■ **용량 단위**

- MB(메가바이트): 2^{20}Byte
- TB(테라바이트): 2^{40}Byte
- PB(페타바이트): 2^{50}Byte

Warming UP 기출로 개념 확인

01

2020.07, 2016.06

다음 중 Windows 10의 에어로 피크(Aero Peek) 기능에 대한 설명으로 옳은 것은?

① 파일이나 폴더의 저장된 위치에 상관없이 종류별로 파일을 구성하고 액세스할 수 있게 한다.
② 모든 창을 최소화할 필요 없이 바탕 화면을 빠르게 미리 보거나 작업 표시줄의 해당 아이콘을 가리켜서 열린 창을 미리 볼 수 있게 한다.
③ 바탕 화면의 배경으로 여러 장의 사진을 선택하여 슬라이드 쇼 효과를 주면서 번갈아 표시할 수 있게 한다.
④ 작업 표시줄에서 프로그램 아이콘을 마우스 오른쪽 단추로 클릭하여 최근에 열린 파일 목록을 확인할 수 있게 한다.

02

2022.상시, 2016.06

다음 중 하드웨어 장치의 설치나 드라이버 확장 시 사용자의 편의를 돕기 위해 사용자가 직접 설정할 필요 없이 운영체제가 자동으로 인식하게 하는 기능은?

① 원격 지원
② 플러그 앤 플레이
③ 핫 플러그인
④ 멀티스레딩

바로 보는 해설

01

작업 표시줄의 오른쪽 끝을 클릭하면 바탕 화면을 빠르게 볼 수 있고, 작업 표시줄의 바로 가기 메뉴의 작업 표시줄 설정을 선택하면 에어로 피크를 설정할 수 있다.

| 오답 피하기 |
① 라이브러리에 대한 설명이다.
③ 슬라이드 쇼에 대한 설명이다.
④ 점프 목록 기능에 대한 설명이다.

02

| 오답 피하기 |
① 두 대의 컴퓨터를 연결하여 다른 사용자의 컴퓨터에서 문제를 해결하도록 돕거나 직접 해결하는 방법이다.
③ PC의 전원이 켜져 있는 상태에서도 장치의 설치 및 제거가 가능한 기능이다.
④ 응용 프로그램 내에서의 다중 작업을 처리하는 기능이다.

| 정답 | 01 ② 02 ②

개념끝

002 마우스 및 키보드 사용법

기출빈도 A B **C** D

01 마우스 및 키보드 사용법

(1) 마우스 사용법

클릭(Click)	• 마우스 왼쪽 단추를 한 번 누르기 • 아이콘, 파일, 폴더, 메뉴 등을 선택할 때 사용
더블클릭(Double Click)	• 마우스 왼쪽 단추를 빠르게 두 번 누르기 • 파일이나 폴더를 열거나 앱을 실행할 때 사용
드래그(Drag) / 드래그 앤 드롭(Drag & Drop)	• 마우스 왼쪽 단추를 누른 채 끌어다 놓기 • 아이콘의 이동, 복사나 창의 크기를 변경할 때 사용
스크롤 휠(Scroll wheel)	• 마우스 휠을 위나 아래로 돌리기 • 화면을 스크롤할 때 사용

(2) 키보드 사용법

기능 키	F1 ~ F12	Windows나 앱에서 정해진 기능을 수행
조합 키	Shift, Ctrl, Alt	다른 키와 조합하여 특수한 기능을 수행
토글 키	Caps Lock	영문 대/소문자 전환
	Num Lock	숫자 키/방향 키 전환
	Scroll Lock	화면의 이동을 설정
	한/영	한글/영문 모드 전환
	Insert	삽입/수정 모드 전환

02 바로 가기 키

바로 가기 키란 단축키라고도 하며, 키보드의 키를 조합하여 일반적으로 마우스가 수행하는 일을 대신할 수 있는 기능이다.

결정적 힌트

바로 가기 키는 시험을 대비하는 목적 이외에도 실제 작업의 효율을 높일 수 있는 기능이므로 실습을 통해서 익숙하게 연습을 하는 것이 좋습니다.

(1) 기능키

F2	선택한 항목의 이름을 바꿈
F3	파일 탐색기에서 파일 또는 폴더를 검색
F4	파일 탐색기에서 주소 표시줄로 이동

F5	활성 창을 새로 고침
F6	창이나 바탕 화면의 화면 요소들을 순환
F10	활성 앱의 메뉴 모음을 활성화

(2) Shift 조합 바로 가기 키

Shift + F10	선택한 항목의 바로 가기 메뉴를 표시
Shift + Delete	휴지통으로 이동하지 않고 영구히 삭제

(3) Ctrl 조합 바로 가기 키

Ctrl + C	선택한 항목을 복사
Ctrl + X	선택한 항목을 잘라냄
Ctrl + V	선택한 항목을 붙여넣기
Ctrl + A	모든 항목을 선택
Ctrl + Z	실행 취소
Ctrl + Esc	[시작] 메뉴 표시
Ctrl + Shift + Esc	작업 관리자 창을 표시
Ctrl + D	선택 항목을 삭제 후 휴지통으로 이동
Ctrl + F4	활성 문서 종료
Ctrl + F1	리본 메뉴 최소화
Ctrl + 마우스 휠 드래그	아이콘 크기 변경
Ctrl + Insert	선택한 항목을 복사

▼ 작업 관리자 창

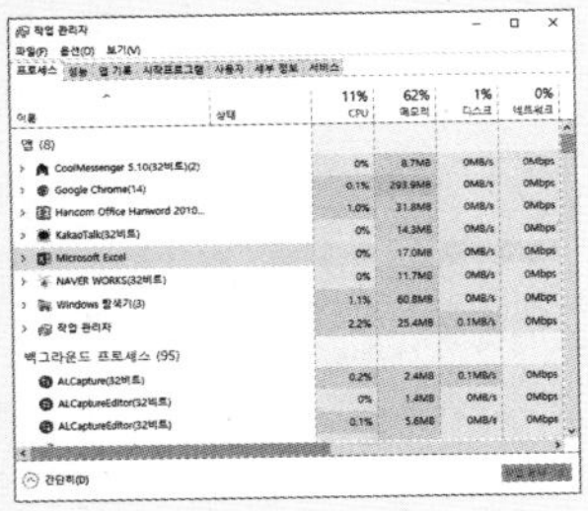

(4) Alt 조합 바로 가기 키

Alt + F4	현재 창을 종료
Alt + Tab	작업 전환 창을 이용하여 작업 창을 전환
Alt + Esc	다음 활성화된 창으로 전환
Alt + Enter	선택한 항목의 [속성] 창을 표시
Alt + Space Bar	활성 창의 바로 가기 메뉴 열기
Alt + PrintScreen	활성 창을 클립보드에 복사
Alt + P	파일 탐색기에서 미리 보기 창 표시 및 숨기기
Alt + Shift + P	파일 탐색기에서 세부 정보 창 표시 및 숨기기

▼ PrintScreen

화면 전체를 클립보드에 복사한다.

▼ 클립보드(Clipboard)

복사나 이동, 캡처 등의 작업을 할 때 사용하는 임시 기억 장소로, 클립보드의 내용은 여러 번 사용이 가능하지만 가장 최근에 저장된 것 하나만 기억한다.

(5) ⊞ 조합 바로 가기 키

⊞	[시작] 메뉴 표시
⊞ + A	알림 센터 표시
⊞ + B	알림 영역으로 포커스 이동
⊞ + D	바탕 화면 보기
⊞ + Alt + D	날짜 및 시간 표시/숨기기
⊞ + E	파일 탐색기를 실행
⊞ + F	피드백 허브 앱을 실행
⊞ + I	[설정] 창을 화면에 표시
⊞ + L	컴퓨터 잠금 또는 사용자 전환
⊞ + M	모든 창을 최소화
⊞ + Shift + M	최소화된 창을 이전 크기로 복원
⊞ + P	프레젠테이션 표시 모드 선택
⊞ + R	[실행] 대화상자 표시
⊞ + S	파일이나 폴더를 검색
⊞ + T	작업 표시줄의 앱을 차례대로 표시
⊞ + U	[설정]–[접근성] 창을 표시
⊞ + V	클립보드 열기
⊞ + F1	Windows 도움말을 표시
⊞ + ,	바탕 화면 미리보기
⊞ + ↑	창을 최대화
⊞ + ↓	창을 최소화
⊞ + →	창을 화면의 오른쪽으로 최대화
⊞ + ←	창을 화면의 왼쪽으로 최대화
⊞ + +	돋보기를 이용하여 확대
⊞ + -	돋보기를 이용하여 축소
⊞ + Esc	돋보기 끝내기
⊞ + Tab	작업 보기 열기
⊞ + Pause	[시스템 속성] 창을 표시
⊞ + Ctrl + F	[컴퓨터 찾기] 창을 표시
⊞ + Shift + S	화면을 캡처
⊞ + X	[시작] 단추의 바로 가기 메뉴 열기

▼ **피드백 허브**

Windows 10을 사용하는 동안 발생한 문제, 건의 사항, 번역 오류를 피드백 허브 앱을 통해 Microsoft에 전달하면 이를 참고하여 Windows 환경을 개선한다.

▼ **[실행] 대화상자**

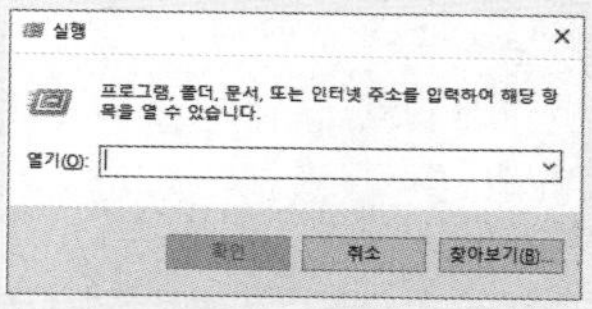

▼ **화면을 캡처**

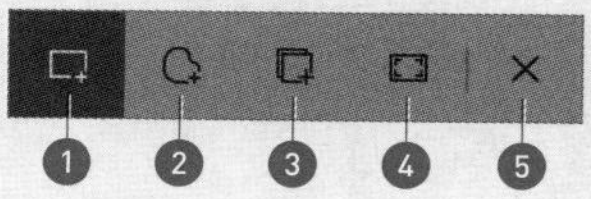

❶ 사각형 캡처
❷ 자유형 캡처
❸ 창 캡처
❹ 전체 화면 캡처
❺ 캡처 닫기

개념 플러스 메뉴 및 창 사용법

- Windows 10에서는 리본 메뉴로 쉽고 빠르게 메뉴를 선택할 수 있다.
- 리본 메뉴는 여러 개의 탭으로 구성되고, 하나의 탭은 여러 개의 도구가 모여 있는 그룹으로 구성된다.

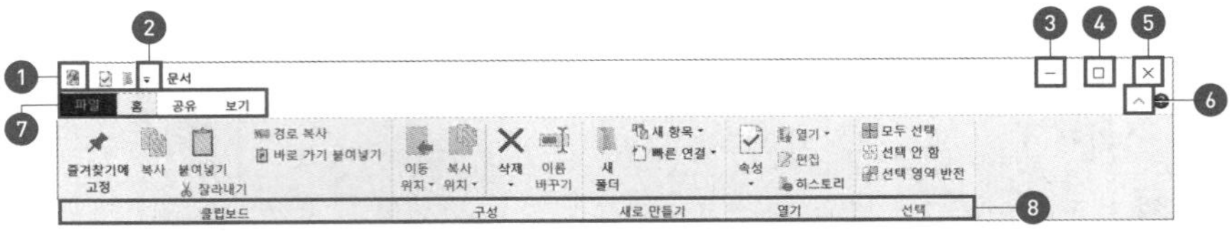

▼ 조절 메뉴 단추 클릭

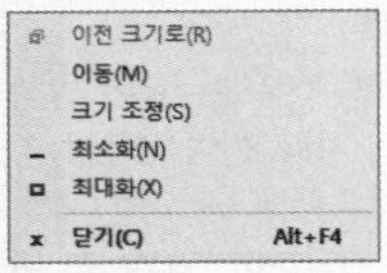

❶ 조절 메뉴 단추	이전 크기로 이동, 크기 조정, 최소화, 최대화, 닫기 작업을 수행
❷ 빠른 실행 도구 모음	• 자주 사용하는 도구들을 모아놓은 도구 모음 • 사용자가 추가 및 제거하거나 리본 메뉴의 아래쪽에 표시할 수 있음
❸ 최소화	작업 창을 최소화
❹ 최대화	작업 창을 최대화
❺ 닫기	작업 창을 종료
❻ 리본 최소화	리본 메뉴를 탭 이름만 표시하여 최소화하거나 다시 확장
❼ 탭	작업에 필요한 메뉴를 모아놓은 것으로 클릭하면 각 탭에 포함되는 도구가 표시됨
❽ 그룹	각 탭을 구성하는 도구를 모아놓은 것

Warming UP 기출로 개념 확인

01 또 나올 문제 2020.07

다음 중 Windows 10에서 사용하는 바로 가기 키에 대한 설명으로 옳지 않은 것은?

① Ctrl + Esc : 시작 메뉴 표시
② Shift + F10 : 선택한 항목의 바로 가기 메뉴 표시
③ Alt + Enter : 선택한 항목 실행
④ ⊞ + E : 파일 탐색기 실행

02 2018.03

다음 중 Windows 10 바탕 화면에서 아래 그림과 같이 열려있는 모든 창들을 미리 보기로 보면서 활성 창을 전환할 수 있는 바로 가기 키는?

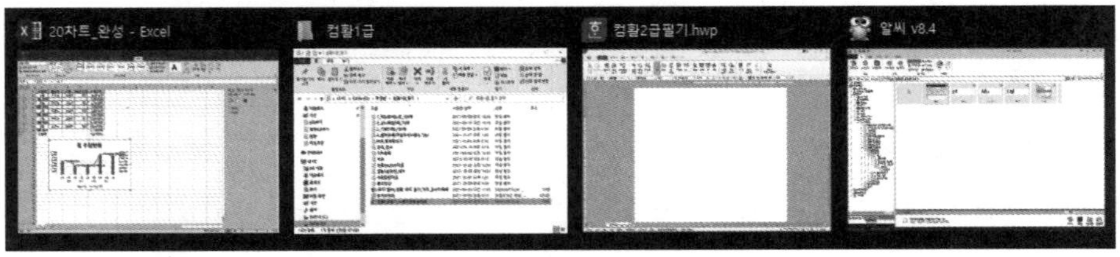

① Alt + Tab　② ⊞ + Tab
③ Ctrl + Esc　④ Alt + Esc

바로 보는 해설

01
Alt + Enter는 선택한 항목의 [속성] 창을 표시하는 바로 가기 키이고, Alt + 더블클릭 역시 동일한 기능의 바로 가기 키이다.

02
| 오답 피하기 |
② ⊞+Tab : 작업 보기로 현재 실행 중인 앱이 모두 표시되고, 클릭하면 해당 앱으로 전환된다.
③ Ctrl+Esc : [시작] 메뉴가 표시된다.
④ Alt+Esc : 실행 중인 창을 순서대로 전환한다.

| 정답 | 01 ③ 02 ①

개념끝

003 바탕 화면과 바로 가기 아이콘

기출빈도 A B C D

01 바탕 화면

(1) 바탕 화면의 개념

바탕 화면은 Windows를 실행하면 가장 먼저 나타나는 기본적인 화면으로, Windows의 기본 아이콘과 작업 표시줄로 구성되어 있다.

(2) 바탕 화면의 구성

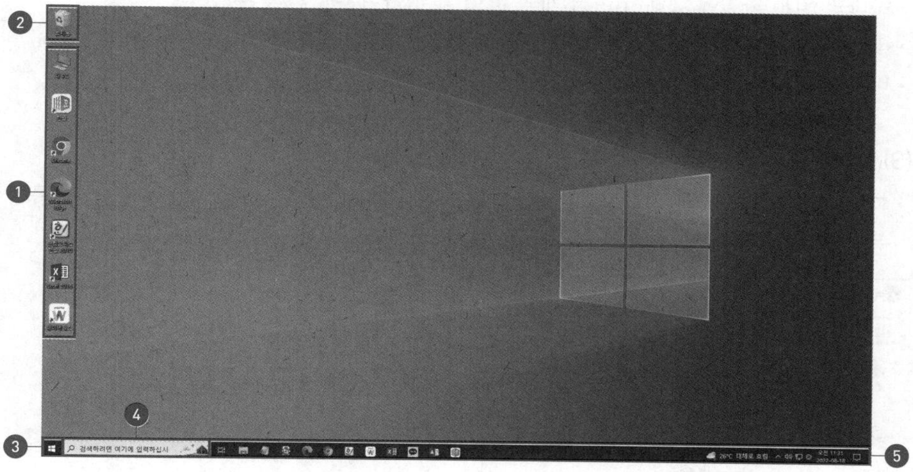

❶ 바로 가기 아이콘	앱을 빠르고 간편하게 실행하는 아이콘
❷ 휴지통	삭제한 파일이나 폴더를 임시 보관하는 장소
❸ [시작] 단추	Windows가 제공하는 앱과 사용자가 설치한 앱이 등록된 곳
❹ 검색 창	앱, 파일, 웹 정보 등을 검색하는 곳
❺ 작업 표시줄	현재 수행 중인 프로그램이 표시되는 부분

(3) 바탕 화면의 바로 가기 메뉴

바탕 화면에서 마우스 오른쪽 단추를 클릭하면 자주 사용하는 메뉴가 표시된다.

- 아이콘의 크기 변경
- 아이콘의 정렬 기준 변경
- 폴더, 바로 가기, 텍스트 문서, 압축(ZIP) 폴더 등을 새로 만들기
- 디스플레이 설정 표시
- 개인 설정 표시

▼ 아이콘의 크기 변경

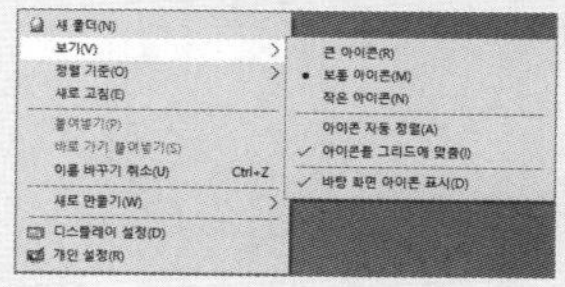

▼ 아이콘의 정렬 기준 변경

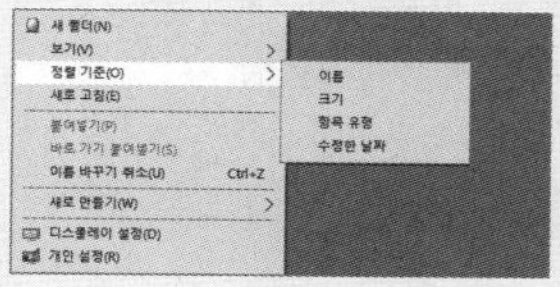

▼ 폴더, 바로 가기, 텍스트 문서, 압축(ZIP) 폴더 등을 새로 만들기

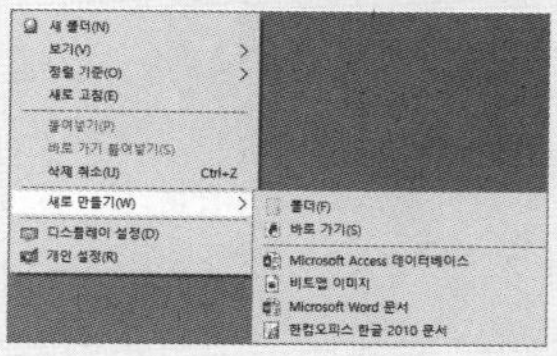

결정적 힌트

바로 가기 아이콘은 시험에 자주 출제되는 개념으로 바로 가기 아이콘의 특징을 반드시 기억하고 만드는 방법은 실습하면서 익혀둡니다.

02 바로 가기 아이콘

(1) 바로 가기 아이콘의 개념

자주 사용하는 앱이나 파일을 빠르고 간편하게 실행하기 위한 아이콘으로, 왼쪽 아래에 화살표가 표시되어 있다.

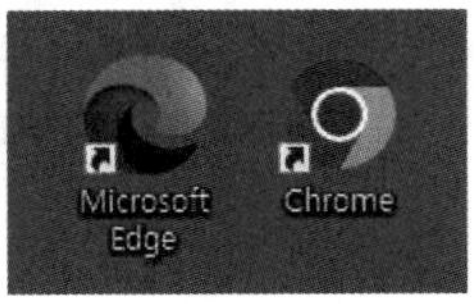

(2) 바로 가기 아이콘의 특징

- 바로 가기 아이콘에 원본 파일을 연결하면 빠르고 간편하게 해당 파일을 실행시킬 수 있다.
- 바로 가기 아이콘의 확장명은 .LNK로 지정된다.
- 바로 가기 아이콘의 왼쪽 아랫부분에 화살표 모양( )이 표시된다.
- 파일, 폴더, 디스크 드라이브, 프로그램, 프린터, 네트워크 등의 개체에 바로 가기 아이콘을 만들 수 있다.
- 하나의 바로 가기 아이콘에는 하나의 원본 파일만 지정할 수 있다.
- 하나의 원본 파일에 대해서 여러 개의 바로 가기 아이콘을 만들 수 있다.
- 바로 가기 아이콘을 삭제해도 연결된 원본 파일은 삭제되지 않는다.
- 바로 가기 아이콘은 원본 파일이 있는 위치와 관계없이 만들 수 있다.

(3) 바로 가기 아이콘의 [속성] 창

- 파일 형식, 위치, 크기, 디스크 할당 크기, 만든 날짜, 수정한 날짜, 액세스한 날짜, 특성 등을 확인할 수 있다.

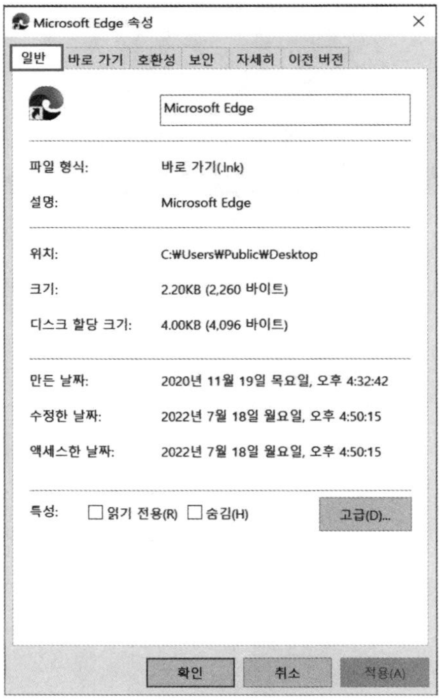

• 연결된 대상 파일을 변경하거나 바로 가기 키를 지정할 수 있다.

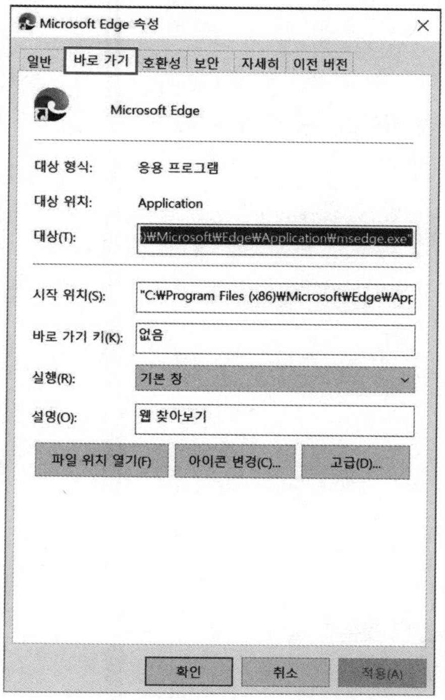

(4) 바로 가기 아이콘 만들기

방법1	바탕 화면의 바로 가기 메뉴에서 [새로 만들기]–[바로 가기] 선택
방법2	파일의 바로 가기 메뉴에서 [바로 가기 만들기] 선택
방법3	개체 선택 → Ctrl + Shift + 드래그
방법4	개체를 Ctrl + C 로 복사 → 바탕 화면의 바로 가기 메뉴에서 [바로 가기 붙여넣기] 선택
방법5	개체를 마우스 오른쪽 단추를 눌러 선택한 후 드래그 → [여기에 바로 가기 만들기] 선택

▼ [여기에 바로 가기 만들기]

Warming UP 기출로 개념 확인

01 또 나올 문제

2018.09

다음 중 Windows 10에서 바로 가기 아이콘에 대한 설명으로 옳지 않은 것은?

① 원본 파일이 있는 위치와 다른 위치에 만들 수 있다.
② 원본 파일을 삭제하여도 바로 가기 아이콘을 실행할 수 있다.
③ 바로 가기 아이콘의 확장명은 .LNK이다.
④ 하나의 원본 파일에 대하여 여러 개의 바로 가기 아이콘을 만들 수 있다.

02

2017.09

다음 중 바로 가기 아이콘에 대한 설명으로 옳지 않은 것은?

① 바로 가기 아이콘을 삭제해도 해당 앱은 지워지지 않는다.
② 바로 가기 아이콘은 폴더, 디스크 드라이버, 프린터 등 모든 항목에 대해 만들 수 있다.
③ 바로 가기 아이콘은 실제 앱이 아니라 응용 앱의 경로를 기억하고 있는 아이콘이다.
④ 바로 가기 아이콘의 확장명은 '*.EXE'이다.

03

2020.02

다음 중 Windows 10에서 파일을 선택한 후 Ctrl + Shift를 누른 채 다른 위치로 끌어다 놓은 결과는?

① 해당 파일의 바로 가기 아이콘이 만들어진다.
② 해당 파일이 복사된다.
③ 해당 파일이 이동된다.
④ 해당 파일이 휴지통을 거치지 않고 영구히 삭제된다.

바로 보는 해설

01
바로 가기 아이콘은 삭제해도 원본 파일에는 영향을 주지 않지만, 원본 파일을 삭제하면 바로 가기 아이콘을 실행할 수 없다.

02
바로 가기 아이콘의 확장명은 .LNK이다. .EXE는 실행 파일의 확장명이다.

03
| 오답 피하기 |
② Ctrl +드래그한 결과이다.
③ Shift +드래그한 결과이다.
④ Shift +휴지통으로 드래그 또는 Shift+Delete한 결과이다.

| 정답 | 01 ② 02 ④ 03 ①

개념끝

004 시작 메뉴와 작업 표시줄

기출빈도 A B **C** D

01 시작 메뉴

(1) 시작 메뉴의 개념

[시작] 메뉴는 [시작(⊞)] 단추를 눌렀을 때 표시되는 메뉴로 내 PC에 설치된 앱들이 등록되어 있다.

| 실행 방법

방법1	[시작(⊞)] 단추 클릭
방법2	⊞ 누름
방법3	Ctrl + Esc

(2) 시작 메뉴의 특징

- 내 PC에 설치된 앱을 시작 화면이나 작업 표시줄에 고정하거나 제거할 수 있다.
- 시작 메뉴의 크기는 조정이 가능하다.

(3) 시작 메뉴의 구성

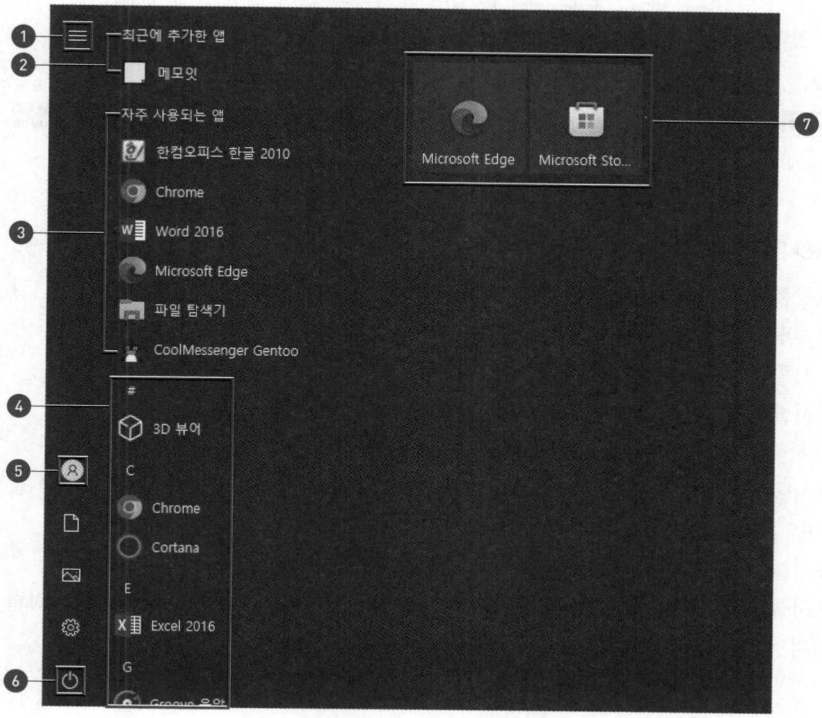

❶ 메뉴	메뉴 목록이 확장되어 메뉴 이름이 표시됨
❷ 최근에 추가한 앱	최근에 내 PC에 설치된 앱의 목록이 표시됨
❸ 자주 사용되는 앱	사용자가 가장 많이 이용한 앱의 목록이 표시됨
❹ 모든 앱	내 PC에 설치된 모든 앱의 목록이 표시됨
❺ 사용자 계정	현재 로그인된 사용자 계정이 표시됨 • 계정 설정 변경: [시작( )]−[설정]−[계정]에서의 [사용자 정보]가 표시됨 • 잠금: 잠시 자리를 비울 때 다른 사람이 작업할 수 없도록 화면을 잠그며, 잠금을 해제하려면 사용자 계정 암호를 입력해야 함 • 로그아웃: 모든 앱을 종료하고 다른 사용자 계정으로 로그인
❻ 전원	• 절전: 적은 전원을 사용하며 PC를 다시 시작하면 이전 상태로 돌아감 • 시스템 종료: 앱을 모두 닫고 시스템을 종료함 • 다시 시작: 앱을 모두 닫고 시스템을 다시 시작함
❼ 타일	내 PC에 설치된 앱의 바로 가기 아이콘을 사용자가 등록할 수 있는 공간으로, 타일 모양으로 배치됨

개념 플러스 타일 목록에 앱 추가/제거

- 타일 목록에 앱 추가: 추가할 앱의 바로 가기 메뉴에서 [시작 화면에 고정]을 선택한다.
- 타일 목록에서 앱 제거: 고정된 앱의 바로 가기 메뉴에서 [시작 화면에서 제거]를 선택한다.

결정적 힌트

작업 표시줄의 특징과 작업 표시줄 설정 항목 등이 출제되었으므로 이 부분을 중점적으로 학습합니다.

02 작업 표시줄

(1) 작업 표시줄의 개념

현재 수행 중인 앱이 표시되는 부분으로, 한 번의 클릭으로 현재 실행 중인 앱 간의 작업을 전환할 수 있다.

(2) 작업 표시줄의 특징

- 작업 표시줄은 시작 단추, 검색 상자, 작업 보기, 고정된 앱 단추, 실행 중인 앱 단추, 알림 영역, 바탕 화면 보기 등으로 구성된다.
- 작업 표시줄의 위치를 상하좌우로 변경할 수 있다.
- 작업 표시줄의 크기는 화면의 1/2까지만 늘릴 수 있다.
- '작업 표시줄 잠금'이 설정된 상태에서는 작업 표시줄의 위치나 크기를 변경할 수 없다.
- 작업 표시줄을 자동으로 숨길 수 있으나 마우스 포인터를 작업 표시줄이 있는 위치에 올려놓으면 다시 표시된다.
- 작업 표시줄에서는 앱 단추가 하나의 작은 아이콘으로 표시된다.
- 작업 표시줄의 바로 가기 메뉴에서 [계단식 창 배열], [창 가로 정렬 보기], [창 세로 정렬 보기], [바탕 화면 보기], [작업 표시줄 잠금], [작업 표시줄 설정]을 지정할 수 있다.

■ **작업 표시줄 바로 가기 메뉴의 [도구 모음]에서 선택할 수 있는 항목**
- 링크
- 바탕 화면
- 새 도구 모음

(3) 작업 표시줄의 점프 목록

- 앱의 점프 목록을 보려면 작업 표시줄의 앱 아이콘을 마우스 오른쪽 단추로 클릭한다.
- 점프 목록에서 항목을 열려면 앱의 점프 목록에서 해당 항목을 선택한다.
- 점프 목록에 항목을 고정하려면 해당 앱의 점프 목록에 마우스 포인터를 올려놓고 [이 목록에 고정( )]을 클릭한다.
- 점프 목록에서 고정된 항목을 제거하려면 앱의 점프 목록의 '고정됨'에서 [이 목록에서 제거( )]를 클릭하거나 바로 가기 메뉴의 [이 목록에서 고정 해제]를 클릭한다.
- 점프 목록의 항목은 Delete를 눌러 제거할 수 없으며, 바로 가기 메뉴의 [이 목록에서 제거]를 클릭해야 한다.

(4) 작업 표시줄의 설정

방법1	작업 표시줄의 바로 가기 메뉴에서 [작업 표시줄 설정] 선택
방법2	[시작( )]–[설정]–[개인 설정]–[작업 표시줄] 선택
방법3	작업 표시줄의 빈 곳에서 Alt + Enter

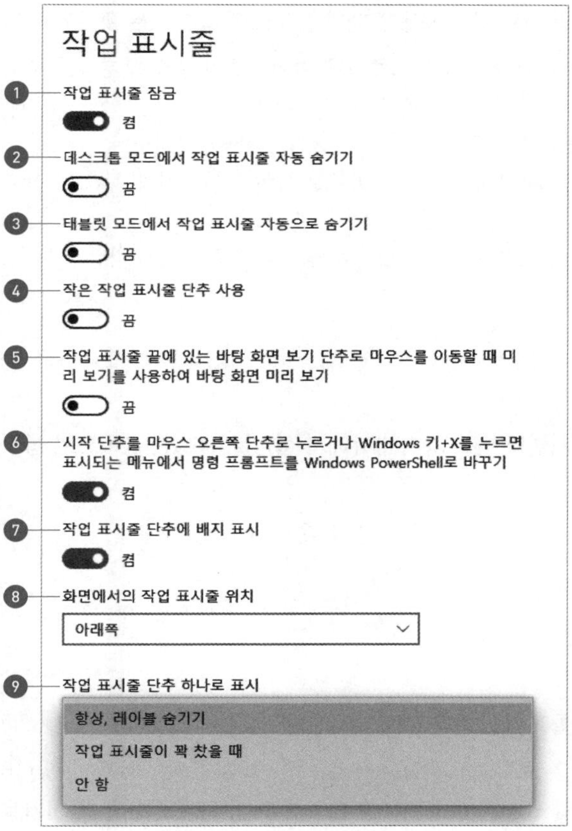

❶	작업 표시줄의 위치나 크기 이동을 잠그는 기능
❷	데스크톱 모드에서 작업 표시줄을 숨기고 마우스를 위치시키면 다시 나타나는 기능
❸	태블릿 모드에서 작업 표시줄을 숨기고 마우스를 위치시키면 다시 나타나는 기능

▼ 작업 표시줄의 설정

[Win]+[I]를 눌러 [설정] 창을 열고 [개인 설정]–[작업 표시줄]을 선택해도 된다.

▼ [시작] 단추의 바로 가기 메뉴

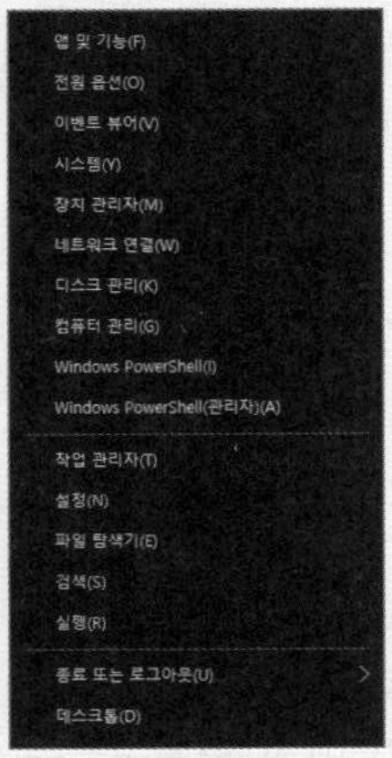

❹	작업 표시줄의 앱이 작은 아이콘으로 표시
❺	에어로 피크 기능 설정
❻	[시작(⊞)] 단추의 바로 가기 메뉴에 [명령 프롬프트] 대신 [Windows PowerShell]이 표시
❼	해당 앱과 관련하여 특정 작업이 발생하고 있거나 발생해야 함을 알려주는 경고를 표시
❽	작업 표시줄의 위치를 왼쪽, 위쪽, 오른쪽, 아래쪽으로 지정
❾	작업 표시줄 단추를 표시하는 유형을 '항상, 레이블 숨기기', '작업 표시줄이 꽉 찼을 때', '안 함' 중 선택 • 항상, 레이블 숨기기: 앱을 하나의 단추로 표시 • 작업 표시줄이 꽉 찼을 때: 각 항목을 레이블이 있는 개별 단추로 표시하다가 작업 표시줄이 꽉 차면 앱을 하나의 단추로 표시 • 안 함: 항상 각 항목을 레이블이 있는 개별 단추로 표시

Warming UP 기출로 개념 확인

01 또 나올 문제

2019.08

다음 중 Windows 10 작업 표시줄의 점프 목록 사용에 대한 설명으로 옳지 않은 것은?

① 프로그램의 점프 목록을 보려면 작업 표시줄의 프로그램 아이콘을 마우스 오른쪽 단추로 클릭한다.
② 점프 목록에서 항목을 열려면 프로그램의 점프 목록에서 해당 항목을 클릭한다.
③ 점프 목록에 항목을 고정하려면 프로그램의 점프 목록에서 항목을 가리킨 다음 압정 아이콘을 클릭한다.
④ 점프 목록에서 항목을 제거하려면 프로그램의 점프 목록에서 항목을 가리킨 다음 Delete를 누른다.

02

2017.09

다음 중 Windows 10에서 작업 표시줄의 바로 가기 메뉴에서 설정할 수 있는 항목으로 옳지 않은 것은?

① 계단식 창 배열 ② 창 가로 정렬 보기
③ 작업 표시줄 잠금 ④ 아이콘 자동 정렬

03

2021.상시, 2018.09

다음 중 Windows 10의 작업 표시줄에 대한 설명으로 옳지 않은 것은?

① 작업 표시줄 잠금을 설정하여 작업 표시줄의 위치나 크기를 변경하지 못하도록 할 수 있다.
② 마우스 포인터 위치에 따라 작업 표시줄이 표시되지 않도록 작업 표시줄 자동 숨기기를 설정할 수 있다.
③ 작업 표시줄의 오른쪽 끝에 있는 [바탕 화면 보기] 단추를 클릭하여 바탕 화면이 표시되도록 할 수 있다.
④ 작업 표시줄 아이콘 만들기 기능을 이용하여 작업 표시줄의 바로 가기 아이콘을 바탕 화면에 설정할 수 있다.

바로 보는 해설

01
점프 목록에서 항목을 제거하려면 프로그램의 점프 목록의 바로 가기 메뉴에서 [이 목록에서 제거]를 클릭한다.

02
'아이콘 자동 정렬'은 바탕 화면의 바로 가기 메뉴에서 설정할 수 있다.

03
'작업 표시줄 아이콘 만들기'라는 기능은 존재하지 않는다.

| 정답 | 01 ④ 02 ④ 03 ④

개념끝

005 휴지통

기출빈도 A B C D

01 휴지통의 기능

- 삭제한 파일이나 폴더를 임시 보관하는 장소로, 필요한 경우 복원이 가능하다.
- 바탕 화면에서 휴지통 아이콘을 더블클릭하여 실행한다.
- 휴지통에는 이름, 원래 위치, 삭제된 날짜, 크기, 항목 유형, 수정된 날짜 등의 정보가 표시된다.
- 휴지통에 들어간 파일이나 폴더를 복원하려면 해당 항목의 바로 가기 메뉴에서 [복원]을 선택한다.
- 복원될 때 경로를 지정할 수 없고 원래 위치로 자동 복원되며, 잘라내기나 드래그를 하면 원하는 위치로 복원할 수 있다.
- 휴지통의 용량이 초과하면 보관된 파일 중 가장 오래된 파일부터 자동으로 삭제된다.
- 휴지통에 보관된 파일은 이름을 변경하거나 실행할 수 없다.
- 휴지통의 파일은 실제로 각 드라이브의 '$Recycle.bin' 폴더에 저장된다.

결정적 힌트

윈도우에는 파일이나 폴더 삭제 시 실수를 방지하기 위해 휴지통이라는 유용한 기능이 있습니다. 휴지통의 개념을 잘 이해하고 특히 휴지통에 들어가지 않고 바로 삭제되는 경우를 잘 기억해야 합니다.

▼ **휴지통 아이콘**

- 휴지통이 빈 경우

- 휴지통이 채워진 경우

02 휴지통의 속성

- 휴지통 아이콘의 바로 가기 메뉴에서 [속성]을 선택한다.

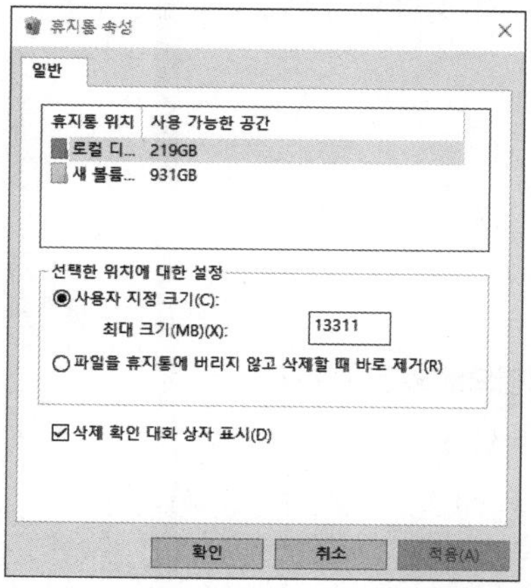

- 하드디스크 드라이브마다 휴지통의 최대 크기를 설정할 수 있다.
- 파일을 휴지통에 버리지 않고 삭제할 때 바로 제거되도록 설정할 수 있다.
- 파일이 삭제될 때 [파일 삭제]나 [여러 항목 삭제]와 같은 삭제 확인 창이 표시되지 않도록 설정할 수 있다.

03 휴지통에 들어가지 않고 바로 삭제되는 경우

- 바로 가기 키 Shift + Delete로 삭제한 경우
- USB 드라이브, 네트워크 드라이브에서 삭제한 경우
- [휴지통 속성] 창에서 최대 크기를 0MB로 설정한 경우
- [명령 프롬프트] 창에서 삭제한 경우
- '파일을 휴지통에 버리지 않고 삭제할 때 바로 제거'로 설정한 경우
- 같은 이름의 항목을 복사나 이동 작업으로 덮어쓴 경우

Warming UP 기출로 개념 확인

01

2020.07, 2014.10

다음 중 삭제된 파일이 휴지통에 임시 보관되어 복원이 가능한 경우는?

① 바탕 화면에 있는 파일을 휴지통으로 드래그 앤 드롭하여 삭제한 경우
② USB 메모리에 저장되어 있는 파일을 Delete로 삭제한 경우
③ 네트워크 드라이브의 파일을 바로 가기 메뉴의 [삭제]를 클릭하여 삭제한 경우
④ [휴지통 속성]에서 최대 크기를 0MB로 설정한 후 [문서] 폴더 안의 파일을 삭제한 경우

02 또 나올 문제

2022.상시, 2019.08

다음 중 Windows 10에서 사용되는 휴지통에 관한 설명으로 옳은 것은?

① 휴지통은 하드디스크 드라이브마다 한 개씩 만들 수 있다.
② 지정된 휴지통의 용량이 초과되면 새로 삭제된 파일이나 폴더는 보관되지 않는다.
③ 휴지통에 보관된 파일이나 폴더의 이름을 변경할 수 있다.
④ 휴지통에서 원하는 파일이나 폴더를 선택하여 실행할 수 있다.

바로 보는 해설

01

| 오답 피하기 |

②, ③, ④ 휴지통에 임시 보관되지 않고, 파일이 즉시 삭제된다.

02

| 오답 피하기 |

② 지정된 휴지통의 용량이 초과되면 보관된 파일 중 가장 오래된 파일이나 폴더부터 삭제된다.
③ 휴지통에 보관된 파일이나 폴더는 복원하기 전에 파일이나 폴더의 이름을 변경할 수 없다.
④ 휴지통에 보관된 파일이나 폴더는 복원하기 전에 실행할 수 없다.

| 정답 | 01 ① 02 ①

개념끝

006 파일 탐색기

기출빈도 A B C **D**

01 파일 탐색기의 개념

파일 탐색기는 컴퓨터에 있는 파일, 폴더 및 드라이브의 계층적 구조를 표시하고 관리한다.

| 실행 방법

방법1	[시작(⊞)] 단추의 바로 가기 메뉴에서 [파일 탐색기] 선택
방법2	작업 표시줄에서 [파일 탐색기( )] 클릭
방법3	⊞ + E

결정적 힌트

파일 탐색기는 Windows 10에서 가장 활용도가 높은 기능이라고 할 수 있습니다. 시험에도 많이 출제되는 부분으로 파일 탐색기의 구조, 파일 탐색기의 주요 기능 등을 잘 이해해야 합니다.

02 파일 탐색기의 구조

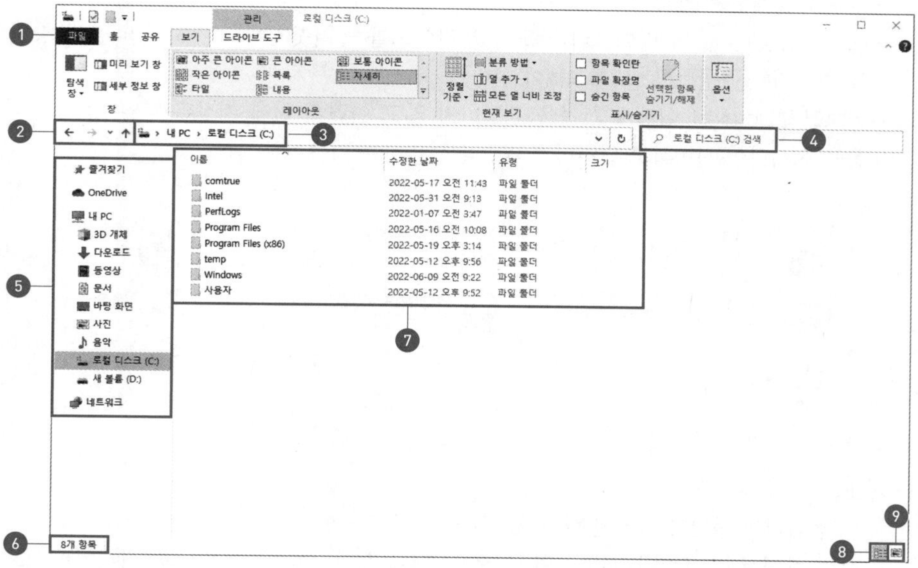

❶ 리본 메뉴	파일, 홈, 공유, 보기 탭으로 구성
❷ 이동 단추	뒤로, 앞으로, 최근 위치, 위로 이동
❸ 주소 표시줄	현재 선택한 파일이나 폴더의 경로를 표시
❹ 검색 상자	현재 폴더나 하위 폴더에서 파일을 검색
❺ 탐색 창	즐겨찾기, 내 PC, 라이브러리, 네트워크 등을 표시
❻ 항목 수	선택한 드라이브나 폴더의 항목 수와 선택한 항목 수를 표시

▼ 큰 아이콘 보기

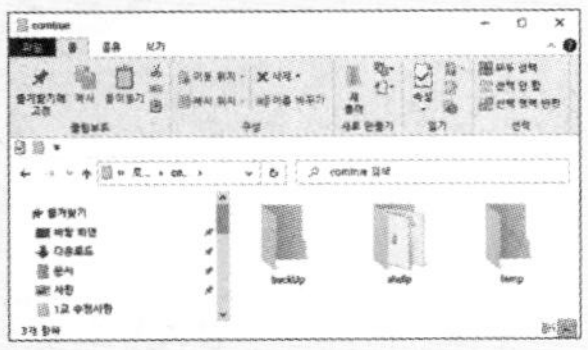

▼ [보기] 탭

❼ 폴더 내용 창	현재 선택한 폴더의 내용을 표시
❽ 자세히 보기	각 항목에 대한 정보를 표시
❾ 큰 아이콘 보기	큰 미리 보기로 항목을 표시

03 파일 탐색기의 주요 기능

- 탐색 창과 폴더 내용 창의 크기를 조절하려면 양쪽 영역을 구분하는 경계선을 좌우로 드래그한다.
- Backspace를 누르면 현재 폴더에서 상위 폴더로 이동한다.
- 파일 및 폴더의 복사, 이동, 이름 바꾸기, 검색 등을 할 수 있다.
- 문서를 열지 않고 바로 인쇄할 수 있는 인쇄 기능을 제공한다.
- [보기] 탭–[창] 그룹: 탐색 창, 미리 보기 창, 세부 정보 창의 표시 여부를 선택한다.
- [보기] 탭–[레이아웃] 그룹–[자세히]: 이름, 날짜, 유형, 크기, 태그를 표시한다.
- [보기] 탭–[현재 보기] 그룹–[열 추가]: 날짜, 유형, 크기, 태그, 만든 날짜, 수정한 날짜, 찍은 날짜, 사진 크기, 등급 등을 추가할 수 있다.
- 즐겨찾기
  - 자주 사용하는 폴더를 추가하여 사용하는 기능이다.
  - 즐겨찾기의 순서를 변경할 수 있다.
  - 폴더, 저장된 검색, 라이브러리 또는 드라이브를 즐겨찾기에 추가하려면 탐색 창의 '즐겨찾기(즐겨찾기)'로 드래그해야 한다.
- 라이브러리(Library): 실제로 항목을 저장하지 않고 여러 위치에 저장된 파일 및 폴더의 모음을 표시하여 신속하고 편리하게 파일을 관리하는 기능이다.

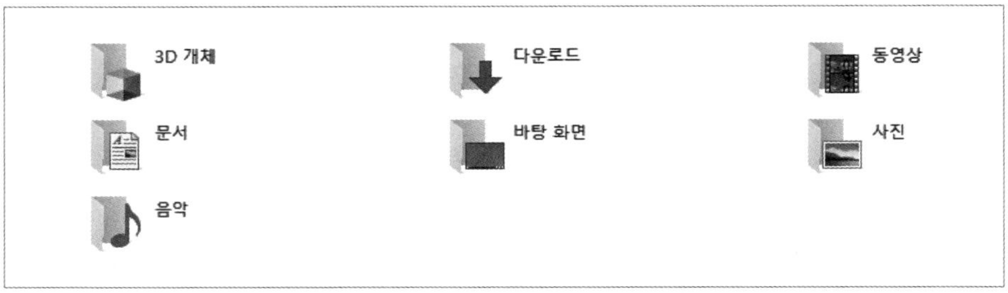

- 내 PC
  - 내 컴퓨터의 폴더와 설치된 장치 및 드라이브를 표시한다.
  - 탐색 창에서 [내 PC]를 선택하면 [컴퓨터] 탭이 표시되며, [컴퓨터] 탭은 [위치] 그룹, [네트워크] 그룹, [시스템] 그룹으로 구성된다.

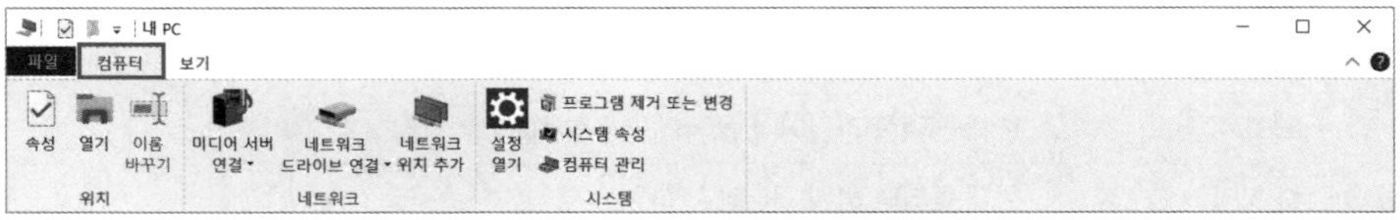

04 파일 탐색기의 바로 가기 키

Backspace	선택된 폴더의 상위 폴더로 이동
숫자 키패드의 *	선택한 폴더의 모든 하위 폴더 표시
숫자 키패드의 +	선택한 폴더의 하위 폴더 표시
숫자 키패드의 -	선택한 폴더의 하위 폴더를 닫음
←	선택한 폴더가 확장되어 있으면 축소, 그렇지 않으면 상위 폴더 선택
→	선택한 폴더가 축소되어 있으면 확장, 그렇지 않으면 하위 폴더 선택
Alt + D	주소 표시줄 선택
Ctrl + E / Ctrl + F	[검색 상자] 선택

▼ 하위 폴더 표시

- >: 폴더 내에 하위 폴더가 있음을 표시하며, >를 클릭하면 ∨로 변경되며 하위 폴더가 표시된다.
- ∨: 하위 폴더가 표시된 상태로, ∨를 클릭하면 >로 변경되며 하위 폴더가 숨겨진다.

05 폴더의 [속성] 창

- 해당 폴더의 크기, 만든 날짜, 포함하고 있는 하위 폴더 및 파일의 개수를 알 수 있다.
- 읽기 전용과 숨김 속성을 설정하거나 해제할 수 있다.
- 폴더를 네트워크의 다른 컴퓨터에서 접근하도록 공유할 수 있다.
- 문서나 사진, 음악 등 폴더의 최적화 유형을 설정하거나 폴더 아이콘을 변경할 수 있다.

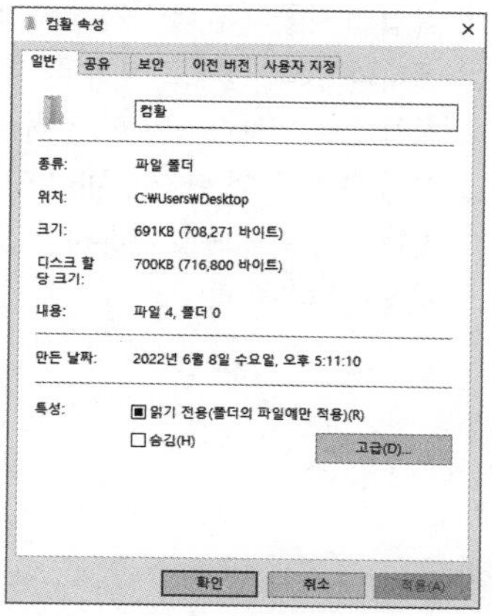

06 드라이브의 색인 설정

- 해당 드라이브에 색인을 설정하여 빠르게 검색하는 기능이다.
- 파일 탐색기에서 드라이브 선택 → 바로 가기 메뉴에서 [속성] 선택 → [속성] 대화상자의 [일반] 탭에서 '이 드라이브의 파일 속성 및 내용 색인 허용'에 체크한다.

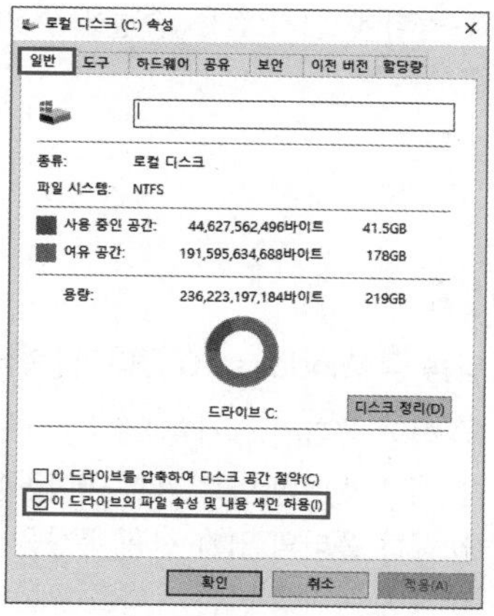

결정적 힌트

책 뒤의 색인을 이용하면 아주 빠르게 해당 용어를 찾을 수 있습니다. 마찬가지로 드라이브에 색인을 설정하면 검색할 때 속도가 빠르게 향상됩니다.

Warming UP 기출로 개념 확인

01 또 나올 문제 2021.상시, 2017.09

다음 중 Windows 10의 [파일 탐색기]에 대한 설명으로 옳지 않은 것은?

① 컴퓨터에 설치된 디스크 드라이브, 파일 및 폴더 등을 관리하는 기능을 가진다.
② 폴더와 파일을 계층 구조로 표시하며, 폴더 앞의 [>] 기호는 하위 폴더가 있음을 의미한다.
③ 현재 폴더에서 상위 폴더로 이동하려면 바로 가기 키인 [Home]을 누른다.
④ 검색 상자를 사용하여 파일이나 폴더를 찾을 수 있으며, 검색은 입력을 시작함과 동시에 시작된다.

02 또 나올 문제 2016.10

다음 중 Windows 10의 라이브러리 기능에 대한 설명으로 옳은 것은?

① 작업 표시줄의 검색 상자가 포함되어 앱이나 문서, 그림 등 파일을 신속하게 검색할 수 있다.
② 폴더와 달리 실제로 항목을 저장하지 않고 여러 위치에 저장된 파일 및 폴더의 모음을 표시함으로써 보다 신속하고 편리하게 파일을 관리할 수 있도록 한다.
③ 작업 표시줄 앱 단추에 마우스 오른쪽 단추를 클릭하면 최근 작업한 앱 내용을 보여준다.
④ 자녀들이 컴퓨터를 사용하는 시간뿐만 아니라 앱 사용 여부 등을 제한하여 안전한 컴퓨터 사용을 유도한다.

03 2019.03

다음 중 폴더의 [속성] 창에 대한 설명으로 옳지 않은 것은?

① 폴더가 포함하고 있는 하위 폴더 및 파일의 개수를 알 수 있다.
② 폴더의 특정 하위 폴더를 삭제할 수 있다.
③ 폴더를 네트워크와 연결되어 있는 다른 컴퓨터에서 접근할 수 있도록 공유시킬 수 있다.
④ 폴더에 '읽기 전용' 속성을 설정하거나 해제할 수 있다.

04 2018.03

다음 중 Windows 10 폴더의 [속성] 창에 대한 설명으로 옳지 않은 것은?

① 해당 폴더의 크기를 알 수 있다.
② 해당 폴더의 바로 가기 아이콘을 만들 수 있다.
③ 해당 폴더의 읽기 전용 특성을 설정할 수 있다.
④ 해당 폴더의 만든 날짜를 알 수 있다.

바로 보는 해설

01
현재 폴더에서 상위 폴더로 이동하는 바로 가기 키는 [Backspace]이다.

02
라이브러리란 실제로 항목을 저장하지 않고 여러 위치에 저장된 파일 및 폴더의 모음을 표시하여 신속하고 편리하게 파일을 관리하는 기능이다.

03
폴더의 [속성] 창에서는 폴더를 삭제할 수 없다. 폴더 삭제는 파일 탐색기에서 가능하다.

| 오답 피하기 |
① [일반] 탭에서 확인 가능하다.
③ [공유] 탭에서 설정 가능하다.
④ [일반] 탭에서 설정 가능하다.

04
폴더의 바로 가기 아이콘은 폴더의 바로 가기 메뉴에서 [바로 가기 만들기]를 선택하여 만들 수 있다.

| 정답 | 01 ③ 02 ② 03 ② 04 ②

개념끝

007 파일과 폴더

기출빈도
A B C D

01 파일과 폴더의 개요

- 파일은 데이터가 디스크에 저장되는 기본 단위이고, 폴더는 관련있는 파일을 모아서 관리하는 장소이다.
- 하나의 폴더에 같은 이름의 파일이나 폴더가 존재할 수 없다.
- 파일이나 폴더의 이름은 255자 이내로 작성하며, 공백을 포함할 수 있다.
- 파일이나 폴더의 이름에는 ₩, /, :, *, ?, ", 〈, 〉, | 등의 문자를 사용할 수 없다.
- 폴더는 일반 항목, 문서, 사진, 음악, 비디오 등의 유형을 선택하여 각 유형에 최적화된 폴더로 사용할 수 있다.

결정적 힌트

파일이나 폴더의 선택, 만들기, 복사, 이동, 삭제, 검색 등은 유용하게 자주 사용할 수 있는 기능들입니다. 직접 실습하면서 익혀두면 쉽게 기억할 수 있고 나중에 활용할 수도 있습니다.

02 파일이나 폴더의 선택

- 연속적으로 여러 개 선택: 첫 번째 파일이나 폴더를 클릭하고 Shift를 누른 상태에서 마지막 파일이나 폴더를 클릭한다.
- 비연속적으로 여러 개 선택: 파일이나 폴더를 클릭하고 Ctrl을 누른 상태에서 선택한 파일이나 폴더를 연속해서 클릭한다.
- 전체 선택: Ctrl+A

03 파일이나 폴더의 사용

(1) 폴더 만들기

리본 메뉴	[홈] 탭-[새로 만들기] 그룹-[새 폴더] 선택
바로 가기 메뉴	바로 가기 메뉴에서 [새로 만들기]-[폴더] 선택
빠른 실행 도구 모음	빠른 실행 도구 모음의 [아이콘] 클릭
바로 가기 키	Ctrl+Shift+N

(2) 복사

리본 메뉴	[홈] 탭-[클립보드] 그룹-[복사] → [홈] 탭-[클립보드] 그룹-[붙여넣기]
바로 가기 메뉴	바로 가기 메뉴에서 [복사] 선택 → 바로 가기 메뉴에서 [붙여넣기] 선택
바로 가기 키	Ctrl+C → Ctrl+V

같은 드라이브	Ctrl + 드래그
다른 드라이브	드래그 또는 Ctrl + 드래그

(3) 이동

리본 메뉴	[홈] 탭 – [클립보드] 그룹 – [잘라내기] → [홈] 탭 – [클립보드] 그룹 – [붙여넣기]
바로 가기 메뉴	바로 가기 메뉴에서 [잘라내기] 선택 → 바로 가기 메뉴에서 [붙여넣기] 선택
바로 가기 키	Ctrl + X → Ctrl + V
같은 드라이브	드래그 또는 Shift + 드래그
다른 드라이브	Shift + 드래그

(4) 삭제

■ 파일이 포함된 폴더도 삭제할 수 있다.

리본 메뉴	[홈] 탭 – [구성] 그룹 – [삭제] – [휴지통으로 이동]/[완전히 삭제] 선택
바로 가기 메뉴	바로 가기 메뉴에서 [삭제] 선택
바로 가기 키	Delete

(5) 이름 바꾸기

리본 메뉴	[홈] 탭 – [구성] 그룹 – [이름 바꾸기] 선택
바로 가기 메뉴	바로 가기 메뉴에서 [이름 바꾸기] 선택
바로 가기 키	F2
마우스	파일이나 폴더 클릭 → 다시 클릭

04 파일이나 폴더의 검색

- [검색 상자]에 찾으려는 파일이나 폴더를 입력하면 자동으로 검색되어 결과가 표시된다.
- '*'나 '?' 등의 와일드카드 문자(만능 문자)를 사용하여 검색할 수 있다.
- 검색 내용에 '–'를 붙이면 해당 내용이 포함되지 않은 파일이나 폴더를 검색한다.
- 검색 저장 기능을 이용하면 다음에 사용할 때 해당 검색과 일치하는 최신 파일을 표시한다.
- [시작( )]의 오른쪽에 있는 [검색 상자]에서는 검색 필터를 사용할 수 없다.

▼ 와일드카드 문자(만능 문자)

문자를 대신하여 사용할 수 있는 문자로 '*'는 모든 문자를 대신할 수 있고, '?'는 한 문자를 대신할 수 있다.

예 컴?: 컴으로 시작하고 파일명이 두 글자인 파일을 모두 검색

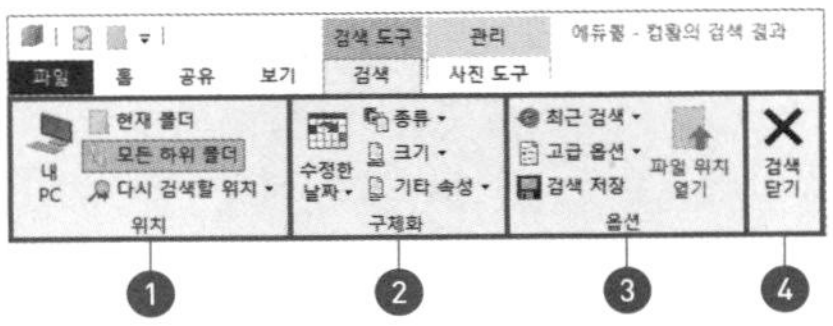

❶ 위치	내 PC	내 PC에서 검색
	현재 폴더	현재 선택된 폴더에서 검색
	모든 하위 폴더	현재 선택된 폴더의 모든 하위 폴더에서 검색
	다시 검색할 위치	다른 위치에서 다시 검색
❷ 구체화	수정한 날짜	오늘, 어제, 이번 주, 지난 주, 이번 달, 지난 달, 올해, 작년 중에서 선택하여 검색
	종류	일정, 통신, 연락처, 문서, 전자 메일 등을 선택하여 검색
	크기	파일 크기를 지정하여 검색
	기타 속성	유형, 이름, 폴더 경로, 태그 등을 지정하여 검색
❸ 옵션	최근 검색	최근 검색한 기록을 보거나 [검색 기록 지우기]로 검색 기록을 삭제
	고급 옵션	색인된 위치를 변경하거나 색인되지 않은 위치를 지정
	검색 저장	검색한 조건을 저장
	파일 위치 열기	검색된 파일의 위치를 열어줌
❹ 검색 닫기		검색 결과 창과 검색 탭을 닫음

▼ [구체화] 그룹 – 종류

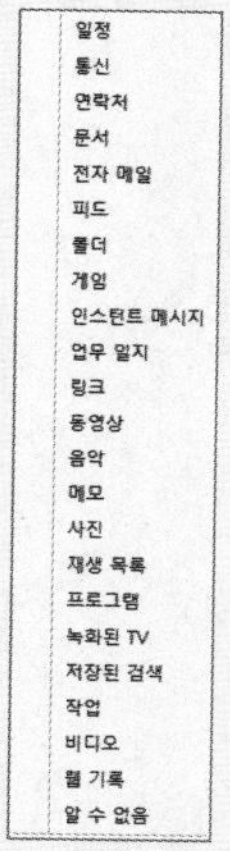

▼ [구체화] 그룹 – 크기

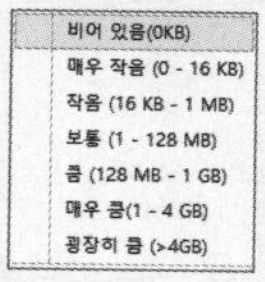

05 연결 프로그램

- 문서나 그림 등의 데이터 파일을 더블클릭할 때 자동으로 실행되는 응용 프로그램을 말한다.
- 파일의 확장명에 따라 연결 프로그램이 자동으로 결정된다.
- 파일의 바로 가기 메뉴에서 [연결 프로그램]을 선택하여 변경할 수 있다.
- 연결 프로그램이 지정되지 않았을 경우 파일을 더블클릭하면 연결 프로그램을 선택하기 위한 창이 표시된다.

▼ 파일의 바로 가기 메뉴

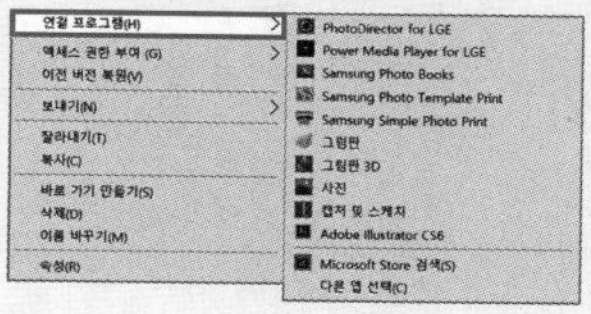

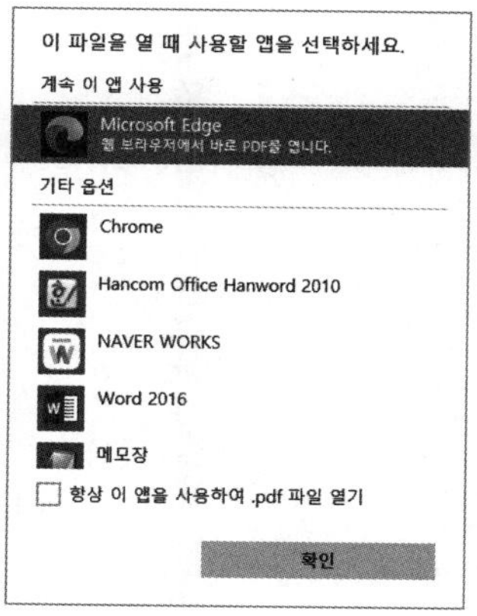

결정적 힌트

폴더 옵션은 사용자에게는 어려운 개념이지만 시험에 잘 출제되는 부분이므로 시험에 자주 출제된 항목을 중심으로 꼼꼼하게 학습하는 것이 좋습니다.

06 폴더 옵션

- 항목을 실행하는 방법과 항목의 표시 여부 등 폴더에 관한 각종 옵션을 지정할 수 있다.
- 파일 탐색기에서 [보기] 탭–[옵션]을 클릭하여 [폴더 옵션] 대화상자를 실행한다.

(1) [일반] 탭

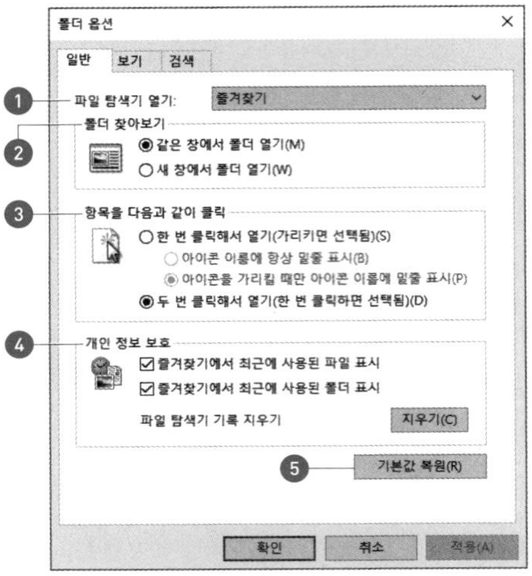

❶ 파일 탐색기 열기	파일 탐색기를 열 때 기본 위치를 '즐겨찾기'나 '내 PC' 중에서 선택
❷ 폴더 찾아보기	폴더를 열 때 같은 창에서 열 것인지, 새 창에서 열 것인지 선택
❸ 항목을 다음과 같이 클릭	마우스로 한 번 클릭해서 열 것인지, 두 번 클릭해서 열 것인지를 선택
❹ 개인 정보 보호	즐겨찾기에서 최근에 사용된 파일이나 폴더의 표시 여부를 지정하고, 파일 탐색기 기록을 삭제
❺ [기본값 복원]	'같은 창에서 폴더 열기'와 '두 번 클릭해서 열기'가 선택됨

(2) [보기] 탭

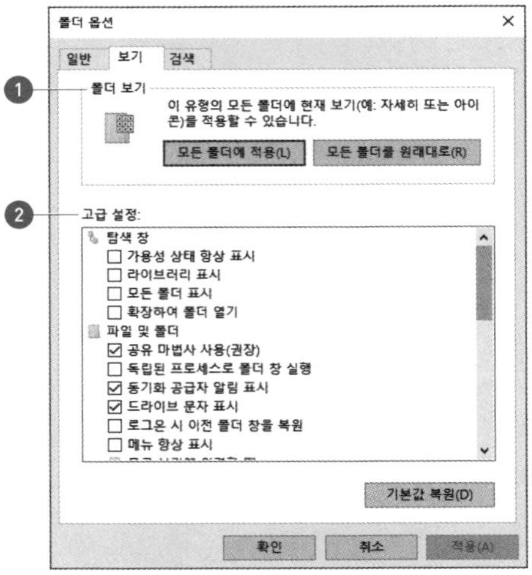

❶ 폴더 보기	현재 폴더의 보기를 모든 폴더에 적용할지의 여부를 설정
❷ 고급 설정	라이브러리 표시, 모든 폴더 표시, 미리 보기에 파일 아이콘 표시, 보호된 운영 체제 파일 숨기기, 숨김 파일 및 폴더 또는 드라이브의 표시 여부, 알려진 파일 형식의 파일 확장명 숨기기, 제목 표시줄에 전체 경로 표시 등을 지정

(3) [검색] 탭

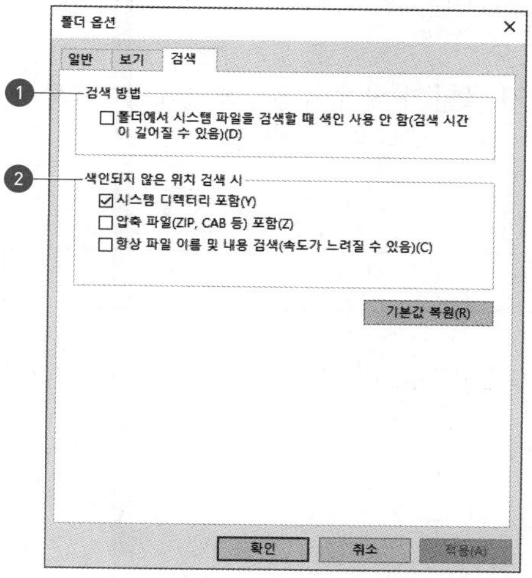

❶ 검색 방법	폴더에서 시스템 파일을 검색할 때 색인 사용 여부를 지정하며, 색인 사용을 허용하면 검색이 빨라짐
❷ 색인되지 않은 위치 검색 시	시스템 디렉터리 포함, 압축 파일(ZIP, CAB 등) 포함, 항상 파일 이름 및 내용 검색 여부를 지정

개념 플러스 삭제할 경우 시스템에 영향을 미칠 수 있는 대표적인 파일

확장명이 .EXE, .COM, .SYS, .INI 등인 파일이다.

07 파일 및 폴더의 공유

- 파일, 폴더, 프린터 등 컴퓨터 자원을 다른 사용자가 접근하여 사용할 수 있도록 설정하는 기능이다.
- 폴더 [속성] 창의 [공유] 탭에서 [공유] 단추를 클릭하여 지정한다.

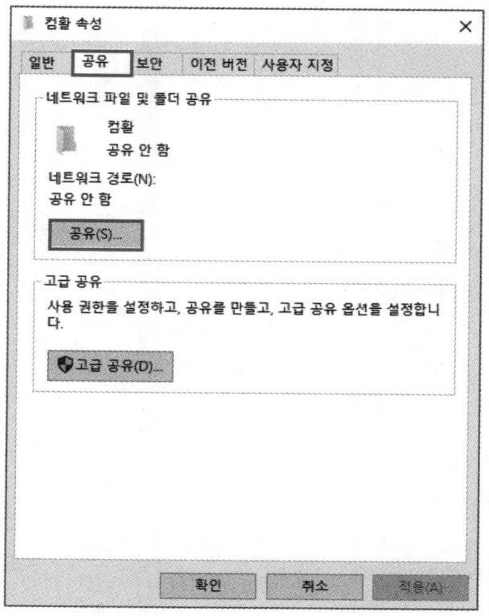

- 공유 폴더에 대한 접근 권한을 사용자에 따라 다르게 설정할 수 있다.
- 탐색기의 주소 표시줄에 '\\localhost'를 입력하면 네트워크를 통해 공유한 파일이나 폴더를 확인할 수 있다.
- 공유한 파일명 뒤에 $ 기호를 붙이면 '숨긴 공유 폴더'가 되어 목록에 보이지 않으므로 다른 사용자가 공유 여부를 알 수 없다.

08 파일 및 폴더의 암호화

- 폴더 [속성] 창의 [일반] 탭에서 [고급] 단추를 클릭하고 [고급 특성] 대화상자에서 '데이터 보호를 위해 내용을 암호화'에 체크한다.

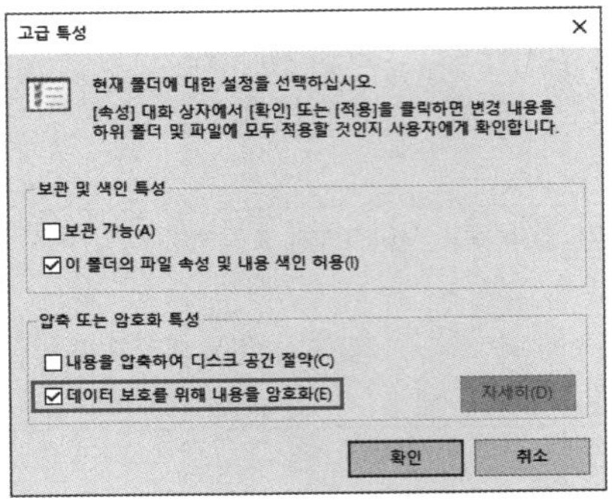

- 폴더 또는 파일을 처음 암호화할 때 암호화 인증서가 자동으로 생성된다.
- 암호화한 파일 또는 폴더에 대한 액세스를 원하는 다른 사용자는 자신의 EFS (Encrypting File System, 암호화 파일 시스템) 인증서를 미리 해당 파일에 추가해야 한다.
- 파일 또는 폴더의 암호화에 사용되는 암호화 키는 항상 암호화 인증서와 관련되어 있거나 연결되어 있다.

▼ **EFS(Encrypting File System)**

Windows 10에서 파일 및 폴더를 암호화하는 방식으로 Windows 10 PRO에서만 가능하다. EFS를 이용하여 암호화한 파일이나 폴더는 암호화한 Windows 로그인을 통해서만 해독이 가능하다.

Warming UP 기출로 개념 확인

01 또 나올 문제 2020.07

다음 중 파일이나 폴더를 복사하거나 이동하는 방법으로 옳지 않은 것은?

① 폴더를 마우스로 선택한 후 동일한 드라이브의 다른 폴더로 끌어서 놓으면 이동이 된다.
② USB에 저장되어 있는 파일을 마우스로 선택한 후 바탕 화면으로 끌어서 놓으면 복사가 된다.
③ 파일을 마우스로 선택한 후 Ctrl을 누른 채 같은 드라이브의 다른 폴더로 끌어서 놓으면 복사가 된다.
④ 폴더를 마우스로 선택한 후 Alt를 누른 채 같은 드라이브의 다른 폴더로 끌어서 놓으면 이동이 된다.

02 2016.10

다음 중 Windows 10에서 하드디스크의 파일을 삭제할 경우 시스템에 영향을 미칠 수 있는 파일로 주의해야 하는 파일 확장명에 해당하지 않는 것은?

① .exe
② .ini
③ .sys
④ .tmp

03 또 나올 문제 2021.상시, 2015.03

다음 중 Windows 10 탐색기에서 파일이나 폴더를 선택하는 방법으로 옳은 것은?

① 폴더 내의 모든 항목을 선택하려면 Alt+A를 누른다.
② 선택한 항목 중에서 하나 이상의 항목을 제외하려면 Ctrl을 누른 상태에서 제외할 항목을 클릭한다.
③ 연속되어 있지 않은 파일이나 폴더를 선택하려면 Shift를 누른 상태에서 선택하려는 각 항목을 클릭한다.
④ 연속되는 여러 개의 파일이나 폴더 그룹을 선택하려면 첫째 항목을 클릭한 다음 Ctrl을 누른 상태에서 마지막 항목을 클릭한다.

바로 보는 해설

01
Alt를 누른 채 같은 드라이브의 다른 폴더로 끌어서 놓으면 바로 가기가 만들어진다. 폴더를 이동시키기 위해서는 마우스로 선택한 후 같은 드라이브의 다른 폴더로 끌어서 놓아야 한다.

02
.tmp는 임시 파일의 확장명으로, 삭제해도 시스템에 영향을 미치지 않는다.

| 오답 피하기 |
① .exe: 실행 파일 확장명
② .ini: 응용 프로그램이나 Windows 자체의 초기 설정에 필요한 정보가 들어 있는 파일 확장명
③ .sys: Windows 시스템 파일 확장명

03
| 오답 피하기 |
① 폴더 내의 모든 항목을 선택하는 바로 가기 키는 Ctrl+A이다.
③ 연속되어 있지 않은 파일이나 폴더를 선택하려면 Ctrl을 누른 상태에서 선택하려는 각 항목을 클릭한다.
④ 연속되는 여러 개의 파일이나 폴더 그룹을 선택하려면 첫째 항목을 클릭한 다음 Shift를 누른 상태에서 마지막 항목을 클릭한다.

| 정답 | 01 ④ 02 ④ 03 ②

개념끝 008

보조 프로그램

기출빈도 A B C D

01 메모장

결정적 힌트

보조 프로그램의 사용법은 시험에 자주 출제되는 부분은 아닙니다. 메모장과 그림판을 중심으로 직접 실행해 보고 특징을 가볍게 학습하도록 합니다.

(1) 메모장의 개념

서식이 없는 간단한 텍스트 파일이나 웹 페이지를 편집하는 기본 텍스트 편집기이다.

| 실행 방법

방법1	[시작(⊞)]-[Windows 보조프로그램]-[메모장] 선택
방법2	⊞ + R → 'notepad' 입력 후 [확인]
방법3	검색 상자에 '메모장' 입력 후 Enter

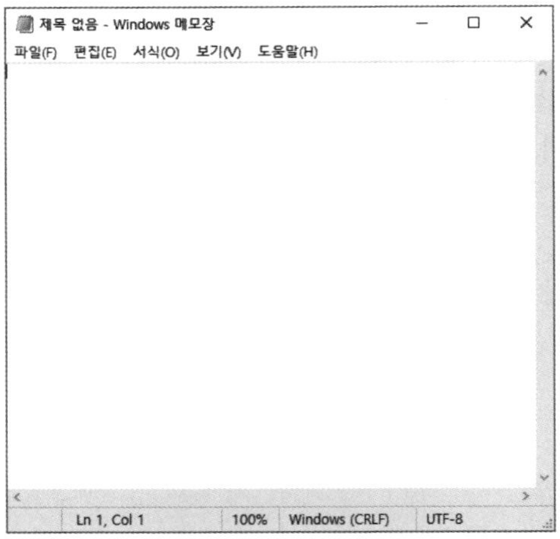

(2) 메모장의 특징

- 기본 파일 확장명은 .TXT이다.
- 그림이나 차트 등의 OLE 개체는 삽입할 수 없다.
- 특정한 문자열을 찾고 바꾸거나, 창의 크기에 맞춰 줄을 바꿀 수 있다.
- F5를 누르거나 첫 줄 왼쪽에 '.LOG'를 입력하여 현재의 시간과 날짜를 자동으로 삽입할 수 있다.
- 글꼴, 글꼴 스타일, 글자 크기의 변경은 가능하지만, 글자색은 변경할 수 없다.
- [편집]-[이동] 메뉴를 선택하여 문서의 특정 줄로 이동할 수 있으나, 자동 줄 바꿈이 설정된 경우에는 이동할 수 없다.
- [파일]-[페이지 설정] 메뉴를 선택하고 [페이지 설정] 대화상자에서 머리글과 바닥글을 설정할 수 있다.

▼ OLE(Object Linking and Embedding)

Windows 환경에서 각종 응용 프로그램 간의 데이터 교환을 위해 서로의 데이터를 공유하는 기능이다.

▼ 현재의 시간과 날짜 삽입

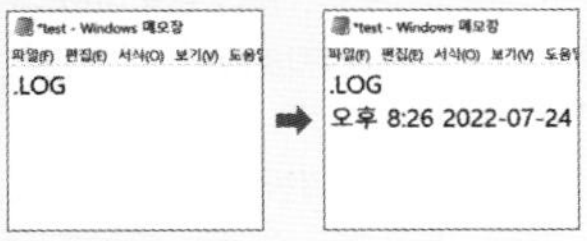

02 워드패드

(1) 워드패드의 개념

다양한 서식을 적용할 수 있는 문서 작성기이다.

| 실행 방법

방법1	[시작(⊞)]–[Windows 보조프로그램]–[워드패드] 선택
방법2	⊞ + R → 'wordpad' 입력 후 [확인]
방법3	검색 상자에 '워드패드' 입력 후 Enter

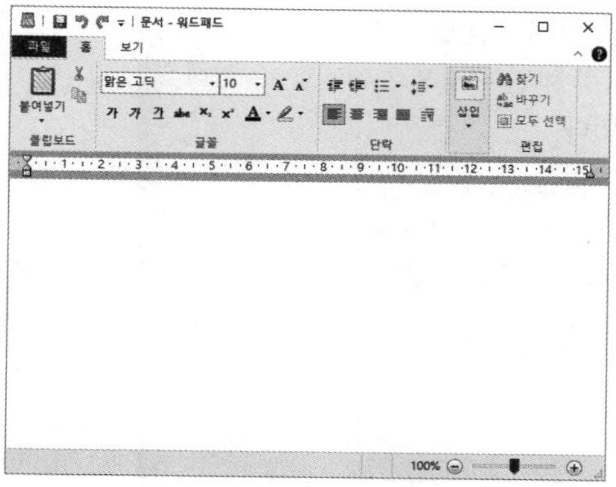

(2) 워드패드의 특징

- 기본 파일 확장명은 .RTF이다.
- 글꼴, 글꼴 크기, 서식(굵게, 기울임, 밑줄, 취소선, 아래 첨자, 위 첨자, 텍스트 강조색)을 지정할 수 있다.
- 내어쓰기, 들여쓰기, 글머리 기호, 줄 간격, 맞춤, 단락 등을 지정할 수 있다.
- 사진, 그림판 그림, 날짜 및 시간, OLE 개체 삽입이 가능하다.
- 찾기, 바꾸기, 모두 선택 기능을 지원한다.
- 매크로, 스타일, 선 그리기 등의 고급 편집 기능은 지원하지 않는다.

▼ .RTF(Rich Text Format)
마이크로소프트사가 1987년에 개발한 서식 있는 텍스트 파일 형식이다.

03 그림판

(1) 그림판의 개념

Windows에서 기본으로 제공하는 그림 편집 프로그램이다.

| 실행 방법

방법1	[시작(⊞)]–[Windows 보조프로그램]–[그림판] 선택
방법2	⊞ + R → 'mspaint' 또는 'pbrush' 입력 후 [확인]
방법3	검색 상자에 '그림판' 입력 후 Enter

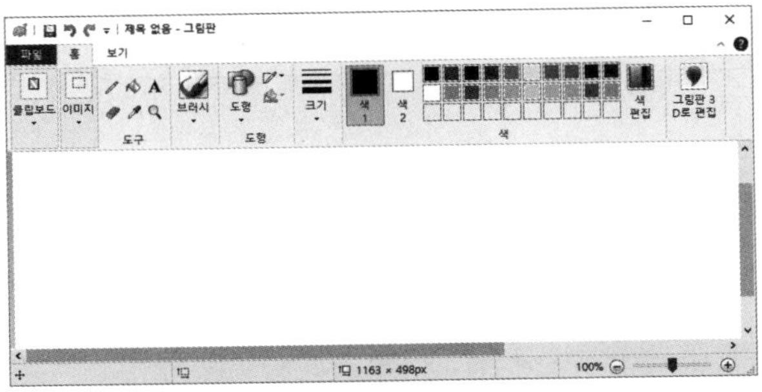

(2) 그림판의 특징

- 기본 파일 확장명은 .PNG이다.
- 파일 확장명을 .BMP, .JPG, .GIF, .TIF 등으로 저장할 수 있다.
- 작성한 그림은 다른 문서에 붙여넣거나 바탕 화면 배경으로 지정할 수 있다.
- 그림의 특정 영역을 선택하여 저장할 수 있다.
- 선택한 영역을 회전하거나 대칭 이동할 수 있다.
- Shift를 누른 상태에서 수평선, 수직선, 45° 대각선, 정사각형, 정원 등을 그릴 수 있다.
- 마우스 왼쪽 단추를 누르고 드래그하면 색1, 마우스 오른쪽 단추를 누르고 드래그하면 색2로 그림을 그릴 수 있다.
- 레이어 기능은 이용할 수 없다.

04 원격 데스크톱 연결

(1) 원격 데스크톱 연결의 개념

한 컴퓨터에서 다른 위치의 원격 컴퓨터에 연결하는 기능을 실행하는 앱이다.

| 실행 방법

방법1	[시작(⊞)]−[Windows 보조프로그램]−[원격 데스크톱 연결] 선택
방법2	⊞ + R → 'mstsc' 입력 후 [확인]
방법3	검색 상자에 '원격 데스크톱 연결' 입력 후 Enter

(2) 원격 데스크톱 연결의 특징

- 현재의 컴퓨터 앞에서 원격 위치의 데스크톱 컴퓨터에 연결하여 응용 프로그램을 해당 콘솔 앞에서 실행하고, 파일 및 네트워크 리소스에 액세스할 수 있는 것을 의미한다.

• 원격에 있는 컴퓨터에서 음악 또는 기타 소리를 사용자의 컴퓨터에서 재생하거나 녹음할 수 있다.
• 원격 작업을 하려면 네트워크에 연결된 컴퓨터와 제2의 원격 컴퓨터가 있어야 한다.

| 원격 지원을 허용하는 방법

방법	[시작(⊞)]–[설정]–[시스템]–[원격 데스크톱]에서 '원격 데스크톱 활성화'를 '켬'으로 설정

05 기타 보조 프로그램

Math Input Panel	마우스나 펜을 이용하여 수식을 작성하고 문서에 삽입할 수 있는 기능
Windows 팩스 및 스캔	팩스를 주고받거나 스캔된 문서를 팩스로 보낼 수 있는 기능
Windows Media Player	Windows에서 제공하는 앱으로 오디오, CD, MP3, 동영상 파일 등의 멀티미디어를 재생하는 기능
단계 레코더	컴퓨터에서 수행하는 작업의 정확한 단계를 녹화해 주는 기능
▼ 문자표	특수문자나 다양한 기호를 입력하도록 지원하는 기능
빠른 지원	다른 위치의 컴퓨터에 접속하여 원격 지원을 하거나, 원격 지원을 받는 기능
캡처 도구	화면 일부나 전체를 캡처해서 PNG, GIF, JPG, HTML 형식으로 저장하는 기능

▼ 문자표

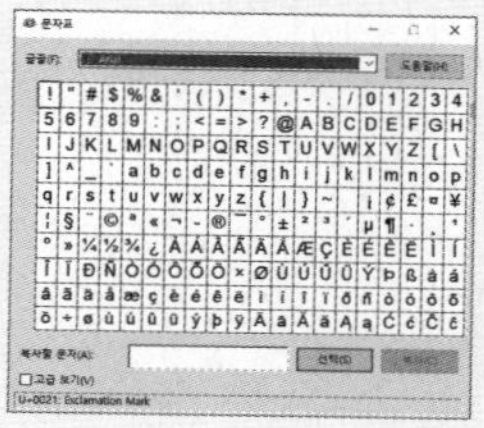

Warming UP 기출로 개념 확인

01 (또 나올 문제) 2019.03

다음 중 Windows 10의 [메모장]에 대한 설명으로 옳지 않은 것은?

① 작성한 문서를 저장할 때 확장명은 기본적으로 .txt가 부여된다.
② 특정한 문자열을 찾을 수 있는 찾기 기능이 있다.
③ 그림, 차트 등의 OLE 개체를 삽입할 수 있다.
④ 현재 시간/날짜를 삽입하는 기능이 있다.

02 2017.03

다음 중 Windows 10의 원격 지원에 대한 설명으로 옳지 않은 것은?

① 다른 사용자에게 도움을 주기 위해서는 먼저 원격 지원을 시작한 후 도움 받을 사용자가 들어오는 연결을 기다려야 한다.
② 다른 사용자의 도움을 요청할 때에는 '간편 사용 접속'을 사용하거나 '도움 요청 파일'을 사용할 수 있다.
③ '간단한 연결'은 두 컴퓨터 모두 Windows 10을 실행하고 인터넷에 연결되어 있는 경우에 좋은 방법이다.
④ '도움 요청 파일'은 다른 사용자의 컴퓨터에 연결할 때 사용할 수 있는 특수한 유형의 원격 지원 파일이다.

바로 보는 해설

01
메모장은 텍스트(TXT) 형식의 문서 작성과 편집이 가능하나 그림, 차트 등의 OLE 개체를 삽입할 수 없다.

02
다른 사용자에게 도움을 주기 위해서는 먼저 도움 받을 사용자가 기다리고 있고, 그 후에 도움을 주는 사용자가 연결하여 시작해야 한다.

| 정답 | 01 ③ 02 ①

개념끝 009

작업 관리자와 명령 프롬프트

기출빈도 A B **C** D

01 작업 관리자

결정적 힌트

작업 관리자는 Windows 10에서 유용하게 활용할 수 있습니다. 작업 시 갑자기 응답이 없는 앱이 있을 때 작업 관리자를 실행한 후 해당 앱만 종료할 수 있습니다. 문제 발생 시 익숙하게 사용할 수 있도록 잘 기억해 두도록 합니다.

(1) 작업 관리자의 개념

현재 실행 중인 응용 프로그램이나 프로세스에 대한 정보를 확인할 수 있다.

| 실행 방법

방법1	[시작(⊞)]–[Windows 시스템]–[작업 관리자] 선택
방법2	[시작(⊞)]의 바로 가기 메뉴에서 [작업 관리자] 선택
방법3	Ctrl+Shift+Esc
방법4	Ctrl+Alt+Delete를 누른 후 [작업 관리자] 선택

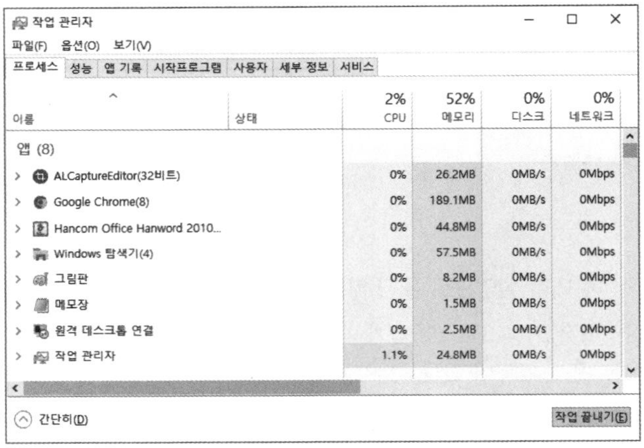

(2) 작업 관리자의 특징

- 실행 중인 앱을 [작업 끝내기]로 종료할 수 있으나 실행 순서를 변경할 수는 없다.
- 현재 사용 중인 CPU, 메모리, 디스크, 네트워크 등의 사용 현황을 확인할 수 있다.
- 컴퓨터에 연결된 사용자 및 작업 상황을 확인할 수 있고, 둘 이상의 사용자가 연결된 경우 사용자에게 메시지를 보낼 수 있다.

02 명령 프롬프트

(1) 명령 프롬프트의 개념

MS-DOS 명령 및 기타 컴퓨터 명령을 텍스트 기반으로 실행하는 앱이다.

| 실행 방법

방법1	[시작(⊞)]–[Windows 시스템]–[명령 프롬프트] 선택
방법2	⊞ + R → 'cmd' 입력 후 [확인]
방법3	검색 상자에 '명령 프롬프트' 입력 후 Enter

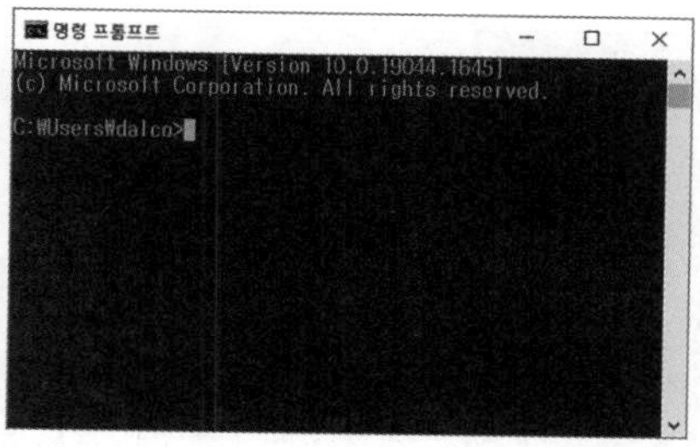

▼ [명령 프롬프트]의 [속성] 창

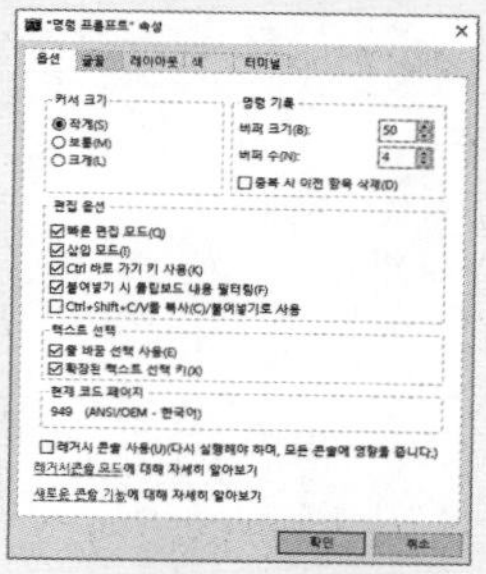

(2) 명령 프롬프트의 특징

- [명령 프롬프트] 창에서 'exit'를 입력하여 종료할 수 있다.
- [명령 프롬프트] 창에서 표시되는 텍스트를 복사하여 메모장에 붙여 넣을 수 있다.
- [명령 프롬프트] 창의 제목 표시줄의 바로 가기 메뉴에서 [속성]을 선택하면 글꼴, 글꼴 크기, 색, 커서 크기 등을 지정할 수 있다.

Warming UP 기출로 개념 확인

01 (또 나올 문제) 2019.03, 2013.06

다음 중 Windows 10의 [작업 관리자]에서 설정할 수 있는 작업으로 옳지 않은 것은?

① 실행 중인 앱을 [작업 끝내기]로 종료할 수 있다.
② 현재 실행 중인 프로세스와 프로세스에서 실행되는 서비스를 볼 수 있다.
③ CPU 사용 정도와 CPU 사용 현황을 확인할 수 있다.
④ 실행 중인 앱의 실행 순서를 변경할 수 있다.

02 2016.03(1급), 2014.10(1급)

다음 중 Windows 10에서 [명령 프롬프트]에 대한 설명으로 옳지 않은 것은?

① MS-DOS 명령 및 기타 컴퓨터 명령을 실행할 수 있다.
② [명령 프롬프트] 창에서 표시되는 텍스트를 복사하여 메모장에 붙여넣을 수 있다.
③ [실행] 창에서 'command'를 입력하여 실행할 수 있다.
④ [명령 프롬프트] 창에서 'exit'를 입력하여 종료할 수 있다.

바로 보는 해설

01
실행 중인 앱의 실행 순서를 변경할 수는 없다.

02
명령 프롬프트는 [실행] 창에서 'cmd'를 입력하여 실행할 수 있다.

| 정답 | 01 ④ 02 ③

개념끝

010 인쇄

기출빈도 A B C D

결정적 힌트

인쇄에 관련된 내용은 모두 시험에 자주 출제되는 부분입니다. 프린터 설치, 기본 프린터, 프린터 공유, 스풀, 인쇄 관리자 등 모든 내용을 숙지해 두도록 합니다.

01 프린터 설치

| 실행 방법

방법	[시작(⊞)]–[설정]–[장치]–[프린터 및 스캐너]–[프린터 또는 스캐너 추가] 선택

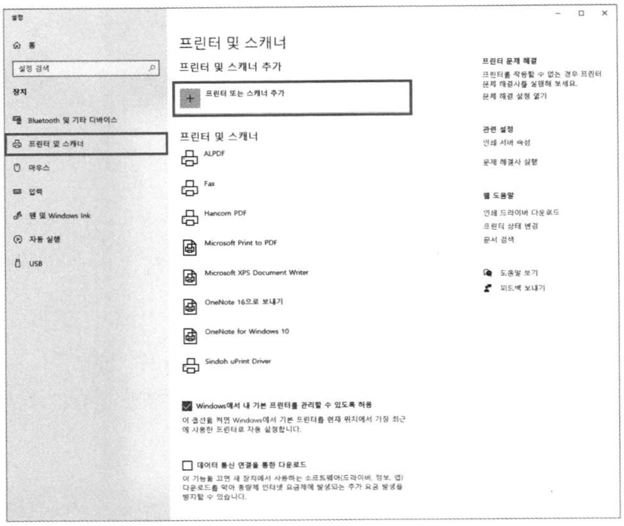

- 설치할 프린터 유형: 로컬 프린터와 네트워크, 무선, 블루투스(Bluetooth) 프린터
- 로컬 프린터 설치 시 USB 모델의 프린터를 컴퓨터에 연결하면 Windows에서 자동으로 검색하고 설치한다.
- 블루투스 프린터를 설치하려면 컴퓨터에 블루투스 무선 어댑터를 연결하거나 켠 후 [프린터 또는 스캐너 추가]를 실행한다.
- 네트워크 프린터는 연결할 프린터의 포트가 자동으로 지정되므로 포트를 지정하지 않는다.

▼ **로컬 프린터**

PC와 직접 연결된 프린터이다.

▼ **네트워크, 무선, 블루투스 프린터**

네트워크상에 연결된 프린터나 무선, 블루투스로 연결이 지원되는 프린터이다.

02 기본 프린터

- 특정 프린터를 설정하지 않았을 때 자동으로 인쇄 작업을 처리하는 프린터이다.
- [장치 및 프린터] 창에서 기본 프린터에는 프린터 아이콘에 확인 표시(✔)가 나타난다.
- 기본 프린터는 한 대만 지정할 수 있고, 다른 프린터로 변경할 수 있다.
- 기본 프린터로 설정된 프린터도 삭제할 수 있다.

▼ **[제어판]의 [장치 및 프린터] 창**

[장치 및 프린터] 창에는 사용자 컴퓨터, 컴퓨터의 USB 포트에 연결하는 모든 장치, 컴퓨터에 연결된 호환 네트워크 장치가 표시되지만, 하드디스크 드라이브와 사운드 카드는 표시되지 않는다.

• 원하는 프린터를 선택하고 [관리]–[기본값으로 설정]을 선택하여 기본 프린터로 지정한다.

03 프린터의 공유

• 프린터를 선택하고 [관리]–[프린터 속성]을 선택한 후 [프린터 속성] 대화상자의 [공유] 탭에서 설정한다.
• '이 프린터 공유'를 선택하고, 프린터의 이름을 지정한 후 [확인]을 클릭한다.

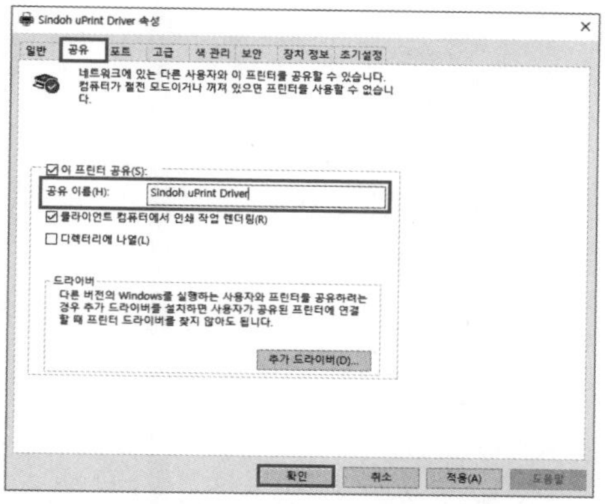

• 한 대의 프린터를 여러 대의 컴퓨터에서 공유하여 사용할 수 있다.
• 같은 네트워크에서 여러 대의 프린터를 공유할 수 있다.

04 프린터 스풀(SPOOL)

• 프린터와 같은 저속의 입·출력장치를 CPU와 동시에 작동시켜서 컴퓨터의 전체 효율을 향상시키는 기능이다.
• [프린터 속성] 대화상자의 [고급] 탭에서 설정한다.

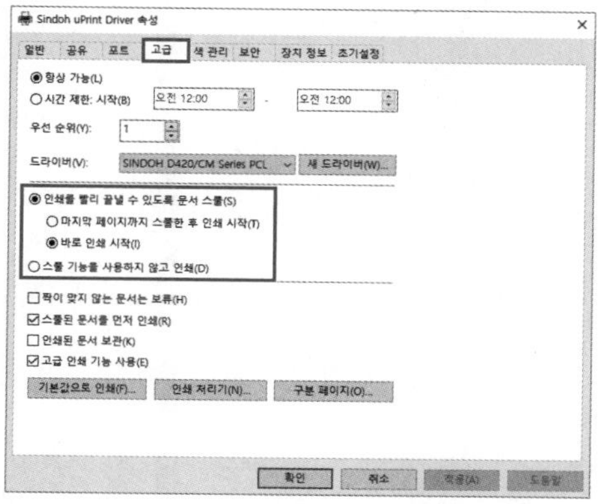

- 프린터에서 인쇄하기 전에 인쇄 내용을 하드디스크에 임시로 보관하는 것이다.
- 인쇄 도중에도 다른 작업을 할 수 있는 병행 처리가 가능하지만, 인쇄 속도가 빨라지는 것은 아니다.

05 인쇄 관리자

- 인쇄가 실행될 때 작업 표시줄의 알림 영역에 프린터 모양의 아이콘()을 더블클릭하여 [인쇄 관리자] 창을 열 수 있다.
- 인쇄 대기 중인 문서의 출력 대기 순서를 임의로 변경할 수 있다.
- 인쇄 작업이 시작된 문서도 중간에 강제로 종료할 수 있다.
- 인쇄 대기 중인 문서를 삭제할 수 있다.

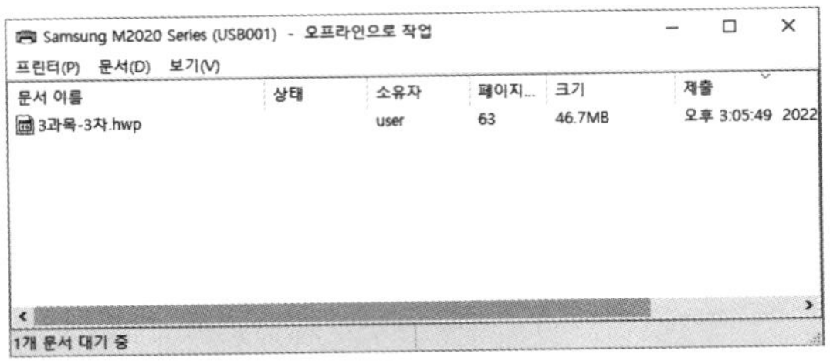

Warming UP 기출로 개념 확인

01 또 나올 문제

2016.10

다음 중 Windows 10의 인쇄 기능에 대한 설명으로 옳지 않은 것은?

① 기본 프린터란 인쇄 시 특정 프린터를 지정하지 않아도 자동으로 인쇄되는 프린터를 말한다.
② 프린터 속성 창에서 공급용지의 종류, 공유, 포트 등을 설정할 수 있다.
③ 인쇄 대기 중인 작업은 취소시킬 수 있다.
④ 인쇄 중인 작업은 취소할 수는 없으나 잠시 중단시킬 수 있다.

02

2019.03

다음 중 Windows 10에서 프린터 설치에 대한 설명으로 옳지 않은 것은?

① [설정]-[장치]-[프린터 및 스캐너]에서 [프린터 또는 스캐너 추가]를 선택해 프린터를 추가한다.
② 설치할 프린터 유형은 로컬 프린터와 네트워크, 무선 또는 Bluetooth 프린터 중에서 하나를 선택할 수 있다.
③ 네트워크 프린터를 선택한 경우에는 연결할 프린터의 포트를 지정한다.
④ 컴퓨터에 설치된 여러 대의 프린터 중에 현재 설치 중인 프린터를 기본 프린터로 설정할 것인지 선택한다.

03

2015.03

다음 중 프린터의 스풀 기능에 관련된 설명으로 옳지 않은 것은?

① 프린터와 같은 저속의 입·출력 장치를 CPU와 병행하여 작동시켜 컴퓨터의 전체 효율을 향상시켜 준다.
② 프린터가 인쇄 중이라도 다른 응용 프로그램을 실행할 수 있다.
③ 인쇄 대기 중인 문서의 용지 방향, 용지 종류, 인쇄 매수 등의 설정을 변경할 수 있다.
④ 기본적으로 모든 사용자는 자신의 문서에 대해 인쇄 일시 중지, 계속, 다시 시작, 취소를 할 수 있다.

바로 보는 해설

01
인쇄 중인 작업은 취소하거나 잠시 중단시킬 수 있다.

02
네트워크 프린터는 연결할 프린터의 포트가 자동으로 지정되므로 포트를 지정하지 않는다.

03
스풀은 프린터에서 인쇄하기 전에 인쇄 내용을 하드디스크에 임시로 보관하는 기능으로 인쇄 대기 중인 문서의 용지 방향, 용지 종류, 인쇄 매수 등의 설정을 변경할 수는 없다.

| 정답 | 01 ④ 02 ③ 03 ③

기출선지 OX 퀴즈

01 에어로 피크는 모든 창을 최소화할 필요 없이 바탕 화면을 빠르게 미리 보거나, 작업 표시줄의 해당 아이콘을 가리켜서 열린 창을 미리 볼 수 있게 하는 기능이다. (O / X)

02 라이브러리는 작업 표시줄에서 프로그램 아이콘을 마우스 오른쪽 단추로 클릭하여 최근에 열린 파일 목록을 확인할 수 있게 한다. (O / X)

03 플러그 앤 플레이는 하드웨어 장치의 설치나 드라이버 확장 시 사용자의 편의를 돕기 위해 사용자가 직접 설정할 필요 없이 운영체제가 자동으로 인식하게 하는 기능이다. (O / X)

04 Alt + Enter는 선택한 항목의 [속성] 창을 표시하는 바로 가기 키이다. (O / X)

05 바탕 화면에서 아래 그림과 같이 열려있는 모든 창들을 미리 보기로 보면서 활성 창을 전환할 수 있는 바로 가기 키는 Alt + Esc이다. (O / X)

06 바로 가기 아이콘의 확장명은 '*.exe'이다. (O / X)

07 하나의 원본 파일에 대하여 여러 개의 바로 가기 아이콘을 만들 수 있다. (O / X)

08 바로 가기 아이콘은 폴더, 디스크 드라이버, 프린터 등 모든 항목에 대해 만들 수 있다. (O / X)

09 파일을 선택한 후 Ctrl + Shift를 누른 채 다른 위치로 끌어다 놓으면 해당 파일이 복사된다. (O / X)

10 프로그램의 점프 목록을 보려면 작업 표시줄의 프로그램 아이콘을 마우스 오른쪽 단추로 클릭한다. (O / X)

11 점프 목록에서 항목을 제거하려면 프로그램의 점프 목록에서 항목을 가리킨 다음 Delete를 누른다. (O / X)

12 마우스 포인터 위치에 따라 작업 표시줄이 표시되지 않도록 작업 표시줄 자동 숨기기를 설정할 수 있다. (O / X)

13 작업 표시줄 아이콘 만들기 기능을 이용하여 작업 표시줄의 바로 가기 아이콘을 바탕 화면에 설정할 수 있다. (O / X)

14 아이콘 자동 정렬은 작업 표시줄의 바로 가기 메뉴에서 설정할 수 있다. (O / X)

15 네트워크 드라이브의 파일을 바로 가기 메뉴의 [삭제]를 클릭하여 삭제한 경우, 파일이 휴지통에 임시 보관된다. (O / X)

16 휴지통은 하드디스크 드라이브마다 두 개씩 만들 수 있다. (O / X)

17 휴지통에 보관된 파일이나 폴더의 이름을 변경할 수 있다. (O / X)

18 [파일 탐색기]는 컴퓨터에 설치된 디스크 드라이브, 파일 및 폴더 등을 관리하는 기능을 가진다. (O / X)

19 라이브러리는 폴더와 달리 실제로 항목을 저장하지 않고 여러 위치에 저장된 파일 및 폴더의 모음을 표시함으로써 보다 신속하고 편리하게 파일을 관리할 수 있도록 한다. (O / X)

20 폴더의 [속성] 창에서 폴더의 특정 하위 폴더를 삭제할 수 있다. (O / X)

21 USB에 저장되어 있는 파일을 마우스로 선택한 후 바탕 화면으로 끌어서 놓으면 복사가 된다. (O / X)

22 메모장은 그림, 차트 등의 OLE 개체를 삽입할 수 있다. (O / X)

23 [작업 관리자]에서 현재 실행 중인 프로세스와 프로세스에서 실행되는 서비스를 볼 수 있다. (O / X)

24 [작업 관리자]에서 실행 중인 앱의 실행 순서를 변경할 수 있다. (O / X)

25 명령 프롬프트는 [실행] 창에서 'command'를 입력하여 실행할 수 있다. (O / X)

26 한 대의 컴퓨터에는 한 대의 프린터만 설치되어야 하며 한 대의 프린터를 네트워크로 공유하여 여러 대의 컴퓨터에서 사용할 수 있다. (O / X)

27 인쇄 시 특정 프린터를 지정하지 않으면 기본 프린터로 인쇄된다. (O / X)

28 스풀(SPOOL) 기능이 설정되면 인쇄 도중에도 다른 작업을 할 수 있는 병행 처리 기능을 갖게 되어 컴퓨터의 활용성을 높여준다. (O / X)

29 로컬 프린터와 네트워크 프린터 모두 기본 프린터로 설정이 가능하다. (O / X)

30 인쇄 관리자 창에서 인쇄 대기 중인 문서를 편집할 수 있다. (O / X)

| 정답 |

01	O	02	X	03	O	04	O	05	X	06	X	07	O	08	O	09	X	10	O
11	X	12	O	13	X	14	X	15	X	16	X	17	X	18	O	19	O	20	X
21	O	22	X	23	O	24	X	25	X	26	X	27	O	28	O	29	O	30	X

Build UP 기출로 개념 강화

개념끝 001 Windows 10의 특징

01

2015.03

다음 중 컴퓨터의 전원이 연결된 상태에서 장치를 연결하거나 분리할 수 있도록 하는 기능을 의미하는 것은?

① 플러그 앤 플레이(Plug & Play)
② 핫 스와핑(Hot Swapping)
③ 채널(Channel)
④ 인터럽트(Interrupt)

03 (또 나올 문제)

2015.06

다음 중 Windows 10의 작업 표시줄에서 열려있는 프로그램의 미리 보기를 차례대로 표시하는 바로 가기 키는?

① [Win]+[L]
② [Win]+[D]
③ [Win]+[T]
④ [Win]+[F]

개념끝 002 마우스 및 키보드 사용법

02

2019.03

다음 중 Windows 10의 바로 가기 키에 대한 설명으로 옳지 <u>않은</u> 것은?

① [Ctrl]+[Esc]를 누르면 Windows 시작 메뉴를 열 수 있다.
② 바탕 화면에서 아이콘을 선택한 후 [Alt]+[Enter]를 누르면 선택된 항목의 속성 창을 표시한다.
③ 바탕 화면에서 폴더나 파일을 선택한 후 [F2]를 누르면 이름을 변경할 수 있다.
④ 폴더 창에서 [Alt]+[Space Bar]를 누르면 특정 폴더 내의 모든 파일이나 폴더를 선택할 수 있다.

개념끝 003 바탕 화면과 바로 가기 아이콘

04

2021.상시, 2015.03

다음 중 Windows 10에서 사용하는 바로 가기 아이콘에 대한 설명으로 옳지 <u>않은</u> 것은?

① 하나의 원본 파일에 대하여 하나의 바로 가기 아이콘만 만들 수 있다.
② 바로 가기 아이콘을 실행하면 연결된 원본 파일이 실행된다.
③ 다른 컴퓨터나 프린터 등에 대해서도 바로 가기 아이콘을 만들 수 있다.
④ 원본 파일이 있는 위치와 관계없이 만들 수 있다.

05 또 나올 문제 2011.07

다음 중 Windows 10의 바탕 화면에 있는 바로 가기 아이콘에 대한 설명으로 옳지 않은 것은?

① 바로 가기 아이콘의 왼쪽 아래에는 화살표 모양의 그림이 표시된다.
② 바로 가기 아이콘의 이름, 크기, 항목 유형, 수정한 날짜 등의 순으로 정렬하여 표시할 수 있다.
③ 바로 가기 아이콘의 속성 창에서 연결된 대상 파일을 변경할 수 있다.
④ 바로 가기 아이콘을 삭제하면 연결된 실제의 대상 파일도 삭제된다.

06 2012.09

다음 중 Windows 10에서 바탕 화면에 바로 가기 아이콘을 만들기 위한 방법으로 옳지 않은 것은?

① 바탕 화면의 바로 가기 메뉴에서 [새로 만들기]-[바로 가기]를 선택한 후에 실행 파일을 찾아 바로 가기 아이콘을 생성한다.
② [파일 탐색기] 창에서 실행 파일을 마우스 오른쪽 버튼으로 누른 상태에서 바탕 화면으로 드래그한 후에 표시되는 바로 가기 메뉴에서 [여기에 바로 가기 만들기]를 선택한다.
③ [파일 탐색기] 창에서 실행 파일을 Shift를 누른 상태로 바탕 화면에 드래그 한다.
④ [파일 탐색기] 창에서 실행 파일의 바로 가기 메뉴에서 [바로 가기 만들기]를 선택한 후에 같은 폴더 안에 만들어진 해당 바로 가기 아이콘을 바탕 화면으로 드래그 한다.

바로 보는 해설

01 | 오답 피하기 |
① 플러그 앤 플레이: 컴퓨터에 새로운 하드웨어를 설치할 때 해당 하드웨어를 사용하는 데 필요한 시스템 환경을 자동으로 구성하는 기능이다.
③ 채널: CPU 대신 주변 장치에 대한 입·출력을 관리하는 입·출력 전용 프로세서이다.
④ 인터럽트: 컴퓨터가 정상적인 작업을 수행하는 도중에 예기치 않은 일이 발생하면 실행 중인 프로그램을 중단하고, 발생된 일을 먼저 처리한 후 다시 프로그램으로 복귀하여 정상적으로 처리하는 기능이다.

02 폴더 창에서 Alt+Space Bar를 누르면 폴더 창의 바로 가기 메뉴를 표시한다. 특정 폴더 내의 모든 파일이나 폴더를 선택하는 바로 가기 키는 Ctrl+A이다.

03 | 오답 피하기 |
① ⊞+L: 컴퓨터 잠금 또는 사용자 전환
② ⊞+D: 바탕 화면 보기
④ ⊞+F: 피드백 허브 앱을 실행

04 하나의 원본 파일에 대하여 여러 개의 바로 가기 아이콘을 만들 수 있다.

05 바로 가기 아이콘을 삭제해도 연결된 실제의 대상 파일은 삭제되지 않는다.

06 [파일 탐색기] 창에서 실행 파일을 Ctrl과 Shift를 누른 상태로 바탕 화면에 드래그 한다.

| 정답 | 01 ② 02 ④ 03 ③ 04 ① 05 ④ 06 ③

개념끝 004 시작 메뉴와 작업 표시줄

07 또 나올 문제 2016.03

다음 중 Windows 10의 작업 표시줄에 대한 설명으로 옳지 않은 것은?

① 작업 표시줄이 꽉 차면 작업 표시줄 단추의 크기가 자동 조정되도록 선택할 수 있다.
② 작업 표시줄의 위치를 상하좌우로 변경할 수 있다.
③ 알림 영역에서 표시할 아이콘과 알림을 선택할 수 있다.
④ 작업 표시줄을 자동으로 숨길 수 있다.

08 2013.03

다음 중 Windows 10에서 작업 표시줄의 바로 가기 메뉴에 있는 [도구 모음]에서 선택할 수 있는 항목으로 옳지 않은 것은?

① 바탕 화면
② 링크
③ 새 도구 모음
④ 알림 영역

개념끝 005 휴지통

09 2014.06

다음 중 Windows 10의 휴지통에 대한 설명으로 옳지 않은 것은?

① 휴지통은 지워진 파일뿐만 아니라 시간, 날짜, 파일의 경로에 대한 정보까지 저장하고 있다.
② 휴지통은 Windows 탐색기의 폴더와 유사한 창으로 열려, 파일의 보기 방식도 같은 방법으로 변경하여 볼 수 있다.
③ 휴지통에 들어있는 파일은 명령을 통해 되살리거나 실행할 수 있다.
④ 휴지통에 파일이나 폴더가 없으면 휴지통 아이콘은 빈 휴지통 모양으로 표시된다.

10 또 나올 문제 2013.10

다음 중 Windows 10에서 파일을 삭제한 후 복원할 수 없는 경우로 옳은 것은?

① USB 메모리에 저장된 파일을 삭제한 경우
② [파일 탐색기] 창에서 바탕 화면의 파일을 선택하고 바로 가기 메뉴의 [삭제]를 선택하여 파일을 삭제한 경우
③ [문서] 창에 있는 파일을 Delete를 눌러서 삭제한 경우
④ [파일 탐색기] 창에서 바탕 화면의 파일을 마우스를 이용하여 휴지통으로 드래그하여 삭제한 경우

개념끝 006

파일 탐색기

11 2021.상시(1급), 2014.10(1급)

다음 중 Windows 10에서 파일 탐색기의 [즐겨찾기]에 대한 설명으로 옳지 않은 것은?

① 인터넷 익스플로러의 [즐겨찾기] 메뉴와 유사한 기능이다.
② 즐겨찾기의 순서를 변경할 수 있다.
③ 파일이 저장된 위치에서 파일을 이동할 필요 없이 여러 위치에서 파일을 모아 하나의 모음으로 표시한다.
④ 폴더, 저장된 검색, 라이브러리 또는 드라이브를 즐겨찾기로 추가하려면 탐색 창의 즐겨찾기 섹션으로 끌어놓는다.

개념끝 007

파일과 폴더

12 2015.03

다음 중 Windows 10의 폴더에 대한 설명으로 옳지 않은 것은?

① 폴더는 일반 항목, 문서, 사진, 음악, 비디오 등의 유형을 선택하여 각 유형에 최적화된 폴더로 사용할 수 있다.
② 폴더는 새로 만들기, 이름 바꾸기, 삭제, 복사 등이 가능하며, 파일이 포함된 폴더도 삭제할 수 있다.
③ 하나의 폴더 내에 같은 이름의 파일이나 폴더가 존재할 수 있으나 이름에 ₩, /, :, *, ?, ", 〈, 〉, | 등의 문자는 사용할 수 없다.
④ 폴더의 [속성] 창에서 해당 폴더에 포함된 파일과 폴더의 개수를 확인할 수 있다.

바로 보는 해설

07 작업 표시줄 단추의 크기가 자동으로 조정되는 기능은 없으며, 작업 표시줄 단추를 하나로 표시하도록 선택할 수 있다.

08 작업 표시줄의 바로 가기 메뉴에 있는 [도구 모음]에서는 바탕 화면, 링크, 새 도구 모음을 선택할 수 있다.

09 휴지통에 들어있는 파일은 명령을 통해 되살릴 수는 있으나 바로 실행할 수는 없다.

10 USB 메모리에 저장된 파일을 삭제하면 휴지통에 들어가지 않고 바로 삭제되므로 복원할 수 없다.

11 라이브러리(Library)에 대한 설명이다.

12 하나의 폴더 내에 같은 이름의 파일이나 폴더가 존재할 수 없다.

| 정답 | 07 ① 08 ④ 09 ③ 10 ① 11 ③ 12 ③

13 또 나올 문제

2014.10

다음 중 Windows 10의 [폴더 옵션]에서 설정할 수 있는 작업에 해당되지 않는 것은?

① 숨김 파일 및 폴더를 표시할 수 있다.
② 색인되지 않은 위치에서 파일 이름뿐만 아니라 내용도 검색하도록 설정할 수 있다.
③ 숨긴 파일 및 폴더의 숨김 속성을 일괄 해제할 수 있다.
④ 파일이나 폴더를 한 번 클릭해서 열 것인지, 두 번 클릭해서 열 것인지를 설정할 수 있다.

개념끝 008 보조 프로그램

14 또 나올 문제

2013.10

다음 중 메모장에서 현재 시스템의 시간과 날짜를 자동으로 추가하려고 할 때 사용하는 방법으로 옳은 것은?

① 작업 표시줄 가장 오른쪽에 있는 시스템 트레이의 시간을 끌어다 문서의 원하는 위치에 놓는다.
② 시간과 날짜를 입력할 곳에 커서를 두고 F5를 누른다.
③ =Now( ) 함수를 입력한다.
④ [삽입] 메뉴에서 [시간/날짜]를 선택한다.

개념끝 009 작업 관리자와 명령 프롬프트

15

2015.06(1급)

다음 중 Windows 10의 [작업 관리자] 창에서 수행할 수 있는 작업으로 옳지 않은 것은?

① 사용자 계정의 추가와 삭제를 수행할 수 있다.
② 현재 실행 중인 프로그램을 강제로 종료시킬 수 있다.
③ 시스템의 CPU 사용 내용이나 할당된 메모리의 크기를 파악할 수 있다.
④ 현재 네트워크 상태를 보고 네트워크 이용률을 확인할 수 있다.

개념끝 010 인쇄

16 또 나올 문제

2014.03

다음 중 Windows 10에서 프린터 설치에 대한 설명으로 옳지 않은 것은?

① [설정]－[장치]－[프린터 및 스캐너]에서 새로운 프린터를 로컬 프린터와 네트워크 프린터로 구분하여 설치할 수 있다.
② 한 대의 컴퓨터에는 한 대의 프린터만 설치되어야 하며 한 대의 프린터를 네트워크로 공유하여 여러 대의 컴퓨터에서 사용할 수 있다.
③ 네트워크 프린터를 사용할 때는 프린터의 공유 이름과 프린터가 연결되어 있는 컴퓨터 이름을 알아야 한다.
④ 네트워크 프린터를 설치하면 다른 컴퓨터에 연결된 프린터를 내 컴퓨터에 연결된 프린터와 같이 사용할 수 있다.

17 또 나올 문제 2015.06

다음 중 Windows 10의 기본 프린터 설정에 대한 설명으로 옳지 않은 것은?

① [장치 및 프린터] 창에서 기본 프린터는 해당 프린터 아이콘에 확인 표시가 추가 된다.
② 기본 프린터는 한 대만 지정할 수 있다.
③ 인쇄 시 특정 프린터를 지정하지 않으면 기본 프린터로 인쇄된다.
④ 네트워크 프린터를 제외한 로컬 프린터만 기본 프린터로 지정할 수 있다.

18 2015.10

다음 중 Windows 10에서 [프린터 속성] 대화상자의 [고급] 탭에서 설정할 수 없는 항목은?

① 인쇄된 문서 보관
② 기본값으로 인쇄
③ 인쇄를 빨리 끝낼 수 있도록 문서 스풀
④ 보안을 위한 사용 권한 설정

바로 보는 해설

13 숨긴 파일 및 폴더의 숨김 속성은 파일이나 폴더의 [속성] 창에서 해제할 수 있다.

| 오답 피하기 |
① [보기] 탭에서 설정 가능하다.
② [검색] 탭에서 설정 가능하다.
④ [일반] 탭에서 설정 가능하다.

14 F5를 누르거나 첫 줄 왼쪽에 '.LOG'를 입력하여 현재의 시간과 날짜를 자동으로 삽입할 수 있다.

15 사용자 계정을 추가하거나 삭제하려면 [제어판]–[사용자 계정]을 선택하여 수행할 수 있다.

16 한 대의 컴퓨터에 여러 대의 프린터를 설치할 수 있으며, 한 대의 프린터를 네트워크로 공유하여 여러 대의 컴퓨터에서 사용할 수 있다.

17 네트워크 프린터도 기본 프린터로 지정할 수 있다.

18 보안을 위한 사용 권한 설정은 [프린트 속성] 대화상자의 [보안] 탭에서 설정할 수 있다. [고급] 탭에서 설정할 수 있는 항목은 다음과 같다.

- 인쇄를 빨리 끝낼 수 있도록 문서 스풀
- 스풀 기능을 사용하지 않고 인쇄
- 짝이 맞지 않는 문서는 보류
- 스풀된 문서를 먼저 인쇄
- 인쇄된 문서 보관
- 고급 인쇄 기능 사용
- 기본값으로 인쇄

| 정답 | 13 ③ 14 ② 15 ① 16 ② 17 ④ 18 ④

최근 기출 10개년 기준

8%

CHAPTER 2

Windows 10의 고급 기능

무료 동영상 강의

학습전략

Windows의 작업 환경을 설정하거나 변경하기 위해 필요한 내용을 담고 있는 부분입니다. 고급 사용자가 아니라면 평소에 잘 사용하지 않은 기능이므로 다소 어렵게 느껴질 수 있습니다. 시험에 자주 출제되는 부분 위주로 학습하는 전략이 필요합니다.

개념끝

011 [설정] 창

기출빈도 A B C **D**

> **결정적 힌트**
>
> Windows는 작업 환경을 설정하거나 변경하기 위해 '제어판'과 '설정' 기능을 제공하며, Windows 10에서는 '설정' 기능이 좀 더 강화되었습니다. '설정'은 작업 환경을 설정할 수 있는 고급 기능으로 초보자에게는 좀 어려운 개념이지만 우선 설정 창이 어떻게 구성되어 있는지 살펴보고 시험에 자주 출제되는 부분을 중심으로 학습하는 것이 좋습니다.

01 [설정] 창의 개념

컴퓨터 시스템을 구성하는 장치와 앱의 작업 환경을 설정하거나 변경하는 기능을 제공한다.

| 실행 방법

방법1	[시작(⊞)]–[설정]
방법2	⊞ + I

02 [설정] 창의 구성

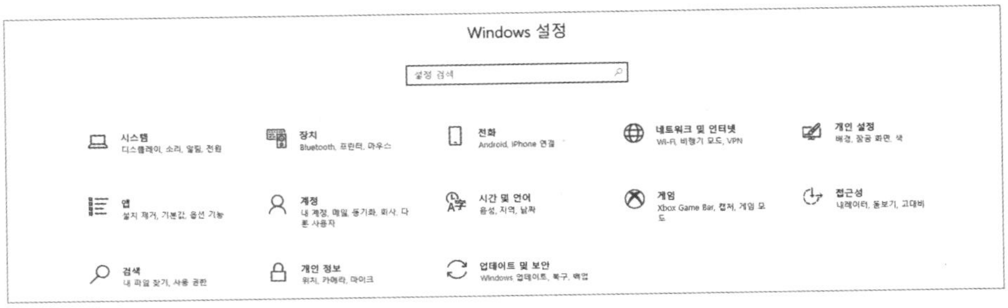

시스템	디스플레이, 소리, 알림, 전원 등을 설정
장치	블루투스, 프린터, 마우스 등을 설치하거나 제거
전화	휴대폰을 연결하여 컴퓨터에서 문자를 보내거나 휴대폰의 사진을 볼 수 있도록 설정
네트워크 및 인터넷	네트워크 상태를 확인하고 Wi–Fi, VPN, 비행기 모드, 핫스팟 등을 설정
개인 설정	배경, 잠금 화면, 색, 테마 등을 설정
앱	앱을 제거하거나 변경하고 기본 앱, 시작 앱을 설정
계정	사용자 정보를 확인하거나 계정 추가, 로그인 옵션 등을 설정
시간 및 언어	날짜 및 시간, 지역, 언어 등을 설정
게임	게임 바가 열리는 방식, 캡처하는 방법, 게임 모드 등을 설정
접근성	신체가 불편한 사용자를 위한 돋보기, 고대비, 내레이터 기능 등을 설정
검색	검색에 대한 사용 권한과 기록을 설정
개인 정보	Windows 사용 권한과 앱 사용 권한을 설정
업데이트 및 보안	Windows 업데이트를 확인하거나 Windows 보안을 설정(바이러스 및 위협 방지, 계정 보호, 방화벽 및 네트워크 보호 등)

개념 플러스 시작 메뉴에 고정

자주 이용하는 항목의 경우, 해당 항목의 바로 가기 메뉴에서 [시작 메뉴에 고정]을 클릭하면 시작 화면에 고정할 수 있다.

Warming UP 기출로 개념 확인

01 (또 나올 문제) 2015.06

다음 중 Windows 10의 [설정]에서 시각장애가 있는 사용자가 컴퓨터를 사용하기에 편리하도록 설정할 수 있는 항목은?

① 시스템
② 개인 설정
③ 접근성
④ 개인 정보

02 2014.06

다음 중 Windows 10의 [설정]–[앱] 범주에서 수행할 수 있는 기능으로 옳지 않은 것은?

① 시작 앱 설정
② 앱 제거
③ 기본 앱 설정
④ 임시 인터넷 파일 삭제

바로 보는 해설

01
[설정]–[접근성]에서는 시각장애가 있는 사용자가 컴퓨터를 사용할 수 있도록 돋보기, 고대비, 내레이터 기능 등을 제공한다.

02
임시 인터넷 파일 삭제는 [디스크 정리]를 이용하면 된다.

| 정답 | 01 ③ 02 ④

개념끝

012 [설정] 창 – 시스템

기출빈도 A B C D

결정적 힌트

시스템 설정은 많은 문제가 출제되는 부분입니다. 특히 디스플레이와 정보 항목은 매우 중요하므로 각 기능을 꼼꼼하게 학습해야 합니다.

01 시스템 설정의 구성

디스플레이	디스플레이 밝기, 야간 모드, 화면 배율, 해상도 등을 설정
소리	스피커와 마이크 장치를 선택하고 테스트
알림 및 작업	알림 센터의 바로 가기를 추가/제거/편집하거나 알림 받기 설정
집중 지원	보거나 듣고 싶은 알림만 표시되도록 설정
전원 및 절전	화면이 꺼지는 시간과 절전 모드를 설정
저장소	저장소 센스를 지정하여 임시 파일이나 휴지통의 콘텐츠 등을 제거하여 공간을 확보하도록 설정
태블릿	태블릿 모드로 전환 지정
멀티태스킹	여러 창으로 작업 시 창 맞춤, 타임라인, 가상 데스크톱 설정, Alt+Tab
이 PC에 화면 표시	휴대폰이나 PC를 이 화면에 표시하고 키보드, 마우스, 기타 장치를 사용
공유 환경	블루투스나 Wi-Fi를 사용하거나 장치 간 공유 설정
클립보드	클립보드 검색 기록, 장치 간 동기화, 클립보드 데이터 지우기 설정
원격 데스크톱	Microsoft 원격 데스크톱 클라이언트를 사용하여 원격 장치에 이 PC를 연결하고 제어
정보	장치 사양과 Windows 사양 확인

▼ 가상 데스크톱

여러 개의 가상 바탕 화면을 만들어 전환하는 기능으로 여러 개의 모니터를 사용하는 것과 같은 효과를 낼 수 있다.

02 디스플레이

| 실행 방법

방법1	[시작(⊞)]–[설정]–[시스템]–[디스플레이] 선택
방법2	바탕 화면의 바로 가기 메뉴에서 [디스플레이 설정] 선택

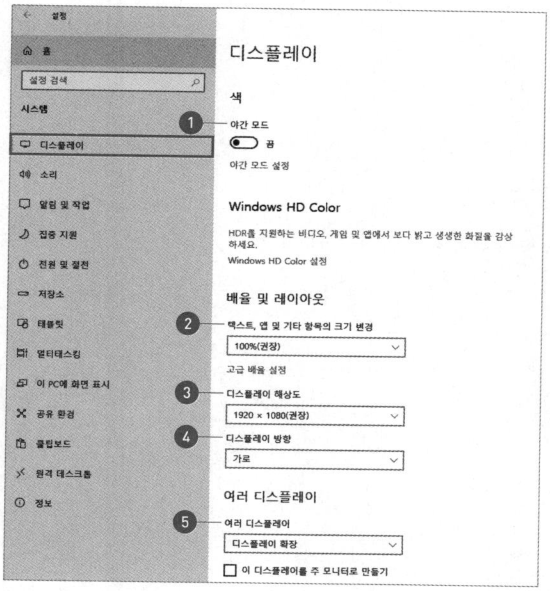

❶ 야간 모드	숙면을 방해하는 청색 광을 야간에 따뜻한 색으로 표시하여 사용자의 숙면을 돕는 기능
❷ 텍스트, 앱 및 기타 항목의 크기 변경	화면에 표시되는 텍스트 크기, 앱 및 기타 항목의 크기를 배율로 변경
❸ 디스플레이 해상도	화면 해상도를 설정
❹ 디스플레이 방향	디스플레이의 방향을 '가로', '세로', '가로(대칭 이동)', '세로(대칭 이동)'로 지정
❺ 여러 디스플레이	여러 개의 모니터를 사용할 수 있는 '여러 디스플레이'를 설정

▼ **청색 광(Blue Light)**

380~500nm 사이의 낮은 파장에 속하는 푸른색 계열의 빛으로서 숙면을 방해하고 시력을 저하시킨다.

03 정보

- Windows 사양, 프로세서(CPU), 설치된 메모리(RAM), 시스템 종류(32비트/64비트), 펜 및 터치 등을 확인한다.
- 컴퓨터 이름을 변경하거나 Windows 정품 인증 여부에 대한 정보와 제품 키를 변경할 수 있다.

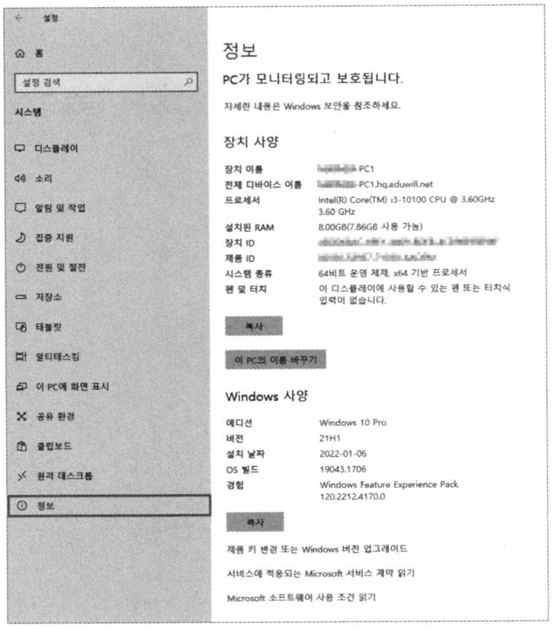

▼ [시스템 속성] 대화상자의 실행

방법	[시작()]–[설정]–[시스템]–[정보]에서 '고급 시스템 설정' 선택

| [시스템 속성] 대화상자

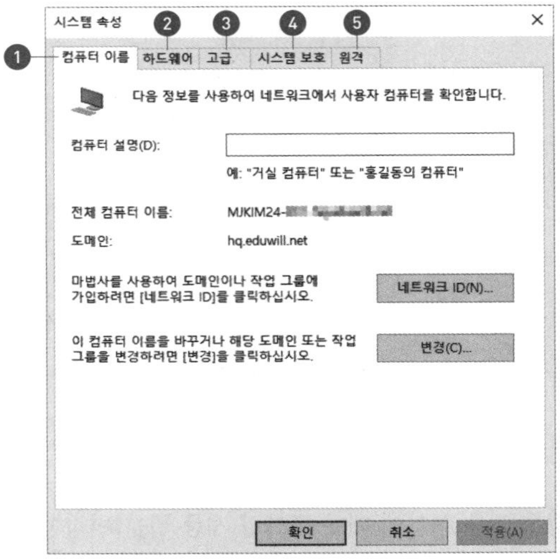

▼ 장치 관리자

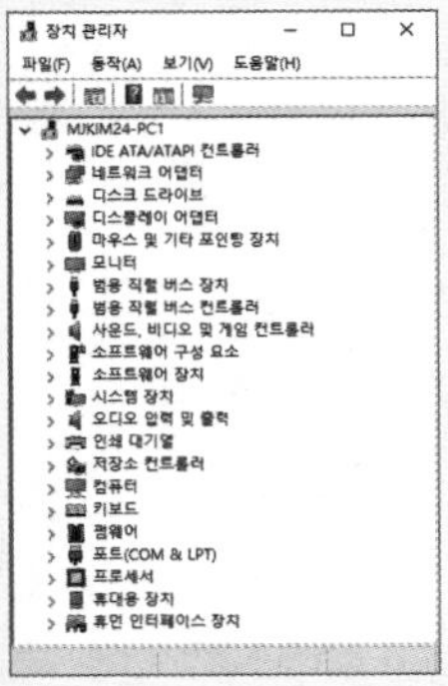

❶ [컴퓨터 이름] 탭	컴퓨터 이름, 컴퓨터 설명, 작업 그룹 등을 확인하거나 변경
❷ [하드웨어] 탭	• 장치 관리자: 장치들의 드라이버를 식별하거나 업데이트하고 하드웨어가 올바르게 작동하는지 확인 • 장치 설치 설정: 장치 드라이버 소프트웨어의 자세한 정보와 자동 다운로드 여부 설정
❸ [고급] 탭	• 성능: 시각 효과, 프로세서 일정, 메모리 사용 및 가상 메모리 등을 지정 • 사용자 프로필: 사용자 로그인에 관련된 바탕 화면 설정 • 시작 및 복구: 시스템 시작, 시스템 오류 및 디버깅 정보 지정

❹ [시스템 보호] 탭	• 컴퓨터를 이전 복원 지점으로 되돌려서 시스템 변경을 취소하는 기능 • 시스템 복원은 사용자 문서, 사진 또는 개인 데이터에는 영향을 주지 않음 • 시스템 복원 시 Windows Update에 의한 변경 사항도 복원됨 • 복원 지점은 시스템에 의해 자동으로 설정되지만, 사용자가 임의로 복원 지점을 설정할 수도 있음
❺ [원격] 탭	원격 지원에 대한 사용 여부 지정

개념 플러스 시스템 복원이 필요한 경우

- 새 장치를 설치한 후 시스템이 불안정할 때
- 로그온 화면이 나타나지 않으며, Windows가 실행되지 않을 때
- 누락되거나 손상된 데이터 파일을 이전 버전으로 되돌리고자 할 때

Warming UP 기출로 개념 확인

01

2017.03

다음 중 Windows 10에서 시스템 종류가 32비트인지 64비트인지 확인하는 방법으로 옳은 것은?

① [시작] 단추의 바로 가기 메뉴–[속성]
② [설정]–[시스템]–[정보]
③ [설정]–[앱]–[앱 및 기능]
④ [시작] 단추의 바로 가기 메뉴–[설정]

02 또 나올 문제

2021.상시, 2020.02

다음 중 Windows 10의 [설정]–[시스템]–[정보]를 선택했을 때 확인할 수 있는 정보에 해당하지 않는 것은?

① 설치된 Windows 운영체제의 버전
② CPU의 종류와 설치된 메모리의 용량
③ 장치 이름과 시스템 종류
④ 컴퓨터 이름과 현재 로그인한 사용자 계정

03

2019.08, 2016.06

다음 중 Windows 10의 시스템 복원 기능에 대한 설명으로 옳지 않은 것은?

① 컴퓨터 시스템에 문제가 생겼을 경우 복원 지점을 이용하여 정상적인 상태로 만드는 기능이다.
② 복원 지점은 시스템에 의해 자동으로 설정되지만 사용자가 임의로 복원 지점을 설정할 수도 있다.
③ 시스템 복원은 개인 파일을 백업하지 않으므로 삭제되었거나 손상된 개인 파일은 복구할 수 없다.
④ 시스템 복원 시 Windows Update에 의한 변경 사항은 복원되지 않는다.

바로 보는 해설

01
시스템 종류를 포함한 장치 사양은 [설정]–[시스템]–[정보]에서 확인할 수 있다.

02
현재 로그인한 사용자 계정은 [설정]–[계정]에서 확인할 수 있다.

03
시스템 복원 시 Windows Update에 의한 변경 사항도 복원된다. 따라서 업데이트 후에도 이전 시점(업데이트 전)으로 복원 가능하다.

| 정답 | 01 ② 02 ④ 03 ④

개념끝

013 [설정] 창 – 장치

기출빈도 A B **C** D

01 장치 설정의 구성

결정적 힌트

시험에 많이 출제되는 부분은 아니므로 [마우스 속성] 대화상자와 [키보드 속성] 대화상자를 중심으로 가볍게 학습합니다.

Bluetooth 및 기타 디바이스	Bluetooth, 마우스, 키보드, 펜 등의 기타 장치를 추가하거나 제거
프린터 및 스캐너	프린터나 스캐너를 추가하거나 제거
마우스	마우스의 기본 단추, 커서 속도, 스크롤할 양과 줄 수를 선택
입력	추천 단어, 단어 자동 고침, 다국어 텍스트 제안 등을 지정
펜 및 Windows Ink	펜으로 필기하거나 Windows Ink 알아보기를 선택
자동 실행	자동 실행의 기본값을 선택
USB	USB 장치에 연결하는 데 문제가 있으면 알림 설정

02 [마우스 속성] 대화상자

▼ [마우스 속성] 대화상자의 실행

방법1	[시작(⊞)]–[설정]–[장치]–[마우스]에서 '추가 마우스 옵션' 선택
방법2	[제어판]–[마우스] 선택

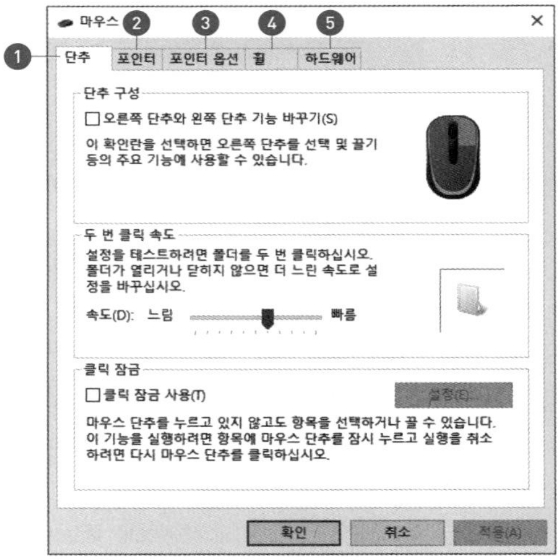

❶ [단추] 탭	오른쪽 단추와 왼쪽 단추 기능 바꾸기, 두 번 클릭 속도, 클릭 잠금 설정
❷ [포인터] 탭	마우스 구성표, 포인터 지정, 포인터 그림자 사용 설정
❸ [포인터 옵션] 탭	포인터 속도 선택, 포인터 자국 표시, 입력할 때는 마우스 숨기기, Ctrl을 누르면 마우스 위치 표시 설정
❹ [휠] 탭	휠을 한 번 돌리면 스크롤할 양, 휠을 상하로 이동할 때 스크롤할 문자의 수 설정
❺ [하드웨어] 탭	사용하고 있는 마우스 장치의 이름, 종류, 장치 속성 표시

03 [키보드 속성] 대화상자

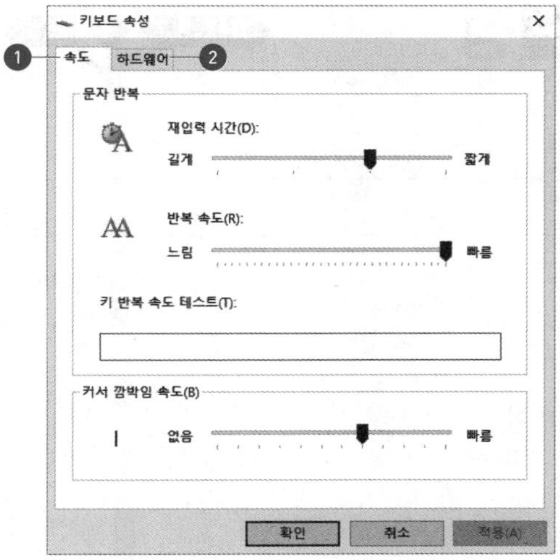

❶ [속도] 탭	• 키 재입력 시간, 키 반복 속도, 커서 깜박임 속도 조절 • 커서의 모양은 설정할 수 없음
❷ [하드웨어] 탭	키보드 장치를 선택하고 제조업체, 위치, 장치 상태를 확인

▼ [키보드 속성] 대화상자의 실행

방법	[제어판]–[키보드] 선택

Warming UP 기출로 개념 확인

01

2019.03

다음 중 Windows 10의 [키보드 속성] 대화상자에서 설정할 수 있는 내용으로 옳지 않은 것은?

① 문자 반복을 위한 재입력 시간
② 포인터 자국 표시
③ 커서 깜박임 속도
④ 문자 반복을 위한 반복 속도

02 또 나올 문제

2013.03

다음 중 한글 Windows 10의 [마우스 속성] 창에서 설정 가능한 작업으로 옳지 않은 것은?

① 키보드의 숫자 키패드를 사용한 마우스 포인터의 이동을 설정할 수 있다.
② 마우스 드라이버를 업데이트할 수 있다.
③ 마우스의 휠을 한 번 돌릴 때 스크롤할 양을 변경할 수 있다.
④ Ctrl을 누르면 포인터 위치가 표시되도록 설정할 수 있다.

바로 보는 해설

01
포인터 자국 표시는 [설정]–[장치]–[마우스]–[추가 마우스 옵션]–[마우스 속성] 대화상자의 [포인터 옵션] 탭에서 설정할 수 있다.

02
[설정]–[접근성]에서 설정 가능하다.

| 정답 | 01 ② 02 ①

개념끝

014 [설정] 창 – 개인 설정

기출빈도 A B C D

결정적 힌트

비교적 자주 출제되는 부분으로 개인 설정을 통해서 어떤 항목들을 지정할 수 있는지 숙지해 두는 것이 필요합니다.

01 개인 설정의 구성

배경	바탕 화면의 배경 화면을 '사진', '단색', '슬라이드 쇼' 중에서 설정
색	색을 선택하거나 테마 컬러를 선택
잠금 화면	잠금 화면의 배경을 '사진'이나 '슬라이드 쇼' 중에서 설정하거나, 화면 보호기를 설정
테마	테마란 바탕 화면의 배경, 색, 소리, 마우스 커서 등을 하나의 그룹으로 묶어 놓은 것으로, 테마를 선택할 수 있음
글꼴	새로운 글꼴을 추가하거나 사용 가능한 글꼴을 확인하고 제거
시작	시작 화면에 타일, 앱 목록 등을 표시
작업 표시줄	작업 표시줄 잠금, 자동 숨기기, 위치 등을 설정

| 실행 방법

방법1	[시작(⊞)]–[설정]–[시스템]–[개인 설정] 선택
방법2	바탕 화면의 바로 가기 메뉴에서 [개인 설정] 선택

02 배경

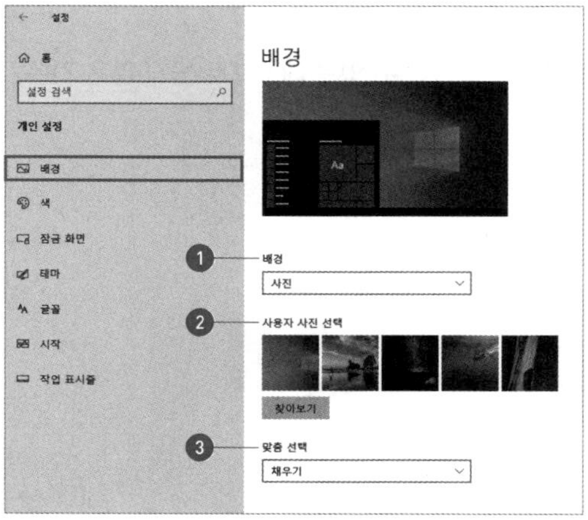

❶ 배경	바탕 화면의 배경 화면을 '사진', '단색', '슬라이드 쇼' 중에서 설정
❷ 사용자 사진 선택	Windows에서 제공하는 이미지나 사용자의 이미지 중에서 선택
❸ 맞춤 선택	배경 이미지의 맞춤 방식을 '채우기', '맞춤', '확대', '바둑판식 배열', '가운데', '스팬' 중에서 선택

03 잠금 화면

잠금 화면이란 일정 시간 키보드나 마우스의 움직임이 없으면 모니터와 화면에 나타난 정보를 보호하기 위해 화면을 잠그는 것이다.

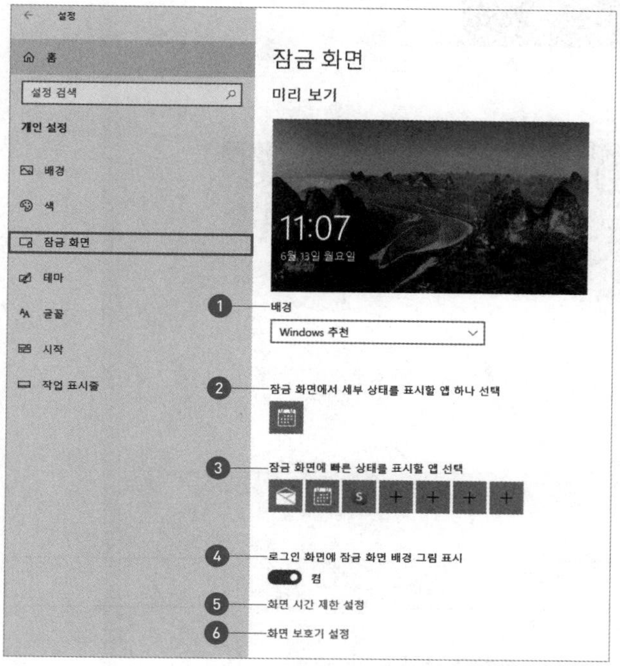

❶ 배경	잠금 화면의 배경을 'Windows 추천', '사진', '슬라이드 쇼' 중에서 설정
❷ 잠금 화면에서 세부 상태를 표시할 앱 하나 선택	잠금 화면에서 세부 메시지를 나타나게 할 앱을 선택
❸ 잠금 화면에 빠른 상태를 표시할 앱 선택	잠금 화면에서 바로 가기 가능한 앱을 선택
❹ 로그인 화면에 잠금 화면 배경 그림 표시	로그인 화면에 잠금 화면 배경 그림을 표시하여 잠금 화면 해제 시 표시되게 하는 기능
❺ 화면 시간 제한 설정	지정한 시간 동안 컴퓨터를 사용하지 않으면 화면을 끄거나 절전 상태로 전환하는 기능
❻ 화면 보호기 설정	지정한 시간 동안 컴퓨터를 사용하지 않으면 화면 보호기를 실행

04 테마

- 테마란 바탕 화면의 배경, 색, 소리, 마우스 커서 등을 하나의 그룹으로 묶어 놓은 것이다.
- 기본적으로 제공되는 테마를 변경하거나, Microsoft Store에서 테마를 다운로드 받아 설치할 수 있다.
- 바탕 화면 아이콘 설정: 컴퓨터, 휴지통, 문서, 제어판, 네트워크 등 바탕 화면에 표시되는 아이콘을 변경하거나 삭제된 아이콘을 다시 표시할 수 있다.

▼ 화면 보호기

디스플레이가 같은 화면을 오랜 시간 표시할 때 발생되는 번인(Burn-In) 현상을 막기 위해 일정 시간 화면에 변화가 없을 때 화면 보호기를 실행한다.

▼ 바탕 화면 아이콘 설정

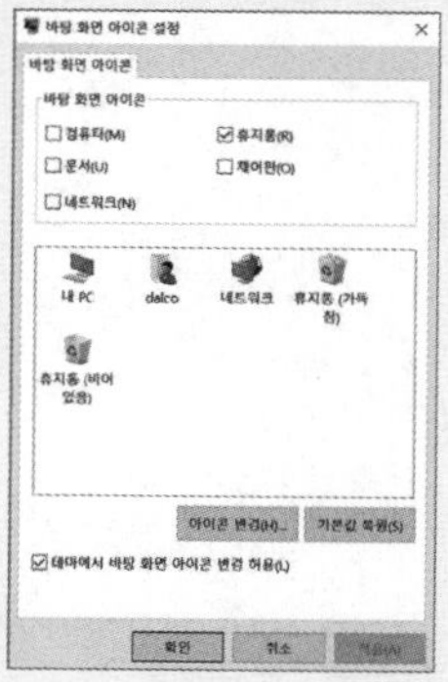

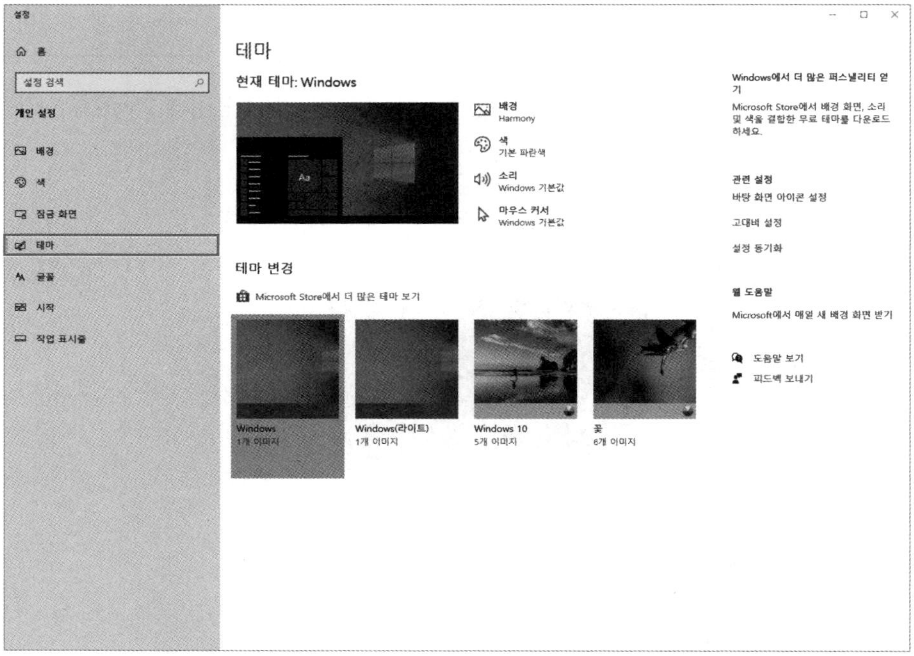

05 글꼴

- 시스템에 새로운 글꼴을 설치하거나 설치된 글꼴을 삭제한다.
- 글꼴 파일의 확장명은 .TTF, .OTF, .FON 등이다.
- 시스템에서 사용하는 글꼴은 'C:\Windows\Fonts' 폴더에 파일 형태로 저장된다.
- TrueType 글꼴과 OpenType 글꼴을 제공하고 앱이나 프린터에서 작동한다.

▼ TrueType 글꼴(TTF)

일반적인 화면용 글꼴로 고해상도 작업이 필요하지 않은 경우에 주로 사용한다.

▼ OpenType 글꼴(OTF)

화면용이나 인쇄용 글꼴로 고해상도 작업에 사용한다.

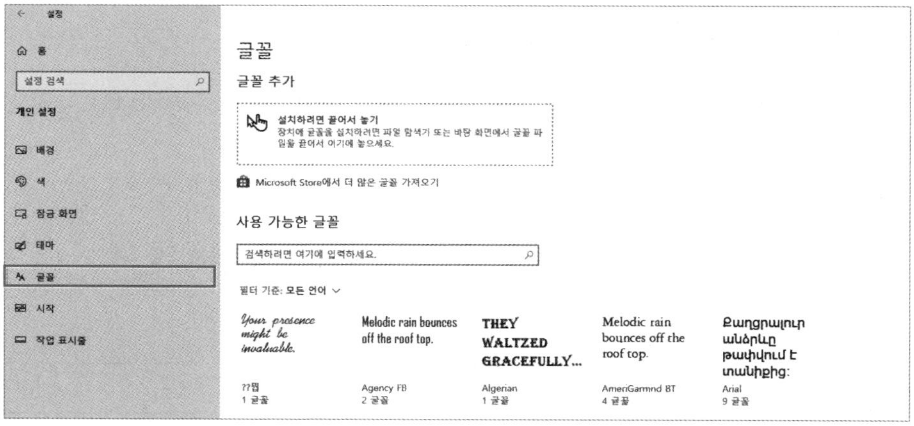

Warming UP 기출로 개념 확인

01

2014.03

다음 중 Windows 10의 [설정]–[개인 설정]에서 설정할 수 있는 기능으로 옳지 않은 것은?

① 화면 보호기
② 테마
③ 바탕 화면 배경
④ 가젯 설정

02 또 나올 문제

2013.10

다음 중 Windows 10의 [개인 설정] 창에서 설정 가능한 항목으로 옳지 않은 것은?

① 바탕 화면의 배경 그림을 변경할 수 있다.
② 기본적으로 제공되는 테마를 변경할 수 있다.
③ 화면의 손상을 방지하도록 움직이는 이미지를 표시하는 화면 보호기를 설정할 수 있다.
④ 읽기 쉽도록 구성된 색상과 글꼴을 사용하기 위한 고대비를 설정할 수 있다.

바로 보는 해설

01
가젯(Gadget)은 바탕 화면에 시계, 날씨 등을 표시해서 사용하는 단일 목적의 가벼운 응용 프로그램이다. 하지만 시스템에 침투한 해커가 가젯을 이용하여 컴퓨터를 완전히 제어할 수 있으므로 보안을 위하여 Windows 10에서는 더 이상 가젯을 지원하지 않는다.

02
[설정]–[접근성]에서 설정할 수 있다.

| 정답 | 01 ④ 02 ④

개념끝

015 [설정] 창 – 앱

기출빈도 **A** B C D

01 앱 설정의 구성

결정적 힌트

Windows 10에서는 프로그램 대신 앱이라는 용어를 주로 사용합니다. 특히 이 부분에서는 이전에 [프로그램 및 기능]에 관한 문제가 많이 출제되었으므로 관련된 부분을 중심으로 학습하도록 합니다.

앱 및 기능	앱을 가져올 위치, 앱 실행 별칭, 설치된 앱을 수정하거나 제거
기본 앱	메일, 지도, 음악 플레이어, 사진 뷰어, 비디오 플레이어, 웹 브라우저 등의 기본 앱을 설정
오프라인 지도	인터넷에 연결되어 있지 않을 때 사용할 지도 다운로드, 지도 업데이트를 설정
웹 사이트용 앱	웹 사이트용 앱을 켜거나 브라우저에서 열도록 설정
비디오 재생	Windows에서 기본 제공하는 비디오 재생 플랫폼을 사용하는 앱의 비디오 설정을 변경
시작 프로그램	로그인할 때 시작되는 앱 설정

02 앱 및 기능

■ **제어판을 이용한 앱 제거**

[제어판]–[프로그램 및 기능]에서 제거할 앱을 선택 → [제거] 또는 [변경] 클릭

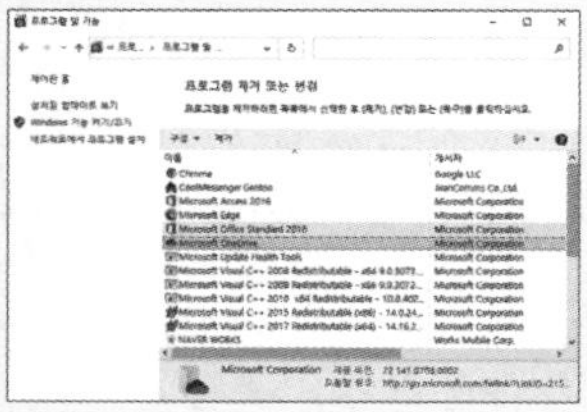

컴퓨터에 설치된 앱을 수정하거나 사용하지 않는 앱을 제거하여 하드디스크의 공간을 확보한다.

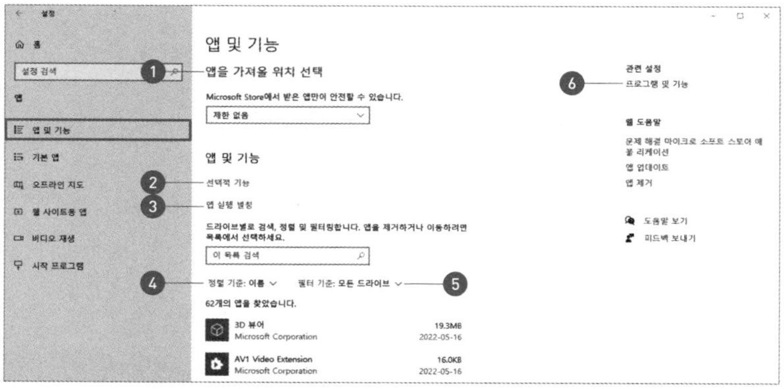

❶ 앱을 가져올 위치 선택	설치할 앱을 가져올 위치를 지정
❷ 선택적 기능	Windows에서 제공하는 기능을 선택적으로 추가하거나 제거
❸ 앱 실행 별칭	동일한 이름의 앱이 있을 경우 실행할 때 사용할 이름을 선택
❹ 정렬 기준	앱을 정렬 기준에 따라 이름, 크기, 설치 날짜로 정렬
❺ 필터 기준	필터 기준으로는 모든 드라이브, 로컬 디스크(C:), 그 외 디스크로 지정
❻ 프로그램 및 기능	• 새로운 Windows 업데이트를 수행하거나, 설치된 업데이트 내용을 제거하거나 변경 • 시스템에 설치된 프로그램의 목록을 확인 및 제거, 변경할 수 있지만, 새로운 프로그램을 설치할 수 없음 • 설치된 Windows의 기능을 사용 또는 사용 안 함을 지정

03 기본 앱

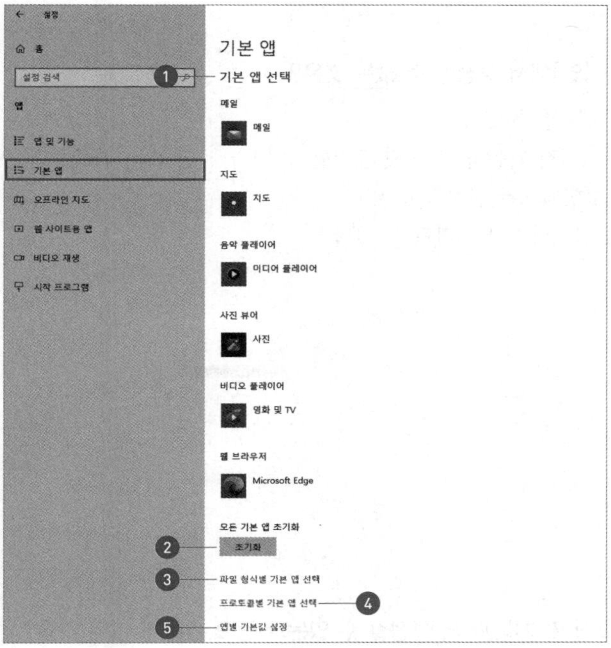

❶ 기본 앱 선택	메일, 지도, 음악 플레이어, 사진 뷰어, 비디오 플레이어, 웹 브라우저 등의 작업을 할 때 사용할 앱을 선택
❷ 초기화	모든 기본 앱을 Microsoft 권장 기본값으로 초기화
❸ 파일 형식별 기본 앱 선택	파일 확장명에 따라 사용할 기본 앱을 선택
❹ 프로토콜별 기본 앱 선택	프로토콜에 따라 사용할 기본 앱을 선택
❺ 앱별 기본값 설정	앱에서 사용할 파일 확장명을 선택

04 시작 프로그램

로그인할 때 자동으로 시작되는 앱을 설정한다.

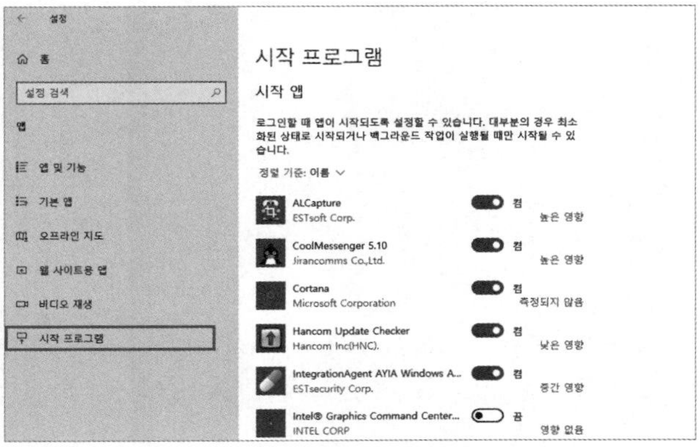

바로 보는 해설

01
Windows 업데이트는 [설정]-[업데이트 및 보안]-[Windows 업데이트]에서 설정할 수 있다.

02
새로운 Windows 업데이트를 수행하거나, 설치된 업데이트 내용을 제거하거나 변경할 수는 있지만 자동으로 수행하도록 설정할 수 없다.

| 정답 | 01 ③ 02 ③

Warming UP 기출로 개념 확인

01 (또 나올 문제) 2018.03, 2017.09

다음 중 Windows 10의 [설정]-[앱]에서 설정할 수 <u>없는</u> 것은?

① 설치할 앱을 가져올 위치를 지정할 수 있다.
② Windows 10에서 제공하는 선택적 기능을 추가 및 제거할 수 있다.
③ Windows 업데이트가 자동 수행되도록 설정할 수 있다.
④ Windows 10에 설치된 앱을 변경하거나 제거할 수 있다.

02 2015.06

다음 중 Windows 10의 [프로그램 및 기능]에서 설정할 수 있는 기능으로 옳지 <u>않은</u> 것은?

① 설치된 업데이트를 제거할 수 있다.
② Windows 기능을 설정하거나 해제할 수 있다.
③ Windows 업데이트를 자동으로 수행하도록 설정할 수 있다.
④ Windows에 설치된 앱을 변경하거나 제거할 수 있다.

개념끝

016 [설정] 창 – 계정

기출빈도

A B C D

01 계정 설정의 구성

사용자 계정의 사진 변경, 계정 유형 변경, 다른 계정 관리, 사용자 계정 컨트롤 설정 등을 변경할 수 있다.

사용자 정보	로그인된 사용자의 사진, 이름, 계정 유형 등을 표시
이메일 및 계정	이메일, 일정, 연락처에서 사용할 계정과 앱에서 사용할 계정을 추가
로그인 옵션	• 장치에 로그인하는 방법을 설정하거나 Windows를 사용하지 않을 경우 다시 로그인하는 시간을 설정 • Windows Hello 얼굴: PC의 적외선 카메라 또는 외부 적외선 카메라로 얼굴 인식 로그인을 설정 • Windows Hello 지문: 지문 판독기로 로그인을 설정 • Windows Hello PIN: PIN으로 로그인을 설정 • 보안키: 물리적 보안키로 로그인 • 비밀번호 • 사진 암호
회사 또는 학교 액세스	회사나 학교의 메일, 앱, 네트워크 등의 리소스에 액세스
가족 및 다른 사용자	• 가족 구성원을 추가 • 자녀가 적절한 웹 사이트, 시간 제한, 앱 및 게임을 사용하도록 설정 • 가족 구성원이 아닌 다른 사용자가 자신의 계정으로 로그인하도록 허용
설정 동기화	기타 장치와 설정을 동기화

결정적 힌트

Windows 10에서는 여러 사용자가 한 대의 컴퓨터로 자신의 작업 영역을 사용할 수 있습니다. 특히 관리자 계정과 표준 계정은 어떤 차이가 있는지 잘 알아두도록 합니다.

02 계정 유형

관리자 계정	• 소프트웨어나 하드웨어를 설치할 수 있고, 모든 파일에 액세스할 수 있음 • 다른 계정의 계정 유형, 계정 이름, 암호를 변경, 다른 계정의 컴퓨터 사용 시간을 제어할 수 있음 • 컴퓨터 보안에 영향을 주는 설정을 변경할 수 있음 • 다른 계정의 등급 및 콘텐츠, 제목별로 게임을 제어할 수 있음
표준 계정	• 소프트웨어 및 하드웨어를 설치하거나 제거할 수 없고, 설치된 앱은 실행할 수 있음 • 자신의 계정에 대한 암호를 설정할 수 있음 • 다른 사용자나 컴퓨터 보안에 영향을 주는 설정은 할 수 없음

03 사용자 계정 컨트롤(UAC; User Account Control)

Windows에서 유해한 앱이나 불법 사용자가 컴퓨터 설정을 임의로 변경하려는 경우 이를 사용자에게 알려 컴퓨터를 제어할 수 있도록 도와주는 기능이다.

| 실행 방법

방법	검색 상자에 '사용자 계정 컨트롤' 입력 후 Enter

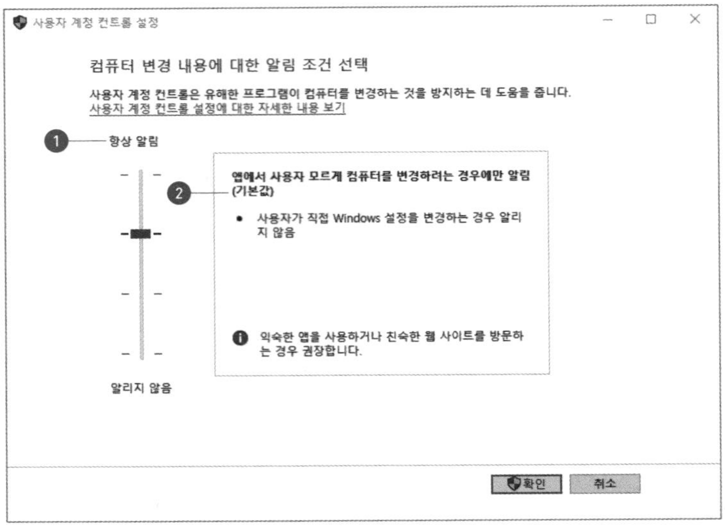

❶ 항상 알림	앱에서 관리자 수준 권한이 필요한 컴퓨터 변경 작업을 수행하거나 사용자가 직접 Windows 설정을 변경할 때 알림이 표시됨
❷ 기본값	앱에서 사용자 모르게 컴퓨터를 변경하려는 경우에만 알림이 표시되며, 사용자가 직접 Windows 설정을 변경하는 경우에는 알림이 표시되지 않음

Warming UP 기출로 개념 확인

01 또 나올 문제 2020.02, 2017.09

다음 중 Windows 10의 사용자 계정에 대한 설명으로 옳지 <u>않은</u> 것은?

① 관리자 계정의 사용자는 다른 계정의 컴퓨터 사용 시간을 제어할 수 있다.
② 관리자 계정의 사용자는 다른 계정의 계정 유형과 계정 이름, 암호를 변경할 수 있다.
③ 표준 계정의 사용자는 컴퓨터 보안에 영향을 주는 설정을 변경할 수 있다.
④ 표준 계정의 사용자는 컴퓨터에 설치된 대부분의 프로그램을 사용할 수 있고, 자신의 계정에 대한 암호 등을 설정할 수 있다.

02 2019.08, 2016.03

다음 중 Windows 10에서 유해한 앱이나 불법 사용자가 컴퓨터 설정을 임의로 변경하려는 경우 이를 사용자에게 알려 컴퓨터를 제어할 수 있도록 도와주는 기능은?

① 사용자 계정 컨트롤
② Windows Defender 방화벽
③ BitLocker
④ 시스템 복원

03 2017.03, 2014.06

다음 중 Windows 10에서 표준 계정의 사용자가 할 수 있는 작업으로 옳지 <u>않은</u> 것은?

① 사용자 자신의 암호를 변경할 수 있다.
② 마우스 포인터의 모양을 변경할 수 있다.
③ 관리자가 설정해 놓은 프린터를 프린터 목록에서 제거할 수 있다.
④ 사용자의 사진으로 자신만의 바탕 화면을 설정할 수 있다.

바로 보는 해설

01
표준 계정의 사용자는 컴퓨터 시스템 또는 보안에 영향을 주는 설정은 변경할 수 없고, 관리자 계정을 통해서 설정 변경 가능하다.

02
| 오답 피하기 |
② Windows 10에 포함된 백신 프로그램으로, 스파이웨어 및 그 밖의 원치 않는 소프트웨어로부터 컴퓨터를 보호할 수 있다.
③ 마이크로소프트 Windows Vista, Windows Server 2008, Windows 7, Windows 8, Windows 8.1, Windows 10 운영체제에 포함된 완전한 디스크 암호화 기능이다.
④ 컴퓨터를 이전 복원 지점으로 되돌려서 시스템 변경을 취소하는 기능으로, 시스템 복원 시 Windows Update에 의한 변경 사항도 복원된다.

03
관리자 계정 권한이 있어야 수행할 수 있는 작업이다.

| 정답 | 01 ③ 02 ① 03 ③

개념끝

017 [설정] 창 – 접근성

기출빈도 A B C D

결정적 힌트

접근성 설정은 신체가 불편한 사용자들이 편리하게 컴퓨터에 접근할 수 있는 기능을 제공합니다. 항목에 따라 어떤 장애가 있는 사용자들을 위한 기능인지 구분하여 학습하는 것이 필요합니다.

01 접근성 설정의 구성

신체적으로 시각장애나 청각장애가 있는 사용자들을 위해서 다양한 기능을 제공하여 컴퓨터를 편리하게 사용할 수 있도록 도와주는 기능이다.

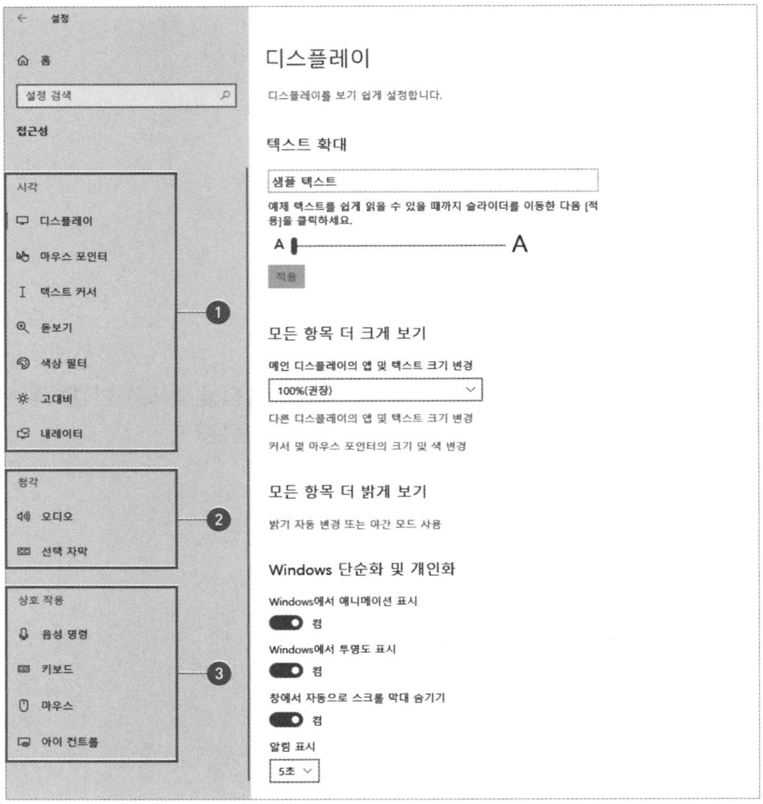

❶ 시각	시각이 불편한 사용자를 위해 디스플레이, 마우스 포인터, 텍스트 커서, 돋보기, 색상 필터, 고대비, 내레이터 등을 설정
❷ 청각	청각이 불편한 사용자를 위해 오디오, 선택 자막 등을 설정
❸ 상호 작용	마우스나 키보드를 사용할 수 없는 경우를 위해 음성 명령, 키보드, 마우스, 아이 컨트롤 등을 설정

02 접근성 설정의 주요 항목

- 돋보기: 화면에서 원하는 영역을 확대하여 크게 표시할 수 있다.
- 고대비: 화면에서 텍스트와 이미지를 더 뚜렷하고 쉽게 식별할 수 있다.
- 내레이터: 화면의 모든 텍스트를 소리 내 읽어주도록 설정할 수 있다.
- 키보드
  - 화상 키보드: 키보드가 없어도 입력 가능한 화상 키보드를 표시할 수 있다.
  - 고정 키: 동시에 두 개의 키를 누르기 어려운 경우 특정 키를 고정하여 하나의 키만으로 바로 가기 키를 사용할 수 있다.
  - 토글 키: Caps Lock, Num Lock, Scroll Lock을 누를 때 신호음이 나도록 지정할 수 있다.
  - 필터 키: 사용자가 짧게 누르거나 반복적으로 누르는 것을 무시하거나 키보드의 반복 속도를 변경할 수 있다.

▼ 토글 키
- Caps Lock: 영문 대/소문자 전환
- Num Lock: 숫자키/방향키 전환
- Scroll Lock: 화면의 이동을 설정

Warming UP 기출로 개념 확인

01
2020.07

다음 중 Windows 10의 [설정]-[접근성]에서 설정할 수 없는 기능은?

① 두 컴퓨터를 연결하여 다른 사용자의 컴퓨터를 사용할 수 있다.
② 돋보기를 사용하여 화면에서 원하는 영역을 확대하여 크게 표시할 수 있다.
③ 내레이터를 사용하여 화면의 모든 텍스트를 소리내어 읽어 주도록 설정할 수 있다.
④ 키보드가 없어도 입력 가능한 화상 키보드를 표시할 수 있다.

02
2017.03

다음 중 Windows 10의 설정에서 시각장애가 있는 사용자가 컴퓨터를 사용하기에 편리하도록 설정할 수 있는 기능은?

① 동기화 센터
② 사용자 정의 문자 편집기
③ 접근성
④ 프로그램 호환성 마법사

03 (또 나올 문제)
2021.상시, 2016.06

다음 중 Windows 10의 [설정]-[접근성]에서 설정할 수 있는 기능으로 옳지 않은 것은?

① [돋보기]를 실행하여 화면의 항목을 더 크게 표시할 수 있다.
② [가족 및 다른 사용자]는 자녀가 컴퓨터를 사용할 수 있는 시간, 실행할 수 있는 게임 유형 및 실행할 수 있는 프로그램을 제한할 수 있다.
③ [화상 키보드]를 실행하여 실제 키보드를 사용하는 대신 화상 키보드를 사용하여 데이터를 입력할 수 있다.
④ [고대비 설정]으로 화면에서 텍스트와 이미지가 보다 뚜렷하고 쉽게 식별되도록 할 수 있다.

바로 보는 해설

01
원격 지원에 대한 설명이다.

02
[설정]-[접근성]에서는 돋보기, 내레이터, 화상 키보드, 고대비 설정 등의 기능을 사용할 수 있다.

03
[가족 및 다른 사용자]는 [설정]-[계정]-[가족 및 다른 사용자]에서 설정할 수 있다.

| 정답 | 01 ① 02 ③ 03 ②

개념끝

018 [설정] 창 – 업데이트 및 보안

기출빈도 A B C **D**

01 업데이트 및 보안 설정의 구성

Windows 업데이트	Windows 업데이트를 확인하고 최신 버전으로 업데이트를 수행
Windows 보안	바이러스 및 위협 방지, 계정 보호, 방화벽 및 네트워크 보호 등을 설정
백업	파일을 백업하거나 Windows 7의 백업 및 복원으로 이동
문제 해결	장치에 문제가 발생하는 경우 문제 해결사를 실행
복구	PC가 제대로 실행되지 않는 경우 초기화
장치 암호화	장치를 암호화하여 기기를 분실하거나 도난당한 경우 폴더와 파일을 보호

결정적 힌트

보안에 관련된 많은 사고가 발생하고 있으므로 Windows 10을 항상 새로운 상태로 유지하며, 위험에 대비하여 백업을 실행하는 것이 매우 중요합니다. 각 항목이 어떤 기능을 수행하는지 알아두는 것이 필요합니다.

■ BitLocker

마이크로소프트 Windows Vista, Windows Server 2008, Windows 7, Windows 8, Windows 8.1, Windows 10 운영체제에 포함된 완전한 디스크 암호화 기능이다.

02 Windows 보안

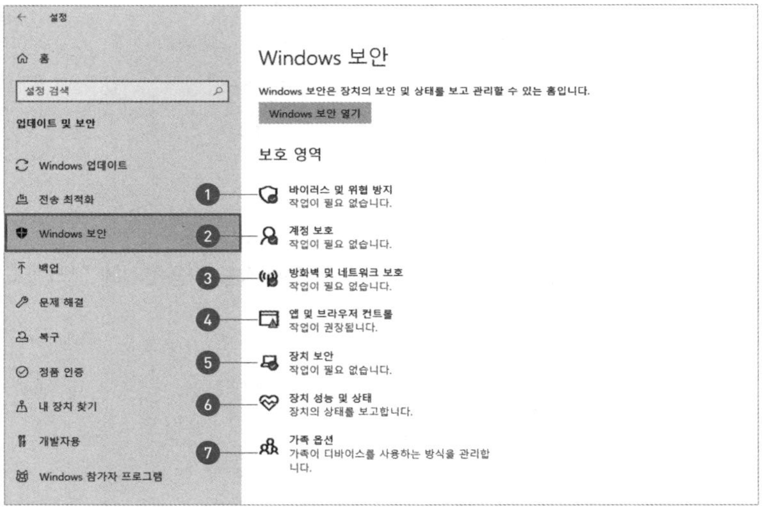

❶ 바이러스 및 위협 방지	Windows Defender 바이러스 백신의 사용 여부를 지정하거나 다른 백신 앱을 설정
❷ 계정 보호	Microsoft 계정을 확인하고 로그인 옵션을 설정
❸ 방화벽 및 네트워크 보호	Windows Defender 방화벽을 설정
❹ 앱 및 브라우저 컨트롤	Windows Defender SmartScreen을 설정
❺ 장치 보안	장치에 기본적으로 제공되는 보안을 설정
❻ 장치 성능 및 상태	장치의 상태를 보고
❼ 가족 옵션	온라인에서 자녀를 보호하고 가족 디바이스의 상태 및 안정성을 확인

▼ Windows Defender

Windows 10에서 기본적으로 제공하는 소프트웨어로 외부의 위협으로부터 컴퓨터를 보호한다.

▼ Windows Defender SmartScreen

특정한 앱이나 사이트에 접속할 때 파일 다운로드, 불법적인 경로 등을 미리 경고해주는 보안 시스템이다.

03 백업

- 백업은 원본 데이터의 손실에 대비하여 중요한 데이터를 하나 더 저장하는 기능이다.
- 파일 히스토리를 사용하여 외장 드라이브나 네트워크 위치에 백업한다
- 여러 파일이 백업된 경우 원하는 파일을 선택하여 복원할 수 있다.
- 특정 시간에 백업할 수 있도록 백업 주기를 지정할 수 있다.
- 백업 파일을 복원할 경우 복원 위치를 지정할 수 있다.

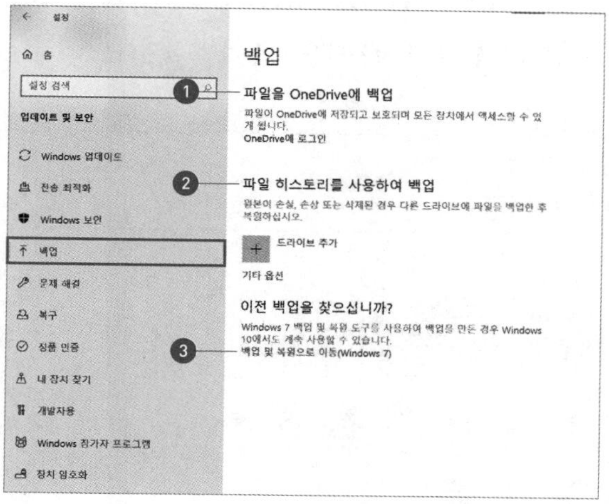

❶ 파일을 OneDrive에 백업	파일을 OneDrive에 저장하고 보호
❷ 파일 히스토리를 사용하여 백업	다른 드라이브에 파일을 백업한 후 복원
❸ 백업 및 복원으로 이동	Windows 7의 백업 및 복원 도구로 이동

Warming UP 기출로 개념 확인

01 2018.09

다음 중 Windows 10에 포함되어 있는 백신 프로그램으로 스파이웨어 및 그 밖의 원치 않는 소프트웨어로부터 컴퓨터를 보호할 수 있는 것은?

① Windows Defender 방화벽 ② BitLocker
③ Archive ④ Malware

02 2020.07(1급)

다음 중 Windows 10 운영체제에서의 백업과 복원에 대한 설명으로 옳지 않은 것은?

① 특정 날짜와 시간에 백업할 수 있도록 백업 주기를 지정할 수 있다.
② 파일 히스토리를 사용하여 백업한다.
③ 백업 파일을 복원할 경우 복원 위치를 지정할 수 있다.
④ 여러 파일이 백업되어 있는 경우 원하는 파일을 선택하여 복원할 수 없다.

바로 보는 해설

01

| 오답 피하기 |

② 마이크로소프트 Windows Vista, Windows Server 2008, Windows 7, Windows 8, Windows 8.1, Windows 10 운영체제에 포함된 완전한 디스크 암호화 기능이다.
③ 컴퓨터 데이터의 무결성을 위해 데이터 및 메타데이터와 연결하여 함께 유지·보관하는 것이다.
④ 컴퓨터 시스템에 침투하기 위해 설계된 악성 소프트웨어로, 웜 바이러스, 트로이 목마, 애드웨어 등이 포함된다.

02

백업과 복원은 원본 데이터의 손실에 대비하여 중요한 데이터를 하나 더 저장하는 기능으로, 여러 파일이 백업된 경우에는 원하는 파일을 선택하여 복원할 수 있다.

| 정답 | 01 ① 02 ④

개념끝

019 관리 도구

기출빈도 A B C D

결정적 힌트

관리 도구와 레지스트리는 Windows 10의 고급 기능으로 좀 어려운 개념이지만 가끔 출제되는 부분이므로 정확하게 개념을 이해하는 것이 필요합니다.

01 관리 도구의 개요

Windows 관리를 위한 도구로, 시스템 관리자 및 고급 사용자용 도구가 포함된다.

| 실행 방법

방법1	[제어판]–[시스템 및 보안]–[관리 도구] 선택
방법2	검색 상자에 '관리 도구' 입력 후 Enter

02 컴퓨터 관리

- [컴퓨터 관리]–[디스크 관리]: 볼륨 확장 및 축소·삭제, 드라이브 문자 변경, 포맷 실행 등을 할 수 있다.

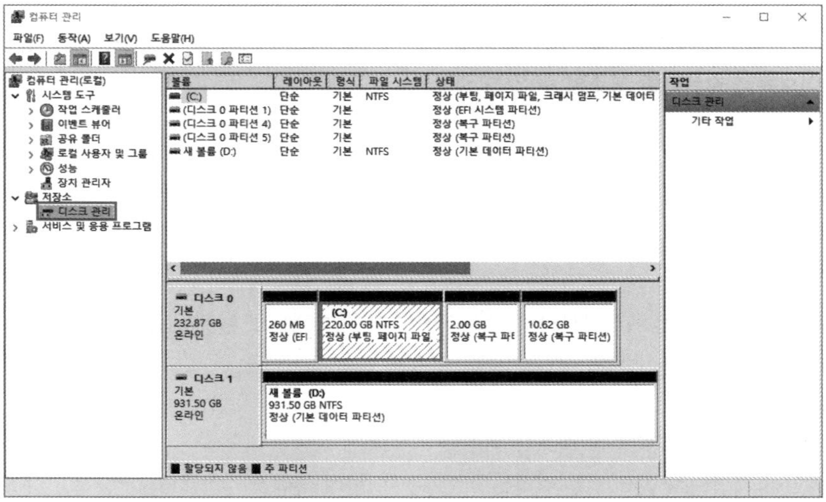

▼ 포맷(Format)

- 하드디스크의 트랙 및 섹터를 초기화하는 작업이다.
- 포맷을 실행하면 디스크의 모든 데이터가 삭제된다.
- 포맷 창 설정 가능 항목: 파일 시스템 선택, 할당 단위 크기, 볼륨 레이블 입력, 빠른 포맷 실행

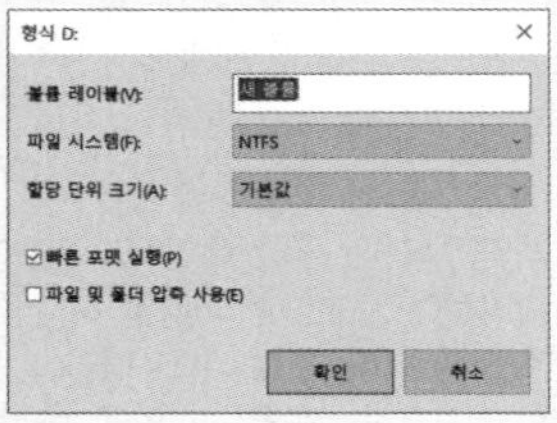

• [이벤트 뷰어]: [보기]–[분석 및 디버그 로그 표시] 메뉴를 선택하여 분석 및 디버그 로그를 표시할 수 있다.

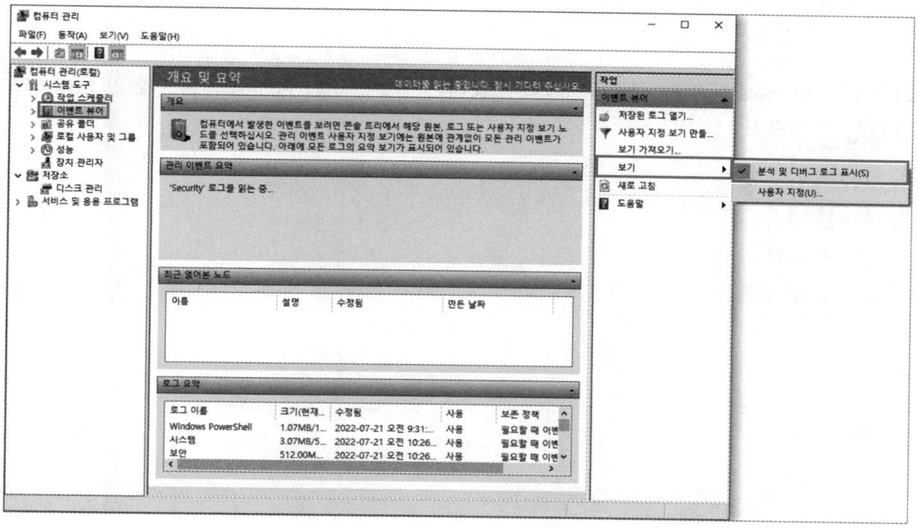

03 레지스트리

• 컴퓨터 구성에 대한 정보가 저장되어 있으며, 시스템의 모든 하드웨어와 소프트웨어의 실행 정보를 관리하는 계층적 데이터베이스이다.

| 실행 방법

방법1	[제어판]–[시스템 및 보안]–[관리 도구]–[레지스트리 편집기] 선택
방법2	검색 상자에 '레지스트리 편집기' 또는 'regedit' 입력 후 Enter

• 각 사용자의 프로필과 시스템 하드웨어, 설치된 프로그램 및 속성 설정에 대한 정보가 포함된다.
• 레지스트리 정보는 Windows가 작동하는 동안 계속 참조된다.
• 레지스트리가 손상되면 Windows에 치명적인 손상을 줄 수 있으므로 편집하기 전에 반드시 백업이 필요하다.
• 레지스트리가 손상된 경우 마지막으로 컴퓨터를 성공적으로 시작했을 때 사용한 레지스트리 버전으로 복원할 수 있다.
• 사용자 프로필과 관련된 부분은 'ntuser.dat'에 저장된다.

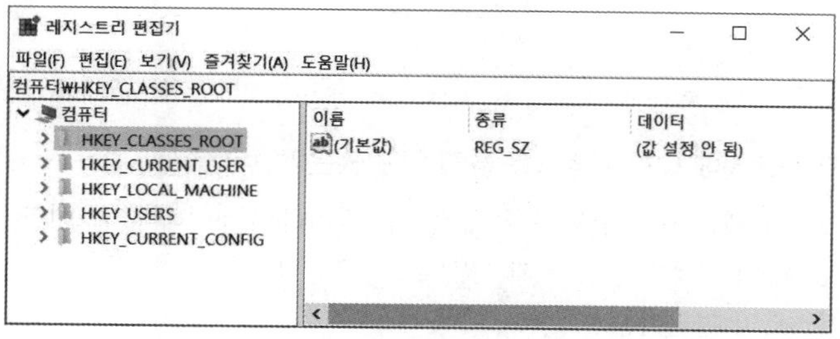

■ **[관리 도구]–[시스템 정보]에서 확인할 수 있는 내용**

• 시스템 요약: 시스템 이름 및 제조업체, 시스템에서 사용하는 BIOS 유형, 설치된 메모리 용량 등 시스템 및 운영체제에 대한 일반 정보가 표시된다.
• 하드웨어 리소스: 컴퓨터 하드웨어에 대한 IT 전문가용 고급 정보가 표시된다.
• 구성 요소: CPU를 제외한 네트워크, 포트, 저장소, 인쇄 등의 구성에 대한 정보가 표시된다.
• 소프트웨어 환경: 드라이버, 네트워크 연결 및 기타 프로그램 관련 정보가 표시된다.

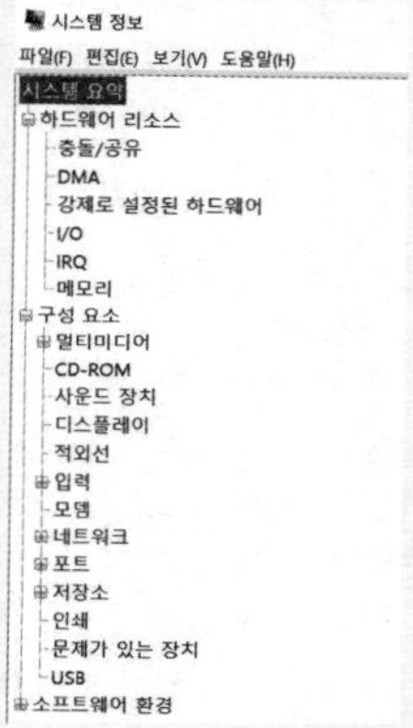

바로 보는 해설

01
포맷은 하드디스크의 트랙 및 섹터를 초기화하는 작업으로, [포맷] 대화상자에서는 파일 시스템, 할당 단위 크기, 볼륨 레이블, 포맷 옵션을 선택할 수 있다. 파티션 나누기와 제거는 Windows 10을 설치하는 과정에서 가능하다.

02
포맷 요소 중 파일 시스템은 디스크에 설치할 파일 시스템(NTFS, FAT32 등)을 지정한다.

03
Windows 10에 탑재된 레지스트리 편집기는 'regedit.exe'이다.

| 정답 | 01 ② 02 ② 03 ③

Warming UP 기출로 개념 확인

01 또 나올 문제

2019.03

다음 중 Windows 10에서 하드디스크를 포맷하기 위한 [포맷] 창에서 설정 가능한 항목으로 옳지 않은 것은?

① 볼륨 레이블 입력
② 파티션 제거
③ 파일 시스템 선택
④ 빠른 포맷 선택

02

2016.10

다음 중 Windows 10의 디스크 포맷에 대한 설명으로 적절하지 않은 것은?

① 하드디스크의 트랙 및 섹터를 초기화하는 작업이다.
② 포맷 요소 중 파일 시스템은 문자 파일, 영상 파일, 데이터 파일 등을 관리하기 위한 기능이다.
③ 포맷을 실행하면 디스크의 모든 데이터가 지워진다.
④ 빠른 포맷은 하드디스크에 새 파일 테이블을 만들지만, 디스크를 완전히 덮어쓰거나 지우지 않는 포맷 옵션이다.

03

2018.09(1급)

다음 중 Windows 10의 레지스트리에 대한 설명으로 옳지 않은 것은?

① 컴퓨터에 설치된 모든 하드웨어와 소프트웨어의 실행 정보를 관리하는 데이터베이스이다.
② 레지스트리 정보는 Windows가 작동하는 동안 지속적으로 참조된다.
③ Windows에 탑재된 레지스트리 편집기는 'reg.exe'이다.
④ 레지스트리에 문제가 발생하면 시스템 부팅이 안 될 수도 있다.

개념끝

020 시스템 구성

기출빈도 A B C **D**

01 시스템 구성의 개요

Windows 부팅에 문제가 있을 때 문제를 식별하도록 도와주는 고급 도구이다.

| 실행 방법

방법	검색 상자에 '시스템 구성' 또는 'msconfig' 입력 후 Enter

02 시작 모드 선택

[일반] 탭에서 시작 모드를 선택할 수 있다.

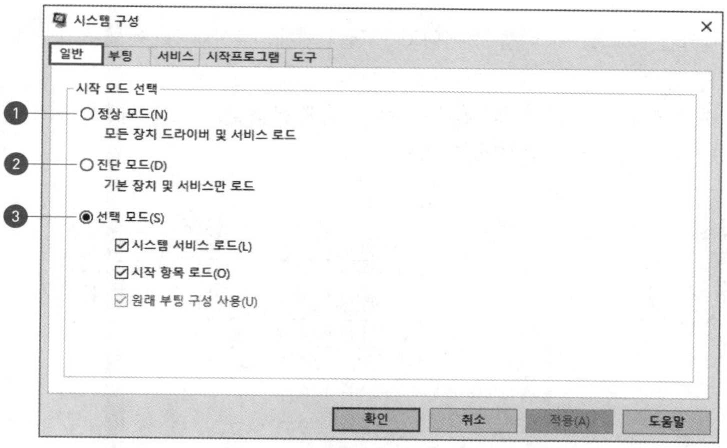

❶ 정상 모드	모든 장치 드라이버 및 서비스 로드
❷ 진단 모드	기본 장치 및 서비스만 로드
❸ 선택 모드	시스템 서비스 로드, 시작 항목 로드, 원래 부팅 구성 사용

03 안전 부팅

- 중요한 시스템 서비스만 실행되는 안전 모드로, Windows를 시작하고 네트워킹은 사용할 수 없다.
- [부팅] 탭에서 [부팅 옵션]의 [안전 부팅]을 선택한다.
- 컴퓨터에서 예기치 않은 문제가 발생했을 때 안전 모드로 부팅하여 문제점을 찾을 수 있다.

결정적 힌트

시스템 구성은 Windows 10의 고급 기능으로 어려운 개념이지만 시험에 출제된 적이 있으므로 부팅과 관련하여 각 항목을 정확히 이해하도록 합니다.

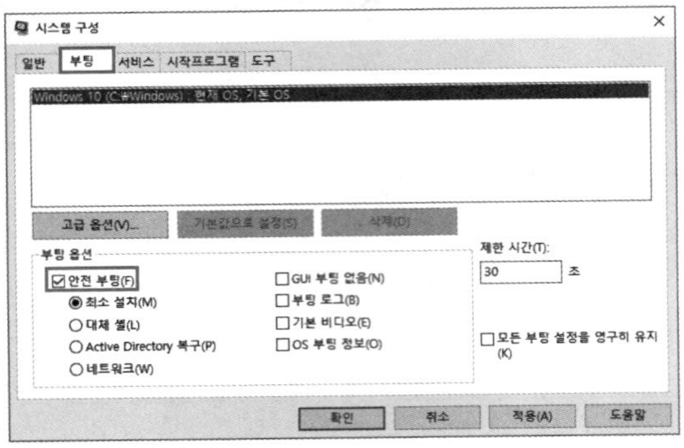

04 멀티 부팅(Multi-booting)

- 컴퓨터를 시작할 때 실행할 Windows의 버전을 선택하는 기능이다.
- 새 버전의 Windows를 별도의 파티션에 설치하고 이전 버전의 Windows를 컴퓨터에 유지할 수 있게 하는 기능이다.
- 멀티 부팅을 하려면 컴퓨터의 하드디스크에 각 운영체제에 사용할 개별 파티션이 필요하다.
- [설정]–[시스템]–[고급 시스템 설정]을 선택하고 [고급] 탭에서 [시작 및 복구]의 [설정] 단추를 클릭한다.
- [시작 및 복구] 대화상자에서 '기본 운영 체제'와 '운영 체제 목록을 표시할 시간', '필요할 때 복구 옵션을 표시할 시간' 등을 설정할 수 있다.

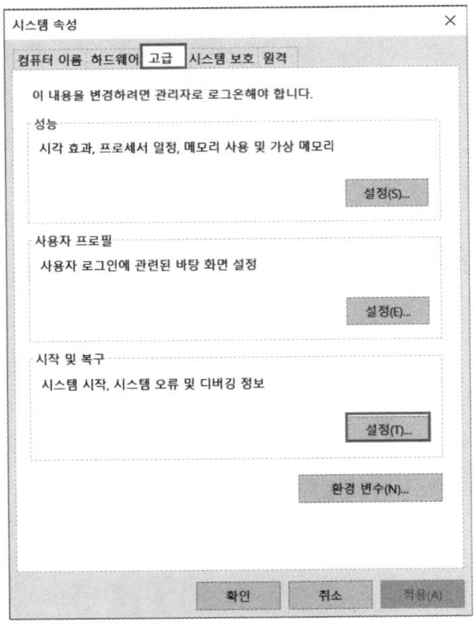

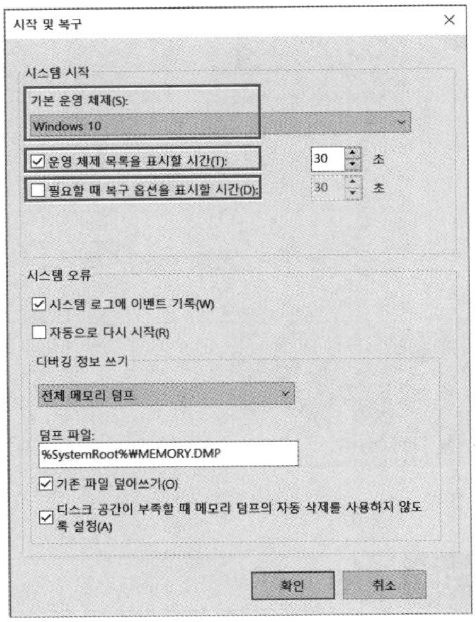

Warming UP 기출로 개념 확인

01

2020.02, 2016.03(1급)

다음 중 Windows 10의 [시스템 구성]에 대한 설명으로 옳지 않은 것은?

① Windows가 제대로 시작되지 않는 문제를 식별하도록 도와주는 고급 도구이다.
② 시작 모드 선택에서 '선택 모드'는 기본 장치 및 서비스로만 Windows를 시작하여 발생된 문제를 진단하는 데 유용하다.
③ 한 번에 하나씩 공용 서비스 및 시작 프로그램을 끈 상태에서 Windows를 재시작한 후 다시 켤 때 문제가 발생하면 해당 서비스가 문제의 원인임을 알 수 있다.
④ 부팅 옵션 중 '안전 부팅'의 '최소 설치'를 선택하면 중요한 시스템 서비스만 실행되는 안전 모드로 Windows를 시작하며, 네트워킹은 사용할 수 없다.

02

2017.03(1급)

다음 중 Windows 10의 멀티 부팅 기능에 대한 설명으로 옳지 않은 것은?

① 컴퓨터의 디스크 공간이 충분한 경우 새 버전의 Windows를 별도의 파티션에 설치하고, 이전 버전의 Windows를 컴퓨터에 유지할 수 있게 하는 기능이다.
② 멀티 부팅을 위해서는 컴퓨터의 하드디스크에 각 운영체제에 사용할 개별 파티션이 필요하다.
③ 멀티 부팅은 두 개의 Windows 중에서 최신 버전을 먼저 설치하고, 이전 버전을 다음에 설치해야 정상적으로 부팅된다.
④ 컴퓨터를 시작할 때마다 실행할 Windows 버전을 선택할 수 있다.

바로 보는 해설

01
Windows를 시작하여 발생된 문제를 진단하는 기능은 '진단 모드'이고, '선택 모드'는 시스템 서비스 로드, 시작 항목 로드, 원래 부팅 구성에 사용한다. [시작]의 오른쪽에 있는 검색 상자에 'msconfig'를 입력하고 Enter를 눌러 [시스템 구성] 대화상자를 열고 [일반] 탭에서 확인할 수 있다.

02
멀티 부팅은 Windows 버전에 관계없으나, 일반적으로 이전 버전을 먼저 설치하고 최신 버전을 설치한다.

| 정답 | 01 ② 02 ③

기출선지 OX 퀴즈

01 Windows 10의 설정에서 시각장애가 있는 사용자가 컴퓨터를 사용하기에 편리하도록 설정할 수 있는 항목은 '접근성'이다. (O / X)

02 시스템 복원 시 Windows Update에 의한 변경 사항은 복원되지 않는다. (O / X)

03 포인터 자국 표시는 [키보드 속성] 대화상자에서 설정할 수 있다. (O / X)

04 [마우스 속성] 창에서 마우스 드라이버를 업데이트할 수 있다. (O / X)

05 Windows 10에서 사용자 컴퓨터에 설치된 하드웨어 장치를 확인할 수 있는 항목은 장치 관리자이다. (O / X)

06 Windows 10의 [개인 설정] 창에서 읽기 쉽도록 구성된 색상과 글꼴을 사용하기 위한 고대비를 설정할 수 있다. (O / X)

07 Windows 10의 [프로그램 및 기능]에서 Windows 업데이트를 자동으로 수행하도록 설정할 수 있다. (O / X)

08 관리자 계정의 사용자는 다른 계정의 계정 유형과 계정 이름, 암호를 변경할 수 있다. (O / X)

09 표준 계정의 사용자는 컴퓨터 보안에 영향을 주는 설정을 변경할 수 없다. (O / X)

10 Windows 10에서 유해한 앱이나 불법 사용자가 컴퓨터 설정을 임의로 변경하려는 경우 이를 사용자에게 알려 컴퓨터를 제어할 수 있도록 도와주는 기능은 Windows Defender 방화벽이다. (O / X)

11 BitLocker는 스파이웨어 및 그 밖의 원치 않는 소프트웨어로부터 컴퓨터를 보호할 수 있다. (O / X)

12 글꼴 파일의 확장명에는 .TTF, .OTF, .FON 등이 있다. (O / X)

13 특정 날짜와 시간에 백업할 수 있도록 백업 주기를 지정할 수 있다. (O / X)

14 파티션 제거는 Windows 10에서 하드디스크를 포맷하기 위한 [포맷] 창에서 설정 가능한 항목이다. (O / X)

15 디스크 포맷은 하드디스크의 트랙 및 섹터를 초기화하는 작업이다. (O / X)

16 빠른 포맷은 하드디스크에 새 파일 테이블을 만들지만, 디스크를 완전히 덮어쓰거나 지우지 않는 포맷 옵션이다. (O / X)

17 Windows에 탑재된 레지스트리 편집기는 'reg.exe'이다. (O / X)

18 레지스트리에 문제가 발생하면 시스템 부팅이 안 될 수도 있다. (O / X)

19 레지스트리는 컴퓨터에 설치된 모든 하드웨어와 소프트웨어의 실행 정보를 관리하는 데이터베이스이다. (O / X)

20 다른 사용자의 앱을 임의로 사용하는 것을 막기 위하여 [설정]–[앱]–[앱 및 기능]을 사용한다. (O / X)

21 제한된 계정은 다른 사용자 계정의 이름, 암호 및 계정 유형을 변경할 수 있다. (O / X)

22 [설정]–[접근성]에서 고대비를 설정하면 컴퓨터 화면에서 일부 텍스트와 이미지의 색상 대비를 강조하는 고대비 색 구성표를 설정하여 해당 항목을 보다 뚜렷하고 쉽게 식별되도록 할 수 있다. (O / X)

23 [설정]–[접근성]에서 토글키 켜기를 하면 CapsLock, NumLock, ScrollLock을 누를 때 신호음을 들을 수 있다. (O / X)

24 [Windows 업데이트]에는 7일 동안 업데이트를 일시 중지할 수 있는 기능이 있다. (O / X)

25 CMOS는 시스템 하드웨어와 소프트웨어의 실행 등에 대한 중요한 정보가 포함되어 있는 Windows 데이터베이스를 의미한다. (O / X)

26 부팅 옵션 중 '안전 부팅'의 '최소 설치'를 선택하면 중요한 시스템 서비스만 실행되는 안전 모드로 Windows를 시작하며, 네트워킹은 사용할 수 없다. (O / X)

27 한 번에 하나씩 공용 서비스 및 시작 프로그램을 끈 상태에서 Windows를 재시작한 후 다시 켤 때 문제가 발생하면 해당 서비스가 문제의 원인임을 알 수 있다. (O / X)

28 멀티 부팅은 두 개의 Windows 중에서 최신 버전을 먼저 설치하고, 이전 버전을 다음에 설치해야 정상적으로 부팅된다. (O / X)

29 멀티 부팅을 위해서는 컴퓨터의 하드디스크에 각 운영체제에 사용할 개별 파티션이 필요하다. (O / X)

30 안전 모드는 컴퓨터가 비정상적으로 작동될 때 컴퓨터에 발생한 문제를 해결하기 위하여 사용하는 방식으로 네트워크를 사용할 수 없다. (O / X)

| 정답 |

01	O	02	X	03	X	04	O	05	O	06	X	07	X	08	O	09	O	10	X
11	X	12	O	13	O	14	X	15	O	16	O	17	X	18	O	19	O	20	X
21	X	22	O	23	O	24	O	25	X	26	O	27	O	28	X	29	O	30	O

Build UP 기출로 개념 강화

개념끝 011 [설정] 창

01 2004.03(1급)

[설정]에 있는 다음 항목들 중 일정 시간 컴퓨터를 사용하지 않을 경우 잠금 화면을 지정할 수 있는 것은?

① 시스템 ② 개인 설정
③ 계정 ④ 접근성

개념끝 012 [설정] 창 – 시스템

02 또 나올 문제 2022.상시, 2016.03

다음 중 Windows 10의 [설정]–[시스템]–[디스플레이]에서 설정할 수 없는 것은?

① 테마 기능을 이용하여 바탕 화면의 배경, 창 색, 소리 및 화면 보호기 등을 한 번에 변경할 수 있다.
② 연결되어 있는 모니터의 개수를 감지하고 모니터의 방향과 화면 해상도를 설정할 수 있다.
③ 화면에 표시되는 텍스트를 읽기 쉽도록 크기를 설정할 수 있다.
④ 사용자의 숙면을 돕기 위한 야간 모드를 설정할 수 있다.

03 2014.10

다음 중 Windows 10의 [설정]–[시스템]–[디스플레이]–[디스플레이 해상도] 설정에 대한 설명으로 옳지 않은 것은?

① 높은 화면 해상도에서는 텍스트와 이미지가 더 선명하지만 크기는 더 작게 표시된다.
② 해상도를 변경하면 해당 컴퓨터에 로그온한 모든 사용자에게 변경 내용이 적용된다.
③ 여러 디스플레이는 Windows에서 둘 이상의 모니터가 PC에 연결되어 있음을 인식할 때만 나타난다.
④ 두 대의 모니터가 연결된 경우 좌측 모니터가 주 모니터로 설정되므로 해상도가 높은 모니터를 반드시 좌측에 배치해야 한다.

04 또 나올 문제 2015.06

다음 중 Windows 10의 [설정]–[시스템]–[정보]에서 확인할 수 있는 정보로 옳지 않은 것은?

① Windows 업데이트 날짜
② Windows 버전
③ 설치된 메모리 용량
④ Windows 정품 인증

개념끝 013 [설정] 창 – 장치

05 2014.06

다음 중 Windows 10의 [키보드 속성] 대화상자에서 설정할 수 없는 것은?

① 문자 재입력 시간
② 문자 반복 속도
③ 한 번에 스크롤할 줄의 수
④ 커서 깜박임 속도

개념끝 014 [설정] 창 – 개인 설정

06 또 나올 문제

2013.03

다음 중 Windows 10의 [개인 설정] 창에서 설정할 수 있는 기능으로 옳지 않은 것은?

① 테마　　② 배경
③ 테마 컬러 선택　　④ 볼륨

07

2012.06

다음 중 Windows 10의 [개인 설정] 창에서 할 수 있는 설정 작업으로 옳지 않은 것은?

① 바탕 화면의 배경 그림을 변경할 수 있다.
② 바탕 화면에 있는 아이콘의 종류와 정렬 순서를 지정할 수 있다.
③ 시스템에 새로운 글꼴을 설치하거나 설치된 글꼴을 삭제할 수 있다.
④ 색을 선택하거나 테마 컬러를 선택할 수 있다.

개념끝 015 [설정] 창 – 앱

08

2018.03(1급)

다음 중 Windows 10의 [설정]–[앱]에서 할 수 있는 작업에 대한 설명으로 옳지 않은 것은?

① [기본 앱]을 이용하면 웹 브라우저나 메일 등의 작업에 사용할 기본 앱을 설정할 수 있다.
② [시작 프로그램]은 로그인할 때 자동으로 실행될 앱을 설정할 수 있다.
③ [비디오 재생]을 이용하여 Windows의 기본 비디오 재생 플랫폼을 사용하는 앱의 비디오 설정을 변경할 수 있다.
④ [앱 및 기능]을 이용하여 앱을 제거할 수 있으며, 삭제된 앱 파일을 복원할 수도 있다.

바로 보는 해설

01 [설정]–[개인 설정]–[잠금 화면]에서 설정할 수 있다.

02 테마 기능은 [설정]–[개인 설정]–[테마]에서 설정할 수 있다.

03 두 대의 모니터가 연결된 경우 주 모니터는 사용자가 선택할 수 있다.

04 [설정]–[시스템]–[정보]에서는 Windows의 버전, CPU의 종류, RAM의 크기, Windows 정품 인증 등을 확인할 수 있다.

05 한 번에 스크롤할 줄의 수는 [마우스 속성] 대화상자에서 설정할 수 있다.

06 볼륨은 [설정]–[시스템]–[소리]에서 설정할 수 있다.

07 바탕 화면에 있는 아이콘의 종류는 지정할 수 있지만 정렬 순서는 바탕 화면의 바로 가기 메뉴에서 지정할 수 있다.

08 [앱 및 기능]을 이용하여 앱을 제거 또는 변경할 수 있지만, 삭제된 앱을 복원할 수는 없다.

| 정답 | 01 ② 02 ① 03 ④ 04 ① 05 ③ 06 ④ 07 ② 08 ④

개념끝 016 [설정] 창 – 계정

09 또 나올 문제 2010.10(1급)

다음 중 Windows 10에서 [표준 사용자 계정]의 권한을 가진 사용자가 할 수 있는 작업으로 옳은 것은?

① 프로그램 및 하드웨어의 설치
② 시스템 전체 단위로 변경
③ 다른 사용자의 계정 변경
④ 사용자 고유의 그림 변경

개념끝 017 [설정] 창 – 접근성

10 또 나올 문제 2021.상시, 2015.06

다음 중 Windows 10의 [설정]–[접근성]에서 설정할 수 있는 기능으로 옳지 않은 것은?

① 가족 및 다른 사용자: 자녀가 컴퓨터를 사용할 수 있는 게임 유형 및 프로그램을 제한할 수 있다.
② 토글키 켜기: 토글키 기능은 CapsLock, NumLock, ScrollLock을 누를 때 신호음을 들을 수 있다.
③ 고대비: 컴퓨터 화면에서 일부 텍스트와 이미지의 색상 대비를 강조하는 고대비 색 구성표를 설정하여 해당 항목을 보다 뚜렷하고 쉽게 식별되도록 할 수 있다.
④ 키패드로 마우스 제어: 키보드의 숫자 키패드로 마우스 포인터의 움직임을 제어할 수 있다.

11 2006.09

다음 중 Windows 10의 [설정]–[접근성]에서 설정 또는 변경할 수 있는 정보가 아닌 것은?

① 고대비 화면 설정
② 시스템 신호음을 시각적으로 표시
③ 마우스 포인터의 표시 유형으로 포인터 자국 표시 여부 설정
④ 키보드의 숫자 키패드로 마우스 포인터를 움직이도록 설정

개념끝 018 [설정] 창 – 업데이트 및 보안

12 2013.06(1급)

다음 중 Windows 10에서 [Windows 업데이트] 기능에 대한 설명으로 옳지 않은 것은?

① Windows 최신 버전을 다운로드 및 설치할 수 있다.
② 업데이트 기록을 보고 업데이트를 제거할 수 있다.
③ 바이러스 백신 소프트웨어의 업데이트를 할 수 있다.
④ 7일 동안 업데이트를 일시 중지할 수 있다.

개념끝 019 관리 도구

13 2015.10

다음 중 컴퓨터 구성에 관한 정보가 저장되는 저장소로 시스템 하드웨어와 소프트웨어의 실행 등에 대한 중요한 정보가 포함되어 있는 Windows 데이터베이스를 의미하는 것은?

① CMOS
② Registry
③ Hard Disk
④ Cache Memory

14

2019.08(1급), 2016.10(1급)

다음 중 Windows 10의 [관리 도구] 중 [컴퓨터 관리]에서 수행 가능한 [디스크 관리] 작업에 해당하지 않는 것은?

① 볼륨을 확장하거나 축소할 수 있다.
② 드라이브 문자를 변경할 수 있다.
③ 포맷을 실행할 수 있다.
④ 분석 및 디버그 로그를 표시할 수 있다.

개념끝 020 시스템 구성

15 또 나올 문제

2021.상시

한글 Windows 10의 [부팅 옵션]에서 [안전 모드] 항목의 부팅 방법에 대한 설명으로 옳은 것은?

① 컴퓨터가 비정상적으로 작동될 때 컴퓨터에 발생한 문제를 해결하기 위하여 사용하는 방식으로 네트워크를 사용할 수 없다.
② 네트워크가 연결된 경우에 컴퓨터 관리자에게 해당 컴퓨터의 디버그 정보를 보내면서 부팅하는 방식이다.
③ 마지막으로 시스템이 문제없이 실행되고 종료되었을 때 레지스트리 정보와 드라이버를 사용하여 부팅하는 방식이다.
④ 시스템의 안전을 위하여 다중 부팅 선택 화면을 이용하여 부팅하는 방식이다.

바로 보는 해설

09 표준 사용자 계정은 프로그램이나 하드웨어를 설치할 수 없고, 다른 사용자나 컴퓨터 보안에 영향을 주는 설정은 할 수 없으나 사용자 고유의 그림 변경은 가능하다.

10 가족 및 다른 사용자는 [설정]−[계정]에서 설정할 수 있는 기능이다.

11 마우스 포인터의 표시 유형은 [마우스 속성] 창에서 설정할 수 있다.

12 [Windows 업데이트]는 Windows 업데이트를 확인하고 최신 버전으로 업데이트를 수행하지만, 바이러스 백신 소프트웨어의 업데이트를 할 수 없다.

13 | 오답 피하기 |
① CMOS: 부팅 시에 필요한 하드웨어 정보를 담고 있는 반도체이다.
③ Hard Disk: 고속으로 회전하는 디스크의 표면에 데이터를 저장하는 보조 기억장치이다.
④ Cache Memory: CPU와 주기억장치 사이에 위치하여 두 장치 사이의 속도 차이를 줄여서 처리 속도를 향상시키는 메모리이다.

14 분석 및 디버그 로그 표시는 [관리 도구] 창에서 [이벤트 뷰어]를 더블클릭하여 [이벤트 뷰어] 창을 열고 분석 및 디버그 로그를 표시할 수 있다.

15 안전 모드는 컴퓨터가 비정상적으로 작동될 때 Windows를 최소한의 기능으로 부팅하여 시스템의 각종 문제를 진단하는 방법이며 CD-ROM, 프린터, 네트워크 카드, 사운드 카드 등을 사용할 수 없다.

| 정답 | 09 ④ 10 ① 11 ③ 12 ③ 13 ② 14 ④ 15 ①

최근 기출 10개년 기준

24%

CHAPTER 3

컴퓨터 시스템 활용

무료 동영상 강의

학습전략

컴퓨터는 하드웨어와 소프트웨어로 구성되어 있는데 그중 하드웨어에 대한 내용을 담고 있습니다. 컴퓨터에서 가장 중요한 장치인 중앙처리장치와 주기억장치 위주로 학습하세요.

개념끝

021 컴퓨터의 발전과 분류

기출빈도 A B **C** D

결정적 힌트

컴퓨터의 세대별 발전과 데이터 취급에 따른 분류에 대한 문제가 주로 출제되었으므로 이 부분을 중점적으로 학습합니다.

01 컴퓨터의 정의

- 컴퓨터(Computer)는 '계산하다'라는 뜻의 'Compute'에 'er'을 붙인 것으로 계산하는 장치라는 뜻이 있으며, 방대한 자료를 입력하여 프로그램에 의해 자동으로 처리하고 결과를 출력하는 시스템이다.
- EDPS(Electronic Data Processing System): 전자 정보 처리 시스템으로, 컴퓨터를 이용하여 자료를 처리하는 것을 말한다.
- GIGO(Garbage In Garbage Out): 쓰레기가 들어가면 쓰레기가 나온다는 뜻으로, 오류 없이 정확한 정보를 얻으려면 정확한 자료를 입력해야 한다는 의미이다.
- 컴퓨터는 정확성, 신속성, 호환성, 대용량성, 범용성의 특징을 갖는다.
  - 정확성: 컴퓨터에 의해 정확한 처리 결과가 나온다.
  - 신속성: 컴퓨터에 의해 빠른 속도로 처리한다.
  - 호환성: 다른 컴퓨터에서도 프로그램이나 자료를 사용할 수 있다.
  - 대용량성: 대량의 데이터를 처리하거나 저장할 수 있다.
  - 범용성: 특별한 목적이 아닌 사무 처리, 교육, 인터넷, 게임 등 다양한 목적으로 사용할 수 있다.

02 컴퓨터의 기능

입력 기능	자료나 프로그램을 컴퓨터 내부로 읽어 들이는 기능
출력 기능	처리된 결과를 컴퓨터 외부로 내보내는 기능
제어 기능	자료를 처리하기 위해 각 장치에 명령을 내리거나 감독하는 기능
연산 기능	입력된 자료를 제어 기능의 지시에 따라 실제로 연산하는 기능
기억 기능	자료나 처리 결과를 저장하는 기능

03 컴퓨터의 발전 과정

(1) 기계식 계산기

파스칼(Pascal)의 계산기(덧셈과 뺄셈 가능) → 라이프니츠(Leibniz)의 계산기(사칙연산 가능) → 배비지(Babbage)의 차분 기관 → 배비지(Babbage)의 해석 기관(현재 디지털 컴퓨터의 모체) → 홀러리스(Hollerith)의 천공카드 시스템(일괄 처리의 효시) → 에이큰(Aiken)의 MARK-I(최초의 기계식 자동 계산기)

(2) 전자식 계산기

에니악(ENIAC)	• 1946년 에커트(Eckert)와 모클리(Mauchly)가 제작한 최초의 전자식 계산기 • 외부 프로그램 방식 사용
에드삭(EDSAC)	최초로 프로그램 내장 방식 도입
에드박(EDVAC)	• 폰 노이만(Von Neumann)이 제작 • 프로그램 내장 방식과 2진법 채택
유니박(UNIVAC)	최초의 상업용 전자계산기로 국세 조사 및 인구통계 조사에 사용함

04 컴퓨터의 세대별 발전

세대	주요 소자	특징
1세대	진공관	• 하드웨어 개발 중심 • 기계어, 어셈블리어의 사용 • 일괄 처리 시스템
2세대	트랜지스터	• 운영체제(OS) 등장 • 실시간 처리 시스템
3세대	집적회로(IC)	• 시분할 처리 시스템 • 다중 처리 시스템
4세대	고밀도 집적회로(LSI)	• 개인용 컴퓨터(PC)의 사용 • 네트워크의 발전
5세대	초고밀도 집적회로(VLSI)	• 인공지능 연구 • 전문가 시스템 • 퍼지(Fuzzy) 이론

05 컴퓨터의 분류

(1) 데이터 취급에 따른 분류

분류	디지털 컴퓨터	아날로그 컴퓨터	하이브리드 컴퓨터
입력 형식	숫자, 문자 등의 이산 데이터	전류, 전압, 온도 등	디지털 컴퓨터와 아날로그 컴퓨터의 장점을 조합한 컴퓨터
출력 형식	숫자, 문자 등의 이산 데이터	곡선, 그래프 등	
구성 회로	논리 회로	증폭 회로	
주요 연산	산술 논리 연산	미적분 연산	
프로그래밍	필요함	필요 없음	
기억 기능	있음	없음	
목적	범용 컴퓨터	과학 연구 등의 특수 목적용 컴퓨터	

▼ **외부 프로그램 방식**
사람이 일일이 배선과 스위치를 옮겨서 작동하는 방식이다.

▼ **프로그램 내장 방식**
폰 노이만에 의해 고안되었으며, 프로그램과 데이터를 주기억장치에 저장해 놓고 프로그램 명령어를 차례대로 수행하는 방식이다.

▼ **일괄 처리 시스템 (Batch Processing System)**
데이터를 일정량 또는 일정 시간 동안 모아서 한꺼번에 처리하는 방식이다.

▼ **실시간 처리 시스템 (Real Time Processing System)**
처리할 데이터가 입력될 때마다 즉시 처리하는 방식이다.

▼ **다중 처리 시스템 (Multi-Processing System)**
여러 개의 CPU와 하나의 주기억장치를 이용하여 여러 프로그램을 동시에 처리하는 방식이다.

▼ **전문가 시스템(Expert System)**
인공지능의 활용 분야로, 전문가의 지식을 컴퓨터가 학습하여 전문가가 수행하는 고도의 업무를 지원하는 방식이다.

▼ **퍼지(Fuzzy) 이론**
불분명하고 모호한 상황을 수학적으로 접근하는 인공지능의 분야이다.

(2) 사용 목적에 따른 분류

- **전용 컴퓨터**: 특수 목적용 컴퓨터로 과학, 기상 관측, 군사용 등으로 사용되는 컴퓨터이다.
- **범용 컴퓨터**: 다양한 분야에서 여러 가지 용도로 사용되는 컴퓨터이다.

(3) 규모에 따른 분류

- **마이크로컴퓨터(Microcomputer)**: 마이크로프로세서를 중앙처리장치로 사용하는 컴퓨터이다.
- **미니컴퓨터(Minicomputer)**: 중형 컴퓨터라고 하며 메인프레임의 크기와 성능을 간소화한 컴퓨터로 학교나 연구소에서 사용하는 컴퓨터이다.
- **메인프레임(Mainframe)**: 대형 컴퓨터라고 하며 통계 업무, 금융 관련 업무, 전사적 자원 관리 등 복잡한 작업을 처리하는 컴퓨터이다.
- **슈퍼컴퓨터(Supercomputer)**: 빠른 연산 속도와 높은 정밀도를 가지는 컴퓨터로 과학기술, 기상 관측, 우주 및 항공 분야에서 사용하는 컴퓨터이다.

개념 플러스 웨어러블 컴퓨터(Wearable Computer)

몸에 착용하는 컴퓨터로, 소형화, 경량화를 비롯해 음성과 동작 인식 등 다양한 기술이 적용되어 장소에 구애받지 않고 컴퓨터를 활용할 수 있다.

Warming UP 기출로 개념 확인

01 2021.상시, 2017.03

다음 중 컴퓨터를 이용한 자료 처리 방식을 발달 과정 순서대로 옳게 나열한 것은?

① 실시간 처리 시스템 – 일괄 처리 시스템 – 분산 처리 시스템
② 일괄 처리 시스템 – 실시간 처리 시스템 – 분산 처리 시스템
③ 분산 처리 시스템 – 실시간 처리 시스템 – 일괄 처리 시스템
④ 실시간 처리 시스템 – 분산 처리 시스템 – 일괄 처리 시스템

02 (또 나올 문제) 2018.09

다음 중 처리하는 데이터에 따라 분류되는 디지털 컴퓨터의 특징으로 옳은 것은?

① 산술이나 논리 연산을 한다. ② 증폭 회로를 사용한다.
③ 프로그래밍이 필요 없다. ④ 기억 기능이 없다.

03 2021.상시, 2020.07, 2017.03

다음 중 소형화, 경량화를 비롯해 음성과 동작 인식 등 다양한 기술이 적용되어 장소에 구애받지 않고 컴퓨터를 활용할 수 있도록 몸에 착용하는 컴퓨터를 의미하는 것은?

① 웨어러블 컴퓨터 ② 마이크로 컴퓨터
③ 인공지능 컴퓨터 ④ 서버 컴퓨터

바로 보는 해설

01
일괄 처리 시스템 → 다중 프로그래밍 시스템/다중 처리 시스템/시분할 시스템/실시간 처리 시스템 → 다중 모드 → 분산 처리 시스템

02
| 오답 피하기 |
② 아날로그 컴퓨터의 특징이다. 디지털 컴퓨터는 논리 회로를 사용한다.
③ 아날로그 컴퓨터의 특징이다. 디지털 컴퓨터는 프로그래밍이 필요하다.
④ 아날로그 컴퓨터의 특징이다. 디지털 컴퓨터는 기억 기능이 있다.

03
웨어러블 컴퓨터는 장소에 구애받지 않고 컴퓨터를 활용할 수 있도록 의류, 안경, 시계 등과 같이 몸에 착용할 수 있는 형태의 컴퓨터를 의미한다.

| 정답 | 01 ② 02 ① 03 ①

개념끝

022 자료의 표현과 처리

기출빈도 A B C D

01 자료의 구성 단위

- 비트(Bit)
  - Binary Digit의 약어이다.
  - 정보의 최소 단위로 2진수 0 또는 1로 표현한다.
- 니블(Nibble)
  - 4개의 비트가 모여 1개의 니블을 구성한다.
  - 1니블로는 2^4(=16)가지의 정보를 표현할 수 있다.
- 바이트(Byte)
  - 문자를 표현하는 기본 단위로, 8개의 비트가 모여 1바이트를 구성한다.
  - 1바이트로는 2^8(=256)가지의 정보를 표현할 수 있다.
- 워드(Word)
  - 한 번에 처리할 수 있는 명령 단위이다.

하프 워드(Half Word)	2Byte
풀 워드(Full Word)	4Byte
더블 워드(Double Word)	8Byte

- 필드(Field): 자료 처리의 최소 단위이다.
- 레코드(Record): 여러 개의 필드가 모여서 구성된 단위이다.
- 파일(File): 관련된 레코드의 집합이다.
- 데이터베이스(Database): 관련된 데이터 파일들의 집합이다.

개념 플러스 데이터베이스의 구성

필드

사원 번호	이름	부서	직위
20100001	김규진	총무부	부장
20120021	김진아	인사부	대리
20200004	이혜림	해외영업부	사원

레코드

개념 플러스 물리적/논리적 구성 단위

- 물리적 구성 단위: 비트(Bit) – 니블(Nibble) – 바이트(Byte) – 워드(Word)
- 논리적 구성 단위: 필드(Field) – 레코드(Record) – 파일(File) – 데이터베이스(Database)

결정적 힌트

자료 구성 단위와 기억 용량 단위는 컴퓨터 학습에 가장 기본이 되는 부분입니다. 반드시 암기해두세요.

■ n비트로 표현할 수 있는 정보

1비트는 0, 1의 2가지(2^1) 정보를 표현할 수 있으며, 2비트는 00, 01, 10, 11의 4가지(2^2) 정보를 표현할 수 있다. 그러므로 n비트는 2^n가지의 정보를 표현한다.

■ **연산 속도 단위**

ms(밀리 초)
μs(마이크로 초)
ns(나노 초)
ps(피코 초)
fs(펨토 초)
as(아토 초)

02 기억 용량 단위

- KB(킬로바이트): 2^{10}Byte=1,024Byte
- MB(메가바이트): 2^{20}Byte=1,024KB
- GB(기가바이트): 2^{30}Byte=1,024MB
- TB(테라바이트): 2^{40}Byte=1,024GB
- PB(페타바이트): 2^{50}Byte=1,024TB
- EB(엑사바이트): 2^{60}Byte=1,024PB

개념 플러스 연산 속도 단위

ms(10^{-3}) < μs(10^{-6}) < ns(10^{-9}) < ps(10^{-12}) < fs(10^{-15}) < as(10^{-18})

※ 오른쪽 방향으로 갈수록 처리 속도가 빨라진다.

결정적 힌트

자료의 표현에서는 특히 문자의 표현에 관련된 코드들이 많이 출제되었습니다. 빠짐없이 꼼꼼히 암기하는 것이 필요합니다.

03 자료의 표현

(1) 문자의 표현

- BCD 코드
  - 하나의 문자가 2비트의 Zone 부분과 4비트의 Digit 부분으로 구성된다.
  - 2^6(64)가지의 문자를 표현할 수 있다.
  - 영문 소문자는 표현할 수 없다.
- EBCDIC 코드
  - 하나의 문자가 4비트의 Zone 부분과 4비트의 Digit 부분으로 구성된다.
  - 확장 이진화 10진 코드로 BCD 코드를 확장한 형태이다.
  - 2^8(256)가지의 문자를 표현할 수 있다.
  - 특수 문자 및 소문자 표현이 가능하다.
- ASCII 코드
  - 하나의 문자가 3비트의 Zone 부분과 4비트의 Digit 부분으로 구성된다.
  - 2^7(128)가지의 문자를 표현할 수 있다.
  - 확장 ASCII 코드는 8비트를 사용한다.
  - 주로 개인용 컴퓨터와 데이터 통신에서 사용한다.
- 유니코드(Unicode)
  - 컴퓨터에서 세계 각국의 언어를 통일된 방법으로 표현할 수 있도록 고안된 국제 표준 코드이다.
  - 한글, 한자, 영문, 숫자 등 모든 글자를 16비트(2바이트)로 표현한다.

(2) 숫자의 표현

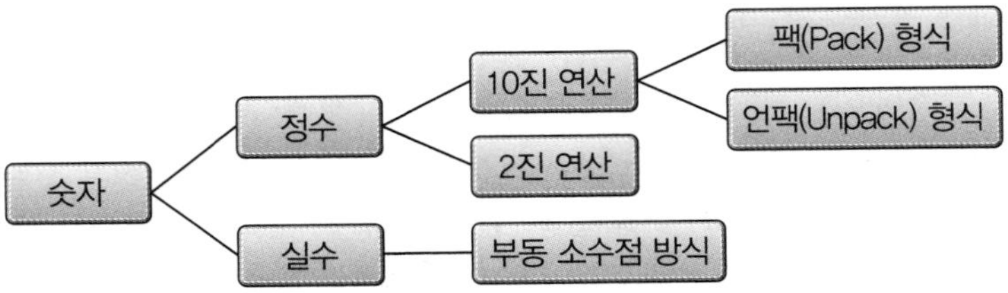

- 10진 연산: 팩(Pack) 형식과 언팩(Unpack) 형식을 사용한다.

팩(Pack)	• 오른쪽 최하위 바이트의 4비트에는 부호를 표시하며, 양수는 C(1100), 음수는 D(1101)로 표현 예 +1234 → 1234C −1234 → 1234D • 연산이 가능
언팩(Unpack)	• 4개의 존(Zone) 비트와 4개의 숫자(Digit) 비트로 구성 • 오른쪽 최하위 바이트의 존에는 부호를 표시하며, 양수는 C(1100), 음수는 D(1101)로 표현 예 +1234 → F1F2F3C4 −1234 → F1F2F3D4 • 데이터의 입·출력에 사용

▼ 팩 형식

▼ 언팩 형식

- 2진 연산
  - 실수 데이터보다 표현할 수 있는 범위가 작으며 연산 속도는 빠르다.
  - 컴퓨터 연산에서 덧셈 연산을 이용하여 뺄셈을 수행하기 위해 보수를 사용한다.
  - 양수는 부호화 절대치, 부호화 1의 보수, 부호화 2의 보수 표현 방법이 모두 같다.

부호화 절대치	최상위 1비트는 부호 비트로 양수는 0, 음수는 1로 표현하고, 나머지 비트는 절대치로 표현 예 +5: 0101 −5: 1101
부호화 1의 보수	부호화 절대치의 부호 비트를 제외한 나머지 비트를 0은 1로, 1은 0으로 바꿈 예 +5: 0101 −5: 1010
부호화 2의 보수	부호화 1의 보수에 1을 더함 예 +5: 0101 −5: 1011

- 실수
  - 매우 큰 수나 작은 수, 매우 정밀한 수를 표현하는 데 사용한다.
  - 실수를 표현하는 부동 소수점 방식은 부호(1bit), 지수부, 가수부로 구분하여 표현한다.
  - 32비트 단정도(single)와 64비트 배정도(double) 방식이 있다.
  - 지수부와 가수부를 분리하는 정규화 작업이 필요하다.

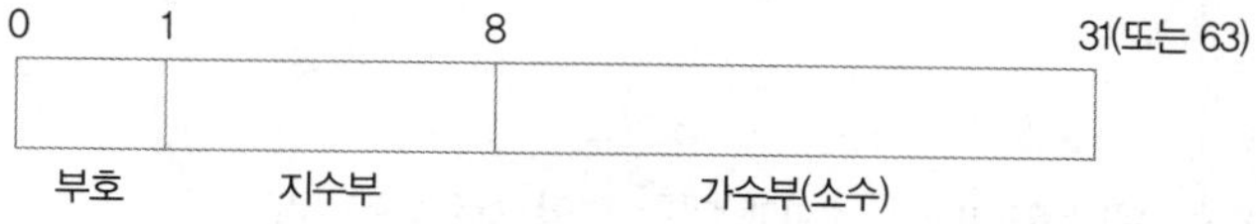

(3) 에러 검출 코드

패리티 코드	• 에러 검출만 가능하고 교정은 불가능한 코드 • 짝수 패리티와 홀수 패리티가 있음
해밍 코드	단일 비트의 에러 검출과 에러 교정이 가능한 코드
CRC(순환 중복 검사)	집단 에러에 대한 에러 검출이 가능한 코드
BSC(블록합 검사)	패리티 코드의 단점을 보완한 방식의 코드
정 마크 부호 방식	패리티 코드 검사가 자체적으로 이루어지는 방식의 코드

▼ 짝수 패리티

1의 개수가 짝수가 되도록 1비트를 추가한다.

▼ 홀수 패리티

1의 개수가 홀수가 되도록 1비트를 추가한다.

Warming UP 기출로 개념 확인

01 2019.03

다음 중 컴퓨터에서 사용되는 바이트(Byte)에 대한 설명으로 옳지 않은 것은?

① 1바이트는 8비트로 구성된다.
② 일반적으로 영문자나 숫자는 1Byte로 한 글자를 표현하고, 한글 및 한자는 2Byte로 한 글자를 표현한다.
③ 1바이트는 컴퓨터에서 각종 명령을 처리하는 기본 단위이다.
④ 1바이트로는 256가지의 정보를 표현할 수 있다.

02 또 나올 문제 2019.08

다음 중 자료의 구성 단위에 대한 설명으로 옳지 않은 것은?

① 데이터베이스(Database)는 관련된 데이터 파일들의 집합을 말한다.
② 워드(Word)는 컴퓨터에서 한 번에 처리할 수 있는 명령 단위를 나타낸다.
③ 니블(Nibble)은 4개의 비트가 모여 1개의 니블을 구성한다.
④ 비트(Bit)는 정보의 최소 단위이며, 5비트가 모여 1바이트(Byte)가 된다.

03 2018.09

다음 중 1GB(GigaByte)에 해당하는 것은?

① 1024Bytes
② 1024×1024Bytes
③ 1024×1024×1024Bytes
④ 1024×1024×1024×1024Bytes

04 또 나올 문제 2019.08

다음 중 컴퓨터에서 사용하는 유니코드(Unicode)에 대한 설명으로 옳은 것은?

① 표현 가능한 문자 수는 최대 256자이다.
② 에러 검출이나 교정이 가능한 코드이다.
③ 연산을 빠르게 수행하기 위하여 Zone 비트와 Digit 비트로 구성한다.
④ 데이터의 처리나 교환을 위하여 1개 문자를 16비트로 표현한다.

바로 보는 해설

01
바이트(Byte)는 문자를 표현하는 최소 단위이다. 컴퓨터에서 각종 명령을 처리하는 기본 단위는 워드(Word)이다.

02
비트는 정보의 최소 단위로, 8비트가 모여 1바이트가 된다.

03
1KB = 1024Byte(2^{10}Byte)
1MB = 1024KB(2^{20}Byte)
1GB = 1024MB(2^{30}Byte)
1TB = 1024GB(2^{40}Byte)
1PB = 1024TB(2^{50}Byte)
1EB = 1024PB(2^{60}Byte)

04
| 오답 피하기 |
① 유니코드는 전 세계의 모든 문자를 표현하는 국제 표준 코드로 한글, 한자, 영문, 숫자 등을 16비트(2바이트)로 표현한다.
② 해밍 코드에 대한 설명이다.
③ Zone 비트와 Digit 비트로 구성하는 코드에는 BCD 코드, ASCII 코드, EBCDIC 코드가 있다.

| 정답 | 01 ③ 02 ④ 03 ③ 04 ④

개념끝

023 중앙처리장치

기출빈도 A B C D

01 중앙처리장치(CPU; Central Processing Unit)

(1) 중앙처리장치의 구성

- 명령어를 해석하고, 프로그램의 연산을 실행 및 처리하는 컴퓨터 시스템의 핵심적인 장치이다.
- 제어장치(CU; Control Unit), 연산장치(ALU; Arithmetic Logic Unit), 레지스터(Register)로 구성된다.

제어장치	• 컴퓨터의 모든 동작을 지시하고 제어하는 장치 • 프로그램 카운터(PC; Program Counter), 명령 레지스터, 부호기, 명령 해독기, 번지 해독기 등으로 구성
연산장치	• 산술 연산과 논리 연산을 수행하는 장치 • 가산기, 보수기, 누산기 등으로 구성
레지스터	• CPU 내부에서 특정한 목적에 사용되는 일시적인 기억장소로, 메모리 중 가장 빠른 속도로 접근이 가능 • 플립플롭(Flip-Flop)이나 래치(Latch)를 직렬 또는 병렬로 연결

(2) 중앙처리장치의 성능 단위

- MIPS(Million Instruction Per Second): 1초 동안에 처리할 수 있는 명령의 개수를 100만 단위로 표시한다.
- FLOPS(FLoating point Operations Per Second): 1초 동안에 처리할 수 있는 부동 소수점 연산의 횟수이다.
- CPU는 클록 주기에 따라 명령을 수행하며 클록 주파수가 높을수록 연산 속도가 빠르다.

(3) 제어장치의 구성요소

프로그램 카운터 (PC; Program Counter)	다음에 수행할 명령어의 주소를 기억하는 레지스터
메모리 주소 레지스터 (MAR; Memory Address Register)	기억장치에 입·출력되는 데이터의 주소 번지를 기억하는 레지스터
메모리 버퍼 레지스터 (MBR; Memory Buffer Register)	메모리 주소 레지스터의 내용을 기억하는 레지스터
명령어 레지스터 (IR; Instruction Register)	현재 수행 중인 명령어의 내용을 기억하는 레지스터
명령어 해독기 (Instruction Decoder)	• 현재 실행 중인 명령어를 해독하는 회로 • 현재 수행해야 할 명령어를 해독한 후 수행할 수 있는 여러 가지 제어 신호를 발생시킴

결정적 힌트

컴퓨터를 구성하는 하드웨어 중 가장 중요한 장치가 바로 중앙처리장치입니다. 사람의 뇌와 같은 역할을 하기 때문입니다. 많은 문제가 출제되므로 특히 레지스터의 개념과 종류를 숙지하는 것이 필요합니다.

▼ **클록 주파수**

초당 사이클로 측정하며 헤르츠(Hz) 단위를 사용한다.

예 3.2GHz인 CPU는 초당 32억 번의 사이클을 실행

번지 해독기 (Address Decoder)	명령어 레지스터가 보낸 주소를 해독한 후 저장되어 있던 데이터를 메모리로 보내는 회로
부호기(Encoder)	명령어 해독기로 해독한 내용을 신호로 변환하여 각 장치에 전달하는 회로

(4) 연산장치의 구성요소

가산기(Adder)	두 개 이상의 2진수의 덧셈을 수행하는 회로
보수기(Complementor)	2진수의 뺄셈을 수행하기 위해 보수로 변환하는 데 사용하는 회로
누산기(AC; ACcumulator)	연산된 결과를 일시적으로 저장하는 레지스터
데이터 레지스터(Data Register)	연산에 사용할 데이터를 기억하는 레지스터
상태 레지스터(Status Register) / 플래그 레지스터(Flag Register)	연산 중에 발생하는 여러 가지 상태 값을 기억하는 레지스터
인덱스 레지스터(Index Register)	주소를 변경하기 위해 사용하는 레지스터

02 마이크로프로세서(Microprocessor)

(1) 마이크로프로세서의 개념

- 마이크로프로세서는 제어 장치, 연산 장치, 레지스터가 하나의 반도체 칩에 내장된 장치이다.
- 개인용 컴퓨터의 중앙처리 장치로 사용되며, 작은 규모의 임베디드 시스템이나 휴대용 기기에도 사용한다.
- 클록 주파수와 내부 버스의 비트(Bit) 수로 성능을 평가한다.

▼ **임베디드 시스템 (Embedded System)**

전자제품에 마이크로프로세서를 내장시킨 시스템으로 TV, 냉장고 등의 가전제품에 주로 사용된다.

(2) 마이크로프로세서의 설계 방식

구분	CISC (Complex Instruction Set Computer)	RISC (Reduced Instruction Set Computer)
특징	많은 수의 명령어와 주소 지정 모드 지원	적은 수의 명령어와 주소 지정 모드를 지원
명령어 길이	가변적	고정적
처리 속도	느림	빠름
가격	비쌈	저렴
전력 소모	많음	적음
용도	개인용 컴퓨터(PC)에 주로 사용	성능이 좋은 그래픽용이나 워크스테이션에서 주로 사용

Warming UP 기출로 개념 확인

01
2018.03

다음 중 중앙처리장치의 구성요소에 해당하지 않는 것은?

① ALU(Arithmetic Logic Unit)
② CU(Control Unit)
③ 레지스터(Register)
④ SSD(Solid State Drive)

02
2017.03

다음 중 프로세서 레지스터에 대한 설명으로 옳은 것은?

① 하드디스크의 부트 레코드에 위치한다.
② 하드웨어 입·출력을 전담하는 장치로 속도가 빠르다.
③ 주기억장치보다 큰 프로그램을 실행시켜야 할 때 유용한 메모리이다.
④ 중앙처리장치에서 사용하는 임시 기억장치로, 메모리 중 가장 빠른 속도로 접근 가능하다.

03
2021.상시, 2018.03

다음 중 레지스터에 대한 설명으로 옳지 않은 것은?

① 명령 레지스터는 현재 수행 중인 명령어를 가지고 있다.
② 메모리 중에서 가장 빠른 속도로 접근이 가능하다.
③ 프로그램 카운터는 다음 번에 실행할 명령어의 주소를 가지고 있다.
④ 운영체제의 시스템 정보를 기억하고 관리한다.

04 (또 나올 문제)
2016.06, 2014.04

다음 중 컴퓨터의 연산장치에 있는 누산기(Accumulator)에 대한 설명으로 옳은 것은?

① 연산 결과를 일시적으로 기억하는 장치이다.
② 명령의 순서를 기억하는 장치이다.
③ 명령어를 기억하는 장치이다.
④ 명령을 해독하는 장치이다.

05 (또 나올 문제)
2018.09

다음 중 제어장치에서 사용되는 레지스터로 다음 번에 실행할 명령어의 번지를 기억하는 것은?

① 프로그램 카운터(PC)
② 누산기(AC)
③ 메모리 주소 레지스터(MAR)
④ 메모리 버퍼 레지스터(MBR)

바로 보는 해설

01
SSD는 반도체를 이용한 보조기억장치의 한 종류이다. 중앙처리장치(CPU)의 구성요소에는 제어장치, 연산장치, 레지스터 등이 있다.

02
| 오답 피하기 |
① 레지스터는 CPU에 위치한다.
② 채널에 대한 설명이다.
③ 가상 메모리에 대한 설명이다.

03
레지스터는 운영체제의 시스템 정보를 기억·관리하지 않는다. 레지스터는 CPU 내부에서 특정한 목적에 사용되는 일시적인 기억 장소이다.

04
| 오답 피하기 |
② 프로그램 카운터(PC)에 대한 설명이다.
③ 명령 레지스터(IR)에 대한 설명이다.
④ 명령 해독기에 대한 설명이다.

05
| 오답 피하기 |
② 연산 결과를 일시적으로 저장하는 레지스터이다.
③ CPU가 데이터를 읽거나 쓰려는 메모리 주소를 일시적으로 기억하는 레지스터이다.
④ 메모리로부터 전달받거나 메모리에 저장할 데이터 또는 명령을 일시적으로 저장하는 레지스터이다.

| 정답 | 01 ④ 02 ④ 03 ④ 04 ① 05 ①

개념끝

024 기억장치

기출빈도 A ····· B ····· C ····· D

결정적 힌트

중앙처리장치 다음으로 중요한 하드웨어가 바로 기억장치라고 할 수 있습니다. ROM과 RAM의 특징, SSD, 캐시 메모리, 가상 메모리 등의 개념이 자주 출제됩니다.

01 주기억장치

(1) 주기억장치의 개요

- 프로그램이나 데이터를 저장해 놓고 CPU가 직접 접근하여 명령어를 실행하거나 데이터를 처리할 수 있는 기억장치이다.
- 주기억장치는 ROM과 RAM으로 구성된다.

(2) ROM(Read Only Memory)

- 전원이 공급되지 않아도 기억된 내용이 지워지지 않는 비휘발성 메모리이다.
- 컴퓨터의 기본적인 입·출력 프로그램(BIOS), 자가진단(POST) 프로그램 등의 펌웨어(Firmware)가 저장되어 있어 부팅할 때 실행된다.
- 펌웨어(Firmware)
  - 하드웨어와 소프트웨어의 중간 형태로, ROM에 기록되어 있다.
  - 하드웨어를 제어하고, 하드웨어의 교체 없이 소프트웨어의 업데이트만으로도 기능을 향상시킬 수 있다.
  - 기계어 처리, 데이터 전송, 부동 소수점 연산, 채널 제어 등의 처리 루틴을 가지고 있다.

▼ BIOS(Basic Input Output System)

기본 입·출력장치나 메모리 등 하드웨어 작동에 필요한 프로그램이다.

▼ POST(Power On Self Test)

컴퓨터에 전원을 넣었을 때 CPU, 메모리, 그래픽 카드, 키보드 등의 정상 작동 상태를 파악하는 과정이다.

| ROM의 종류

Mask ROM	제조 과정에서 내용을 미리 기록한 ROM으로, 수정할 수 없음
PROM	• Programmable Read Only Memory의 약자 • 사용자가 처음 한 번만 기록할 수 있음
EPROM	• Erasable Programmable Read Only Memory의 약자 • 자외선(UV)을 이용하여 기록된 내용을 변경하거나 새로 기록할 수 있음
EEPROM	• Electrically Erasable and Programmable Read Only Memory의 약자 • 전기적인 방법을 이용하여 기록된 내용을 변경하거나 새로 기록할 수 있음

(3) RAM(Random Access Memory)

- 전원이 공급되지 않으면 내용이 모두 지워지는 휘발성 메모리이다.
- 현재 사용 중인 응용 프로그램이나 데이터가 저장된다.
- 재충전 필요 여부에 따라 SRAM(Static RAM)과 DRAM(Dynamic RAM)으로 분류한다.

구분	SRAM	DRAM
재충전	필요 없음	필요함
구성요소	트랜지스터	콘덴서
접근 속도	빠름	느림

전력 소모	많음	적음
집적도	낮음	높음
용도	캐시 메모리	주기억장치

02 보조기억장치

(1) 보조기억장치의 개요

- 전원이 공급되지 않으면 기억된 내용이 지워지는 주기억장치의 단점을 보완하기 위한 기억장치이다.
- 주기억장치에 비해 처리 속도가 느리지만, 대용량의 데이터를 저장할 수 있다.

(2) 하드디스크

- 고속으로 회전하는 디스크의 표면에 데이터를 저장하는 방식으로, 데이터는 동심원으로 된 트랙에 기록된다.
- 논리적인 영역 확보를 위해 디스크를 파티션(Partition) 하여 사용한다.
  - 하나의 물리적인 하드디스크를 여러 개의 논리적 영역으로 나누거나 다시 합치는 작업이다.
  - 파티션 작업을 실행한 후에는 반드시 포맷을 실행하여야 하드디스크를 사용할 수 있다.
  - 각 파티션 영역에는 다른 운영체제를 설치할 수 있다.
  - 하나의 파티션에는 하나의 파일 시스템을 사용할 수 있다.

■ 디스크의 접근 시간

- 접근 시간(Access Time): 탐색 시간 + 회전 지연 시간 + 전송 시간
- 탐색 시간(Seek Time): 헤드가 지정된 트랙에 도착하는 트랙 이동 시간
- 회전 지연 시간(Latency Time): 헤드가 지정된 트랙을 찾은 후 원하는 섹터에 도착하는 시간
- 전송 시간(Transmission Time): 읽은 데이터를 주기억장치로 전달하는 시간

| 인터페이스 방식

PATA (Parallel ATA)	• 하드디스크, CD-ROM 등의 기억장치를 병렬로 연결하는 표준 인터페이스 • IDE, EIDE 방식이 포함됨
SCSI (Small Computer System Interface)	하드디스크, CD-ROM, 스캐너 등의 주변 기기를 직렬로 연결하는 표준 인터페이스
SATA (Serial ATA)	• 직렬 인터페이스 방식 • PATA 방식보다 편의성과 안정성이 향상되었고 핫 플러그(Hot Plug) 기능 지원 • 데이터 전송 속도가 빠름 • CMOS에서 지정하면 자동으로 Master와 Slave가 지정됨

▼ 핫 플러그(Hot Plug)

시스템 전원이 켜져 있는 상태에서 하드웨어를 연결하거나 제거하는 것을 말한다.

(3) RAID(Redundant Array of Inexpensive Disks)

- 여러 개의 하드디스크를 모아서 하나의 하드디스크처럼 사용할 수 있도록 하는 기술이다.
- 장애 발생 시 자동으로 복구하여 백업 정책을 구현해 주는 기술이다.
- 미러링과 스트라이핑 기술을 결합하여 안정성과 속도를 향상한 디스크 연결 기술이다.

미러링(Mirroring)	실시간 백업 기능
스트라이핑(Striping)	데이터를 일정한 크기로 나누어 분산 저장하는 기능

(4) SSD(Solid State Drive)

- 반도체를 이용한 기억장치로 초고속 메모리 칩(Chip)에 데이터를 저장하는 방식이다.
- 하드디스크보다 속도가 빠르고 외부의 충격에도 강하다.
- 기계적 지연이나 에러의 확률, 발열, 소음, 전력 소모가 적다.
- 소형화, 경량화할 수 있다.
- 기억 매체로 플래시 메모리나 DRAM을 이용하므로 배드 섹터(Bad Sector)가 발생하지 않는다.

(5) 블루레이 디스크

- HD급 고화질 비디오를 저장할 수 있는 차세대 광학 장치이다.
- 단층 구조는 한 면에 최대 25GB, 듀얼 구조는 50GB의 데이터를 기록한다.

03 기타 기억장치

(1) 캐시 메모리(Cache Memory)

- CPU와 주기억장치 사이에 위치하여 두 장치 사이의 속도 차이를 줄여서 처리 속도를 향상시키는 일종의 버퍼 메모리이다.
- SRAM이 사용되어 접근 속도가 매우 빠르다.
- 기본적인 성능은 캐시 적중률(Hit Ratio)로 표현한다.
- 캐시 적중률이 높을수록 컴퓨터 시스템의 전체 처리 속도가 향상된다.

▼ 캐시 적중률

- 캐시 적중률 = 적중 횟수 / 총 접근 횟수
- 캐시 적중률이 0.95~0.99일 때 우수하다고 평가함

(2) 가상 메모리(Virtual Memory)

- 보조기억장치의 일부를 주기억장치처럼 사용해서 주기억장치의 용량을 확대하여 사용하는 방법이다.
- 주기억장치보다 용량이 큰 프로그램을 실행할 때 유용하다.
- 가상 메모리 주소를 실제 메모리 주소로 변환하는 주소 매핑(Address Mapping) 작업이 필요하다.

(3) 연관 메모리(Associative Memory)

- 주소 대신 기억된 데이터의 내용을 이용하여 원하는 정보에 접근하는 기억장치이다.
- 가상 메모리나 캐시 메모리의 주소 변환 테이블에서 사용된다.

(4) 플래시 메모리(Flash Memory)

- 비휘발성 메모리인 EEPROM의 일종으로, 정보의 입·출력이 자유롭다.
- 데이터가 블록 단위로 저장된다.
- 전송 속도가 빠르고 전력 소모가 적다.
- 디지털카메라나 MP3, 개인용 정보 단말기, USB 드라이브 등 휴대용 기기에서 대용량 정보를 저장하는 용도로 사용한다.

개념 플러스 기억장치의 접근 속도와 용량

- 기억장치 접근 속도(빠른 순 → 느린 순): 레지스터 → 캐시 메모리 → 주기억장치 → 보조기억장치
- 기억장치 용량(큰 순 → 작은 순): 보조기억장치 → 주기억장치 → 캐시 메모리 → 레지스터

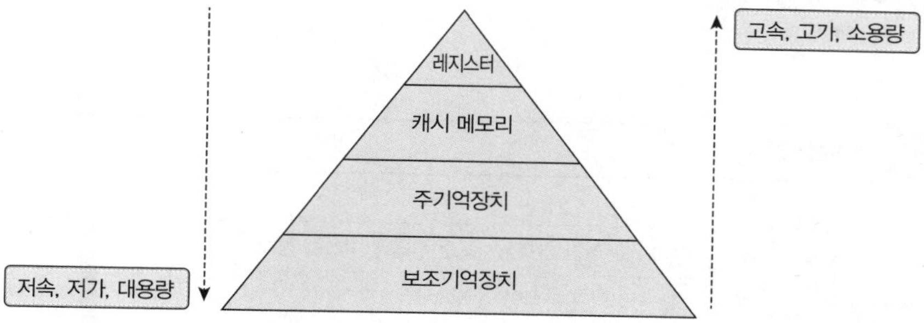

Warming UP 기출로 개념 확인

01

2019.03, 2016.06

다음 중 컴퓨터에서 사용하는 일반 하드디스크에 비하여 속도가 빠르고 기계적 지연이나 에러의 확률 및 발열 소음이 적으며, 소형화, 경량화할 수 있는 하드디스크 대체 저장장치는?

① DVD
② HDD
③ SSD
④ ZIP

02 (또 나올 문제)

2020.07

다음 중 컴퓨터에서 사용하는 캐시 메모리에 대한 설명으로 옳은 것은?

① 보조기억장치의 일부를 주기억장치처럼 사용하는 메모리이다.
② 기억된 정보의 내용 일부를 이용하여 주기억장치에 접근하는 장치이다.
③ EEPROM의 일종으로 비휘발성 메모리이다.
④ 중앙처리장치(CPU)와 주기억장치 사이에 위치하여 컴퓨터 처리 속도를 향상시키는 메모리이다.

03 (또 나올 문제)

2020.07

다음 중 가상 메모리에 대한 설명으로 옳은 것은?

① EEPROM의 일종으로 디지털 기기에서 널리 사용되는 비휘발성 메모리이다.
② 주기억장치의 크기보다 큰 용량을 필요로 하는 프로그램을 실행해야 할 때 유용하게 사용된다.
③ 중앙처리장치와 주기억장치 사이에 위치하여 컴퓨터의 처리 속도를 향상시킨다.
④ 두 장치 간의 속도 차이를 해결하기 위해 사용되는 임시 저장 공간으로 각 장치 내에 위치한다.

바로 보는 해설

01
| 오답 피하기 |
① 영상 및 음성 신호를 디지털 기술을 사용해 압축하여 기록한다.
② 하드디스크 드라이브를 의미한다.
④ 개인용 컴퓨터로 다운로드한 데이터를 압축하여 저장하거나 풀어주는 파일 포맷이다.

02
| 오답 피하기 |
① 가상 메모리에 대한 설명이다.
② 연관(연상) 메모리에 대한 설명이다.
③ 플래시 메모리에 대한 설명이다.

03
| 오답 피하기 |
① 플래시 메모리에 대한 설명이다.
③ 캐시 메모리에 대한 설명이다.
④ 버퍼 메모리에 대한 설명이다.

| 정답 | 01 ③ 02 ④ 03 ②

개념끝

025 기타 장치

기출빈도 A B C D

▼ GUI(Graphical User Interface)
메뉴나 아이콘 등의 그래픽 요소를 마우스로 선택하여 작업하는 환경이다.

▼ POS(Point Of Sales)
상품을 판매하면서 바로 판매 정보의 등록, 집계, 분석이 가능한 시스템이다.

▼ 키오스크(Kiosk)
터치스크린을 통해 고객이 직접 화면을 터치해 주문하고 결제를 완료하는 시스템으로 백화점, 버스 터미널 등 공공장소에 설치되어 이용한다.

01 입력장치

키보드	가장 기본적인 입력장치로 문자를 입력하는 장치
마우스	GUI 환경의 기본적인 입력장치
광학 마크 판독기(OMR)	용지에 연필이나 펜으로 표시한 것을 빛을 비추어 판독하는 장치로 시험 답안지나 설문조사용으로 이용
광학 문자 판독기(OCR)	사람이 쓰거나 인쇄한 문자를 빛을 비추어 판독하는 장치로 지로용지에 이용
자기 잉크 문자 판독기(MICR)	자기 잉크로 인쇄된 문자를 판독하는 장치로 수표나 어음에 이용
바코드 판독기(BCR)	바코드를 판독하는 장치로 POS 시스템에 이용
스캐너	그림이나 사진 등의 영상 정보를 파일로 읽어 들이는 장치
디지타이저/태블릿	입력되는 좌표를 판독하는 장치로 컴퓨터 그래픽이나 CAD에 이용
디지털카메라	촬영한 사진을 바로 이미지 파일로 변환하는 장치
터치스크린	사용자가 화면을 손으로 터치하여 명령을 실행하는 디스플레이 장치로 공공장소의 키오스크에 이용

02 출력장치

(1) 모니터

CRT (음극선관)	• 전자빔을 쏘아 진공관 안쪽의 형광면에 충돌시켜 화면을 보여주는 장치 • 장점: 고해상도로 표시 속도가 빠르고 가격이 저렴 • 단점: 부피가 크고 눈이 쉽게 피로함
LCD (액정 디스플레이)	• 두 개의 유리기판 사이에 있는 액정 결정에 전압을 가해 화면에 보여주는 장치 • 장점: 휴대 및 이동이 간편하고 눈의 피로가 적음 • 단점: 보는 위치에 따라 선명도가 다름
PDP (플라즈마 디스플레이)	• 두 개의 유리기판 사이에 네온 및 아르곤 가스를 넣고 전압을 가해 화면에 보여주는 장치 • 장치: 가볍고 눈의 피로가 적으며 해상도가 높음 • 단점: 가격이 비쌈

| 모니터 관련 용어

픽셀(Pixel)	화면을 이루는 최소 단위
해상도(Resolution)	화면의 이미지를 얼마나 세밀하게 표시할 수 있는가를 나타내며, 픽셀의 수가 많아질수록 해상도는 높아짐
점 간격(Dot Pitch)	픽셀들 사이의 공간을 나타내는 것으로, 간격이 가까울수록 영상이 선명함
재생률(Refresh Rate)	화면을 유지하기 위해 1초에 전자빔을 쏘는 횟수로, 재생률이 높을수록 모니터의 깜빡임이 줄어듦
플리커 프리(Flicker Free)	70KHz 이상의 수직 주파수를 사용해 사람이 깜빡임 현상을 인식하지 못하게 하는 것으로, 깜빡임을 제거하여 눈의 피로와 두통을 줄이는 효과가 있음
모니터 크기	화면의 대각선 길이를 센티미터(cm) 단위로 나타냄

(2) 프린터

• 충격식 프린터: 글자가 새겨진 활자나 금속 핀의 매트릭스로 리본에 충격을 가해 인쇄하는 방식으로 소음이 크다.

도트 매트릭스 프린터	잉크 리본에 충격을 가해 인쇄하는 방식
활자식 프린터	미리 만들어진 활자로 리본에 충격을 가해 인쇄하는 방식

• 비충격식 프린터: 기계적 충격을 가하지 않고 인쇄하는 방식으로 소음이 거의 없다.

열전사 프린터	인쇄 헤드에 의해 리본을 녹여 인쇄하는 방식
감열 프린터	감열 용지를 변색시켜 인쇄하는 방식
잉크젯 프린터	잉크를 분사하여 인쇄하는 방식
레이저 프린터	복사기의 원리를 이용하여 토너 가루를 묻혀 인쇄하는 방식으로 인쇄 속도가 빠름

개념 플러스 프린터 관련 단위

CPS(Characters Per Second)	1초에 인쇄하는 문자 수	인쇄 속도 단위
LPM(Lines Per Minute)	1분에 인쇄하는 라인 수	
PPM(Pages Per Minute)	1분에 인쇄하는 페이지 수	
DPI(Dots Per Inch)	1인치에 출력되는 점의 수	인쇄 해상도 단위

(3) 기타 출력장치

플로터	종이나 필름에 그래프나 도형, 도면 등을 출력하는 대형 출력장치
마이크로필름 출력장치(COM)	대량의 정보를 축소하여 마이크로필름에 출력하는 장치

개념 플러스 3D 프린터

- 입력한 도면을 바탕으로 3차원 입체 물품을 만들어 내는 프린터이다.
- 인쇄 원리는 잉크를 종이 표면에 분사하여 2D 이미지를 인쇄하는 잉크젯 프린터의 원리와 같다.
- 프린터에 넣어준 재료를 녹여서 쌓아가면서 제품을 만드는 '적층형 방식'과, 큰 덩어리의 소재를 깎아 만드는 '절삭형 방식'이 있다.

결정적 힌트

컴퓨터는 중앙처리장치와 기억장치 이외에도 아주 많은 장치로 구성되어 있습니다. 특히 바이오스와 CMOS는 매우 중요한 역할을 하는 장치로 많은 문제가 출제되었습니다. 조금 어렵고 생소하게 느껴질 수 있는 부분이지만 꼼꼼하게 학습하는 것이 필요합니다.

03 바이오스(BIOS; Basic Input Output System)

- 기본 입·출력장치나 메모리 등 하드웨어 작동에 필요한 프로그램이다.
- EPROM이나 플래시 메모리 칩에 저장되어 있어 '펌웨어(Firmware)'라고 한다.
- 전원이 켜지면 자동으로 가장 먼저 기동되고, 기본 입·출력장치나 메모리 등 하드웨어의 이상 유무를 검사한다.
- 칩을 교환하지 않고도 업그레이드할 수 있다.

04 CMOS

- 부팅 시에 필요한 하드웨어 정보를 담고 있는 반도체이다.
- 일반적으로 Delete, F2 등을 이용하여 전원이 켜질 때 CMOS 셋업에 들어갈 수 있다.
- **CMOS에서 설정할 수 있는 항목**: 시스템 날짜와 시간, 칩셋 설정, 부팅 순서, 시스템 암호, 하드디스크의 타입 등
- **칩셋(Chip Set)**: 메인보드에 설치된 다양한 장치들을 여러 개 설정하면 비효율적이므로, 칩셋을 통하여 여러 가지 장치들을 제어하고 역할을 조율한다.

05 포트

컴퓨터와 주변 장치를 연결하기 위한 접속 부분을 의미한다.

PS/2 포트	마우스나 키보드 연결에 사용
USB (Universal Serial Bus) 포트	• 범용 직렬 장치를 연결하는 컴퓨터 인터페이스 • 허브를 이용하면 최대 127개의 주변 기기를 연결할 수 있음 • USB 1.1(12Mbps), USB 2.0(480Mbps), USB 3.0(5Gbps), USB 3.1(10Gbps)의 최대 전송 속도 가능 • 핫 플러그(Hot Plug) 기능과 플러그 앤 플레이(Plug & Play) 기능 모두 지원 • 직렬 포트보다 USB 포트의 데이터 전송 속도가 더 빠름 • USB 3.0은 파란색, USB 2.0 이하는 검정색 또는 흰색 사용
IEEE 1394	• 전기전자기술자협회(IEEE)에서 표준화한 직렬 인터페이스 • 컴퓨터와 디지털 가전기기를 연결해 데이터를 교환할 수 있게 하는 직렬 인터페이스 방식
IrDA	적외선을 이용하여 데이터를 전송하는 무선 직렬 포트
HDMI	• 영상 신호와 음향 신호를 압축하지 않고 통합하여 전송하는 고선명 멀티미디어 인터페이스 • S-비디오, 컴포지트 등의 아날로그 케이블보다 고품질의 음향 및 영상을 감상할 수 있음

▼ 플러그 앤 플레이(Plug & Play)

컴퓨터에 새로운 하드웨어를 설치할 때 해당 하드웨어를 사용하는 데 필요한 시스템 환경을 자동으로 구성하는 기능이다.

06 하드웨어 관련 용어

(1) 인터럽트(Interrupt)

- 컴퓨터가 정상적인 작업을 수행하는 도중에 예기치 않은 일이 발생하면, 실행 중인 프로그램을 중단하고, 발생된 일을 먼저 처리한 후 중단했던 프로그램으로 다시 복귀하여 정상적으로 처리하는 것을 말한다.
- 인터럽트는 외부 인터럽트, 내부 인터럽트, 소프트웨어 인터럽트로 구분한다.

외부 인터럽트	전원 이상 인터럽트, 외부 신호 인터럽트, 기계 착오 인터럽트, 입·출력 인터럽트 등
내부 인터럽트	잘못된 명령이나 잘못된 데이터를 사용할 때 발생하며, 트랩(Trap)이라고도 함
소프트웨어 인터럽트	사용자가 프로그램을 실행시키거나 감시 프로그램(Supervisor)을 호출하는 동작을 수행하는 경우

개념 플러스 IRQ(Interrupt ReQuest)

- 인터럽트를 요청하는 신호로, IRQ가 발생하면 인터럽트 우선순위에 따라 처리한다.
- 두 개 이상의 하드웨어가 같은 IRQ를 사용하면 충돌이 발생하게 된다.

(2) 채널(Channel)

- CPU 대신 주변 장치에 대한 입·출력을 관리하는 입·출력 전용 프로세서로, CPU와 입·출력장치 사이의 속도 차이로 인한 문제점을 해결한다.
- 채널에는 셀렉터 채널, 멀티플렉서 채널, 블록 멀티플렉서 채널이 있다.

셀렉터 채널	고속 입·출력장치에 사용, 한 개의 장치 독점
멀티플렉서 채널	저속 입·출력장치에 사용, 여러 개의 장치 제어
블록 멀티플렉서 채널	셀렉터 채널과 멀티플렉서 채널의 장점을 혼합

(3) DMA(Direct Memory Access)

CPU의 간섭 없이 주기억장치와 입·출력장치 사이에서 직접 전송이 이루어지는 방식이다.

(4) 버스(Bus)

컴퓨터에서 데이터를 주고받는 통로로, 사용 용도에 따라 내부 버스, 외부 버스, 확장 버스로 구분한다.

내부 버스	CPU 내부에서 레지스터 간을 연결하는 버스
외부 버스	• CPU와 주변 장치를 연결하는 버스 • 데이터 버스, 주소 버스, 제어 버스로 구분
확장 버스	메인보드에서 지원하는 기능 외에 다른 기능을 지원하는 장치를 연결하는 버스

▼ **확장 버스**

끼울 수 있는 형태로 '확장 슬롯'이라고도 한다.

Warming UP 기출로 개념 확인

01 또 나올 문제

2018.09, 2014.10

다음 중 PC의 BIOS(Basic Input Output System)에 대한 설명으로 옳지 않은 것은?

① 기본 입·출력장치나 메모리 등 하드웨어 작동에 필요한 명령을 모아 놓은 프로그램이다.
② 전원이 켜지면 POST(Power On Self Test)를 통해 컴퓨터를 점검하고 사용 가능한 장치를 초기화한다.
③ RAM에 저장되며, 펌웨어라고도 한다.
④ 칩을 교환하지 않고도 업그레이드를 할 수 있다.

02

2022.상시, 2016.06

다음 중 컴퓨터의 롬(ROM)에 기록되어 하드웨어를 제어하며, 하드웨어의 성능 향상을 위해 업그레이드할 수 있는 마이크로 프로그램의 집합을 의미하는 것은?

① 프리웨어(Freeware)
② 셰어웨어(Shareware)
③ 미들웨어(Middleware)
④ 펌웨어(Firmware)

03 또 나올 문제

2021.상시, 2020.02, 2016.10

다음 중 USB 인터페이스에 대한 설명으로 옳지 않은 것은?

① 직렬 포트보다 USB 포트의 데이터 전송 속도가 더 빠르다.
② USB는 컨트롤러당 최대 127개까지 포트의 확장이 가능하다.
③ 핫 플러그인(Hot Plug-in)과 플러그 앤 플레이(Plug & Play)를 지원한다.
④ USB 커넥터를 색상으로 구분하는 경우 USB 3.0은 빨간색, USB 2.0은 파란색을 사용한다.

바로 보는 해설

01
RAM은 휘발성 메모리로 전원이 꺼지면 메모리의 내용이 삭제된다. BIOS는 기초 하드웨어를 제어해야 하기 때문에 삭제되어서는 안 되는 프로그램으로 RAM이 아닌 ROM에 저장된다.

02
| 오답 피하기 |
① 사용 기간 및 기능에 제한 없이 무료로 배포되어 자유롭게 사용할 수 있는 소프트웨어이다.
② 특정 기능이나 사용 기간에 제약을 두고 무료로 배포하는 소프트웨어이다.
③ 운영체제와 응용 소프트웨어의 중간에서 조정과 중재 역할을 수행하는 소프트웨어로, 데이터베이스 시스템, 전자통신 소프트웨어, 메시지 및 쿼리 처리 소프트웨어를 들 수 있다.

03
USB 3.0은 파란색, USB 2.0 이하는 검은색 또는 흰색을 사용한다.

| 정답 | 01 ③ 02 ④ 03 ④

개념끝

026 컴퓨터 관리와 문제 해결

기출빈도 A B C D

01 컴퓨터 관리

- 직사광선과 습기가 많거나 자성이 강한 물체가 있는 곳은 피하여 설치한다.
- 컴퓨터 전용 전원 장치를 단독으로 사용하고, 전원을 끌 때는 사용 중인 프로그램을 먼저 종료해야 한다.
- 컴퓨터의 성능 향상을 위해 주기적으로 오류 검사, 디스크 정리, 드라이브 조각 모음 및 최적화 등을 실행하는 것이 좋다.
- 외장 하드디스크의 주위에 강한 자성 물체를 놓지 않는다.
- 예상치 않은 상황에 대비하여 주기적으로 백업을 한다.
- **무정전 전원 공급장치(UPS)**: 갑자기 정전되었을 때 이를 감지하여 빠르게 전원을 공급하는 장치이다.
- **자동 전압 조절기(AVR)**: 컴퓨터 시스템 운영 시 전압이 일정하게 유지되도록 조절해 주는 장치이다.

결정적 힌트

컴퓨터를 사용하다 보면 많은 문제가 발생합니다. 이런 경우를 대비하기 위해 컴퓨터 관리법과 문제 해결 방법을 잘 알아두는 것이 필요합니다. 실생활에서도 유용하게 활용할 수 있고 문제도 많이 출제되는 부분입니다.

02 컴퓨터의 문제 해결

메모리가 부족한 경우	• 불필요한 프로그램을 종료 • 시스템 재부팅 • 불필요한 시작 프로그램 삭제
하드디스크 용량이 부족한 경우	• 디스크 정리를 수행하여 불필요한 파일을 삭제 • 사용하지 않는 Windows 구성 요소와 응용 프로그램을 제거 • 사용 빈도가 낮은 파일은 백업한 후 하드디스크에서 삭제 • 휴지통 비우기를 실행
하드디스크 인식이 안 되는 경우	• 백신 프로그램으로 바이러스 감염을 확인 • 하드디스크 전원의 연결 상태를 점검 • CMOS 셋업에서 하드디스크 설정 내용을 확인 • USB나 CD-ROM으로 부팅이 되면 하드디스크 손상 점검 후 운영체제를 다시 설치
시스템의 속도가 느려진 경우	드라이브 조각 모음 및 최적화를 수행하여 하드디스크의 단편화를 제거
모니터 화면이 보이지 않는 경우	모니터의 전원 및 연결 부분을 점검
인쇄가 수행되지 않는 경우	• 프린터의 전원이나 케이블의 연결 상태 확인 • 프린터 드라이버 재설치 • 프린터의 기종과 등록 정보가 올바르게 설정되어 있는지 확인 • 스풀 공간이 부족하면 하드디스크에서 스풀 공간 확보 • 스풀 오류가 발생하면 프린터 스풀러 서비스를 중지하고 저장소의 파일을 삭제한 후 다시 인쇄해야 함

개념 플러스 백화 현상(白化現象)

모니터의 전원이 정상적으로 들어왔지만 화면이 하얗게 나오는 현상으로, 모니터의 액정 패널이나 메인 보드의 문제 때문에 발생한다.

03 컴퓨터 업그레이드

- 컴퓨터 처리 성능의 개선을 위해 하드웨어를 업그레이드한다.
- 컴퓨터의 처리 속도가 느려지거나 제대로 동작하지 않으면 상황에 따라 RAM 업그레이드가 필요하다.
- 하드디스크를 교체할 때는 연결 방식의 종류와 버전을 확인해야 한다.
- 장치 제어기를 업그레이드하면 하드웨어를 교체하지 않고 향상된 기능으로 하드웨어를 사용할 수 있다.
- **수치가 클수록 좋은 것:** CPU 클록 속도, 하드디스크 용량 등
- **수치가 작을수록 좋은 것:** RAM, HDD와 같은 기억장치의 접근 속도

개념 플러스 컴퓨터 사양의 예

프로세서의 종류	Intel Core i5–8세대
그래픽 카드의 종류	Intel UHD Graphics 620
RAM의 용량과 종류	16GB DDR4 RAM
저장장치의 용량과 종류	SSD 256GB

결정적 힌트

오류 검사, 디스크 정리, 드라이브 조각 모음 및 최적화의 목적을 이해하고 특히 오류 검사나 드라이브 조각 모음을 할 수 없는 경우를 이해하도록 합니다.

04 시스템 최적화

(1) 오류 검사

파일과 폴더 및 디스크의 논리적 오류와 물리적 오류를 검사하여 발견된 오류를 복구하는 기능이다.

| 실행 방법

방법	파일 탐색기에서 드라이브의 바로 가기 메뉴 [속성] 선택 → [도구] 탭에서 [검사] 클릭

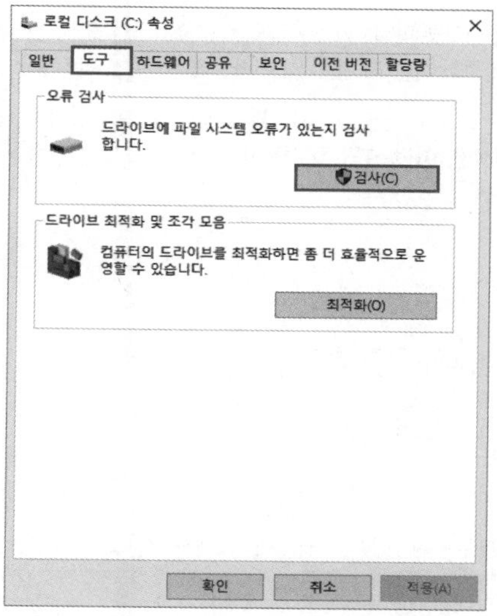

- 오류 검사를 할 수 없는 경우: CD-ROM, 네트워크 드라이브
- 하드디스크 자체의 물리적 오류를 찾아서 복구하므로 완료하는 데 시간이 오래 걸릴 수 있다.
- 하드디스크 드라이브를 검사하는 동안에도 드라이브를 계속 사용할 수 있다.
- 시스템 성능 향상을 위해 정기적으로 수행하는 것이 좋다.

(2) 디스크 정리

불필요한 파일을 삭제하여 디스크의 사용 가능한 공간을 좀 더 넓게 확보하는 기능이다.

| 실행 방법

방법1	[시작(⊞)]−[Windows 관리 도구]−[디스크 정리] 선택
방법2	파일 탐색기에서 드라이브의 바로 가기 메뉴 [속성] 선택 → [일반] 탭에서 [디스크 정리] 클릭

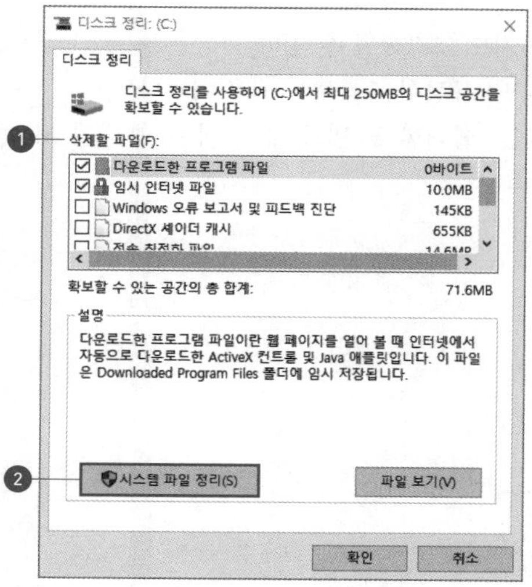

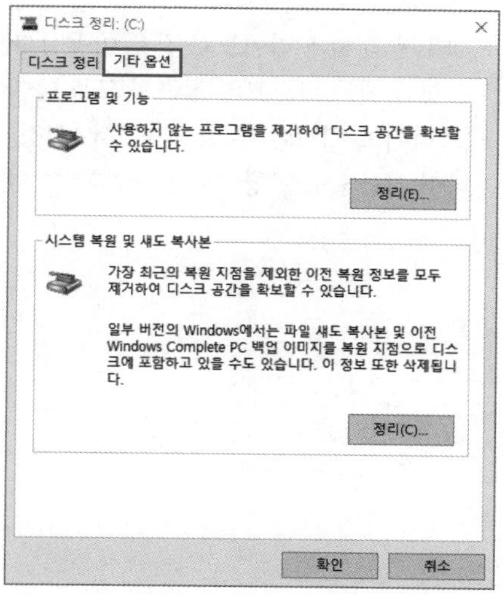

❶ 삭제할 파일	다운로드한 프로그램 파일, 임시 인터넷 파일, Windows 오류 보고서 및 피드백 진단, DirectX 셰이더 캐시, 전송 최적화 파일, 휴지통, 임시 파일, 미리 보기 사진 등
❷ 시스템 파일 정리	[시스템 파일 정리]를 클릭한 후 [기타 옵션] 탭에서 사용하지 않는 프로그램이나 가장 최근의 복원 지점을 제외한 이전 복원 정보를 제거하여 디스크 공간을 확보할 수 있음

(3) 드라이브 조각 모음 및 최적화

디스크에 단편화되어 조각난 파일들을 모아서 디스크의 실행 속도를 높여준다.

| 실행 방법

방법1	[시작(⊞)]-[Windows 관리 도구]-[드라이브 조각 모음 및 최적화] 선택
방법2	파일 탐색기에서 드라이브의 바로 가기 메뉴 [속성] 선택 → [도구] 탭에서 [최적화] 클릭

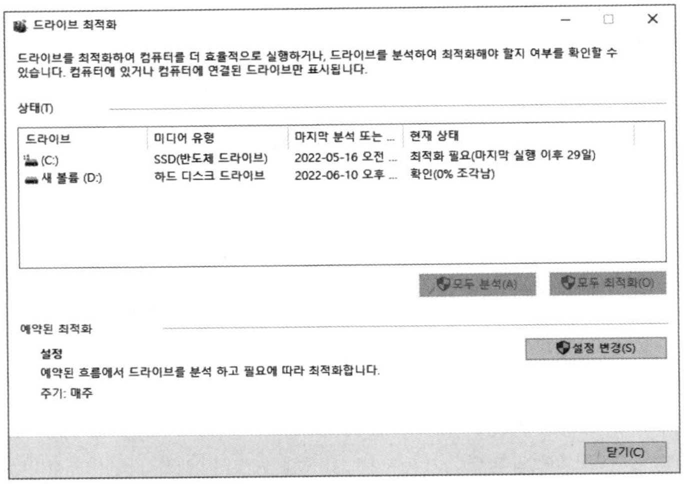

- 디스크 조각 모음을 할 수 없는 경우: CD-ROM 드라이브, 네트워크 드라이브, Windows가 지원하지 않는 형식의 압축 프로그램 등
- USB 플래시 드라이브와 같은 이동식 저장장치도 조각화될 수 있다.
- 수행 후에는 디스크의 접근 속도를 높여주지만, 용량이 증가하는 것은 아니다.
- [드라이브 최적화] 대화상자에서 [설정 변경]을 클릭한 후 빈도(매일, 매주, 매월)를 지정하여 자동으로 실행되도록 예약할 수 있다.

Warming UP 기출로 개념 확인

01 또 나올 문제

2020.02

다음 중 Windows 10 운영체제에서 시스템의 속도가 느려진 경우 문제 해결 방법으로 가장 적절한 것은?

① [장치 관리자] 창에서 중복 설치된 해당 장치를 제거한다.
② [드라이브 조각 모음 및 최적화]를 수행하여 하드디스크의 단편화를 제거한다.
③ [작업 관리자] 창에서 시스템의 속도를 저해하는 Windows 프로세스를 찾아 '작업 끝내기'를 실행한다.
④ [시스템 관리자] 창에서 하드디스크의 파티션을 재설정한다.

02 또 나올 문제

2019.03

다음 중 Windows 10의 [드라이브 조각 모음 및 최적화] 기능에 대한 설명으로 옳지 않은 것은?

① 하드디스크에 단편화되어 조각난 파일들을 모아준다.
② USB 플래시 드라이브와 같은 이동식 저장장치도 조각화될 수 있다.
③ 수행 후에는 디스크 공간의 최적화가 이루어져 디스크의 용량이 증가한다.
④ 일정을 구성하여 [드라이브 조각 모음 및 최적화]를 예약 실행할 수 있다.

03

2021.상시 2019.03

다음 중 Windows 10에서 [디스크 정리]를 수행할 때 정리 대상 파일에 해당하지 않는 것은?

① 임시 인터넷 파일
② 사용하지 않은 폰트(*.TTF) 파일
③ 휴지통에 있는 파일
④ 다운로드한 프로그램 파일

바로 보는 해설

01
시스템의 속도가 느려지면 [드라이브 조각 모음 및 최적화]를 수행하여 하드디스크의 단편화를 제거한다.

02
드라이브 조각 모음 수행 후에는 디스크 공간의 최적화가 이루어져 접근 속도가 향상된다. 디스크의 용량 증가와 관련 있는 기능은 [디스크 정리]이다.

03
디스크 정리란 불필요한 파일을 삭제하여 디스크의 사용 가능한 공간을 늘리는 기능으로, 임시 인터넷 파일, 휴지통에 보관된 파일, 다운로드한 파일 등이 디스크 정리 대상에 해당된다.

| 정답 | 01 ② 02 ③ 03 ②

기출선지 OX 퀴즈

01 컴퓨터를 이용한 자료 처리 방식의 발달 과정 순서는 '실시간 처리 시스템 – 일괄 처리 시스템 – 분산 처리 시스템'이다. (O / X)

02 디지털 컴퓨터는 산술이나 논리 연산을 한다. (O / X)

03 아날로그 컴퓨터는 프로그래밍이 필요 없다. (O / X)

04 소형화, 경량화를 비롯해 음성과 동작 인식 등 다양한 기술이 적용되어 장소에 구애받지 않고 컴퓨터를 활용할 수 있도록 몸에 착용하는 컴퓨터는 마이크로 컴퓨터이다. (O / X)

05 1바이트(Byte)는 8비트(Bit)로 구성된다. (O / X)

06 일반적으로 영문자나 숫자는 1바이트로 한 글자를 표현하고, 한글 및 한자는 2바이트로 한 글자를 표현한다. (O / X)

07 1비트는 컴퓨터에서 각종 명령을 처리하는 기본 단위이다. (O / X)

08 비트는 정보의 최소 단위이며, 5비트가 모여 1바이트가 된다. (O / X)

09 데이터베이스(Database)는 관련된 데이터 파일들의 집합을 말한다. (O / X)

10 유니코드(Unicode)는 데이터의 처리나 교환을 위하여 1개 문자를 16비트로 표현한다. (O / X)

11 SSD(Solid State Drive)는 중앙처리장치의 구성 요소에 해당한다. (O / X)

12 레지스터는 중앙처리장치에서 사용하는 임시 기억장치로, 메모리 중 가장 빠른 속도로 접근 가능하다. (O / X)

13 메모리 버퍼 레지스터(MBR)는 제어장치에서 사용되는 레지스터로 다음 번에 실행할 명령어의 번지를 기억한다. (O / X)

14 레지스터는 운영체제의 시스템 정보를 기억하고 관리한다. (O / X)

15 누산기는 연산 결과를 일시적으로 기억하는 장치이다. (O / X)

16 RAM에는 현재 사용 중인 응용 프로그램이나 데이터가 저장된다. (O / X)

17 SATA(Serial ATA)는 병렬 인터페이스 방식이다. (O / X)

18 HDD는 컴퓨터에서 사용하는 일반 하드디스크에 비하여 속도가 빠르고 기계적 지연이나 오류의 확률 및 발열 소음이 적으며, 소형화, 경량화할 수 있는 하드디스크 대체 저장장치이다. (O / X)

19 중앙처리장치(CPU)와 주기억장치 사이에 위치하여 컴퓨터 처리 속도를 향상시키는 메모리는 캐시 메모리이다. (O / X)

20 가상 메모리는 주기억장치의 크기보다 큰 용량을 필요로 하는 프로그램을 실행해야 할 때 유용하게 사용된다. (O / X)

21 BIOS는 RAM에 저장되며, 펌웨어(Firmware)라고도 한다. (O / X)

22 펌웨어는 컴퓨터의 롬(ROM)에 기록되어 하드웨어를 제어한다. (O / X)

23 USB 인터페이스는 핫 플러그인과 플러그 앤 플레이를 지원한다. (O / X)

24 재생률은 모니터 화면의 이미지를 얼마나 세밀하게 표시할 수 있는가를 나타내는 정보이다. (O / X)

25 Windows 10 운영체제에서 시스템의 속도가 느려진 경우 [드라이브 조각 모음 및 최적화]를 수행하여 하드디스크의 단편화를 제거한다. (O / X)

26 모뎀 전송 속도는 수치가 작을수록 데이터 통신 속도가 빨라진다. (O / X)

27 CPU와 주변 장치를 연결하는 외부 버스에는 제어 버스, 데이터 버스, 주소 버스가 있다. (O / X)

28 레이저 프린터는 비충격식이라 비교적 인쇄 소음이 적고 인쇄 속도가 빠르다. (O / X)

29 하드웨어 결함이 생긴 경우에는 인터럽트가 발생하지 않는다. (O / X)

30 디스크 포맷은 디스크에 저장된 파일의 위치를 재정렬하는 단편화 제거 과정을 통해 디스크에서의 파일 읽기/쓰기 성능을 향상시킨다. (O / X)

| 정답 |

01	X	02	O	03	O	04	X	05	O	06	O	07	X	08	X	09	O	10	O
11	X	12	O	13	X	14	X	15	O	16	O	17	X	18	X	19	O	20	O
21	X	22	O	23	O	24	X	25	O	26	X	27	O	28	O	29	X	30	X

Build UP 기출로 개념 강화

개념끝 021 컴퓨터의 발전과 분류

01 또 나올 문제 2014.03

다음 중 컴퓨터의 발전 과정을 세대별로 구분할 때, 5세대 컴퓨터의 특징으로 볼 수 없는 것은?

① 퍼지 컴퓨터 ② 인공지능
③ 패턴 인식 ④ 집적회로(IC) 사용

02 또 나올 문제 2017.03

다음 중 디지털 컴퓨터와 아날로그 컴퓨터의 차이점에 대한 설명으로 옳은 것은?

① 디지털 컴퓨터는 전류, 전압, 온도 등 다양한 입력값을 처리하며, 아날로그 컴퓨터는 숫자 데이터만을 처리한다.
② 디지털 컴퓨터는 증폭 회로로 구성되며, 아날로그 컴퓨터는 논리 회로로 구성된다.
③ 아날로그 컴퓨터는 미분이나 적분 연산을 주로 하며, 디지털 컴퓨터는 산술이나 논리 연산을 주로 한다.
④ 아날로그 컴퓨터는 범용이며, 디지털 컴퓨터는 특수 목적용으로 많이 사용된다.

개념끝 022 자료의 표현과 처리

03 2021.상시, 2016.10

다음 중 컴퓨터에서 사용하는 자료 표현 형식에 대한 설명으로 옳지 않은 것은?

① 비트(Bit)는 자료 표현의 최소 단위이며, 8Bit가 모여 니블(Nibble)이 된다.
② 워드(Word)는 바이트 모임으로 하프 워드, 풀 워드, 더블 워드로 분류된다.
③ 필드(Field)는 자료 처리의 최소 단위이며, 여러 개의 필드가 모여 레코드(Record)가 된다.
④ 데이터베이스(Database)는 레코드 모임인 파일(File)들의 집합을 말한다.

04 2018.03

다음 중 컴퓨터의 연산 속도 단위로 가장 빠른 것은?

① 1ms ② 1μs
③ 1ns ④ 1ps

05 또 나올 문제 2017.09

다음 중 컴퓨터에서 사용하는 ASCII 코드에 대한 설명으로 옳은 것은?

① 패리티 비트를 이용하여 오류 검출과 오류 교정이 가능하다.
② 표준 ASCII 코드는 3개의 존 비트와 4개의 디지트 비트로 구성되며, 주로 대형 컴퓨터의 범용 코드로 사용된다.
③ 표준 ASCII 코드는 7비트를 사용하여 영문 대·소문자, 숫자, 문장 부호, 특수 제어 문자 등을 표현한다.
④ 확장 ASCII 코드는 8비트를 사용하며 멀티미디어 데이터 표현에 적합하도록 확장된 코드표이다.

06

2021.상시, 2015.10

다음 중 아래 그림에서 ㉠과 ㉡에 해당하는 장치를 올바르게 연결한 것은?

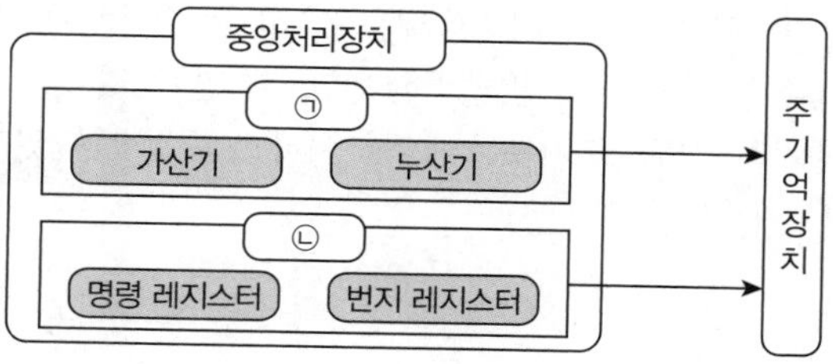

	㉠	㉡
①	연산장치	제어장치
②	제어장치	연산장치
③	연산장치	보조기억장치
④	제어장치	캐시기억장치

07

2016.10

다음 중 컴퓨터의 CPU에 있는 레지스터(Register)에 대한 설명으로 옳지 않은 것은?

① 계산 결과의 임시 저장, 주소 색인 등 여러 가지 목적으로 사용될 수 있는 레지스터들을 범용 레지스터라고 한다.
② 주기억장치보다 저장 용량이 적고 속도가 느리다.
③ ALU(산술/논리장치)에서 연산된 자료를 일시적으로 저장한다.
④ 프로그램 카운터는 다음에 수행할 명령어의 주소를 저장하는 레지스터이다.

바로 보는 해설

01 집적회로(IC) 사용은 3세대 컴퓨터의 특징이다.

02 | 오답 피하기 |
① 아날로그 컴퓨터는 전류, 전압, 온도 등 다양한 입력값을 처리하며, 디지털 컴퓨터는 숫자, 문자 등의 데이터를 처리한다.
② 아날로그 컴퓨터는 증폭 회로로 구성되며, 디지털 컴퓨터는 논리 회로로 구성된다.
④ 디지털 컴퓨터는 범용이며, 아날로그 컴퓨터는 특수 과학 연구 등의 목적용으로 많이 사용된다.

03 비트(Bit)는 자료 표현의 최소 단위이며, 4비트가 모여 니블(Nibble), 8비트가 모여 바이트(Byte)가 된다.

04 연산 속도 단위: ms(10^{-3}) → μs(10^{-6}) → ns(10^{-9}) → ps(10^{-12}) → fs(10^{-15}) → as(10^{-18})
※뒤로 갈수록 속도가 빨라짐

05 | 오답 피하기 |
① 해밍 코드에 대한 설명이다.
② ASCII 코드는 주로 개인용 컴퓨터와 데이터 통신에 사용된다. 주로 대형 컴퓨터에서 사용되는 것은 EBCDIC 코드이다.
④ 확장 ASCII 코드는 8비트를 사용하지만 멀티미디어 데이터 표현에 적합하지 않다.

06 중앙처리장치는 제어장치, 연산장치, 레지스터로 구성된다. 가산기, 누산기는 연산장치(산술논리장치; ALU)의 구성요소이고, 명령 레지스터, 번지 레지스터는 제어장치의 구성요소이다.

07 레지스터가 주기억장치보다 저장 용량은 적지만 속도는 빠르다.

| 정답 | 01 ④ 02 ③ 03 ① 04 ④ 05 ③ 06 ① 07 ②

08
2020.07(1급)

다음 중 컴퓨터의 제어장치에 있는 부호기(Encoder) 레지스터에 대한 설명으로 옳은 것은?

① 해독된 명령어에 따라 각 장치로 보낼 제어 신호를 생성한다.
② 명령 레지스터에 있는 명령어를 해독한다.
③ 다음 순서에 실행할 명령어의 주기억장치 주소를 기억한다.
④ 뺄셈 연산을 위해 음수로 변환한다.

09
2019.08

다음 중 컴퓨터 운영체제 운영 방식에서 임베디드 시스템에 대한 설명으로 옳지 <u>않은</u> 것은?

① 제어가 필요한 시스템의 두뇌 역할을 하는 전자 시스템으로 TV, 냉장고 등의 가전제품에 많이 사용된다.
② 처리할 데이터를 일정량 또는 일정 시간 동안 모아서 한꺼번에 처리한다.
③ 마이크로프로세서에 특정 기능을 수행하는 응용 프로그램을 탑재하여 컴퓨터 기능을 수행한다.
④ 하드웨어와 소프트웨어가 하나로 결합된 제어 시스템이다.

개념끝 024 기억장치

10
2016.03

다음 중 EPROM에 대한 설명으로 옳은 것은?

① 제조과정에서 한 번만 기록이 가능하며, 수정할 수 없다.
② 자외선을 이용하여 기록된 내용을 여러 번 수정할 수 있다.
③ 특수 프로그램을 이용하여 한 번만 기록할 수 있다.
④ 전기적 방법으로 기록된 내용을 여러 번 수정할 수 있다.

11
2021.상시, 2014.06

다음 중 컴퓨터에서 사용하는 캐시 메모리(Cache Memory)에 대한 설명으로 옳지 <u>않은</u> 것은?

① 기억 용량은 작으나 속도가 빠른 버퍼 메모리이다.
② 가능한 최대 속도를 얻기 위해 소프트웨어로 구성한다.
③ 기본적인 성능은 히트율(Hit Ratio)로 표현한다.
④ CPU와 주기억장치 사이에 위치한다.

12 (또 나올 문제)
2019.08, 2016.06

다음 중 플래시 메모리(Flash Memory)에 대한 설명으로 옳지 <u>않은</u> 것은?

① 정보의 입·출력이 자유롭고, 전송 속도가 빠르다.
② 비휘발성 기억장치이다.
③ 트랙 단위로 저장된다.
④ 전력 소모가 적다.

13 또 나올 문제

2018.09

다음 중 컴퓨터의 보조기억장치로 사용하는 SSD(Solid State Drive)의 특징으로 옳지 않은 것은?

① HDD보다 빠른 속도로 데이터의 읽기나 쓰기가 가능하다.
② 물리적인 외부 충격에 약하며 불량 섹터가 발생할 수 있다.
③ 작동 소음이 없으며 전력 소모가 적다.
④ 자기디스크가 아닌 반도체를 이용하여 데이터를 저장한다.

개념끝 025 기타 장치

14

2014.10

다음 중 컴퓨터 내부에서 중앙처리장치와 메모리 사이의 데이터 전송을 위해 사용되는 버스(Bus)로 옳지 않은 것은?

① 제어 버스(Control Bus)
② 프로그램 버스(Program Bus)
③ 데이터 버스(Data Bus)
④ 주소 버스(Address Bus)

15 또 나올 문제

2021.상시, 2013.03

다음 중 컴퓨터의 인터럽트에 대한 설명으로 옳지 않은 것은?

① 프로그램 실행 중에 현재의 처리 순서를 중단시키고 다른 동작을 수행하도록 하는 것이다.
② 인터럽트 수행을 위한 인터럽트 서비스 루틴 프로그램이 따로 있다.
③ 하드웨어 결함이 생긴 경우에는 인터럽트가 발생하지 않는다.
④ 인터럽트 서브 루틴이 끝나면 주프로그램으로 돌아간다.

바로 보는 해설

08 | 오답 피하기 |
② 명령어 해독기(Decoder)에 대한 설명이다.
③ 프로그램 카운터(PC; Program Counter)에 대한 설명이다.
④ 보수기(Complementer)에 대한 설명이다.

09 주어진 내용은 운영체제의 운영 방식 중 하나인 일괄 처리 시스템에 대한 설명이다.

10 | 오답 피하기 |
① Mask ROM에 대한 설명이다.
③ PROM에 대한 설명이다.
④ EEPROM에 대한 설명이다.

11 캐시 메모리는 하드웨어인 SRAM으로 구성된다.

12 블록 단위로 저장된다.

13 SSD는 물리적인 외부 충격에 강하다. 또한 자기디스크가 아닌 반도체 메모리를 사용하기 때문에 불량 섹터가 발생되지 않는다.

14 CPU와 주변 장치를 연결하는 외부 버스에는 제어 버스, 데이터 버스, 주소 버스가 있다.

15 전원이나 입출력 장치 등 하드웨어 결함이 생긴 경우에도 인터럽트가 발생하며, 이는 외부 인터럽트에 속한다.

| 정답 | 08 ① 09 ② 10 ② 11 ② 12 ③ 13 ② 14 ② 15 ③

컴퓨터 관리와 문제 해결

16

2018.09

다음 중 Windows 10에서 아래 그림의 [오류 검사]에 대한 설명으로 옳지 않은 것은?

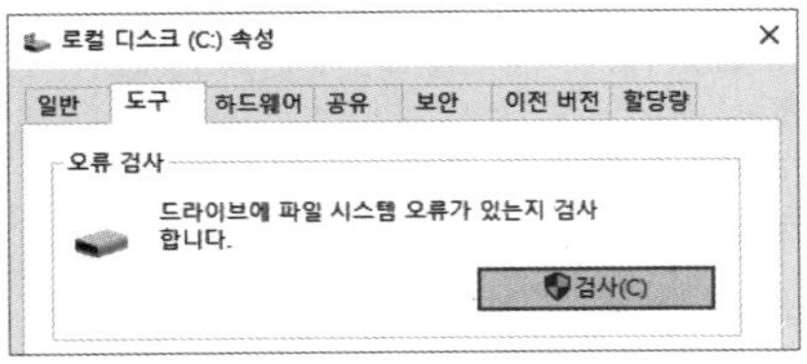

① 폴더와 파일의 오류를 검사하여 발견된 오류를 복구한다.
② 디스크의 물리적 손상 영역인 불량 섹터를 검출한다.
③ 네트워크 드라이브를 선택하여 오류 검사를 할 수 있다.
④ 시스템 성능 향상을 위해 정기적으로 수행하는 것이 좋다.

17 또 나올 문제

2018.09

다음 중 Windows 10 사용 시 메모리(RAM) 용량 부족 문제의 해결 방법으로 가장 적절하지 않은 것은?

① 불필요한 앱을 종료한다.
② 불필요한 자동 시작 앱을 삭제한다.
③ 시스템 속성 창에서 가상 메모리의 크기를 적절히 설정한다.
④ 휴지통에 있는 파일을 삭제한다.

18

2018.03

다음 중 컴퓨터를 업그레이드하는 경우 수치가 클수록 좋은 것에 해당하지 않는 것은?

① 하드디스크의 용량
② RAM의 접근 속도
③ CPU의 클록 속도
④ DVD의 배속

바로 보는 해설

16 네트워크 드라이브와 CD-ROM은 오류 검사를 할 수 없다.

17 휴지통에 있는 파일을 삭제하는 것은 하드디스크 용량이 부족했을 때 문제 해결 방법 중의 하나이다.

18 RAM의 접근 속도는 수치가 작을수록 좋다.

| 정답 | 16 ③ 17 ④ 18 ②

최근 기출 10개년 기준

7%

CHAPTER 4

컴퓨터 소프트웨어

무료 동영상 강의

학습전략

컴퓨터 소프트웨어에 대한 전반적인 내용을 담고 있습니다. 특히 소프트웨어의 종류에 대한 문제가 많이 출제되었으므로 이 부분을 중점적으로 학습하는 것이 필요합니다.

개념끝

027 소프트웨어의 분류

기출빈도 A … B … C … D

결정적 힌트

시스템 소프트웨어와 응용 소프트웨어의 다른 점을 이해해야 합니다. 특히 사용권에 따른 소프트웨어의 구분에서 많은 문제가 출제되었으므로 이 부분을 중점적으로 학습하셔야 합니다.

▼ **부트 로더(Boot Loader)**

시스템의 초기화 동작을 수행한 후에 운영체제를 메모리로 읽어와서 동작시켜 주는 프로그램이다.

▼ **C 런타임 라이브러리**

C나 C++로 작성된 프로그램이 실행 중에 기본적으로 필요로 하는 기능을 라이브러리 형태로 제공하는 것이다.

▼ **장치 드라이버**

컴퓨터의 주변 장치를 제어하는 기능을 갖는 프로그램이다.

▼ **압축 프로그램**

- 파일을 압축함으로써 디스크 공간을 효율적으로 사용하거나 파일을 전송할 때 빠르게 처리할 수 있다.
- 압축 파일을 재압축하는 방식으로 파일의 크기를 계속 줄일 수는 없다.
- 압축 프로그램으로 Winzip, Alzip 등이 있으며, 분할 압축이 가능하다.

01 시스템 소프트웨어(System Software)

- 컴퓨터와 사용자의 중간에서 시스템을 효율적으로 운영할 수 있도록 도와주는 프로그램이다.
- 시스템 소프트웨어에는 운영체제, 언어 번역 프로그램, 유틸리티 프로그램 등이 있다.
- 부트 로더, C 런타임 라이브러리, 장치 드라이버 등도 시스템 소프트웨어에 속한다.

운영체제	사용자가 응용 프로그램을 편리하게 사용할 수 있도록 하고, 하드웨어의 성능을 최적화하는 프로그램으로 반드시 설치되어야 컴퓨터를 사용할 수 있음
언어 번역 프로그램	프로그래밍 언어로 작성한 프로그램을 기계어로 변환하는 프로그램
유틸리티 프로그램	컴퓨터의 동작에 필수적이지는 않지만 컴퓨터의 수행 과정에 필요한 업무의 수행을 지원하는 프로그램 예 압축 프로그램, 메모장, 그림판, 계산기, 드라이브 조각 모음 및 최적화 등

02 응용 소프트웨어(Application Software)

사용자들이 특정한 용도에 맞게 활용하기 위해 작성된 소프트웨어이다.

예 워드프로세서, 스프레드시트, 프레젠테이션, 그래픽 소프트웨어, 인사관리 및 회계관리 소프트웨어 등

03 사용권에 따른 소프트웨어의 구분

- **상용 소프트웨어(Commercial Software)**: 정식으로 사용료를 내고 사용하는 소프트웨어로 해당 소프트웨어의 모든 기능을 사용할 수 있다.
- **공개 소프트웨어(Open Source Software)**: 소스 코드를 공개해 누구나 그 코드를 무료로 이용하고 수정하거나 재배포할 수 있는 소프트웨어이다.
- **프리웨어(Freeware)**: 라이선스 없이 무료로 배포되어 자유롭게 사용할 수 있는 소프트웨어이다.
- **셰어웨어(Shareware)**: 특정 기능이나 사용 기간에 제한을 두고 무료로 사용하는 소프트웨어이다.
- **애드웨어(Adware)**: 광고를 보는 대가로 무료로 사용할 수 있는 소프트웨어이다.
- **데모 버전(Demo Version)**: 프로그램의 홍보를 목적으로 주요 기능을 시연하는 소프트웨어이다.
- **트라이얼 버전(Trial Version)**: 일정 기간 무료로 사용할 수 있는 체험판 소프트웨어이다.
- **베타 버전(Beta Version)**: 정식 버전이 출시되기 전에 테스트용으로 제작되어 일반인에게

공개하는 소프트웨어이다.

- **알파 버전**(Alpha Version): 베타 테스트를 하기 전에 제작 회사 내에서 테스트할 목적으로 제작된 소프트웨어이다.
- **패치 프로그램**(Patch Program): 이미 배포된 프로그램의 오류 수정이나 기능 향상을 위해 프로그램 일부를 변경해 주는 프로그램이다. 예 Windows Update 프로그램
- **번들 프로그램**(Bundle Program): 특정한 하드웨어나 소프트웨어에 함께 제공되는 소프트웨어이다.

Warming UP 기출로 개념 확인

01 또 나올 문제

2021.상시, 2018.03

다음 중 시스템 소프트웨어에 대한 설명으로 옳지 않은 것은?

① 컴퓨터와 사용자 사이에서 중계자 역할을 하는 소프트웨어이다.
② 운영체제의 도움을 받아 컴퓨터를 사용할 수 있게 하는 소프트웨어이다.
③ 컴퓨터 시스템을 효율적으로 운영해주는 소프트웨어이다.
④ 시스템 소프트웨어는 제어 프로그램과 처리 프로그램으로 구분된다.

02

2019.08, 2016.06

다음 중 유틸리티 프로그램에 대한 설명으로 적절하지 않은 것은?

① 다수의 작업이나 목적에 대하여 적용되는 편리한 서비스 프로그램이나 루틴을 말한다.
② 컴퓨터의 동작에 필수적이고, 컴퓨터를 이용하는 주 목적에 대한 일부 특정 작업을 수행하는 소프트웨어들을 가리킨다.
③ 컴퓨터 하드웨어, 운영체제, 응용 소프트웨어를 관리하는 데 도움을 주도록 설계된 프로그램을 의미한다.
④ Windows에서 제공하는 유틸리티 프로그램으로는 메모장, 그림판, 계산기 등을 예로 들 수 있다.

03

2020.07

다음 중 Windows Update가 속한 사용권에 따른 소프트웨어 분류 유형으로 가장 적절한 것은?

① 패치 버전
② 알파 버전
③ 트라이얼 버전
④ 프리웨어

04 또 나올 문제

2021.상시, 2020.02

다음 중 컴퓨터 소프트웨어에서 셰어웨어(Shareware)에 대한 설명으로 옳은 것은?

① 정상 대가를 지불하고 사용하는 소프트웨어이다.
② 특정 기능이나 사용 기간에 제한을 두고 무료로 배포하는 소프트웨어이다.
③ 개발자가 소스를 공개한 소프트웨어이다.
④ 배포 이전의 테스트 버전의 소프트웨어이다.

바로 보는 해설

01
시스템 소프트웨어는 응용 소프트웨어를 실행하기 위한 플랫폼을 제공한다. ②는 응용 소프트웨어에 대한 설명이다.

02
유틸리티 프로그램은 컴퓨터의 동작에 필수적이진 않으며, 컴퓨터를 이용하는 데 일부 특정 작업(압축 프로그램, 백신 프로그램 등)을 수행하는 소프트웨어들을 가리킨다. ②는 시스템 소프트웨어(운영체제)에 대한 설명이다.

03
패치 버전은 배포된 프로그램의 오류 수정 및 성능 향상을 위해 프로그램의 일부를 변경해주는 프로그램이다.
| 오답 피하기 |
② 베타 테스트를 하기 전에 제작 회사 내부에서 테스트할 목적으로 제작된 프로그램이다.
③ 제품을 구매하기 전에 일정 기간 동안 무료로 사용할 수 있는 체험판 프로그램이다.
④ 사용 기간 및 기능에 제한 없이 무료로 배포되어 자유롭게 사용 가능한 프로그램이다.

04
| 오답 피하기 |
① 상용 소프트웨어에 대한 설명이다.
③ 공개 소프트웨어에 대한 설명이다.
④ 알파 버전과 베타 버전에 대한 설명이다.

| 정답 | 01 ② 02 ② 03 ① 04 ②

개념끝

028 운영체제

기출빈도 A ····· B ····· C ····· D

결정적 힌트

운영체제는 컴퓨터를 사용하기 위해 반드시 필요한 중요한 프로그램입니다. 운영체제의 구성, 목적에서 골고루 문제가 출제되었고 특히 운영체제의 운영 방식은 많은 문제가 출제된 중요한 부분입니다.

01 운영체제의 구성

- 컴퓨터 시스템과 사용자 간의 편리한 인터페이스를 제공하는 프로그램이다.
- 컴퓨터가 동작하는 동안 주기억장치인 RAM에 위치하여 효율적인 자원 관리 서비스를 제공한다.
- 프로세스 관리, 기억장치 관리, 주변 장치 관리, 파일 관리 등의 기능을 처리한다.
- 운영체제는 제어 프로그램과 처리 프로그램으로 구성한다.

제어 프로그램	감시 프로그램, 작업 관리 프로그램, 데이터 관리 프로그램
처리 프로그램	언어 번역 프로그램, 서비스 프로그램, 문제 처리 프로그램

개념 플러스 운영체제의 구성

- 감시 프로그램: 슈퍼바이저(Supervisor)를 의미하며, 시스템의 모든 동작 상태를 관리하고 감독하는 제어 프로그램의 핵심 프로그램이다.
- 작업 관리 프로그램: 작업의 연속 처리를 위한 스케줄 및 시스템 자원 할당의 기능을 수행한다.
- 데이터 관리 프로그램: 작업에 사용되는 데이터의 전송, 파일 조작 및 처리 기능을 수행한다.
- 언어 번역 프로그램: 프로그래밍 언어로 작성한 프로그램을 기계어로 변환하는 프로그램이다.
- 서비스 프로그램: 사용 빈도가 높은 기능을 미리 구현한 프로그램이다.
  예 연계 편집 프로그램, 로더, 정렬/병합 프로그램
- 문제 처리 프로그램: 특정 업무의 해결을 위해 사용자가 개발한 프로그램이다.

02 운영체제의 목적

- **처리 능력(Throughput) 향상**: 일정 시간 내에 시스템이 처리하는 일의 양을 향상한다.
- **반환(응답) 시간(Turn Around Time) 단축**: 작업을 의뢰한 시간부터 처리가 완료될 때까지 걸린 시간을 단축한다.
- **신뢰도(Reliability) 향상**: 주어진 문제를 정확하게 해결하는 정도를 향상한다.
- **사용 가능도(Availability) 향상**: 컴퓨터 시스템 내의 한정된 자원을 여러 사용자가 요구할 때, 신속하고 충분히 지원해 줄 수 있는지로 사용 가능도를 향상한다.

03 운영체제의 운영 방식

일괄 처리 시스템 (Batch Processing System)	데이터를 일정량 또는 일정 시간 동안 모아서 한꺼번에 처리하는 방식
실시간 처리 시스템 (Real Time Processing System)	처리할 데이터가 입력될 때마다 즉시 처리하는 방식으로 각종 예약 시스템이나 은행 업무 등에서 사용
시분할 처리 시스템 (Time Sharing System)	여러 명의 사용자가 사용하는 시스템에서 처리 시간을 나누어 각 사용자에게 차례대로 할당하는 방식
다중 처리 시스템 (Multi-Processing System)	여러 개의 CPU와 하나의 주기억장치를 이용하여 여러 프로그램을 동시에 처리하며 신뢰성과 연산 능력을 향상하는 방식
다중 프로그래밍 시스템 (Multi-Programming System)	하나의 CPU와 주기억장치를 이용하여 여러 개의 프로그램을 동시에 처리하는 방식
분산 처리 시스템 (Distributed Processing System)	• 여러 대의 컴퓨터들에 의해 작업한 결과를 통신망을 이용하여 상호 교환할 수 있도록 연결된 시스템 • 클라이언트/서버 방식: 클라이언트와 서버가 모두 처리 능력을 갖추며, 분산 처리 환경에 적합한 방식 • 동배 간 처리(Peer-To-Peer) 방식: 서버 없이 개인 대 개인으로 연결하여 파일을 공유하는 방식으로 유지 보수 및 데이터의 보안 유지가 어려움
듀얼 시스템 (Dual System)	두 개의 CPU가 같은 업무를 동시에 처리하여 그 결과를 상호 점검하면서 운영하는 시스템
듀플렉스 시스템 (Duplex System)	두 개의 CPU로 하나가 가동될 때 다른 하나는 고장을 대비해 대기하는 시스템
클러스터링 시스템 (Clustering System)	여러 대의 컴퓨터를 병렬로 연결하는 방식

Warming UP 기출로 개념 확인

01
2019.08

다음 중 컴퓨터와 같은 정보기기를 사용하기 위해서 반드시 설치되어야 하는 프로그램으로 가장 대표적인 시스템 소프트웨어는?

① 컴파일러
② 운영체제
③ 유틸리티
④ 라이브러리

02
2020.02

다음 중 컴퓨터 운영체제의 주요 기능으로 옳지 않은 것은?

① 자원의 효율적인 관리를 위해 자원의 스케줄링을 제공한다.
② 시스템과 사용자 간의 편리한 인터페이스를 제공한다.
③ 데이터 및 자원 공유 기능을 제공한다.
④ 시스템을 실시간으로 감시하여 바이러스 침입을 방지하는 기능을 제공한다.

03 또 나올 문제
2017.03

다음 중 운영체제를 구성하는 제어 프로그램의 종류에 해당하지 않는 것은?

① 감시 프로그램
② 언어 번역 프로그램
③ 작업 관리 프로그램
④ 데이터 관리 프로그램

04 또 나올 문제
2016.10

다음 중 운영체제의 성능을 평가하는 항목에 대한 설명으로 옳지 않은 것은?

① 시스템이 일정한 시간 내에 일을 처리하는 능력
② 주어진 문제를 정확하게 처리하는 신뢰할 수 있는 정도
③ 처리할 데이터를 일정시간 동안 모아 일괄 처리할 수 있는 능력
④ 시스템의 즉시 사용 가능한 정도

바로 보는 해설

01
| 오답 피하기 |
① 고급 언어로 작성된 컴퓨터 프로그램의 모든 원시 코드(Source Code)를 프로그램의 실행 전에 목적 코드로 번역하는 프로그램이다.
③ 컴퓨터의 여러 처리 과정을 보조하여 시스템을 편리하게 사용할 수 있도록 하는 프로그램이다.
④ 실제로 항목을 저장하지 않고 여러 위치에 저장된 파일과 폴더의 모음을 표시하여 편리하게 파일을 관리하는 기능이다.

02
백신 프로그램에 대한 설명이다.

03
언어 번역 프로그램은 처리 프로그램의 종류에 해당한다. 처리 프로그램에는 언어 번역 프로그램, 서비스 프로그램, 문제 처리 프로그램이 포함된다.

04
운영체제의 운영 방식인 일괄 처리 시스템에 대한 설명이다.
| 오답 피하기 |
① 처리 능력에 대한 설명이다.
② 신뢰도에 대한 설명이다.
④ 사용 가능도에 대한 설명이다.

| 정답 | 01 ② 02 ④ 03 ② 04 ③

개념끝

029 프로그래밍 언어

기출빈도 A B C D

01 프로그래밍 언어의 개요

결정적 힌트

컴퓨터에게 어떤 일의 처리를 지시하기 위해서는 프로그램이 필요하며, 프로그램을 작성하기 위해서는 프로그래밍 언어가 필요합니다. 요즘 많이 사용하고 있는 객체 지향 프로그래밍에 대해 이해하고 프로그램을 번역하는 방식, 특히 컴파일러와 인터프리터의 차이점을 잘 알아두시기 바랍니다.

(1) 저급 언어(Low Level Language)

컴퓨터가 이해할 수 있는 기계 중심의 언어이다.

기계어	• 컴퓨터가 직접 이해할 수 있는 2진수로 구성된 언어 • 번역 과정이 필요 없으므로 처리 속도가 매우 빠름
어셈블리어	• 기계어와 일대일로 대응시켜서 코드화한 기호 언어 • 어셈블러(Assembler)라는 번역기를 사용하여 기계어로 번역

(2) 고급 언어(High Level Language)

- 사람이 이해하기 쉽게 만들어진 프로그래밍 언어이다.
- 컴파일러(Compiler)나 인터프리터(Interpreter)와 같은 번역기를 사용하여 기계어로 번역한다.
- FORTRAN, COBOL, ALGOL, BASIC, PASCAL, C, C++, LISP, SNOBOL, PL/1, Java, Python 등이 고급 언어에 해당된다.

▼ C 언어

- 컴파일러 방식의 프로그래밍 언어로 구조적 프로그래밍이 가능하다.
- 하드웨어 제어가 가능한 언어이다.
- 영문자의 경우 소문자와 대문자는 구별하여 프로그래밍한다.

02 프로그래밍 기법

- 구조적 프로그래밍
  - 프로그램이 실행될 때 위에서 아래로의 절차, 순서에 맞게 실행되는 방식의 프로그래밍 기법이다.
  - 절차적 프로그래밍 또는 하향식 프로그래밍이라고도 부른다.
- 비주얼 프로그래밍: 기존의 문자 방식의 명령어 전달 방식을 기호화된 아이콘의 형태로 바꿔 사용자가 대화형으로 프로그래밍할 수 있는 기법이다.
- 객체 지향 프로그래밍
  - 프로그램에서 사용하는 데이터 구조의 데이터형과 사용하는 함수까지 객체로 정의하는 프로그래밍 기법으로, 절차형 언어의 문제점을 해결하기 위해 개발되었다.
  - 객체 지향 언어: C++, Actor, Smalltalk, Java, Python 등
  - 특징: 추상화, 캡슐화, 정보 은닉, 상속성, 다형성 등
  - 소프트웨어의 재사용으로 프로그램 개발 시간을 단축할 수 있다.
  - 시스템의 확장성이 높고 정보 은닉이 쉽다.

▼ C++

1983년 AT&T 벨 연구소에서 C 언어를 기반으로 발표한 객체 지향 프로그래밍 언어이다.

▼ Java

1995년 썬 마이크로시스템즈의 제임스 고슬링이 발표한 객체 지향 프로그래밍 언어로, JVM이라는 가상 머신에서 바이트 코드를 플랫폼에 관계없이 독립적으로 실행할 수 있다.

▼ Python

1991년 귀도 반 로섬이 발표한 객체 지향 프로그래밍 언어로, 인터프리터 방식의 대화형 언어이며, 인공지능 분야에 널리 사용된다.

개념 플러스

- 클래스(Class): 유사한 객체(Object)들을 묶어서 하나의 공통된 특성으로 표현한 것으로, 동일한 속성, 오퍼레이션, 관계 등을 가지고 있는 객체들의 집합이다.
- 메서드(Method): 객체가 수행하는 실제 기능을 기술한 코드이다.

03 언어 번역

(1) 언어 번역 과정

원시 프로그램 —(컴파일러)→ 목적 프로그램 —(링커)→ 로드 모듈 —(로더)→ 실행

■ 디버깅(Debugging)
프로그램에서 발생한 오류를 제거하기 위한 작업 과정을 디버깅이라고 한다.

원시 프로그램 (Source Program)	사용자가 고급 언어로 작성한 프로그램
목적 프로그램 (Object Program)	컴파일러를 통해 원시 프로그램을 기계어로 번역한 프로그램
링커(Linker)	목적 프로그램을 연계 편집하는 프로그램
로드 모듈 (Load Module)	실행하기 위해 주기억장치로 적재할 수 있게 만든 프로그램
로더(Loader)	실행 가능한 프로그램을 주기억장치에 적재하는 프로그램

(2) 언어 번역 프로그램

- 어셈블러(Assembler): 어셈블리어로 작성한 프로그램을 기계어로 번역하는 프로그램
  예 Assembly
- 컴파일러(Compiler): 전체 프로그램을 한 번에 번역하여 목적 프로그램을 생성하는 번역 프로그램 예 Java, C, C++
- 인터프리터(Interpreter): 원시 프로그램을 한 단계씩 기계어로 해석하여 실행하는 프로그램
  예 Python, Perl

| 컴파일러와 인터프리터의 비교

컴파일러	인터프리터
전체를 한 번에 번역	행 단위로 번역
목적 프로그램을 생성	목적 프로그램을 생성하지 않음
실행 속도가 빠름	실행 속도가 느림

개념 플러스 프리프로세서(Preprocessor)

사전 처리나 사전 준비적인 계산 또는 편성을 하는 프로그램으로 매크로 확장, 기호 변환 등의 작업을 수행한다.

Warming UP 기출로 개념 확인

01 또 나올 문제 2021.상시, 2019.03, 2017.09

다음 중 추상화, 캡슐화, 상속성, 다형성 등의 특징을 지니고 있으며, 크고 복잡한 프로그램 구축이 어려운 절차형 언어의 문제점을 해결하기 위해 개발된 프로그래밍 기법은?

① 구조적 프로그래밍
② 객체 지향 프로그래밍
③ 하향식 프로그래밍
④ 비주얼 프로그래밍

02 2018.03

다음 중 언어 번역 프로그램인 컴파일러와 인터프리터의 차이점에 대한 설명으로 옳지 않은 것은?

① 컴파일러는 프로그램 전체를 번역하고, 인터프리터는 한 줄씩 번역한다.
② 컴파일러는 목적 프로그램을 생성하고, 인터프리터는 생성하지 않는다.
③ 컴파일러는 실행 속도가 빠르고, 인터프리터는 실행 속도가 느리다.
④ 컴파일러는 번역 속도가 빠르고, 인터프리터는 번역 속도가 느리다.

바로 보는 해설

01
프로그램에서 사용하는 데이터 구조의 데이터형과 사용하는 함수까지 객체로 정의하는 프로그래밍 기법이다. 대표적인 객체 지향 프로그래밍 언어는 C++, Smalltalk, Java 등이 있다.

| 오답 피하기 |

① 프로그램이 실행될 때 위에서 아래로의 절차 및 순서에 맞게 실행되는 방식의 프로그래밍 기법이다. 절차적 프로그래밍 또는 하향식 프로그래밍이라고도 부른다.
③ 프로그램이 실행될 때 위에서 아래로의 절차 및 순서에 맞게 실행되는 방식의 프로그래밍 기법이다.
④ 기존의 문자 방식의 명령어 전달 방식을 기호화된 아이콘의 형태로 바꿔 사용자가 대화형으로 프로그래밍할 수 있는 프로그래밍 기법이다.

02
컴파일러는 프로그램 전체를 한 번에 번역하여 목적 프로그램을 생성하므로 번역 속도가 느리고, 인터프리터는 한 줄씩 번역하여 바로 실행하기 때문에 번역 속도가 빠르다.

| 정답 | 01 ② 02 ④

개념끝

030 웹 프로그래밍 언어

기출빈도 A B **C** D

결정적 힌트

웹 문서를 제작하는 데 사용되는 웹 프로그래밍 언어는 시험에 잘 출제됩니다. 거의 골고루 출제된 바가 있으므로 각 언어의 특징을 반드시 기억해 두어야 합니다. 특히 ASP, JSP, PHP는 웹 서버에서 동적으로 수행된다는 공통점이 있다는 것을 기억하세요.

▼ ActiveX

마이크로소프트사가 개발한 기술로 대부분 인터넷 익스플로러의 플러그인을 만드는 데 사용된다.

▼ 태그(Tag)

HTML을 작성하기 위해 사용되는 명령어의 집합으로 HTML 문서의 구조와 형태를 표현한다.

▼ 스크립트 언어

- 다른 응용 프로그램에 삽입되어서 동작하는 프로그래밍 언어이다.
- C, C++, Java 등 컴파일되어 독립적으로 실행되는 언어와 달리 ASP, JSP, PHP, Java Script 등의 스크립트 언어는 다른 응용 프로그램에 삽입되어 실행된다.

▼ Java Script

- 클래스가 존재하지 않으며 변수 선언도 필요 없다.
- 소스 코드가 HTML 문서에 포함되어 있다.
- 사용자의 웹 브라우저에서 직접 번역되고 실행된다.

- HTML(HyperText Markup Language): 인터넷용 하이퍼텍스트 문서 제작에 사용하는 언어이다.
- HTML5
  - 차세대 웹 표준 언어이다.
  - 텍스트와 하이퍼링크를 이용한 문서 작성 중심으로 구성된 기존 표준에 비디오, 오디오 등의 다양한 부가 기능을 추가하여 최신 멀티미디어 콘텐츠를 ActiveX 없이도 웹 서비스로 제공할 수 있는 언어이다.
- SGML(Standard Generalized Markup Language): 다양한 형태의 전자 문서들을 서로 다른 시스템들 사이에 정보의 손실 없이 효율적으로 전송·저장·자동 처리하기 위한 웹 프로그래밍 언어이다.
- XML(eXtensible Markup Language)
  - SGML의 복잡성과 HTML의 단순함을 개선한 인터넷 언어로, 웹에서 구조화된 폭넓고 다양한 문서들을 상호 교환할 수 있도록 설계된 언어이다.
  - 사용자가 새로운 태그를 정의할 수 있는 기능을 가진 확장성 마크업 언어이다.
- DHTML(Dynamic HTML): 이미지의 애니메이션을 지원하고, 사용자와의 상호작용에 따른 동적인 웹 페이지의 제작이 가능한 언어이다.
- VRML(Virtual Reality Modeling Language): 3차원 가상 공간을 표현하기 위한 언어이다.
- Java
  - 대표적인 객체 지향 언어로, 가상 바이트 머신 코드를 사용하는 언어이다.
  - 보안성이 뛰어나고, 인터넷 환경에서 가장 활발히 사용된다.
- ASP(Active Server Pages): 웹 서버에서 동적으로 수행되는 페이지를 만들기 위한 스크립트 언어로, Windows 계열의 운영체제에서 실행할 수 있다.
- JSP(Java Server Page)
  - 웹 서버에서 동적으로 웹 페이지를 생성하여 웹 브라우저에 돌려주는 스크립트 언어이다.
  - HTML 문서에 자바 코드를 삽입하며 <% … %>와 같은 형태로 작성된다.
  - 다양한 운영체제에서 실행할 수 있다.
- PHP(Hypertext Preprocessor): 웹 서버에서 동적으로 수행되는 웹 페이지를 생성하는 스크립트 언어로 다양한 운영체제에서 실행 가능하다.
- Java Script: 웹 페이지에서 사용자로부터 특정 값을 입력받아 동적으로 처리할 수 있는 객체 기반의 스크립트 프로그래밍 언어이다.
- CSS(Cascading Style Sheets): 웹 문서의 스타일을 미리 저장해 둔 스타일시트이다.
- UML(Unified Modeling Language): 시스템 개발 과정에서 의사소통을 위한 표준화 모델링 언어이다.
- WML(Wireless Markup Language): 무선 접속을 통하여 휴대폰이나 PDA 등에 웹 페이지가 표시되도록 해주는 언어이다.

Warming UP 기출로 개념 확인

01

2021.상시, 2020.07

다음 중 차세대 웹 표준으로 텍스트와 하이퍼링크를 이용한 문서 작성 중심으로 구성된 기존 표준에 비디오, 오디오 등의 다양한 부가기능을 추가하여 최신 멀티미디어 콘텐츠를 ActiveX 없이도 웹 서비스로 제공할 수 있는 언어는?

① XML
② VRML
③ HTML5
④ JSP

02 또 나올 문제

2016.06

다음 중 HTML의 단점을 보완하여 이미지의 애니메이션을 지원하며, 사용자와의 상호 작용에 따른 동적인 웹 페이지의 제작이 가능한 언어는?

① JAVA
② DHTML
③ VRML
④ WML

바로 보는 해설

01

| 오답 피하기 |

① 기존 HTML의 단점을 보완하고 웹에서 문서의 구조적인 특성을 고려하여 문서들을 상호 교환할 수 있도록 설계된 언어이다.
② 웹에서 3차원 가상공간을 표현하고 조작할 수 있게 하는 언어이다.
④ 자바로 만들어진 서버 사이드 스크립트 언어로 다양한 운영체제에서 사용 가능하고, 데이터베이스와 연결하기 쉬우며, 시스템을 효율적으로 사용할 수 있다는 특징을 가진다.

02

| 오답 피하기 |

① 대표적인 객체 지향 언어로 보완성이 뛰어나고 인터넷 환경에서 가장 활발히 사용된다.
③ 웹에서 3차원 가상 공간을 표현하고, 조작할 수 있게 하는 언어이다.
④ 무선 인터넷 환경에서 사용할 목적으로 개발한 언어이다.

| 정답 | 01 ③ 02 ②

기출선지 OX 퀴즈

01 시스템 소프트웨어는 운영체제의 도움을 받아 컴퓨터를 사용할 수 있게 하는 소프트웨어이다. (O / X)

02 유틸리티 프로그램은 다수의 작업이나 목적에 대하여 적용되는 편리한 서비스 프로그램이나 루틴을 말한다. (O / X)

03 패치 프로그램은 배포된 프로그램의 오류 수정 및 성능 향상을 위해 프로그램의 일부를 변경해주는 프로그램이다. (O / X)

04 셰어웨어는 특정 기능이나 사용 기간에 제한을 두고 무료로 배포하는 소프트웨어이다. (O / X)

05 컴파일러는 컴퓨터와 같은 정보기기를 사용하기 위해서 반드시 설치되어야 하는 프로그램이다. (O / X)

06 컴퓨터 운영체제는 시스템을 실시간으로 감시하여 바이러스 침입을 방지하는 기능을 제공한다. (O / X)

07 언어 번역 프로그램은 제어 프로그램에 해당한다. (O / X)

08 객체 지향 프로그래밍은 추상화, 캡슐화, 상속성, 다형성 등의 특징을 지니고 있다. (O / X)

09 컴파일러는 실행 속도가 빠르고, 인터프리터는 실행 속도가 느리다. (O / X)

10 컴파일러는 프로그램 전체를 번역하고, 인터프리터는 한 줄씩 번역한다. (O / X)

11 공개 소프트웨어는 특정한 하드웨어나 소프트웨어를 구매하였을 때 무료로 주는 프로그램이다. (O / X)

12 HTML5는 가상 바이트 머신 코드를 사용하는 언어이다. (O / X)

13 소프트웨어란 컴퓨터를 이용하기 위해 필요한 일련의 명령어들의 집합이다. (O / X)

14 시스템 소프트웨어는 기능에 따라 제어 프로그램과 번역 프로그램으로 구분한다. (O / X)

15 데모 버전은 정식 프로그램을 홍보하기 위해 사용 기간이나 기능을 제한하여 배포하는 프로그램이다. (O / X)

16 운영체제의 평가 항목으로 처리 능력, 응답 시간, 사용 가능도, 신뢰도 등이 있다. (O / X)

17 문서 편집 프로그램은 제어 프로그램에 해당되지 않는다. (O / X)

18 일괄 처리 시스템은 처리할 데이터를 일정한 분량이 될 때까지 모아서 한꺼번에 처리하는 시스템이다. (O / X)

19 COBOL은 객체 지향 프로그래밍 언어이다. (O / X)

20 어셈블리 언어는 어셈블러라고 하는 언어 번역기에 의해서 기계어로 번역된다. (O / X)

21 언어 번역 프로그램에는 컴파일러, 어셈블러, 인터프리터 등이 있다. (O / X)

22 인터프리터는 원시 프로그램을 입력으로 받아 기계어를 생성하고 이를 실행해서 그 결과를 출력하여 주는 프로그램이다. (O / X)

23 C 언어는 하드웨어 제어가 가능하다. (O / X)

24 C 언어는 인터프리터 방식의 프로그래밍 언어이다. (O / X)

25 VRML은 인터넷 상에서 상호 작용이 가능한 3차원 가상세계를 표현할 수 있게 해주는 언어이다. (O / X)

26 AIDA는 인터넷 홈페이지 제작 언어이다. (O / X)

27 PHP는 Linux, Unix, Windows 등의 다양한 운영체제에서 사용 가능하다. (O / X)

28 HTML은 사용자와의 상호 작용에 따른 동적인 웹 페이지의 제작이 가능한 언어이다. (O / X)

29 ASP는 소스 코드가 HTML 문서에 포함되어 있다. (O / X)

30 Java Script는 클래스가 존재하지 않으며 변수 선언도 필요 없다. (O / X)

| 정답 |

01	X	02	O	03	O	04	O	05	X	06	X	07	X	08	O	09	O	10	O
11	X	12	X	13	O	14	X	15	O	16	O	17	O	18	O	19	X	20	O
21	O	22	X	23	O	24	X	25	O	26	X	27	O	28	X	29	X	30	O

Build UP 기출로 개념 강화

개념끝 027 소프트웨어의 분류

01
2018.09, 2015.10

다음 중 아래의 ㉠, ㉡, ㉢에 해당하는 소프트웨어의 종류를 올바르게 짝지어 나열한 것은?

> 홍길동은 어떤 프로그램이 좋은지 알아보기 위해 ㉠ 누구나 임의의 용도로 사용할 수 있는 프로그램과 ㉡ 주로 일정 기간 동안 일부 기능을 제한한 상태로 사용하는 프로그램을 먼저 사용해 보고, 가장 적합한 ㉢ 프로그램을 구입하여 사용하려고 한다.

	㉠	㉡	㉢
①	프리웨어	셰어웨어	상용 소프트웨어
②	셰어웨어	프리웨어	상용 소프트웨어
③	상용 소프트웨어	셰어웨어	프리웨어
④	셰어웨어	상용 소프트웨어	프리웨어

02
2021.상시, 2015.10

다음 중 아래에서 응용 소프트웨어만 선택하여 나열한 것은?

> ㄱ. 윈도우　　ㄴ. 포토샵
> ㄷ. 리눅스　　ㄹ. 한컴오피스
> ㅁ. 유닉스

① ㄱ, ㄴ　　② ㄴ, ㄹ
③ ㄱ, ㄷ, ㅁ　　④ ㄴ, ㄹ, ㅁ

03 (또 나올 문제)
2017.09

다음 중 상용 소프트웨어가 출시되기 전에 미리 고객들에게 프로그램에 대한 평가를 수행하고자 제작한 소프트웨어로 옳은 것은?

① 알파(Alpha) 버전
② 베타(Beta) 버전
③ 패치(Patch) 버전
④ 데모(Demo) 버전

04
2016.10

다음 중 소프트웨어에 대한 설명으로 옳지 않은 것은?

① 소프트웨어란 컴퓨터를 이용하기 위해 필요한 일련의 명령어들의 집합이다.
② 오라클과 같은 데이터베이스 관리 시스템은 응용 소프트웨어에 해당된다.
③ 시스템 소프트웨어는 응용 소프트웨어가 실행될 때 컴퓨터 하드웨어를 효율적으로 사용하도록 인터페이스 역할을 한다.
④ 시스템 소프트웨어는 기능에 따라 제어 프로그램과 번역 프로그램으로 구분한다.

05 또 나올 문제 2016.10

다음 중 컴퓨터 소프트웨어 배포와 관련하여 셰어웨어(Shareware)에 대한 설명으로 옳은 것은?

① 특정 기능 또는 기간을 제한하여 공개하고, 사용한 후에 사용자의 구매를 유도하는 소프트웨어이다.

② 개발 회사의 1차 테스트 버전으로 제작 회사 내에서 테스트할 목적으로 배포하는 소프트웨어이다.

③ 정식 버전이 나오기 전에 프로그램에 대해 일반인에게 테스트할 목적으로 공개하는 소프트웨어이다.

④ 사용 기간 및 기능에 제한 없이 무료로 사용할 수 있는 공개용 소프트웨어이다.

개념끝 028 운영체제

06 2018.09

다음 중 컴퓨터 운영체제에 대한 설명으로 옳지 않은 것은?

① 운영체제는 컴퓨터가 작동하는 동안 하드디스크에 위치하여 실행된다.

② 주요 기능은 프로세스, 기억장치, 주변 장치, 파일 등의 관리이다.

③ 운영체제의 평가 항목으로 처리 능력, 응답 시간, 사용 가능도, 신뢰도 등이 있다.

④ 사용자들 간의 하드웨어 공동 사용 및 자원의 스케줄링을 수행한다.

바로 보는 해설

01 ㉠ 프리웨어: 라이선스 없이 무료로 배포되어 자유롭게 사용할 수 있는 소프트웨어이다.
㉡ 셰어웨어: 특정 기능이나 사용 기간에 제한을 두고 무료로 배포하는 소프트웨어이다.
㉢ 상용 소프트웨어: 정식으로 사용료를 내고 사용하는 소프트웨어로, 해당 소프트웨어의 모든 기능을 사용할 수 있다.

02 | 오답 피하기 |
ㄱ, ㄷ, ㅁ은 운영체제로 시스템 소프트웨어에 포함된다.

03 | 오답 피하기 |
① 알파 버전: 베타 테스트를 하기 전에 제작 회사 내에서 테스트용으로 제작하는 프로그램이다.
③ 패치 버전: 배포된 프로그램의 오류 수정 및 성능 향상을 위해 프로그램의 일부를 변경해주는 프로그램이다.
④ 데모 버전: 정식 프로그램을 홍보하기 위해 사용 기간이나 기능을 제한하여 배포하는 프로그램이다.

04 시스템 소프트웨어는 기능에 따라 제어 프로그램과 처리 프로그램으로 구분한다.

05 | 오답 피하기 |
② 알파 버전에 대한 설명이다.
③ 베타 버전에 대한 설명이다.
④ 프리웨어에 대한 설명이다.

06 운영체제는 컴퓨터가 작동하는 동안 주기억장치인 RAM에 위치하여 실행된다.

| 정답 | 01 ① 02 ② 03 ② 04 ④ 05 ① 06 ①

07 또 나올 문제

2012.06

다음 중 운영체제의 구성에서 제어 프로그램에 해당되지 않는 것은?

① 데이터 관리 프로그램
② 작업 관리 프로그램
③ 감시 프로그램
④ 문서 편집 프로그램

08

2013.03

다음 중 처리할 데이터를 일정한 분량이 될 때까지 모아서 한꺼번에 처리하는 시스템으로 옳은 것은?

① 일괄 처리 시스템
② 실시간 처리 시스템
③ 시분할 시스템
④ 분산 처리 시스템

개념끝 029 프로그래밍 언어

09 또 나올 문제

2012.09

다음 중 객체 지향 프로그래밍 언어가 아닌 것은?

① COBOL ② Java
③ Smalltalk ④ C++

10

2011.07

다음 중 컴퓨터에서 사용하는 객체 지향 언어의 특징으로 옳지 않은 것은?

① 그룹화 ② 캡슐화
③ 다형성 ④ 상속성

11

2013.10

다음 중 언어 번역 프로그램에 대한 설명으로 옳지 않은 것은?

① 컴파일러에 입력되는 프로그램을 원시 프로그램이라 하고, 기계어로 출력되는 프로그램을 목적 프로그램이라 한다.
② 인터프리터는 원시 프로그램을 입력으로 받아 기계어를 생성하고 이를 실행해서 그 결과를 출력하여 주는 프로그램이다.
③ 어셈블리 언어는 어셈블러라고 하는 언어 번역기에 의해서 기계어로 번역된다.
④ 언어 번역 프로그램에는 컴파일러, 어셈블러, 인터프리터 등이 있다.

12

2013.03(1급)

다음 중 Java 언어에 대한 설명으로 옳지 않은 것은?

① 객체 지향 언어로 추상화, 상속화, 다형성과 같은 특징을 가진다.
② 인터프리터를 이용한 프로그래밍 언어로 특히 인공지능 분야에서 널리 사용되고 있다.
③ 네트워크 환경에서 분산 작업이 가능하도록 설계되었다.
④ 특정 컴퓨터 구조와 무관한 가상 바이트 머신 코드를 사용하므로 플랫폼이 독립적이다.

13

2010.03

다음 중 컴퓨터 프로그래밍 언어에서 C 언어의 특성으로 옳지 않은 것은?

① 인터프리터 방식의 프로그래밍 언어이다.
② 구조적 프로그래밍이 가능하다.
③ 영문자의 경우 소문자와 대문자는 구별하여 프로그래밍 하여야 한다.
④ 하드웨어 제어가 가능한 언어이다.

개념끝 030

웹 프로그래밍 언어

14 또 나올 문제

2008.10

다음 중 인터넷상에서 상호 작용이 가능한 3차원 가상세계를 표현할 수 있게 해주는 언어는?

① HTML
② VRML
③ XML
④ Dynamic HTML

15 또 나올 문제

2012.03(1급)

다음 중 컴퓨터에서 사용하는 웹 프로그래밍 언어에 대한 설명으로 옳지 않은 것은?

① ASP: 클라이언트 측에서 동적으로 수행되는 페이지를 만드는 언어이다.
② JSP: 자바를 기반으로 하고 서버 측에서 동적으로 수행하는 페이지를 만드는 언어이다.
③ PHP: Linux, Unix, Windows 등의 다양한 운영체제에서 사용 가능하다.
④ XML: 기존 HTML 단점을 보완하여 문서의 구조적인 특성들을 고려하여 문서들을 상호 교환할 수 있도록 설계된 프로그래밍 언어이다.

바로 보는 해설

07 제어 프로그램에는 감시 프로그램, 작업 관리 프로그램, 데이터 관리 프로그램이 있다.

08 | 오답 피하기 |
② 처리할 데이터가 입력될 때마다 즉시 처리하는 방식으로, 각종 예약 시스템이나 은행 업무 등에서 사용한다.
③ 여러 명의 사용자가 사용하는 시스템에서 처리 시간을 나누어 각 사용자에게 차례대로 할당하는 방식이다.
④ 여러 대의 컴퓨터들에 의해 작업한 결과를 통신망을 이용하여 상호 교환할 수 있도록 연결된 시스템이다.

09 객체 지향 언어에는 C++, Actor, Smalltalk, Java 등이 있다.

10 객체 지향 언어의 특징에는 추상화, 캡슐화, 정보 은닉, 상속성, 다형성 등이 있다.

11 주어진 내용은 컴파일러에 대한 설명이다.

12 Java 언어는 컴파일러를 이용한 프로그래밍 언어이며, ②는 Phython 언어에 대한 설명이다.

13 C 언어는 컴파일러 방식의 프로그래밍 언어이다.

14 VRML(Virtual Reality Modeling Language)는 3차원 가상 공간을 표현하기 위한 언어이다.

15 ASP는 서버 측에서 동적으로 수행되는 페이지를 만드는 언어이다.

| 정답 | 07 ④ 08 ① 09 ① 10 ① 11 ②
12 ② 13 ① 14 ② 15 ①

최근 기출 10개년 기준

11%

CHAPTER 5

멀티미디어 활용

무료 동영상 강의

학습전략

일상생활에서 멀티미디어를 많이 활용하고 있지만 개념이나 용어가 생소하게 느껴질 수 있습니다. 멀티미디어의 구성 요소인 이미지, 사운드, 동영상과 관련된 파일 형식과 용어들을 중심으로 암기하는 것이 필요합니다.

개념끝

031 멀티미디어 개요

기출빈도 **A** B C D

결정적 힌트

멀티미디어는 과거의 텍스트 기반에서 벗어나 다양한 매체를 통해 정보를 전달하며 우리 생활에 깊숙이 자리 잡고 있습니다. 멀티미디어가 어떤 특징을 가지는지, 어떻게 활용되고 있는지를 잘 이해해야 합니다.

01 멀티미디어의 개요

- 멀티미디어(Multimedia)는 Multi(다중)와 Media(매체)의 합성어로 다중 매체라는 의미이다.
- 멀티미디어는 텍스트, 그래픽, 사운드, 동영상 등 다양한 매체를 통해 정보를 전달한다.
- 멀티미디어 데이터는 다양한 하드웨어와 소프트웨어 환경에서 생성, 처리, 전송, 이용되므로 상호 호환되기 위한 표준이 필요하다.
- 가상 현실, 전자출판, 화상회의, 방송, 교육, 의료 등 사회 전 분야에서 활용되고 있다.

02 멀티미디어의 특징

- 통합성(Integration): 텍스트, 그래픽, 사운드, 동영상 등의 다양한 미디어를 통합한다.
- 디지털화(Digitalization): 아날로그 형태의 다양한 데이터를 컴퓨터가 인식하도록 디지털화한다.
- 쌍방향성(Interactive): 정보 제공자와 사용자 간의 상호작용으로 데이터가 전달된다.
- 비선형성(Non-Linear): 순차적으로 진행되는 것이 아니라 사용자와의 상호작용을 통해 진행 상황을 제어한다.

▼ 비선형 콘텐츠

컴퓨터 게임이나 컴퓨터 기반 훈련과 같이 사용자와의 상호작용을 통해 진행 상황을 제어하는 멀티미디어 콘텐츠이다.

03 하이퍼미디어(Hypermedia)

- '하이퍼텍스트(Hypertext)'와 '멀티미디어(Multimedia)'를 합한 개념이다.
- 특정 텍스트나 이미지 등의 다양한 미디어를 클릭하면 연결된 문서로 이동한다.
- 문서를 읽는 순서가 사용자의 의도에 따라 결정되는 비선형 구조이다.
- 하나의 데이터를 여러 사용자가 서로 다른 경로를 통해 검색할 수 있다.

▼ 하이퍼텍스트(Hypertext)

하이퍼링크를 통해 문서에서 다른 문서로 접근할 수 있는 형식으로, 문서 안의 텍스트를 클릭하면 연결된 다른 문서로 이동한다.

04 멀티미디어의 활용

주문형 비디오 (VOD; Video On Demand)	영화, 드라마, 뉴스 등의 프로그램을 원하는 시간에 다시 볼 수 있는 서비스
가상 현실 (VR; Virtual Reality)	컴퓨터가 만든 가상 세계의 다양한 경험을 체험할 수 있도록 하는 컴퓨터 그래픽 기술과 시뮬레이션 기능 등에 관련된 기술

■ MOD(Music On Demand)

인터넷에 접속하여 각종 음악 파일이나 음원을 제공받는 주문형 음악 서비스로 음악을 실시간으로 들을 수 있다.

증강 현실 (AR; Augmented Reality)	현실 세계에 가상의 사물을 합성하여 마치 현실 세계에 존재하는 사물처럼 보이게 하는 기술
화상회의 시스템 (VCS; Video Conference System)	초고속 정보통신망을 이용하여 멀리 떨어져 있는 사람들과 비디오와 오디오를 통해 회의하는 시스템
원격 의료 (Telemedicine)	초고속 정보통신망을 이용하여 원거리에 의료정보와 의료서비스를 전달하는 모든 활동
키오스크 (Kiosk)	지하철, 박물관, 백화점, 쇼핑센터 등에서 보통 터치스크린(Touch Screen)을 이용하여 운영되는 무인 종합 정보 안내 시스템

05 멀티미디어 시스템

(1) 멀티미디어 시스템

- 멀티미디어 데이터를 재생하거나 저작할 수 있는 컴퓨터 환경으로 MPC(Multimedia PC)라고도 한다.
- 저작 시스템(Authoring System): 멀티미디어 콘텐츠를 저작할 수 있는 기능과 환경을 제공한다.
- 재생 시스템(Presentation System): 멀티미디어 데이터의 재생을 위한 최소한의 하드웨어 및 소프트웨어를 의미한다.

(2) 멀티미디어 하드웨어

입력장치	키보드, 마우스, 스캐너, 디지털 카메라, 마이크, 비디오 카메라, 태블릿
출력장치	모니터, 프린터, 스피커, 사운드카드, VTR/VCR 등
처리장치	CPU, DSP, 데이터 압축 장치
저장장치	하드디스크, CD-ROM, DVD
통신장치	모뎀, ADSL, HDSL, VDSL
기타장치	사운드카드, 그래픽 카드, MPEG 보드, 비디오 오버레이 보드, TV 수신 카드

(3) 멀티미디어 애플리케이션

- 재생 애플리케이션
  - WAV, MIDI, MP3, AVI, MPEG 등의 멀티미디어 데이터를 재생하는 애플리케이션이다.
  - Windows Media Player, Winamp, 곰 플레이어, 팟 플레이어 등이 있다.
- 저작 애플리케이션
  - 그래픽, 사운드, 동영상, 애니메이션 등의 멀티미디어 데이터를 통합하는 애플리케이션이다.
  - 파워디렉터, 무비 메이커, 어도비 프리미어 프로(Adobe Premiere Pro), 베가스 프로(Vegas Pro) 등이 있다.

▼ DSP (Digital Signal Processing)
디지털 신호 처리를 위해 설계된 프로세서로 오디오 신호 처리나 영상 신호 처리 분야에 사용된다.

▼ 그래픽 카드
CPU에 의해 처리된 디지털 신호를 영상 신호로 바꿔 모니터로 전송하는 장치이다.

▼ MPEG 보드
압축된 동영상 파일을 빠른 속도로 복원시켜 재생해 주는 장치이다.

▼ 비디오 오버레이 보드
컴퓨터 화면과 외부의 비디오 화면을 중첩하여 표현하는 보드를 의미한다.

Warming UP 기출로 개념 확인

01

2020.02

다음 중 멀티미디어의 특징에 대한 설명으로 옳지 않은 것은?

① 다양한 아날로그 데이터를 디지털 데이터로 변환하여 통합 처리한다.
② 정보 제공자와 사용자 간의 상호작용에 의해 데이터가 전달된다.
③ 미디어별 파일 형식이 획일화되어 멀티미디어의 제작이 용이해진다.
④ 텍스트, 그래픽, 사운드, 동영상 등의 여러 미디어를 통합 처리한다.

02 또 나올 문제

2018.09

다음 중 멀티미디어와 관련된 용어에 대한 설명으로 옳지 않은 것은?

① VR이란 컴퓨터가 만들어낸 가상세계의 다양한 경험을 체험할 수 있도록 하는 컴퓨터 그래픽 기술과 시뮬레이션 기능 등 관련 기술을 통틀어 말한다.
② LBS란 멀티미디어 기능 강화 실시간 TV와 생활정보, 교육 등의 방송 서비스를 말한다.
③ VCS란 화상회의 시스템으로 초고속 정보통신망을 이용하여 멀리 떨어져 있는 사람들과 비디오와 오디오를 통해 회의할 수 있도록 하는 멀티미디어 시스템이다.
④ VOD란 주문형 비디오로 보고 싶은 영화나 스포츠 뉴스, 홈쇼핑 등 가입자가 원하는 시간에 원하는 프로그램을 선택하여 시청할 수 있도록 하는 멀티미디어 서비스이다.

03

2017.03

다음 중 지하철이나 버스 정류장에서 지역과 관련된 지도나 주변 상가 정보 또는 특정 정보를 인터넷과 연결하여 효과적으로 전달하는 입간판 형태의 정보 안내 기기는?

① 주문형 비디오(VOD)
② CAI(Computer Assisted Instruction)
③ 키오스크(Kiosk)
④ 화상회의 시스템(VCS)

바로 보는 해설

01
멀티미디어 파일은 이미지, 사운드, 텍스트, 동영상 등 각기 다른 파일 형식을 통합 처리한 것이며, 미디어별로 다양한 파일 형식이 가능하다.

02
LBS(위치 기반 서비스)는 이동통신망이나 GPS를 통해 얻은 위치 정보를 바탕으로 무선 인터넷 이용자들에게 변경되는 위치에 따르는 여러 가지 서비스(현재 위치 정보, 실시간 교통 정보 등)를 제공하는 서비스이다.

03
| 오답 피하기 |
① 사용자의 요구에 따라 뉴스, 드라마, 영화 등의 비디오를 원하는 시간대에 다시 볼 수 있게 하는 서비스이다.
② 컴퓨터를 이용해 많은 사람을 교육하면서 개인의 능력에 따른 개별 지도가 가능한 시스템이다.
④ 원거리에 있는 사람들과 비디오나 오디오를 통해 회의할 수 있는 시스템이다.

| 정답 | 01 ③ 02 ② 03 ③

개념끝

032 그래픽 데이터

기출빈도 A B C D

01 그래픽 데이터의 표현 방식

(1) 비트맵(Bitmap) 방식

- 이미지를 점(픽셀)의 집합으로 표시하는 방식으로, '래스터(Raster) 방식'이라고도 한다.
- 주로 스캐너나 디지털 카메라를 이용해서 생성된다.
- 확대하면 테두리가 거칠어지는 계단 현상과 같은 앨리어싱 현상이 발생한다.
- 벡터 방식보다 파일의 크기가 크다.
- 화면에 표시하는 속도는 벡터 방식보다 빠르다.
- 다양한 색상을 사용하여 사실적 이미지를 표현한다.
- **확장명**: .BMP, .JPG(.JPEG, .JPE), .PNG, .GIF 등
- **프로그램**: 포토샵, 그림판, 페인트샵 프로 등

(2) 벡터(Vector) 방식

- 점과 점을 연결하는 직선이나 곡선을 이용하여 이미지를 표현한다.
- 확대해도 앨리어싱 현상이 발생하지 않는다.
- **확장명**: WMF, AI 등
- **프로그램**: 일러스트레이터, 플래시, 코렐드로 등

02 그래픽 파일의 형식

BMP	• Windows의 표준 이미지 형식 • 압축하지 않아 파일의 용량이 매우 큼
JPEG	• 정지 화상을 위해 만들어진 압축 방식의 표준 • 웹에서 사진과 같이 색이 다양한 정지 영상을 표현하기에 적합 • 24비트 컬러를 사용하여 트루컬러로 이미지 표현 • 손실, 무손실 압축 기법을 모두 사용하지만, 무손실 압축 기법은 잘 쓰지 않음 • 저장할 때 사용자가 임의로 압축률을 조정할 수 있음 • 압축률이 높을수록 이미지의 질이 떨어짐 • 문자, 선, 세밀한 격자 등 고주파 성분이 많은 이미지의 변환에서는 GIF나 PNG에 비해 품질이 떨어짐
PNG	• 트루컬러를 지원하는 무손실 방식의 그래픽 파일 • 8비트 알파 채널을 이용하여 부드러운 투명층 표현
GIF	• 무손실 압축 기법 사용 • 8비트 컬러로, 256(2^8)색 표현 • 간단한 애니메이션 효과를 지정할 수 있음

결정적 힌트

그래픽 데이터는 멀티미디어 데이터 중에서도 가장 활용도가 높은 만큼 표현 방식, 형식, 관련 용어 등이 모두 골고루 출제되었습니다. 빠짐없이 꼼꼼히 학습하시기 바랍니다.

▼ 비트맵 방식

▼ 벡터 방식

▼ 손실 압축 기법

압축 전의 데이터와 복원한 데이터가 일치하지 않는 기법으로, 중복되는 데이터를 제거하여 파일 크기를 줄이는 방식이다.

▼ 무손실 압축 기법

압축 전의 데이터와 복원한 데이터가 일치하는 기법으로 데이터를 재구성하여 정보의 손실 없이 압축하는 방식이다.

03 그래픽 관련 용어

■ 애니메이션 기법
- 셀 애니메이션: 종이에 그린 그림을 셀룰로이드에 그대로 옮긴 뒤 채색하고 촬영하는 기법이다.
- 키 프레임 애니메이션: 키 프레임을 이용하여 애니메이션을 만드는 기법이다.
- 클레이메이션: 찰흙과 같은 물체를 이용하여 애니메이션을 만드는 기법이다.

앨리어싱(Aliasing)	비트맵 이미지를 확대할 때 이미지의 경계선이 매끄럽지 않고 계단 형태로 나타나는 현상
안티앨리어싱(Anti-aliasing)	2차원 그래픽에서 계단 현상(앨리어싱)을 제거하여 경계면을 부드럽게 보이게 하는 기법
모델링(Modeling)	물체의 형상을 컴퓨터 내부에서 3차원 그래픽으로 어떻게 표현할 것인지를 정하는 과정
렌더링(Rendering)	3차원 그래픽에서 사물 모형에 명암과 색상을 추가하여 사실감을 더하는 과정
디더링(Dithering)	표현할 수 없는 색상이 있을 경우 색상을 조합하여 비슷한 색상을 내는 효과
인터레이싱(Interlacing)	화면에 이미지를 표시할 때 한 번에 표시하지 않고 이미지의 대략적인 모습을 먼저 보여준 후 천천히 표시되면서 선명해지는 효과
모핑(Morphing)	두 개의 이미지 중 하나의 이미지를 다른 이미지로 서서히 변화시키는 특수 효과

Warming UP 기출로 개념 확인

01 또 나올 문제 2019.03

다음 중 컴퓨터에서 그래픽 데이터 표현 방식인 비트맵(Bitmap) 방식에 대한 설명으로 옳지 않은 것은?

① 점과 점을 연결하는 직선이나 곡선을 이용하여 이미지를 표현한다.
② 이미지를 확대하면 테두리가 거칠어진다.
③ 파일 형식에는 BMP, GIF, JPEG 등이 있다.
④ 다양한 색상을 사용하여 사실적 이미지를 표현할 수 있다.

바로 보는 해설

01
벡터 방식에 대한 설명이다.

| 정답 | 01 ①

02

2018.09

다음 중 그래픽 데이터의 표현에서 벡터(Vector) 방식에 대한 설명으로 옳은 것은?

① 점과 점을 연결하는 직선 또는 곡선을 이용하여 이미지를 표현한다.
② 이미지를 확대하면 테두리에 계단 현상과 같은 앨리어싱이 발생한다.
③ 래스터 방식이라고도 하며, 화면 표시 속도가 빠르다.
④ 많은 픽셀로 정교하고 다양한 색상을 표시할 수 있다.

02

| 오답 피하기 |

②, ③, ④ 비트맵 방식에 대한 설명이다.

03 또 나올 문제

2020.07

다음 중 아래에서 설명하는 그래픽 기법은?

컴퓨터 프로그램을 이용하여 3차원 애니메이션을 만드는 과정으로 사물 모형에 명암과 색상을 추가하여 사실감을 더해주는 작업이다.

① 안티앨리어싱(Anti–aliasing)
② 렌더링(Rendering)
③ 인터레이싱(Interlacing)
④ 메조틴트(Mezzotint)

03

| 오답 피하기 |

① 이미지의 가장자리가 톱니바퀴 모양으로 표현되는 계단 현상을 제거하여 경계선을 부드럽게 보이게 하는 기법이다.
③ 화면에 이미지를 표시할 때 한 번에 표시하지 않고, 이미지의 대략적인 모습을 먼저 보여준 후 점차 자세한 모습을 보여주는 기법이다.
④ 많은 점과 선으로 이미지를 만드는 기법이다.

| 정답 | 02 ① 03 ②

개념끝

033 사운드 데이터

기출빈도 A ··· **B** ··· C ··· D

결정적 힌트

사운드 파일 중 WAV, MIDI, MP3의 특징과 사운드 관련 용어 중심으로 학습하시기 바랍니다.

01 사운드 파일의 형식

WAV (WAVeform audio file format)	• 무압축 방식으로, 아날로그 사운드를 디지털 사운드로 바꾼 방식 • 자연의 음향과 사람의 음성 표현이 가능하고 파일의 용량이 큰 편임 • 녹음 조건에 따라 파일의 크기가 가변적임
MIDI (Musical Instrument Digital Interface)	• 전자 음향장치나 디지털 악기 간의 통신 규약 • 용량이 작고, 사람의 목소리나 자연음은 재생할 수 없음 • 음의 높이 및 음표의 길이, 음의 강약 등에 대한 정보를 표현 • 실제 음을 듣기 위해서는 그 음을 발생시켜 주는 장치(신디사이저)가 필요
MP3 (MPEG-1 audio layer 3)	• 소리에 대한 사람의 청각 특성을 잘 살려 압축하는 기법 • CD 수준의 음질을 들을 수 있는 고음질 오디오 압축 표준 형식
FLAC (Free Lossless Audio Codec)	오디오 파일을 무손실 압축하는 방식으로, 음원의 손실이 없음
AIFF (Audio Interchange File Format)	비압축 무손실 음원 포맷으로, Mac OS에서 표준으로 사용하는 오디오 파일 형식
AC-3 (Audio Codec 3)	돌비 연구소에서 개발한 음성 코덱으로 입체 음향 구현에 최적화되어 DVD 등에 주로 사용

▼ MP3

MPEG-1 동영상의 음성 부분으로 개발되었으나 높은 압축률과 음반 CD 수준의 음질로 호평을 받아 음성 전용 코덱으로 발전하였다.

02 사운드 관련 용어

- **샘플링(Sampling)**: 아날로그 신호를 디지털 신호로 변환해 주는 작업이다.
- **표본 추출률(Sampling Rate)**: 1초에 몇 개의 샘플을 추출할 것인지를 정하는 것으로, 표본 추출률이 높을수록 원음에 가깝다. 단위는 헤르츠(Hz)를 사용한다.
- **시퀀싱(Sequencing)**: 컴퓨터를 이용하여 음악을 제작하고 녹음·편집하는 것을 의미한다.

▼ 샘플링

아날로그 소리 파형을 일정 시간 간격으로 연속적인 측정을 통해 얻어진 각각의 소리의 진폭을 숫자로 표현하여 디지털 데이터로 생성한다.

03 사운드 데이터의 파일 크기

MP3 파일의 크기(Byte) = 표본 추출률(Hz) × 샘플 크기(Bit)/8 × 재생 방식 × 시간(초)
(※ 재생 방식: 모노는 1, 스테레오는 2로 계산)

예 CD 음질 수준의 스테레오 사운드를 10초간 저장하는 데 필요한 최소한의 메모리 공간은? (CD 음질: 44.1KHz, 16Bit 샘플링 데이터)

44,100×16/8×2×10=1,764,000Byte=1.76 MByte

Warming UP 기출로 개념 확인

01 (또 나올 문제) 2020.02, 2014.10

다음 중 컴퓨터에서 사용하는 오디오 포맷인 웨이브 파일(WAV File)에 대한 설명으로 옳지 않은 것은?

① 파일의 확장명은 'WAV'이다.
② 녹음 조건에 따라 파일의 크기가 가변적이다.
③ Windows Media Player로 파일을 재생할 수 있다.
④ 음 높이, 음 길이, 세기 등 다양한 음악 기호가 정의되어 있다.

02 2017.03

다음 중 오디오 데이터와 관련된 용어에 해당하지 않는 것은?

① 시퀀싱(Sequencing)
② 인터레이싱(Interlacing)
③ PCM(Pulse Code Modulation)
④ 샘플링(Sampling)

바로 보는 해설

01
MIDI 파일에 대한 설명이다. MIDI는 전자 음향장치나 디지털 악기 간의 통신 규약이다.

02
인터레이싱은 그래픽 관련 용어이다. 화면에 이미지를 표시할 때 한 번에 표시하지 않고, 이미지의 대략적인 모습을 먼저 보여준 후 점차 자세한 모습을 보여주는 기법이다.

| 오답 피하기 |
① 컴퓨터를 이용하여 음악을 제작하고 녹음·편집하는 것이다.
③ 아날로그 신호를 디지털 신호로 변조하고, 디지털 신호를 아날로그 신호로 복조하는 방식이다.
④ 연속적인 아날로그 신호를 불연속적인 시간 간격으로 추출하는 작업이다.

| 정답 | 01 ④ 02 ②

개념끝

034 동영상 데이터

기출빈도 A B C D

결정적 힌트

각각의 동영상 파일 형식의 개발사와 특징을 알아두어야 하며, MPEG 규격의 특징을 묻는 문제들이 출제되었으므로 이 부분을 중점적으로 기억해야 합니다.

01 동영상 파일의 형식

MPEG	• 동영상 전문가 그룹인 Motion Picture Experts Group에서 제안한 동영상 압축 기술의 국제 표준 규격 • 동영상과 오디오 압축에 관한 일련의 표준
AVI	• Windows에서 기본적으로 지원하는 표준 동영상 파일 형식 • 별도의 하드웨어 장치 없이 재생 가능
MOV	• 애플(Apple)에서 개발한 동영상 파일 형식 • Windows에서 재생하려면 Quick Time for Windows 프로그램을 설치해야 함
ASF	• 마이크로소프트에서 개발한 동영상 파일 형식 • 용량이 적고 음질이 뛰어나 주로 스트리밍 서비스를 하는 인터넷 방송국에서 사용
H.264	• 비디오 코딩 전문가 그룹(VCEG)과 ISO/IEC의 동영상 전문가 그룹(MPEG)이 공동으로 조인트 비디오팀(JVT ; Joint Video Team)을 구성하고 표준화를 진행하여 만든 고선명 동영상 압축 표준 형식 • 고선명 비디오를 녹화, 압축, 배포하기 위한 가장 일반적인 포맷으로, 데이터 압축률이 매우 높음
DVI	• 카메라 또는 캠코더 등의 장치로 촬영한 영상 정보를 컴퓨터에서 처리할 수 있도록 입력시켜 주는 인터페이스 장치 • 디지털 TV를 만들기 위해 개발된 기술을 동영상 압축 기술로 개발함
DivX	• MPEG-4와 MP3를 재조합한 것으로, 코덱을 변형해서 만듦 • 한두 장의 CD 분량으로 DVD와 유사한 수준의 화질로 영화를 볼 수 있게 지원

02 MPEG 규격

MPEG-1	비디오테이프 수준의 화질을 제공하고 비디오 CD 제작에 사용
MPEG-2	높은 화질과 음질을 제공하고 DVD, HDTV 등에 사용
MPEG-4	멀티미디어 통신을 위해 만들어진 영상 압축 기술
MPEG-7	동영상 데이터 검색과 전자도서관, 전자상거래 등에 적합하도록 개발
MPEG-21	MPEG 기술들을 통합해 디지털 콘텐츠의 생성, 유통, 전달, 관리 등 모든 과정을 관리할 수 있음

■ MPEG-3

HDTV 신호를 관리하기 위해 설계된 표준이지만 뒤에 MPEG-2로 흡수되었다.

03 동영상 관련 용어

- 코덱(Codec): 음성 신호나 영상 신호를 디지털 신호로 변환하는 코더(Coder)와 그 반대로 변환시켜 주는 디코더(Decoder)의 기능을 함께 갖춘 기술이다.
- 스트리밍(Streaming): 전송되는 데이터를 끊임없이 지속적으로 처리 가능하기 때문에 파일을 다운로드하면서 재생할 수 있는 기능이다.

■ **동영상 파일의 [속성] 대화상자에서 확인할 수 있는 비디오 정보**

[속성] 대화상자의 [자세히] 탭에서 비디오의 길이, 프레임 너비, 프레임 높이, 데이터 속도, 총 비트 전송률, 프레임 속도 등을 확인할 수 있고, 비트 수준은 확인할 수 없다.

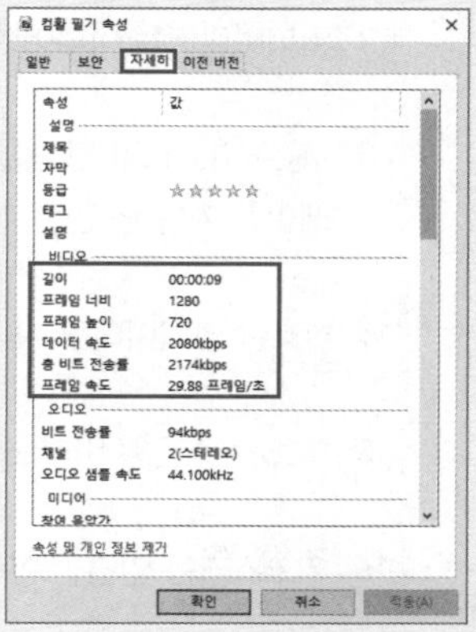

Warming UP 기출로 개념 확인

01

2019.03

다음 중 멀티미디어와 관련하여 동영상 전문가 그룹에 의해서 제안된 비디오 또는 오디오 압축에 관한 일련의 표준으로 옳은 것은?

① XML　　② SVG
③ JPEG　　④ MPEG

02

2016.06

다음 중 영상의 표현과 압축 방식들에 대해서는 관여하지 않으며 특징 추출을 통해 디지털 방송과 전자도서관, 전자상거래 등에서 멀티미디어 데이터를 효과적으로 검색할 수 있는 영상 압축 기술은?

① MPEG－1　　② MPEG－4
③ MPEG－7　　④ MPEG－21

바로 보는 해설

01

| 오답 피하기 |

① 웹 프로그래밍 언어이다. SGML의 복잡성과 HTML의 단순함을 개선한 차세대 인터넷 언어로, 웹에서 구조화된 폭넓고 다양한 문서들을 상호 교환할 수 있도록 설계되었다.
② 2차원 벡터 그래픽을 표현하기 위한 XML 기반의 파일 형식이다.
③ 그래픽 파일 형식이다. 정지 화상을 위해 만들어진 압축 방식의 표준으로, 웹에서 사진과 같이 색이 다양한 정지 영상을 표현하기에 적합하다.

02

| 오답 피하기 |

① 비디오테이프 수준의 화질을 제공하고 비디오 CD 제작에 사용된다.
② 멀티미디어 통신을 위해 만들어진 영상 압축 기술이다.
④ 디지털 콘텐츠의 생성, 유통, 전달, 관리 등 모든 과정을 관리할 수 있는 규격이다.

| 정답 | 01 ④　02 ③

기출선지 OX 퀴즈

01 멀티미디어는 다양한 아날로그 데이터를 디지털 데이터로 변환하여 통합 처리한다. (O / X)

02 멀티미디어는 미디어별 파일 형식이 획일화되어 멀티미디어의 제작이 용이해진다. (O / X)

03 VR은 컴퓨터가 만들어낸 가상세계의 다양한 경험을 체험할 수 있도록 하는 컴퓨터 그래픽 기술과 시뮬레이션 기능 등 관련 기술을 말한다. (O / X)

04 LBS란 멀티미디어 기능 강화 실시간 TV와 생활정보, 교육 등의 방송 서비스를 말한다. (O / X)

05 VCS는 주문형 비디오의 멀티미디어 서비스이다. (O / X)

06 키오스크는 입간판 형태의 정보 안내 기기이다. (O / X)

07 비트맵은 이미지를 확대하면 테두리가 거칠어진다. (O / X)

08 점과 점을 연결하는 직선이나 곡선을 이용하여 이미지를 표현하는 방식은 벡터이다. (O / X)

09 벡터는 래스터 방식이라고도 한다. (O / X)

10 JPEG 표준을 사용하는 파일 형식에는 jpg, jpeg, jpe 등의 확장명을 사용한다. (O / X)

11 렌더링은 사물 모형에 명암과 색상을 추가하여 사실감을 더해주는 작업이다. (O / X)

12 디더링은 비트맵 이미지를 확대하였을 때 이미지의 경계선이 계단 형태로 나타나는 현상을 의미한다. (O / X)

13 웨이브 파일은 녹음 조건에 따라 파일의 크기가 가변적이다. (O / X)

14 오디오 데이터와 관련된 용어로는 인터레이싱, 샘플링 등이 있다. (O / X)

15 MPEG는 멀티미디어와 관련하여 동영상 전문가 그룹에 의해서 제안된 비디오 또는 오디오 압축에 관한 일련의 표준이다. (O / X)

16 IEEE-1394는 영상 신호와 음향 신호를 압축하지 않고 통합하여 전송하는 고선명 멀티미디어 인터페이스이다. (O / X)

17 컴퓨터 게임이나 컴퓨터 기반 훈련과 같이 사용자와의 상호작용을 통해 진행 상황을 제어하는 것을 비선형 콘텐츠라고 한다. (O / X)

18 DivX는 MPEG-4 코덱에 기반하여 개발된 동영상 코덱으로 용량 대비 화질이 높아 영화 파일 압축에 많이 사용된다. (O / X)

19 이미지 가장자리의 계단 현상을 최소화해주는 그래픽 기법은 안티앨리어싱이다. (O / X)

20 모델링은 컴퓨터 그래픽에서 3차원 질감을 넣음으로써 사실감을 더하는 기법을 말한다. (O / X)

21 모핑은 2개의 이미지나 3차원 모델 간에 부드럽게 연결하여 서서히 변하는 모습을 보여주는 기법이다. (O / X)

22 pcx는 Windows 10에서 음성 데이터를 저장하는 파일명의 확장자이다. (O / X)

23 MIDI 파일은 음성이나 효과음을 저장할 수 있어 재생이 빠르지만 용량이 크다는 단점이 있다. (O / X)

24 샘플링은 디지털 신호를 아날로그 신호로 변환해 주는 작업이다. (O / X)

25 샘플링 레이트가 높을수록 원음에 가깝다. (O / X)

26 MPEG는 동영상 전문가 그룹에서 제정한 동영상 압축 기술의 국제 표준 규격이다. (O / X)

27 HDTV, 위성방송, DVD 등이 MPEG-3의 규격을 따르고 있다. (O / X)

28 MPEG-21은 인터넷이나 무선 통신 등에 필요한 동화상과 음성의 고능률 부호화 방식으로 복합 멀티미디어 서비스의 통합 표준이다. (O / X)

29 코덱은 음성 또는 영상의 아날로그 신호를 디지털 신호로 변환하거나 그 반대로 디지털 신호를 아날로그 신호로 변환하는 장치이다. (O / X)

30 Windows 10에서 재생할 수 있는 표준 동영상 파일 형식은 AVI 파일이다. (O / X)

| 정답 |

01	O	02	X	03	O	04	X	05	X	06	O	07	O	08	O	09	X	10	O
11	O	12	X	13	O	14	X	15	O	16	X	17	O	18	O	19	O	20	X
21	O	22	X	23	X	24	X	25	O	26	O	27	X	28	X	29	O	30	O

Build UP 기출로 개념 강화

개념끝 031 멀티미디어 개요

01 또 나올 문제 2015.10

다음 중 멀티미디어에 대한 설명으로 옳지 않은 것은?

① 컴퓨터 및 디지털 기기에서 텍스트나 그래픽은 물론 오디오, 정지영상, 애니메이션, 비디오 등의 정보를 함께 사용할 수 있도록 한다.
② 멀티미디어 정보는 디지털 데이터로 변환하여 처리되며, 그 처리 기기들은 단방향성의 특징이 강화되며 발전하고 있다.
③ 멀티미디어는 사용자의 선택에 따라 다양한 방향으로 처리되는 비선형 콘텐츠로 발전하고 있다.
④ 멀티미디어 데이터의 저장 용량과 전송 속도를 높이기 위해 데이터를 압축하고 복원하는 다양한 기술이 개발되고 있다.

02 2015.06

다음 중 뉴스, 드라마, 영화, 게임과 같은 다양한 영상 정보를 통신망을 통해 전송받아 가정에서 원하는 것을 선택하여 볼 수 있도록 해주는 서비스는?

① VDT ② VLAN
③ VOD ④ VPN

03 2017.09

다음 중 컴퓨터를 이용한 가상 현실(Virtual Reality)에 대한 설명으로 옳은 것은?

① 고화질 영상을 제작하여 텔레비전에 나타내는 기술이다.
② 고도의 컴퓨터 그래픽 기술과 3차원 기법을 통하여 현실의 세계처럼 구현하는 기술이다.
③ 여러 영상을 통합하여 2차원 그래픽으로 표현하는 기술이다.
④ 복잡한 데이터를 단순화시켜 컴퓨터 화면에 나타내는 기술이다.

04 또 나올 문제 2020.02(1급)

다음 중 컴퓨터 게임이나 컴퓨터 기반 훈련과 같이 사용자와의 상호작용을 통해 진행 상황을 제어하는 멀티미디어의 특징을 나타내는 용어는?

① 선형 콘텐츠 ② 비선형 콘텐츠
③ VR 콘텐츠 ④ 4D 콘텐츠

05

2016.06

다음 중 JPEG 표준에 대한 설명으로 옳지 않은 것은?

① JPEG은 정지 화상을 위해서 만들어진 손실 압축 방식의 표준이며, 비손실 압축 방식도 규정되어 있으나 이 방식은 특허 문제나 압축률 등의 이유로 잘 쓰이지 않는다.
② JPEG 표준을 사용하는 파일 형식에는 jpg, jpeg, jpe 등의 확장명을 사용한다.
③ JPEG은 웹에서 사진 등의 화상을 보관하고 전송하는 데 가장 널리 사용되는 파일 형식이다.
④ 문자, 선, 세밀한 격자 등 고주파 성분이 많은 이미지의 변환에서는 GIF나 PNG에 비해 품질이 매우 우수하다.

06

2016.03

다음 중 멀티미디어 데이터의 표현 방식에 대한 설명으로 옳지 않은 것은?

① PNG는 최대 256색으로 구성된 사진을 품질 저하 없이 압축한 정지 화상 압축 방법이다.
② MP3는 MPEG-1 동영상의 음성 부분으로 개발되었으나 높은 압축률과 음반 CD 수준의 음질로 호평을 받아 음성 전용 코덱으로 발전하였다.
③ AC-3는 돌비 연구소에서 개발한 음성 코덱으로 입체 음향 구현에 최적화되어 DVD 등에 주로 사용된다.
④ DivX는 MPEG-4 코덱에 기반하여 개발된 동영상 코덱으로 용량대비 화질이 높아 영화 파일 압축에 많이 사용된다.

바로 보는 해설

01 멀티미디어 정보의 처리 기기들은 쌍방향성의 특징이 강화되며 발전하고 있다.

02 | 오답 피하기 |
① VDT(Video Display Terminal): 영상 표시 단말기이다.
② VLAN(Virtual LAN): 가상 근거리 통신망이다.
④ VPN(Virtual Private Network): 가상 사설망이다.

03 가상 현실(VR)은 컴퓨터 그래픽과 시뮬레이션을 이용하여 컴퓨터가 만든 가상 세계를 현실처럼 체험할 수 있는 기술이다.

04 멀티미디어의 특징은 사용자와 상호작용의 유무에 따라 '선형 콘텐츠'와 '비선형 콘텐츠'로 분류된다. 이 중에서 사용자와의 상호작용에 따라 제어 가능한 멀티미디어를 '비선형 콘텐츠'라고 한다.
| 오답 피하기 |
① 선형 콘텐츠: 제어가 불가능한 멀티미디어를 말한다.
③ 가상 현실(VR; Virtual Reality): 컴퓨터 등을 이용하여 실제 존재하지 않는 가상의 환경이나 상황을 구현하는 기술이나 콘텐츠이다.
④ 4D 콘텐츠: 3D 입체 콘텐츠에 물리적 효과를 합친 유형의 콘텐츠이다.

05 JPEG 압축 방법은 문자, 선, 세밀한 격자 등 고주파 성분이 많은 이미지의 변환에서는 GIF나 PNG에 비해 품질이 떨어진다.

06
• 최대 256색으로 구성되는 것은 GIF의 특징이다.
• PNG는 트루컬러를 지원하는 무손실 방식의 그래픽 파일로 8비트 알파 채널을 이용하여 부드러운 투명층을 표현한다.

| 정답 | 01 ② 02 ③ 03 ② 04 ② 05 ④ 06 ①

07

2021.상시, 2015.10

다음 중 이미지 가장자리의 계단 현상을 최소화해주는 그래픽 기법은?

① 모핑(Morphing)
② 디더링(Dithering)
③ 렌더링(Rendering)
④ 안티앨리어싱(Anti–Aliasing)

08 또 나올 문제

2019.08, 2016.03

다음 중 멀티미디어 기법에 대한 설명으로 옳지 않은 것은?

① 안티앨리어싱(Anti–aliasing)은 2차원 그래픽에서 개체 색상과 배경 색상을 혼합하여 경계면 픽셀을 표현함으로써 경계면을 부드럽게 보이도록 하는 기법이다.
② 모델링(Modeling)은 컴퓨터 그래픽에서 명암, 색상, 농도의 변화 등과 같은 3차원 질감을 넣음으로써 사실감을 더하는 기법을 말한다.
③ 디더링(Dithering)은 제한된 색을 조합하여 음영이나 색을 나타내는 것으로, 여러 컬러의 색을 최대한 나타내는 기법을 말한다.
④ 모핑(Morphing)은 한 이미지가 다른 이미지로 서서히 변화하는 과정을 나타내는 기법이다.

09

2016.10

다음 중 애니메이션에서의 모핑(Morphing) 기법에 대한 설명으로 옳은 것은?

① 종이에 그린 그림을 셀룰로이드에 그대로 옮긴 뒤 채색하고 촬영하는 기법이다.
② 2개의 이미지나 3차원 모델 간에 부드럽게 연결하여 서서히 변하는 모습을 보여주는 기법이다.
③ 키 프레임을 이용하여 애니메이션을 만드는 기법이다.
④ 점토를 사용하여 애니메이션을 만드는 기법이다.

개념끝 033 사운드 데이터

10

2012.06

다음 중 Windows 10에서 음성 데이터를 저장하는 파일명의 확장자로 옳은 것은?

① pcx ② jpg
③ wav ④ doc

11

2018.03(1급)

다음 중 사운드 데이터의 샘플링(Sampling)에 대한 설명으로 옳지 않은 것은?

① 디지털 신호를 아날로그 신호로 변환해 주는 작업이다.
② 샘플링 레이트(Sampling Rate)가 높을수록 원음에 가깝다.
③ 샘플링 레이트는 초당 샘플링 횟수를 의미한다.
④ 샘플링 레이트의 단위는 Hz(헤르츠)를 사용한다.

개념끝 034

동영상 데이터

12 2012.09

다음에서 설명하는 MPEG 규격으로 옳은 것은?

> 차세대 텔레비전 방송이나 ISDN, 케이블 망 등을 이용한 영상 전송을 위하여 제정된 것으로 HDTV, 위성방송, DVD 등이 이 규격을 따르고 있다.

① MPEG-2 ② MPEG-3
③ MPEG-4 ④ MPEG-7

13 또 나올 문제 2011.03

MPEG은 큰 용량의 동영상을 효율적으로 압축하기 위한 표준을 제정하고 있다. 다음의 MPEG에 대한 설명 중 옳지 않은 것은?

① MPEG-1: 기존의 비디오테이프 수준의 화질을 제공하고 있으며 비디오 CD 제작에 사용된다.
② MPEG-2: 높은 화질과 음질을 제공하고 있으며 DVD, HDTV 등에 사용된다.
③ MPEG-7: 동영상 데이터 검색과 전자상거래 등에 적합하도록 개발된 동영상 압축 재생기술이다.
④ MPEG-21: 인터넷이나 무선 통신 등에 필요한 동화상과 음성의 고능률 부호화 방식으로 복합 멀티미디어 서비스의 통합 표준이다.

14 2021.상시, 2013.06

다음 중 Windows 10에서 재생할 수 있는 표준 동영상 파일의 형식으로 옳은 것은?

① JPEG 파일
② GIF 파일
③ BMP 파일
④ AVI 파일

바로 보는 해설

07 안티앨리어싱은 2차원 그래픽에서 계단 현상(앨리어싱)을 제거하여 경계면을 부드럽게 보이도록 하는 기법이다.
| 오답 피하기 |
① 모핑: 2개의 이미지나 3차원 모델 간에 부드럽게 연결하여 서서히 변하는 모습을 보여주는 기법이다.
② 디더링: 제한된 색을 조합하여 음영이나 색을 나타내는 것으로, 여러 컬러의 색을 최대한 맞추는 기법이다.
③ 렌더링: 컴퓨터 프로그램을 이용하여 애니메이션을 만드는 과정으로 사물 모형에 명암과 색상을 추가하여 사실감을 더해주는 기법이다.

08 주어진 내용은 렌더링에 대한 설명이다. 모델링은 렌더링의 전 단계로 물체의 형상을 컴퓨터 내부에서 3차원 그래픽으로 어떻게 표현할 것인지를 정하는 기법이다.

09 | 오답 피하기 |
① 셀 애니메이션에 대한 설명이다.
③ 키 프레임 애니메이션에 대한 설명이다.
④ 클레이메이션에 대한 설명이다.

10 wav 파일은 Windows 10에서 자연의 음향과 사람의 음성 표현을 할 수 있는 사운드 파일이다.

11 샘플링은 아날로그 신호를 일정한 간격으로 나누어 진폭값을 부여하고 디지털 신호로 변환하는 과정이다. 디지털 신호를 아날로그 신호로 변환하는 작업은 복호화(Decoding) 작업이다.

12 | 오답 피하기 |
② MPEG-3: MPEG-2에 흡수된 기술이다.
③ MPEG-4: 멀티미디어 통신을 위해 만들어진 영상 압축 기술이다.
④ MPEG-7: 동영상 데이터 검색과 전자도서관, 전자상거래 등에 적합하도록 개발된 동영상 압축 재생 기술이다.

13 주어진 내용은 MPEG-4에 대한 설명이다.

14 AVI 파일은 Windows 10에서 기본적으로 지원하는 표준 동영상 파일 형식이다.
| 오답 피하기 |
① 그래픽 파일 형식으로, 정지 화상을 위해 만들어진 압축 방식의 표준이다.
② 그래픽 파일 형식으로, 무손실 압축 기법을 사용하며 간단한 애니메이션 효과를 낼 수 있다.
③ Windows의 표준 이미지 형식으로, 압축하지 않아 파일의 용량이 매우 크다.

| 정답 | 07 ④ 08 ② 09 ② 10 ③ 11 ① 12 ① 13 ④ 14 ④

최근 기출 10개년 기준

22%

CHAPTER 6

인터넷 활용

무료 동영상 강의

학습전략

인터넷이 없다면 살기 힘든 시대이므로 인터넷과 관련된 부분은 모두 중요하다고 볼 수 있습니다. 그러나 정보통신의 기본 개념과 인터넷의 이론은 매우 어려운 부분입니다. 자주 출제되는 부분을 중심으로 꼼꼼하게 학습하는 것이 필요합니다.

개념끝

035 정보통신

기출빈도 A B C D

결정적 힌트

우리가 사는 세상은 모든 것이 통신으로 연결되는 초연결 시대라고 할 수 있습니다. 그러므로 정보통신은 매우 어렵지만 중요한 부분입니다. 네트워크의 구성 형태, 정보통신망의 유형에서 특히 많은 문제가 출제되었으므로 이 부분을 잘 이해하시기 바랍니다.

01 정보통신의 개념

- 정보 매체를 이용하여 문자, 음성, 이미지, 동영상 등의 정보를 다른 곳으로 송·수신하는 것이다.
- 전송 거리에 구애받지 않고 다량의 정보를 신속하게 전송할 수 있다.
- 컴퓨터 자원을 공유할 수 있으므로 비용을 절감할 수 있다.

02 정보통신 시스템의 구성 요소

- **데이터 전송계:** 데이터의 이동을 담당하는 것으로 단말기, 전송회선, 통신제어장치를 포함한다.
- **데이터 처리계:** 데이터 처리에 사용하는 하드웨어와 통신 소프트웨어가 해당된다.
- **단말장치:** 원격지에서 발생한 데이터의 송·수신을 위한 장치로 에러 제어 기능이 있다.

개념 플러스

- 디지털 서비스 유니트(DSU; Digital Service Unit): 원거리 전송에 적합하도록 디지털 신호의 형태로 변형하는 장치이다.
- 통신제어장치(CCU; Communication Control Unit): 통신 회선과 정보처리장치 사이에 위치하여 단말장치와 정보 신호를 제어하는 장치이다.

03 정보의 전송 방식

정보가 전송되는 방식은 단방향, 반이중, 전이중으로 분류된다.

단방향 전송 (Simplex)	한쪽으로만 데이터를 전송하는 방식 예 라디오, TV 방송
반이중 전송 (Half-Duplex)	양쪽으로 데이터를 전송하지만, 동시 전송은 불가능한 방식 예 무전기
전이중 전송 (Full-Duplex)	양쪽으로 동시에 데이터를 전송하는 방식 예 전화

04 네트워크의 구성 형태

네트워크에 연결된 노드의 형태로, 네트워크 토폴로지(Topology)라고 한다.

성(Star)형	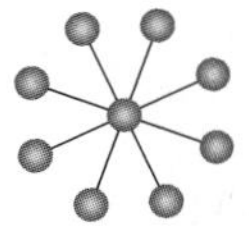	• 모든 컴퓨터를 중앙 컴퓨터와 일대일로 연결한 형태 • 포인트 투 포인트(Point-to-Point) 방식이라고도 함 • 통신망의 처리 능력 및 신뢰성이 중앙 컴퓨터의 제어장치에 좌우됨
트리(Tree)형	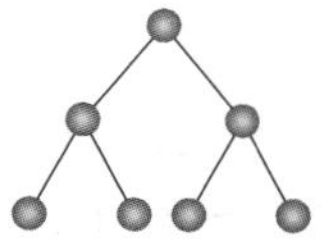	• 허브를 이용하여 계층적으로 구성한 형태 • 많이 확장되면 트래픽이 가중될 수 있음
링(Ring)형	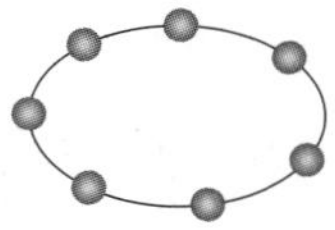	• 여러 대의 컴퓨터를 원형 모양으로 서로 연결한 형태 • 단방향의 경우 특정 노드에 이상이 생기면 전체 통신망에 영향을 미침
버스(Bus)형	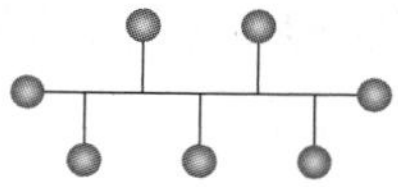	• 하나의 통신 회선에 여러 대의 컴퓨터를 연결한 형태 • 케이블 종단에는 종단장치가 있어야 함 • 증설이나 삭제가 쉬움 • 기밀 보장이 어렵고 회선 길이의 제한을 받음
망(Mesh)형	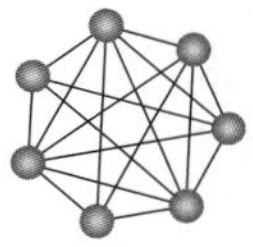	• 모든 컴퓨터를 그물 모양으로 서로 연결한 형태 • 특정 노드에 이상이 생겨도 전송할 수 있고 응답 시간이 빠름

05 정보통신망의 유형

근거리 통신망 (LAN; Local Area Network)	• 집, 학교, 회사 등 한정된 공간에서 자원을 공유할 목적으로 연결된 통신망 • 전송 거리가 짧고, 고속 전송이 가능하며, 오류 발생률이 낮은 통신망
도시권 통신망(MAN; Metropolitan Area Network)	LAN과 WAN의 중간 형태로, 대도시와 같은 지역에 데이터 전송을 제공하는 통신망
광역 통신망 (WAN; Wide Area Network)	• 국가나 대륙 등 넓은 지역을 연결하는 통신망 • 거리의 제한이 없지만, 다양한 경로를 거쳐서 도달하므로 속도가 느리고 오류 발생률이 높은 통신망
부가 가치 통신망 (VAN; Value Added Network)	통신 회선을 임대하여 기존의 정보에 새로운 정보나 서비스를 추가하여 다수의 이용자에게 판매하는 통신망
광대역 종합 정보통신망 (B-ISDN; Broadband Integrated Services Digital Network)	광대역 네트워크에서 데이터, 음성, 고해상도의 동영상 등 다양한 서비스를 디지털 통신망을 이용하여 제공하는 고속 통신망
무선 가입자 통신망 (WLL; Wireless Local Loop)	전화국과 가입자 단말 사이에 무선 시스템을 이용하여 구성하는 통신망

▼ **클라이언트(Client)**

네트워크를 이용하여 서버 측에 서비스를 요청하는 주체이다.

▼ **서버(Server)**

클라이언트가 요구하는 서비스를 제공하는 주체이다.

개념 플러스 네트워크의 운영 방식

- 중앙 집중 방식: 중앙 컴퓨터가 모든 단말기에서 요구하는 데이터 처리를 전담하는 방식이다.
- 클라이언트/서버 방식: 서버와 클라이언트 모두가 처리 능력을 가지고 있기 때문에, 분산 처리 환경에 적합한 방식이다.
- P2P(Peer-to-Peer, 동배 간 처리) 방식
  - 컴퓨터와 컴퓨터가 동등하게 연결되는 방식이다.
  - 각 컴퓨터는 클라이언트인 동시에 서버가 될 수 있다.
  - 인터넷에서 이루어지는 개인 대 개인의 파일 공유를 위한 기술이다.
  - 유지 보수가 어렵고 데이터의 보안이 취약하다.

06 LAN의 전송 방식

- **베이스밴드(Baseband) 전송**: 디지털 데이터 신호를 변조하지 않고 원래의 신호를 그대로 직접 전송하는 방식이다.
- **브로드밴드(Broadband) 전송**: 디지털 데이터 신호를 아날로그 신호로 변조하여 다수의 통신 채널로 데이터를 동시에 전송하는 방식이다.

개념 플러스

- 제3세대 이동통신: WCDMA, WiBro, IMT 2000
- 제4세대 이동통신: LTE-Advanced, WiBro-Evolution

Warming UP 기출로 개념 확인

01 또 나올 문제 2019.08

다음 중 네트워크 구성 형태에 대한 설명으로 옳지 않은 것은?

① 망(Mesh)형은 응답 시간이 빠르고 노드의 연결성이 우수하다.
② 성형(중앙 집중형)은 통신망의 처리 능력 및 신뢰성이 중앙 노드의 제어장치에 좌우된다.
③ 버스(Bus)형은 기밀 보장이 우수하고 회선 길이의 제한이 없다.
④ 링(Ring)형은 통신회선 중 어느 하나라도 고장 나면 전체 통신망에 영향을 미친다.

02 또 나올 문제 2017.09

다음 중 근거리 통신망(LAN)에 대한 설명으로 옳지 않은 것은?

① 비교적 전송 거리가 짧아 에러 발생률이 낮다.
② 반이중 방식의 통신을 한다.
③ 자원 공유를 목적으로 컴퓨터들을 상호 연결한다.
④ 프린터, 보조기억장치 등 주변 장치들을 쉽게 공유할 수 있다.

바로 보는 해설

01
버스형은 하나의 통신 회선에 여러 대의 컴퓨터가 연결된 형태로 기밀 보장이 어렵고 통신회선 길이의 제한을 받는다.

02
근거리 통신망은 양쪽 모두 동시에 전송이 가능한 전이중 방식으로 통신을 한다.

| 정답 | 01 ③ 02 ②

개념끝

036 OSI 7계층과 네트워크 장치

기출빈도 A ····· B ····· C ····· D

01 OSI 7계층

• 네트워크에서 통신에 필요한 프로토콜을 7단계로 구분하고 정의한 표준 계층 모델이다.
• 컴퓨터 네트워크 프로토콜 디자인과 통신을 계층으로 나누어 정의한 통신 규약이다.

제1계층	물리 계층 (Physical Layer)	• 전송 매체에서의 전기 신호 전송 기능과 제어 및 클록 신호 제공 • 작동 장치: 리피터, 허브
제2계층	데이터 링크 계층 (Data Link Layer)	• 포인트 투 포인트(Point–to–Point) 간 신뢰성 있는 전송을 보장하기 위한 계층 • 동기화, 흐름 제어, 순서 제어 기능 제공 • 작동 장치: 브리지, 스위치
제3계층	네트워크 계층 (Network Layer)	• 정보 교환 및 중계 기능, 경로 설정 기능 제공 • 작동 장치: 라우터
제4계층	전송 계층 (Transport Layer)	송·수신 시스템 간의 논리적 안정과 균일한 서비스 제공
제5계층	세션 계층 (Session Layer)	사용자와 전송 계층 간의 인터페이스를 위한 연결 제공
제6계층	표현 계층 (Presentation Layer)	네트워크에서 일관성 있게 데이터를 표현하도록 코드 변환, 데이터의 재구성, 암호화 등 담당
제7계층	응용 계층 (Application Layer)	응용 프로세스 간의 정보 교환, 파일 전송 등 제공

결정적 힌트

매우 어려운 부분이지만 OSI 7계층에 대한 문제도 출제된 바 있으므로 OSI 7계층을 순서대로 암기하고 각 계층에서 작동하는 장치를 함께 알아두셔야 합니다.

02 네트워크 장치

모뎀(MODEM)	디지털 신호를 아날로그 신호로 변환하여 전송하고, 수신된 신호를 다시 디지털 신호로 변환하는 장치
허브(Hub)	• 네트워크에서 여러 대의 컴퓨터를 연결하고 각 회선을 통합 관리하는 장치 • 허브의 종류에는 더미 허브, 스위칭 허브 등이 있으며, 더미 허브보다 스위칭 허브의 속도가 빠름
브리지(Bridge)	• 독립된 두 개의 근거리 통신망을 상호 접속하는 연결 장치 • OSI 7계층에서의 데이터 링크 계층(제2계층)에 포함됨 • 통신량을 조절하여 데이터가 다른 곳으로 가지 않도록 함
라우터(Router)	• 데이터 전송을 위한 최적의 IP 경로를 찾아 전송하는 장치 • 네트워크를 구성하기 위해 반드시 필요한 장비
리피터(Repeater)	약해진 신호를 증폭하며 다음 구간으로 전달하는 장치
게이트웨이(Gateway)	• 한 네트워크에서 다른 네트워크로 들어가는 입구 역할을 하는 장치 • 서로 구조가 다른 두 개의 통신 네트워크를 연결하는 데 사용

03 네트워크 명령어

■ Ping으로 확인할 수 있는 내용
- 대상이 되는 IP 주소의 호스트 이름
- 전송 신호의 손실률
- 전송 신호의 응답 시간

- Ping: 지정된 호스트에 대해 네트워크 계층의 통신이 가능한지를 확인하는 명령어이다.
- Tracert: 송신한 패킷이 어떤 경로로 가는지 추적하는 명령어이다.
  - IP 주소, 목적지까지 거치는 경로의 수, 각 구간 사이의 데이터 왕복 속도를 확인한다.
  - 특정 사이트가 열리지 않을 때 해당 서버가 문제인지, 인터넷망이 문제인지 확인한다.
  - 인터넷 속도가 느릴 때 어느 구간에서 정체를 일으키는지 확인한다.
- Netstat: 현재 자신의 컴퓨터에 연결된 다른 컴퓨터의 IP 주소나 포트 정보를 확인하는 명령어이다.
- Nslookup: DNS가 가지고 있는 특정 도메인의 IP 주소를 검색하는 명령어이다.
- Finger: 특정 시스템을 사용하고 있는 사용자 정보를 알아보는 서비스이다.
- Ipconfig: 게이트웨이와 DNS의 IP 주소를 확인하는 명령어이다.

Warming UP 기출로 개념 확인

01 또 나올 문제 2020.02

다음 중 이 기종 단말 간 통신과 호환성 등 모든 네트워크의 원활한 통신을 위해 최소한의 네트워크 구조를 제공하는 모델로, 네트워크 프로토콜 디자인과 통신을 여러 계층으로 나누어 정의한 통신 규약 명칭은?

① ISO 7계층 ② Network 7계층
③ TCP/IP 7계층 ④ OSI 7계층

02 또 나올 문제 2017.09

다음 중 정보통신 장비와 관련하여 리피터(Repeater)에 대한 설명으로 옳은 것은?

① 적절한 전송 경로를 선택하여 데이터를 전달하는 장비이다.
② 프로토콜이 다른 네트워크를 결합하는 장비이다.
③ 감쇠된 전송 신호를 증폭하여 다음 구간으로 전달하는 장비이다.
④ 같은 프로토콜을 사용하는 독립적인 2개의 근거리 통신망에 상호 접속하는 장비이다.

03 2018.09

다음 중 Windows 10의 [명령 프롬프트] 창에서 사용하는 Ping 명령에 대한 설명으로 옳은 것은?

① 원격으로 다른 컴퓨터를 사용할 수 있는 서비스이다.
② 인터넷이 정상적으로 연결되었는지 확인하는 서비스이다.
③ 인터넷 서버까지의 경로를 추적하는 서비스이다.
④ 특정 시스템을 사용하고 있는 사용자 정보를 알아보는 서비스이다.

바로 보는 해설

01
OSI 7계층은 기종이 서로 다른 컴퓨터 간 정보 교환을 위해 국제표준화기구가 정한 것이며, '물리 계층 → 데이터 링크 계층 → 네트워크 계층 → 전송 계층 → 세션 계층 → 표현 계층 → 응용 계층'으로 구성된다(하위 → 상위).

02
| 오답 피하기 |
① 라우터에 대한 설명이다.
② 게이트웨이에 대한 설명이다.
④ 브리지에 대한 설명이다.

03
| 오답 피하기 |
① Telnet에 대한 설명이다.
③ Tracert에 대한 설명이다.
④ Finger에 대한 설명이다.

| 정답 | 01 ④ 02 ③ 03 ②

개념끝

037 프로토콜

기출빈도

A ····· B ····· C ····· D

01 프로토콜(Protocol)

- 프로토콜의 개념: 네트워크에서 컴퓨터 간의 원활한 통신을 위해 지키기로 약속한 규약을 말한다.
- 프로토콜의 기능
  - 동기화: 프레임의 시작과 끝을 구분하기 위해 송·수신기를 같은 상태로 유지한다.
  - 연결 제어: 통신 개체(Entity) 간에 '연결 설정', '데이터 전송', '연결 해제'의 3단계로 제어한다.
  - 흐름 제어: 송신 측이 수신 측의 처리 속도보다 더 빨리 데이터를 보내지 못하도록 조절한다.
  - 오류 제어: 데이터 전송 도중에 발생하는 오류를 검출하고 오류 정정을 제어한다.

결정적 힌트

전 세계에 인터넷이 연결되어 자유롭게 쓸 수 있는 것은 다양한 프로토콜이 활용되고 있기 때문입니다. 특히 인터넷은 TCP/IP라는 표준 프로토콜을 사용하고 있는데 TCP와 IP의 특징을 잘 이해해야 합니다.

02 TCP/IP

서로 다른 기종의 컴퓨터 간에 데이터를 송·수신하기 위해 개발된 인터넷 표준 프로토콜로, TCP와 IP를 포함한 관련 프로토콜을 모두 포함한다.

(1) TCP(Transmission Control Protocol)

- 메시지를 송·수신 주소와 정보로 묶어 패킷 단위로 나눈다.
- 일부 망에 장애가 있어도 다른 망으로 통신할 수 있는 신뢰성을 제공한다.
- 전송 데이터의 흐름을 제어하고 데이터의 오류를 검사한다.
- OSI 7계층의 전송 계층(제4계층)에 해당한다.

▼ 패킷(Packet)

한 번에 전송하는 데이터의 묶음 단위를 의미한다.

(2) IP(Internet Protocol)

- 패킷 주소를 해석하고 최적의 경로를 결정하여 전송한다.
- 신뢰성이 보장되지 않는 비신뢰성, 비연결형 서비스를 수행한다.
- OSI 7계층의 네트워크 계층(제3계층)에 해당한다.

▼ 비연결형 서비스

'연결 설정'과 '연결 해제'의 단계를 거치지 않고 곧바로 상대방과 데이터를 주고받는 것을 의미한다.

개념 플러스 TCP/IP의 계층 구조

제4계층	응용 계층	사용자가 컴퓨터에 접근할 수 있도록 서비스 제공
제3계층	전송 계층	호스트들 간의 신뢰성 있는 통신 지원
제2계층	인터넷 계층	데이터 전송을 위한 주소 지정 및 경로 설정 지원
제1계층	네트워크 인터페이스 계층 (링크 계층)	물리적 연결 구성 정의

03 TCP/IP 설정

(1) 네트워크 및 공유 센터

- [시작(⊞)]－[설정]－[네트워크 및 인터넷]－[상태]－[네트워크 및 공유 센터]를 클릭한다.
- '새 연결 또는 네트워크 설정'을 클릭하면 광대역, 전화 접속 또는 VPN 연결을 설정하거나 라우터 또는 액세스 지점을 설정할 수 있다.

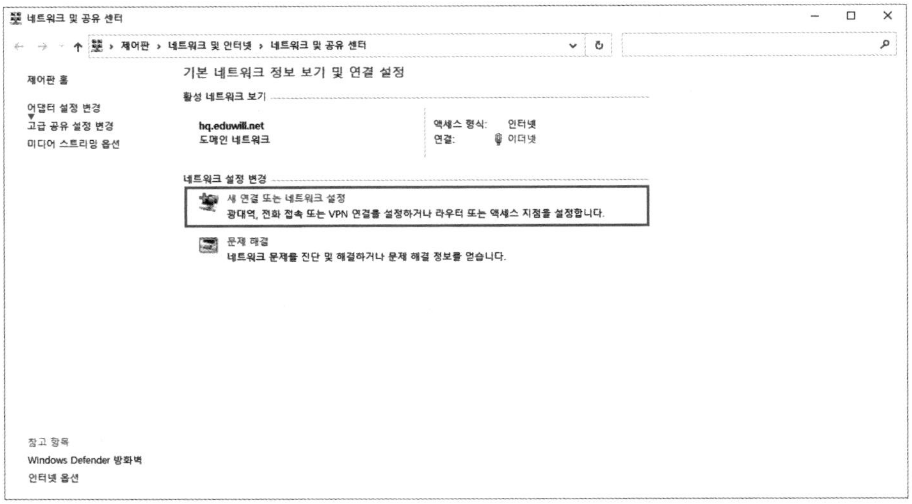

▼ **고급 공유 설정 변경**

[고급 공유 설정] 옵션에는 네트워크 검색, 파일 및 프린터 공유, 공용 폴더 공유, 미디어 스트리밍, 파일 공유 연결, 암호로 보호된 공유 등이 있다.

(2) 네트워크 구성 요소

[네트워크 및 공유 센터]를 실행하고 'Wi-Fi'나 '이더넷' 클릭 → [Wi-Fi 상태]나 [이더넷 상태] 대화상자에서 [속성] 클릭 → [Wi-Fi 속성]이나 [이더넷 속성] 대화상자에서 [설치]를 클릭한다.

▼ **이더넷(Ethernet)**

LAN에서 가장 많이 활용되는 기술 규격으로 네트워크에 연결된 기기들이 고유의 MAC 주소를 가지고 있으며, MAC 주소를 이용하여 상호 간에 데이터를 주고받는다.

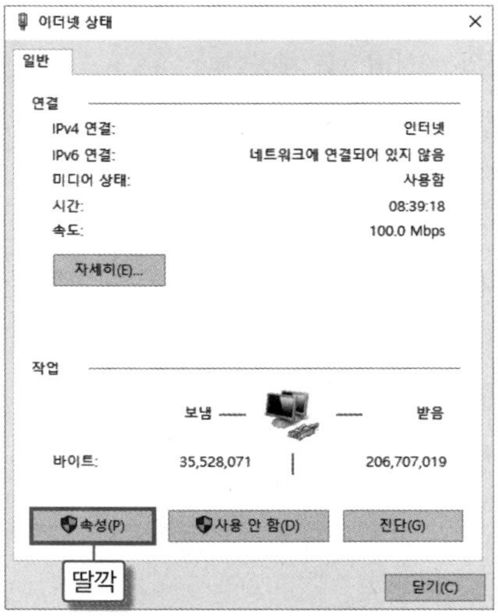

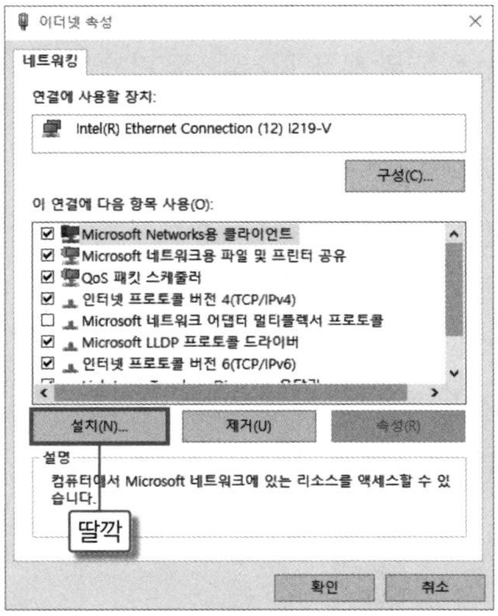

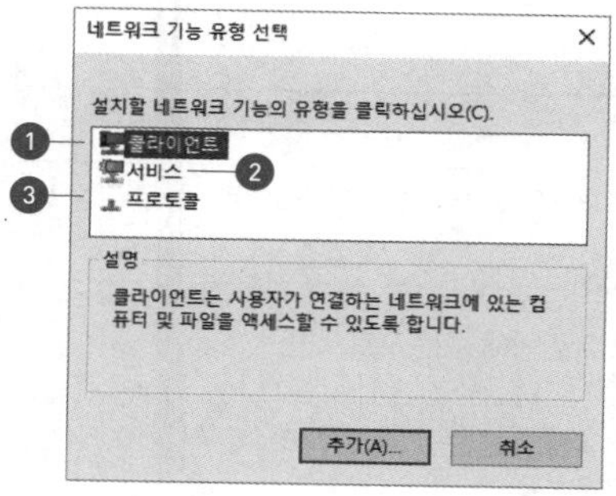

❶ 클라이언트	사용자가 연결하는 네트워크의 컴퓨터나 파일 등을 사용할 수 있음
❷ 서비스	파일 및 프린터 공유 등의 추가 기능을 제공
❸ 프로토콜	컴퓨터가 네트워크에서 통신을 하는 데 사용되는 통신 규약

(3) TCP/IP 속성

[이더넷 상태] 대화상자의 [일반] 탭에서 [속성] 클릭 → [이더넷 속성] 대화상자에서 '인터넷 프로토콜 버전 4(TCP/IPv4)' 선택 후 [속성]을 클릭한다.

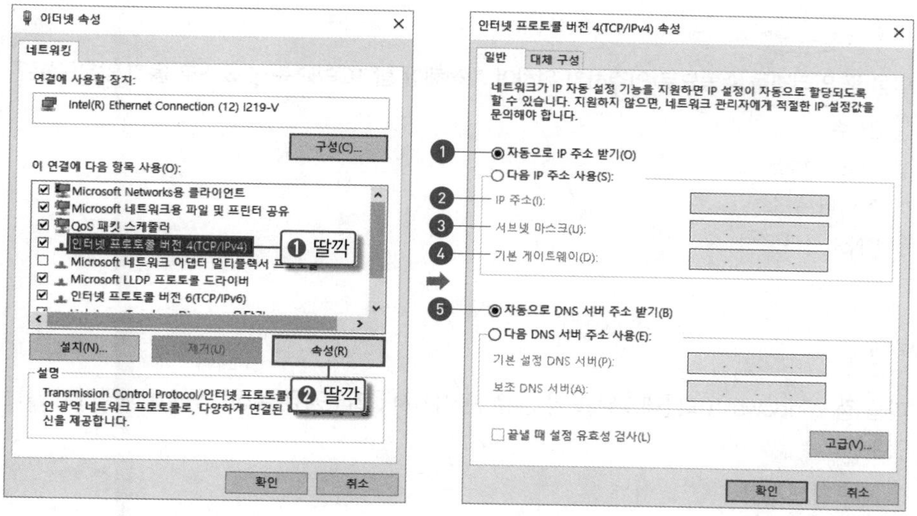

❶ 자동으로 IP 주소 받기	IP 주소가 자동으로 할당되는 유동 IP 방식
❷ IP 주소	현재 컴퓨터에 설정된 IP 주소
❸ 서브넷 마스크	IP 주소의 네트워크 부분과 호스트 부분을 구별하여 하나의 IP를 여러 개로 나누어서 사용
❹ 기본 게이트웨이	프로토콜이 서로 다른 통신망을 상호접속하기 위한 장치
❺ 자동으로 DNS 서버 주소 받기	도메인 네임을 숫자로 된 IP 주소로 변환하는 DNS 서버의 IP 주소

▼ 서브넷 마스크

서브넷 마스크는 서브 네트워크를 나누기 위해 사용하며, 서브 네트워크란 하나의 IP 주소를 나누어 여러 개의 지역 네트워크로 사용하는 방법이다. 서브 네트워크를 이용하여 부족한 IP 주소의 문제를 해결할 수 있다.

04 기타 프로토콜

HTTP (HyperText Transfer Protocol)	웹 서버와 브라우저 사이에서 하이퍼텍스트 문서를 주고받기 위한 프로토콜
DHCP (Dynamic Host Configuration Protocol)	IP 주소를 동적으로 할당해 주는 프로토콜
ARP (Address Resolution Protocol)	IP 주소(IP Address)를 물리적 하드웨어 주소(MAC Address)로 변환하는 프로토콜
RARP (Reverse Address Resolution Protocol)	물리적 하드웨어 주소(MAC Address)를 IP 주소(IP Address)로 변환하는 프로토콜
UDP (User Datagram Protocol)	전송 계층에서 동작하는 비연결 지향형 프로토콜

▼ MAC Address

물리적 주소로 LAN 카드가 가진 고유한 주소이다.

Warming UP 기출로 개념 확인

01 (또 나올 문제) 2020.07

다음 중 인터넷을 수동으로 연결하기 위하여 지정해야 할 TCP/IP 구성 요소로 옳지 않은 것은?

① IP 주소
② 서브넷 마스크
③ 어댑터 주소
④ DNS 서버 주소

02 2018.03

다음 중 Windows 10의 [네트워크 및 공유 센터]에서 [고급 공유 설정] 옵션에 해당하지 않는 것은?

① 네트워크 검색
② 파일 및 프린터 공유
③ 공용 폴더 공유
④ 이더넷 공유

03 (또 나올 문제) 2020.07

다음 중 인터넷에서 웹 서버와 사용자의 인터넷 브라우저 사이에 하이퍼텍스트 문서를 전송하기 위해 사용되는 통신 규약은?

① TCP
② HTTP
③ FTP
④ SMTP

바로 보는 해설

01

어댑터 주소는 TCP/IP 구성 요소에 해당하지 않는다. TCP/IP 구성 요소에는 IP 주소, 서브넷 마스크, 게이트웨이, DNS 서버 주소 등이 있다.

02

[고급 공유 설정] 옵션에는 네트워크 검색 켜기/끄기, 파일 및 프린터 공유, 공용 폴더 공유, 미디어 스트리밍, 파일 공유 연결, 암호로 보호된 공유 등이 있다.

03

| 오답 피하기 |

① TCP: 네트워크에서 서버와 클라이언트 간의 데이터를 신뢰성 있게 전달하기 위해 만들어진 프로토콜이다.
③ FTP: 파일 송·수신하는 데 사용되는 프로토콜이다.
④ SMTP: 전자우편을 송신하는 데 사용되는 프로토콜이다.

| 정답 | 01 ③ 02 ④ 03 ②

개념끝

038 인터넷의 개요

기출빈도 A B C D

01 인터넷의 개념

- 인터넷은 TCP/IP 프로토콜을 기반으로 하여 전 세계 네트워크들이 연결된 광범위한 통신망이다.
- 1969년 미국 국방부의 주도하에 만들어진 ARPANET이 인터넷의 시작이라고 볼 수 있다.

결정적 힌트

인터넷은 우리의 생활에서 아주 중요한 부분이니 만큼 많은 문제가 출제됩니다. 특히 인터넷의 주소 체계에 대한 문제가 많이 출제되므로 이 부분은 꼼꼼하게 학습해야 합니다.

02 인터넷의 주소 체계

(1) IPv4

- 인터넷에 연결된 컴퓨터의 고유한 주소이다.
- 32비트로 구성된 주소 체계로, 점(.)을 이용해 8비트씩 네 부분(Octet, 옥텟)으로 나누어 구분한다.
- 각 부분은 0~255의 10진수로 표시한다.
- 네트워크의 규모에 따라 A 클래스에서 E 클래스까지 5단계로 구분된다.

■ 국제 인터넷 주소 관리기구는 ICANN이며, 한국에서는 한국인터넷진흥원(KISA)에서 관리하고 있다.

분류	기능	첫째 옥텟 범위
A 클래스	국가나 대형 통신망에 사용	0~127
B 클래스	중대형 통신망에 사용	128~191
C 클래스	소규모 통신망에 사용	192~223
D 클래스	멀티캐스트용으로 사용	224~239
E 클래스	실험용으로 사용	240~255

- **서브넷 마스크**: IP 주소에서 네트워크 주소와 호스트 주소를 구분하고, 하나의 네트워크를 여러 개의 서브 네트워크로 나누기 위해 사용하는 32비트 숫자이다.

개념 플러스 클래스별 IP 주소

- A 클래스: 1.0.0.0~127.255.255.255
- B 클래스: 128.0.0.0~191.255.255.255
- C 클래스: 192.0.0.0~223.255.255.255

(2) IPv6

- IPv4의 주소 부족 문제를 해결하기 위해 개발되었다.
- 128비트 주소 체계로, 16비트씩 여덟 부분으로 나누고, 콜론(:)으로 구분한다.
- 각 부분은 네 자리의 16진수로 표현하고, 각 블록의 앞자리에 있는 0은 생략할 수 있다.
- IPv4와의 호환성이 우수하고 품질을 쉽게 보장할 수 있다.
- IPv4보다 주소의 확장성, 융통성, 연동성이 뛰어나다.
- 실시간 흐름 제어로 향상된 멀티미디어 기능을 지원한다.
- 인증성, 기밀성, 데이터 무결성의 지원으로 보안 문제를 해결할 수 있다.
- **주소 유형**: 유니캐스트, 멀티캐스트, 애니캐스트 형태

유니캐스트(Unicast)	1:1 통신 방식
멀티캐스트(Multicast)	특정 그룹에게 전송하는 방식
애니캐스트(Anycast)	가장 가까운 노드에 전송하는 방식

▼ 인증성

사용자를 식별하고 접근 권한을 확인할 수 있어야 한다.

▼ 기밀성

시스템의 정보와 자원은 인가된 사용자에게만 접근이 허용되어야 하며, 노출되더라도 데이터를 읽을 수 없어야 한다.

▼ 무결성

정보를 전송하는 과정에서 변경되지 않고 전달되어야 한다.

(3) 도메인 네임(Domain Name)

- IP 주소를 사용자가 이해하기 쉬운 문자 형태로 변환한 것이다.
- 호스트 컴퓨터명, 소속 기관명, 소속 기관의 종류, 소속 국가명의 순서로 구성되며, 왼쪽에서 오른쪽으로 갈수록 상위 도메인을 의미한다.
- 국가가 다른 경우라도 중복된 도메인 네임을 사용할 수 없다.
- DNS(Domain Name Server, Domain Name System)
  - 문자로 만들어진 도메인 네임을 IP 주소로 변환해 주는 시스템이다.
  - DNS에서는 모든 호스트를 도메인별로 계층화시켜서 관리한다.

▼ 도메인 네임의 예

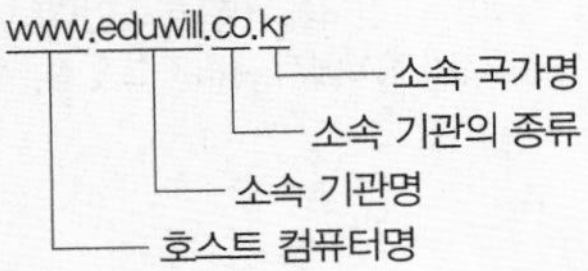

(4) URL(Uniform Resource Locator)

- 인터넷에 있는 각종 자원이 있는 위치를 나타내는 표준 주소 체계이다.
- 형식

프로토콜://호스트 서버 주소[:포트 번호][/파일 경로]

예 http://www.eduwill.net/a.jpg
ftp://id:pass@192.168.1.234/a.jpg
mailto:somebody@mail.somehost.com

개념 플러스 포트 번호

80–HTTP, FTP–21, TELNET–23, News–119, Gopher–70

Warming UP 기출로 개념 확인

01
2018.03

다음 중 인터넷에 대한 설명으로 적절하지 않은 것은?

① URL은 인터넷에 있는 각종 자원의 위치를 나타내는 표준 주소 체계이다.
② 인터넷은 TCP/IP 프로토콜을 통해 연결된 상업용 네트워크로 중앙통제기구인 InterNIC에 의해 운영된다.
③ IP 주소는 인터넷에 연결된 모든 컴퓨터 자원을 구분하기 위한 고유의 주소이다.
④ www는 웹 브라우저를 통해 인터넷을 효과적으로 사용할 수 있게 하는 서비스이다.

02
2019.03, 2014.06

다음 중 인터넷 주소 체계인 IPv6에 대한 설명으로 옳은 것은?

① 주소는 8비트씩 16개 부분으로 총 128비트로 구성되어 있다.
② 주소를 네트워크 부분의 길이에 따라 A 클래스에서 E 클래스까지 총 5단계로 구분한다.
③ IPv4와의 호환성은 낮으나 IPv4에 비해 품질 보장은 용이하다.
④ 주소의 단축을 위해 각 블록에서 선행되는 0은 생략할 수 있다.

03 (또 나올 문제)
2017.03

다음 중 인터넷에서 사용하는 IPv6에 대한 설명으로 옳은 것은?

① IPv4의 주소 부족 문제를 해결하기 위하여 개발되었다.
② 64비트의 주소 체계를 가진다.
③ IPv4와는 호환성이 낮아 상호 전환이 어렵다.
④ IPv4에 비해 자료 전송 속도가 느리다.

04
2021.상시, 2017.09

다음 중 인터넷에서 사용하는 도메인 네임에 대한 설명으로 옳은 것은?

① IP 주소를 사람이 이해하기 쉬운 숫자 형태로 표현한 것이다.
② 소속 국가명, 소속 기관명, 소속 기관 종류, 호스트 컴퓨터명의 순으로 구성된다.
③ 퀵돔(QuickDom)은 2단계 체제와 같이 도메인을 짧은 형태로 줄여 쓰는 것을 말한다.
④ 국가가 다른 경우에는 중복된 도메인 네임을 사용할 수 있다.

05 (또 나올 문제)
2020.02

다음 중 인터넷의 표준 주소 체계인 URL(Uniform Resource Locator)의 형식으로 옳은 것은?

① 프로토콜://호스트 서버 주소[:포트 번호][/파일 경로]
② 프로토콜://호스트 서버 주소[/파일 경로][:포트 번호]
③ 호스트 서버 주소://프로토콜[/파일 경로][:포트 번호]
④ 호스트 서버 주소://프로토콜[:포트 번호][/파일 경로]

바로 보는 해설

01
인터넷은 중앙통제기구가 없어 사용에 제한이 없다.

02
주소의 한 부분이 0으로만 연속되는 경우 연속된 0은 '::'과 같이 생략하여 표시할 수 있다.

| 오답 피하기 |
① 주소는 16비트씩 8개 부분으로 총 128비트로 구성된다.
② IPv4에 대한 설명이다. IPv6는 클래스를 구분하지 않고, 유니캐스트, 애니캐스트, 멀티캐스트의 형태로 구분하여 사용한다.
③ IPv4와의 호환성이 우수하고, IPv4에 비해 품질 보장이 용이하다.

03
| 오답 피하기 |
② 16비트씩 총 8개 부분으로 구성되는 128비트의 주소 체계를 가진다.
③ IPv4와 호환성이 높다.
④ IPv4에 비해 자료 전송 속도가 빠르다.

04
| 오답 피하기 |
① 도메인은 숫자 형태의 IP 주소를 사람이 이해하기 쉬운 문자 형태로 표현한 것이다.
② 도메인 네임은 호스트 컴퓨터명, 소속 기관명, 소속 기관 종류, 소속 국가명의 순으로 구성된다.
④ 국가가 다르더라도 중복된 도메인 네임을 사용할 수 없다.

05
URL은 인터넷에 있는 각종 자원이 있는 위치를 나타내는 표준 주소 체계이다. 표기법에서 [:포트 번호], [/파일 경로]는 생략 가능하다.

| 정답 | 01 ② 02 ④ 03 ① 04 ③ 05 ①

개념끝

039 웹 브라우저 사용 및 설정

기출빈도 A B C D

결정적 힌트

인터넷에 접속하여 웹 문서를 보려면 웹 브라우저가 필요합니다. 웹 브라우저는 다양한 프로그램이 있으므로 특정 웹 브라우저의 사용법이나 기능보다는 공통적인 기능과 웹 브라우저 관련 용어를 중심으로 학습해야 합니다.

▼ **북마크**

익스플로러나 마이크로소프트 엣지에서는 즐겨찾기라는 기능을 제공한다.

01 웹 브라우저

- 웹 문서를 사용자에게 보여주는 프로그램이다.
- 종류: 익스플로러(Explorer), 마이크로소프트 엣지(Microsoft edge), 크롬(Chrome), 넷스케이프(Netscape), 모자이크(Mosaic), 링스(Lynx), 오페라(Opera), 아라크네(Arachne), 삼바(SAMBA), 핫자바(HotJava), 파이어폭스(Firefox) 등
- 웹 페이지의 내용을 사용자 컴퓨터에 저장하거나 인쇄할 수 있다.
- 자주 사용하는 웹 사이트의 주소를 관리하는 북마크(Bookmark) 기능이 있다.
- 웹 브라우저를 실행한 후 방문했던 웹 사이트 주소를 관리하는 히스토리(History) 기능이 있다.
- 전자우편을 보내거나 FTP 서버에 접속할 수 있다.
- HTML 및 XML 형태의 소스 파일을 볼 수 있다.
- 플러그인(Plug-in)을 설치하여 비디오, 애니메이션과 같은 멀티미디어 파일을 재생할 수 있다.

02 웹 브라우저 관련 용어

플러그인(Plug-in)	웹 브라우저에 추가 기능을 부여하는 프로그램
쿠키(Cookie)	웹 사이트의 방문 정보를 기록하는 텍스트 파일
웹 캐시(Web Cache)	자주 사용하는 사이트의 자료를 저장한 후 같은 사이트에 접속할 경우 자동으로 자료를 불러오는 기능
포털 사이트(PS; Portal Site)	전자우편, 뉴스, 쇼핑, 게시판 등 다양한 서비스를 통합하여 제공하는 사이트
미러 사이트(Mirror Site)	인터넷에서 동시 접속자 수가 너무 많아 과부하가 걸리거나 속도가 느려지는 것을 막기 위해 같은 사이트를 여러 곳에 복사해 놓은 사이트

03 [인터넷 옵션] 대화상자

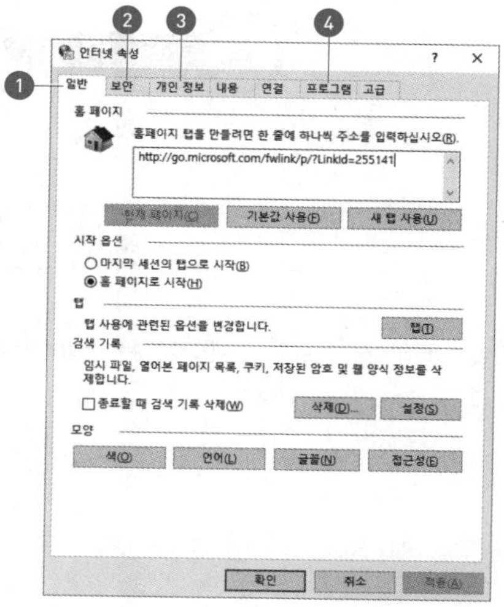

❶ [일반] 탭	• 홈페이지 추가 • 마지막 세션 또는 기본 홈페이지로 웹 브라우저의 시작 여부를 설정 • 임시 파일, 열어본 페이지 목록, 쿠키 등을 삭제 • 웹 페이지의 색, 언어, 글꼴, 접근성 등을 설정
❷ [보안] 탭	인터넷, 로컬 인트라넷, 신뢰할 수 있는 사이트, 제한된 사이트를 설정
❸ [개인 정보] 탭	쿠키 처리 방법, 팝업 차단 등을 설정
❹ [프로그램] 탭	기본 웹 브라우저와 HTML 편집 프로그램을 설정

▼ [인터넷 옵션] 대화상자의 실행 방법

방법	검색 상자에 '인터넷 옵션' 입력 후 Enter

Warming UP 기출로 개념 확인

01

2019.08

다음 중 웹 브라우저의 기능에 대한 설명으로 옳지 않은 것은?

① 인터넷 옵션에서 멀티미디어 편집기를 선택할 수 있다.
② 전자우편을 보내거나 FTP 서버에 접속할 수 있다.
③ 웹 페이지를 사용자 컴퓨터에 저장하거나 인쇄할 수 있다.
④ 자주 방문하는 웹 사이트 주소를 관리할 수 있다.

02

2019.03

다음 중 인터넷 익스플로러의 [인터넷 옵션]–[프로그램] 탭에서 설정 가능한 기능으로 옳지 않은 것은?

① HTML 파일을 편집하는 데 사용할 프로그램을 지정할 수 있다.
② 시스템에 설치된 브라우저의 추가 기능을 사용하도록 설정할 수 있다.
③ 웹 사이트를 열 때 사용할 기본 웹 브라우저를 지정할 수 있다.
④ 수정된 홈페이지를 업로드하기 위한 FTP 서버를 지정할 수 있다.

바로 보는 해설

01
인터넷 옵션에서 멀티미디어 편집기를 선택할 수 없다. 인터넷 옵션에서는 일반, 보안, 개인 정보, 연결 등의 기능을 선택할 수 있다.

02
[인터넷 옵션]–[프로그램] 탭에서는 FTP 서버를 지정할 수 없다.

| 정답 | 01 ① 02 ④

개념끝

040 인터넷 서비스

기출빈도 A B C D

결정적 힌트

인터넷의 다양한 서비스가 골고루 출제되었습니다. 특히 FTP의 개념을 잘 이해하고 전자우편 프로토콜은 반드시 암기하는 것이 필요합니다.

01 주요 서비스

WWW(World Wide Web)	하이퍼텍스트를 기반으로 멀티미디어 정보를 검색할 수 있는 서비스
FTP(File Transfer Protocol)	파일을 송·수신하는 서비스
IRC(Internet Relay Chat)	여러 사람이 관심 있는 분야별로 각자의 채널에서 대화할 수 있는 서비스
WAIS (Wide Area Information Server)	여러 곳에 분산된 전문 주제 데이터베이스의 자료를 키워드를 사용하여 검색할 수 있는 서비스
유즈넷(Usenet)	인터넷의 전자게시판으로, 특정한 주제나 관심사에 대해 의견을 제시하고 자료를 등록할 수 있는 서비스
텔넷(Telnet)	멀리 떨어져 있는 컴퓨터에 접속하여 자신의 컴퓨터처럼 사용할 수 있게 하는 서비스
아키(Archie)	익명 FTP에 들어있는 파일 목록을 검색하여 원하는 파일이 어떤 FTP 서버에 있는지를 알려주는 서비스

02 FTP(File Transfer Protocol)

- 파일을 송·수신할 때 사용되는 원격 파일 전송 프로토콜이다.
- 파일 업로드, 다운로드, 삭제, 이름 변경 등의 작업을 할 수 있다.
- FTP 서버의 응용 프로그램은 다운로드한 후 실행할 수 있다.
- FTP 서비스를 사용하기 위해서는 일반적으로 해당 사이트의 계정을 가지고 있어야 한다.
- **익명(Anonymous) FTP**: FTP 서버에 계정이 없는 익명의 사용자도 접속하여 사용할 수 있는 서비스이다.
- ASCII 코드의 텍스트 파일은 ASCII 모드로, 그림, 동영상, 실행 파일, 압축 파일 등은 Binary 모드로 전송한다.

03 전자우편(E-mail)

- 기본적으로 7비트의 ASCII 코드를 사용하여 메시지를 전송한다.
- 한 사람이 동시에 여러 사람에게 같은 전자우편을 보낼 수 있다.
- 보내기, 회신, 첨부, 전달, 답장 등의 기능이 있다.
- **전자우편 주소**: 사용자 ID@호스트 주소
- **전자우편 헤더의 구성**: 발신자 주소, 수신자 주소, 참조인 주소, 숨은 참조인 주소, 작성 날짜, 제목

(1) 전자우편 프로토콜

SMTP (Simple Mail Transfer Protocol)	사용자가 작성한 이메일을 다른 사람의 계정으로 전송해 주는 프로토콜
POP3 (Post Office Protocol 3)	메일 서버의 이메일을 사용자의 컴퓨터로 가져오기 위한 프로토콜
MIME (Multi-purpose Internet Mail Extensions)	멀티미디어 전자우편을 주고받기 위한 인터넷 메일의 표준 프로토콜
IMAP (Internet Message Access Protocol)	서버에 직접 접속하여 메일을 확인하는 방식으로, 메일을 수신해도 서버에 메일이 남아있는 프로토콜

(2) 전자우편 주요 기능

보내기	작성한 메일을 다른 사람에게 보내는 기능
회신	답장을 작성하여 발송자에게 보내는 기능
전체 회신	답장을 작성하여 발송자와 참조인에게 보내는 기능
첨부	텍스트 파일, 이미지 파일, 동영상 파일 등을 보내는 기능
전달	받은 메일을 다른 사람에게 그대로 다시 보내는 기능

(3) 전자우편 관련 용어

- 스팸(Spam) 메일: 수신인이 원하지 않는 메시지나 정보를 일방적으로 보내는 행위로, 정크(Junk) 메일 또는 벌크(Bulk) 메일이라고도 한다.
- 옵트인(Opt-in) 메일: 수신인이 사전에 받기로 수락한 광고성 이메일로, 법적으로 문제가 되지 않는다.

Warming UP 기출로 개념 확인

01 또 나올 문제 2018.03

다음 중 인터넷에서 사용하는 FTP 프로토콜에 대한 설명으로 옳지 않은 것은?

① FTP 서비스를 사용하기 위해서는 일반적으로 해당 사이트의 계정을 가지고 있어야 한다.
② 파일의 업로드, 다운로드, 삭제, 이름 변경 등의 작업을 할 수 있다.
③ FTP 서버에 있는 응용 프로그램들을 실행할 수 있다.
④ 데이터 전송을 위하여 Binary 모드와 ASCII 모드를 제공한다.

02 2019.03

다음 중 인터넷을 이용한 전자우편(E-mail)에 대한 설명으로 옳지 않은 것은?

① 전자우편에서는 SMTP, MIME, POP3 프로토콜 등이 사용된다.
② 전자우편 주소는 "아이디@도메인 네임"으로 구성된다.
③ 한 사람이 동시에 여러 사람에게 동일한 전자우편을 보낼 수 있다.
④ 받은 메일에 대해 작성한 답장만 발송자에게 전송하는 기능을 전달(Forward)이라 한다.

03 2017.09

다음 중 전자우편에서 사용하는 POP3 프로토콜에 대한 설명으로 옳은 것은?

① 이메일을 전송할 때 필요로 하는 프로토콜이다.
② 원격 서버에 접속하여 이메일을 사용자 컴퓨터로 가져오기 위한 프로토콜이다.
③ 멀티미디어 이메일을 주고받기 위한 프로토콜이다.
④ 이메일의 회신과 전체 회신을 가능하게 하는 프로토콜이다.

04 또 나올 문제 2020.02

다음 중 인터넷 전자우편에 대한 설명으로 옳지 않은 것은?

① 한 사람이 동시에 여러 사람에게 전자우편을 보낼 수 있다.
② 기본적으로 8비트의 EBCDIC 코드를 사용하여 메시지를 보내고 받는다.
③ SMTP, POP3, MIME 등의 프로토콜이 사용된다.
④ 전자우편 주소는 '사용자 ID@호스트 주소'의 형식이 사용된다.

바로 보는 해설

01
FTP 서버에 있는 응용 프로그램은 서버에서 직접 실행할 수 없고, 다운로드 받은 후에만 실행 가능하다.

02
받은 메일에 대해 작성한 답장만 발송자에게 전송하는 기능을 회신이라고 한다. 전달은 받은 메일을 그대로 다른 사람에게 전송하는 기능이다.

03
| 오답 피하기 |
① SMTP에 대한 설명이다.
③ MIME에 대한 설명이다.

04
전자우편은 7비트의 ASCII 코드를 사용하여 메시지를 전달한다.

| 정답 | 01 ③ 02 ④ 03 ②
04 ②

개념끝

041 최신 정보통신 기술 활용

기출빈도 A B C D

01 정보통신 기술 관련 용어

이커머스 (E-Commerce)	전자상거래(Electronic Commerce)의 약자로, 온라인에서 네트워크를 통해 상품과 서비스를 사고 파는 것
VoIP (Voice over Internet Protocol)	• IP 기술을 이용하여 음성을 전송하는 기술로, 네트워크를 통해 음성을 패킷 형태로 전송 • 일반 전화보다 요금이 저렴하지만, 트래픽이 많아지면 통화 품질이 떨어질 수 있음 • m-VoIP(mobile VoIP): 무선 통신망을 이용하는 모바일 인터넷 전화 서비스
IPTV	초고속 인터넷을 이용하여 동영상 콘텐츠, 정보 서비스 등 기본 텔레비전 기능에 인터넷 검색이 가능한 서비스
인트라넷 (Intranet)	인터넷을 이용해 일정 지역 안에서 정보를 교환하거나 공동 작업을 하기 위한 목적으로 구축한 통신망으로, 인터넷 관련 기술을 기업 내의 전자우편, 전자결재 등과 같은 정보 시스템에 적용할 수 있음
엑스트라넷 (Extranet)	인터넷을 이용해 일정 지역 안에서 정보를 교환하거나 공동 작업을 하기 위한 목적으로 구축한 통신망으로, 인터넷 기술을 사용하여 '공급자-고객-협력업체' 사이의 인트라넷을 연결하는 협력적 네트워크
스마트 그리드 (Smart Grid)	전기의 생산부터 소비까지의 전 과정에 정보통신 기술을 접목하여 에너지 효율성을 높이는 기술
클라우드 컴퓨팅 (Cloud Computing)	인터넷 서버를 통해 데이터 저장과 처리, 네트워크, 콘텐츠 사용 등 IT 관련 서비스를 한번에 사용할 수 있는 컴퓨팅 환경
유비쿼터스 컴퓨팅 (Ubiquitous Computing)	사용자가 컴퓨터나 네트워크를 의식하지 않고 언제 어디서나 어떤 기기를 통해서도 컴퓨팅이 가능한 환경
유비쿼터스 센서 네트워크 (USN; Ubiquitous Sensor Network)	각종 센서에서 감지한 정보를 무선으로 수집하는 기술
텔레매틱스 (Telematics)	자동차와 무선 통신을 결합한 기술로, 운전 경로를 안내하거나 차량 사고를 감지할 수 있음
사물 인터넷 (IoT; Internet of Things)	• 인터넷을 기반으로 다양한 사물, 사람, 공간 등을 연결하고, 상황을 분석 및 예측, 판단해서 지능화된 서비스를 제공하는 기술 • 스마트 센싱 기술과 무선 통신 기술을 융합하여 실시간으로 데이터를 주고받는 기술 • 개인 맞춤형 스마트 서비스를 지향하고, 스스로 사물에 의사 결정을 내리는 단계로 발전하고 있음 • 사물 인터넷 기반 서비스는 개방형 아키텍처가 필요하므로 정보 공유에 대한 부작용을 최소화하기 위한 정보보안 기술의 적용이 필요함
웨어러블 컴퓨터 (Wearable Computer)	소형화, 경량화를 비롯해 음성과 동작 인식 등 다양한 기술이 적용되어 장소에 구애받지 않고 컴퓨터를 활용할 수 있도록 몸에 착용하는 컴퓨터

결정적 힌트

정보통신 분야는 매우 발전이 빠르며 새로운 기술들이 계속 나오고 있습니다. 따라서 정보통신 기술과 모바일 기기 관련 용어가 매번 빠지지 않고 출제되며 새로운 기술이 반영되어 출제되기도 합니다. 우선 기존에 출제되었던 용어들을 빠짐없이 익혀두는 것이 필요합니다.

▼ **유비쿼터스 컴퓨팅 기반 기술의 종류**
- 유비쿼터스 컴퓨팅이 가능하기 위한 고속의 네트워크 전송 기술
- 휴대성을 극대화하기 위한 초소형, 초경량의 하드웨어 제조 기술
- 개인별 최적화된 소프트웨어의 제작 및 유통 기술

RFID (Radio Frequency IDentification)	사물에 전자 태그를 부착하고, 무선 통신을 이용하여 제품 식별, 출입 관리 등 다양한 분야에서 활용하는 기술
디지털 컨버전스 (Digital Convergence)	하나의 기기와 서비스에 카메라, MP3, 금융 서비스, 방송 등 모든 정보통신 기술이 융합되는 현상

개념 플러스 데이터 관련 용어

- 빅 데이터(Big Data): 디지털 환경에서 생성되는 데이터로, 그 규모가 방대하고, 생성 주기도 짧고, 형태도 수치 데이터뿐 아니라 문자와 영상 데이터를 포함하는 데이터
- 데이터 마이닝(Date Mining): 대량의 데이터에서 일정한 패턴을 찾아내고, 이로부터 가치 있는 정보를 추출하는 기술
- 데이터 웨어하우스(Data Warehouse): 의사 결정을 지원하기 위해 데이터베이스에 축적된 데이터를 공통의 형식으로 변환한 데이터의 집합이다.
- 데이터 마이그레이션(Data Migration): 데이터를 새로운 시스템으로 이관하는 것으로, 데이터의 위치나 형식을 모두 변경한다.
- 메타데이터(Metadata): 어떤 목적을 가지고 만들어진 데이터로, 데이터를 효율적으로 이용하기 위해 데이터 정보를 구조화한다.

02 모바일 기기 관련 용어

LBS (Location Based Services)	이동통신망이나 위성 신호 등을 이용하여 모바일 단말기의 위치를 측정하고, 정보 서비스를 제공하는 모바일 커뮤니케이션 서비스
DMB (Digital Multi-media Broadcasting)	휴대용 기기에서 디지털 영상 및 오디오 방송을 전송하는 방송 기술로, 커뮤니케이션 서비스로는 볼 수 없음
블루투스 (Bluetooth)	• 1994년 스웨덴의 에릭슨(Ericsson)이 최초로 개발한 근거리 통신 기술 • 휴대폰, 노트북, 이어폰, 헤드폰 등의 휴대용 기기를 서로 연결해 정보를 교환하는 근거리 무선 기술 표준 • IEEE 802.15.1 규격을 사용하는 PAN(Personal Area Network)의 산업 표준
와이파이 (Wi-Fi)	• IEEE 802.11 기술 규격의 브랜드명으로, ' Wireless Fidelity'의 약어 • 사용 거리에 제한이 있고, 전송 속도가 3G 이동통신보다 빠르며, 전송 비용이 저렴함 • 무선 신호를 전달하는 AP(Access Point)를 중심으로 데이터를 주고받는 '인프라스트럭처(Infrastructure) 모드'와 AP 없이 데이터를 주고받는 '애드혹(Ad hoc) 모드'가 있음 • IEEE 802.11b 규격은 최대 11Mbps의 속도를, IEEE 802.11g 규격은 최대 54Mbps의 속도를 지원
와이브로(WiBro)	이동 중에도 초고속 인터넷을 이용할 수 있는 무선 휴대 인터넷 서비스
테더링 (Tethering)	컴퓨터나 노트북 등의 IT 기기를 스마트폰에 연결하여 무선 인터넷을 사용할 수 있게 하는 기능

▼ **PAN(Personal Area Network)**
개인 통신망이라고 하며 개인의 작업 공간에서 유선이나 무선 장치를 서로 연결하기 위한 컴퓨터 네트워크이다.

▼ **AP(Access Point)**
WAP(Wireless Access Point)라고도 하며, 와이파이를 이용하여 무선 랜과 유선 랜을 연결할 수 있게 하는 장치이다.

▼ **테더링(Tethering)**
테더(Tether)란 밧줄이라는 의미로 스마트폰에 IT 기기를 연결하여 스마트폰의 무선 인터넷을 사용할 수 있는 기능이다.

Warming UP 기출로 개념 확인

01 또 나올 문제

2020.02, 2016.06

다음 중 인트라넷(Intranet)에 대한 설명으로 옳은 것은?

① 휴대폰, 노트북 등과 같은 단말장치의 근거리 무선 접속을 지원하기 위한 통신 기술이다.
② 인터넷 기술과 통신 규약을 기업 내의 전자우편, 전자결재 등과 같은 정보 시스템에 적용한 것이다.
③ 납품업체나 고객업체 등 관련 있는 기업들 간의 원활한 통신을 위한 시스템이다.
④ 분야별 공통의 관심사를 가진 인터넷 사용자들이 서로의 의견을 주고받을 수 있게 하는 서비스이다.

02 또 나올 문제

2020.02

다음 중 사물 인터넷(IoT)에 대한 설명으로 옳지 않은 것은?

① IoT 구성품 가운데 디바이스는 빅데이터를 수집하며, 클라우드와 AI는 수집된 빅데이터를 저장하고 분석한다.
② IoT는 인터넷 기반으로 다양한 사물, 사람, 공간을 긴밀하게 연결하고 상황을 분석, 예측, 판단해서 지능화된 서비스를 자율 제공하는 제반 인프라 및 융·복합 기술이다.
③ 현재는 사물을 단순히 연결시켜 주는 단계에서 수집된 데이터를 분석해 스스로 사물에 의사결정을 내리는 단계로 발전하고 있다.
④ IoT 네트워크를 이용할 경우 통신 비용이 절감되는 효과가 있으며, 정보보안기술의 적용이 용이해진다.

03

2019.08

다음 중 초고속 인터넷을 이용하여 동영상 콘텐츠, 정보 서비스 등 기본 텔레비전 기능에 인터넷 검색이 가능하게 한 서비스는?

① VoIP
② IPTV
③ IPv6
④ TCP/IP

04

2018.03

다음 중 모든 사물을 네트워크로 연결하여 인간과 사물, 사물과 사물 간에 언제 어디서나 서로 소통할 수 있게 하는 새로운 정보통신 환경을 의미하는 것은?

① 클라우드 컴퓨팅(Cloud Computing)
② RSS(Rich Site Summary)
③ IoT(Internet of Things)
④ 빅 데이터(Big Data)

바로 보는 해설

01

| 오답 피하기 |

① 블루투스(Bluetooth)에 대한 설명이다.
③ 엑스트라넷(Extranet)에 대한 설명이다. 엑스트라넷은 인터넷 기술을 이용하여 자사의 인트라넷과 다른 비즈니스 파트너(협력사 또는 고객사)의 인트라넷을 서로 연결하는 네트워크 연결 방식이다.
④ 유즈넷(USENET)에 대한 설명이다.

02

사물 인터넷(IoT)은 인터넷을 기반으로 하기 때문에 네트워크 구성 비용이 추가되어 통신 비용이 증가되며, 보안에 취약하다는 단점이 있다.

03

| 오답 피하기 |

① 인터넷 프로토콜을 사용한 음성 전화 서비스로 일반 전화보다 요금이 저렴하지만 트래픽이 많아지면 통화 품질이 떨어질 수 있다.
③ IPv4의 주소 부족을 해결하기 위해 만든 인터넷 프로토콜이다.
④ 서로 다른 기종의 컴퓨터들 간에 데이터를 송·수신하기 위해 개발된 인터넷 표준 프로토콜이다.

04

| 오답 피하기 |

① 인터넷 서버를 통해 IT 관련 서비스(데이터 저장, 네트워크, 콘텐츠 사용 등)를 한 번에 사용할 수 있는 컴퓨팅 환경이다.
② 업데이트가 빈번한 웹 사이트의 정보를 사용자에게 쉽게 제공하기 위하여 만들어진 XML 기반의 콘텐츠 배급 포맷이다.
④ 디지털 환경에서 생성되는 데이터로, 규모는 방대하고, 생성 주기는 짧고, 형태는 수치 데이터뿐만 아니라 문자와 영상 데이터를 포함하는 대규모 데이터이다.

| 정답 | 01 ② 02 ④ 03 ② 04 ③

기출선지 OX 퀴즈

01 네트워크 구성 형태 중 망형은 응답 시간이 빠르고 노드의 연결성이 우수하다. (O / X)

02 네트워크 구성 형태 중 버스형은 기밀 보장이 우수하고 회선 길이의 제한이 없다. (O / X)

03 컴퓨터에 이상이 발생하면 시스템 전체의 기능이 마비되는 통신망 형태는 성형이다. (O / X)

04 근거리 통신망은 비교적 전송 거리가 짧아 에러 발생률이 낮다. (O / X)

05 데이터 처리계는 데이터 처리에 사용하는 하드웨어와 통신 소프트웨어가 해당된다. (O / X)

06 데이터 전송 방식에는 클라이언트/서버 방식과 동배 간 처리 방식이 있다. (O / X)

07 네트워크 프로토콜 디자인과 통신을 여러 계층으로 나누어 정의한 통신 규약 명칭은 ISO 7계층이다. (O / X)

08 리피터는 감쇠된 전송 신호를 증폭하여 다음 구간으로 전달하는 장비이다. (O / X)

09 Ping 명령은 인터넷이 정상적으로 연결되었는지 확인하는 서비스이다. (O / X)

10 Tracert는 원격으로 다른 컴퓨터를 사용할 수 있는 서비스이다. (O / X)

11 인터넷을 수동으로 연결하기 위하여 지정해야 할 TCP/IP 구성 요소는 어댑터 주소이다. (O / X)

12 HTTP는 인터넷에서 웹 서버와 사용자의 인터넷 브라우저 사이에 하이퍼텍스트 문서를 전송하기 위해 사용되는 통신 규약이다. (O / X)

13 SMTP는 ISP 업체에서 각 컴퓨터의 IP 주소를 동적으로 할당해 주는 프로토콜이다. (O / X)

14 인터넷은 중앙통제기구인 InterNIC에 의해 운영된다. (O / X)

15 IP 주소는 인터넷에 연결된 모든 컴퓨터 자원을 구분하기 위한 고유의 주소이다. (O / X)

16 www는 웹 브라우저를 통해 인터넷을 효과적으로 사용할 수 있게 하는 서비스이다. (O / X)

17 IPv6은 주소의 단축을 위해 각 블록에서 선행되는 0을 생략할 수 있다. (O / X)

18 퀵돔은 2단계 체제와 같이 도메인을 짧은 형태로 줄여 쓰는 것을 말한다. (O / X)

19 URL의 형식은 호스트 서버 주소://프로토콜[:포트 번호][/파일 경로]이다. (O / X)

20 인터넷 옵션에서 멀티미디어 편집기를 선택할 수 있다. (O / X)

21 한 사람이 동시에 여러 사람에게 전자우편을 보낼 수 있다. (O / X)

22 전자우편 주소는 '사용자 ID@호스트 주소'의 형식이 사용된다. (O / X)

23 받은 메일에 대해 작성한 답장만 발송자에게 전송하는 기능을 '전달'이라 한다. (O / X)

24 POP3 프로토콜은 이메일을 전송할 때 필요로 하는 프로토콜이다. (O / X)

25 인트라넷은 인터넷 기술과 통신 규약을 기업 내의 전자우편, 전자결재 등과 같은 정보 시스템에 적용한 것이다. (O / X)

26 IoT는 인터넷 기반으로 다양한 사물, 사람, 공간을 긴밀하게 연결하고 상황을 분석, 예측, 판단해서 지능화된 서비스를 자율 제공하는 제반 인프라 및 융·복합 기술이다. (O / X)

27 TCP/IP는 초고속 인터넷을 이용하여 동영상 콘텐츠, 정보 서비스 등 기본 텔레비전 기능에 인터넷 검색이 가능하게 한 서비스이다. (O / X)

28 인트라넷은 분야별 공통의 관심사를 가진 인터넷 사용자들이 서로의 의견을 주고받을 수 있게 하는 서비스이다. (O / X)

29 m-VoIP는 Wi-Fi나 3G망, LTE망 등 무선 통신망을 통해 음성을 전송하는 인터넷 전화 방식이다. (O / X)

30 RFID는 사물에 전자 태그를 부착하고 무선 통신을 이용하여 사물의 정보 및 주변 상황 정보를 감지하는 센서 기술이다. (O / X)

| 정답 |

01	O	02	X	03	O	04	O	05	O	06	X	07	X	08	O	09	O	10	X
11	X	12	O	13	X	14	X	15	O	16	O	17	O	18	O	19	X	20	X
21	O	22	O	23	X	24	X	25	O	26	O	27	X	28	X	29	O	30	O

Build UP 기출로 개념 강화

개념끝 035 정보통신

01 또 나올 문제 2016.03

다음 중 정보통신과 관련하여 분산 처리 환경에 가장 적합한 네트워크 운영 방식은?

① 중앙 집중 방식
② 클라이언트/서버 방식
③ 피어 투 피어 방식
④ 반이중 방식

02 또 나올 문제 2015.06, 2014.06

다음 중 네트워크에서 사용하는 용어의 설명으로 옳지 않은 것은?

① LAN: 전송 거리가 짧은 건물 내에서 사용하는 통신망
② WAN: 국가 간 또는 대륙 간의 넓은 지역을 연결하는 통신망
③ B-ISDN: 초고속으로 대용량 데이터를 전송하며 아날로그 방식의 통신 방식을 사용하는 통신망
④ VAN: 통신 회선을 빌려 단순한 전송기능 이상의 정보 축적이나 가공, 변환 처리 등의 부가가치를 부여한 정보를 제공하는 통신망

03 2013.06

다음 중 중앙 컴퓨터와 일정 지역의 단말장치까지는 하나의 통신 회선으로 연결시키고, 이웃하는 단말장치는 일정 지역 내에 설치된 중간 단말장치로부터 다시 연결시키는 형태로 분산 처리 환경에 적합한 망의 구성 형태는?

① 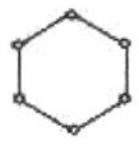
② 
③ 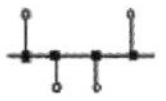
④ 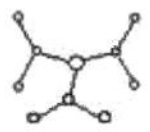

개념끝 036 OSI 7계층과 네트워크 장치

04 2015.03

다음 중 국제표준화기구에서 네트워크 통신의 접속에서부터 완료까지의 과정을 구분하여 정의한 통신 규약 명칭은?

① Network 3계층
② Network 7계층
③ OSI 3계층
④ OSI 7계층

05 (또 나올 문제) 2018.09, 2016.06

다음 중 정보통신에서 네트워크 관련 장비에 대한 설명으로 옳지 않은 것은?

① 라우터: 네트워크를 구성하기 위해 반드시 필요한 장비로 정보 전송을 위한 최적의 경로를 찾아 통신망에 연결하는 장치

② 허브: 네트워크를 구성할 때 여러 대의 컴퓨터를 연결하고, 각 회선들을 통합 관리하는 장치

③ 브리지: 네트워크를 구성할 때 디지털 신호를 아날로그 신호로 변환하여 전송하고 다시 수신된 신호를 원래대로 변환하기 위한 전송 장치

④ 게이트웨이: 한 네트워크에서 다른 네트워크로 들어가는 입구 역할을 하는 장치로 근거리통신망(LAN)과 같은 하나의 네트워크를 다른 네트워크와 연결할 때 사용되는 장치

06 (또 나올 문제) 2016.03

다음 중 네트워크 장비인 게이트웨이(Gateway)에 대한 설명으로 옳은 것은?

① 1:1 통신을 통하여 리피터(Repeater)와 동일한 역할을 하는 장비이다.

② 데이터의 효율적인 전송 속도를 제어하는 장비이다.

③ 컴퓨터와 네트워크를 연결하는 장비이다.

④ 서로 다른 네트워크 간에 데이터를 주고받기 위한 장비이다.

바로 보는 해설

01 클라이언트/서버 방식은 서버와 클라이언트가 모두 처리 능력을 가지며, 분산 처리 환경에 적합한 방식이다.

02 B-ISDN은 디지털 방식의 통신 방식을 사용하는 고속 통신망이다.

03 주어진 내용은 트리형에 대한 설명이다.

| 오답 피하기 |

① 링형

② 망형

③ 버스형

04 OSI 7계층은 네트워크에서 통신에 필요한 프로토콜을 7단계로 구분하고 정의한 표준 계층 모델이다.

05 주어진 내용은 모뎀에 대한 설명이다. 브리지는 독립된 두 개의 근거리 통신망을 상호 접속하는 연결 장치이다.

06 게이트웨이는 한 네트워크에서 다른 네트워크로 들어가는 입구 역할을 하는 장치로, 서로 구조가 다른 두 개의 통신 네트워크를 연결하는 데 사용된다.

| 정답 | 01 ② 02 ③ 03 ④ 04 ④ 05 ③ 06 ④

개념끝 037 프로토콜

07 2019.03, 2016.06

다음 중 인터넷 서비스를 위한 프로토콜로 웹 페이지와 웹 브라우저 사이에서 하이퍼텍스트 문서를 전송하기 위한 것은?

① TCP/IP
② HTTP
③ FTP
④ WAP

08 2016.10

다음 중 인터넷 환경에서 파일을 송·수신할 때 사용되는 원격 파일 전송 프로토콜로 옳은 것은?

① DHCP
② HTTP
③ FTP
④ TCP

09 (또 나올 문제) 2014.10

다음 중 네트워크 연결을 위하여 사용하는 프로토콜에 대한 설명으로 옳지 <u>않은</u> 것은?

① 통신을 원하는 두 개체 간에 무엇을, 어떻게, 언제 통신할 것인가에 대해 약속한 통신 규정이다.
② OSI 7계층 모델의 3번째 계층은 데이터 링크 계층이다.
③ 프로토콜에는 흐름 제어 기능, 동기화 기능, 에러 제어 기능 등이 있다.
④ 인터넷에서 사용하고 있는 대표적인 프로토콜은 TCP/IP이다.

개념끝 038 인터넷의 개요

10 2016.10

다음 중 인터넷에서 사용하는 IPv6 주소 체계에 대한 설명으로 옳지 <u>않은</u> 것은?

① 16비트씩 8부분으로 총 128비트로 구성된다.
② 각 부분은 16진수로 표현하고, 세미콜론(;)으로 구분한다.
③ 유니캐스트, 멀티캐스트, 애니캐스트 등의 3가지 주소 체계로 나누어진다.
④ IPv4의 주소 부족 문제를 해결해 줄 수 있다.

11 2021.상시, 2015.10

다음 중 인터넷 주소 체계에 대한 설명으로 옳지 <u>않은</u> 것은?

① 인터넷 연결을 위해서는 IP 주소 또는 도메인 네임 중 하나를 배정받아야 하며, 인터넷에 연결된 컴퓨터의 고유 주소는 도메인 네임으로 이는 IP 주소와 동일하다.
② 국제 인터넷 주소 관리기구는 ICANN이며, 한국에서는 한국인터넷진흥원(KISA)에서 관리하고 있다.
③ 현재는 인터넷 주소 체계인 IPv4 주소와 IPv6 주소가 함께 사용되고 있으며, IPv6 주소가 점차 확대되고 있다.
④ IPv6는 IPv4와의 호환성이 뛰어나고, 128비트의 주소를 사용하여 주소 부족 문제 및 보안문제를 해결할 수 있다.

12 (또 나올 문제) 2021.상시, 2015.10

다음 중 인터넷 환경에서 사용되는 DNS의 역할에 대한 설명으로 옳은 것은?

① 루트 도메인으로 국가를 구별해 준다.
② 최상위 도메인으로 국가 도메인을 관리한다.
③ 도메인 네임을 숫자로 된 IP 주소로 바꾸어 준다.
④ 현재 설정된 도메인의 하위 도메인을 관리한다.

13 또 나올 문제 2015.06

다음 중 인터넷에 존재하는 정보나 서비스에 대해 접근 방법, 존재 위치, 자료 파일명 등의 요소를 표시하는 것은?

① DHCP
② CGI
③ DNS
④ URL

개념끝 039 웹 브라우저 사용 및 설정

14 2018.09

다음 중 [제어판]에서 [인터넷 옵션] 창의 [일반] 탭을 이용하여 설정할 수 있는 작업으로 옳지 않은 것은?

① 마지막 세션 또는 기본 홈페이지로 웹 브라우저의 시작 여부를 설정할 수 있다.
② 임시 파일, 열어본 페이지 목록, 쿠키 등을 삭제할 수 있다.
③ 웹 페이지의 색, 언어, 글꼴, 접근성 등을 설정할 수 있다.
④ 기본 웹 브라우저와 HTML 편집 프로그램을 설정할 수 있다.

15 또 나올 문제 2016.03, 2014.10

다음 중 사용자의 기본 설정을 사이트가 인식하도록 하거나, 사용자가 웹 사이트로 이동할 때마다 로그인해야 하는 번거로움을 생략할 수 있도록 하여 사용자 환경을 향상시키는 것은?

① 쿠키(Cookie)
② 즐겨찾기(Favorites)
③ 웹 서비스(Web Service)
④ 히스토리(History)

바로 보는 해설

07 | 오답 피하기 |
① 서로 다른 기종의 컴퓨터들 간에 데이터를 송·수신하기 위해 개발된 인터넷 프로토콜이다.
③ 파일을 송·수신하는 데 사용되는 프로토콜이다.
④ 인터넷의 데이터를 휴대전화 등의 무선 단말기에서 취급하기 쉽게 변환하기 위한 프로토콜이다.

08 | 오답 피하기 |
① IP 주소를 동적(자동)으로 할당해 주는 프로토콜이다.
② 인터넷에서 웹 서버와 사용자의 인터넷 브라우저 사이에 하이퍼텍스트 문서를 전송하기 위해 사용되는 프로토콜이다.
④ 네트워크에서 서버와 클라이언트 간의 데이터를 신뢰성 있게 전달하기 위해 만들어진 프로토콜이다.

09 OSI 7계층 모델의 3번째 계층은 네트워크 계층이다.

10 각 부분은 16진수로 표현하고, 콜론(:)으로 구분한다.

11 인터넷에 연결된 컴퓨터의 고유 주소는 IP 주소이다.

12 DNS(Domain Name Server, Domain Name System)는 문자로 만들어진 도메인 네임을 IP 주소로 변환해 주는 시스템이다.

13 URL(Uniform Resource Locator)은 인터넷의 각종 자원이 있는 위치를 나타내는 표준 주소 체계이다.

14 기본 웹 브라우저와 HTML 편집 프로그램은 [인터넷 옵션]-[프로그램] 탭에서 설정할 수 있다.

15 쿠키(Cookie)는 웹 사이트의 방문 정보를 기록하는 텍스트 파일이다.

| 정답 | 07 ② 08 ③ 09 ② 10 ② 11 ① 12 ③ 13 ④ 14 ④ 15 ①

개념끝 040 인터넷 서비스

16 (또 나올 문제) 2015.10

다음 중 FTP 프로그램으로 수행할 수 없는 작업은?

① 원격지에 있는 FTP 서버로 파일 업로드
② 원격지에 있는 FTP 서버에서 파일 다운로드
③ 원격지에 있는 FTP 서버의 응용 프로그램 실행
④ 원격지에 있는 FTP 서버의 파일 삭제

17 2017.03

다음 중 인터넷을 이용한 전자우편에 대한 설명으로 옳지 않은 것은?

① 기본적으로 8비트의 유니코드를 사용하여 메시지를 전달한다.
② 전자우편 주소는 '사용자ID@호스트 주소'의 형식으로 이루어진다.
③ SMTP, POP3, MIME 등의 프로토콜을 사용한다.
④ 보내기, 회신, 첨부, 전달, 답장 등의 기능이 있다.

18 2015.03

다음 중 전자우편과 관련하여 스팸(SPAM)에 대한 설명으로 옳은 것은?

① 바이러스를 유포시키는 행위이다.
② 수신인이 원하지 않는 메시지나 정보를 일방적으로 보내는 행위이다.
③ 다른 사용자의 개인 정보를 허락 없이 가져가는 행위이다.
④ 고의로 컴퓨터 프로그램 파일이나 데이터를 파괴시키는 행위이다.

19 (또 나올 문제) 2013.10

다음 중 전자우편(E-mail)에 대한 설명으로 옳지 않은 것은?

① 송신자가 작성한 메일을 수신자의 계정에 전송하는 역할을 담당하는 프로토콜은 SMTP이다.
② 전자우편을 통해 한 사람이 동시에 여러 사람에게 동일한 전자우편을 보낼 수 있다.
③ 멀티미디어 파일의 내용을 확인하고 실행시켜주는 프로토콜은 POP3이다.
④ 불특정 다수에게 대량으로 보내는 광고성 메일을 스팸메일이라 한다.

개념끝 041 최신 정보통신 기술 활용

20 2020.07(1급), 2019.03(1급)

다음 중 스마트폰을 모뎀처럼 활용하는 방법으로, 컴퓨터나 노트북 등의 IT 기기를 스마트폰에 연결하여 무선 인터넷을 사용할 수 있게 하는 기능은?

① 와이파이(Wi-Fi)
② 테더링(Tethering)
③ 블루투스(Bluetooth)
④ 와이브로(WiBro)

21

2016.03

다음 중 Wi-Fi나 3G망, LTE망 등 무선 통신망을 통해 음성을 전송하는 인터넷 전화 방식은?

① IPTV
② m-VoIP
③ TCP/IP
④ IPv6

22

2017.09

다음 중 모바일 멀티미디어 커뮤니케이션 서비스와 가장 거리가 먼 것은?

① 모바일 화상전화
② LBS
③ DMB
④ MMS

23 또 나올 문제

2018.09

다음 중 사물에 전자 태그를 부착하고 무선 통신을 이용하여 사물의 정보 및 주변 상황 정보를 감지하는 센서 기술은?

① 텔레매틱스
② DMB
③ W-CDMA
④ RFID

바로 보는 해설

16 FTP 서버의 응용 프로그램은 다운로드한 후 실행할 수 있다.

17 전자우편은 기본적으로 7비트의 표준 ASCII 코드를 사용하여 메시지를 전달한다.

18 스팸(SPAM)은 수신인이 원하지 않는 메시지나 정보를 일방적으로 보내는 행위이다.

19 주어진 내용은 MIME 프로토콜에 대한 설명이다.

20 | 오답 피하기 |
① IT 기기들이 일정한 거리 안에서 무선 랜(WLAN; Wireless Local Area Network)에 연결할 수 있게 하는 기술이다.
③ 다양한 기기들이 무선 주파수를 이용하여 서로 통신하며 정보를 교환하는 기술이다.
④ Wireless Broadband. 고정된 장소가 아닌, 이동하면서 초고속 인터넷을 이용할 수 있는 무선 휴대 인터넷 서비스이다.

21 m-VoIP(mobile Voice over Internet Protocol)은 무선 통신망을 이용하는 모바일 인터넷 전화 서비스이다.

22 DMB는 영상과 음성을 휴대용 IT 기기에서 수신하는 서비스로, 정보 수신만 가능하기 때문에 커뮤니케이션 서비스라고 할 수 없다.
| 오답 피하기 |
① 모바일 기기를 사용하여 영상통화를 가능하게 하는 서비스이다.
② 이동통신망이나 GPS를 통해 얻은 위치 정보를 바탕으로 무선 인터넷 이용자들에게 변경되는 위치에 따르는 여러 가지 서비스(현재 위치 정보, 실시간 교통 정보 등)를 제공하는 서비스 시스템이다.
④ 동영상, 사진, 오디오 등을 첨부할 수 있는 메시지 서비스이다.

23 RFID는 주파수를 이용해 ID를 식별하는 방식으로 전자 태그라고도 한다. 대표적인 예로는 하이패스가 있다.
| 오답 피하기 |
① 자동차와 무선 통신을 결합한 기술로, 운전 경로를 안내하거나 차량 사고를 감지한다.
② 휴대용 기기에서 디지털 영상 및 오디오 방송을 전송하는 방송 기술이다.
③ IMT2000을 위해 코드분할 다중접속(CDMA) 방식을 광대역화하는 기술을 의미한다.

| 정답 | 16 ③ 17 ① 18 ② 19 ③ 20 ②
21 ② 22 ③ 23 ④

최근 기출 10개년 기준

12%

CHAPTER 7

컴퓨터 시스템 보호

무료 동영상 강의

학습전략

인터넷이 많이 활용되면서 컴퓨터 시스템 보호에 대한 문제가 중요해지고 있습니다. 따라서 앞으로 꾸준히 문제가 출제될 것으로 예상됩니다. 다양한 컴퓨터 범죄 유형을 꼼꼼히 학습할 필요가 있습니다.

개념끝

042 정보 윤리 기본

기출빈도 A B C D

01 정보사회의 개념

결정적 힌트

우리가 현재 사는 사회를 정보사회라고 합니다. 컴퓨터와 통신의 급격한 발전으로 우리는 많은 혜택을 누리고 있지만 반면에 다양한 문제점들도 발생하고 있습니다. 어려운 부분이 아니므로 정보사회의 문제점과 네티켓을 가볍게 읽어보시면 됩니다.

- 정보사회란 컴퓨터와 통신 기술의 발전으로 정보의 수집·가공·유통이 증가하여, 정보의 가치가 사회적 활동의 중심이 되는 사회이다.
- 정보사회에서는 처리하려는 정보의 종류와 양이 증가한다.
- 정보처리 기술의 발달로 사회의 변화 속도가 빨라진다.
- 사이버 공간에서 새로운 인간관계와 문화가 형성된다.
- 대중화 현상이 약화되고, 개성과 자유를 중시하게 되었다.

02 정보사회의 문제점

- 정보의 편중으로 계층 간의 정보 차이가 증가한다.
- 중앙 컴퓨터 또는 서버의 장애나 오류 때문에 사회적·경제적으로 혼란이 발생할 수 있다.
- 정보 기술을 이용한 새로운 범죄가 증가할 수 있다.
- VDT 증후군(Video Display Terminal Syndrome)이나 테크노스트레스(Technostress)와 같은 직업병이 발생할 수 있다.
- 정보처리 기술로 인간관계의 유대감이 약화될 수 있다.

▼ VDT 증후군(Video Display Terminal Syndrome)

컴퓨터나 모바일 기기를 오래 사용하여 나타나는 일련의 증상으로 안구건조증, 거북목 증후군, 손목터널증후군 등이 포함된다.

▼ 테크노스트레스(Technostress)

컴퓨터 산업이 발전하면서 관련 산업에 종사하는 사람이 받는 스트레스를 의미한다.

03 전자우편(E-mail) 네티켓

▼ 네티켓(Netiquette)

네트워크(Network)와 에티켓(Etiquette)의 합성어로 인터넷 공간에서 지켜야 할 예절을 의미한다.

- 내용을 알 수 있도록 함축적인 제목을 붙인다.
- 메시지는 간결하고 명확하게 작성한다.
- 파일은 바이러스 감염 여부를 확인하고, 용량이 큰 파일은 압축하여 첨부한다.
- 메일을 보내기 전에 주소가 맞는지 확인하고, 본인을 밝힌다.
- 광고성 메일을 보낼 때는 제목에 '광고'라는 문구를 명시한다.
- 메일은 자주 점검하고 필요 없는 메일은 삭제한다.

04 공개 게시판/자료실 네티켓

- 게시판의 글은 간결하고 명확하게 작성한다.
- 저작권을 침해할 소지가 있는 파일은 올리지 않는다.
- 광고나 불건전 정보를 올려서는 안 된다.

- 주제에 동떨어진 질문이나 게시글을 올리지 않는다.
- 같은 내용의 질문이나 게시글을 중복해서 올리지 않는다.
- 다른 사람이 올린 글에 대해 지나친 반박이나 비난은 삼가야 한다.

05 블로그 네티켓

- 다른 사람의 글이나 기사를 인용하는 경우에는 출처를 밝힌다.
- 타인이 작성한 정보를 무단으로 위·변조하지 않는다.
- 본인이 촬영한 사진이나 영상은 공개 범위를 신중하게 결정한다.
- 업로드한 정보는 빠르게 확산되므로 삭제가 어려운 점을 명심한다.

06 웹 페이지 제작 시 지켜야 할 네티켓

- 원하는 정보에 쉽게 접근할 수 있도록 메뉴를 구성한다.
- 대용량 멀티미디어 데이터들의 활용을 자제한다.
- 용량이 큰 파일을 제공할 때는 파일 옆에 파일 형식과 크기를 명시한다.
- ▼Trademark(TM)나 Copyright(C) 등의 저작권을 분명히 밝힌다.

▼ **Trademark(TM)**
개인, 사업 단체, 법인 등이 사용하는 등록 상표를 의미한다.

Warming UP 기출로 개념 확인

01 (또 나올 문제) 2021.상시, 2020.02, 2018.03, 2016.10

다음 중 정보사회에서 발생할 수 있는 문제점으로 적절하지 않은 것은?

① 정보의 편중으로 계층 간의 정보 차이를 줄일 수 있다.
② 중앙컴퓨터 또는 서버의 장애나 오류로 사회적, 경제적으로 혼란을 초래할 수 있다.
③ 정보기술을 이용한 새로운 범죄가 증가할 수 있다.
④ VDT 증후군이나 테크노스트레스와 같은 직업병이 발생할 수 있다.

02 2019.08

다음 중 정보사회의 특징으로 적절하지 않은 것은?

① 처리하고자 하는 정보의 종류와 양이 증가하였다.
② 정보처리 기술의 발달로 사회의 변화 속도가 빨라졌다.
③ 사이버 공간에 새로운 인간관계와 문화가 형성되었다.
④ 대중화 현상이 강화되고 개성과 자유를 경시하게 되었다.

바로 보는 해설

01
정보의 편중으로 계층 간의 정보 차이가 증가할 수 있다.

02
대중화 현상이 약화되고 개성과 자유를 중요시하게 되었다.

| 정답 | 01 ① 02 ④

개념끝

043 저작권 보호

기출빈도

A B C **D**

결정적 힌트

인터넷의 발전으로 많은 정보가 유통되면서 저작권 침해 사례가 많이 발생되고 있습니다. 저작권법은 내용이 방대하고 문제가 많이 출제되는 부분은 아니므로 깊이 있게 학습할 필요는 없습니다. 저작권의 기본 개념과 저작재산권의 보호 기간 등을 중심으로 학습하시기 바랍니다.

▼ 저작물의 예

- 소설 · 시 · 논문 · 강연 · 연설 · 각본, 그 밖의 어문저작물
- 음악저작물
- 연극 및 무용 · 무언극, 그 밖의 연극저작물
- 회화 · 서예 · 조각 · 판화 · 공예 · 응용 미술 저작물, 그 밖의 미술저작물
- 건축물 · 건축을 위한 모형 및 설계 도서, 그 밖의 건축저작물
- 사진저작물(이와 유사한 방법으로 제작된 것을 포함한다)
- 영상저작물
- 지도 · 도표 · 설계도 · 약도 · 모형, 그 밖의 도형저작물
- 컴퓨터 프로그램 저작물
- 사람의 이름이나 단체의 명칭 또는 저작물의 제호 등은 사상 또는 감정의 창작적 표현이라고 볼 수 없으므로 저작물이 되지 않는다.

01 저작권법

- 저작자의 권리와 이에 인접하는 권리를 보호하고 저작물의 공정한 이용을 도모함으로써 문화 및 관련 산업의 향상 · 발전에 이바지함을 목적으로 한다.
- 저작권은 저작물을 창작한 때부터 발생하며 어떠한 절차나 형식의 이행이 필요하지 않다.
- **저작물**: 인간의 사상 또는 감정을 표현한 창작물을 의미한다.
- **저작자**: 저작물을 창작한 자를 의미한다.
- **2차적 저작물**: 원저작물을 번역 · 편곡 · 변형 · 각색 · 영상제작 그 밖의 방법으로 작성한 창작물로 2차적 저작물은 독자적인 저작물로서 보호된다.

02 저작재산권의 보호 기간

- 특별한 규정이 있는 경우를 제외하고는 저작자가 생존하는 동안과 사망한 후 70년간 존속한다.
- 공동저작물의 저작재산권은 맨 마지막으로 사망한 저작자가 사망한 후 70년간 존속한다.
- 저작재산권의 보호 기간을 계산하는 경우에는 저작자가 사망하거나 저작물을 창작 또는 공표한 다음 해부터 기산한다.

개념 플러스 저작인격권과 저작재산권

- 저작인격권: 저작자는 그의 저작물을 공표하거나 공표하지 아니할 것을 결정할 권리를 가진다.
- 저작재산권: 저작자는 복제권, 공연권, 공중송신권, 전시권, 배포권, 대여권, 2차적 저작물 작성권 등의 저작재산권을 가진다.

03 저작재산권의 제한 사항

- 재판 절차에 필요하여 저작물을 복제한 경우
- 공개적으로 행한 정치적 연설 등에서 이용한 경우
- 학교 교육의 목적 등에 이용한 경우
- 시사 보도를 위해 이용한 경우
- 방송사업자가 자체 방송을 위해 일시적으로 녹음하거나 녹화한 경우
- 영리를 목적으로 하지 않는 공연 또는 방송인 경우
- 사적 이용을 위해 복제한 경우
- 조사 · 연구를 목적으로 도서관에 보관된 자료를 복제하는 경우

- 시험 문제를 위해 복제한 경우
- 시각장애인이나 청각장애인 등을 위해 점자로 복제한 경우

개념 플러스 보호받지 못하는 저작물

다음 각 호의 어느 하나에 해당하는 것은 이 법에 의한 보호를 받지 못한다.
1. 헌법·법률·조약·명령·조례 및 규칙
2. 국가 또는 지방자치단체의 고시·공고·훈령 그 밖에 이와 유사한 것
3. 법원의 판결·결정·명령 및 심판이나 행정심판절차, 그 밖에 이와 유사한 절차에 의한 의결·결정 등
4. 국가 또는 지방자치단체가 작성한 것으로서 제1호 내지 제3호에 규정된 것의 편집물 또는 번역물
5. 사실의 전달에 불과한 시사보도

04 컴퓨터 프로그램의 보호

- 프로그램 저작권은 프로그램이 창작된 때부터 발생하고, 어떠한 절차나 형식의 이행은 필요 없다.
- 프로그램을 작성하기 위해 사용하는 프로그램 언어, 규약 및 해법에는 저작권법을 적용하지 않는다.

▼ **프로그램 언어**
프로그램을 표현하는 수단으로서 문자·기호 및 그 체계를 의미한다.

▼ **규약**
특정한 프로그램에서 프로그램 언어의 용법에 관한 특별한 약속을 의미한다.

▼ **해법**
프로그램에서 지시·명령의 조합 방법을 의미한다.

Warming UP 기출로 개념 확인

01 2015.10

다음 중 인터넷에서의 저작권에 대한 설명으로 옳지 않은 것은?

① 다른 사람의 초상 사진을 사용하기 위해서는 사진작가와 본인의 승낙을 동시에 받아야 하는 것이 원칙이다.
② 사람의 이름이나 단체의 명칭 또는 저작물의 제호 등은 사상 또는 감정의 창작적 표현이라고 볼 수 없기 때문에 저작물이 되지 않는다.
③ 국가 또는 지방자치단체의 홈페이지에 게시된 고시·공고·훈령 등은 저작권법의 보호를 받는다.
④ 원저작물을 번역, 편곡, 변경, 각색, 영상제작 그 밖의 방법으로 작성한 창작물은 독자적인 저작물로 보호된다.

02 (또 나올 문제) 2015.10(1급)

다음 중 저작권에 대한 설명으로 가장 적절하지 않은 것은?

① 저작재산권은 저작자가 생존하는 동안과 저작시점에 따라 사망 후 70년간 존속한다.
② 저작권은 저작자의 권리를 보호함을 목적으로 한다.
③ 영리를 목적으로 하지 않는 공연 또는 방송인 경우 저작재산권을 제한할 수 있다.
④ 프로그램을 작성하기 위하여 사용하고 있는 프로그램 언어, 규약 및 해법에도 저작권이 적용된다.

바로 보는 해설

01
국가 또는 지방자치단체의 홈페이지에 게시된 고시·공고·훈령 등은 저작권법의 보호를 받지 못한다.

02
프로그램을 작성하기 위하여 사용하는 프로그램 언어, 규약 및 해법에는 저작권법을 적용하지 않는다.

| 정답 | 01 ③ 02 ④

개념끝

044 개인정보 보호

기출빈도 A B C **D**

결정적 힌트

개인정보 침해 사고가 끊이지 않고 발생하고 있으므로 개인정보 보호에 대한 개념은 매우 중요하다고 할 수 있습니다. 아직까지 많은 문제가 출제되지는 않았지만 앞으로 개인정보에 대한 문제는 좀 더 출제될 가능성이 있습니다.

01 개인정보의 개념

- 개인정보란 성명, 주민등록번호 및 영상 등을 통하여 개인을 알아볼 수 있는 정보로 살아 있는 개인에 관한 정보이다.
- 해당 정보만으로는 특정 개인을 알아볼 수 없더라도 다른 정보와 쉽게 결합하여 알아볼 수 있는 정보도 개인정보에 포함된다.
- **가명정보:** 개인정보의 일부를 삭제하거나 일부 또는 전부를 대체하는 등의 방법으로 추가 정보가 없이는 특정 개인을 알아볼 수 없도록 처리한 정보이다.
- **자기결정권:** 자신에 관한 정보를 보호하기 위하여 자신에 관한 정보를 자율적으로 결정하고 관리할 수 있는 권리이다.

02 개인정보의 유형

■ 마이 데이터(My Data)

정보의 주체인 개인이 본인의 신용 정보, 금융 정보, 건강 정보 등을 적극적으로 관리하고 통제하는 과정으로 개인은 개인 데이터에 대한 자기 결정권을 가지고 활용 권한을 기업에 직접 부여할 수 있다.

구분	내용
인적사항	• 일반 정보(성명, 주민등록번호, 주소 등) • 가족 정보(가족관계, 가족구성원 등)
신체적 정보	• 신체 정보(얼굴, 홍채, 키, 몸무게 등) • 의료 · 건강 정보(건강상태, 진료기록 등)
정신적 정보	• 기호 · 성향 정보(도서 대여 기록, 웹 사이트 검색 내역 등) • 내면의 비밀 정보(종교, 가치관, 정당 등)
재산적 정보	소득 정보, 신용 정보, 부동산 정보 등
사회적 정보	교육 정보, 병역 정보, 근로 정보, 법적 정보 등
기타 정보	통신 정보, 위치 정보, 습관 및 취미 정보

03 개인정보 보호의 중요성

(1) 개인의 피해

- 개인정보 유출로 인한 사생활 피해
- 보이스피싱, 명의 도용으로 인한 재산적 피해
- SNS, 블로그 등에서 일어나는 사이버 테러

(2) 기업의 피해

- 기업 이미지 실추로 인한 잠재 고객 감소
- 소비자 단체 등의 불매운동으로 인한 매출 감소
- 다수 피해자에 의한 집단적 손해배상 청구

(3) 정부의 피해

- 정부에 대한 신뢰도 하락
- 국제적인 이미지 실추로 인한 국가 브랜드 하락

04 개인정보보호법

- 개인정보의 처리 및 보호에 관한 사항을 정함으로써 개인의 자유와 권리를 보호하고, 나아가 개인의 존엄과 가치를 구현함을 목적으로 한다.
- 개인정보를 수집할 때는 정보 주체의 동의를 받아야 하며, 수집·이용 목적, 수집 항목, 보유 및 이용 기간, 동의 거부권 등을 알려야 한다.
- 개인정보를 수집하는 경우에는 그 목적에 필요한 최소한의 개인정보를 수집하여야 한다.
- 개인정보를 제공받은 목적 외의 용도로 이용하거나 제3자에게 제공해서는 안 된다(정보 주체로부터 별도의 동의를 받은 경우, 다른 법률에 특별한 규정이 있는 경우 제외).
- 보유기간의 경과, 개인정보의 처리 목적 달성 등 그 개인정보가 불필요하게 되었을 때는 지체 없이 개인정보를 파기하여야 한다.

Warming UP 기출로 개념 확인

01

2019.03(워드프로세서)

다음 중 개인정보에 대한 설명으로 옳은 것은?

① 개인정보는 성명, 주소 등과 같이 살아 있는 개인을 식별할 수 있는 정보이다.
② 개인에 대한 다른 사람의 평가, 견해 등과 같은 간접적인 정보는 개인정보에 포함되지 않는다.
③ 개인정보 자기결정권은 자신의 개인정보 보호를 위하여 정보 주체가 지켜야 할 권리이다.
④ 프라이버시권은 자신에 관한 정보가 언제 누구에게 어느 범위까지 알려지고 이용되도록 할지를 스스로 결정하는 권리이다.

02

2018.09(워드프로세서)

다음 중 개인정보의 종류와 그에 따른 내용으로 옳지 않은 것은?

① 신체적 정보: 신체 정보, 의료 정보, 건강 정보
② 재산적 정보: 개인 금융 정보, 개인 신용 정보
③ 일반적 정보: 주민등록번호, 이름, 주소
④ 정신적 정보: 교육 정보, 근로 정보, 자격 정보

바로 보는 해설

01

| 오답 피하기 |

② 개인에 대한 다른 사람의 평가, 견해 등과 같은 간접적인 정보도 개인정보에 포함된다.
③ 개인정보 자기결정권은 자신의 개인정보 보호를 위하여 자신에 관한 정보를 자율적으로 결정하고 관리할 수 있는 권리이다.
④ 프라이버시권은 개인의 사생활이나 집안의 사적인 일 등이 남에게 알려지거나 간섭받지 않을 권리이다.

02

- 사회적 정보: 교육 정보, 근로 정보, 자격 정보
- 정신적 정보: 기호·성향 정보, 내면의 비밀 정보

| 정답 | 01 ① 02 ④

개념끝

045 컴퓨터 범죄

기출빈도 A ····· B ····· C ····· D

01 컴퓨터 범죄

- 컴퓨터, 통신, 인터넷 등을 악용하여 사이버 공간에서 행하는 범죄를 말한다.
- 컴퓨터 운영에 문제를 일으키는 컴퓨터 파괴, 자료의 부정 조작 등을 모두 포함한다.
- 일반 범죄와 달리 짧은 시간에 불특정 다수에게 피해를 끼치며, 범죄를 일으킨 자를 찾기가 어렵다.

결정적 힌트

다양한 컴퓨터 범죄의 유형이 자주 출제되고 있습니다. 컴퓨터 범죄의 유형과 특징을 잘 익혀둘 필요가 있습니다.

02 컴퓨터 범죄의 유형

피싱(Phishing)	기업이나 금융기관 등의 가짜 웹 사이트나 이메일로 유인하여 개인의 금융 정보를 빼내는 행위
스니핑(Sniffing)	네트워크의 주변을 돌아다니는 패킷을 엿보면서 계정과 패스워드를 알아내는 행위
스푸핑(Spoofing)	검증된 사람이 네트워크를 통해 데이터를 보낸 것처럼 데이터를 변조하여 접속을 시도하는 행위
키로거 공격(Key Logger Attack)	키보드의 키 입력 시 캐치 프로그램을 사용하여 ID나 암호 등의 개인정보를 빼내는 행위
서비스 거부 공격(DoS; Denial of Service)	일시에 대량의 데이터를 한 서버에 집중 및 전송시키는 공격 방식으로, 시스템에 오버플로를 발생시켜서 정상적인 서비스를 수행하지 못하도록 만드는 범죄 행위
분산 서비스 거부 공격(DDoS; Distributed Denial of Service)	악성 코드에 감염된 여러 대의 좀비 PC를 일제히 동작시키는 방법으로 대량의 데이터를 한 곳의 서버 컴퓨터에 집중적으로 전송시켜서 특정 서버가 정상적으로 동작하지 못하게 하는 공격 방식
피기배킹(Piggybacking)	정당한 사용자가 정상적으로 시스템을 종료하지 않고 자리를 떠났을 때 비인가된 사용자가 바로 그 자리에서 계속 작업하여 불법적으로 접근하는 범죄 행위
웜(Worm)	네트워크를 통해 연속적으로 자신을 복제하여 시스템을 과부하시키는 프로그램
트로이 목마(Trojan Horse)	시스템에 다른 프로그램 코드로 위장하여 침투시키는 행위
백도어(Back Door), 트랩 도어(Trap Door)	시스템에 침입한 해커가 다시 쉽게 침입하기 위해서 만들어 놓은 불법 침입 경로

▼ **피싱(Phishing)**

프라이빗 데이터(Private data)와 피싱(Fishing)의 합성어이다.

■ **해킹(Hacking)**

사용 권한이 없는 컴퓨터 시스템에 무단으로 침입하여 정보를 유출하거나 파괴하는 행위이다.

■ **크래킹(Cracking)**

악의적으로 다른 컴퓨터 시스템에 무단으로 침입하여 재산상의 피해를 주는 행위로, 악의적 해킹을 의미한다.

03 컴퓨터 범죄의 예방 대책

- 보호하려는 컴퓨터나 정보에 비밀번호를 설정하고 주기적으로 변경한다.
- 바이러스 백신 프로그램을 설치하고 '자동 업데이트'로 설정한다.
- Windows 업데이트는 기본적으로 '자동 설치'로 설정한다.
- 출처가 분명하지 않은 이메일이나 첨부 파일은 열지 않고 삭제한다.
- 금융기관의 사이트는 주소를 정확하게 입력하고 사용한다.

Warming UP 기출로 개념 확인

01 2018.03

다음 중 컴퓨터 범죄의 유형에 해당하지 않는 것은?

① 전산망을 이용한 개인 정보의 유출과 공개
② 컴퓨터 바이러스 백신의 제작과 유포
③ 저작권이 있는 웹 콘텐츠의 복사와 사용
④ 해킹에 의한 정보의 위·변조 및 유출

02 또 나올 문제 2017.03

다음 중 여러 대의 컴퓨터를 일제히 동작시켜 대량의 데이터를 한곳의 서버 컴퓨터에 집중적으로 전송시킴으로써 특정 서버가 정상적으로 동작하지 못하게 하는 공격 방식은?

① 스니핑(Sniffing)
② 분산 서비스 거부(DDoS)
③ 백도어(Back Door)
④ 해킹(Hacking)

03 2019.03

다음 중 컴퓨터 범죄 예방과 대책에 대한 설명으로 옳지 않은 것은?

① 해킹 여부를 정기적으로 검사한다.
② 의심이 가는 이메일은 열어서 내용을 확인하고 삭제한다.
③ 백신 프로그램을 설치하고 자동 업데이트 기능을 설정한다.
④ 회원 가입한 사이트의 패스워드를 주기적으로 변경한다.

바로 보는 해설

01
컴퓨터 바이러스 백신의 제작과 유포는 바이러스 공격 등의 컴퓨터 범죄로부터 예방하기 위한 활동이다.

02
| 오답 피하기 |
① 스니핑(Sniffing): 네트워크의 주변을 돌아다니는 패킷을 엿보면서 계정과 패스워드를 알아내는 행위이다.
③ 백도어(Back Door): 시스템 관리자의 편의를 위한 경우나 설계상 버그로 인해 시스템의 보안이 제거된 통로를 말하며, 트랩 도어(Trap Door)라고도 한다.
④ 해킹(Hacking): 타인의 컴퓨터 시스템에 무단으로 침입하여 데이터와 프로그램을 없애거나 망치는 일이다.

03
의심이 가는 이메일은 열어보지 않고 삭제해야 한다.

| 정답 | 01 ② 02 ② 03 ②

개념끝

046 컴퓨터 바이러스

기출빈도

A B C D

01 컴퓨터 바이러스의 특징

- 컴퓨터의 정상적인 작동을 방해하여 운영체제나 저장된 데이터에 손상을 입힐 수 있는 프로그램이다.
- 디스크의 부트 영역이나 프로그램 영역에 숨어 있다.
- 자신을 복제하거나 다른 프로그램을 감염시킬 수 있다.
- 인터넷과 같은 통신 매체뿐만 아니라 USB 메모리 등을 이용하여 외부에서 가져온 파일을 통해서도 감염시킬 수 있다.
- 소프트웨어뿐만 아니라 하드웨어의 성능에도 영향을 미칠 수 있다.

결정적 힌트

컴퓨터 바이러스는 컴퓨터 사용자라면 누구나 겪어보았을 문제입니다. 컴퓨터 바이러스의 개념, 유형, 예방법을 가볍게 읽어보면서 점검해보는 것이 필요합니다.

02 컴퓨터 바이러스의 유형

(1) 감염 부위에 따른 유형

부트 바이러스	▼부트 섹터에 감염되는 바이러스로 컴퓨터를 켤 때 실행이 됨 예 미켈란젤로, 브레인
파일 바이러스	COM, EXE 등의 실행 파일, 오버레이 파일, 주변 기기 구동 프로그램 등에 감염되는 바이러스 예 예루살렘, CIH
부트/파일 바이러스	부트 섹터와 파일 모두에 감염되는 바이러스 예 Invader, 에볼라
매크로 바이러스	마이크로소프트의 엑셀이나 워드와 같은 파일을 매개로 하고, 특정 응용 프로그램에서 ▼매크로를 사용하면 감염이 확산되는 컴퓨터 바이러스 예 멜리사, Laroux

(2) 파일 바이러스의 유형

연결형 바이러스	프로그램을 직접 감염시키지 않고 프로그램의 위치 정보를 바이러스의 위치 정보로 바꾸는 바이러스
기생형 바이러스	프로그램을 손상시키지 않으면서 프로그램의 앞이나 뒤에 기생하는 바이러스
산란형 바이러스	바이러스를 확장명이 COM인 파일로 만들어서 실행 파일 확장명인 EXE보다 먼저 실행되도록 만드는 바이러스
겹쳐쓰기형 바이러스	원래 프로그램의 일부에 겹쳐쓰는 바이러스

개념 플러스 스파이웨어(Spyware)

사용자 승인 없이 몰래 설치되어 컴퓨터 시스템의 정보를 빼내는 악성 소프트웨어로 신용카드 정보를 비롯한 금융 정보, 주민등록번호와 같은 개인 신상 정보, 비밀번호 등을 수집한다.

▼ 부트 섹터(Boot Sector)

부트 섹터는 부트 프로그램을 담고 있는 디스크의 첫 번째 섹터로, 이 부분에 바이러스가 감염되면 부트 섹터의 부트 스트래핑 코드가 바이러스 코드로 바뀌게 된다.

▼ 매크로(Macro)

여러 가지 작업을 자동으로 기록하여 사용자가 한번에 실행할 수 있도록 하는 기능으로 마이크로소프트 오피스에서는 매크로를 VBA(Visual Basic Application)로 기록한다.

03 컴퓨터 바이러스의 예방법

- 최신 버전의 백신 프로그램을 사용하여 주기적으로 바이러스 검사를 수행한다.
- 백신 프로그램의 시스템 감시 및 인터넷 감시 기능을 이용하여 바이러스를 사전에 검색한다.
- 인터넷에서 다운로드한 파일이나 외부에서 복사한 파일은 작업 전에 반드시 바이러스 검사를 수행한다.
- 의심스러운 이메일은 내용을 확인하지 않고 곧바로 삭제한다.
- 네트워크 공유 폴더의 파일은 '읽기 전용'으로 지정한다.
- 중요한 프로그램이나 자료는 항상 주기적으로 백업을 한다.

Warming UP 기출로 개념 확인

01

2021.상시, 2020.07

다음 중 컴퓨터 바이러스의 예방법으로 가장 거리가 먼 것은?

① 최신 버전의 백신 프로그램을 사용한다.
② 다운로드 받은 파일은 작업에 사용하기 전에 바이러스 검사 후 사용한다.
③ 전자우편에 첨부된 파일은 다른 이름으로 저장하고 사용한다.
④ 네트워크 공유 폴더에 있는 파일은 읽기 전용으로 지정한다.

02

2018.09

다음 중 컴퓨터 사용 시 발생할 수 있는 바이러스 감염에 대한 예방법으로 적절하지 않은 것은?

① 방화벽을 설정하여 사용한다.
② 의심이 가는 메일은 열지 않고 삭제한다.
③ 백신 프로그램을 최신 버전으로 업데이트하여 실행한다.
④ 정기적으로 Windows의 [디스크 정리]를 실행한다.

03 또 나올 문제

2016.06

다음 중 마이크로소프트의 엑셀이나 워드와 같은 파일을 매개로 하고 특정 응용 프로그램으로 매크로가 사용되면 감염이 확산되는 형태의 바이러스는?

① 부트(Boot) 바이러스
② 파일(File) 바이러스
③ 부트(Boot) & 파일(File) 바이러스
④ 매크로(Macro) 바이러스

바로 보는 해설

01
전자우편에 첨부된 파일은 바이러스 검사 후 저장하고 사용해야 한다.

02
[디스크 정리]는 불필요한 파일을 삭제하여 디스크의 용량을 확보하기 위해 수행한다.

03
| 오답 피하기 |
① 부트 바이러스: 컴퓨터를 부팅했을 때 가장 먼저 실행되는 프로그램이 들어 있는 부트 섹터에 감염된 바이러스로 컴퓨터의 부팅을 방해한다.
② 파일 바이러스: 실행 파일을 감염시키는 바이러스이다.
③ 부트 & 파일 바이러스: 부트 바이러스와 파일 바이러스의 특징을 모두 가진 바이러스이다.

| 정답 | 01 ③ 02 ④ 03 ④

개념끝

047 정보 보안

기출빈도 **A** B C D

01 정보 보안 서비스의 조건

기밀성(Confidentiality)	• 시스템의 정보와 자원은 인가된 사용자에게만 접근이 허용되어야 함 • 중간에 다른 사람이 가로채더라도 내용을 읽을 수 없어야 함
무결성(Integrity)	정보를 전송하는 과정에서 변경되지 않고 전달되어야 함
가용성(Availability)	인가받은 사용자는 언제든지 사용할 수 있어야 함
인증(Authentication)	사용자를 식별하고 접근 권한을 확인할 수 있어야 함
부인 봉쇄(Nonrepudiation)	송신자가 송신한 사실을 부인하거나, 수신자가 수신한 사실을 부인하는 것으로부터 증거를 제공하는 것

결정적 힌트

어려운 부분이지만 문제가 자주 출제됩니다. 특히 정보 보안 서비스의 조건, 정보 보안 위협의 유형, 방화벽, 암호화의 개념을 잘 이해해야 합니다.

■ 정보 보안의 3대 요소

- 기밀성(Confidentiality)
- 무결성(Integrity)
- 가용성(Availability)

02 정보 보안 위협의 유형

가로막기(Interruption)	데이터의 전달을 가로막아 수신자 측으로 정보가 전달되는 것을 방해하는 행위로 가용성을 저해함
가로채기(Interception)	전송되는 데이터를 전송 도중에 도청 및 몰래 보는 행위로 기밀성을 저해함
변조/수정(Modification)	전송된 원래의 데이터를 다른 내용으로 수정하여 변조하는 행위로 무결성을 저해함
위조(Fabrication)	다른 송신자로부터 데이터가 송신된 것처럼 꾸미는 행위로 무결성을 저해함

■ 정보 보안 유형의 유형별 예시

• 정상

• 가로막기

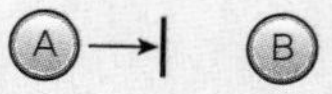

• 가로채기

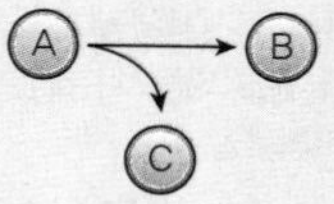

• 변조/수정

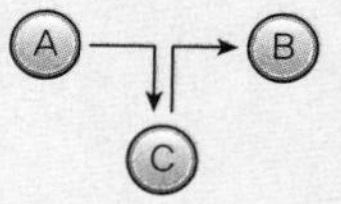

• 위조

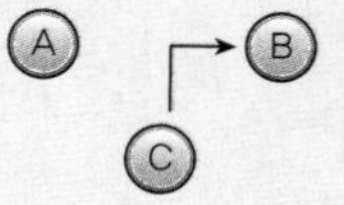

03 방화벽(Firewall)

- 보안이 필요한 네트워크의 통로를 단일화하여 관리하는 기능으로, 외부 네트워크와 내부 네트워크 사이에 위치한다.
- 통신을 허용할 프로그램 및 기능을 설정한다.
- 소프트웨어의 버전과 저작권에 대한 내용이 인증되어야 한다.
- 각 네트워크의 위치 유형에 따른 외부 연결의 차단과 알림을 설정한다.
- 로그 정보를 통해 역추적하는 기능이 있어 외부 침입자의 흔적을 찾을 수 있다.
- 외부로부터의 침입은 막을 수 있지만, 내부에서 일어나는 해킹은 막을 수 없다.
- 방화벽을 사용하면 네트워크의 부하가 증가하고, 전송 처리 속도가 느려질 수 있다.
- **프록시 서버(Proxy Server)**: 클라이언트와 서버 사이에서 데이터를 중계하는 서버로, 어떤 사이트에 접속할 때 프록시 서버에서 데이터를 가지고 와서 전달하는 방화벽 기능과 캐시 기능을 제공한다.

04 암호화(Encryption)

데이터에 암호 알고리즘을 적용하여 허가받지 않은 사람들이 정보를 볼 수 없도록 암호문으로 변환하는 기법이다.

비밀키 암호화 기법 (대칭키, 단일키)	• 같은 키로 데이터를 암호화하고 복호화함 • 대표적인 알고리즘은 DES(Data Encryption Standard) • 비밀키 암호의 안전성은 키의 길이 및 키의 비밀성 유지 여부에 영향을 받음 • 장점: 알고리즘이 간단하고, 암호화와 복호화 속도가 빠름 • 단점: 키의 분배가 어렵고, 사용자가 증가하면 관리해야 할 키의 개수가 많아짐
공개키 암호화 기법 (비대칭키, 이중키)	• 암호화 키와 복호화 키가 서로 다름 • 암호화 키는 공개(공개키)하고, 복호화 키는 비밀(개인키)로 함 • 대표적인 알고리즘은 RSA(Rivest–Shamir–Adleman) • 장점: 키의 분배가 쉽고, 관리해야 할 키의 개수가 적음 • 단점: 알고리즘이 복잡하고, 암호화와 복호화 속도가 느림

▼ 암호화와 복호화

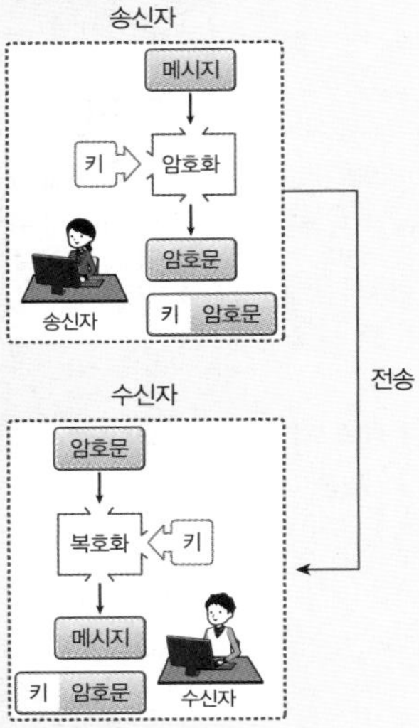

▼ DES
(Data Encryption Standard)

미국 NIST에서 국가 표준으로 정한 암호로 64비트의 평문을 64비트의 암호문으로 만드는데 64비트의 키를 사용한다.

▼ RSA
(Rivest–Shamir–Adleman)

암호화뿐만 아니라 전자서명이 가능한 공개키 암호 알고리즘으로 소인수분해 문제의 어려움을 이용한다.

05 전자우편 보안

PEM (Privacy Enhanced Mail)	전자우편을 암호화하고, 받은 전자우편의 암호를 복호화해주는 보안 프로그램
PGP (Pretty Good Privacy)	• Phil Zimmermann이 개발한 전자우편 보안의 표준 • 인터넷에서 전달하는 전자우편을 다른 사람이 받아 볼 수 없도록 암호화하고, 받은 전자우편의 암호를 해석해주는 프로그램을 말한다. • 구현은 PEM에 비해 용이하나, 보안성은 상대적으로 떨어지는 경향이 있음
S/MIME (Secure Multi–purpose Internet Mail Extension)	• MIME에 전자서명과 암호화를 더한 형태 • RSA 암호 시스템 이용

06 전자상거래 보안

SSL (Secure Socket Layer)	전자상거래 시 필요한 개인정보를 보호하기 위해 넷스케이프에서 개발한 프로토콜
SET (Secure Electronic Transaction)	VISA와 Master Card사에 의해 개발된 신용카드 기반의 전자 지불 프로토콜

Warming UP 기출로 개념 확인

01 (또 나올 문제) 2020.07

다음 중 정보보안을 위협하는 유형에서 가로채기에 해당하는 것은?

① 데이터의 전달을 가로막아 수신자 측으로 정보가 전달되는 것을 방해하는 행위
② 전송되는 데이터를 전송 도중에 도청 및 몰래 보는 행위
③ 전송된 원래의 데이터를 다른 내용으로 수정하여 변조하는 행위
④ 다른 송신자로부터 데이터가 송신된 것처럼 꾸미는 행위

02 2020.02

다음 중 데이터 보안 침해 형태 중 하나인 변조에 대한 설명으로 옳은 것은?

① 데이터가 정상적으로 전송되는 것을 방해하는 것이다.
② 데이터가 전송되는 도중에 몰래 엿보거나 정보를 유출하는 것이다.
③ 전송된 데이터를 다른 내용으로 바꾸는 것이다.
④ 데이터를 다른 사람이 송신한 것처럼 꾸미는 것이다.

03 (또 나올 문제) 2020.02

다음 중 Windows 10의 방화벽 기능에 대한 설명으로 옳지 않은 것은?

① 통신을 허용할 프로그램 및 기능을 설정한다.
② 네트워크 및 인터넷 사용과 관련된 문제 해결 방법을 제공한다.
③ 바이러스의 감염을 인지하는 알림을 설정한다.
④ 네트워크 위치에 따른 외부 연결의 차단 여부를 설정한다.

04 2019.08, 2014.06

다음 중 컴퓨터 보안과 관련된 기술에 해당하지 않은 것은?

① 인증(Authentication)
② 암호화(Encryption)
③ 방화벽(Firewall)
④ 브리지(Bridge)

바로 보는 해설

01
| 오답 피하기 |
① 가로막기에 대한 설명이다.
③ 변조/수정에 대한 설명이다.
④ 위조에 대한 설명이다.

02
| 오답 피하기 |
① 가로막기에 대한 설명이다.
② 가로채기에 대한 설명이다.
④ 위조에 대한 설명이다.

03
방화벽은 외부 네트워크와 내부 네트워크 사이에 위치하여 각 네트워크의 위치 유형에 따른 외부 연결의 차단과 알림 설정이 가능하지만 바이러스의 감염을 인지하는 알림을 설정할 수는 없다.

04
브리지는 독립된 2개의 근거리 통신망을 연결하는 네트워크 장치이다.
| 오답 피하기 |
① 인증: 사용자를 식별하고 접근 권한을 확인한다.
② 암호화: 데이터에 암호 알고리즘을 적용하여 허가받지 않은 사람들이 정보를 볼 수 없도록 암호문으로 변환하는 기법이다.
③ 방화벽: 보안이 필요한 네트워크의 통로를 단일화하여 외부로부터의 침입을 방지한다.

| 정답 | 01 ② 02 ③ 03 ③ 04 ④

기출선지 OX 퀴즈

01 정보사회의 문제점으로 VDT 증후군이나 테크노스트레스와 같은 직업병이 발생할 수 있다. (O / X)

02 정보사회의 도래로 대중화 현상이 강화되고 개성과 자유를 경시하게 되었다. (O / X)

03 다른 사람의 초상 사진을 사용하기 위해서는 사진작가와 본인의 승낙을 동시에 받아야 하는 것이 원칙이다. (O / X)

04 사람의 이름이나 단체의 명칭 또는 저작물의 제호 등은 사상 또는 감정의 창작적 표현이라고 볼 수 없기 때문에 저작물이 되지 않는다. (O / X)

05 국가 또는 지방자치단체의 홈페이지에 게시된 고시 · 공고 · 훈령 등은 저작권법의 보호를 받는다. (O / X)

06 저작재산권은 저작자가 생존하는 동안과 저작시점에 따라 사망 후 70년간 존속한다. (O / X)

07 프로그램을 작성하기 위하여 사용하고 있는 프로그램 언어, 규약 및 해법에도 저작권이 적용된다. (O / X)

08 개인정보는 성명, 주소 등과 같이 살아 있는 개인을 식별할 수 있는 정보이다. (O / X)

09 '컴퓨터 바이러스 백신의 제작과 유포'는 컴퓨터 범죄에 해당한다. (O / X)

10 DDoS는 여러 대의 컴퓨터를 일제히 동작시켜 대량의 데이터를 한 곳의 서버 컴퓨터에 집중적으로 전송시킴으로써 특정 서버가 정상적으로 동작하지 못하게 하는 공격 방식이다. (O / X)

11 컴퓨터 범죄를 예방하기 위해 회원 가입한 사이트의 패스워드를 주기적으로 변경한다. (O / X)

12 부트 바이러스는 마이크로소프트의 엑셀이나 워드와 같은 파일을 매개로 하고 특정 응용 프로그램으로 매크로가 사용되면 감염이 확산되는 형태이다. (O / X)

13 정기적으로 Windows의 [디스크 정리]를 실행하여 바이러스 감염을 예방한다. (O / X)

14 브리지(Bridge)는 컴퓨터 보안과 관련된 기술이다. (O / X)

15 가로채기는 전송되는 데이터를 전송 도중에 도청 및 몰래 보는 행위이다. (O / X)

16 변조는 전송된 데이터를 다른 내용으로 바꾸는 것이다. (O / X)

17 방화벽 기능으로 바이러스의 감염을 인지하는 알림을 설정할 수 있다. (O / X)

18 컴퓨터 범죄 예방을 위해 바이러스 백신 프로그램을 설치하고 자동 업데이트로 설정한다. (O / X)

19 컴퓨터 범죄 예방을 위해 정크 메일로 의심이 가는 이메일은 본문을 확인한 후 즉시 삭제한다. (O / X)

20 트로이 목마는 시스템에 어떤 허가되지 않은 행위를 수행시키기 위해 다른 프로그램 코드로 위장하여 침투시키는 행위를 하는 악성 코드이다. (O / X)

21 정보사회의 역기능으로 정보 이용의 격차와 문화적 종속이 있다. (O / X)

22 스니핑은 네트워크 주변을 지나다니는 패킷을 엿보면서 계정과 비밀번호를 알아내는 보안 위협 행위이다. (O / X)

23 정당한 사용자가 정상적으로 시스템을 종료하지 않고 자리를 떠났을 때 비인가된 사용자가 바로 그 자리에서 계속 작업을 수행하여 불법적 접근을 하는 것은 피기배킹이다. (O / X)

24 스푸핑은 실제로는 악성 코드로 행동하지 않으면서 겉으로는 악성 코드인 것처럼 가장한다. (O / X)

25 키로거는 키보드의 키 입력 캐치 프로그램을 이용하여 개인 정보를 빼내는 행위이다. (O / X)

26 컴퓨터 바이러스는 온라인 채팅이나 인스턴트 메신저 프로그램을 통해서 전파되기도 한다. (O / X)

27 컴퓨터 바이러스를 예방하기 위해 전자우편에 첨부된 파일은 파일명을 다른 이름으로 저장하여 사용한다. (O / X)

28 컴퓨터 바이러스나 웜(Worm)은 치료 기능을 가지고 있다. (O / X)

29 방화벽을 운영하면 바이러스와 내 · 외부의 새로운 위험에 효과적으로 대처할 수 있다. (O / X)

30 비밀키 암호화 기법은 알고리즘이 단순하고 파일의 크기가 작다. (O / X)

| 정답 |

01	O	02	X	03	O	04	O	05	X	06	O	07	X	08	O	09	X	10	O
11	O	12	X	13	X	14	X	15	O	16	O	17	X	18	O	19	X	20	O
21	O	22	O	23	O	24	X	25	O	26	O	27	X	28	X	29	X	30	O

Build UP 기출로 개념 강화

개념끝 042 정보 윤리 기본

01 2020.02

다음 중 빈칸의 용어를 올바르게 나열한 것은?

> (ⓐ)은(는) 생활에서 관찰이나 측정을 통해 얻을 수 있는 문자나 그림, 숫자 등의 값을 의미한다. 이러한 요소들을 모아서 의미 있는 이용 가능한 형태로 바꾸면 (ⓑ)이(가) 된다.
> (ⓒ)란 정보통신기술의 혁신을 바탕으로 경제와 사회의 중심이 물질이나 에너지로부터 정보로 이동하여 정보가 사회의 전 분야에 널리 확산되는 것을 말한다.

	ⓐ	ⓑ	ⓒ
①	자료	지식	정보화
②	자료	정보	정보화
③	정보	DB	스마트
④	정보	지식	스마트

02 또 나올 문제 2022.상시, 2010.03

다음 중 정보화 사회의 특징에서 역기능에 해당하는 것으로 옳은 것은?

① 정보의 수요와 공급의 다원화
② 기술혁신과 정보화의 진정에 따른 첨단 직업 출현
③ 정보 이용의 격차와 문화적 종속
④ 다양한 사회의 시스템화

개념끝 043 저작권 보호

03 2013.10

다음 중 아래에서 설명하는 저작권법에 기초한 저작자의 재산권이 제한되는 범위가 <u>아닌</u> 것은?

> 저작권법은 저작자의 권리와 이에 인접하는 권리를 보호하고, 저작물의 공정한 이용을 도모함으로써 문화의 향상 발전에 이바지함을 목적으로 한다. 저작물의 공정한 이용은 저작자의 권리를 본질적으로 침해하지 않는 범위 내에서 제한하게 된다.

① 공적 이용을 위하여 공공기관 등에서 복제하는 경우
② 보도, 비평, 교육, 연구 등을 위하여 정당한 범위 안에서 인용하는 경우
③ 고등학교 이하의 학교 교육 목적상 필요한 교과용 도서에 게재하는 경우
④ 방송사업자가 자체 방송을 위하여 일시적으로 녹음, 녹화하는 경우

개념끝 044

개인정보 보호

04

2016(전자상거래운용사)

다음 중 개인정보 처리 원칙에 대한 설명으로 가장 올바르지 않은 것은?

① 개인정보처리자는 개인정보의 처리 목적을 명확하게 하여야 하고 그 목적에 필요한 범위에서 최소한의 개인정보만을 적법하고 정당하게 수집하여야 한다.
② 개인정보처리자는 개인정보의 처리 목적에 필요한 범위에서 적합하게 개인정보를 처리하여야 하며, 그 목적 외의 용도로 활용하여서는 안 된다.
③ 개인정보처리자는 개인정보에 대해 익명처리가 가능한 경우에도 익명처리를 하여서는 안 된다.
④ 개인정보처리자는 개인정보 처리방침 등 개인정보의 처리에 관한 사항을 공개하여야 하며, 열람청구권 등 정보 주체의 권리를 보장하여야 한다.

개념끝 045

컴퓨터 범죄

05

2018.09, 2014.10

다음 중 유명 기업이나 금융기관을 사칭한 가짜 웹 사이트나 이메일 등으로 개인의 금융정보와 비밀번호를 입력하도록 유도하여 예금 인출 및 다른 범죄에 이용하는 컴퓨터 범죄 유형은?

① 웜(Worm)
② 해킹(Hacking)
③ 피싱(Phishing)
④ 스니핑(Sniffing)

바로 보는 해설

01
- ⓐ 자료: 가공되지 않은 데이터
- ⓑ 정보: 특정 목적과 문제 해결에 활용하기 위해 자료를 가공한 것
- ⓒ 정보화: 정보가 사회의 전 분야에 확산되는 현상

02 정보의 편중으로 계층 간의 정보 격차와 문화적 종속이 발생한다.

03 공적 이용을 위하여 공공기관 등에서 복제하는 경우는 저작자의 재산권이 제한되는 범위에 포함되지 않는다.

04 개인정보처리자는 개인정보를 익명 또는 가명으로 처리하여도 개인정보 수집목적을 달성할 수 있는 경우 익명처리가 가능한 경우에는 익명에 의하여, 익명처리로 목적을 달성할 수 없는 경우에는 가명에 의하여 처리될 수 있도록 하여야 한다.

05 | 오답 피하기 |
① 웜: 네트워크를 통해 연속적으로 자신을 복제하여 시스템을 과부화시키는 프로그램이다.
② 해킹: 타인의 컴퓨터 시스템에 무단으로 침입하여 데이터와 프로그램을 없애거나 망치는 일이다.
④ 스니핑: 네트워크 주변을 지나다니는 패킷을 엿보면서 계정과 비밀번호를 알아내는 행위이다.

| 정답 | 01 ② 02 ③ 03 ① 04 ③ 05 ③

06

2016.10

다음 중 정당한 사용자가 정상적으로 시스템을 종료하지 않고 자리를 떠났을 때 비인가된 사용자가 바로 그 자리에서 계속 작업을 수행하여 불법적 접근을 행하는 범죄 행위에 해당하는 것은?

① 스패밍(Spamming)
② 스푸핑(Spoofing)
③ 스니핑(Sniffing)
④ 피기배킹(Piggybacking)

07

2017.09

다음 중 정보사회의 컴퓨터 범죄 예방과 대책으로 적절하지 않은 것은?

① 보호하고자 하는 컴퓨터나 정보에 비밀번호를 설정하고 주기적으로 변경한다.
② 바이러스 백신 프로그램을 설치하고 자동 업데이트로 설정한다.
③ 정크 메일로 의심이 가는 이메일은 본문을 확인한 후 즉시 삭제한다.
④ Windows Update는 자동 설치를 기본으로 설정한다.

08 (또 나올 문제)

2017.09

다음 중 정보보안을 위협하는 형태에 대한 설명으로 옳은 것은?

① 스니핑(Sniffing): 검증된 사람이 네트워크를 통해 데이터를 보낸 것처럼 데이터를 변조하여 접속을 시도한다.
② 피싱(Phishing): 적절한 사용자 동의 없이 사용자 정보를 수집하는 프로그램을 설치하여 사생활을 침해한다.
③ 스푸핑(Spoofing): 실제로는 악성 코드로 행동하지 않으면서 겉으로는 악성 코드인 것처럼 가장한다.
④ 키로거(Key Logger): 키보드의 키 입력 캐치 프로그램을 이용하여 개인 정보를 빼낸다.

09

2016.06

다음 중 정보사회에서 정보보안을 위협하기 위해 웜(Worm)의 형태를 이용하는 것에 해당하지 않는 것은?

① 분산 서비스 거부 공격
② 버퍼 오버플로 공격
③ 슬래머
④ 트로이 목마

개념끝 046 컴퓨터 바이러스

10 (또 나올 문제)

2017.03

다음 중 컴퓨터 바이러스에 대한 설명으로 가장 적절하지 않은 것은?

① 사용자가 인지하지 못한 사이 자가복제를 통해 다른 정상적인 프로그램을 감염시켜 해당 프로그램이나 다른 데이터 파일 등을 파괴한다.
② 보통 소프트웨어 형태로 감염되나 메일이나 첨부 파일은 감염의 확률이 매우 적다.
③ 인터넷의 공개 자료실에 있는 파일을 다운로드하여 설치할 때 감염될 수 있다.
④ 온라인 채팅이나 인스턴트 메신저 프로그램을 통해서 전파되기도 한다.

11

2015.06

다음 중 컴퓨터 바이러스의 예방법으로 적절하지 않은 것은?

① 최신 버전의 백신 프로그램을 사용한다.

② 다운로드 받은 파일은 사용하기 전에 바이러스 검사 후 사용한다.

③ 전자우편에 첨부된 파일은 파일명을 다른 이름으로 저장하여 사용한다.

④ 네트워크 공유 폴더에 있는 파일을 사용하기 전에 바이러스 검사 후 사용한다.

개념끝 047 정보 보안

12 또 나올 문제

2021.상시, 2016.03, 2015.10

다음 중 정보의 기밀성을 저해하는 데이터 보안 침해 형태는?

① 가로막기(Interruption)

② 가로채기(Interception)

③ 위조(Fabrication)

④ 수정(Modification)

13

2015.06(1급)

다음 중 시스템의 정보보안을 위한 기본 충족 요건으로 적절하지 않은 것은?

① 시스템 내의 정보와 자원은 인가된 사용자만 접근이 허용되어야 한다.

② 소프트웨어의 버전과 저작권에 대한 내용이 인증되어야 한다.

③ 정보를 전송하는 과정에서 변경되지 않고 전달되어야 한다.

④ 사용자를 식별하고 접근 권한을 확인할 수 있어야 한다.

바로 보는 해설

06 | 오답 피하기 |

① 스패밍: 인터넷을 이용하여 다수의 수신인에게 무작위로 발송된 이메일 메시지이다.

② 스푸핑: 검증된 사람이 네트워크를 통해 데이터를 보낸 것처럼 데이터를 변조하여 접속을 시도하는 행위이다.

③ 스니핑: 네트워크 주변을 지나다니는 패킷을 엿보면서 계정과 패스워드를 알아내는 행위이다.

07 정크 메일로 의심이 가는 메일은 열어보지 않고 즉시 삭제해야 한다.

08 | 오답 피하기 |

① 스푸핑에 대한 설명이다. 스니핑은 네트워크 주변을 지나다니는 패킷을 엿보면서 계정과 패스워드를 알아내는 행위이다.

② 스파이웨어에 대한 설명이다. 피싱은 유명 기업이나 금융기관을 사칭한 가짜 웹 사이트나 이메일 등으로 개인의 금융정보와 비밀번호를 입력하도록 유도하여 예금 인출 및 다른 범죄에 이용하는 컴퓨터 범죄이다.

③ 혹스(Hoax)에 대한 설명이다.

09
- 웜(Worm)은 네트워크를 통해 연속적으로 자신을 복제하여 시스템에 부하를 높여 시스템을 다운시키는 바이러스로 분산 서비스 거부 공격(DDoS), 슬래머, 버퍼 오버플로 공격 등이 웜의 형태이다.
- 트로이 목마는 시스템에 어떤 허가되지 않은 행위를 수행시키기 위해 다른 프로그램 코드로 위장하여 침투시키는 행위를 하는 악성 코드이다.

10 메일이나 첨부 파일은 감염의 확률이 매우 높다. 따라서 발신자가 불분명할 경우 첨부 파일은 바이러스 검사를 한 후 열어보거나 의심스럽다면 곧바로 삭제해야 한다.

11 전자우편에 첨부된 파일은 다른 이름으로 저장한다고 안전한 것이 아니므로 반드시 바이러스 검사 후 사용해야 한다.

12 | 오답 피하기 |

① 가용성 침해

③, ④ 무결성 침해

13 | 오답 피하기 |

① 기밀성에 대한 내용이다.

③ 무결성에 대한 내용이다.

④ 인증에 대한 내용이다.

| 정답 | 06 ④ 07 ③ 08 ④ 09 ④ 10 ② 11 ③ 12 ② 13 ②

14 또 나올 문제

2020.07(1급)

다음 중 시스템 보안을 위해 사용하는 방화벽(Firewall)에 대한 설명으로 적절하지 않은 것은?

① IP 주소 및 포트 번호를 이용하거나 사용자 인증을 기반으로 접속을 차단하여 네트워크의 출입로를 단일화한다.
② '명백히 허용되지 않은 것은 금지한다.'라는 적극적 방어 개념을 가지고 있다.
③ 방화벽을 운영하면 바이러스와 내·외부의 새로운 위험에 효과적으로 대처할 수 있다.
④ 로그 정보를 통해 외부 침입의 흔적을 찾아 역추적할 수 있다.

15 또 나올 문제

2020.07(1급)

다음 중 정보보안을 위한 비밀키 암호화 기법의 설명으로 옳지 않은 것은?

① 서로 다른 키로 데이터를 암호화하고 복호화한다.
② 암호화와 복호화의 속도가 빠르다.
③ 알고리즘이 단순하고 파일의 크기가 작다.
④ 사용자의 증가에 따라 관리해야 할 키의 수가 상대적으로 많아진다.

바로 보는 해설

14 방화벽은 외부의 위협은 막을 수 있지만, 내부에서 일어나는 위협은 막지 못한다.

15 비밀키 암호화 기법은 암호키와 복호키가 동일한 키를 사용하지만, 공개키 암호화 기법은 암호키와 복호키가 다르다.

| 정답 | 14 ③ 15 ①

Jump UP 기출 재구성 과목별 모의고사

01 개념끝 005 2014.03

다음 중 Windows 10에서 휴지통에 대한 설명으로 옳지 않은 것은?

① 작업 도중 삭제된 자료들이 임시로 보관되는 장소로 필요한 경우 복원이 가능하다.
② 각 드라이브마다 휴지통의 크기를 다르게 설정하는 것이 가능하다.
③ 원하는 경우 휴지통에 보관된 폴더나 파일을 직접 실행할 수도 있고 복원할 수도 있다.
④ 지정된 휴지통의 용량을 초과하면 가장 오래 전에 삭제되어 보관된 파일부터 지워진다.

02 개념끝 010 2013.06

다음 중 Windows 10의 인쇄 기능에 대한 설명으로 옳지 않은 것은?

① 인쇄 대기 중인 문서의 인쇄 우선순위를 변경할 수 있다.
② 인쇄 대기 중인 문서에 대해서 용지 방향, 용지 공급 및 인쇄 매수를 변경할 수 있다.
③ 인쇄 대기열을 이용하여 인쇄 상태, 소유자, 인쇄할 페이지 수 등 문서에 대한 정보를 알 수 있다.
④ 인쇄 대기열에서 프린터로 보낸 문서의 인쇄를 취소하거나 일시 중지할 수 있다.

바로 보는 해설

01 휴지통에 보관된 폴더나 파일은 직접 실행할 수 없으며, 반드시 복원 후 실행할 수 있다.

02 인쇄 대기 중인 문서의 용지 방향, 용지 종류, 인쇄 매수 등의 설정을 변경할 수는 없다.

| 정답 | 01 ③ 02 ②

03 개념끝 013 2013.06

다음 중 Windows 10의 [키보드 속성] 대화상자에서 설정할 수 있는 내용으로 옳지 않은 것은?

① 문자 반복의 재입력 시간을 설정할 수 있다.
② 문자 반복의 반복 속도를 설정할 수 있다.
③ 커서 깜빡임 속도를 설정할 수 있다.
④ 마우스 포인터를 숫자 키패드를 사용하여 움직일 수 있게 설정할 수 있다.

04 개념끝 021 2014.03

다음 중 디지털 컴퓨터의 특성을 설명한 것으로 옳지 않은 것은?

① 부호화된 숫자와 문자, 이산 데이터 등을 사용한다.
② 산술논리 연산을 주로 한다.
③ 증폭 회로를 사용한다.
④ 연산속도가 아날로그 컴퓨터보다 느리다.

05 개념끝 022 2018.03

다음 중 컴퓨터의 문자 표현 코드인 ASCII 코드의 특징으로 옳은 것은?

① BCD 코드를 확장한 코드로 대형 컴퓨터에서 사용한다.
② 확장 ASCII 코드는 8비트를 사용하여 256가지의 문자를 표현한다.
③ 2진화 10진 코드라고도 하며, 하나의 문자를 4개의 Zone 비트와 4개의 Digit 비트로 표현한다.
④ 에러 검출 및 교정이 가능한 코드로 2비트의 에러 검출 코드가 포함되어 있다.

06 개념끝 024 2017.09

다음 중 플래시 메모리에 대한 설명으로 옳지 않은 것은?

① 소비 전력이 작다.
② 휘발성 메모리이다.
③ 정보의 입출력이 자유롭다.
④ 휴대전화, 디지털카메라, 게임기, USB 메모리 등에 널리 이용된다.

07 개념끝 024 2017.03

다음 중 컴퓨터 시스템을 안정적으로 사용하기 위한 관리 방법으로 적절하지 않은 것은?

① 컴퓨터를 이동하거나 부품을 교체할 때에는 반드시 전원을 끄고 작업하는 것이 좋다.
② 직사광선을 피하고 습기가 적으며 통풍이 잘 되고 먼지 발생이 적은 곳에 설치한다.
③ 시스템 백업 기능을 자주 사용하면 시스템 바이러스 감염 가능성이 높아진다.
④ [드라이브 조각 모음 및 최적화]에 대해 예약 실행을 설정하여 정기적으로 최적화시킨다.

08 개념끝 026 2016.10

다음 중 모니터의 전원은 정상적으로 들어와 있음에도 화면이 하얗게 나오는 백화 현상의 원인으로 가장 적절한 것은?

① 전원 코드의 문제
② 그래픽 카드 드라이버 문제
③ 모니터 해상도의 문제
④ 모니터의 액정 패널이나 보드의 문제

09 개념끝 022 2013.06

다음 중 처리속도의 단위에 대한 설명으로 옳지 않은 것은?

① ps = 10^{-12} sec
② ns = 10^{-6} sec
③ ms = 10^{-3} sec
④ fs = 10^{-15} sec

10 개념끝 026 2017.09

다음 중 컴퓨터의 저장 매체 관리 방법으로 옳지 않은 것은?

① 주기적으로 디스크 정리, 검사, 조각 모음을 수행한다.
② 강한 자성 물체를 외장 하드디스크 주위에 놓지 않는다.
③ 오랜 기간 동안 저장된 데이터는 재저장한다.
④ 예상치 않은 상황에 대비하여 주기적으로 백업하여 둔다.

11 개념끝 030 2016.03

다음 중 W3C에서 제안한 표준안으로 문서 작성 중심으로 구성된 기존 표준에 비디오, 오디오 등 다양한 부가 기능과 최신 멀티미디어 콘텐츠를 액티브X 없이 브라우저에서 쉽게 볼 수 있도록 한 웹의 표준 언어는?

① XML
② VRML
③ HTML5
④ JSP

바로 보는 해설

03 주어진 내용은 [설정]–[접근성]을 이용하여 설정할 수 있다.

04 디지털 컴퓨터는 논리 회로를 사용한다.

05 | 오답 피하기 |
① EBCDIC 코드에 대한 설명이다.
③ EBCDIC 코드에 대한 설명이다.
④ 해밍 코드에 대한 설명이다.

06 플래시 메모리는 비휘발성 메모리이다.

07 시스템 백업 기능을 자주 사용하여도 시스템 바이러스 감염 가능성이 높아지지 않는다.

08 백화 현상은 모니터의 전원이 정상적으로 들어왔지만 화면이 하얗게 나오는 현상으로, 모니터의 액정 패널이나 메인보드의 문제 때문에 발생한다.

09 ns = 10^{-9} sec

10 주어진 내용은 저장 매체 관리 방법으로 보기 어렵다.

11 | 오답 피하기 |
① SGML의 복잡성과 HTML의 단순함을 개선한 인터넷 언어이다.
② 3차원 가상 공간을 표현하기 위한 언어이다.
④ 웹 서버에서 동적으로 웹 페이지를 생성하여 웹 브라우저에 돌려주는 스크립트 언어이다.

| 정답 | 03 ④ 04 ③ 05 ② 06 ② 07 ③ 08 ④ 09 ② 10 ③ 11 ③

12 개념끝 025 2012.09

다음 중 컴퓨터를 이용할 때 발생하는 인터럽트(Interrupt)에 대한 설명으로 옳지 않은 것은?

① 인터럽트가 발생하면 처리하던 일을 잠시 보류하고, 신호를 파악하여 정해진 인터럽트 루틴이 수행된다.
② 인터럽트 종류에는 외부 인터럽트, 내부 인터럽트, 소프트웨어 인터럽트가 있다.
③ 내부 인터럽트를 트랩(Trap)이라고도 부른다.
④ 외부 인터럽트는 불법적 명령이나 데이터를 사용할 때 발생한다.

13 개념끝 023 2011.10

다음 중 CPU에 대한 설명으로 옳지 않은 것은?

① CPU의 성능을 나타내는 단위 중 MIPS는 1초당 100만개 단위의 명령어를 연산하는 것을 의미하는 단위이다.
② 연산장치는 산술연산과 논리연산을 수행하는 장치로 가산기, 보수기, 누산기 등으로 구성된다.
③ 제어장치는 컴퓨터의 모든 동작을 지시, 감독, 제어하는 장치이다.
④ CISC는 범용 마이크로프로세서의 명령 세트를 축소하여 설계한 컴퓨터 방식으로 주로 고성능의 워크스테이션이나 그래픽용 컴퓨터에서 사용된다.

14 개념끝 030 2013.10(1급)

다음 그림은 일반적인 웹 서버 프로그램의 동작 과정이다. 다음 중 서버 쪽 ( ) 안의 웹 프로그램으로 옳지 않은 것은?

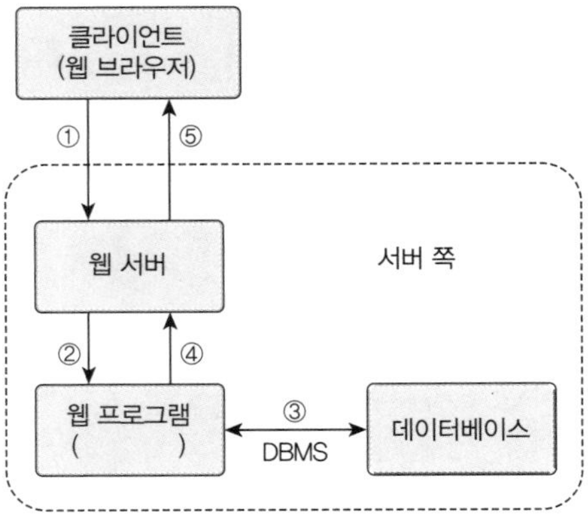

① ASP
② JSP
③ XML
④ PHP

15 개념끝 031 2015.06

다음 중 멀티미디어의 특징에 대한 설명으로 옳지 않은 것은?

① 멀티미디어(Multimedia)는 다중 매체의 의미를 가지며 다양한 매체를 통해 정보를 전달한다는 의미이다.
② 멀티미디어 데이터는 정보량이 크기 때문에 일반적으로 압축하여 저장한다.
③ 대용량의 멀티미디어 데이터를 저장하기 위해 CD-ROM, DVD, 블루레이 디스크 등의 저장장치가 발전하였다.
④ 멀티미디어 동영상 정보는 용량이 크고 통합 처리하기 어려워 사운드와 영상이 분리되어 전송된다.

16 개념끝 031 2014.06

다음 중 멀티미디어와 관련된 기술인 VOD(Video On Demand)에 대한 설명으로 옳지 않은 것은?

① 비디오를 디지털로 압축하여 비디오 서버에 저장하고, 가입자가 원하는 콘텐츠를 제공하며 재생, 제어, 검색, 질의 등이 가능하다.
② 사용자의 요구에 따라 영화나 뉴스 등의 콘텐츠를 통신 케이블을 통하여 서비스하는 영상 서비스이다.
③ 사용자 간 커뮤니케이션을 목적으로 원거리에서 영상을 공유하며, 공간적 시간적 제약을 극복할 수 있다.
④ VCR 같은 기능의 셋탑 박스는 비디오 서버로부터 압축되어 전송된 디지털 영상과 소리를 복원, 재생하는 역할을 한다.

17 개념끝 036 2013.06

다음 중 네트워크 장비의 하나인 허브에 대한 설명으로 옳지 않은 것은?

① 네트워크를 구성할 때 한꺼번에 여러 대의 컴퓨터를 연결하는 장치이다.
② OSI 7계층 중 물리 계층에서 사용되는 장비이다.
③ 허브의 종류에는 더미 허브, 스위칭 허브 등이 있다.
④ 일반적으로 스위칭 허브보다 더미 허브의 속도가 빠르다.

18 개념끝 037 2014.03

다음 중 컴퓨터를 사용한 정보 통신과 관련된 통신 용어에 대한 설명으로 옳지 않은 것은?

① 흐름 제어(Flow Control): 자료를 송·수신할 때 버퍼를 사용하여 그 속도의 흐름을 조절하기 위한 기능
② 정지 비트(Stop Bit): 전송되는 데이터의 끝을 알리기 위해 보내는 비트
③ 패리티 비트(Parity Bit): 데이터 전송 시 에러 검출을 위해 데이터 비트에 붙여서 보내는 비트
④ 전송 속도(bps): Bytes Per Second의 약자로 초당 전송되는 바이트 수를 의미한다.

바로 보는 해설

12 내부 인터럽트는 불법적 명령이나 데이터를 사용할 때 발생한다.

13 주어진 내용은 RISC에 대한 설명이다.

14 서버 측에서 실행되는 웹 프로그램은 ASP, JSP, PHP가 있으며, XML은 해당되지 않는다.

15 멀티미디어 동영상은 사운드와 영상을 통합하여 전송한다.

16 주어진 내용은 화상회의 시스템(VCS; Video Conference System)에 대한 설명이다.

17 스위칭 허브는 네트워크상의 데이터양이 증가하여도 급속한 통신 속도의 저하가 이뤄지지 않으므로 더미 허브보다 속도가 빠르다.

18 bps는 Bits Per Second의 약자로 초당 전송되는 비트 수를 의미한다.

| 정답 | 12 ④ 13 ④ 14 ③ 15 ④ 16 ③ 17 ④ 18 ④

19 개념끝 002 2014.03

다음 중 Windows 10에서 Ctrl+Esc를 눌러 수행되는 작업으로 옳은 것은?

① 시작 메뉴가 나타난다.
② 실행 창이 종료된다.
③ 작업 중인 항목의 바로 가기 메뉴가 나타난다.
④ 창 조절 메뉴가 나타난다.

20 개념끝 045 2013.10

다음 중 컴퓨터 범죄에 해당하지 않는 것은?

① 전자문서의 불법 복사
② 전산망을 이용한 개인 정보 유출
③ 컴퓨터 시스템 해킹을 통한 중요 정보의 위조 또는 변조
④ 웹 검색 엔진을 이용한 상품 검색

바로 보는 해설

19 | 오답 피하기 |
② Alt+F4: 실행 창이 종료된다.
③ Shift+F10: 작업 중인 항목의 바로 가기 메뉴가 나타난다.
④ Alt+Space Bar: 창 조절 메뉴가 나타난다.

20 컴퓨터 범죄란 컴퓨터, 통신, 인터넷 등을 악용하여 사이버 공간에서 행하는 범죄로 ④는 컴퓨터 범죄에 해당하지 않는다.

| 정답 | 19 ① 20 ④

삶의 순간순간이

아름다운 마무리이며

새로운 시작이어야 한다.

– 법정 스님

eduwill

처음에는 당신이 원하는 곳으로
갈 수는 없겠지만,
당신이 지금 있는 곳에서
출발할 수는 있을 것이다.

– 작자 미상

에듀윌 EXIT

컴퓨터활용능력

2급 필기 기본서

❷권 스프레드시트 일반

eduwill

- 합격을 위한 모든 것!
- 시험의 모든 것!
- Q & A
- 기출 분석의 모든 것!
- 왜 에듀윌 교재인가?

[플래너]

정석 ver. 스터디 플래너

벼락치기 ver. 스터디 플래너

1권

1과목 컴퓨터 일반

2권

※실습파일 다운로드

EXIT 합격 서비스(exit.eduwill.net) ▶ 로그인 ▶ 자료실 게시판 ▶ 컴퓨터활용능력 2급 ▶ 필기 ▶다운로드

3권

[PDF] OX퀴즈

※ EXIT 합격 서비스(exit.eduwill.net)의 [자료실 게시판]에서 다운로드

#스프레드시트 일반
#필기합격
#단기합격법

스프레드시트 일반이란 무엇인가요?

스프레드시트 일반은 대표적인 스프레드시트 프로그램인 엑셀 활용을 위한 스프레드시트의 개요, 데이터 입력과 편집, 함수를 이용한 수식 활용, 유용한 데이터 관리, 차트 활용, 출력 작업에 필요한 기능, 업무 자동화를 위한 매크로와 VBA 활용으로 구성됩니다.

출제 비중은 어떻게 되나요?

데이터의 입력 및 편집과 수식 활용, 차트 활용 부분이 출제 비중이 높고, 데이터 관리도 출제 비중이 높습니다.

출제비중 체크해보시고 중요도에 따라 공부하시면 돼요.

출제비중 (최근 기출 10개년 기준)

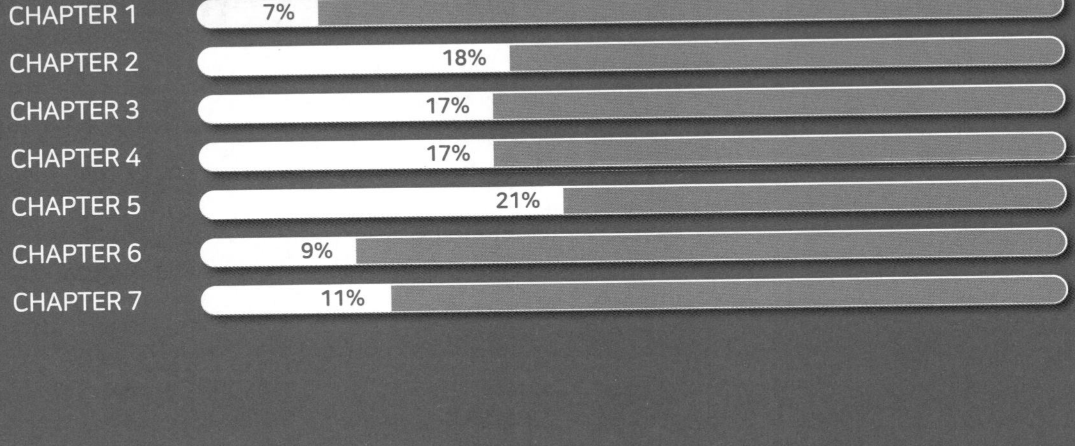

2과목

스프레드시트 일반

최근 기출 10개년 기준

7%

CHAPTER 1

스프레드시트의 개요

무료 동영상 강의

학습전략

엑셀 활용에 가장 기본이 되는 부분으로 출제 비중과 상관없이 모든 내용을 꼼꼼히 학습해야 다음에 이어지는 내용들을 쉽게 이해할 수 있습니다. 엑셀을 실행하고 하나하나 직접 실습하면서 익히는 것이 필요합니다.

개념끝

048 엑셀의 개요

기출빈도 A …… B …… C …… D

결정적 힌트

2과목 스프레드시트 일반은 단순 암기만으로는 좋은 결과를 얻기 어렵습니다. 직접 엑셀을 실행하면서 기능을 익혀야 문제를 풀 수 있습니다. 엑셀의 화면 구성에 대한 문제는 자주 출제되는 부분으로 꼼꼼히 익혀둘 필요가 있습니다.

▼ 엑셀 바로 가기

01 엑셀의 실행

(1) 엑셀의 시작

방법1	[시작( )]−[Excel] 선택
방법2	바탕 화면에서 엑셀 바로 가기 더블클릭

(2) 엑셀의 종료

방법1	제목 표시줄 오른쪽의 [닫기(✕)] 단추 클릭
방법2	Alt + F4
방법3	Alt + F → X

02 화면 구성

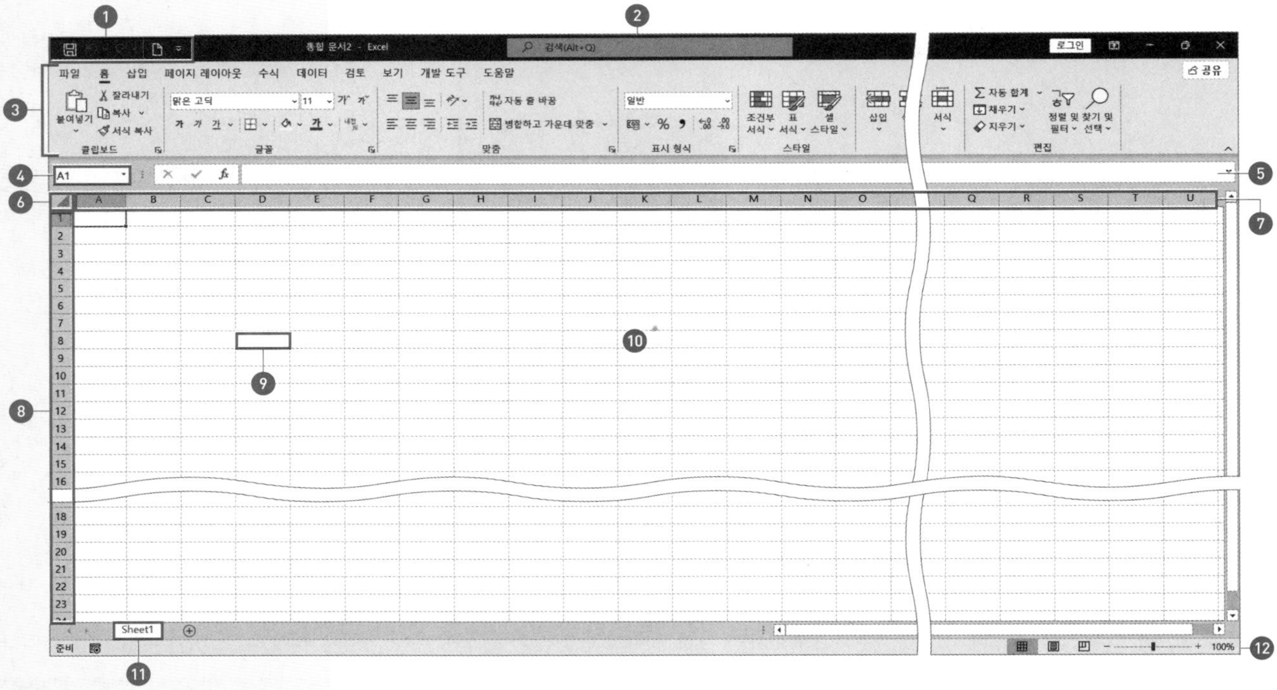

❶ 빠른 실행 도구 모음	자주 사용하는 도구들을 모아놓은 도구 모음으로, 사용자가 추가 및 제거하거나 리본 메뉴의 아래쪽에 표시할 수 있음
❷ 제목 표시줄	현재 작업 중인 파일의 이름이 표시되고, [리본 메뉴 표시 옵션], [최소화], [이전 크기로 복원]/[최대화], [닫기] 단추를 사용할 수 있음
❸ 리본 메뉴	[파일] 탭, [홈] 탭, [삽입] 탭, [페이지 레이아웃] 탭, [수식] 탭, [데이터] 탭, [검토] 탭, [보기] 탭, [개발 도구] 탭, [도움말] 탭이 있고, 클릭하면 각 탭에 포함되는 도구가 표시됨 • Alt 또는 F10을 누르면 리본 메뉴에는 바로 가기 키가, [빠른 실행 도구 모음]에는 일련 번호가 표시됨 • →를 누르면 활성화된 탭이 오른쪽 탭으로 변경됨(이때 바로 →를 누르면 워크시트의 셀이 오른쪽으로 이동함. 따라서 Alt를 눌러 리본 메뉴에서 탭을 선택한 상태에서 →를 눌러야 함)
❹ 이름 상자	현재 선택한 셀 주소나 이름이 표시되고, 차트나 그리기 개체를 선택하면 개체의 이름이 표시됨
❺ 수식 입력줄	셀에 입력한 데이터나 수식이 표시되는 영역
❻ [모두 선택( )] 단추	워크시트의 모든 셀이 선택됨
❼ 열 머리글	시트의 각 열을 의미하고, 클릭하면 열이 선택됨
❽ 행 머리글	시트의 각 행을 의미하고, 클릭하면 행이 선택됨
❾ 셀	데이터가 입력되는 기본 단위로, 각 셀의 주소는 열 번호와 행 번호로 표시됨 예 [C2] 셀: C열과 2행이 만나는 셀
❿ 워크시트	• 데이터를 입력하고 결과가 표시되는 공간으로, 1,048,576행×16,384열로 구성 • 하나의 통합 문서에는 최대 255개의 워크시트를 포함
⓫ 시트 탭	통합 문서에 포함되어 있는 시트의 이름을 표시
⓬ 상태 표시줄	현재 작업 상태에 대한 기본적인 정보를 표시 • 선택 영역에 대한 평균, 개수, 숫자 셀 수, 최소값, 최대값, 합계 등을 표시할 수 있음 • 시트의 보기 상태를 '기본( ) 보기', '페이지 레이아웃( ) 보기', '페이지 나누기 미리 보기( )'로 지정 • 확대/축소 슬라이드바를 표시

▼ 리본 메뉴

리본 메뉴는 화면 해상도와 엑셀 창의 크기에 따라 다른 형태로 표시될 수 있다.

▼ Alt 또는 F10을 누를 경우

▼ 상태 표시줄

상태 표시줄의 바로 가기 메뉴에서 평균, 개수, 숫자 셀 수, 최소값, 최대값, 합계를 선택할 수 있다.

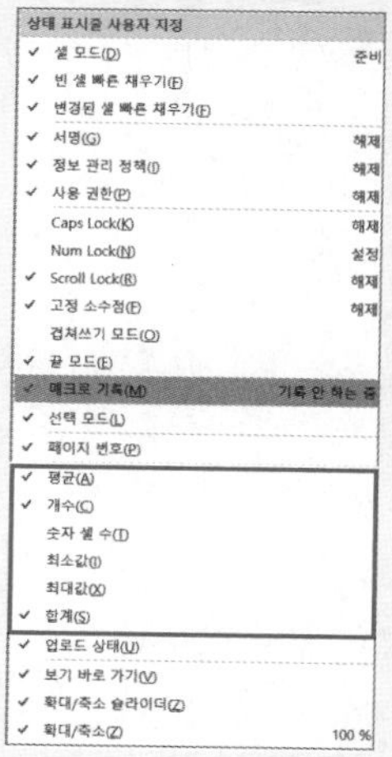

개념 플러스 리본 메뉴의 최소화 방법

방법1	엑셀 창의 오른쪽 위에 있는 [리본 메뉴 표시 옵션( )] 단추-[리본 자동 숨기기] 선택
방법2	Ctrl+F1
방법3	리본 메뉴의 활성 탭 이름을 더블클릭
방법4	[리본 메뉴 축소] 단추( )를 클릭

결정적 힌트

Excel 옵션은 엑셀 작업 시 환경 설정을 할 수 있는 고급 기능으로, 많은 문제가 출제되는 부분은 아닙니다. '일반' 범주와 '고급' 범주 위주로 기능을 익혀두세요.

03 Excel 옵션

일반, 수식, 데이터, 언어 교정, 저장, 언어, 접근성, 고급, 리본 사용자 지정, 빠른 실행 도구 모음, 추가 기능, 보안 센터 등에 대한 옵션을 설정한다.

| 실행 방법

방법	[파일] 탭–[옵션]

(1) '일반' 범주의 주요 기능

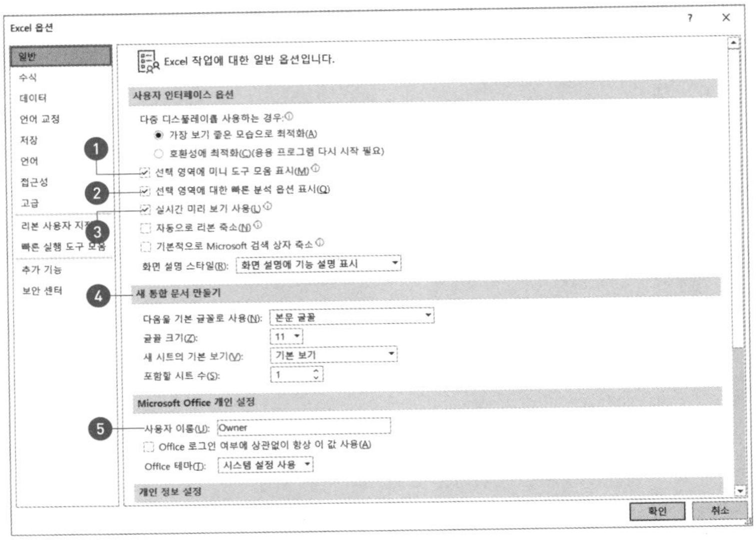

▼ 미니 도구 모음

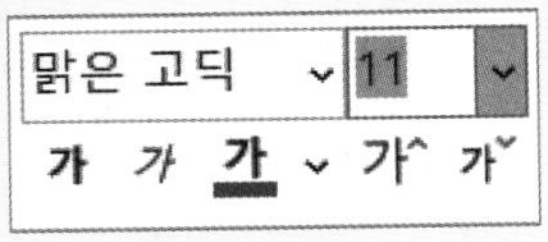

❶ 선택 영역에 미니 도구 모음 표시	텍스트를 선택할 때 미니 도구 모음 표시
❷ 선택 영역에 대한 빠른 분석 옵션 표시	빠른 분석 도구의 표시 여부를 지정
❸ 실시간 미리 보기 사용	선택 사항을 가리킬 때 해당 기능이 문서에 어떤 영향을 주는지 결과를 미리 보여 줌
❹ 새 통합 문서 만들기	새 통합 문서를 열었을 때 적용할 기본 글꼴과 글꼴 크기, 새 시트의 기본 보기, 포함할 시트 수를 지정
❺ 사용자 이름	엑셀에서 사용할 사용자 이름 지정

개념 플러스 선택 영역에 대한 빠른 분석 옵션

서식, 차트, 합계, 표, 스파크라인 등의 기능을 제공한다.

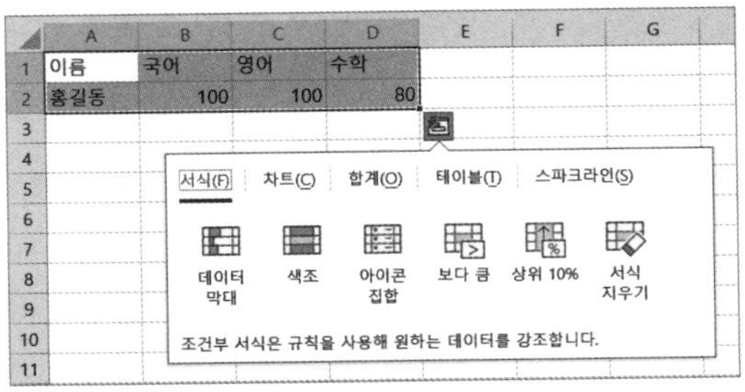

(2) '수식' 범주의 주요 기능

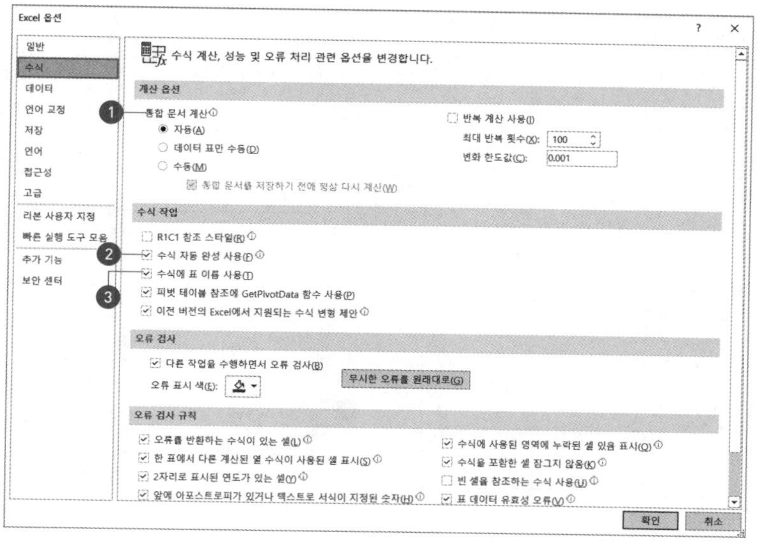

❶ 통합 문서 계산	• 자동: 수식에 영향을 주는 값이 변경될 때마다 수식을 자동으로 계산 • 데이터 표만 수동: 데이터 표 이외는 수식을 자동으로 계산 • 수동: 통합 문서를 저장하기 전이나 F9를 누를 때만 다시 계산
❷ 수식 자동 완성 사용	수식을 작성할 때 해당 문자로 시작하는 함수나 이름 목록을 표시
❸ 수식에 표 이름 사용	데이터가 입력된 범위에 행 또는 열 레이블이 있을 때, 수식에 이름으로 사용

▼ 수식 자동 완성

(3) '저장' 범주의 주요 기능

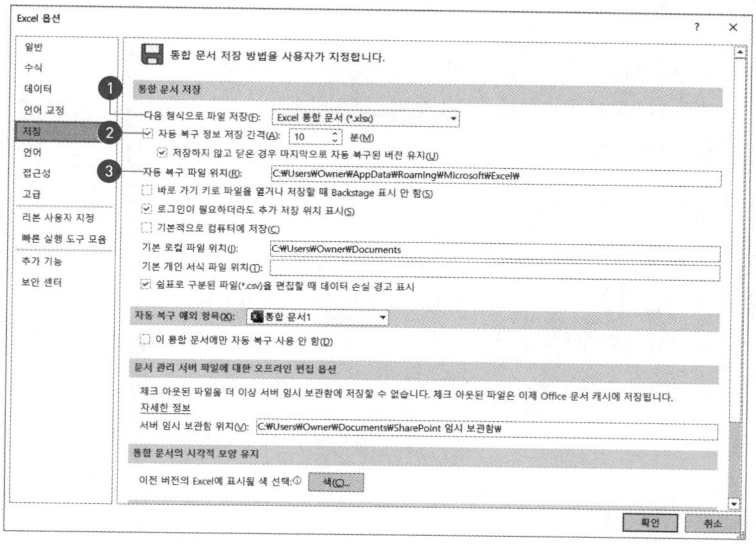

❶ 다음 형식으로 파일 저장	통합 문서를 저장할 때 사용되는 기본 파일 형식 지정
❷ 자동 복구 정보 저장 간격	통합 문서 복구 파일을 저장하는 간격을 지정
❸ 자동 복구 파일 위치	통합 문서 복구 파일이 저장되는 위치를 지정

(4) '고급' 범주의 주요 기능

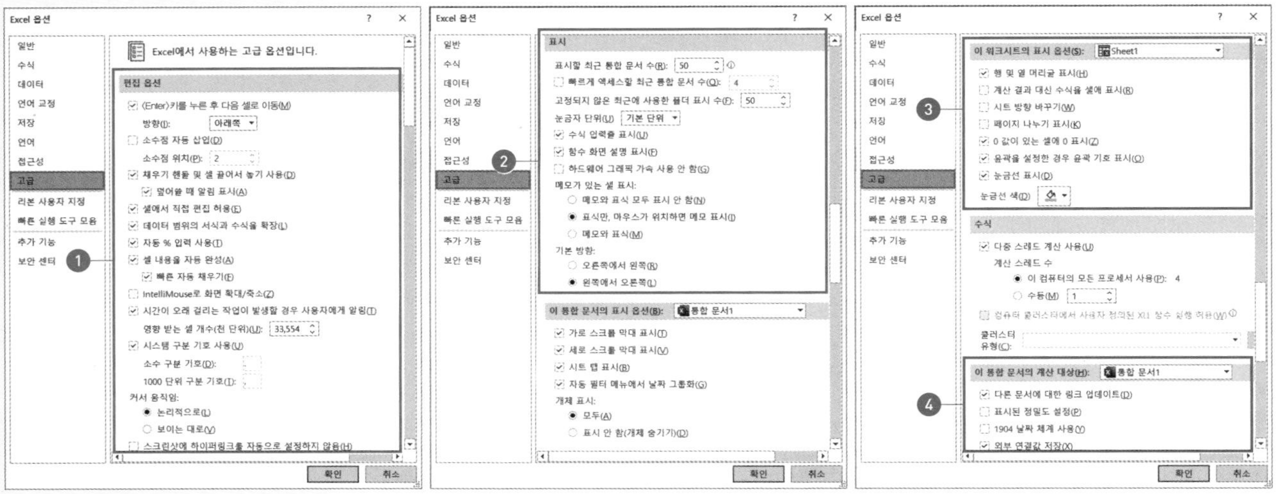

❶ '편집 옵션' 항목	Enter를 누른 후 다음 셀로 이동	셀에 데이터를 입력한 후 Enter를 누를 때 포인터의 이동 방향을 오른쪽, 왼쪽, 아래쪽, 위쪽 중의 하나로 지정
	소수점 자동 삽입	일정한 소수점의 위치를 지정하여 빠르게 입력 예 소수점 위치가 3이면 1 입력 시 0.001이 입력됨
	채우기 핸들 및 셀 끌어서 놓기 사용	마우스 드래그로 복사나 이동이 가능
	셀에서 직접 편집 허용	셀을 더블클릭하여 데이터를 수정
	셀 내용을 자동 완성	셀에 입력한 몇 글자가 같은 열에 있는 기존 항목과 같으면 자동으로 나머지 문자를 자동 완성
❷ '표시' 항목	표시할 최근 통합 문서 수	'최근에 사용한 항목'에 표시할 문서의 수를 지정
	수식 입력줄 표시	수식 입력줄을 화면에 표시
	함수 화면 설명 표시	함수 입력 시 셀 아래에 함수의 형식을 표시
	메모가 있는 셀 표시	메모 표시 여부와 오른쪽 상단의 빨간 삼각형 점의 표시 여부를 지정
❸ '이 워크시트의 표시 옵션' 항목	이 워크시트의 표시 옵션	행 및 머리글, 입력한 수식, 페이지 나누기, 0, 윤곽선, 눈금선 등의 표시 여부를 지정
❹ '이 통합 문서의 계산 대상' 항목	다른 문서에 대한 링크 업데이트	다른 응용 프로그램에 대한 참조가 있는 수식을 계산하고 업데이트

04 창 제어

(1) 화면의 확대/축소

• 현재 작업 중인 워크시트의 화면을 확대하거나 축소하는 기능이다.

| 실행 방법

방법1	[보기] 탭-[확대/축소] 그룹-[확대/축소] 선택
방법2	상태 표시줄의 [확대/축소 비율] 클릭

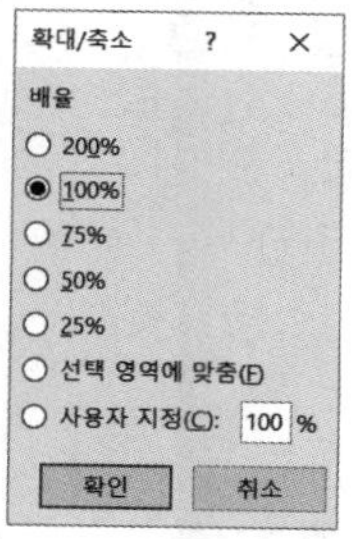

• 10~400% 범위에서 확대 및 축소할 수 있으며, 인쇄할 때는 적용되지 않는다.
• 설정한 확대/축소 배율은 통합 문서의 해당 시트에만 적용된다.
• 여러 시트를 선택하고 확대/축소 배율을 변경하면 선택된 모든 시트에 확대/축소 배율이 적용된다.
• Ctrl을 누른 상태에서 마우스의 스크롤을 위로 올리면 화면이 확대되고 아래로 내리면 화면이 축소된다.
• 특정 영역을 범위로 지정하고 [보기] 탭-[확대/축소] 그룹-[선택 영역 확대/축소]를 클릭하면 범위로 지정한 부분이 한 화면에 보이도록 배율을 자동으로 설정할 수 있다.

(2) 틀 고정

• 데이터가 많을 때 화면을 스크롤해도 특정 행이나 열이 계속 표시되도록 설정하는 기능이다.

| 실행 방법

방법	[보기] 탭-[창] 그룹-[틀 고정] 선택

• 틀 고정 방식에는 '틀 고정', '첫 행 고정', '첫 열 고정'이 있다.
• 셀 포인터의 위쪽과 왼쪽에 틀 고정 구분선이 생기고, 틀 고정 구분선은 드래그하여 위치를 조절할 수 없다.
• 화면에 표시되는 틀 고정 형태는 인쇄할 때 적용되지 않는다.
• 셀 편집 모드이거나 [페이지 레이아웃] 상태일 때는 틀 고정을 설정할 수 없다.

결정적 힌트

창 제어에 관련된 기능들은 잘 출제되는 부분입니다. 특히 틀 고정과 창 나누기 기능을 비교하여 공통점과 차이점을 잘 구분해야 합니다.

▼ 상태 표시줄의 [확대/축소 비율]

실습으로 개념끝 ❶ 에듀윌_컴퓨터활용능력2급필기기본서_실습으로개념끝\2과목\Chapter1_1.틀고정.xlsx

[C3] 셀을 기준으로 틀 고정을 지정하시오.

따라하기

❶ [C3] 셀을 선택하고 [보기] 탭–[창] 그룹–[틀 고정]–[틀 고정]을 선택한다.

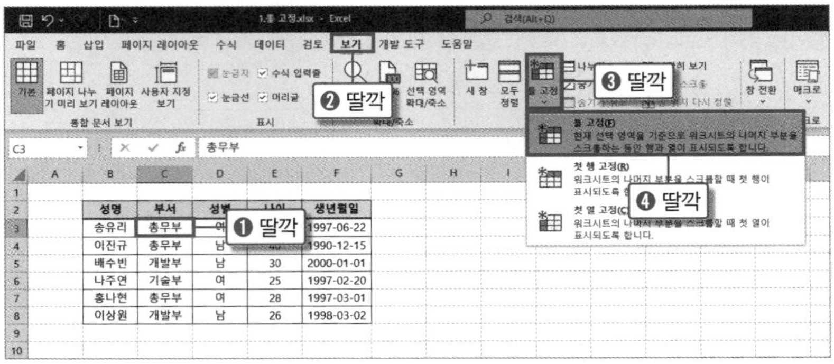

❷ 셀 포인터를 오른쪽으로 이동하면 B열까지 고정되고, 아래쪽으로 이동하면 2행까지 고정된다.

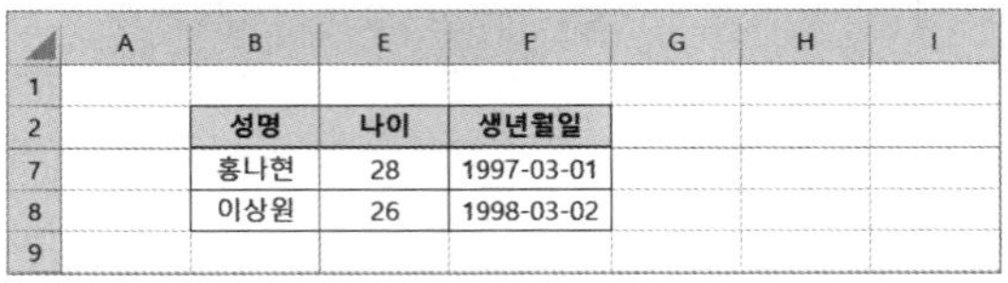

	A	B	E	F	G	H	I
1							
2		성명	나이	생년월일			
7		홍나현	28	1997-03-01			
8		이상원	26	1998-03-02			
9							

❸ 틀 고정을 취소하려면 [보기] 탭–[창] 그룹–[틀 고정]–[틀 고정 취소]를 선택한다.

(3) 창 나누기

■ [보기] 탭–[창] 그룹–[숨기기]

현재 활성화된 통합 문서 창을 보이지 않도록 숨긴다.

- 화면을 여러 개로 나누어 하나의 화면으로 표시하기 어려운 경우, 떨어져 있는 데이터도 한 화면에 볼 수 있는 기능이다.

| 실행 방법

방법	[보기] 탭–[창] 그룹–[나누기] 선택

- 화면을 두 개나 네 개의 영역으로 분할할 수 있고, 셀 포인터의 위쪽과 왼쪽에 창 분할선이 생긴다.
- 분할선을 드래그하여 분할된 지점을 변경할 수 있다.
- 창 나누기는 [실행 취소] 명령으로 해제할 수 없고, 분할선을 더블클릭하여 해제할 수 있다.
- 현재의 창 나누기 상태를 유지하면서 추가로 창 나누기를 지정할 수 없다.
- 창 나누기는 인쇄할 때 적용되지 않는다.
- 틀 고정과 창 나누기를 동시에 수행할 수 없다.

실습으로 개념끝 ❷ 에듀윌_컴퓨터활용능력2급필기기본서_실습으로개념끝\2과목\Chapter1_2.창나누기.xlsx

[C3] 셀을 기준으로 창 나누기를 지정하시오.

따라하기

❶ [C3] 셀을 선택하고 [보기] 탭–[창] 그룹–[나누기]를 선택한다.

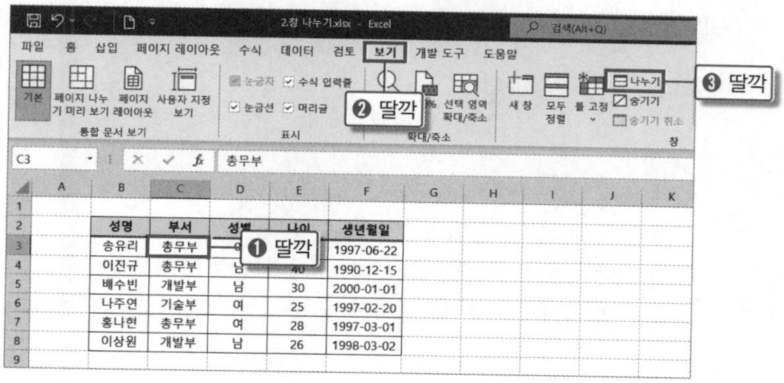

❷ 창 분할선이 생겨 화면이 4개로 분할된 것을 확인한다. 창 분할선을 드래그하여 이동할 수 있다.

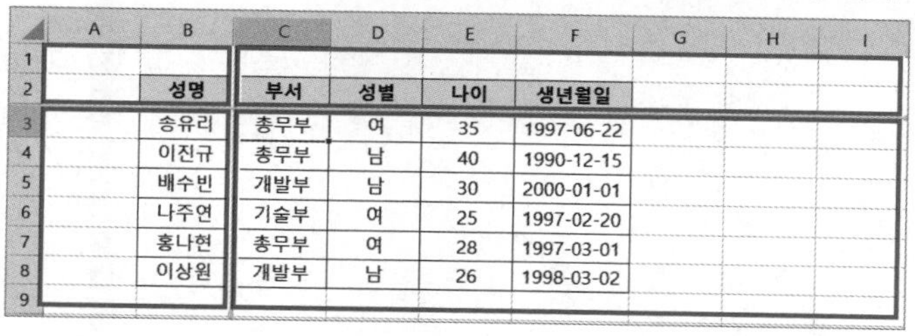

❸ 창 나누기를 해제하려면 [보기] 탭–[창] 그룹–[나누기]를 다시 선택한다.

▼ 바둑판식

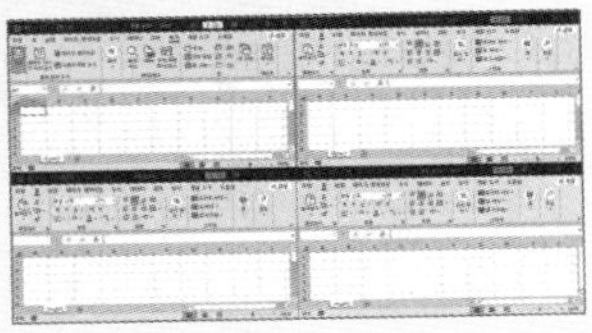

▼ 가로

▼ 세로

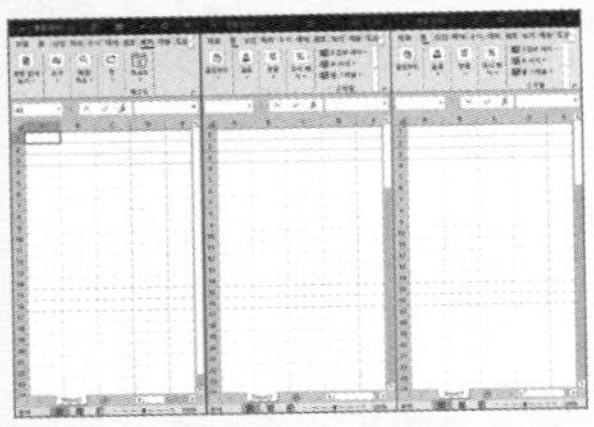

▼ 계단식

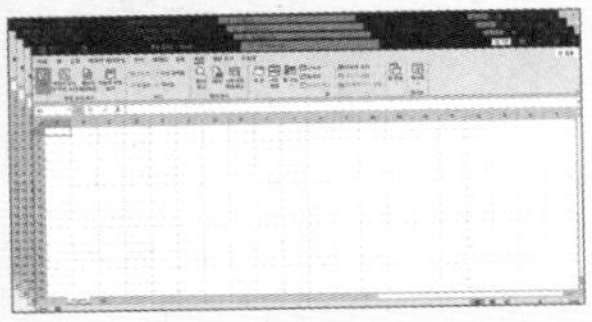

(4) 창 정렬

• 여러 개의 통합 문서를 화면에 모두 표시하고 정렬하는 기능이다.

| 실행 방법

방법	[보기] 탭 – [창] 그룹 – [모두 정렬] 선택

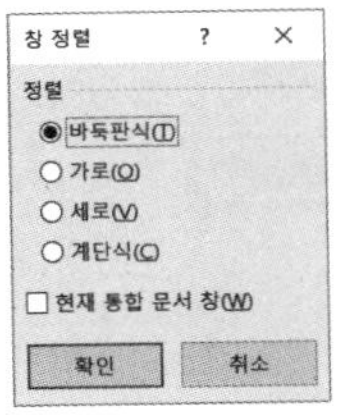

• '바둑판식', '가로', '세로', '계단식'의 형태로 정렬할 수 있다.
• '현재 통합 문서 창'을 선택하면 현재 통합 문서의 창만을 화면에 표시한다.
• [보기] 탭 – [창] 그룹 – [새 창]을 선택하면 현재 활성화된 통합 문서를 새 창에 하나 더 표시한다.

Warming UP 기출로 개념 확인

01 2019.03

다음 중 아래 그림과 같이 소수점 자동 삽입의 소수점 위치를 '3'으로 설정한 상태에서 숫자 '5'를 입력하였을 때 화면에 표시되는 결과로 옳은 것은?

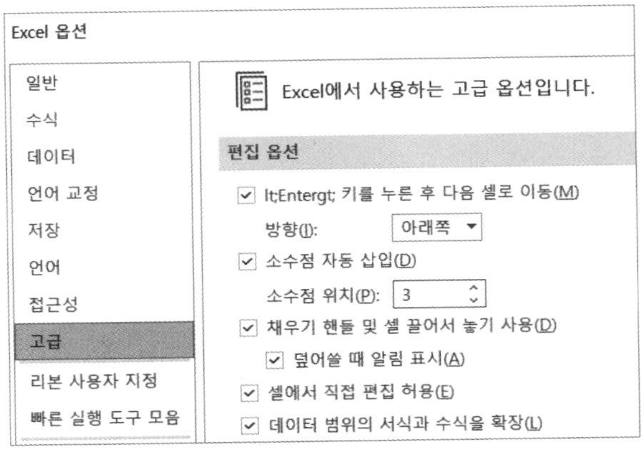

① 0.005 ② 3
③ 5 ④ 5.000

바로 보는 해설

01
소수점 위치를 3으로 지정했기 때문에 표시 결과는 소수점 이하 자릿수가 3자리로 표시된다. 즉, 입력되는 숫자를 무조건 소수점 이하 3자리까지 표시하도록 설정한다. 따라서 입력된 숫자 5에 대한 결과는 '0.005'이다.

| 정답 | 01 ①

02

2018.09

다음 중 창 나누기에 대한 설명으로 옳지 않은 것은?

① 창 나누기를 실행하면 하나의 작업 창은 최대 4개 부분으로 나눌 수 있다.
② 첫 행과 첫 열을 제외한 나머지 셀에서 창 나누기를 수행하면 현재 셀의 위쪽과 왼쪽에 창 분할선이 생긴다.
③ 현재의 창 나누기 상태를 유지하면서 추가로 창 나누기를 지정할 수 있다.
④ 화면에 표시되는 창 나누기 형태는 인쇄 시 적용되지 않는다.

02
현재의 창 나누기 상태를 유지하면서 추가로 창 나누기를 지정할 수 없다.

03 또 나올 문제

2018.03

다음 중 엑셀의 화면 제어에 관한 설명으로 옳지 않은 것은?

① 화면의 확대/축소는 화면에서 워크시트를 더 크게 또는 작게 표시하는 것으로 실제 인쇄할 때에도 설정된 화면의 크기로 인쇄된다.
② 리본 메뉴는 화면 해상도와 엑셀 창의 크기에 따라 다른 형태로 표시될 수 있다.
③ 워크시트에서 특정 영역을 마우스로 드래그하여 블록을 설정한 후 '선택 영역 확대/축소'를 클릭하면 워크시트가 확대/축소되어 블록으로 지정한 영역이 전체 창에 맞게 보여진다.
④ 리본 메뉴가 차지하는 공간 때문에 작업이 불편한 경우 리본 메뉴의 활성 탭 이름을 더블 클릭하여 리본 메뉴를 최소화할 수 있다.

03
화면의 확대/축소는 인쇄할 때 적용되지 않는다.

| 정답 | 02 ③ 03 ①

개념끝

049 파일 관리

기출빈도 A B C D

결정적 힌트

파일 관리는 엑셀 작업을 하면서 반드시 사용하게 되는 기능입니다. 특히 통합 문서 저장에 관한 내용은 자주 출제되는 부분으로 꼼꼼히 학습해야 합니다.

01 통합 문서의 열기와 닫기

(1) 통합 문서 열기

방법1	[파일] 탭-[열기] 선택 → [찾아보기] 클릭
방법2	Ctrl + O

- [열기] 대화상자에서 열고자 하는 파일을 선택하고 [열기]를 클릭한다.
- [열기] 대화상자에서 여러 개의 파일을 선택한 후 [열기]를 클릭하면 여러 개의 파일을 한꺼번에 열 수 있다.
- [파일] 탭-[열기]-[최근 항목]에 최근에 사용한 통합 문서 목록이 표시되므로, 이곳에서 파일을 선택하면 [열기] 대화상자를 사용하지 않고 바로 파일을 열 수 있다.
- 최근 통합 문서 수는 0~50개까지 지정할 수 있으며, [파일] 탭-[옵션]의 '고급' 범주의 '표시할 최근 통합 문서 수'에서 지정한다.

(2) 통합 문서 닫기

방법1	[파일] 탭-[닫기] 선택
방법2	제목 표시줄 오른쪽의 [닫기(✕)] 단추 클릭

02 통합 문서의 저장

(1) 통합 문서 저장

방법1	[파일] 탭-[저장] 또는 [다른 이름으로 저장] 선택
방법2	Ctrl + S

- 이미 파일 이름이 지정된 경우 [파일] 탭-[저장]을 선택하면 기존 이름으로 덮어쓴다.
- 파일 이름을 바꾸어 저장하려면 [파일] 탭-[다른 이름으로 저장]을 선택한다.
- 통합 문서에 매크로나 VBA 코드가 없으면 '*.xlsx' 파일 형식으로 저장한다.
- 이전 버전의 Excel에서 만든 파일을 Excel 2021 파일로 저장하면 새로운 Excel 기능을 모두 사용할 수 있다.

(2) 일반 옵션

- [다른 이름으로 저장] 대화상자에서 [도구] 단추-[일반 옵션]을 선택한다.
- 파일을 저장할 때 백업 파일의 작성 여부와 열기/쓰기 암호, 읽기 전용 권장 등 저장 옵션을 설정할 수 있다.

| [일반 옵션] 대화상자

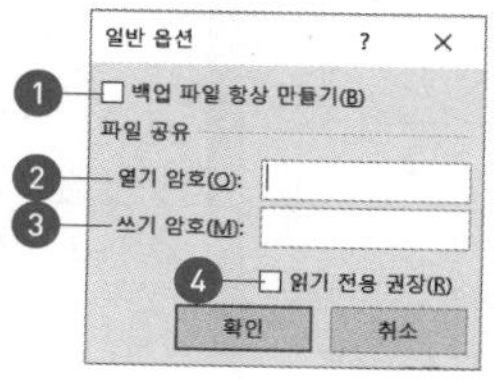

❶ 백업 파일 항상 만들기	파일 저장 시 자동으로 백업용 복사본 저장
❷ 열기 암호	열기 암호를 입력해야 파일을 열 수 있음
❸ 쓰기 암호	쓰기 암호를 몰라도 파일을 열 수 있으나, 원래 이름으로 저장할 수 없음(다른 이름으로 저장 가능)
❹ 읽기 전용 권장	파일을 열 때 읽기 전용으로 열지 묻는 메시지 창 표시

03 내보내기와 게시

(1) 내보내기

- 엑셀 파일을 다른 형식의 파일로 변환하거나 저장하는 기능이다.

방법	[파일] 탭–[내보내기] 선택

- PDF나 XPS 문서를 만들 수 있다.
- 통합 문서 파일 유형을 변경하거나 텍스트 파일 형식으로 저장할 수 있다.

| PDF/XPS 문서 만들기

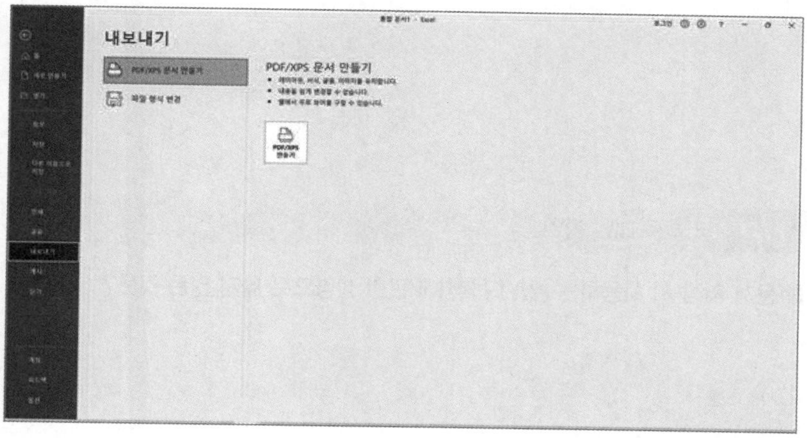

| 파일 형식 변경

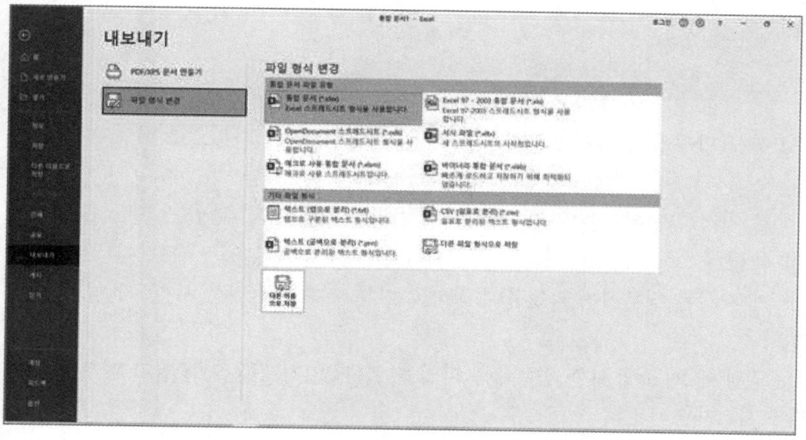

▼ 암호

암호는 대소문자를 구별하며, 암호를 잊어버리면 복구할 수 없다.

■ 파일 형식

.xlsx	Excel 통합 문서
.xlsm	Excel 매크로 사용 통합 문서
.xlsb	Excel 바이너리 통합 문서
.xls	Excel 97~2003 통합 문서
.xltx	Excel 서식 파일(VBA 매크로 코드를 저장할 수 없음)
.xltm	매크로 포함 서식 파일
.xml	XML 데이터
.htm, html	웹 페이지
.txt	탭으로 분리된 텍스트 파일
.prn	공백으로 분리된 텍스트 파일
.csv	쉼표로 분리된 텍스트 파일

■ 서식 파일

기본 서식 파일은 XLStart 폴더에 저장되며, 사용자가 작성한 서식 파일은 'Templates' 폴더에 저장된다.

■ 웹 페이지 형식 저장하기

- 조건부 서식 중 데이터 막대, 아이콘 집합은 지원되지 않는다.
- 회전된 텍스트는 올바로 표시되지 않는다.
- 배경 질감 및 그래픽과 같은 관련 파일은 하위 폴더에 저장된다.
- 일부 시트만을 선택하여 저장할 수 있다.

(2) 게시

- 엑셀 파일을 시각화 도구인 Power BI로 보내는 기능이다.

방법	[파일] 탭－[게시] 선택

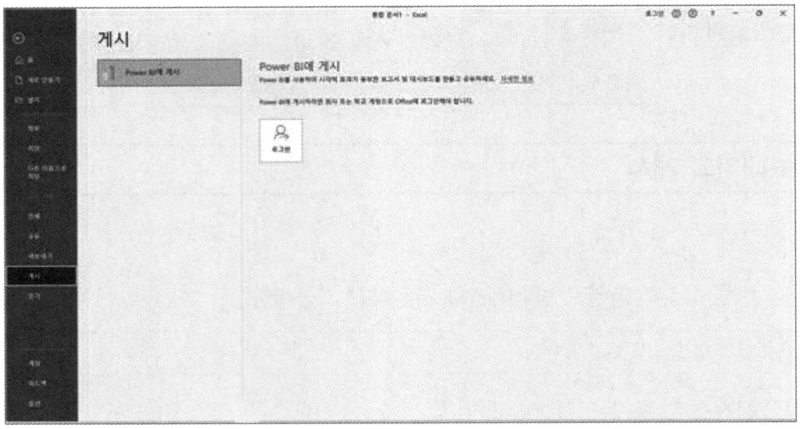

Warming UP 기출로 개념 확인

다음 중 통합 문서 저장 시 사용하는 [일반 옵션]에 관한 설명으로 옳지 않은 것은? 2017.03

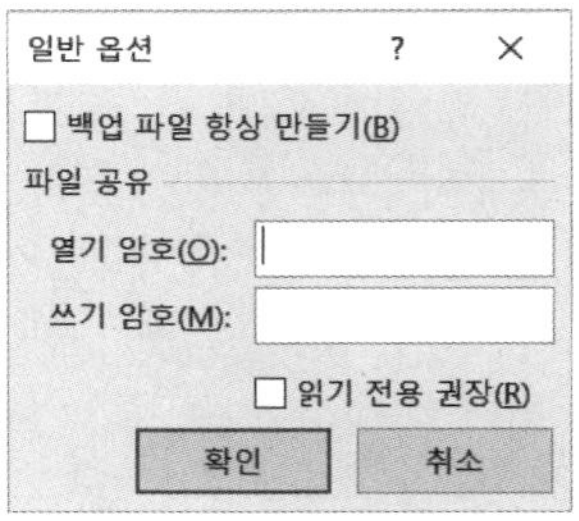

① '백업 파일 항상 만들기'에 체크 표시한 경우에는 파일 저장 시 자동으로 백업 파일이 만들어진다.

② '열기 암호'를 지정한 경우에는 열기 암호를 입력해야 파일을 열 수 있고, 암호를 모르면 파일을 열 수 없다.

③ '쓰기 암호'가 지정된 경우에는 파일을 수정하고 다른 이름으로 저장 시 '쓰기 암호'를 입력해야 한다.

④ '읽기 전용 권장'에 체크 표시한 경우에는 파일을 열 때 읽기 전용으로 열지 여부를 묻는 메시지가 표시된다.

바로 보는 해설

'쓰기 암호'가 지정된 경우에 다른 이름으로 저장 시 '쓰기 암호'를 입력하지 않아도 된다. 다만 원본 문서로 저장할 때에는 '쓰기 암호'를 입력해야 한다.

| 정답 | ③

개념끝

050 통합 문서 관리

기출빈도 A B **C** D

01 시트의 선택과 그룹

(1) 시트 선택

• 연속적인 시트 선택: 시트 탭에서 첫 번째 시트 탭을 선택하고 Shift를 누른 상태에서 마지막 시트 탭을 선택한다.

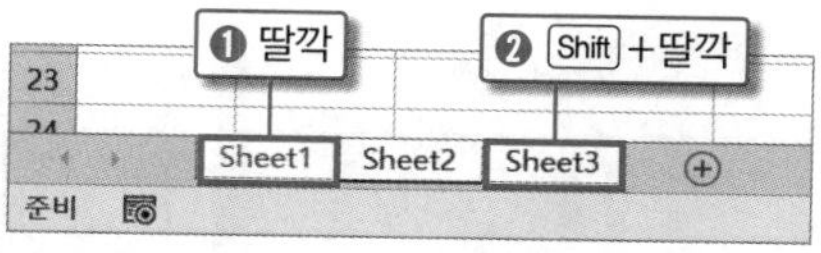

• 떨어져 있는 시트 선택: 시트 탭에서 Ctrl을 누른 상태에서 원하는 시트 탭을 각각 선택한다.

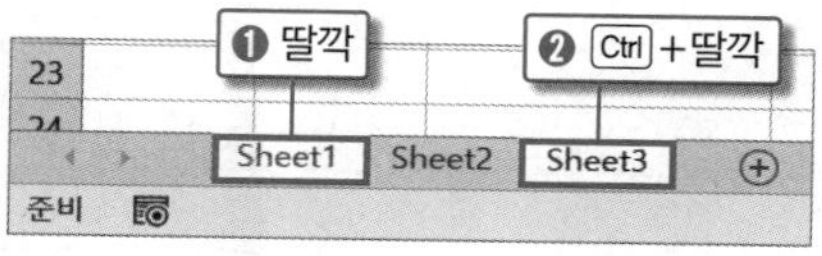

• 모든 시트 선택: 시트 탭의 바로 가기 메뉴에서 [모든 시트 선택]을 선택한다.

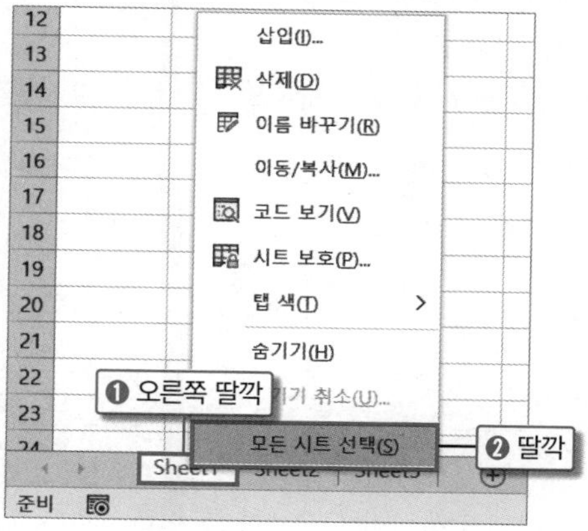

개념 플러스

• Ctrl + PageUp : 이전 워크시트로 이동
• Ctrl + PageDown : 다음 워크시트로 이동

(2) 시트 그룹

• 여러 개의 시트 탭을 한번에 선택하면 제목 표시줄의 파일명 옆에 [그룹([그룹])]이 표시된다.
• 그룹 상태에서 데이터 입력이나 편집을 하면 그룹으로 설정된 모든 시트에 같이 적용된다.

결정적 힌트

엑셀은 기본적으로 워크시트에서 작업하게 됩니다. 그러므로 시트와 관련된 기능들을 잘 익혀두면 엑셀 작업을 좀 더 편리하게 할 수 있습니다. 어렵지 않은 만큼 간단히 실습하면서 익혀두도록 합니다.

- 그룹이 설정된 상태에서는 도형, 그림, 차트 등의 그래픽 개체를 삽입할 수 없으며, 정렬이나 필터 등의 데이터 작업도 할 수 없다.
- 그룹으로 묶은 시트에서 복사하거나 잘라낸 데이터는 다른 한 개의 시트에만 붙여넣을 수 없다.

02 시트의 복사와 이동

▼ 시트 복사

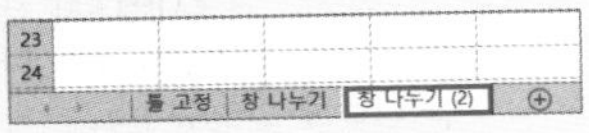

- 시트 복사: 시트 탭을 선택하고 Ctrl을 누른 상태에서 원하는 위치로 드래그한다.
- 시트 이동: 시트 탭을 선택하고 원하는 위치로 드래그한다.
- 같은 통합 문서에서 시트 탭을 복사하면, 원래의 시트 이름에 '(일련 번호)' 형식이 추가되어 시트명이 생성된다.

03 시트의 삽입, 삭제, 숨기기

(1) 시트 삽입

| 실행 방법

방법1	[홈] 탭–[셀] 그룹–[삽입]–[시트 삽입] 선택
방법2	시트 탭의 바로 가기 메뉴에서 [삽입] 선택

- 시트를 삽입하면 현재 선택된 시트의 바로 앞에 삽입된다.
- Shift+F11: 선택한 시트 탭의 개수만큼 왼쪽에 새로운 시트 탭이 삽입된다.

(2) 시트 삭제

| 실행 방법

방법1	[홈] 탭–[셀] 그룹–[삭제]–[시트 삭제] 선택
방법2	시트 탭의 바로 가기 메뉴에서 [삭제] 선택

- 삭제된 시트는 [실행 취소]로 되살릴 수 없다.
- Ctrl이나 Shift를 이용해 여러 개의 시트 탭을 선택해서 한꺼번에 삭제할 수 있다.

(3) 시트 숨기기

| 실행 방법

방법1	[홈] 탭–[셀] 그룹–[서식]–[숨기기 및 숨기기 취소]–[시트 숨기기] 선택
방법2	시트 탭의 바로 가기 메뉴에서 [숨기기] 선택

- 모든 시트를 숨길 수는 없고 화면에 보이는 시트가 적어도 하나는 있어야 한다.
- 시트를 숨긴 경우 시트 탭에는 표시되지 않지만, 다른 시트나 통합 문서에서 계속 참조할 수 있다.

04 시트 이름 바꾸기, 시트 배경, 탭 색

(1) 시트 이름 바꾸기

| 실행 방법

방법1	시트 탭에서 시트 이름을 더블클릭하여 변경 가능 상태로 만든 후 원하는 이름을 입력
방법2	[홈] 탭－[셀] 그룹－[서식]－[시트 이름 바꾸기] 선택
방법3	시트 탭의 바로 가기 메뉴에서 [이름 바꾸기] 선택

- 시트 이름은 공백을 포함하여 최대 31자까지만 지정할 수 있다.
- 시트 이름에 ₩ / ? * [ ] 등의 문자는 사용할 수 없다.
  예 시험 & 1분반 (○), BOOK / 1 (×)
- 하나의 통합 문서에서는 같은 시트 이름을 지정할 수 없다.
- 시트의 이름을 변경하지 못하게 하려면 [검토] 탭－[보호] 그룹－[통합 문서 보호]를 클릭하여 통합 문서를 보호해야 한다.

▼ [통합 문서 보호] 대화상자

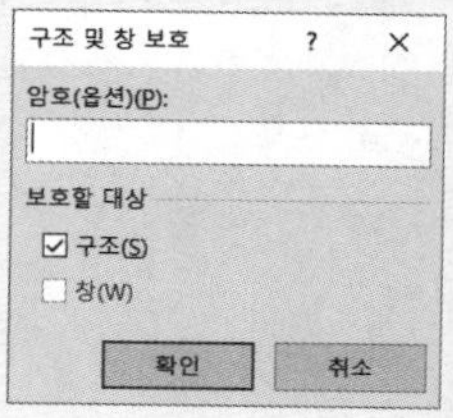

(2) 시트 배경

시트에 배경 이미지를 삽입하는 기능으로, 시트 배경 이미지는 인쇄되지 않는다.

| 실행 방법

방법	[페이지 레이아웃] 탭－[페이지 설정] 그룹－[배경] 선택

(3) 탭 색

시트 탭에 색을 지정할 수 있는 기능으로, 여러 시트 탭에 같은 색을 지정할 수 있다.

| 실행 방법

방법1	[홈] 탭－[셀] 그룹－[서식]－[탭 색] 선택
방법2	시트 탭의 바로 가기 메뉴에서 [탭 색] 선택

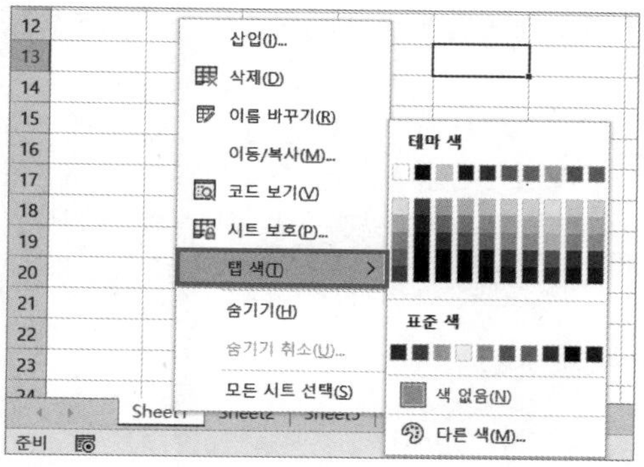

결정적 힌트

시트 보호와 통합 문서 보호, 공유 기능은 문제에 자주 출제되는 부분입니다. 실습하면서 시트 보호와 통합 문서 보호의 차이점을 반드시 구분하시기 바랍니다.

05 시트 보호와 통합 문서 보호

(1) 시트 보호

- 시트의 내용, 개체, 시나리오를 보호하도록 설정하는 기능으로, 시트에 입력된 데이터나 차트를 변경하지 못하도록 보호한다.

| 실행 방법

방법1	[홈] 탭 – [셀] 그룹 – [서식] – [시트 보호] 선택
방법2	[검토] 탭 – [보호] 그룹 – [시트 보호] 선택
방법3	시트 탭의 바로 가기 메뉴에서 [시트 보호] 선택

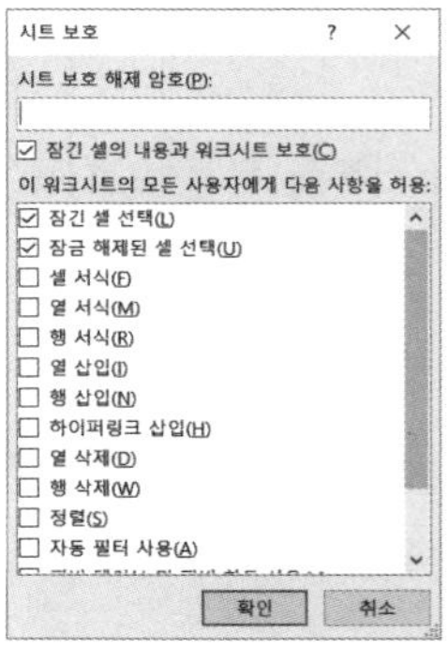

- 시트의 모든 셀은 기본적으로 '잠금' 속성이 설정되어 있지만, 시트를 보호하기 전까지는 효과가 전혀 없다.
- 시트 보호를 설정하면 셀에 데이터를 입력하거나 수정할 때 경고 메시지 창이 나타난다.

- 시트 보호를 설정하면 기본적으로 셀의 선택만 가능하므로 셀의 내용을 수정할 수 있게 하려면 [셀 서식] 대화상자의 [보호] 탭에서 '잠금' 설정을 해제해야 한다.

▼ [셀 서식] 대화상자의 '잠금' 설정

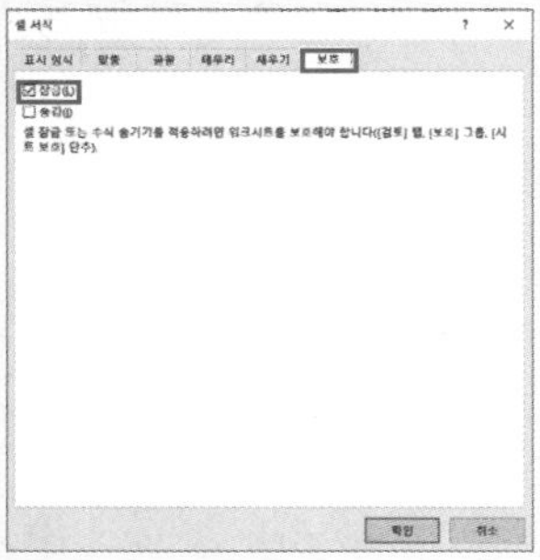

- 차트 시트의 경우 차트 내용을 변경하지 못하도록 보호할 수 있다.
- 시트 보호 암호를 지정할 수 있고, 암호를 지정하지 않으면 모든 사용자가 시트 보호를 해제할 수 있다.

개념 플러스 범위 편집 허용 방법

[검토] 탭 – [보호] 그룹 – [범위 편집 허용]을 선택하여 [범위 편집 허용] 대화상자를 열고 보호된 워크시트에서 특정 사용자가 범위를 편집할 수 있도록 허용이 가능하다.

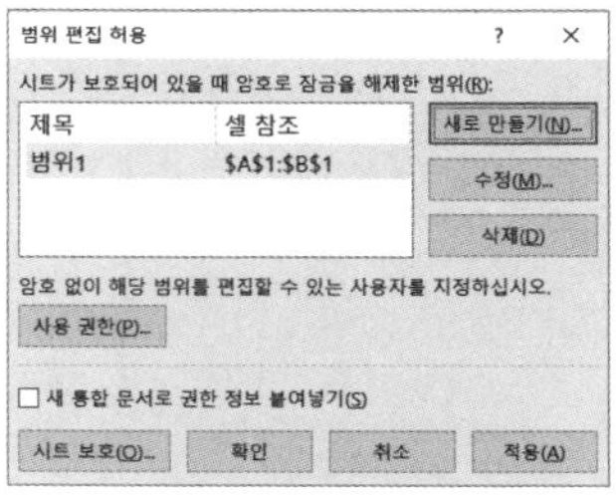

(2) 통합 문서 보호

- 시트 삽입, 삭제, 이동, 숨기기, 이름 바꾸기 등의 작업을 할 수 없도록 보호하는 기능이다.

| 실행 방법

방법	[검토] 탭–[보호] 그룹–[통합 문서 보호] 선택

| '시트' 탭의 바로 가기 메뉴

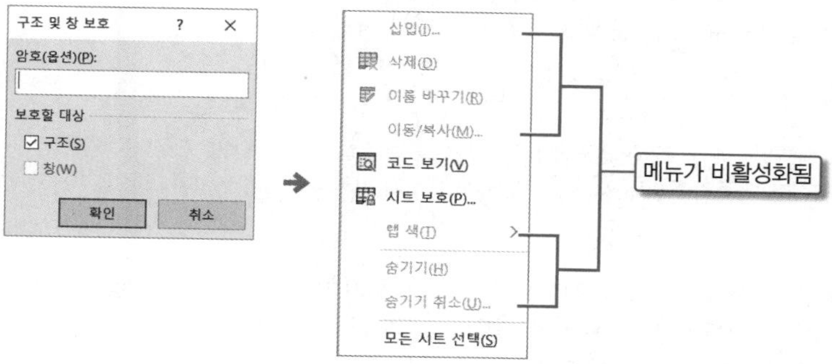

- 통합 문서를 보호해도 포함된 차트, 도형 등의 그래픽 개체를 변경 및 이동, 복사할 수 있다.
- 통합 문서를 보호하면 시나리오 요약 보고서를 만들 수 없고, 별도의 워크시트에 피벗 테이블 보고서를 표시할 수 없다.

06 통합 문서의 공유 및 병합

- 공유 네트워크 폴더를 이용하여 여러 사용자가 공유된 통합 문서를 공동으로 작업할 수 있게 하는 기능이다.

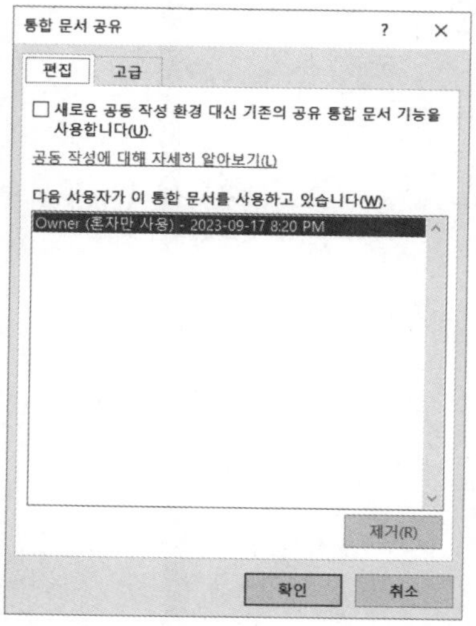

- 통합 문서가 공유되면 제목 표시줄의 파일명 옆에 [공유([공유])]가 표시된다.
- 공유된 통합 문서에서는 입력과 편집이 가능하지만, 조건부 서식, 차트, 시나리오 등을 추가하거나 변경할 수 없다.

• 공유된 통합 문서는 여러 사용자가 동시에 변경할 수 있지만, 동시에 동일한 셀을 변경하려 하면 충돌이 발생한다.
• 필요하다면 공유 통합 문서에서 특정 사용자의 연결을 끊을 수 있다.
• 암호로 보호된 공유 통합 문서에서 보호를 해제하려면 먼저 통합 문서의 공유 상태를 해제해야 한다.
• 공유 통합 문서를 네트워크의 위치에 복사해도 다른 통합 문서와의 연결은 그대로 유지된다.
• 상위 버전에서 작성한 공유 통합 문서는 하위 버전에서 사용할 수 없다.

개념 플러스

엑셀 2021 버전에서는 리본 메뉴 오른쪽 상단의 [공유] 단추를 눌러 클라우드 위치를 지정하는 공동 문서 작성 기능을 사용한다. 기존의 통합 문서 공유 기능을 사용하기 위해서는 다음과 같이 도구를 추가해야 한다.

1. [파일] 탭 – [옵션]을 선택한다.
2. [Excel 옵션] 대화상자가 나타나면 '빠른 실행 도구 모음' 범주에서 '명령 선택'의 '모든 명령'을 선택 → '통합 문서 공유(레거시)'를 클릭 → [추가] 단추 클릭 → [확인] 단추를 클릭한다.

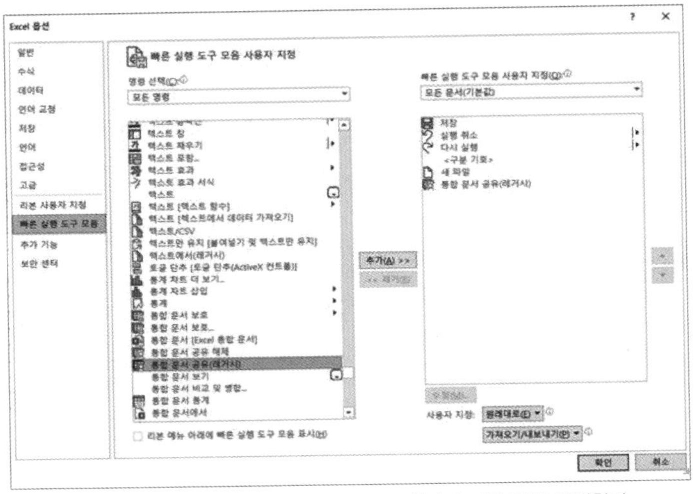

3. 빠른 실행 도구 모음에 [통합 문서 공유(레거시)]가 추가된 것을 확인한다.

Warming UP 기출로 개념 확인

01 (또 나올 문제) 2018.09

다음 중 워크시트 사용 방법에 대한 설명으로 옳은 것은?

① 다음 워크시트로 전환하려면 시트 탭에서 [Shift]+[PageDown]을 누르고, 이전 워크시트로 전환하려면 [Shift]+[PageUp]을 누른다.
② 시트를 복사하려면 [Shift]를 누른 채 해당 시트의 시트 탭을 마우스로 드래그 앤 드롭한다.
③ 현재의 워크시트 앞에 새로운 워크시트를 삽입하려면 [Shift]+[F11]을 누른다.
④ 인접하지 않은 둘 이상의 시트를 선택할 때는 [Shift]를 누른 채 원하는 시트 탭을 순서대로 클릭한다.

02 2020.07

다음 중 워크시트에 대한 설명으로 옳지 않은 것은?

① 여러 개의 시트를 한 번에 선택하면 제목 표시줄의 파일명 뒤에 [그룹]이 표시된다.
② 선택된 시트의 왼쪽에 새로운 시트를 삽입하려면 [Shift]+[F11]을 누른다.
③ 마지막 작업이 시트 삭제인 경우 빠른 실행 도구 모음의 [실행 취소(↶)] 도구를 클릭하여 되살릴 수 있다.
④ 동일한 통합 문서 내에서 시트를 복사하면 원래의 시트 이름에 '(일련 번호)' 형식이 추가되어 시트 이름이 만들어진다.

03 (또 나올 문제) 2020.02

다음 중 시트 보호와 통합 문서 보호에 대한 설명으로 옳지 않은 것은?

① 시트 보호에서 '잠긴 셀 선택'을 허용하지 않으려면 시트 보호 설정 전 [셀 서식] 대화상자의 [보호] 탭에 '숨김' 항목이 선택되어 있어야 한다.
② 시트 보호 시 시트 보호 해제 암호를 지정할 수 있으며, 암호를 설정하지 않으면 모든 사용자가 시트 보호를 해제하고 보호된 요소를 변경할 수 있다.
③ 통합 문서 보호는 시트의 삽입, 삭제, 이동, 숨기기, 이름 바꾸기 등의 작업을 할 수 없도록 보호하는 것이다.
④ 통합 문서 보호에서 보호할 대상으로 구조를 선택하면 워크시트의 변경 및 추가, 삭제 등의 변경이 제한된다.

바로 보는 해설

01

| 오답 피하기 |

① 다음 워크시트로 전환은 [Ctrl]+[PageDown], 이전 워크시트로 전환은 [Ctrl]+[PageUp]이다.
② 시트를 복사하려면 [Ctrl]을 누른 채 해당 시트의 시트 탭을 마우스로 드래그 앤 드롭한다.
④ 인접하지 않은 둘 이상의 시트를 선택할 때는 [Ctrl]을 누른 채 원하는 시트 탭을 순서대로 클릭해야 한다. [Shift]는 인접한 시트를 연속적으로 선택할 때 사용한다.

02

시트 삭제 작업은 영구 삭제이므로 [실행 취소(↶)] 도구를 클릭하여 되살릴 수 없다.

03

시트 보호에서 '잠긴 셀 선택'을 허용하지 않으려면 시트 보호 설정 전에 [셀 서식] 대화상자의 [보호] 탭에 '잠금' 항목이 체크 해제되어야 한다.

| 정답 | 01 ③ 02 ③ 03 ①

기출선지 OX 퀴즈

01 창 나누기를 실행하면 하나의 작업 창은 최대 4개 부분으로 나눌 수 있다. (O / X)

02 화면에 표시되는 창 나누기 형태는 인쇄 시 적용되지 않는다. (O / X)

03 화면의 확대/축소는 화면에서 워크시트를 더 크게 또는 작게 표시하는 것으로, 실제 인쇄할 때에도 설정된 화면의 크기로 인쇄된다. (O / X)

04 창 나누기는 셀 포인트의 위치에 따라 수직, 수평, 수직 · 수평 분할이 가능하다. (O / X)

05 엑셀 파일의 암호 설정은 대소문자를 구별하지 않는다. (O / X)

06 암호는 파일 저장 시 [일반 옵션]에서 쓰기 암호와 열기 암호로 구분하여 설정할 수 있다. (O / X)

07 .xlsx는 Excel 통합 문서 형식이다. (O / X)

08 현재의 워크시트 앞에 새로운 워크시트를 삽입하려면 Shift + F11을 누른다. (O / X)

09 시트를 복사하려면 Shift를 누른 채 해당 시트의 시트 탭을 마우스로 드래그 앤 드롭한다. (O / X)

10 여러 개의 시트를 한 번에 선택하면 제목 표시줄의 파일명 뒤에 [그룹]이 표시된다. (O / X)

11 동일한 통합 문서 내에서 시트를 복사하면 원래의 시트 이름에 '(일련 번호)' 형식이 추가되어 시트 이름이 만들어진다. (O / X)

12 시트 보호에서 '잠긴 셀 선택'을 허용하지 않으려면 시트 보호 설정 전 [셀 서식] 대화상자의 [보호] 탭에 '숨김' 항목이 선택되어 있어야 한다. (O / X)

13 통합 문서 보호는 시트의 삽입, 삭제, 이동, 숨기기, 이름 바꾸기 등의 작업을 할 수 없도록 보호하는 것이다. (O / X)

14 시트 보호 설정 시 암호의 설정은 필수 사항이다. (O / X)

15 시트 보호가 설정된 상태에서 데이터를 수정하면 경고 메시지가 나타난다. (O / X)

16 화면 분할은 워크시트를 스크롤할 때 행과 열의 위쪽이나 왼쪽 부분이 항상 표시되도록 하는 기능이다. (O / X)

17 창을 정렬하는 방식은 4가지가 있다. (O / X)

18 창이 나누어진 상태에서는 분할선을 마우스로 끌어 분할된 지점을 변경할 수 있다. (O / X)

19 하나의 통합 문서에는 최대 255개의 워크시트를 포함할 수 있다. (O / X)

20 워크시트란 숫자, 문자와 같은 데이터를 입력하고 입력된 결과가 표시되는 작업공간이다. (O / X)

21 [A1] 셀은 A열과 1행이 만나는 셀이다. (O / X)

22 틀 고정을 취소할 때에는 셀 포인터의 위치와 상관없이 [보기] 탭–[창] 그룹–[틀 고정 취소]를 클릭한다. (O / X)

23 [보기] 탭–[창] 그룹의 '새 창'은 새 통합 문서를 만들어 손쉽게 새로운 작업을 할 수 있도록 한다. (O / X)

24 그룹화된 시트에서 데이터 입력 및 편집 등의 작업을 실행하면 그룹 내 시트에 동일한 작업이 실행된다. (O / X)

25 시트 삭제 작업은 실행을 취소할 수 없다. (O / X)

26 시트 이름에는 공백을 사용할 수 없으며, 최대 31자까지 지정할 수 있다. (O / X)

27 시트 보호를 설정해도 시트의 이름 바꾸기 및 숨기기 작업을 수행할 수 있다. (O / X)

28 공유 통합 문서에서는 워크시트나 차트 시트를 삭제할 수 있다. (O / X)

29 여러 사용자가 동시에 동일한 셀을 변경하려 하면 충돌이 발생한다. (O / X)

30 셀의 '잠금' 속성과 '숨김' 속성은 시트를 보호하기 전까지는 아무런 효과를 내지 못한다. (O / X)

| 정답 |

01	O	02	O	03	X	04	O	05	X	06	O	07	O	08	O	09	X	10	O
11	O	12	X	13	O	14	X	15	O	16	X	17	O	18	O	19	O	20	O
21	O	22	O	23	X	24	O	25	O	26	X	27	O	28	X	29	O	30	O

Build UP 기출로 개념 강화

개념끝 048 엑셀의 개요

01
2013.10

다음 중 엑셀 창의 오른쪽 하단에서 선택할 수 없는 페이지 보기 방식은?

① 기본
② 확대/축소
③ 전체 화면
④ 페이지 나누기 미리 보기

02 또 나올 문제
2011.03

다음 중 창 정렬과 창 나누기에 대한 설명으로 옳지 않은 것은?

① 창을 정렬하는 방식은 4가지가 있다.
② 창 정렬은 여러 개의 통합 문서를 배열하여 비교하면서 작업할 수 있는 기능이다.
③ 창이 나누어진 상태에서는 분할선을 마우스로 끌어 분할된 지점을 변경할 수 있다.
④ 창 나누기는 현재 셀 포인터의 우측과 위쪽을 기준으로 설정된다.

03
2011.03

다음 중 워크시트를 스크롤할 때 행과 열의 위쪽이나 왼쪽 부분이 항상 표시되도록 하는 기능으로 옳은 것은?

① 전체 화면
② 페이지 나누기 미리 보기
③ 틀 고정
④ 화면 분할

04
2013.10

다음 중 [창]-[틀 고정]에 대한 설명으로 옳지 않은 것은?

① 셀 포인터의 이동에 상관없이 항상 제목 행이나 제목 열을 표시하고자 할 때 설정한다.
② 제목 행으로 설정된 행은 셀 포인터를 화면의 아래쪽으로 이동시켜도 항상 화면에 표시된다.
③ 제목 열로 설정된 열은 셀 포인터를 화면의 오른쪽으로 이동시켜도 항상 화면에 표시된다.
④ 틀 고정을 취소할 때에는 반드시 셀 포인터를 틀 고정된 우측 하단에 위치시키고 [창] 그룹-[틀 고정 취소]를 클릭해야 한다.

05 또 나올 문제
2012.06

리본 메뉴 중 [보기] 탭-[창] 그룹에서 수행하는 작업에 대한 설명으로 옳지 않은 것은?

① 새 창: 새 통합 문서를 만들어 손쉽게 새로운 작업을 할 수 있도록 한다.
② 나누기: 현재 작업 중인 워크시트를 나눠서 보는 기능으로 구분선을 드래그하여 크기 조정을 할 수 있다.
③ 모두 정렬: 현재 실행 중인 통합 문서들을 한 화면에 정렬하여 표시한다.
④ 틀 고정: 데이터의 양이 많은 경우 특정 행이나 열을 고정시켜 시트를 스크롤하는 동안 항상 표시되도록 한다.

개념끝 049 파일 관리

06 또 나올 문제 2015.03

다음 중 엑셀에서 사용할 수 있는 파일 형식과 그에 대한 설명이 바르게 연결된 것은?

① *.txt: 공백으로 분리된 텍스트 파일
② *.prn: 탭으로 분리된 텍스트 파일
③ *.xlsm: Excel 매크로 사용 통합 문서
④ *.xltm: Microsoft Office Excel 추가 기능

개념끝 050 통합 문서 관리

07 2015.06

다음은 시트 탭에서 원하는 시트를 선택하는 방법이다. 빈칸 ⓐ, ⓑ에 들어갈 키로 알맞은 것은?

> 연속적인 여러 개의 시트를 선택할 경우에는 첫 번째 시트를 클릭하고, (ⓐ) 키를 누른 채 마지막 시트를 선택한다. 서로 떨어져 있는 여러 개의 시트를 선택할 경우에는 첫 번째 시트를 클릭하고, (ⓑ) 키를 누른 채 원하는 시트를 차례로 클릭한다.

	ⓐ	ⓑ
①	Shift	Ctrl
②	Ctrl	Shift
③	Alt	Ctrl
④	Alt	Shift

바로 보는 해설

01 엑셀 창의 오른쪽 하단에서는 시트의 보기 상태를 '기본' 보기, '페이지 레이아웃' 보기, '페이지 나누기 미리 보기'로 지정하고, 확대/축소 슬라이드바를 표시한다.

02 창 나누기는 현재 셀 포인터의 좌측과 위쪽을 기준으로 설정된다.

03 틀 고정은 데이터가 많을 때 화면을 스크롤해도 특정 행이나 열이 계속 표시되도록 설정한다.

04 틀 고정을 취소할 때에는 셀 포인터의 위치와 상관없이 [보기] 탭-[창] 그룹-[틀 고정 취소]를 클릭한다.

05 [새 창]은 현재 활성화된 문서를 새 창에 하나 더 열어서 두 개 이상의 창을 볼 수 있게 한다.

06 | 오답 피하기 |
① *.txt: 탭으로 분리된 텍스트 파일
② *.prn: 공백으로 분리된 텍스트 파일
④ *.xltm: Excel 매크로 사용 서식 파일

07 • 연속적인 여러 개의 시트를 선택할 경우에는 첫 번째 시트를 클릭하고, Shift를 누른 채 마지막 시트를 선택한다.
• 서로 떨어져 있는 여러 개의 시트를 선택할 경우에는 첫 번째 시트를 클릭하고, Ctrl을 누른 채 원하는 시트를 차례로 클릭한다.

| 정답 | 01 ③ 02 ④ 03 ③ 04 ④ 05 ① 06 ③ 07 ①

08

2013.10

다음 중 워크시트 작업 및 관리에 대한 설명으로 옳지 않은 것은?

① 시트 삭제 작업은 실행을 취소할 수 없다.
② Shift+F2을 누르면 현재 시트의 뒤에 새 워크시트가 삽입된다.
③ 그룹화된 시트에서 데이터 입력 및 편집 등의 작업을 실행하면 그룹 내 시트에 동일한 작업이 실행된다.
④ 연속된 시트의 선택은 Shift를 사용하면 편리하다.

09

2013.06

다음 중 시트 관리에 대한 설명으로 옳지 않은 것은?

① Shift를 이용하여 시트 그룹을 설정할 수 있다.
② 여러 개의 워크시트를 선택한 후 Ctrl을 누른 채 시트 탭을 드래그하면 선택된 시트들이 복사된다.
③ 시트 이름에는 공백을 사용할 수 없으며, 최대 31자까지 지정할 수 있다.
④ 시트 보호를 설정해도 시트의 이름 바꾸기 및 숨기기 작업을 수행할 수 있다.

10

2011.03

다음 중 공유 통합 문서에 대한 설명으로 옳지 않은 것은?

① 여러 사용자가 동시에 동일한 셀을 변경하려 하면 충돌이 발생한다.
② 공유된 통합 문서의 워크시트에서 전체 행이나 열은 삽입하거나 삭제할 수 있다.
③ 워크시트나 차트 시트를 삭제할 수 있다.
④ 공유 통합 문서를 열면 창의 제목 표시줄에 [공유]가 표시된다.

11 또 나올 문제

2020.07, 2015.03

다음 중 [시트 보호] 기능에 대한 설명으로 옳지 않은 것은?

① 새 워크시트의 모든 셀은 기본적으로 '잠금' 속성이 설정되어 있다.
② 워크시트에 있는 셀을 보호하기 위해서는 먼저 셀의 '잠금' 속성을 해제해야 한다.
③ 시트 보호를 설정하면 셀에 데이터를 입력하거나 수정하려고 했을 때 경고 메시지가 나타난다.
④ 셀의 '잠금' 속성과 '숨김' 속성은 시트를 보호하기 전까지 아무런 효과를 내지 못한다.

12

2012.06

다음 중 워크시트에서 숨겨져 있는 C열과 D열을 다시 보이도록 하기 위한 작업 과정으로 옳은 것은?

① [B] 열을 선택한 다음 마우스 오른쪽 단추를 눌러 '숨기기 취소'를 선택한다.

② [B] 열부터 [E] 열까지 드래그한 다음 [보기] 탭-[창] 그룹에서 [숨기기 취소] 명령을 선택한다.

③ [E] 열을 선택한 다음 마우스 오른쪽 단추를 눌러 '숨기기 취소'를 선택한다.

④ [B] 열부터 [E] 열까지 드래그한 다음 마우스 오른쪽 단추를 눌러 '숨기기 취소'를 선택한다.

바로 보는 해설

08 Shift+F11을 누르면 선택한 시트 탭의 개수만큼 왼쪽에 새로운 시트 탭이 삽입된다.

09 시트 이름은 공백을 포함하여 최대 31자까지만 지정할 수 있다.

10 공유 통합 문서에서는 워크시트나 차트 시트를 삭제할 수 없다.

11 워크시트에 있는 셀을 보호하기 위해서는 셀의 '잠금' 속성을 설정해야 한다.

12 [B] 열부터 [E] 열까지 드래그한 다음, 바로 가기 메뉴에서 '숨기기 취소'를 선택하여 다시 보이도록 한다.

| 정답 | 08 ② 09 ③ 10 ③ 11 ② 12 ④

최근 기출 10개년 기준

18%

CHAPTER 2
데이터 입력 및 편집

무료 동영상 강의

학습전략

엑셀을 잘 활용하기 위해서는 입력할 수 있는 데이터의 특성을 확실하게 이해해야 합니다. 문자 데이터, 숫자 데이터, 날짜/시간 데이터 등의 특징을 완벽하게 이해하고 데이터를 편집하고 서식을 설정하는 다양한 방법을 익히는 것이 좋습니다.

개념끝

051 데이터 입력

기출빈도 A ····· B ····· C ····· D

결정적 힌트

본격적인 엑셀의 사용이 시작되는 부분입니다. 데이터를 입력하고 셀 포인터를 이동하는 데 많은 바로 가기 키가 사용됩니다. 하나씩 실습하면서 암기해보시기 바랍니다.

01 데이터 입력

- 데이터 입력 도중에 입력 취소: Esc
- 셀 안에서 줄 바꿈: Alt+Enter
- 여러 셀에 같은 데이터 입력: 범위를 지정하고 데이터를 입력한 후 Ctrl+Enter
- 데이터 입력하고 위의 셀 선택: Shift+Enter
- 셀에 입력하는 문자 중 처음 몇 글자가 해당 열에 입력한 내용과 일치하면 나머지 글자가 자동으로 완성되며, 데이터 자동 완성은 텍스트나 텍스트+숫자 조합에만 해당한다.
- 범위를 지정하고 Enter를 누르면 지정한 범위 안에서만 셀 포인터가 이동한다.
- 셀을 선택하고 Alt+↓를 누르면 같은 열에 입력된 문자열 목록이 표시된다.

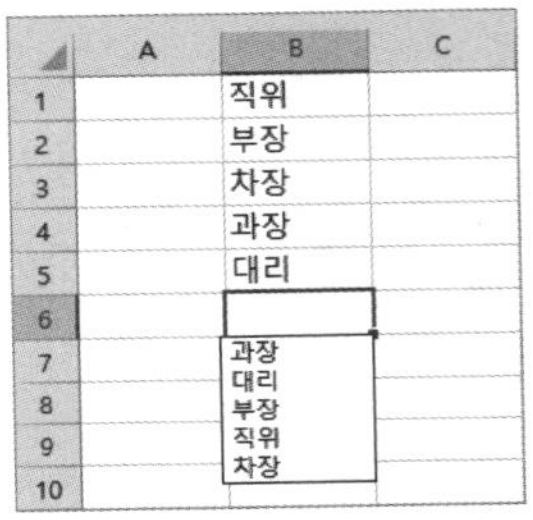

02 셀 포인터의 이동 방법

기능	방법
상하좌우로 이동	↑, ↓, ←, →
현재 영역의 상하좌우 마지막 셀로 이동	Ctrl+↑/↓/←/→
현재 셀의 좌우로 이동	Shift+Tab, Tab
현재 셀의 위, 아래로 이동	Shift+Enter, Enter
해당 행의 A열로 이동	Home
[A1] 셀로 이동	Ctrl+Home
현재 영역의 마지막 셀로 이동	Ctrl+End
한 화면 위, 아래로 이동	PageUp, PageDown
한 화면 좌우로 이동	Alt+PageUp, Alt+PageDown
현재 시트의 앞뒤로 시트로 이동	Ctrl+PageUp, Ctrl+PageDown
원하는 셀의 위치로 이동	이름 상자에 셀 주소 입력 후 Enter
[이동] 대화상자에서 셀 주소 입력	F5

▼ [이동] 대화상자

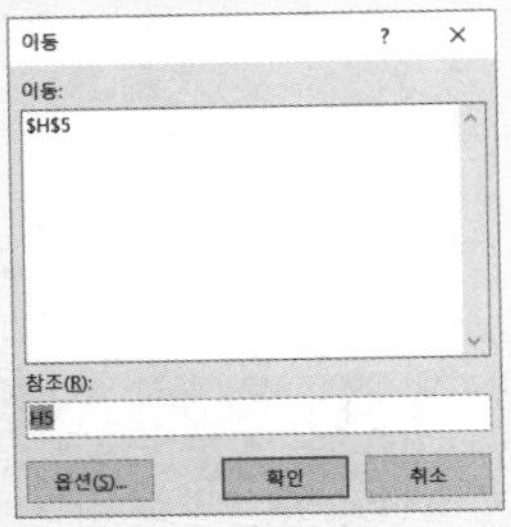

03 각종 데이터 입력

결정적 힌트

엑셀 작업의 기초가 되는 매우 중요한 부분으로 문제도 많이 출제됩니다. 문자 데이터와 숫자 데이터의 다른 점을 반드시 구분하고 날짜 데이터와 시간 데이터의 특징도 반드시 기억해야 합니다. 수식 데이터는 뒤에서 다시 학습하게 되므로 우선 가볍게 읽어보세요.

(1) 문자 데이터

- 문자, 숫자, 기호 등이 조합된 데이터로 셀의 왼쪽에 맞추어 입력된다.
  예 컴활, EXCEL, 10+20
- 숫자 앞에 작은따옴표(')를 붙이면 문자로 인식한다. 예 '010
- 셀 너비보다 긴 데이터가 입력된 경우 오른쪽 빈 셀에 이어서 표시되며, 오른쪽 셀이 빈 셀이 아니면 셀 너비에 맞춰 데이터가 표시된다.

(2) 숫자 데이터

- 숫자와 함께 +, −, 소수점(.), 쉼표(,), ₩, $, %, 지수 기호(e) 등이 조합된 데이터로 셀의 오른쪽에 맞추어 입력된다.
- 음수는 숫자 앞에 '−'를 붙이거나 괄호( )로 표시한다.
- 분수는 '0'을 입력한 후 한 칸 띄우고 입력한다. 예 0 2/3 → '2/3'으로 입력됨
- 셀 너비보다 긴 숫자는 지수 형식으로 표시된다. 예 2.5E+13
- 표시 형식을 지정한 숫자 데이터가 셀 너비보다 긴 경우 셀 너비만큼 '#'이 표시되며, 열 너비를 늘리면 정상적으로 표시된다.

(3) 날짜 데이터

- 년, 월, 일을 하이픈(−)이나 슬래시(/)로 구분하여 입력하며, 셀의 오른쪽에 맞추어 입력된다.
- 날짜는 1900년 1월 1일을 1로 시작하는 일련 번호로 저장된다.
- 연도와 월만 입력하면 자동으로 해당 월의 1일로 입력된다.
- 날짜의 연도를 두 자리로 입력할 때 연도가 30 이상이면 1900년대로, 29 이하이면 2000년대로 인식한다.
- 날짜와 시간을 하나의 셀에 같이 입력하려면 공백으로 날짜와 시간을 구분한다.
- **현재 시스템의 날짜 입력: Ctrl+;**

▼ 일련 번호로 저장

입력된 날짜 데이터의 표시 형식을 일반으로 변경하면 일련 번호로 표시된다.

	A	B
1	날짜 형식	일반 형식
2	1900-01-01	1
3	2023-01-01	44927

(4) 시간 데이터

- 시, 분, 초를 콜론(:)으로 구분하여 입력하며, 셀의 오른쪽에 맞추어 입력된다.
- 시간 데이터는 소수로 저장되고, 낮 12시는 0.5로 계산된다.
- 날짜와 시간을 하나의 셀에 같이 입력하려면 공백으로 날짜와 시간을 구분한다.
- 시간은 24시각제로 입력되므로 12시각제로 입력하려면 시간 뒤에 한 칸을 띄우고 'AM' 또는 'PM'을 입력한다. 예 9:00 PM
- **현재 시스템의 시간 입력: Ctrl+Shift+;**

▼ 소수로 저장

	A	B
1	시간 형식	일반 형식
2	12:00	0.5
3	16:00	0.666667

(5) 수식 데이터

- 등호(=)나 더하기(+), 빼기(−) 기호로 시작하며, 더하기(+)와 빼기(−) 기호는 등호(=)로 자동 변환된다.
- 셀에는 수식의 결과가, 수식 입력줄에는 입력한 수식이 표시된다.

- 입력된 수식 보기: Ctrl+~

	A	B	C	D	E	F
1						
2		성명	국어	영어	수학	총점
3		송유리	100	95	85	=SUM(C3:E3)
4		이진규	90	85	65	=SUM(C4:E4)
5		배수빈	80	80	70	=SUM(C5:E5)
6		나주연	85	95	80	=SUM(C6:E6)
7		홍나현	95	100	90	=SUM(C7:E7)
8		이상원	100	95	100	=SUM(C8:E8)
9						

- 수식이 아닌 상수로 입력: 수식을 입력한 후 바로 F9를 누른다.

(6) 기타 데이터

- 한자: 한글을 입력하고 한자를 누른 후 표시되는 한자 목록에서 해당 한자를 선택한다.
- 특수 문자: 한글 자음을 입력하고 한자를 누른 후 해당 특수 문자를 선택한다.

▼ 한자

▼ 특수 문자

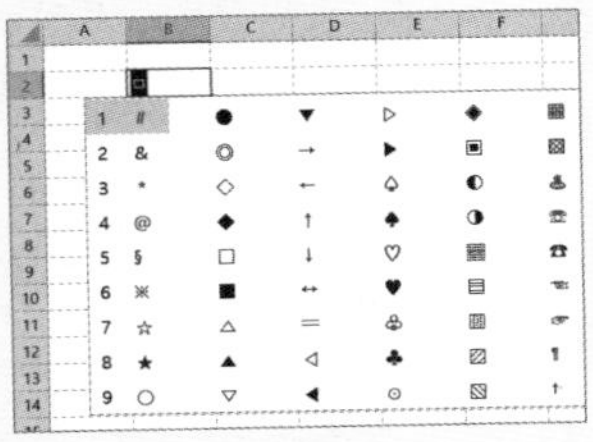

결정적 힌트

엑셀의 강력한 기능 중 하나가 바로 데이터 채우기 기능이며, 많은 문제가 출제되는 부분입니다. 어떤 데이터를 채우느냐에 따라 결과가 달라지므로 문자 데이터, 숫자 데이터, 날짜/시간 데이터 등을 입력하고 채우기를 하면서 결과를 기억해야 합니다.

04 데이터 채우기

- 데이터를 입력한 후 해당 셀의 자동 채우기 핸들(✚)을 드래그하여 데이터를 채우는 기능이다.
- 데이터의 종류 및 형태에 따라 결과값이 다를 수 있다.

(1) 문자 데이터

문자 데이터가 입력된 셀을 선택하고 자동 채우기 핸들을 드래그하면 같은 데이터가 복사된다.

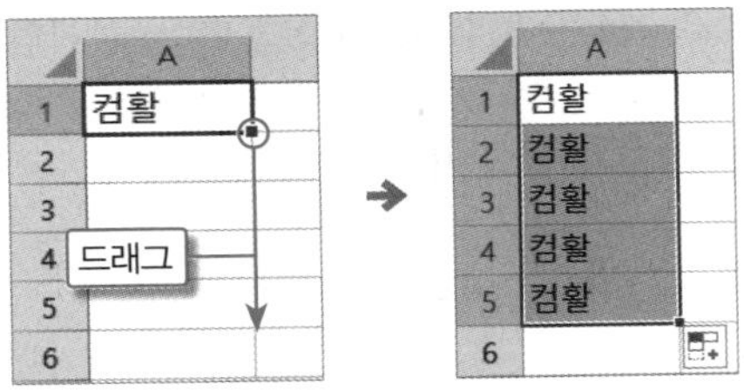

(2) 숫자 데이터

- 한 개의 셀을 선택하고 자동 채우기 핸들을 드래그하면 숫자 데이터가 복사된다.
- 두 개의 셀을 범위로 지정하고 자동 채우기 핸들을 드래그하면 두 셀의 차이값만큼 증가한다.

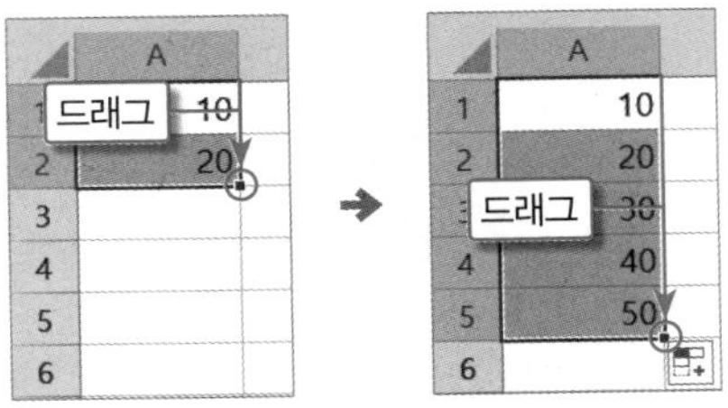

- Ctrl을 누른 상태에서 자동 채우기 핸들을 드래그하면 1씩 증가한다.

(3) 문자+숫자

- 문자와 숫자가 혼합된 셀을 선택하고 자동 채우기 핸들을 드래그하면 문자는 복사되고 숫자는 1씩 증가한다.
- Ctrl을 누른 상태에서 자동 채우기 핸들을 드래그하면 같은 데이터가 복사된다.

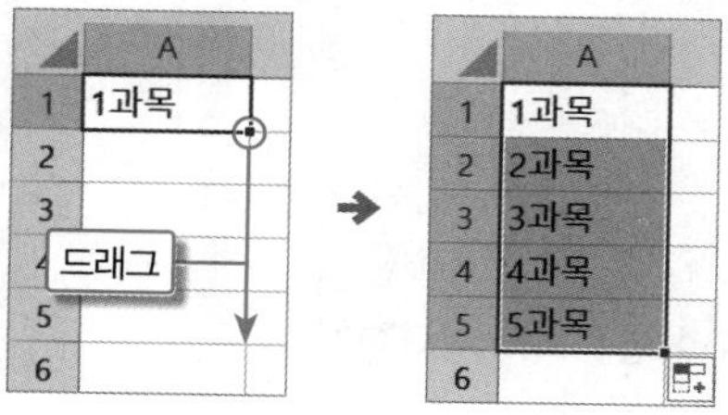

(4) 날짜/시간 데이터

- 날짜는 1일 단위로, 시간은 1시간 단위로 증가한다.

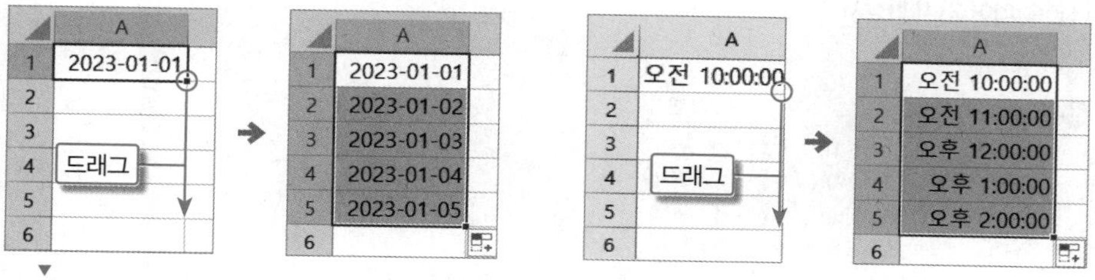

- 채우기 옵션: 일, 평일, 월, 연 단위 채우기

▼ 채우기 옵션

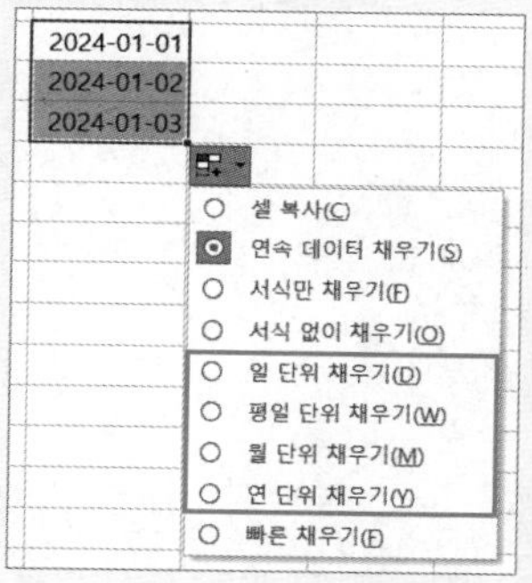

(5) 수식 데이터

수식이 자동으로 채워져서 결과값이 표시된다.

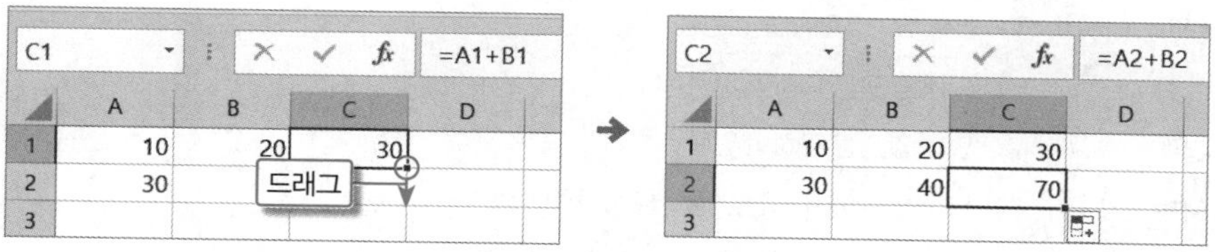

(6) 사용자 지정 목록

- [파일] 탭-[옵션]을 선택하고 [Excel 옵션] 창의 '고급' 범주에서 [사용자 지정 목록 편집] 단추를 클릭한 후 [사용자 지정 목록] 대화상자에서 목록을 추가한다.
- 등록된 문자 데이터를 입력하고 자동 채우기 핸들을 드래그하면 목록 순서대로 입력된다.

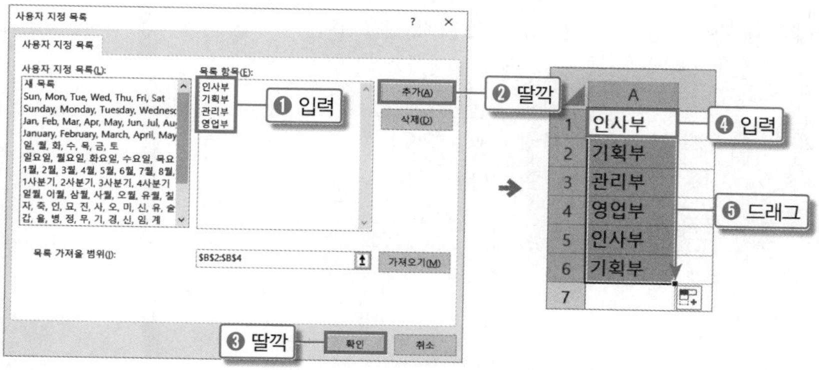

'가'는 [사용자 지정 목록]에 기본적으로 정의되어 있지 않으므로 '가, 나, 다…'가 입력되지 않고 '가'가 그대로 복사된다.

• 엑셀에서 기본적으로 제공된 목록은 수정하거나 삭제할 수 없다.
• 사용자 지정 목록은 다른 통합 문서에서도 사용할 수 있다.

개념 플러스

• 위쪽 셀의 내용으로 채우기: Ctrl+D
• 왼쪽 셀의 내용으로 채우기: Ctrl+R

(7) 연속 데이터 채우기

데이터를 입력한 후 데이터의 입력 방향과 유형에 따라 연속으로 입력할 수 있다.

| 실행 방법

방법	[홈] 탭–[편집] 그룹–[채우기]–[계열] 선택

| [연속 데이터] 대화상자

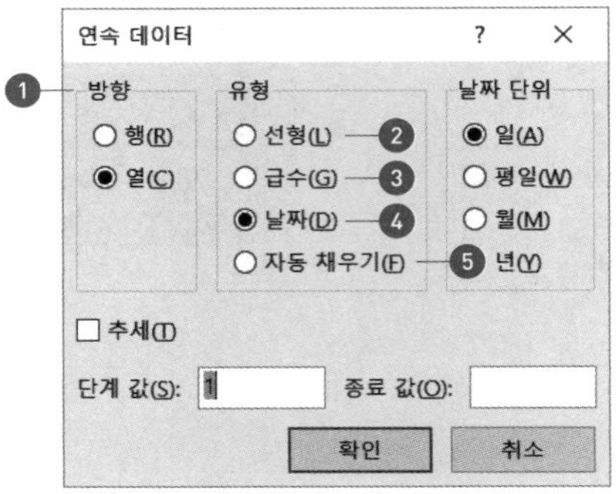

❶ 방향	연속 데이터를 채울 방향을 지정
❷ 선형	'단계 값'만큼 더하여 입력
❸ 급수	'단계 값'만큼 곱하여 입력
❹ 날짜	'날짜 단위'에서 지정한 값만큼 증가하여 입력
❺ 자동 채우기	자동 채우기 핸들을 드래그한 것과 같은 결과 표시

결정적 힌트

간단한 기능이지만 메모와 윗주 기능은 시험에도 잘 출제됩니다. 두 가지 모두 보충 설명을 한다는 특징이 있지만, 차이점이 있으므로 이 점을 잘 구분해서 학습하시기 바랍니다.

05 메모(노트), 윗주, 링크 삽입

(1) 메모(노트) 삽입

• 셀에 입력된 내용에 대한 보충 설명을 기록할 때 사용한다.

| 실행 방법

방법1	[검토] 탭–[메모] 그룹–[새 메모] 선택
방법2	바로 가기 메뉴의 [메모 삽입] 선택
방법3	Shift+F2

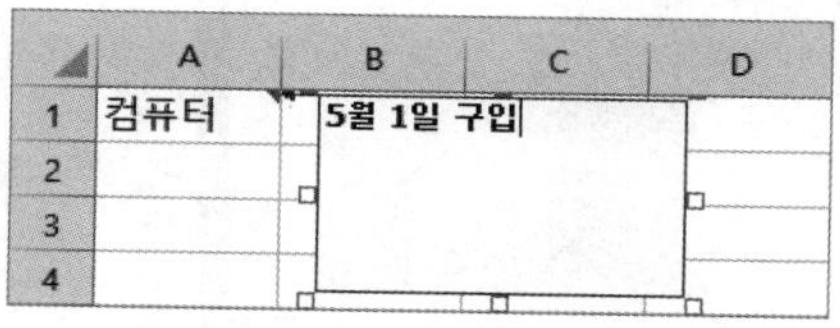

• 메모는 문자, 숫자, 특수 문자도 입력 가능하고, 텍스트 서식도 지정할 수 있다.
• 메모를 삽입하면 셀의 오른쪽 상단에 빨간 삼각형이 표시되며, 마우스 포인터를 가져가면 메모 내용이 화면에 표시된다.
• [검토] 탭－[메모] 그룹－[메모 표시/숨기기]를 선택하여 메모가 항상 표시되도록 설정할 수 있다.
• 메모에 입력된 텍스트에 맞도록 메모 크기를 자동으로 조정할 수도 있다.
• 메모가 삽입된 셀을 이동하면 메모의 위치도 셀과 함께 변경된다.
• 메모는 시트에 표시된 대로 인쇄하거나 시트의 끝에 인쇄할 수 있다.
• 시트의 모든 메모를 표시하려면 [검토] 탭－[메모] 그룹－[메모 모두 표시]를 클릭한다.
• 메모를 삭제하려면 메모가 삽입된 셀의 바로 가기 메뉴에서 [메모 삭제]를 선택한다.
• [홈] 탭－[편집] 그룹－[지우기]－[모두 지우기]를 선택하여 셀을 지우면 메모도 함께 삭제된다.
• 하나의 시트에 여러 개의 메모가 삽입된 경우 [검토] 탭－[메모] 그룹에서 [이전] 또는 [다음]을 클릭하여 메모를 탐색할 수 있다.

▼ 메모 크기의 자동 조정(자동 크기)

메모의 테두리 선택 → 바로 가기 메뉴의 [메모 서식] 선택 → [메모 서식] 대화상자의 [맞춤] 탭에서 '자동 크기' 선택 후 [확인] 단추 클릭

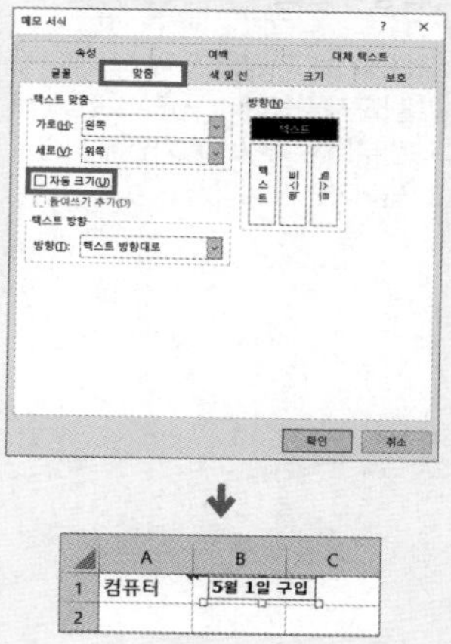

(2) 윗주 삽입

• 셀에 대한 주석을 작성하는 기능으로, 반드시 문자 데이터가 입력된 셀에만 표시할 수 있다.

| 실행 방법

방법	[홈] 탭－[글꼴] 그룹－[윗주 필드 표시/숨기기]－[윗주 편집] 선택

• 윗주는 바로 표시되지 않고, [홈] 탭－[글꼴] 그룹－[윗주 필드 표시/숨기기]－[윗주 필드 표시]를 선택해야 표시된다.

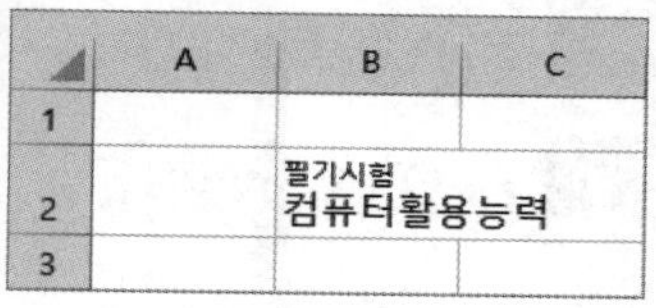

• 윗주의 서식을 변경할 수 있지만, 일부분의 서식을 별도로 변경할 수는 없다.
• 셀에 입력된 데이터를 삭제하면 윗주도 함께 삭제된다.

(3) 링크 삽입

• 기존 파일, 웹 페이지, 현재 문서, 새 문서, 전자메일 주소 등의 링크를 만드는 기능이다.

| 실행 방법

방법1	[삽입] 탭－[링크] 그룹－[링크] 선택
방법2	바로 가기 메뉴의 [링크] 선택

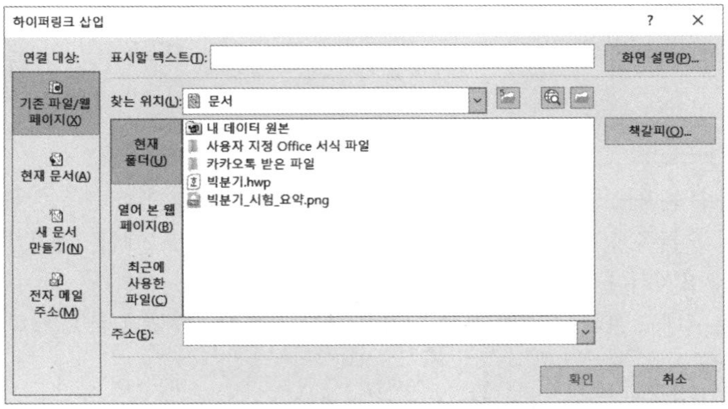

• 링크는 도형에는 지정할 수 있지만, 단추에는 지정할 수 없다.

결정적 힌트

엑셀에서는 다양한 일러스트레이션 기능도 제공합니다. 시험에 잘 출제되는 부분은 아니므로 가볍게 학습하고 넘어가면 됩니다.

06 일러스트레이션 활용

(1) 그림 삽입

[삽입] 탭-[일러스트레이션] 그룹-[그림]-[이 디바이스]를 선택하고 [그림 삽입] 대화상자에서 그림 파일을 선택한 후 [삽입]을 클릭한다.

(2) 온라인 그림 삽입

[삽입] 탭-[일러스트레이션] 그룹-[그림]-[온라인 그림]을 선택하고 [온라인 그림] 대화상자에서 그림을 검색하여 선택한 후 [삽입]을 클릭한다.

(3) 도형 삽입

• [삽입] 탭-[일러스트레이션] 그룹-[도형]을 선택하고 도형을 선택한 후 마우스로 드래그하여 작성한다.

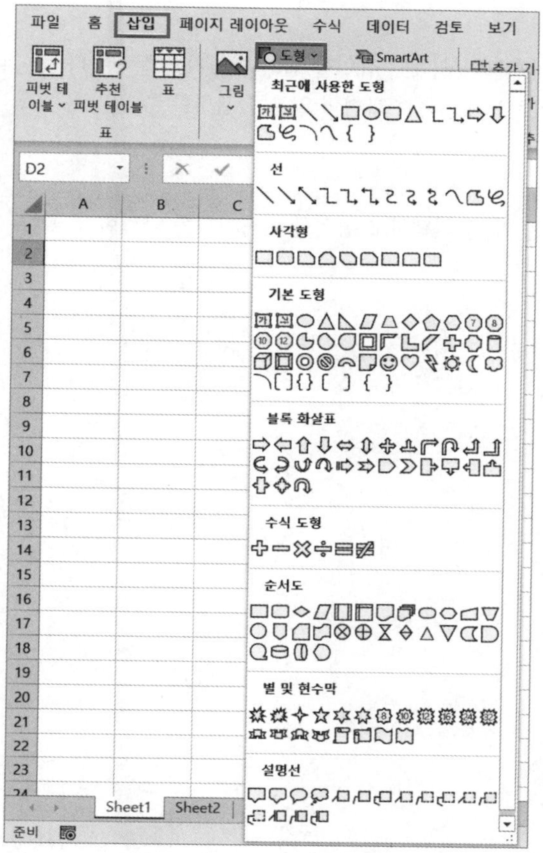

• Shift를 누른 채 드래그하면 정사각형, 정원, 수평선, 수직선을 작성할 수 있다.
• Ctrl을 누른 채 드래그하면 도형의 중심부터 그려진다.
• Alt를 누른 채 드래그하면 셀 눈금선에 맞게 그려진다.

(4) SmartArt 삽입

• [삽입] 탭－[일러스트레이션] 그룹－[SmartArt]를 선택하고 삽입할 그래픽을 선택한 후 [확인]을 클릭한다.
• SmartArt 그래픽은 목록형, 프로세스형, 주기형, 계층 구조형, 관계형, 행렬형, 피라미드형, 그림 등이 있다.

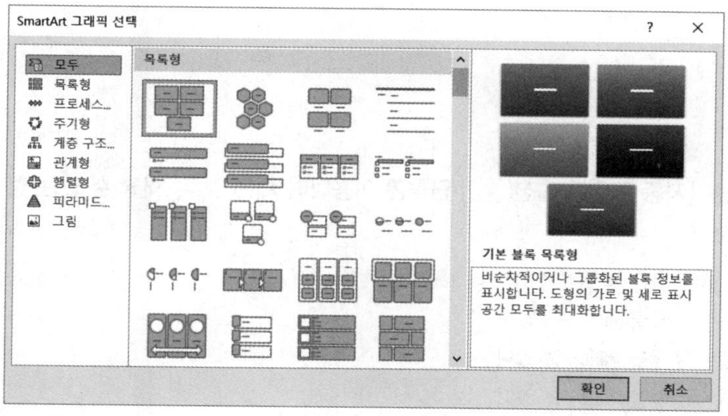

(5) 스크린샷 삽입

- [삽입] 탭－[일러스트레이션] 그룹－[스크린샷]에서 삽입할 캡처 이미지를 선택한다.
- [화면 캡처] 도구를 이용하면 마우스로 드래그하여 화면의 일부를 캡처할 수 있다.

(6) WordArt 삽입

[삽입] 탭－[텍스트] 그룹－[WordArt 삽입]을 선택하고 삽입할 워드아트를 클릭한다.

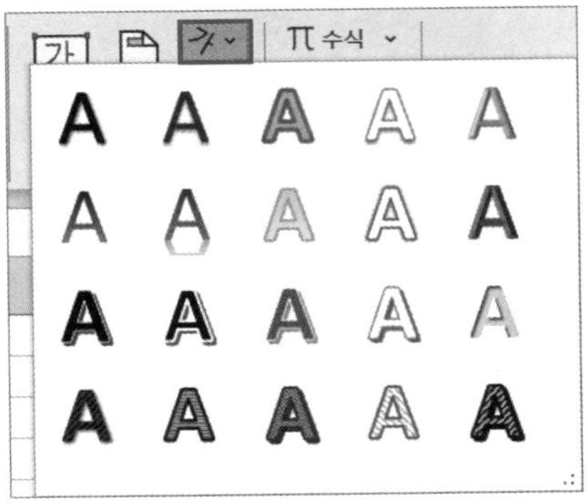

Warming UP 기출로 개념 확인

01 2020.07

다음 중 새 워크시트에서 보기의 내용을 그대로 입력하였을 때 입력한 내용이 텍스트로 인식되지 않는 것은?

① 01:02AM
② 0 1/4
③ '1234
④ 1월30일

02 2020.02

다음 중 날짜 데이터를 [자동 채우기 옵션(▦)] 단추를 이용하여 채운 경우, 채울 수 있는 값에 해당하지 않는 것은?

① 평일로만 일 단위 증가되는 날짜를 채울 수 있다.
② 주 단위로 증가되는 날짜를 채울 수 있다.
③ 월 단위로 증가되는 날짜를 채울 수 있다.
④ 연 단위로 증가되는 날짜를 채울 수 있다.

바로 보는 해설

01
'0+(한 칸 공백)+1/4'를 입력하면 0은 생략되어 분수 1/4로 입력된다. 따라서 ②는 숫자 형식으로 인식된다.
| 오답 피하기 |
① 01:02AM은 텍스트로 인식된다. 다만 '01:02 AM'과 같이 '01:02'와 'AM'을 띄어 쓰면 시간으로 인식된다.
③ 숫자 앞에 작은따옴표(')를 입력하면 텍스트로 인식된다.
④ 텍스트로 인식된다.

02
[자동 채우기 옵션] 단추를 클릭하면 일 단위, 평일 단위, 월 단위, 연 단위 등을 선택할 수 있다.

| 정답 | 01 ② 02 ②

03

2020.07

다음 중 [A1:D1] 영역을 선택한 후 채우기 핸들을 이용하여 아래쪽으로 드래그했을 때, 데이터가 변하지 않고 같은 데이터로 채워지는 것은?

	A	B	C	D
1	가	갑	월	자
2				
3				

① 가
② 갑
③ 월
④ 자

04

2020.02

다음 중 셀에 데이터를 입력하는 방법에 대한 설명으로 옳지 않은 것은?

① [C5] 셀에 값을 입력하고 Esc를 누르면 [C5] 셀에 입력한 값이 취소된다.
② [C5] 셀에 값을 입력하고 →를 누르면 [C5] 셀에 값이 입력된 후 [D5] 셀로 셀 포인터가 이동한다.
③ [C5] 셀에 값을 입력하고 Enter를 누르면 [C5] 셀에 값이 입력된 후 [C6] 셀로 셀 포인터가 이동한다.
④ [C5] 셀에 값을 입력하고 Home을 누르면 [C5] 셀에 값이 입력된 후 [C1] 셀로 셀 포인터가 이동한다.

05 (또 나올 문제)

2020.07, 2016.06

다음 중 [A4] 셀의 메모가 지워지는 작업에 해당하는 것은?

	A	B	C	D
1		성적 관리		
2	성명	영어	국어	총점
3	배순용	[illegible]	89	170
4	이길순	장학생	98	186
5	하길주	87	88	175
6	이선호	67	78	145

① [A3] 셀의 채우기 핸들을 아래쪽으로 드래그하였다.
② [A4] 셀의 바로 가기 메뉴에서 [메모 숨기기]를 선택하였다.
③ [A4] 셀을 선택하고 [홈] 탭－[편집] 그룹－[지우기]에서 [모두 지우기]를 선택하였다.
④ [A4] 셀을 선택하고 키보드의 BackSpace를 눌렀다.

03

사용자 정의 목록에 정의되어 있는 경우에는 자동 채우기 핸들을 이용하여 값을 드래그하면 데이터가 자동으로 변경되지만, '가'는 사용자 정의 목록에 정의되어 있지 않으므로 문자 데이터가 그대로 복사된다.

| 오답 피하기 |

② 사용자 정의 목록: 갑, 을, 병, 정, …
③ 사용자 정의 목록: 월, 화, 수, 목, …
④ 사용자 정의 목록: 자, 축, 인, 묘, …

04

Home을 누르면 해당 행의 A열로 셀 포인터가 이동하므로 [C1] 셀이 아니라 [A5] 셀로 셀 포인터가 이동한다.

05

메모를 삭제하려면 [홈] 탭－[편집] 그룹－[지우기]에서 [모두 지우기] 또는 [메모 지우기]를 선택하거나 바로 가기 메뉴에서 [메모 삭제]를 선택해야 한다.

| 오답 피하기 |

① [A4] 셀의 메모는 유지되고, [A3] 셀의 데이터인 '배순용'이 복사되어 채워진다.
② [A4] 셀의 메모가 지워지지 않고 숨겨진다.
④ [A4] 셀의 데이터인 '이길순'만 지워진다.

| 정답 | 03 ① 04 ④ 05 ③

개념끝 052

데이터 편집

기출빈도 A B C D

결정적 힌트

데이터 편집에 관련된 기능은 엑셀 작업에서 자주 사용되는 기능으로 어렵지 않은 부분입니다. 실습하면서 기능을 익히고 관련된 바로 가기 키는 모두 암기하는 것이 좋습니다.

01 셀 선택과 범위 지정

(1) 연속된 셀 선택

- 선택할 영역을 마우스로 드래그한다.
- 첫 번째 셀을 선택하고 Shift를 누른 상태에서 마지막 셀을 선택한다.
- Shift를 누른 상태에서 방향키를 눌러 범위를 지정한다.
- F8을 누른 후 방향키를 눌러 범위를 지정한다.

(2) 떨어져 있는 범위 선택

첫 번째 범위를 선택하고 Ctrl을 누른 상태에서 다음 범위를 선택한다.

(3) 행 또는 열 선택

- 행 머리글이나 열 머리글을 클릭하거나 드래그한다.
- 행 머리글이나 열 머리글에서 Shift 또는 Ctrl을 이용하여 선택할 수 있다.
- 현재 행 선택: Shift+Spacebar
- 현재 열 선택: Ctrl+Spacebar

(4) 전체 셀 선택

- [모두 선택( )] 단추를 클릭한다.
- Ctrl+A 또는 Ctrl+Shift+Spacebar를 누른다.

데이터가 입력된 영역에 셀 포인터가 있는 경우 Ctrl+A 또는 Ctrl+Shift+Spacebar를 누르면 데이터 목록 전체가 선택된다.

02 데이터 수정과 지우기

(1) 데이터 수정

- 해당 셀을 더블클릭하여 수정한다.
- 수식 입력줄에서 수정한다.
- F2를 누르면 입력된 내용의 맨 뒤에 커서가 나타나서 데이터를 수정할 수 있다.

(2) 데이터 지우기

- 데이터 내용 지우기: Delete 또는 [홈] 탭–[편집] 그룹–[지우기]–[내용 지우기]
- 범위의 첫 셀만 지우기: 범위를 지정하고 BackSpace
- 모두 지우기: [홈] 탭–[편집] 그룹–[지우기]–[모두 지우기]
- 서식 지우기: [홈] 탭–[편집] 그룹–[지우기]–[서식 지우기]
- 메모 지우기: [홈] 탭–[편집] 그룹–[지우기]–[메모 지우기]

03 데이터의 이동과 복사

(1) 이동/복사

- 셀을 선택하여 이동하거나 복사하는 경우 수식, 결과값뿐만 아니라 셀 서식, 메모를 포함한 셀 전체가 이동되거나 복사된다.
- 영역을 선택하고 잘라내기나 복사를 하면 선택 영역의 주위에 선택 영역임을 의미하는 점선이 표시된다.
- 선택된 셀 영역을 이동할 위치로 드래그하는 동안에는 선택된 셀 영역의 테두리만 표시된다.
- 클립보드에는 최대 24개의 항목이 저장되므로 여러 데이터를 클립보드에 저장했다가 붙여넣을 수 있다.
- 선택한 복사 영역에 숨겨진 행이나 열이 있는 경우 숨겨진 영역도 함께 복사되거나 이동된다.
- 마우스를 이용하여 복사나 이동을 하려면 [파일] 탭-[옵션]을 선택하고 [Excel 옵션] 창의 '고급' 범주에서 '채우기 핸들 및 셀 끌어서 놓기 사용'에 체크해야 한다.

(2) 이동/복사 방법

	이동	복사
마우스	선택 영역의 테두리를 드래그	선택 영역의 테두리를 Ctrl+드래그
메뉴	[홈] 탭-[클립보드] 그룹-[잘라내기] → [홈] 탭-[클립보드] 그룹-[붙여넣기]	[홈] 탭-[클립보드] 그룹-[복사] → [홈] 탭-[클립보드] 그룹-[붙여넣기]
바로 가기 키	Ctrl+X → Ctrl+V	Ctrl+C → Ctrl+V

■ **선택 영역의 테두리를 Shift+드래그**
기존의 값이 밀어내기가 되며 선택한 범위가 이동된다.

04 선택하여 붙여넣기

- 복사한 데이터를 붙여넣을 때 서식, 값, 수식 등 일부 내용만 선택하여 붙여넣는 기능이다.
- 잘라내기한 상태에서는 선택하여 붙여넣을 수 없다.

| 실행 방법

방법1	선택 영역을 복사 → [홈] 탭-[클립보드] 그룹-[붙여넣기]-[선택하여 붙여넣기]
방법2	선택 영역을 복사 → Ctrl+Alt+V

| [선택하여 붙여넣기] 대화상자

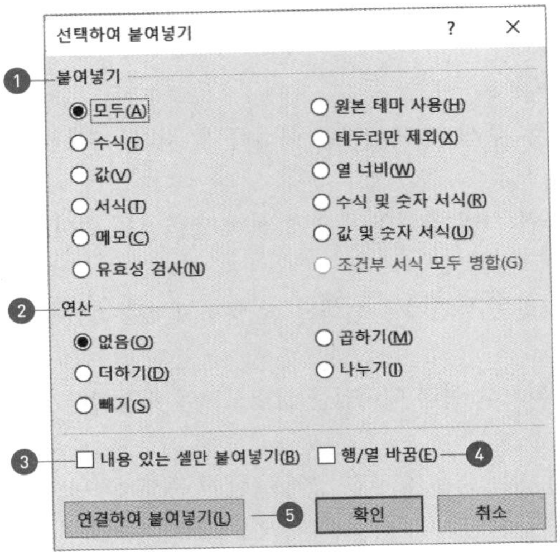

❶ 붙여넣기	모두	원본 데이터를 그대로 붙여넣음
	수식	서식은 제외하고 수식만 붙여넣음
	값	서식은 제외하고 화면에 표시된 값만 붙여넣음
	서식	데이터는 제외하고 셀 서식만 붙여넣음
	메모	메모만 붙여넣음
	유효성 검사	유효성 검사 내용만 붙여넣음
	원본 테마 사용	원본에 지정된 테마를 붙여넣음
	테두리만 제외	테두리를 제외하고 나머지 서식과 내용을 붙여넣음
	열 너비	열 너비만 붙여넣음
	수식 및 숫자 서식	수식과 숫자 서식만 붙여넣음
	값 및 숫자 서식	수식의 결과와 숫자의 서식만 붙여넣음
❷ 연산		복사한 데이터와 붙여넣을 위치의 데이터를 연산(더하기, 빼기, 곱하기, 나누기)
❸ 내용 있는 셀만 붙여넣기		복사할 영역에 빈 셀이 있는 경우 붙여넣을 영역의 값을 바꾸지 않음
❹ 행/열 바꿈		복사한 데이터의 행과 열을 서로 바꿔서 붙여넣음
❺ 연결하여 붙여넣기		원본 셀의 값이 변경되었을 때 붙여넣기한 셀의 내용도 자동으로 변경됨

▼ 내용 있는 셀만 붙여넣기

[A1:A7] 영역을 선택하여 복사한 후 [C1] 셀에 '내용 있는 셀만 붙여넣기'를 한 경우 원본의 빈 셀은 복사되지 않는다.

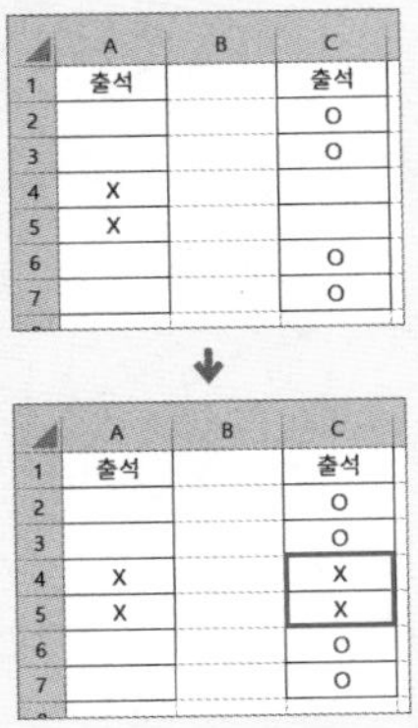

05 실행 취소와 다시 실행

(1) 실행 취소

시트 이름 변경, 시트 위치 이동, 시트 복사와 같은 작업은 취소할 수 없다.

| 실행 방법

방법1	빠른 실행 도구 모음에서 [실행 취소( )] 선택
방법2	Ctrl + Z

(2) 다시 실행

실행 취소한 작업을 다시 실행한다.

| 실행 방법

방법1	빠른 실행 도구 모음에서 [다시 실행( )] 선택
방법2	Ctrl + Y

06 셀의 삽입과 삭제

(1) 셀의 삽입

선택한 범위의 셀을 오른쪽이나 아래로 밀고 새로운 셀을 삽입하는 기능이다.

| 실행 방법

방법1	셀을 삽입할 위치 선택 → [홈] 탭 – [셀] 그룹 – [삽입] – [셀 삽입] 선택
방법2	바로 가기 메뉴의 [삽입] 선택
방법3	범위를 지정하고 Shift를 누른 상태에서 채우기 핸들을 오른쪽이나 아래쪽으로 드래그

| [삽입] 대화상자

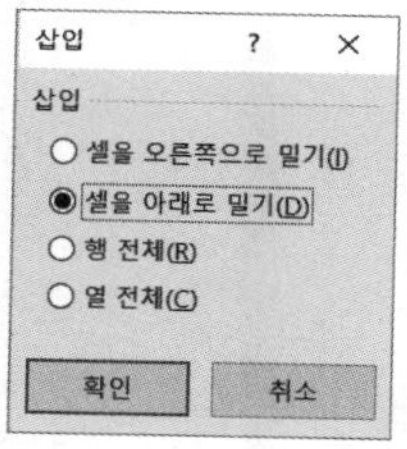

(2) 셀의 삭제

선택한 범위의 셀을 삭제하고 오른쪽이나 아래에 있는 셀을 삭제한 영역으로 이동하는 기능이다.

| 실행 방법

방법1	삭제할 범위 선택 → [홈] 탭 – [셀] 그룹 – [삭제] – [셀 삭제] 선택
방법2	바로 가기 메뉴의 [삭제] 선택

| [삭제] 대화상자

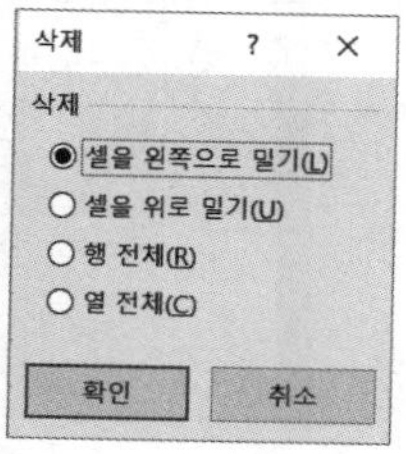

▼ 셀의 삽입

• 원본 데이터

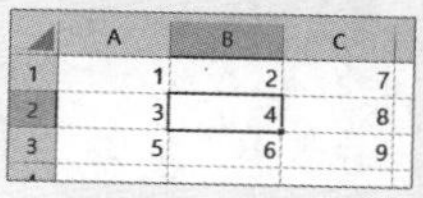

• 셀을 오른쪽으로 밀기

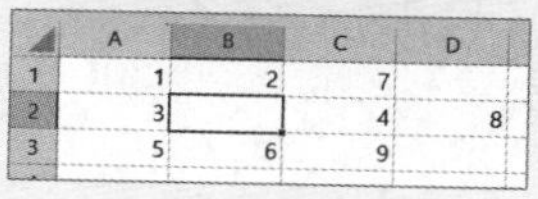

• 셀을 아래로 밀기

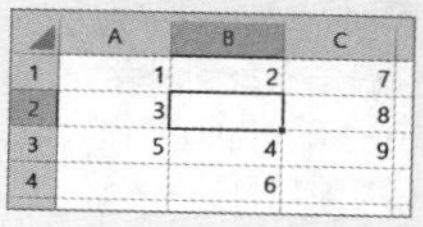

• 행 전체

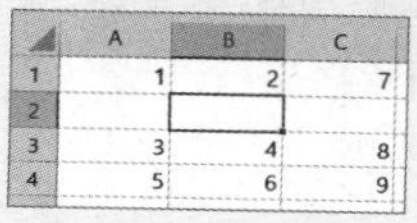

• 열 전체

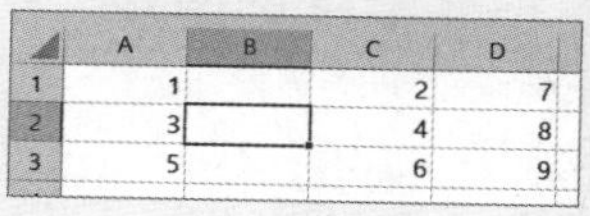

▼ 셀의 삭제

• 원본 데이터

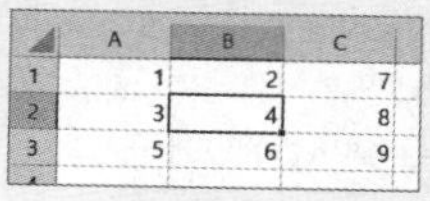

• 셀을 왼쪽으로 밀기

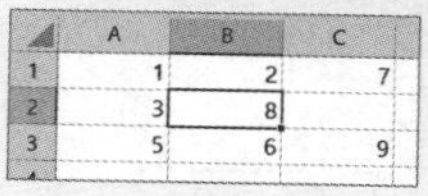

• 셀을 위로 밀기

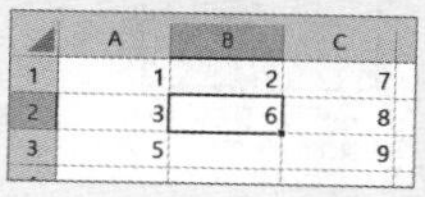

• 행 전체

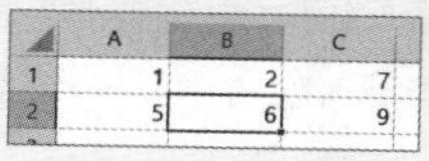

• 열 전체

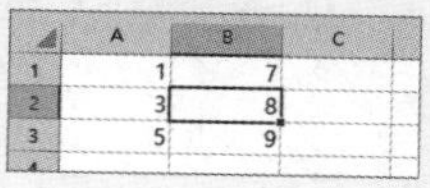

07 찾기와 바꾸기

결정적 힌트

데이터 편집에서 가장 많은 문제가 출제되는 부분입니다. 찾기와 바꾸기에 관련된 내용은 모두 알아두는 것이 좋고 특히 만능 문자 사용 방법을 잘 이해해야 합니다.

(1) 찾기

워크시트에 입력된 특정한 데이터를 찾는 기능으로, 숫자, 특수 문자, 한자 등도 찾을 수 있다.

| 실행 방법

방법1	[홈] 탭 – [편집] 그룹 – [찾기 및 선택] – [찾기]
방법2	Ctrl + F 또는 Shift + F5

- 기본적으로 워크시트 전체를 대상으로 찾으며, 범위를 지정하면 범위 안에서 찾을 수 있다.
- Shift를 누른 채 [다음 찾기]를 클릭하면 이전 항목을 찾을 수 있다.
- 찾을 내용에 ?, *, ~ 등의 만능 문자(와일드카드 문자)를 사용할 수 있다.

▼ 만능 문자

- ?: 한 문자를 대신하여 사용
  예 한? → 한국, 한우, 한기 등
- *: 여러 문자를 대신하여 사용
  예 *국 → 대한민국, 미국 등
- ~: 찾으려는 만능 문자의 앞에 물결표(~) 입력하면 만능 문자가 검색됨
  예 ~?, ~*

| [찾기 및 바꾸기] 대화상자의 [찾기] 탭

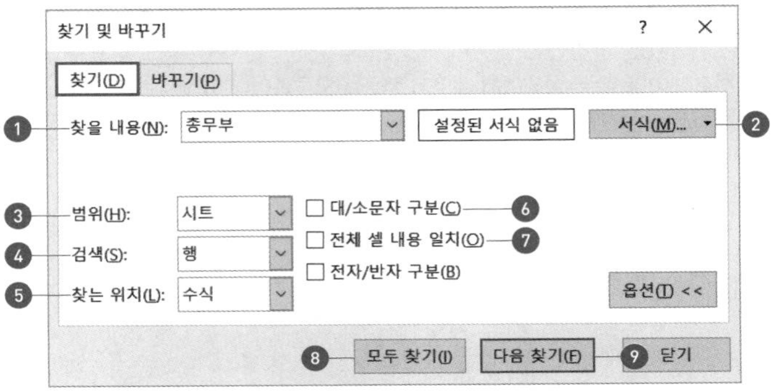

❶ 찾을 내용	검색할 내용을 입력하는 곳
❷ 서식	특정 서식이 적용된 셀을 찾을 수 있음
❸ 범위	찾을 범위를 '시트' 또는 '통합 문서'로 지정
❹ 검색	검색 방향을 '행' 또는 '열'로 지정
❺ 찾는 위치	찾을 데이터를 '수식', '값', '메모' 중에서 선택
❻ 대/소문자 구분	영문자의 대·소문자를 구분하여 검색
❼ 전체 셀 내용 일치	'찾을 내용'과 내용이 완전히 일치하는 데이터 검색
❽ 모두 찾기	검색 조건에 맞는 셀을 모두 찾음
❾ 다음 찾기	• 검색 조건에 맞는 다음 항목을 찾음 • 이전 항목을 찾으려면 Shift를 누른 채 [다음 찾기]를 클릭

■ [홈] 탭 – [편집] 그룹 – [찾기 및 선택]

수식, 메모, 조건부 서식, 상수, 데이터 유효성 검사 등을 선택하면, 해당 데이터를 모두 찾아 한꺼번에 표시한다.

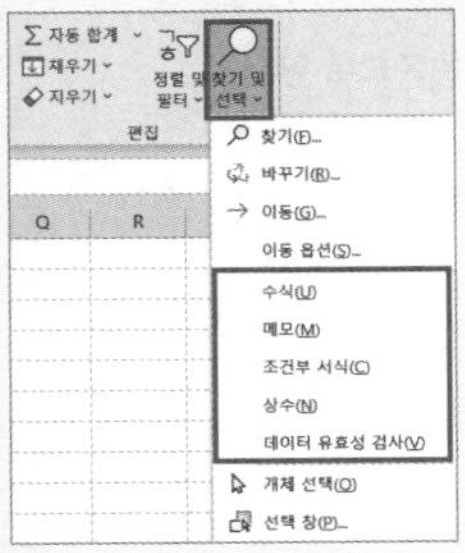

(2) 바꾸기

워크시트에 입력된 특정한 데이터를 찾아 다른 내용으로 바꾸는 기능이다.

| 실행 방법

방법1	[홈] 탭 – [편집] 그룹 – [찾기 및 선택] – [바꾸기]
방법2	Ctrl + H

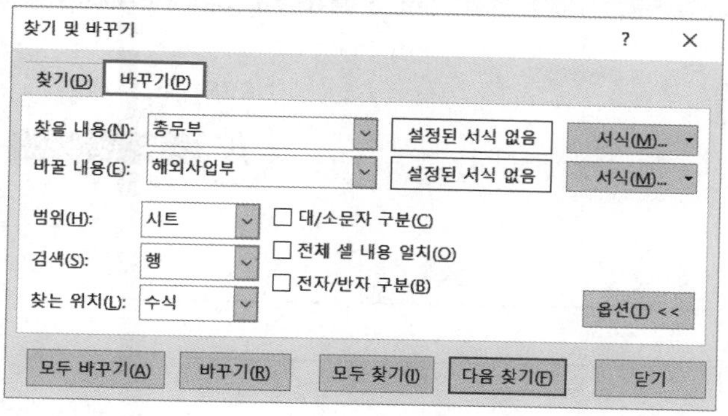

Warming UP 기출로 개념 확인

01 또 나올 문제

2020.02

다음 중 아래 시트에서 [C2:C5] 영역에 수행한 결과가 다르게 나타나는 것은?

	A	B	C	D	E
1	성명	출석	과제	실기	총점
2	박경수	20	20	55	95
3	이정수	15	10	60	85
4	경동식	20	14	50	84
5	김미경	5	11	45	61

① 키보드의 BackSpace를 누른다.
② 마우스의 오른쪽 단추를 눌러서 나온 바로 가기 메뉴에서 [내용 지우기]를 선택한다.
③ [홈]-[편집]-[지우기] 메뉴에서 [내용 지우기]를 선택한다.
④ 키보드의 Delete를 누른다.

02

2016.06

다음 중 [홈] 탭-[클립보드] 그룹의 [붙여넣기]에서 선택 가능한 붙여넣기 옵션으로 옳지 않은 것은?

① 값 붙여넣기
② 선택하여 붙여넣기
③ 테두리만 붙여넣기
④ 연결하여 붙여넣기

03 또 나올 문제

2019.08

다음 중 [찾기 및 바꾸기] 대화상자에서 찾을 내용에 만능 문자 (와일드카드)인 '?'나 '*' 문자 자체를 찾는 방법은?

① 찾으려는 만능 문자 앞·뒤에 큰따옴표(" ") 기호를 입력한다.
② 찾으려는 만능 문자 앞에 퍼센트(%) 기호를 입력한다.
③ 찾으려는 만능 문자 앞에 느낌표(!) 기호를 입력한다.
④ 찾으려는 만능 문자 앞에 물결표(~) 기호를 입력한다.

바로 보는 해설

01
BackSpace를 누르면 선택한 영역에서 첫 번째 셀만 삭제되므로 [C2] 셀의 내용만 삭제된다.
| 오답 피하기 |
②, ③, ④ [C2:C5] 영역의 내용이 모두 지워진다.

02
붙여넣기 옵션에는 붙여넣기, 수식, 값 붙여넣기, 테두리 없음, 바꾸기, 연결하여 붙여넣기, 선택하여 붙여넣기, 그림 등이 있다.

03
찾으려는 만능 문자 앞에 물결표(~) 기호를 입력한다.

| 정답 | 01 ① 02 ③ 03 ④

개념끝

053 서식 설정

기출빈도 A ····· B ····· C ····· D

01 셀 서식

결정적 힌트

셀에 서식을 지정하는 기능은 엑셀 작업 시 가장 많이 사용하게 되는 기능 중 하나입니다. [셀 서식] 대화상자의 각 탭에서 어떤 기능을 제공하는지 알아두고, 특히 [표시 형식] 탭과 [맞춤] 탭의 기능은 반드시 기억하시기 바랍니다.

■ **리본 메뉴를 이용하여 서식 지정**

[홈] 탭-[글꼴] 그룹/[맞춤] 그룹/[표시 형식] 그룹에서 서식을 지정할 수 있다.

셀 서식은 셀에 입력된 데이터에 표시 형식, 맞춤, 글꼴, 테두리, 채우기 등을 적용하는 기능이다.

| 실행 방법

방법1	[홈] 탭-[셀] 그룹-[서식]-[셀 서식] 선택
방법2	바로 가기 메뉴에서 [셀 서식] 선택
방법3	Ctrl + 1

| [셀 서식] 대화상자

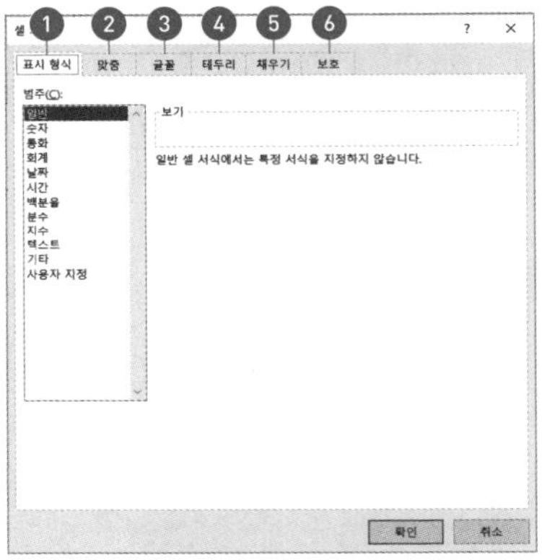

❶ [표시 형식] 탭	데이터가 표시되는 형식 지정
❷ [맞춤] 탭	텍스트 맞춤, 셀 병합, 텍스트 방향 등을 지정
❸ [글꼴] 탭	글꼴, 글꼴 스타일, 크기, 밑줄, 색 등을 지정
❹ [테두리] 탭	선택 영역에 테두리 지정
❺ [채우기] 탭	배경색과 무늬 색, 무늬 스타일 지정
❻ [보호] 탭	셀의 잠금이나 숨김 지정

개념 플러스 셀 서식 관련 바로 가기 키

- Ctrl + 1 : [셀 서식] 대화상자를 표시한다.
- Ctrl + 2 : 글꼴 스타일 '굵게'를 적용하고, 다시 누르면 취소된다.
- Ctrl + 3 : 글꼴 스타일 '기울임꼴'을 적용하고, 다시 누르면 취소된다.
- Ctrl + 4 : 선택한 셀에 '밑줄'을 적용하고, 다시 누르면 취소된다.
- Ctrl + 5 : 취소선을 적용하고, 다시 누르면 취소된다.

(1) [표시 형식] 탭

데이터가 표시되는 형식을 지정하며 실제 데이터가 변경되는 것은 아니다.

일반	지정한 표시 형식을 해제
숫자	숫자의 소수 자릿수, 1000 단위 구분 기호 사용 등을 지정
▼ 통화	• 숫자 앞에 통화 기호를 붙이고 소수 자릿수, 음수 등을 지정 • 통화 기호가 숫자의 바로 앞에 표시됨
▼ 회계	• 숫자 앞에 통화 기호를 붙이고 소수 자릿수를 지정하지만 음수 표시 형식을 지정할 수 없음 • 통화 기호가 셀의 왼쪽에 표시됨 • 0 대신 하이픈(–)으로 표시됨
날짜	날짜의 표시 형식을 지정
시간	시간의 표시 형식을 지정
백분율	숫자에 100을 곱하고 % 기호를 지정
분수	숫자를 분수로 표시
지수	숫자를 지수로 표시
텍스트	입력 데이터를 텍스트 형식으로 지정
기타	우편번호, 전화번호, 주민등록번호 등의 표시 형식을 지정
사용자 지정	서식 코드를 이용하여 사용자가 표시 형식을 직접 지정

▼ 통화 형식

통화 기호가 숫자의 바로 앞(₩1,000)에 표시되고, 통화 기호의 표시 여부를 선택할 수 있다.

▼ 회계 형식

통화 기호가 셀의 왼쪽 끝(₩ 1,000)에 표시되고, 음수의 표시 형식을 지정할 수 없으며, 입력된 값이 0일 경우 하이픈(–)으로 표시된다.

(2) [맞춤] 탭

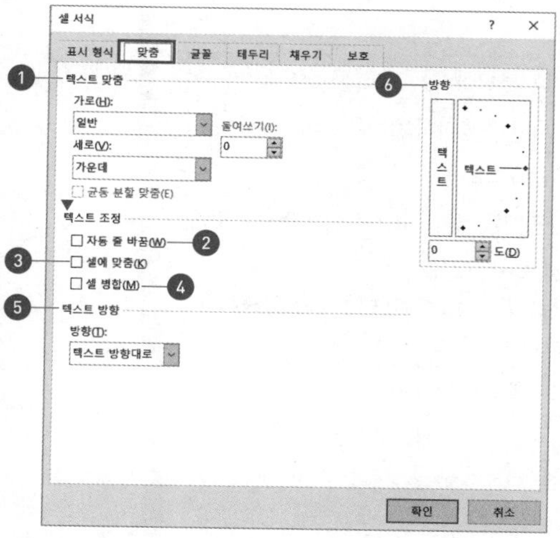

❶ 텍스트 맞춤	가로 맞춤, 세로 맞춤 지정
❷ 자동 줄 바꿈	데이터가 셀의 너비보다 긴 경우 자동으로 줄을 나누어 표시
❸ 셀에 맞춤	데이터가 셀의 너비보다 긴 경우 글자의 크기를 자동으로 줄임
❹ 셀 병합	여러 셀을 병합하는 경우 맨 왼쪽 위의 셀만 남기고 나머지는 지움. 두 개 이상의 셀을 하나로 병합함
❺ 텍스트 방향	텍스트 방향을 '왼쪽에서 오른쪽'으로 또는 '오른쪽에서 왼쪽'으로 지정
▼ ❻ 방향	데이터를 세로 방향으로 설정하거나 회전 각도(–90°~90°)를 지정

▼ 텍스트 조정

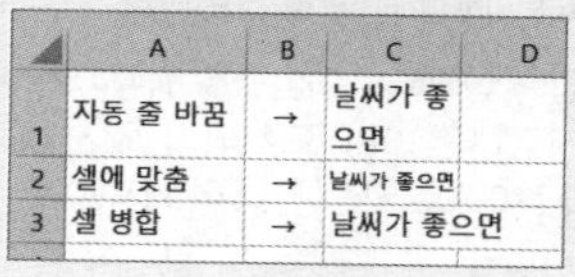

▼ 방향

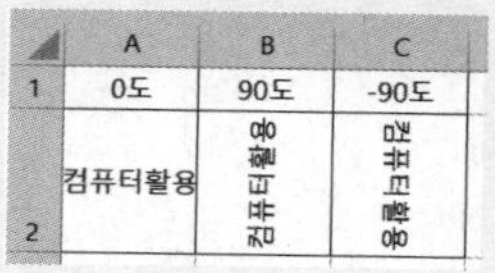

02 사용자 지정 표시 형식

결정적 힌트

많은 분이 어려워하는 부분 중 하나가 바로 사용자 지정 표시 형식입니다. 표시 형식에서 기본적으로 제공하지 않는 형식을 사용자가 직접 지정하는 기능으로 기본 원리를 반드시 이해해야 합니다. 숫자, 문자, 날짜, 시간의 서식 코드를 암기하고 직접 지정하면서 다양한 사용 예를 익혀두시기 바랍니다.

- 사용자 지정 서식 코드는 양수, 음수, 0, 텍스트 순으로 네 개의 표시 형식을 순서대로 지정하며, 각 구역은 세미콜론(;)으로 구분한다.
- 형식

양수;음수;0;텍스트

예

#,##0;[빨강](#,##0);0.00;@"귀하"

↳ 양수 ↳ 음수 ↳ 0 값 ↳ 텍스트

- 양수는 천 단위 구분 기호를 넣어 표시
- 음수는 괄호에 넣어 빨간색으로 표시
- 0은 '0.00'으로 표시
- 텍스트는 끝에 '귀하'를 추가함

	A	B
1	입력 데이터	결과 데이터
2	10000	10,000
3	-2000	(2,000)
4	0	0.00
5	홍길동	홍길동귀하

- 특정 구역을 생략하려면 서식 코드를 입력하지 않고 세미콜론(;)만 사용한다.
- 두 개의 구역을 지정하면 첫 번째 구역이 양수와 0에 적용되고, 두 번째 구역이 음수에 적용된다.
- 세미콜론(;) 세 개를 연속하여 사용하면 입력 데이터가 표시되지 않는다.
- 조건이나 색 이름은 대괄호([ ]) 안에 표시한다.

▼ **사용자 지정 표시 형식에서 사용할 수 있는 색 이름**

[검정], [파랑], [녹청], [녹색], [자홍], [빨강], [노랑], [흰색]

(1) 숫자 서식 코드

코드	기능
#	유효한 자릿수만 표시하고, 유효하지 않은 0은 표시하지 않음
0	유효하지 않은 자릿수를 0으로 표시
?	유효하지 않은 0 대신 공백을 삽입하고 소수점 기준으로 맞춤
,	• 천 단위 구분 기호로 쉼표(,) 삽입 • 맨 끝에 표시하면 천 단위가 생략되고 반올림된 값 표시 예 #,##0, → '539680'을 입력하면 '540' 표시
%	숫자에 100을 곱하고 %를 붙여서 표시

■ **#,###과 #,##0의 차이**

입력 데이터가 0인 경우 '#,###'으로 지정하면 0이 표시되지 않지만, '#,##0'으로 지정하면 0이 표시된다.

예

	A	B	C
1	숫자 서식		
2			
3	표시 형식	입력 데이터	결과
4	#,###	1234	1,234
5	0.00	35.4	35.40
6	?.??	1234	1234.
7	?.??	123.5	123.5
8	#,	123567	124
9	0%	0.5	50%
10	[파랑][>=6000]#,##0	6500	6,500

(2) 문자 서식 코드

코드	기능
@	문자 데이터를 그대로 표시 예 @"귀하" → '홍길동'을 입력하면 '홍길동귀하' 표시
*	뒤의 문자를 셀 너비만큼 채워서 표시 예 @*! → '가자'를 입력하면 셀 너비만큼 !가 반복된 '가자!!!!!!!' 표시
_	데이터의 오른쪽 끝에 공백을 추가하며 '_' 기호 뒤에 반드시 하나의 문자가 있어야 함 예 #,##0_– → 1000을 입력하면 '1,000 ' 표시

예

	A	B	C
1	문자 서식		
2			
3	표시 형식	입력 데이터	결과
4	@귀하	홍길동	홍길동귀하
5	@*!	가자	가자!!!!!!!!!!!!!!!!!!!!!!!!
6	#,##0_-	1000	1,000

(3) 날짜 서식 코드

코드	기능
yy	연도를 두 자리로 표시
yyyy	연도를 네 자리로 표시
m	월을 1~12로 표시
mm	월을 01~12로 표시
mmm	월을 Jan~Dec로 표시
mmmm	월을 January~December로 표시
d	일을 1~31로 표시
dd	일을 01~31로 표시
ddd	요일을 Sun~Sat로 표시
dddd	요일을 Sunday~Saturday로 표시
aaa	요일을 월~일로 표시
aaaa	요일을 월요일~일요일로 표시

예

	A	B	C
1	날짜 서식		
2			
3	표시 형식	입력 데이터	결과
4	yy.m.d	2022-05-15	22.5.15
5	yyyy.mmm	2022-05-15	2022.May
6	yyyy년mm월dd일ddd	2022-05-15	2022년05월15일Sun
7	yyyy년m월d일dddd	2022-05-15	2022년5월15일Sunday
8	aaa	2022-05-15	일
9	aaaa	2022-05-15	일요일

(4) 시간 서식 코드

코드	기능
h	시간을 0~23으로 표시
hh	시간을 00~23으로 표시
m	분을 0~59로 표시
mm	분을 00~59로 표시
s	초를 0~59로 표시
ss	초를 00~59로 표시
am/pm, AM/PM	시간을 12시각제로 표시

예

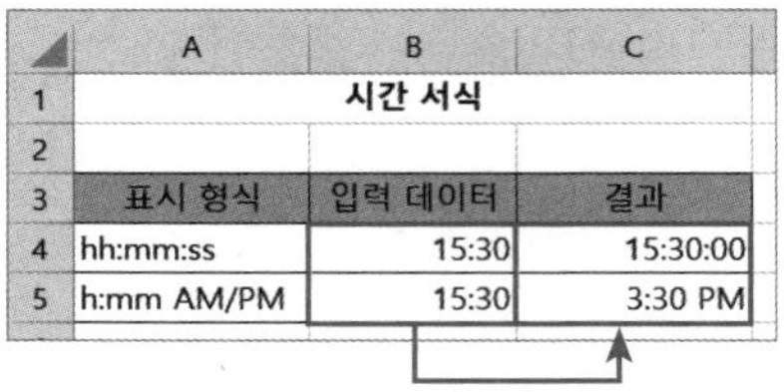

개념 플러스 경과된 시간 표시

- [hh]: 경과된 시간 표시
- [mm]: 경과된 분 표시
- [ss]: 경과된 초 표시

결정적 힌트

조건부 서식은 각종 업무에서 효율적으로 사용될 수 있는 기능으로 필기와 실기에 모두 잘 출제되는 부분입니다. 특히 수식을 이용하여 조건부 서식을 지정하는 방법을 잘 이해해야 하고 '$'를 이용하여 혼합 참조를 지정하는 방법을 기억하시기 바랍니다.

03 조건부 서식

선택한 영역에서 특정 조건을 만족하는 셀에만 서식을 지정하는 기능이다.

| 실행 방법

방법	[홈] 탭-[스타일] 그룹-[조건부 서식] 선택

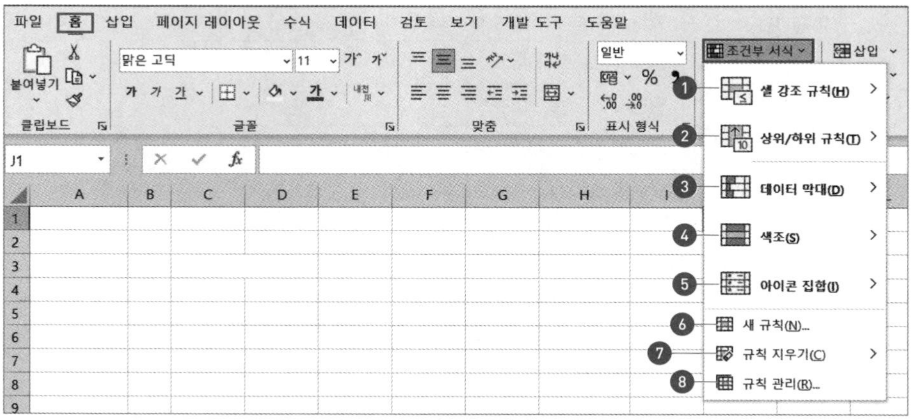

❶ 셀 강조 규칙	셀 값의 크기, 텍스트 포함, 발생 날짜, 중복 값 등으로 서식 지정
❷ 상위/하위 규칙	상위나 하위의 항목 개수나 %에 해당하는 값의 서식 지정
❸ 데이터 막대	셀 값에 따라 길이가 다른 막대로 표시

❹ 색조	셀 값에 따라 색을 다르게 표시
❺ 아이콘 집합	셀 값에 따라 아이콘을 다르게 표시
❻ 새 규칙	[새 서식 규칙] 대화상자를 표시
❼ 규칙 지우기	선택한 셀이나 시트 전체, 표, 피벗 테이블의 조건부 서식 삭제
❽ 규칙 관리	[조건부 서식 규칙 관리자] 대화상자를 표시

- 셀 값이 변경되어 규칙을 만족하지 않으면 적용된 서식은 해제된다.
- 둘 이상의 규칙이 '참'이면 규칙에 지정된 서식이 모두 적용되지만, 서식이 충돌하는 경우에는 우선순위가 높은 규칙의 서식만 적용된다.
- 사용자가 지정한 서식보다 조건부 서식의 서식이 우선 적용된다.
- 조건부 서식의 서식 스타일에는 데이터 막대, 색조, 아이콘 집합 등이 있다.
- [홈] 탭-[편집] 그룹-[찾기 및 선택]-[조건부 서식]을 선택하면 조건부 서식이 적용되고 있는 셀의 범위를 알 수 있다.
- 규칙을 수식으로 지정하는 경우 수식은 반드시 등호(=)로 시작해야 한다.
- 규칙을 만족하는 행 전체에 서식을 지정할 때는 열 번호 앞에 '$'를 붙이고, 열 전체에 서식을 지정할 때는 행 번호 앞에 '$'를 붙여 혼합 참조로 지정한다.

▼ 조건부 서식의 서식 스타일

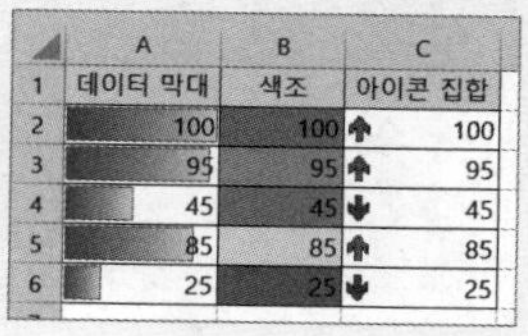

(1) [새 서식 규칙] 대화상자

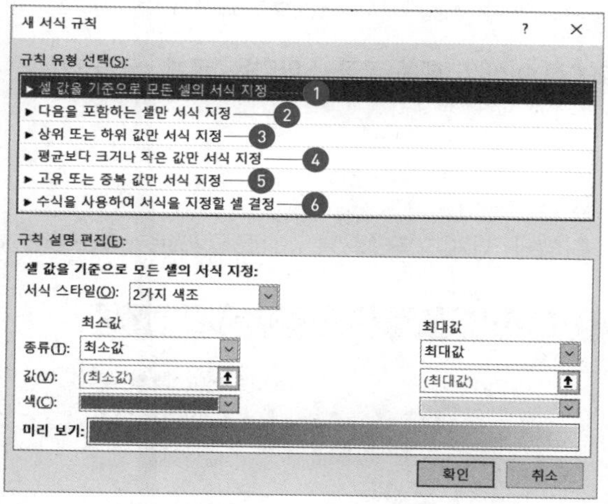

❶ 셀 값을 기준으로 모든 셀의 서식 지정	셀 값에 따라 2가지 색조, 3가지 색조, 데이터 막대, 아이콘 집합 중 선택하여 서식 스타일을 지정
❷ 다음을 포함하는 셀만 서식 지정	셀 값, 특정 텍스트, 발생 날짜, 빈 셀, 내용 있는 셀, 오류, 오류 없음 등을 포함하는 셀만 서식 지정
❸ 상위 또는 하위 값만 서식 지정	상위 또는 하위의 항목 개수나 %에 해당하는 값의 서식 지정
❹ 평균보다 크거나 작은 값만 서식 지정	평균이나 표준 편차를 기준으로 서식 지정
❺ 고유 또는 중복 값만 서식 지정	지정된 범위에서 고유한 값이나 중복 값만 서식 지정
❻ 수식을 사용하여 서식을 지정할 셀 결정	수식을 입력하여 조건을 지정

(2) [조건부 서식 규칙 관리자] 대화상자

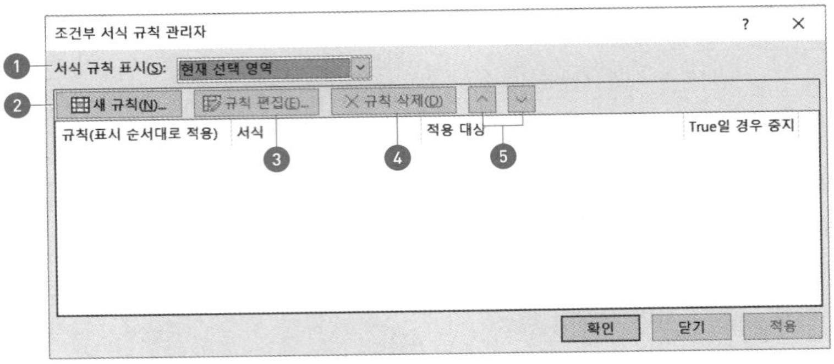

❶ 서식 규칙 표시	현재 선택 영역이나 현재 워크시트 중 선택
❷ 새 규칙	[새 서식 규칙] 대화상자 표시
❸ 규칙 편집	선택한 규칙을 수정
❹ 규칙 삭제	선택한 규칙을 삭제
❺ 위로 이동/아래로 이동	규칙이 2개 이상인 경우 선택한 규칙의 우선순위를 변경

실습으로 개념끝 ❶ 에듀윌_컴퓨터활용능력2급필기기본서_실습으로개념끝\2과목\Chapter2_1.조건부서식.xlsx

조건부 서식을 이용하여 총점이 '200점 이상'인 행에 글꼴 스타일은 '굵게', 글꼴 색은 '표준 색'의 '파랑'을 표시하시오.

따라하기

❶ [A2:E6] 영역을 드래그하여 선택하고 [홈] 탭-[스타일] 그룹-[조건부 서식]을 클릭한 후 [새 규칙]을 선택한다.

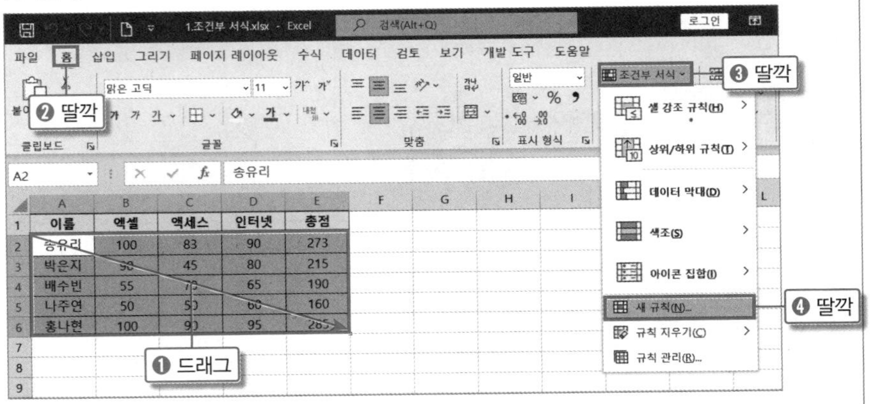

❷ [새 서식 규칙] 대화상자가 나타나면 '규칙 유형 선택'에서 '수식을 사용하여 서식을 지정할 셀 결정'을 선택하고 '다음 수식이 참인 값의 서식 지정'에 '=$E2 >=200'을 입력한 후 [서식] 단추를 클릭한다.

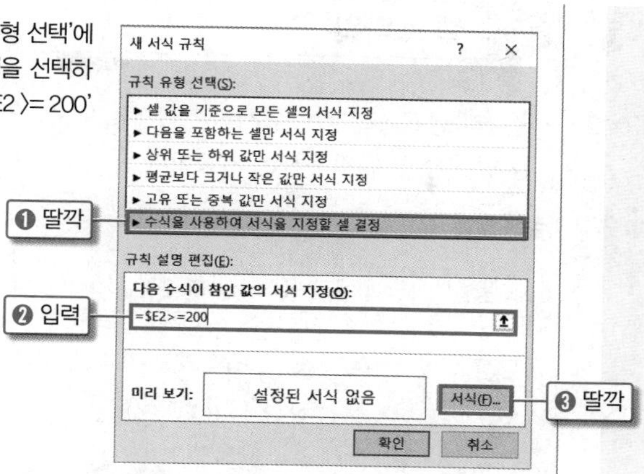

- '다음 수식이 참인 값의 서식 지정'에 '=$E2>=200'을 입력하는 이유는 문제에서 제시한 '총점이 200점 이상'이라는 조건값을 등록하기 위해서이다.
- 규칙을 만족하는 행 전체에 서식을 지정하기 위해 열 번호 앞에 '$'를 붙인다.

❸ [셀 서식] 대화상자가 나타나면 [글꼴] 탭에서 '글꼴 스타일'은 '굵게', '색'은 '표준 색'의 '파랑'을 선택하고 [확인] 단추를 클릭한다.

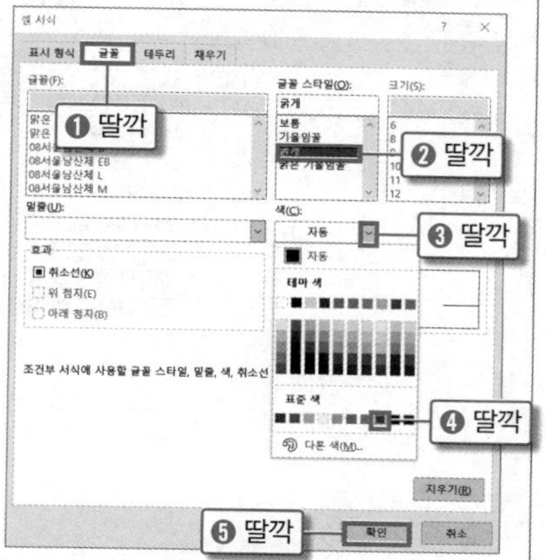

❹ [새 서식 규칙] 대화상자로 되돌아오면 '미리 보기'에서 지정한 서식을 확인하고 [확인] 단추를 클릭한다.

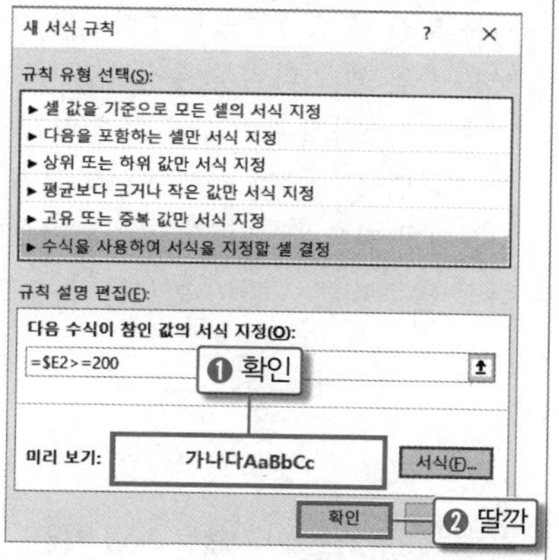

❺ 결과를 확인한다(2행, 3행, 6행에 지정한 서식이 적용된다).

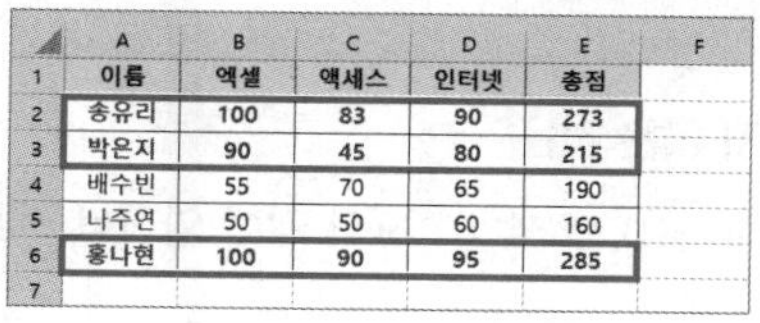

	A	B	C	D	E	F
1	이름	엑셀	액세스	인터넷	총점	
2	송유리	100	83	90	273	
3	박은지	90	45	80	215	
4	배수빈	55	70	65	190	
5	나주연	50	50	60	160	
6	홍나현	100	90	95	285	
7						

■ **조건부 서식 지우기**

[홈] 탭-[스타일] 그룹-[조건부 서식]-[규칙 지우기]

04 셀 스타일

• 글꼴과 글꼴 크기, 숫자 서식, 셀 테두리, 셀 음영 등의 정의된 서식의 집합으로, 셀 서식을 일관성 있게 적용하는 기능이다.

| 실행 방법

방법	[홈] 탭 – [스타일] 그룹 – [셀 스타일] 선택

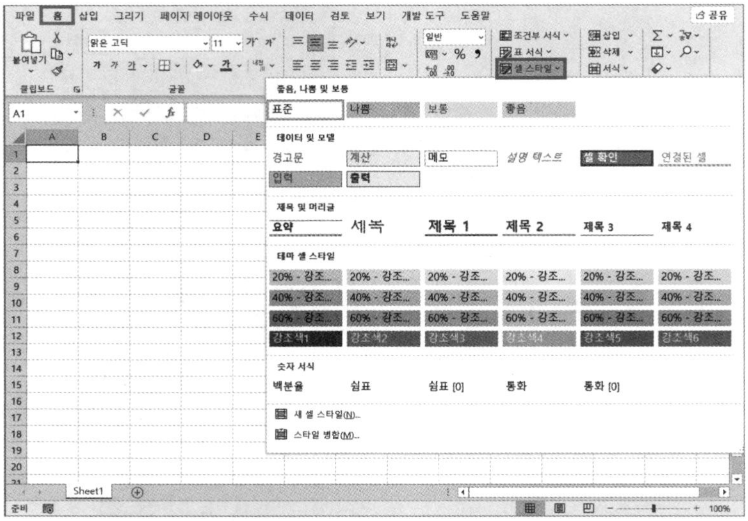

• 기본 제공 셀 스타일을 수정하거나 복제하여 사용자 지정 셀 스타일을 직접 만들 수 있다.
• 사용 중인 셀 스타일을 수정하면 해당 셀에는 자동으로 셀 스타일이 적용된다.
• '표준' 셀 스타일은 삭제할 수 없다.
• 셀 스타일을 삭제하면 해당 스타일이 적용되었던 영역에 '표준' 셀 스타일이 적용된다.
• 사용자가 만든 셀 스타일은 기본적으로 현재 엑셀 통합 문서에서만 사용할 수 있다.
• 특정 셀을 다른 사람이 변경할 수 없도록 셀을 잠그는 셀 스타일을 사용할 수도 있다.

Warming UP 기출로 개념 확인

01 (또 나올 문제) 2018.03

다음 중 셀 서식의 표시 형식에 대한 설명으로 옳지 않은 것은?

① 일반 형식으로 지정된 셀에 열 너비보다 긴 소수가 '0.123456789'와 같이 입력될 경우 셀의 너비에 맞춰 반올림한 값으로 표시된다.
② 통화 형식은 숫자와 함께 기본 통화 기호가 셀의 왼쪽 끝에 표시되며, 통화 기호의 표시 여부를 선택할 수 있다.
③ 회계 형식은 음수의 표시 형식을 별도로 지정할 수 없고, 입력된 값이 0일 경우 하이픈(–)으로 표시된다.
④ 숫자 형식은 음수의 표시 형식을 빨간색으로 지정할 수 있다.

바로 보는 해설

01
통화 형식은 숫자 바로 앞에 표시되며 (₩100), 셀 왼쪽 끝에 표시되는 형식은 회계 형식이다(₩ 100).

| 정답 | 01 ②

02 또 나올 문제

2020.07

다음 중 입력 데이터에 주어진 표시 형식으로 지정한 경우 그 결과가 옳지 않은 것은?

①

입력 데이터	표시 형식	표시 결과
7.5	#.00	7.50

②

입력 데이터	표시 형식	표시 결과
44.398	???.???	044.398

③

입력 데이터	표시 형식	표시 결과
12,200,000	#,##0,	12,200

④

입력 데이터	표시 형식	표시 결과
상공상사	@ "귀중"	상공상사 귀중

02

?는 유효하지 않은 자릿수에 공백을 추가하여 소수점을 기준으로 정렬하므로 표시 결과는 ' 44.398'이다.

| 오답 피하기 |

① • #: 유효한 자릿수만 표시하고 유효하지 않은 0은 표시하지 않는다.
 • 0: 유효하지 않은 자릿수를 0으로 표시한다.

③ 숫자와 숫자 사이에 콤마(,)가 있으면 천 단위 구분 기호이고 숫자 뒤에 콤마(,)가 있으면 천 단위 이하가 생략되고 반올림된 값을 표시한다.

④ @: @ 위치에 셀에 입력된 텍스트 문자열을 그대로 표시한다.

03

2021.상시, 2019.03

다음 중 워크시트에 숫자 '2234543'을 입력한 후 사용자 지정 표시 형식을 설정하였을 때, 화면에 표시되는 결과로 옳지 않은 것은?

① 형식: #,##0.00 결과: 2,234,543.00
② 형식: 0.00 결과: 2234543.00
③ 형식: #,###,"천원" 결과: 2,234천원
④ 형식: #% 결과: 223454300%

03

콤마(,)가 서식의 맨 끝에 위치하면 천 단위 이하가 생략되고 반올림된 값이 표시된다. 따라서 결과값은 '2,235천원'이다.

04

2017.09

다음 중 조건부 서식을 이용하여 [A2:C5] 영역에 EXCEL과 ACCESS 점수의 합계가 170 이하인 행 전체에 셀 배경색을 지정하기 위한 수식으로 옳은 것은?

	A	B	C
1	이름	EXCEL	ACCESS
2	김경희	75	73
3	원은형	89	88
4	나도향	65	68
5	최은심	98	96

① =B$2+C$2<=170
② =$B2+$C2<=170
③ =$B$2+$C$2<=170
④ =B2+C2<=170

04

조건부 서식에서 행 전체에 서식을 지정하기 위해서는 열을 고정하는 혼합 참조의 형식으로 설정해야 한다. 조건에 맞는 데이터가 있는 행 전체에 조건부 서식을 적용하려면 반드시 열 번호 앞에 '$' 기호를 붙여야 한다.

| 정답 | 02 ② 03 ③ 04 ②

기출선지 OX 퀴즈

01 [C5] 셀에 값을 입력하고 Enter를 누르면 [C5] 셀에 값이 입력된 후 [C6] 셀로 셀 포인터가 이동한다. (O / X)

02 [C5] 셀에 값을 입력하고 Esc를 누르면 [C5] 셀에 입력한 값이 취소된다. (O / X)

03 셀에 데이터 입력 시 숫자 앞에 작은따옴표(')를 입력하면 텍스트로 인식된다. (O / X)

04 [자동 채우기 옵션] 단추를 클릭하면 일 단위, 평일 단위, 월 단위, 연 단위 등을 선택할 수 있다. (O / X)

05 클립보드는 임시 저장소로 한 번에 하나의 데이터만 저장할 수 있기 때문에 추가로 다른 데이터가 저장되면 이전에 저장된 데이터는 사라진다. (O / X)

06 셀을 선택하고 Delete를 누르면 셀에 입력된 데이터 내용만 지워진다. (O / X)

07 [찾기 및 바꾸기] 대화상자의 만능 문자인 '?'나 '*' 자체를 찾으려면 만능 문자 앞에 퍼센트(%) 기호를 입력한다. (O / X)

08 [찾기 및 바꾸기] 대화상자에서 [찾기] 탭에서 대/소문자를 구분하여 찾을 수 있다. (O / X)

09 통화 형식은 숫자와 함께 기본 통화 기호가 셀의 왼쪽 끝에 표시되며, 통화 기호의 표시 여부를 선택할 수 있다. (O / X)

10 숫자 형식은 음수의 표시 형식을 빨간색으로 지정할 수 있다. (O / X)

11 일반 형식으로 지정된 셀에 열 너비보다 긴 소수가 '0.123456789'와 같이 입력될 경우 셀의 너비에 맞춰 반올림한 값으로 표시된다. (O / X)

12 조건부 서식의 서식 스타일에는 데이터 막대, 그림, 색조가 포함된다. (O / X)

13 선택된 셀 영역을 이동할 위치로 드래그하는 동안에는 선택된 셀 영역의 테두리만 표시된다. (O / X)

14 클립보드에는 최대 24개 항목이 저장 가능하므로 여러 데이터를 클립보드에 복사해 두었다가 다른 곳에 한 번에 붙여넣을 수 있다. (O / X)

15 이동하고자 하는 셀 영역을 선택한 후 잘라내기 바로 가기 키인 Ctrl + X를 누르면 선택 영역 주위에 점선이 표시된다. (O / X)

16 데이터가 입력된 셀에서 Delete를 누르면 셀에 설정된 내용과 서식이 함께 지워진다. (O / X)

17 셀을 편집 모드로 전환하려면 편집하려는 데이터가 들어있는 셀을 클릭하고 F5를 누른다. (O / X)

18 메모가 삽입된 셀을 이동하면 메모의 위치도 셀과 함께 변경된다. (O / X)

19 작성된 메모의 내용을 수정하려면 메모가 삽입된 셀의 바로 가기 메뉴에서 [메모 편집]을 선택한다. (O / X)

20 윗주에 입력된 텍스트 중 일부분의 서식을 별도로 변경할 수 있다. (O / X)

21 윗주는 셀에 대한 주석을 설정하는 것으로 문자열 데이터가 입력되어 있는 셀에만 표시할 수 있다. (O / X)

22 셀의 데이터를 삭제하면 윗주도 함께 삭제된다. (O / X)

23 문자와 숫자가 혼합된 셀의 채우기 핸들을 Ctrl을 누른 채 드래그하면 동일한 내용으로 복사된다. (O / X)

24 숫자가 입력된 셀에서 Ctrl을 누른 채 채우기 핸들을 오른쪽으로 드래그하면 숫자가 1씩 감소한다. (O / X)

25 날짜가 입력된 셀의 채우기 핸들을 아래쪽으로 끌면 기본적으로 1일 단위로 증가하여 입력된다. (O / X)

26 [선택하여 붙여넣기] 대화상자는 복사한 데이터를 여러 가지 옵션을 적용하여 붙여넣는 기능이다. (O / X)

27 [찾기 및 바꾸기] 대화상자에서 '서식'은 숫자 셀을 제외한 특정 서식이 있는 텍스트 셀을 찾을 수 있다. (O / X)

28 [찾기 및 바꾸기] 대화상자에서 '찾을 내용'은 검색할 내용을 입력하는 곳으로 와일드카드 문자를 검색 문자열에 사용할 수 있다. (O / X)

29 조건부 서식의 규칙별로 다른 서식을 적용할 수 있다. (O / X)

30 해당 셀이 여러 개의 조건을 동시에 만족하는 경우 가장 나중에 만족된 조건부 서식이 적용된다. (O / X)

| 정답 |

01	O	02	O	03	O	04	O	05	X	06	O	07	X	08	O	09	X	10	O
11	O	12	X	13	O	14	O	15	O	16	X	17	X	18	O	19	O	20	X
21	O	22	O	23	O	24	X	25	O	26	O	27	X	28	O	29	O	30	X

Build UP 기출로 개념 강화

개념끝 051 데이터 입력

01
2019.08

다음 중 아래 시트에서 셀 포인터를 [D5] 셀에 두고 Home을 누른 경우 셀 포인터의 위치는?

	A	B	C	D	E	F	G
1	학번	성명	출석	중간	기말	총점	석차
2	112473	이준민	15	34	22	75	C
3	112487	정정용	20	33	33	86	B
4	112531	이준섭	15	39	35	89	B
5	212509	김정필	20	40	39	99	A
6	212537	한일규	15	23	17	55	C

① [A1] 셀
② [A5] 셀
③ [D1] 셀
④ [D2] 셀

02
2019.08

다음 중 워크시트의 화면 작업에 대한 설명으로 옳지 않은 것은?

① 범위를 선택한 후 값을 입력하고 Alt+Enter를 누르면 선택된 범위에 같은 값이 입력된다.
② Ctrl을 누른 상태에서 마우스 휠을 돌리면 화면이 확대/축소된다.
③ Enter 방향키가 아래쪽일 때 Shift+Enter를 누르면 셀 포인터가 위쪽 셀로 이동된다.
④ Scroll Lack을 누른 후 방향키를 누르면 셀 포인터는 고정된 상태로 화면만 이동된다.

03 또 나올 문제
2019.03

다음 중 날짜 및 시간 데이터에 관한 설명으로 옳지 않은 것은?

① 날짜 데이터를 입력할 때 연도와 월만 입력하면 일자는 자동으로 해당 월의 1일로 입력된다.
② 셀에 '4/9'를 입력하고 Enter를 누르면 셀에는 '04월 09일'로 표시된다.
③ 날짜 및 시간 데이터의 텍스트 맞춤은 기본 왼쪽 맞춤으로 표시된다.
④ Ctrl+;를 누르면 시스템의 오늘 날짜, Ctrl+Shift+;를 누르면 현재 시간이 입력된다.

04
2021.상시, 2017.09

다음 중 데이터 입력에 대한 설명으로 옳지 않은 것은?

① 데이터를 입력하는 도중에 입력을 취소하려면 Esc를 누른다.
② 셀 안에서 줄을 바꾸어 데이터를 입력하려면 Alt+Enter를 누른다.
③ 텍스트, 텍스트/숫자 조합, 날짜, 시간 데이터는 셀에 입력하는 처음 몇 자가 해당 열의 기존 내용과 일치하면 자동으로 입력된다.
④ 여러 셀에 동일한 데이터를 입력하려면 해당 셀을 범위로 지정하여 데이터를 입력한 후 Ctrl+Enter를 누른다.

05

2019.08, 2016.06

다음 중 채우기 핸들을 이용하여 데이터를 입력하는 방법으로 옳지 않은 것은?

① 인접한 셀의 내용으로 현재 셀을 빠르게 입력할 때 위쪽 셀의 내용은 바로 가기 키 Ctrl+D, 왼쪽 셀의 내용은 바로 가기 키 Ctrl+R을 누른다.

② 숫자와 문자가 혼합된 문자열이 입력된 셀의 채우기 핸들을 아래쪽으로 끌면 문자는 복사되고 마지막 숫자는 1씩 증가한다.

③ 숫자가 입력된 셀의 채우기 핸들을 Ctrl을 누른 채 아래쪽으로 끌면 똑같은 내용이 복사되어 입력된다.

④ 날짜가 입력된 셀의 채우기 핸들을 아래쪽으로 끌면 기본적으로 1일 단위로 증가하여 입력된다.

06 또 나올 문제

2019.03

다음 중 채우기 핸들에 대한 설명으로 옳은 것은?

① 문자와 숫자가 혼합된 셀의 채우기 핸들을 Ctrl을 누른 채 드래그하면 동일한 내용으로 복사된다.

② 숫자가 입력된 첫 번째 셀과 두 번째 셀을 범위로 설정한 후 채우기 핸들을 드래그하면 두 번째 셀의 값이 복사된다.

③ 숫자가 입력된 셀에서 Ctrl을 누른 채 채우기 핸들을 오른쪽으로 드래그하면 숫자가 1씩 감소한다.

④ 사용자 정의 목록에 정의된 목록 데이터의 첫 번째 항목을 입력하고 Ctrl을 누른 채 채우기 핸들을 드래그하면 목록 데이터가 입력된다.

바로 보는 해설

01 Home을 누르면 셀 포인터는 해당 행의 A열로 이동한다.

02 선택된 범위에 같은 값을 입력하는 바로 가기 키는 Ctrl+Enter이다. Alt+Enter는 셀 안에 두 줄 이상을 입력할 때 사용하는 바로 가기 키이다.

03 날짜 및 시간 데이터의 텍스트 맞춤은 기본 오른쪽 맞춤으로 표시된다.

04 숫자, 날짜, 시간 데이터는 입력하는 처음 몇 자가 해당 열의 기존 내용과 일치해도 자동으로 입력되지 않는다.

05 숫자가 입력된 셀의 자동 채우기 핸들을 드래그하면 '셀 복사', Ctrl을 누른 채 드래그하면 1씩 증가된 값이 채워진다.

06 | 오답 피하기 |
② 첫 번째 셀과 두 번째 셀의 차이만큼 값이 증가하거나 감소된다.
③ 숫자가 1씩 증가한다.
④ 입력한 첫 번째 항목이 그대로 복사된다.

| 정답 | 01 ② 02 ① 03 ③ 04 ③ 05 ③ 06 ①

07

2018.03

다음 중 아래 워크시트에서 [A1:A2] 영역을 선택한 후 Ctrl을 누른 채 채우기 핸들을 아래쪽으로 드래그하는 경우 [A5] 셀에 입력되는 값은?

	A
1	10
2	8
3	
4	
5	

① 2
② 16
③ 8
④ 10

08 또 나올 문제

2017.09, 2017.03

다음 중 아래 워크시트에서 [A1:B1] 영역을 선택한 후 채우기 핸들을 이용하여 [B3] 셀까지 드래그했을 때 [A3] 셀, [B3] 셀의 값으로 옳은 것은?

	A	B
1	가-011	01월15일
2		
3		
4		

① 다-011, 01월17일
② 가-013, 01월17일
③ 가-013, 03월15일
④ 다-011, 03월15일

09 또 나올 문제

2016.03

다음 중 메모에 관한 설명으로 옳지 않은 것은?

① 메모를 삭제하려면 메모가 삽입된 셀을 선택한 후 [검토] 탭-[메모] 그룹의 [삭제]를 선택한다.
② [서식 지우기] 기능을 이용하여 셀의 서식을 지우면 설정된 메모도 함께 삭제된다.
③ 메모가 삽입된 셀을 이동하면 메모의 위치도 셀과 함께 변경된다.
④ 작성된 메모의 내용을 수정하려면 메모가 삽입된 셀의 바로 가기 메뉴에서 [메모 편집]을 선택한다.

개념끝 052 데이터 편집

10

2014.06

다음 중 데이터가 입력된 셀에서 Delete를 눌렀을 때의 상황에 대한 설명으로 옳지 않은 것은?

① 셀에 설정된 메모는 지워지지 않는다.
② 셀에 설정된 내용과 서식이 함께 지워진다.
③ [홈]-[편집]-[지우기]-[내용 지우기]를 실행한 것과 동일한 결과가 발생한다.
④ 바로 가기 메뉴에서 [내용 지우기]를 실행한 것과 동일한 결과가 발생한다.

11

2016.03

다음 중 셀의 이동과 복사에 대한 설명으로 옳지 않은 것은?

① 이동하고자 하는 셀 영역을 선택한 후 잘라내기 바로 가기 키인 Ctrl+X를 누르면 선택 영역 주위에 점선이 표시된다.

② 클립보드에는 최대 24개 항목이 저장 가능하므로 여러 데이터를 클립보드에 복사해 두었다가 다른 곳에 한 번에 붙여넣을 수 있다.

③ 선택된 셀 영역을 이동할 위치로 드래그하는 동안에는 선택된 셀 영역의 테두리만 표시된다.

④ Shift를 누른 채 선택 영역의 테두리를 원하는 위치로 드래그하면 선택 영역이 복사된다.

12 또 나올 문제

2021.상시, 2015.10

다음 중 [선택하여 붙여넣기] 대화상자에 대한 설명으로 옳지 않은 것은?

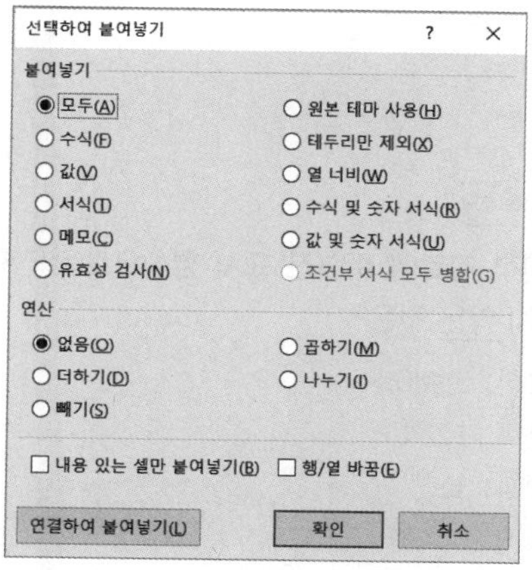

① 복사한 데이터를 여러 가지 옵션을 적용하여 붙여넣는 기능으로, [잘라내기]를 실행한 상태에서는 사용할 수 없다.

② [붙여넣기]의 '서식'을 선택한 경우 복사한 셀의 내용과 서식을 함께 붙여넣는다.

③ [내용 있는 셀만 붙여넣기]를 선택하면 복사할 영역에 빈 셀이 있는 경우 붙여넣을 영역의 값을 바꾸지 않는다.

④ [행/열 바꿈]을 선택한 경우 복사한 데이터의 열을 행으로, 행을 열로 변경하여 붙여넣기가 실행된다.

바로 보는 해설

07 Ctrl을 누른 채 채우기 핸들을 사용하면 범위로 설정한 두 개의 숫자가 반복되어 출력되므로 [A3] 셀에는 '10', [A4] 셀에는 '8', [A5] 셀에는 '10'이 입력된다.

08 자동 채우기 핸들 이용 시 문자와 숫자 혼합 데이터의 자동 채우기를 하면 문자는 복사되고 숫자는 1씩 증가, 날짜의 자동 채우기를 하면 1일씩 자동 증가한다.

09 [서식 지우기] 기능을 이용하면 서식만 지워지고 메모는 지워지지 않는다.

10 데이터가 입력된 셀에서 Delete를 누르면 서식은 지워지지 않고 내용만 지워진다.

11 Shift를 누른 채 선택 영역의 테두리를 원하는 위치로 드래그하면 기존의 값이 밀어내기가 되며 선택한 범위가 이동된다.

12 [붙여넣기]의 '서식'을 선택한 경우 복사한 셀의 내용은 붙여넣지 않고 서식만 붙여넣는다.

| 정답 | 07 ④ 08 ② 09 ② 10 ② 11 ④ 12 ②

13

2018.03, 2014.10

다음 중 [찾기 및 바꾸기] 대화상자의 각 항목에 대한 설명으로 옳지 않은 것은?

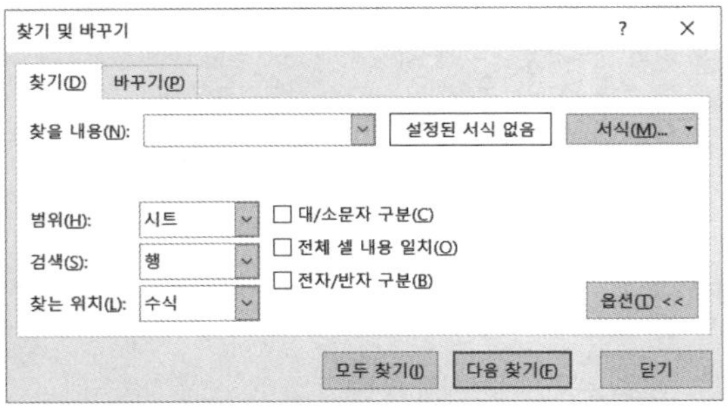

① 찾을 내용: 검색할 내용을 입력하는 곳으로 와일드카드 문자를 검색 문자열에 사용할 수 있다.
② 서식: 숫자 셀을 제외한 특정 서식이 있는 텍스트 셀을 찾을 수 있다.
③ 범위: 현재 워크시트에서만 검색하는 '시트'와 현재 통합 문서의 모든 시트를 검색하는 '통합 문서' 중 선택할 수 있다.
④ 모두 찾기: 검색 조건에 맞는 모든 항목이 나열된다.

개념끝 053 서식 설정

14

2014.06

다음 중 [셀 서식] 대화상자에서 '표시 형식'의 각 범주에 대한 설명으로 옳지 않은 것은?

① '일반' 서식은 각 자료형에 대한 특정 서식을 지정하는 데 사용된다.
② '숫자' 서식은 일반적인 숫자를 나타나는 데 사용된다.
③ '회계' 서식은 통화 기호와 소수점에 맞추어 열을 정렬하는 데 사용된다.
④ '기타' 서식은 우편번호, 전화번호, 주민등록번호 등의 형식을 설정하는 데 사용된다.

15 또 나올 문제

2018.09

아래 보기는 입력 데이터, 표시 형식, 결과순으로 표시한 것이다. 입력 데이터에 주어진 표시 형식으로 지정한 경우 그 결과가 옳지 않은 것은?

	입력 데이터	표시 형식	표시 결과
①	10	##0.0	10.0
②	2123500	#,###,"천원"	2,123.5천원
③	홍길동	@"귀하"	홍길동귀하
④	123.1	0.00	123.10

16 또 나올 문제

2017.03

다음 중 입력 자료에 주어진 표시 형식으로 지정한 경우 그 결과가 옳지 않은 것은?

① 표시 형식: #,##0,
입력 자료: 12345
표시 결과: 12
② 표시 형식: 0.00
입력 자료: 12345
표시 결과: 12345.00
③ 표시 형식: dd-mmm-yy
입력 자료: 2015/06/25
표시 결과: 25-June-15
④ 표시 형식: @@"**"
입력 자료: 컴활
표시 결과: 컴활컴활**

17

2021.상시 2018.03

다음 중 조건부 서식 설정을 위한 [새 서식 규칙] 대화상자의 '규칙 유형 선택' 항목에 해당하지 <u>않는</u> 것은?

① 임의의 날짜를 기준으로 셀의 서식 지정
② 셀 값을 기준으로 모든 셀의 서식 지정
③ 다음을 포함하는 셀만 서식 지정
④ 고유 또는 중복값만 서식 지정

18

2017.03

아래 워크시트와 같이 평점이 3.0 미만인 행 전체에 셀 배경색을 지정하고자 한다. 다음 중 이를 위해 조건부 서식 설정에서 사용할 수식으로 옳은 것은?

	A	B	C	D
1	학번	학년	이름	평점
2	20959446	2	강혜민	3.38
3	21159458	1	김경식	2.60
4	21059466	2	김병찬	3.67
5	21159514	1	장현정	1.29
6	20959476	2	박동현	3.50
7	21159467	1	이승현	3.75
8	20859447	4	이병훈	2.93
9	20859461	3	강수빈	3.84

① =$D2〈3
② =$D$2〈3
③ =D2〈3
④ =D$2〈3

바로 보는 해설

13 특정 서식이 적용된 숫자나 텍스트 셀을 찾을 수 있다.

14 '일반' 서식은 지정한 서식을 해제하는 데 사용된다.

15 '2,124천원'으로 표시된다. 콤마(,)는 천 단위 구분 기호이나, 서식 맨 끝에 표시하면 천 단위 이하가 생략되고 반올림된 값이 표시된다.

16 mmm 표시 형식은 월을 영문 세 자리로 표시하므로 '25-Jun-15'로 표시된다.

| 오답 피하기 |

① 숫자와 숫자 사이에 콤마(,)가 있으면 천 단위를 구분한다. 숫자 뒤에 콤마(,)가 있으면 천 단위 이하가 생략되고 반올림된 값을 표시한다. 따라서 12345에서 천 단위를 반올림하므로 '12'가 표시된다.

② 0은 유효하지 않은 자릿수를 0으로 표시한다. 따라서 0.00의 경우 유효하지 않은 소수점 두 자릿수도 표시하여 '12345.00'이 표시된다.

④ @는 문자 데이터를 그대로 표시하므로 @@"**"의 경우 문자열 '컴활'이 두 번 표시되고 이어서 "**"가 표시된다.

17 주어진 내용은 [새 서식 규칙] 대화상자에 없는 항목이다.

18 조건부 서식에서 행 전체에 서식을 지정하기 위해서는 열을 고정하여 지정하는 혼합 참조의 형식으로 설정해야 한다.

| 정답 | 13 ② 14 ① 15 ② 16 ③ 17 ① 18 ①

최근 기출 10개년 기준

17%

CHAPTER 3

수식 활용

무료 동영상 강의

학습전략

시험을 준비하는 모든 분들이 가장 어려움을 느끼는 부분이 바로 수식 활용입니다. 그러나 함수는 의미와 인수를 잘 이해한 후 반복해서 학습한다면 수식을 완성해나가는 재미가 느껴질 수 있습니다.

개념끝

054 수식 작성

기출빈도 A ····· B ····· C ····· D

결정적 힌트

아마도 시험 준비를 하면서 가장 어려워 하는 부분이 수식 활용인 것 같습니다. 직접적으로 많은 문제가 출제되는 부분은 아니지만 우선 수식 작성에 관련된 기초 개념을 잘 이해할 필요가 있습니다.

01 수식 작성

- 수식은 등호(=)나 더하기(+), 빼기(−) 기호로 시작하며, 더하기(+)와 빼기(−) 기호는 등호(=)로 자동 변환된다.
- 수식에 문자열이 포함될 때는 큰따옴표(" ")로 묶어준다.
- 셀에는 수식의 결과가, 수식 입력줄에는 입력한 수식이 표시된다.
- 계산할 셀 범위를 선택하여 수식을 입력한 후 Ctrl+Enter를 누르면 선택한 영역에 수식을 한 번에 채울 수 있다.
- 입력된 수식을 보려면 Ctrl+~를 누른다.
- 수식을 입력한 후 바로 F9를 누르면 결과값이 수식이 아닌 상수로 입력된다.

02 연산자

(1) 산술 연산자

숫자 데이터에 대해 사칙연산 등을 수행한다.

+	더하기	−	빼기	*	곱하기
/	나누기	%	백분율	^	거듭제곱

	A	B	C	D
1	산술 연산자			
2				
3	A	B	계산식	결과
4	40	20	=A4+B4	60
5	40	20	=A5-B5	20
6	40	20	=A6*B6	80
7	40	20	=A7/B7	2
8	4	2	=A8%	0.04
9	4	2	=A9^B9	16
10				

(2) 비교 연산자

두 값의 크기를 비교하여 조건식이 만족하면 TRUE(참), 그렇지 않으면 FALSE(거짓)를 표시한다.

크다	〉	작다	〈	크거나 같다	〉=
작거나 같다	〈=	같다	=	같지 않다	〈〉

	F	G	H	I
1	비교 연산자			
2				
3	A	B	계산식	결과
4	40	20	=F4>G4	TRUE
5	40	20	=F5<G5	FALSE
6	40	20	=F6>=G6	TRUE
7	40	20	=F7<=G7	FALSE
8	40	20	=F8=G8	FALSE
9	40	20	=F9<>G9	TRUE
10				

(3) 문자열 연산자

&	두 개의 문자열을 연결하여 표시

	K	L	M	N
1	문자열 연산자			
2				
3	A	B	계산식	결과
4	컴활	필기	=K4&L4	컴활필기
5				

(4) 참조 연산자

콜론(:)	범위 연산자 예 A1:B3 → [A1] 셀에서 [B3] 셀까지의 영역을 의미
쉼표(,)	구분 연산자 예 A1,B3 → [A1] 셀과 [B3] 셀을 의미
공백( )	교점 연산자 예 A1:B3 B3:C5 → [A1:B3] 영역과 [B3:C5] 영역의 교차 영역인 [B3] 셀을 의미

(5) 연산 우선순위

- 하나의 수식에서 여러 연산자가 사용될 때 우선순위에 따라 계산한다.
- 괄호( )가 있으면 항상 괄호 안을 먼저 연산한다.

연산 우선순위	연산자	구분
1	콜론(:) – 쉼표(,) – 공백( )	참조 연산자
2	^	산술 연산자
3	*, /	
4	+, –	
5	〉, 〈, 〉=, 〈=, =, 〈 〉	비교 연산자

결정적 힌트

셀을 참조하는 방식에는 기본적으로 상대 참조, 절대 참조, 혼합 참조가 있습니다. 어떤 경우에 해당 참조를 사용하는지 반드시 이해할 필요가 있습니다. 직접 실습을 하면서 익혀두시기 바랍니다. 필기시험에는 다른 워크시트의 셀 참조, 다른 통합 문서의 셀 참조도 출제되므로 특징을 알아두시기 바랍니다.

▼ F4

셀 주소를 입력한 후 F4를 누르면 셀 참조가 자동으로 변환된다. F4를 누를 때마다 절대 참조, 행 고정 혼합 참조, 열 고정 혼합 참조, 상대 참조의 순으로 변환된다.

예 A1 → $A$1 → A$1 → $A1

03 셀 참조

(1) 셀 참조

• 워크시트의 특정 셀이나 셀 범위의 데이터를 참조하는 방식으로, 계산할 데이터의 위치를 지정하기 위해 수식에서 사용된다.

• 수식에서 참조하는 셀이나 셀 범위의 데이터가 변경되면 수식의 결과도 자동으로 변경된다.

• 워크시트의 하나 이상의 셀, 워크시트의 여러 영역의 셀, 다른 워크시트나 다른 통합 문서의 셀을 참조할 수 있다.

(2) 상대 참조

셀의 위치가 변경되면 수식의 주소가 자동으로 변경된다. 예 A1, B2

	A	B	C	D
1	상대 참조			
2				
3	이름	중간	기말	합계
4	홍장금	85	60	=B4+C4
5	이태백	95	100	=B5+C5
6	김규라	50	30	=B6+C6
7				

❶ 입력
❷ 드래그

(3) 절대 참조

• 셀의 위치가 변경되어도 수식의 주소가 변경되지 않는다.

• 열 번호와 행 번호 앞에 '$'를 붙여 고정한다. 예 $A$1, $B$2

• '$'는 직접 입력하거나 F4를 눌러 지정한다.

	A	B	C	D
8	절대 참조			
9				
10	이름	득표수	득표율	
11	콩쥐	85	=B11/$B$13	
12	팥쥐	15	=B12/$B$13	
13	합계	=SUM(B11:B12)	=B13/$B$13	
14				

❶ 입력
❷ 드래그

(4) 혼합 참조

행이나 열 중에서 하나만 절대 참조로 지정된다.

예 $A1, $B1 → 열 고정 혼합 참조 / A$1, B$2 → 행 고정 혼합 참조

	A	B	C	D
15	혼합 참조			
16				
17		2	3	4
18	4	=$A18*B$17	=$A	=$A18*D$17
19	5	=$A19*B$17	=$A19*C$17	=$A19*D$17
20	6	=$	=$A20*C$17	=$A20*D$17
21				

❶ 입력
❷ 드래그
❸ 드래그

(5) 다른 워크시트의 셀 참조

• 다른 워크시트의 셀을 참조하려면 시트 이름과 셀 주소 사이에 느낌표(!)로 구분한다.
예 =Sheet1!A3

• 시트 이름에 한글, 영문 이외의 문자가 있으면 작은따옴표(' ')로 묶는다.
예 ='1월'!A3

(6) 다른 통합 문서의 셀 참조

다른 통합 문서의 셀을 참조하려면 통합 문서의 이름을 대괄호([ ])로 표시한다.

예 =[실적.xlsx]Sheet1!$A$3

(7) 3차원 참조

- 3차원 참조란 여러 시트의 동일한 셀 데이터나 셀 범위 데이터에 대한 참조를 의미한다.
  예 =SUM(Sheet2:Sheet4!A2)
  → [Sheet2] 시트에서 [Sheet4] 시트의 [A2] 셀 값을 모두 더한다.
- 배열 수식에는 3차원 참조를 사용할 수 없다.
- SUM, AVERAGE, AVERAGEA, COUNT, COUNTA, MAX, MAXA, MIN, MINA, STDEV.S 함수 등에서 사용할 수 있다.

04 이름 정의

결정적 힌트

이름 정의도 문제로 많이 출제되는 부분이며, 실기시험에서 직접 활용이 되기도 합니다. 이름 정의의 개념을 잘 이해하시기 바랍니다.

- 선택한 셀이나 범위에 이름을 정의하는 기능으로, 이름은 수식에서 셀 주소 대신 사용된다.

| 이름 정의 방법

방법1	이름을 정의하려는 영역을 범위로 지정하고 이름 상자에 이름을 입력한 후 Enter
방법2	[수식] 탭-[정의된 이름] 그룹-[이름 정의] 클릭
방법3	[수식] 탭-[정의된 이름] 그룹-[선택 영역에서 만들기] 클릭

▼ 선택 영역에서 만들기

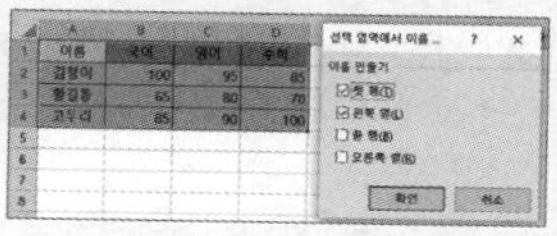

- 이름은 기본적으로 절대 참조로 정의된다.
- 이름의 첫 글자는 문자나 밑줄(_), 역슬래시(\)만 사용할 수 있고, 숫자로 시작될 수 없다.
- 이름에는 공백을 사용할 수 없으며, 영문자의 대·소문자를 구분하지 않는다.
- 셀 주소와 같은 형태의 이름은 사용할 수 없다.
- 여러 시트에서 같은 이름으로 정의할 수 없다.
- 정의된 이름은 다른 시트에서 사용할 수 있다.
- 정의된 이름을 확인하거나 수정하려면 [수식] 탭-[정의된 이름] 그룹-[이름 관리자]를 클릭한다.

▼ [이름 관리자] 대화상자 바로 가기 키

Ctrl + F3

실습으로 개념끝 ❶ 에듀윌_컴퓨터활용능력2급필기기본서_실습으로개념끝\2과목\Chapter3_1.이름정의.xlsx

[B2:B4] 영역에 '국어'로 이름을 정의하시오.

따라하기

❶ [B2:B4] 영역을 드래그하여 선택한다.

❷ 이름 상자에 '국어'를 입력하고 Enter를 누른다.

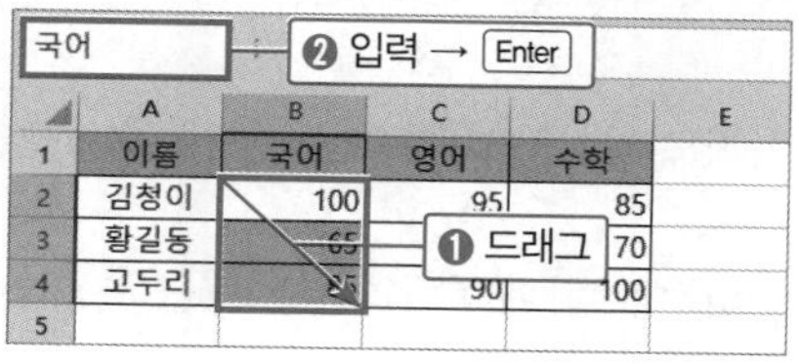

05 오류 메시지

결정적 힌트

엑셀 작업 시 나타나게 되는 오류 메시지를 잘 이해해야 잘못된 작업을 수정할 수 있습니다. 많은 문제가 출제된 부분이므로 직접 실습을 통해 어떤 경우에 해당 오류 메시지가 나타나는지 이해해야 합니다.

####	결과값이 셀 너비보다 길어서 셀에 결과값을 모두 표시할 수 없는 경우
#DIV/0!	특정 값을 0 또는 빈 셀로 나눈 경우
#N/A	수식에서 잘못된 값으로 연산을 시도한 경우
#NAME?	잘못된 함수 이름이나 정의되지 않은 셀 이름을 사용한 경우 예 =SUM(A3A9)
#NULL!	교차하지 않은 두 영역의 교차점을 지정한 경우 예 =SUM(A1 B1)
#NUM!	수식이나 함수에 잘못된 숫자값이 포함된 경우
#REF!	셀 참조를 잘못 사용한 경우
#VALUE!	잘못된 인수나 피연산자를 사용한 경우
순환 참조 경고	수식에 자기 자신의 셀을 참조하려는 경우

▼ 순환 참조 경고

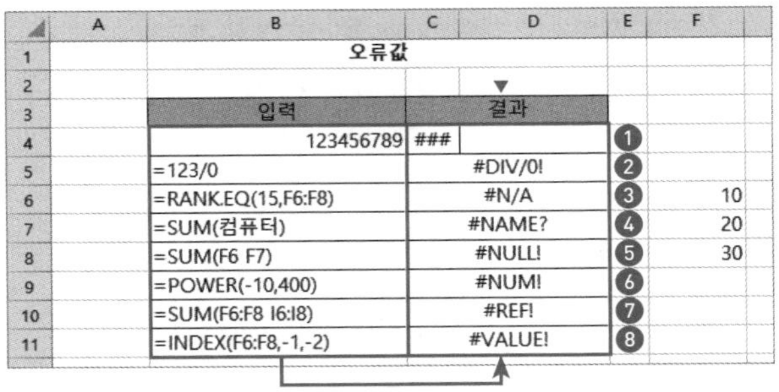

▼ 결과

❶ 결과값이 셀 너비보다 긴 경우
❷ 0으로 나눈 경우
❸ [F6:F8] 영역에 15가 없는 경우
❹ '컴퓨터'라는 이름이 정의되지 않은 경우
❺ [F6] 셀과 [F7] 셀에 교차점이 없는 경우
❻ 계산할 수 있는 범위를 벗어난 경우
❼ 수식에서 참조한 [I6:I8] 영역이 삭제된 경우
❽ INDEX 함수에서 행과 열이 음수로 지정된 경우

개념 플러스 [오류 추적] 단추( )

[파일] 탭–[옵션]을 선택하고 [Excel 옵션] 창의 '수식' 범주에서 '오류를 반환하는 수식이 있는 셀'에 체크하면 오류가 발생한 부분에 [오류 추적] 단추( )가 표시된다.

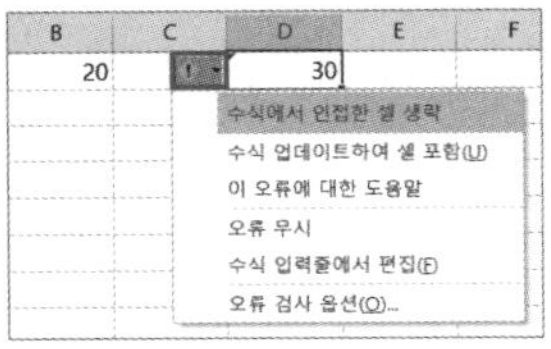

Warming UP 기출로 개념 확인

01

2016.06, 2015.10

다음 중 셀 참조에 관한 설명으로 옳은 것은?

① 수식 작성 중 마우스로 셀을 클릭하면 기본적으로 해당 셀이 절대 참조로 처리된다.
② 수식에 셀 참조를 입력한 후 셀 참조의 이름을 정의한 경우에는 참조 에러가 발생하므로 기존 셀 참조를 정의된 이름으로 수정한다.
③ 셀 참조 앞에 워크시트 이름과 마침표(.)를 차례로 넣어서 다른 워크시트에 있는 셀을 참조할 수 있다.
④ 셀을 복사하여 붙여넣은 다음 [붙여넣기 옵션]의 [연결하며 붙여넣기] 명령을 사용하여 셀 참조를 만들 수도 있다.

바로 보는 해설

01
| 오답 피하기 |
① 상대 참조로 처리된다.
② 수식에 셀 참조를 입력한 후 셀 참조의 이름을 정의해도 참조 에러가 발생하지 않는다.
③ 다른 워크시트를 참조할 때는 '워크시트명!셀주소'와 같이 느낌표(!)를 사용한다.

| 정답 | 01 ④

02

2020.07

다음 표에서 원금([C4:F4])과 이율([B5:B8])을 각각 곱하여 수익 금액 [C5:F8]을 계산하기 위해서, [C5] 셀에 수식을 입력하고 나머지 모든 셀은 '자동 채우기' 기능으로 채우려고 한다. 다음 중 [C5] 셀에 입력할 수식으로 옳은 것은?

	A	B	C	D	E	F
1			이율과 원금에 따른 수익금액			
2						
3			원금			
4			5,000,000	10,000,000	30,000,000	500,000,000
5	이율	1.5%				
6		2.3%				
7		3.0%				
8		5.0%				

① =C4*B5　② =$C4*B$5
③ =C$4*$B5　④ =$C$4*$B$5

03 (또 나올 문제)

2019.08

다음 중 셀 또는 셀 범위에 대한 이름 정의 시 구문 규칙에 대한 설명으로 옳은 것은?

① 이름은 최대 255자까지 지정할 수 있다.
② 이름의 첫 자는 반드시 문자나 밑줄(_) 또는 슬래시(/)로 시작해야 한다.
③ 이름의 일부로 공백을 사용할 수 있다.
④ Excel에서는 이름의 대문자와 소문자를 구별한다.

04

2022.상시, 2019.03

다음 중 셀 범위를 선택한 후 그 범위에 이름을 정의하여 사용하는 것에 대한 설명으로 옳지 않은 것은?

① 이름은 기본적으로 상대 참조를 사용한다.
② 이름에는 공백이 없어야 한다.
③ 이름은 대·소문자를 구별하지 않는다.
④ 정의된 이름은 다른 시트에서도 사용할 수 있다.

05 (또 나올 문제)

2018.09

다음 중 입력한 수식에서 발생한 오류 메시지와 그 발생 원인으로 옳지 않은 것은?

① #VALUE!: 잘못된 인수나 피연산자를 사용했을 때
② #DIV/0!: 특정 값(셀)을 0 또는 빈 셀로 나누었을 때
③ #NAME?: 함수 이름을 잘못 입력하거나 인식할 수 없는 텍스트를 수식에 사용했을 때
④ #REF!: 숫자 인수가 필요한 함수에 다른 인수를 지정했을 때

02

- C$4: C~F열(원금)은 하나의 이율(행)에 대해서 원금(열)을 변경하는 방식으로 수식이 채워져야 하므로 행 번호에 절대 참조를 지정한다.
- $B5: 각 열(원금)의 5~8행(이율)은 하나의 원금(열)에 대해서 이율(행)을 변경하는 방식으로 수식이 채워져야 하므로 열 번호에 절대 참조를 지정한다.

03

| 오답 피하기 |
② 이름의 첫 글자에는 슬래시(/)를 사용할 수 없다. 이름의 첫 글자는 반드시 문자, 밑줄(_), 역슬래시(\)로 시작해야 한다.
③ 이름에 공백은 사용할 수 없다.
④ Excel에서는 이름의 대·소문자를 구별하지 않는다.

04

이름은 기본적으로 절대 참조를 사용한다.

05

셀 참조를 잘못 사용했을 때 발생하는 오류 메시지이다. 숫자 인수가 필요한 함수에 다른 인수를 지정하면 #NUM! 오류가 발생한다.

| 정답 | 02 ③　03 ①　04 ①　05 ④

개념끝

055 함수

기출빈도 A ····· B ····· C ····· D

01 함수

결정적 힌트

본격적인 함수의 학습이 시작됩니다. 우선 함수는 어떻게 구성되는지 이해하고 함수 마법사를 사용하는 방법을 간단히 익혀두셔야 합니다.

- 함수는 복잡한 수식을 미리 정의한 것으로, 함수를 이용하면 연산을 하거나 값을 조회하는 등 다양한 작업을 할 수 있다.
- 함수는 함수명, 괄호, 인수로 구성되며, 괄호 안에 쉼표(,)로 인수를 구분한다.

여는 괄호 ↓ 쉼표 ↓ 닫는 괄호 ↓

=SUM(A1:B3,C4:D5)

↑ 함수명 ↑ 인수 ↑ 인수

- 함수에 따라 인수가 없는 함수도 존재하며, 이 경우에는 괄호만 표시한다.
  예 NOW( ), TODAY( )
- 함수의 인수로 다른 함수를 지정할 수 있으며, 이것을 중첩 함수라 한다.
  예 =AVERAGE(MAX(A1:C1),MIN(A1:C1))
- 중첩 함수는 64단계까지 중첩할 수 있다.

▼ **인수**

인수란 함수를 실행하는 데 필요한 값으로 함수의 형식에 따라 숫자, 텍스트, 범위, 함수 등이 사용된다.

02 함수 마법사

함수 마법사를 이용하면 인수에 대한 정보를 보면서 함수를 쉽게 완성할 수 있다.

| 실행 방법

방법1	[수식] 탭－[함수 라이브러리] 그룹－[함수 삽입(fx)] 선택
방법2	수식 입력줄의 [함수 삽입(fx)] 클릭
방법3	Shift + F3

실습으로 개념끝 ❷ 에듀윌_컴퓨터활용능력2급필기기본서_실습으로개념끝\2과목\Chapter3_2.함수마법사.xlsx

함수 마법사를 이용하여 총점을 구해보시오.

따라하기

❶ [E2] 셀을 선택하고 수식 입력줄의 [함수 삽입]을 클릭한다. [함수 마법사] 대화상자의 '함수 선택'에서 'SUM'을 선택하고 [확인]을 클릭한다.

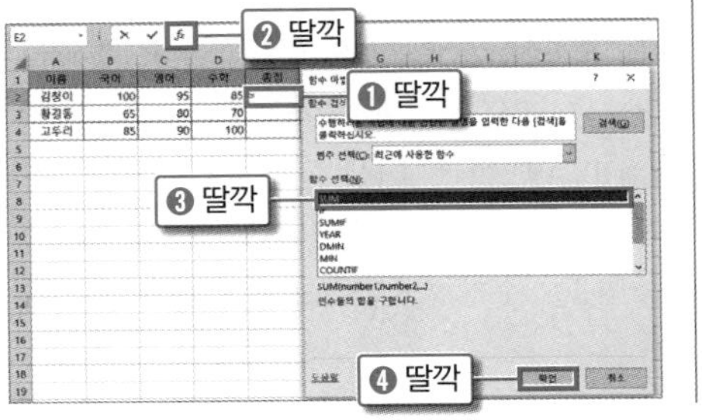

■ **최근에 사용한 함수 목록**

수식 작성 시 이름 상자에 최근에 사용한 함수 목록이 표시된다.

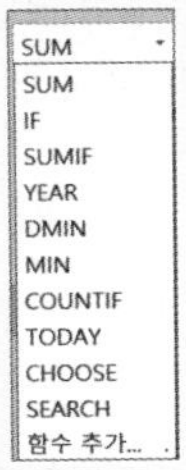

❷ [함수 인수] 대화상자의 'Number1'에서 [B2:D2] 영역을 드래그하여 선택하고 [확인]을 클릭한다.

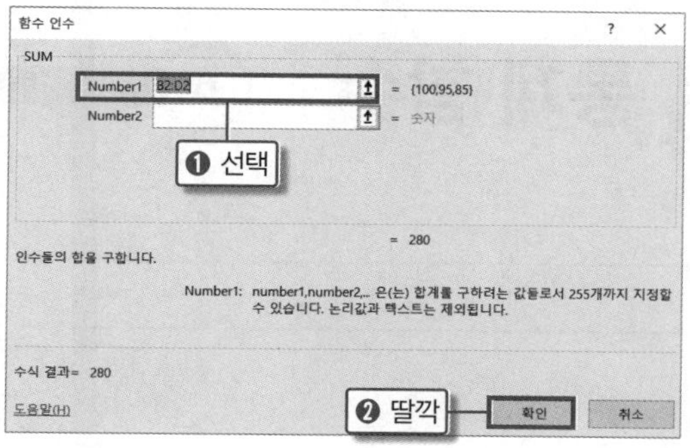

❸ [E2] 셀의 채우기 핸들을 [E4] 셀까지 드래그하여 수식을 복사한다.

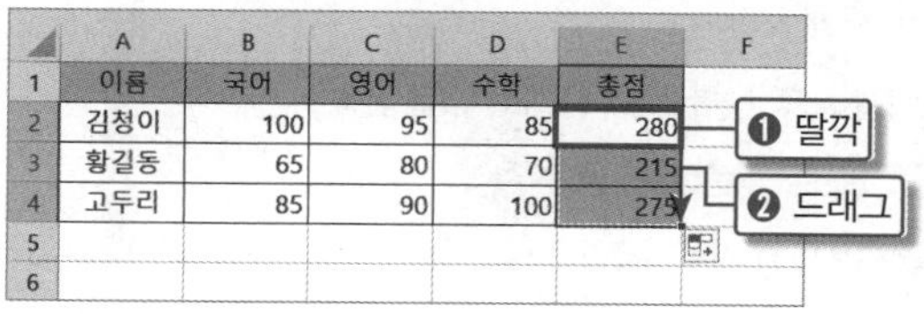

03 자동 합계

- 자동 합계를 이용하면 합계, 평균, 개수, 최대, 최소 등의 함수를 쉽게 구할 수 있다.

| 실행 방법

방법	[수식] 탭–[함수 라이브러리] 그룹–[자동 합계(∑)] 선택

- 기타 함수를 클릭하면 다른 함수를 추가하여 이용할 수 있다.
- 자동 합계를 구할 셀에서 [자동 합계]를 클릭하여 함수를 선택한 후 Enter를 누르면 계산할 수 있다.

결정적 힌트

자동 합계는 각종 함수를 쉽게 구할 수 있는 유용한 기능입니다. 많은 문제가 출제되는 부분은 아니고 매우 쉬운 기능이므로 가볍게 실습하면서 익혀두시기 바랍니다.

실습으로 개념끝 ❸ 에듀윌_컴퓨터활용능력2급필기기본서_실습으로개념끝\2과목\Chapter3_3.자동합계.xlsx

자동 합계를 이용하여 총점을 구해보시오.

따라하기

[B2:E4] 영역을 드래그하여 선택하고 [수식] 탭–[함수 라이브러리] 그룹–[자동 합계]를 클릭한다.

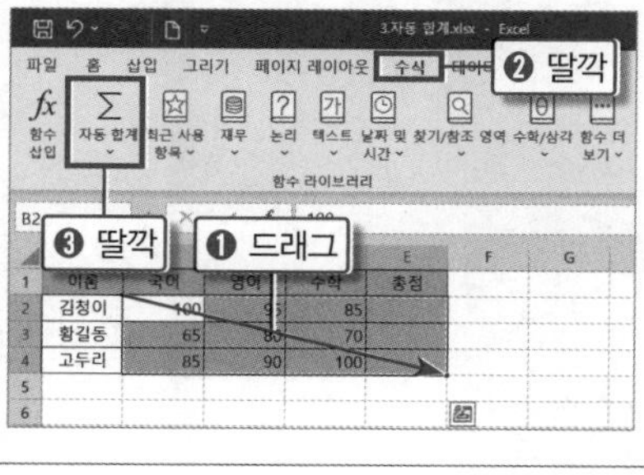

➔

	A	B	C	D	E
1	이름	국어	영어	수학	총점
2	김청이	100	95	85	280
3	황길동	65	80	70	215
4	고두리	85	90	100	275
5					

개념끝

056 수학/삼각 함수, 통계 함수

기출빈도 A B C D

01 수학/삼각 함수

결정적 힌트

함수명과 적용 방법을 암기해야 필기 문제를 풀 수 있습니다. 실습하면서 모든 함수를 꼼꼼히 익혀두시기 바랍니다. 특히 INT, TRUNC, ROUND, ROUNDDOWN, ROUNDUP 함수의 차이점을 잘 이해해야 합니다.

▼ INT 함수와 TRUNC 함수

양수를 정수로 반환할 경우 INT 함수와 TRUNC 함수는 결과가 같지만, 음수를 정수로 반환할 경우에는 결과가 다르다.

INT(3.5) → 3
TRUNC(3.5) → 3
INT(−3.5) → −4
TRUNC(−3.5) → −3

▼ MOD 함수

나머지=나뉘는 수−나누는 수×몫이므로
MOD(수1,수2)=수1−수2*INT(수1/수2)

▼ 함수결과

❶ −25의 절대값
❷ −3.5를 가장 가까운 정수로 내림
❸ 10을 3으로 나눈 나머지
❹ 2^3
❺ 0과 1 사이의 난수
❻ 1과 30 사이의 난수
❼ −3.5의 소수점 이하를 버림

(1) 수학/삼각 함수

함수	기능
ABS(숫자)	'숫자'의 절대값을 반환
INT(숫자)	'숫자'에서 가장 가까운 정수로 내린 값을 반환
MOD(수1,수2)	'수1'을 '수2'로 나눈 나머지를 반환
POWER(수1,수2)	'수1'을 '수2'만큼 거듭제곱한 값을 반환
RAND( )	0과 1 사이의 난수를 반환
RANDBETWEEN(수1,수2)	지정한 두 수 사이의 임의의 수를 반환
TRUNC(숫자,자릿수)	'숫자'에서 지정한 '자릿수' 이하의 숫자를 버리고 반환

	A	B	C
1	수학/삼각 함수		
2			
3	함수식	함수결과	
4	=ABS(-25)	25	❶
5	=INT(-3.5)	-4	❷
6	=MOD(10,3)	1	❸
7	=POWER(2,3)	8	❹
8	=RAND()	0.170993408	❺
9	=RANDBETWEEN(1,30)	28	❻
10	=TRUNC(-3.5)	-3	❼
11			

(2) 합계 함수

SUM(수1,수2,…)	'숫자'의 합계를 반환
SUMIF(범위,조건,합계 범위)	'범위'에서 '조건'을 만족하는 경우 '합계 범위'에서 합계를 반환
SUMIFS(합계 범위,범위1,조건1,범위2,조건2,…)	'범위1'에서 '조건1'을 만족하고 '범위2'에서 '조건2'를 만족하면 '합계 범위'에서 합계를 반환

	D	E	F	G	H
1	합계 함수				
2					
3	이름	직업	성별	나이	
4	김진안	자영업	남	35	
5	오하림	자영업	여	20	
6	박재진	자영업	남	55	
7	김규연	자영업	여	40	
8	박효신	교사	남	38	
9					
10	함수식			함수결과	
11	=SUM(G4:G8)			188	❶
12	=SUMIF(F4:F8,"남",G4:G8)			128	❷
13	=SUMIFS(G4:G8,E4:E8,"자영업",F4:F8,"남")			90	❸
14					
15					

▼ **함수결과**

❶ [G4:G8] 영역의 합계
❷ [F4:F8] 영역에서 '남자'인 경우 [G4:G8] 영역의 합계
❸ [E4:E8] 영역에서 '자영업'이고 [F4:F8] 영역에서 '남자'인 경우 [G4:G8] 영역의 합계

(3) 반올림/내림/올림 함수

ROUND(숫자,자릿수)	'숫자'를 지정한 '자릿수'로 반올림하여 반환
ROUNDDOWN(숫자,자릿수)	'숫자'를 지정한 '자릿수'로 내림하여 반환
ROUNDUP(숫자,자릿수)	'숫자'를 지정한 '자릿수'로 올림하여 반환

개념 플러스 반올림/내림/올림 함수의 자릿수

	1	2	3	.	4	5	6
자릿수 →	−2	−1	0		1	2	3

	I	J	K
1	반올림 함수		
2			
3	함수식	함수결과	
4	=ROUND(345.456,2)	345.46	❶
5	=ROUND(345.456,0)	345	❷
6	=ROUND(345.456,-2)	300	❸
7	=ROUNDUP(123.123,2)	123.13	❹
8	=ROUNDUP(123.123,0)	124	❺
9	=ROUNDUP(123.123,-2)	200	❻
10	=ROUNDDOWN(345.456,2)	345.45	❼
11	=ROUNDDOWN(345.456,0)	345	❽
12	=ROUNDDOWN(345.456,-2)	300	❾
13			
14			

▼ **함수결과**

❶ 345.456을 소수점 이하 두 자리로 반올림
❷ 345.456을 정수로 반올림
❸ 345.456을 백 단위로 반올림
❹ 123.123을 소수점 이하 두 자리로 올림
❺ 123.123을 정수로 올림
❻ 123.123을 백 단위로 올림
❼ 345.456을 소수점 이하 두 자리로 내림
❽ 345.456을 정수로 내림
❾ 345.456을 백 단위로 내림

02 통계 함수

결정적 힌트

통계 함수에는 많은 함수가 포함되어 있습니다. 평균 관련 함수, 개수 관련 함수, 크기 관련 함수, 순위 관련 함수 등으로 비슷한 개념을 갖는 함수를 묶어서 이해하는 것이 필요합니다.

함수	기능
AVERAGE(수1,수2,…)	숫자의 평균을 반환
AVERAGEA(인수1,인수2,…)	텍스트와 논리값을 포함한 모든 인수의 평균을 반환
AVERAGEIF(범위,조건,평균 범위)	'범위'에서 '조건'을 만족하는 경우 '평균 범위'에서 평균을 반환
AVERAGEIFS(평균 범위,범위1, 조건1, 범위2,조건2,…)	'범위1'에서 '조건1'을 만족하고 '범위2'에서 '조건2'를 만족하면 '평균 범위'에서 평균을 반환
COUNT(인수1,인수2,…)	인수 중에서 숫자의 개수를 반환
COUNTA(인수1,인수2,…)	공백이 아닌 인수의 개수를 반환
COUNTBLANK(범위)	'범위'에서 공백 셀의 개수를 반환
COUNTIF(범위,조건)	'범위'에서 '조건'을 만족하는 셀의 개수를 반환
COUNTIFS(범위1,조건1,범위2,조건2,…)	'범위1'에서 '조건1'을, '범위2'에서 '조건2'를 만족하는 경우의 개수를 반환
LARGE(범위,K)	'범위'에서 K번째로 큰 값을 반환
SMALL(범위,K)	'범위'에서 K번째로 작은 값을 반환
MAX(수1,수2,…)	인수 중에서 가장 큰 값을 반환
MAXA(인수1,인수2,…)	텍스트와 논리값을 포함한 모든 인수 중에서 가장 큰 값을 반환
MIN(수1,수2,…)	인수 중에서 가장 작은 값을 반환
MINA(인수1,인수2,…)	텍스트와 논리값을 포함한 모든 인수 중에서 가장 작은 값을 반환
MEDIAN(수1,수2,…)	숫자들의 중간값을 반환
MODE.SNGL(수1,수2,…)	숫자들 중 빈도가 가장 높은 값을 반환
RANK.EQ(수,범위,방법)	• '범위'에서 '수'의 순위를 반환 • RANK.EQ : 순위가 같으면 가장 높은 순위 반환 • '방법'을 생략하거나 0으로 지정하면 내림차순으로, 나머지는 오름차순으로 반환
STDEV.S(수1,수2,…)	인수들의 표준 편차를 반환
VAR.S(수1,수2,…)	인수들의 분산을 반환

개념 플러스 RANK.EQ 함수

점수가 같은 경우 RANK.EQ 함수는 가장 높은 순위인 2를 반환한다.

점수	RANK.EQ
80	2
70	4
80	2
90	1

	A	B	C	D
1				
2				
3	이름	직업	성별	나이
4	김진안	자영업	남	35
5	오하림	자영업	여	20
6	박재진	자영업	남	55
7	김규연	자영업	여	38
8	박효신	검사	남	35
9				

	E	F	G	H	I	J	
1		통계 함수					
2							
3		함수식	함수결과		함수식	함수결과	
4		=AVERAGE(D4:D8)	36.6	❶	=MAX(D4:D8)	55	⓬
5		=AVERAGEA(C4:D8)	18.3	❷	=MAXA(0.5,TRUE,FALSE,0.3)	1	⓭
6		=AVERAGEIF(C4:C8,"남",D4:D8)	41.66666667	❸	=MIN(D4:D8)	20	⓮
7		=AVERAGEIFS(D4:D8,B4:B8,"자영업",C4:C8,"남")	45	❹	=MINA(0.5,TRUE,FALSE,0.4)	0	⓯
8		=COUNT(D4:D8)	5	❺	=MEDIAN(D4:D8)	35	⓰
9		=COUNTA(C4:C8)	5	❻	=MODE.SNGL(D4:D8)	35	⓱
10		=COUNTBLANK(D4:D10)	2	❼	=RANK.EQ(D4,D4:D8)	3	⓲
11		=COUNTIF(D4:D8,">=40")	1	❽	=STDEV.S(D4:D8)	12.4619421	⓳
12		=COUNTIFS(C4:C8,"남",D4:D8,">=40")	1	❾	=VAR.S(D4:D8)	155.3	⓴
13		=LARGE(D4:D8,2)	38	❿			
14		=SMALL(D4:D8,2)	35	⓫			
15							

▼ 함수결과

❶ [D4:D8] 영역의 평균
❷ [C4:D8] 영역의 평균(합계를 10으로 나눔)
❸ [C4:C8] 영역에서 '남'인 경우 [D4:D8] 영역의 평균
❹ [B4:B8] 영역에서 '자영업'이고 [C4:C8] 영역에서 '남'인 경우 [D4:D8] 영역의 평균
❺ [D4:D8] 영역에서 숫자의 개수
❻ [C4:C8] 영역에서 공백이 아닌 인수의 개수
❼ [D4:D10] 영역에서 공백 셀의 개수
❽ [D4:D8] 영역에서 40 이상인 셀의 개수
❾ [C4:C8] 영역에서 '남'이고 [D4:D8] 영역에서 40 이상인 셀의 개수
❿ [D4:D8] 영역에서 두 번째로 큰 값
⓫ [D4:D8] 영역에서 두 번째로 작은 값
⓬ [D4:D8] 영역에서 가장 큰 값
⓭ 0.5, TRUE, FALSE, 0.3 중 가장 큰 값(TRUE인 1 반환)
⓮ [D4:D8] 영역에서 가장 작은 값
⓯ 0.5, TRUE, FALSE, 0.4 중 가장 작은 값(FALSE인 0 반환)
⓰ [D4:D8] 영역의 중간값
⓱ [D4:D8] 영역에서 빈도가 가장 높은 값
⓲ [D4:D8] 영역에서 [D4] 셀의 순위(35가 2명이므로 높은 순위인 3을 반환)
⓳ [D4:D8] 영역의 표준 편차
⓴ [D4:D8] 영역의 분산

Warming UP 기출로 개념 확인

01 또 나올 문제

2020.02

아래 시트에서 수강생들의 학점별 학생 수를 [E3:E7] 영역에 계산하였다. 다음 중 [E3] 셀에 입력한 함수식으로 옳은 것은?

	A	B	C	D	E
1	엑셀 성적 분포				
2	이름	학점		학점	학생수
3	이현미	A		A	2
4	장조림	B		B	3
5	나기훈	B		C	1
6	백원석	C		D	0
7	이영호	A		F	0
8	세종시	B			

① =COUNT(B3:B8,D3)

② =COUNTA($B$3:$B$8,D3)

③ =COUNTIF(D3,$B$3:$B$8)

④ =COUNTIF($B$3:$B$8,D3)

02 또 나올 문제

2018.09

다음 중 함수식에 대한 결과가 옳지 않은 것은?

① =MOD(9,2) → 1

② =COLUMN(C5) → 3

③ =TRUNC(8.73) → 8

④ =POWER(5,3) → 15

03

2018.09

다음 중 함수식에 대한 결과가 옳은 것은?

① =COUNT(1,"참",TRUE,"1") → 1

② =COUNTA(1,"거짓",TRUE,"1") → 2

③ =MAX(TRUE,"10",8,3) → 10

④ =ROUND(215.143,-2) → 215.14

바로 보는 해설

01

- COUNTIF(범위,조건) 함수는 범위에서 조건에 맞는 셀의 개수를 반환하는 함수식이다.
- [E3] 셀에는 A학점인 학생 수가 반환되어야 하므로, 범위에서 조건에 맞는 셀의 개수를 구하는 COUNTIF 함수를 사용하여 [B3:B8] 영역(범위를 고정해야 하므로 절대 참조($)로 지정)에서 A학점인 [D3] 셀을 지정한다.

02

POWER(수1,수2) 함수는 수1을 수2 만큼 거듭제곱한 값을 반환한다. 따라서 옳은 결과값은 $5^3=5\times5\times5=125$이다.

03

MAX(인수1,인수2,…) 함수는 가장 큰 값을 구하는 함수이고, 텍스트 형식의 숫자('10')는 숫자로 인식하므로 결과값은 '10'이다.

| 정답 | 01 ④ 02 ④ 03 ③

개념끝

057 날짜/시간 함수, 논리 함수, 문자열 함수

기출빈도

A B C D

01 날짜/시간 함수

함수	기능
NOW( )	현재 날짜와 시간 반환
TODAY( )	현재 날짜 반환
DATE(연,월,일)	'연', '월', '일'에 대한 날짜 데이터 반환
YEAR(날짜) MONTH(날짜) DAY(날짜)	'날짜'의 연도, 월, 일 반환
TIME(시,분,초)	'시', '분', '초'에 대한 시간 데이터 반환
HOUR(시간) MINUTE(시간) SECOND(시간)	'시간'의 시, 분, 초 반환
WEEKDAY(날짜,반환값)	• '날짜'에 해당하는 요일 번호 반환 • 반환값 – 1 또는 생략: 일요일이 1 – 2: 월요일이 1 – 3: 월요일이 0
DAYS(종료 날짜,시작 날짜)	'시작 날짜'부터 '종료 날짜 '사이의 일수를 계산하여 반환
EDATE(시작 날짜,개월수)	'시작 날짜'를 기준으로 이전(음수)이나 이후(양수) 날짜의 일련 번호 반환
EOMONTH(시작 날짜,개월수)	'시작 날짜'를 기준으로 이전(음수)이나 이후(양수) 달의 마지막 날짜의 일련 번호 반환
WORKDAY(시작 날짜,날짜 수,휴일)	'시작 날짜'에서 토요일, 일요일, 지정한 '휴일'을 제외하고 지정한 '날짜 수' 만큼 경과한 날짜를 반환

결정적 힌트

날짜/시간 함수는 함수 자체는 간단하지만, 문제로 출제되었을 때 매우 어렵게 느껴지는 함수입니다. 각 함수의 기능을 정확하게 이해하시기 바랍니다.

▼ **일련 번호**

1900–1–1부터 1로 시작한다.

	A	B	C	D	E	F
1	날짜 함수					
2						
3	함수식	함수결과				
4	=NOW()	2022-09-11 21:52	❶			
5	=TODAY()	2022-09-11	❷			
6	=DATE(2022,5,5)	2022-05-05	❸			
7	=YEAR(B6)	2022	❹			
8	=MONTH(B6)	5	❺			
9	=DAY(B6)	5	❻			
10	=TIME(15,30,25)	3:30 PM	❼			
11	=HOUR(B10)	15	❽			
12	=MINUTE(B10)	30	❾			
13	=SECOND(B10)	25	❿			
14	=WEEKDAY(B6)	5	⓫			
15	=DAYS(E18,B6)	10	⓬			
16	=EDATE(B6,2)	2022-07-05	⓭			
17	=EOMONTH(B6,2)	2022-07-31	⓮			
18	=WORKDAY(B6,10,E18)	2022-05-19	⓯		2022-05-15	휴가
19						

▼ **함수결과**

❶ 현재 날짜와 시간
❷ 현재 날짜
❸ 2022년 5월 5일에 대한 날짜 데이터
❹ [B6] 셀의 연도
❺ [B6] 셀의 월
❻ [B6] 셀의 일
❼ 15시 30분 25초에 대한 시간 데이터
❽ [B10] 셀의 시
❾ [B10] 셀의 분
❿ [B10] 셀의 초
⓫ [B6] 셀의 요일 번호(일요일이 1)
⓬ [B6] 셀의 날짜에서 [E18] 셀의 날짜 사이의 일 수
⓭ [B6] 셀의 날짜에서 2개월 후의 날짜
⓮ [B6] 셀의 날짜에서 2개월 후의 마지막 날짜
⓯ [B6] 셀의 날짜에서 토요일, 일요일, 휴가를 제외하고 10일 경과한 날짜

결정적 힌트

논리 함수는 몇 개 안 되지만 활용이 매우 높은 함수입니다. 특히 IF, AND, OR 함수는 아주 어려운 응용문제도 출제될 수 있습니다. 또한 IFS, SWITCH 함수의 사용법을 정확하게 익힐 필요가 있습니다.

02 논리 함수

함수	기능
IF(조건식,값1,값2)	'조건식'이 참이면 '값1', 거짓이면 '값2' 반환
IFS(조건식1,값1,조건식2,값2,…)	'조건식1'이 참이면 '값1', '조건식2'가 참이면 '값2' 반환
SWITCH (조건식,값1,결과값1,값2,결과값2,…)	'조건식'이 '값1'이면 '결과값1' 반환, '값2'이면 '결과값2' 반환
NOT(조건식)	'조건식'의 결과를 반대로 반환
AND(조건1,조건2,…)	모든 조건이 참이면 'TRUE', 나머지는 'FALSE' 반환
OR(조건1,조건2,…)	조건 중 하나라도 참이면 'TRUE', 나머지는 'FALSE' 반환
IFERROR(식 또는 값,반환값)	'식 또는 값'이 오류이면 '반환값' 반환하고, 그렇지 않으면 식의 결과를 반환
TRUE( )	'TRUE' 반환
FALSE( )	'FALSE' 반환

D	E	F	G
	논리 함수		
	사용할 함수	함수결과	
	=IF(10>20,"크다","작다")	작다	❶
	=IFS(B4>C4,"하락",B4<C4,"상승",B4=C4,"유지")	상승	❷
	=SWITCH(B10,"G","골드","P","플래티넘","D","다이아몬드")	다이아몬드	❸
	=NOT(10>20)	TRUE	❹
	=AND(10>20,30<40)	FALSE	❺
	=OR(10>20,30<40)	TRUE	❻
	=IFERROR(10/0,"오류 발생")	오류 발생	❼
	=TRUE()	TRUE	❽
	=FALSE()	FALSE	❾

▼ **함수결과**

❶ 10이 20보다 크면 "크다", 그렇지 않으면 "작다" 반환
❷ [B4] 셀이 [C4] 셀보다 크면 "하락", [B4] 셀이 [C4] 셀보다 작으면 "상승", [B4] 셀과 [C4] 셀이 같으면 "유지" 반환
❸ [B10] 셀이 "G"이면 "골드", "P"이면 "플래티넘", "D"이면 "다이아몬드" 반환
❹ '10이 20보다 크다'의 결과(FALSE)를 반대로 반환
❺ 10이 20보다 크고 30이 40보다 작으면 TRUE, 그렇지 않으면 FALSE 반환
❻ 10이 20보다 크거나 30이 40보다 작으면 TRUE, 그렇지 않으면 FALSE 반환
❼ 10/0의 결과가 오류이면 "오류발생" 반환
❽ TRUE 반환
❾ FALSE 반환

실습으로 개념끝 ❹ 에듀윌_컴퓨터활용능력2급필기기본서_실습으로개념끝\2과목\Chapter3_4.IF함수.xlsx

IF 함수를 사용하여 2사분기가 1사분기보다 작으면 '하락', 크면 '상승', 같으면 '유지'를 표시하시오.

따라하기

❶ [D2] 셀에 =IF(B2>C2,"하락",IF(B2<C2,"상승","유지"))를 입력한다.
❷ [D2] 셀의 채우기 핸들을 드래그하여 [D5] 셀까지 수식을 복사한다.

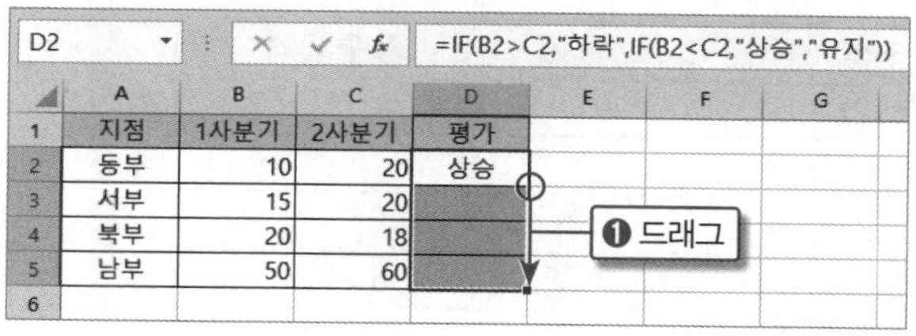

❸ 결과를 확인한다.

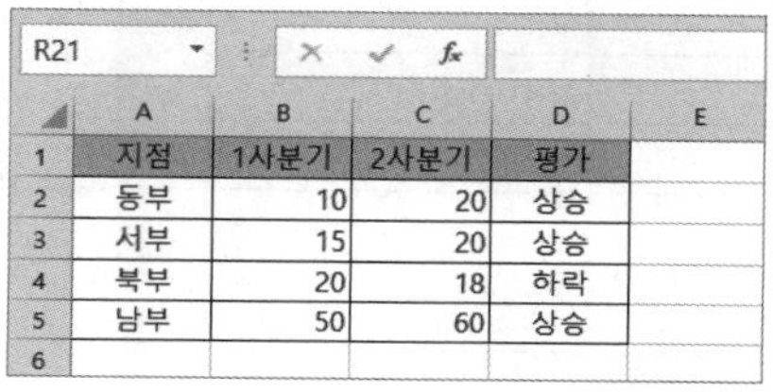

1사분기와 2사분기를 비교한 결과는 '하락', '상승', '유지' 세가지 경우가 있으므로 다음과 같은 두 가지 방법으로 풀 수 있다.
① IF 함수의 중첩
=IF(B2>C2,"하락",IF(B2<C2,"상승","유지"))
② IFS 함수
=IFS(G3<H3,"상승",G3=H3,"유지",G3>H3,"하락")

03 문자열 함수

결정적 힌트

문자열 함수도 많은 문제가 출제되는 부분입니다. 특히 LEFT, RIGHT, MID 함수는 다른 함수와 함께 사용되는 경우가 많습니다. FIND와 SEARCH 함수는 매우 비슷한 함수이지만 대·소문자 구분과 와일드카드 사용에 있어서 차이가 있으므로 잘 구분할 필요가 있습니다.

함수	기능
LEFT(문자열,개수)	'문자열'의 왼쪽에서 지정한 '개수'만큼 문자를 추출하여 반환
RIGHT(문자열,개수)	'문자열'의 오른쪽에서 지정한 '개수'만큼 문자를 추출하여 반환
MID(문자열,시작 위치,개수)	'문자열'의 지정한 '시작 위치'에서 '개수'만큼 문자를 추출하여 반환
LOWER(문자열)	'문자열'을 모두 영문자의 소문자로 반환
UPPER(문자열)	'문자열'을 모두 영문자의 대문자로 반환
PROPER(문자열)	단어의 첫 글자만 영문자의 대문자로, 나머지는 영문자의 소문자로 반환
LEN(문자열)	'문자열'의 길이를 숫자로 반환
TRIM(문자열)	단어 사이의 한 칸의 공백을 제외하고 나머지 공백을 모두 삭제하여 반환
FIND(문자열1,문자열2,시작 위치)	• '문자열2'의 '시작 위치'부터 '문자열1'을 찾아 시작 위치 반환 • 영문자의 대·소문자 구분하고 와일드카드 문자는 사용할 수 없음 • FIND 함수는 각 문자를 한 글자로 계산

SEARCH(문자열1,문자열2,시작 위치)	• '문자열2'의 '시작 위치'부터 '문자열1'을 찾아 시작 위치 반환 • 영문자의 대·소문자를 구분하지 않고 와일드카드 문자는 사용할 수 있음 • SEARCH 함수는 각 문자를 한 글자로 계산

	A	B	C
1	**문자열 함수**		
2			
3	**함수식**	**함수결과**	
4	=LEFT("컴퓨터활용능력",2)	컴퓨	❶
5	=RIGHT("컴퓨터활용능력",2)	능력	❷
6	=MID("컴퓨터활용능력",2,3)	퓨터활	❸
7	=LOWER("COMPUTER")	computer	❹
8	=UPPER("computer")	COMPUTER	❺
9	=PROPER("computer")	Computer	❻
10	=LEN("apple")	5	❼
11	=TRIM(" computer 2 ")	computer 2	❽
12	=FIND("i","대한민국fighting")	10	❾
13	=SEARCH("i","대한민국fighting")	6	❿
14			

▼ **함수결과**

❶ "컴퓨터활용능력"의 왼쪽에서 두 글자를 추출
❷ "컴퓨터활용능력"의 오른쪽에서 두 글자를 추출
❸ "컴퓨터활용능력"의 두 번째부터 세 글자를 추출
❹ "COMPUTER"를 모두 소문자로 반환
❺ "computer"를 모두 대문자로 반환
❻ "computer"의 첫 글자만 대문자로 반환
❼ "apple"의 글자 수
❽ "computer"와 "2" 사이의 한 칸의 공백을 제외하고 나머지 공백 삭제
❾ "대한민국fighting"에서 소문자 i의 위치
❿ "대한민국fighting"에서 i의 위치(대·소문자 구분하지 않음)

개념 플러스 문자를 숫자로 바꾸는 방법

방법1	1 곱하기: 문자와 숫자를 곱하면 숫자값으로 바뀐다. 예 ="10"*1
방법2	VALUE 함수를 사용한다. 예 =VALUE("10")
방법3	수식에 --를 사용한다. 예 =--"10"

Warming UP 기출로 개념 확인

01

2019.03

다음 중 시스템의 현재 날짜에서 연도를 구하는 함수식으로 옳은 것은?

① =DAYS(YEAR( ))
② =DAY(YEAR( ))
③ =YEAR(TODAY( ))
④ =YEAR(DATE( ))

02 또 나올 문제

2017.03

다음 중 각 함수식과 그 결과가 옳지 않은 것은?

① =TRIM(" 1/4분기 수익") → 1/4분기 수익
② =SEARCH("세","세금 명세서",3) → 5
③ =PROPER("republic of korea") → REPUBLIC OF KOREA
④ =LOWER("Republic of Korea") → republic of korea

바로 보는 해설

01
시스템의 현재 날짜를 반환하는 함수는 TODAY( ) 함수이고, 날짜에서 연도만 반환하는 함수는 YEAR( ) 함수이다. 따라서 시스템의 현재 날짜에서 연도를 구하는 함수식은 YEAR(TODAY( ))이다.

02
PROPER(문자열) 함수는 단어의 첫 글자만 대문자로 바꾸어 주는 함수이므로 결과는 'Republic Of Korea'이다.

| 오답 피하기 |

① TRIM(문자열) 함수는 문자열 사이의 한 칸의 공백을 제외하고 나머지 공백을 모두 삭제하여 반환하는 함수이므로 결과는 '1/4분기 수익'이다.
② SEARCH(문자열1,문자열2,시작위치) 함수는 문자열2의 시작 위치부터 문자열1을 찾아 시작부터 문자의 위치를 반환한다. 따라서 '세금 명세서'의 3번째 위치인 공백 이후부터 '세'를 찾아 반환하므로 결과는 '5'이다.
④ LOWER(문자열) 함수는 문자열을 모두 소문자로 바꾸는 함수이므로 결과는 'republic of korea'이다.

| 정답 | 01 ③ 02 ③

개념끝

058 찾기/참조 함수, 데이터베이스 함수

기출빈도 A B C D

01 찾기/참조 함수

결정적 힌트

찾기/참조 함수는 필기, 실기시험에 모두 잘 출제되는 함수로 개념이 매우 어려운 부분입니다. 특히 HLOOKUP, VLOOKUP, INDEX, MATCH 함수는 매우 중요하니 실습하면서 확실하게 개념을 이해하시기 바랍니다.

CHOOSE(검색값,값1,값2,…)	'검색값'이 1이면 '값1', 2이면 '값2' 등의 순서로 값을 반환
HLOOKUP(값,범위,행 번호,방법)	• '범위'의 첫 번째 행에서 '값'을 찾아 지정한 행에서 대응하는 값을 반환 • 방법 – 0 또는 FALSE: 정확히 일치 – 1 또는 TRUE 또는 생략: 유사 일치
VLOOKUP(값,범위,열 번호,방법)	'범위'의 첫 번째 열에서 값을 찾아 지정한 열에서 대응하는 값을 반환
INDEX(범위,행,열)	'범위'에서 지정한 '행'과 '열'의 교차값을 반환
MATCH(검색값,배열,검색 유형)	• '검색값'과 일치하는 '배열' 요소를 찾아 상대 위치 반환 • 검색 유형 – 1: 검색값보다 작거나 같은 값 중 가장 큰 값(오름차순) – 0: 검색값과 같은 첫 번째 값 – −1: 검색값보다 크거나 같은 값 중 가장 작은 값(내림차순)
COLUMN(셀이나 범위)	'셀이나 범위'의 열 번호 반환
COLUMNS(배열이나 범위)	'배열이나 범위'에 들어있는 열 수 반환
ROW(셀이나 범위)	'셀이나 범위'의 행 번호 반환
ROWS(배열이나 범위)	'배열이나 범위'에 들어있는 행 수 반환

	A	B	C	D	E	F	G	
1						찾기/참조 함수		
2								
3	이름	직업	성별	나이		함수식	함수결과	
4	김규연	검사	남	35		=CHOOSE(3,"사과","바나나","딸기")	딸기	❶
5	박재진	교사	남	55		=HLOOKUP(85,B10:D11,2,TRUE)	B	❷
6	오하림	변호사	남	38		=VLOOKUP("김규연",A4:D8,4,FALSE)	35	❸
7	박효신	의사	여	20		=INDEX(A3:D8,2,4)	35	❹
8	김진안	자영업	여	40		=MATCH(55,D4:D8,0)	2	❺
9						=COLUMN(F3)	6	❻
10	점수	70	80	90		=COLUMNS(F3:G3)	2	❼
11	등급	C	B	A		=ROW(F3)	3	❽
12						=ROWS(F3:F6)	4	❾
13								

▼ 함수결과

❶ "사과", "바나나", "딸기" 중 세 번째 값을 반환
❷ [B10:D11] 영역의 첫 번째 행에서 85보다 작거나 같은 값 중 가장 큰 값을 찾아 두 번째 행의 값을 반환
❸ [A4:D8] 영역의 첫 번째 열에서 "김규연"을 찾아 네 번째 열의 값을 반환
❹ [A3:D8] 영역의 2행 4열의 값을 반환
❺ [D4:D8] 영역에서 55의 위치를 반환
❻ [F3] 셀의 열 번호
❼ [F3:G3] 영역에 들어있는 열 수
❽ [F3] 셀의 행 번호
❾ [F3:F6] 영역에 들어있는 행 수

02 데이터베이스 함수

=데이터베이스 함수(데이터베이스, 필드, 조건 범위)

- 데이터베이스: 레코드와 필드로 이루어진 관련 데이터의 목록
- 필드: 어떤 필드가 함수에 사용되는지를 지정, 필드명을 지정하거나 열 번호로 지정
- 조건 범위: 찾을 조건이 들어있는 셀 범위로, 필드명과 함께 지정

DSUM(데이터베이스,필드,조건 범위)	조건을 만족하는 '필드'의 합계를 반환
DAVERAGE(데이터베이스,필드,조건 범위)	조건을 만족하는 '필드'의 평균을 반환
DCOUNT(데이터베이스,필드,조건 범위)	조건을 만족하는 '필드'의 숫자 개수를 반환
DCOUNTA(데이터베이스,필드,조건 범위)	조건을 만족하는 모든 '필드'의 개수를 반환
DMAX(데이터베이스,필드,조건 범위)	조건을 만족하는 '필드'의 최대값을 반환
DMIN(데이터베이스,필드,조건 범위)	조건을 만족하는 '필드'의 최소값을 반환

	A	B	C	D	E	F
1				데이터베이스 함수		
2						
3	이름	학과	직업	주소	성별	회비
4	김길동	경제	자영업	경기도 수원시	남	₩ 200,000
5	오하림	법학	자영업	경기도 파주시	여	₩ 250,000
6	김진언	화학	자영업	경기도 고양시	여	₩ 300,000
7	박하영	화공	자영업	서울시 양천구	여	₩ 100,000
8	양태일	법학	검사	경기도 안양시	남	₩ 500,000
9	문정희	화공	교사	서울시 동작구	여	₩ 50,000
10	정윤희	경제	교사	서울시 동작구	여	₩ 70,000
11	김동준	성악	학원강사	경기도 고양시	남	₩ 85,000
12						
13	성별	직업	학과			
14	남	교사	법학			
15						
16	성별이 남인 사람의 회비 합계			=DSUM(A3:F11,F3,A13:A14)	785,000	
17	직업이 자영업인 사람의 회비 평균			=DAVERAGE(A3:F11,F3,C3:C4)	212,500	
18	직업이 교사인 사람 수			=DCOUNT(A3:F11,F3,B13:B14)	2	
19	학과가 법학과인 사람 수			=DCOUNTA(A3:F11,B3,C13:C14)	2	
20	성별이 남인 사람의 최대 회비			=DMAX(A3:F11,F3,A13:A14)	500,000	
21	직업이 교사인 사람의 최소 회비			=DMIN(A3:F11,F3,B13:B14)	50,000	
22						

결정적 힌트

데이터베이스 함수는 모든 함수가 조건을 만족할 때 특정 계산을 수행한다는 공통점과 인수가 같다는 특징이 있습니다. 의외로 쉬운 함수이므로 실습하면서 기능을 익혀두시기 바랍니다.

▼ **조건 범위**

조건 범위는 필드명과 조건이 반드시 연속된 범위에 있어야 하며, 연속된 범위에 있지 않은 경우에는 별도의 범위에 조건을 작성해야 한다.

Warming UP 기출로 개념 확인

01

2019.08

다음 중 찾기/참조 함수에 대한 설명으로 옳지 않은 것은?

① VLOOKUP 함수의 네 번째 인수를 'FALSE'로 사용하는 경우 참조표에서 첫 열의 값은 반드시 오름차순 정렬되어 있어야 한다.

② HLOOKUP 함수는 참조표의 첫 행에서 값을 찾을 때 대/소문자를 구분하지 않는다.

③ INDEX 함수는 표나 범위에서 값 또는 값에 대한 참조를 반환한다.

④ CHOOSE 함수의 첫 번째 인수는 1에서 254 사이의 숫자를 나타내는 숫자나 수식, 셀 참조 등을 사용한다.

02 (또 나올 문제)

2020.02

아래 워크시트는 수량과 상품코드별 단가를 이용하여 금액을 산출한 것이다. 다음 중 [D2] 셀에 사용된 함수식으로 옳은 것은? (단, 금액 = 수량 × 단가)

	A	B	C	D
1	매장명	상품코드	수량	금액
2	강북	AA-10	15	45,000
3	강남	BB-20	25	125,000
4	강서	AA-10	30	90,000
5	강동	CC-30	35	245,000
6				
7		상품코드	단가	
8		AA-10	3000	
9		CC-30	7000	
10		BB-20	5000	

① =C2*VLOOKUP(B2,$B$8:$C$10,2)

② =C2*VLOOKUP($B$8:$C$10,2,B2,FALSE)

③ =C2*VLOOKUP(B2,$B$8:$C$10,2,FALSE)

④ =C2*VLOOKUP($B$8:$C$10,2,B2)

바로 보는 해설

01

VLOOKUP(값,범위,열 번호,방법) 함수의 4번째 인수인 방법을 FALSE 또는 0을 사용할 때 찾는 값이 문자일 경우에는 반드시 오름차순으로 정렬되지 않아도 된다. 단 4번째 인수인 방법이 TRUE 또는 1이고 값이 숫자일 경우 참조표의 첫 열이 반드시 오름차순으로 정렬되어 있어야 정확한 값을 반환받을 수 있다.

02

VLOOKUP(값,범위,열 번호,방법) 함수는 범위의 1번째 열에서 값을 찾아 지정한 열에서 대응하는 값을 반환하는 함수이다. 방법 인수는 정확하게 일치하는 것을 찾으려면 FALSE로, 비슷하게(크지 않은 작은 유사값) 일치하는 것을 찾으려면 TRUE(또는 생략)로 지정한다.
즉, [B8:C10] 영역에서 [B2]와 정확히 일치하는 값을 찾은 뒤 2번째 열의 값을 찾아서 반환하고 [C2]와 곱한 결과를 표시한다.

| 오답 피하기 |

① VLOOKUP(값,범위,열 번호,방법) 함수에서 방법(유사 일치, 정확히 일치)이 생략되어 있어 정확한 값을 찾을 수 없다.
② VLOOKUP(값,범위,열 번호,방법) 함수에서 함수 인수의 설정이 잘못되어 #VALUE! 오류가 발생한다.
④ VLOOKUP(값,범위,열 번호,방법) 함수에서 함수 인수의 설정이 잘못되어 #VALUE! 오류가 발생한다.

| 정답 | 01 ① 02 ③

03 또 나올 문제

2018.03

다음 중 아래의 워크시트에서 수식 '=DAVERAGE(A4:E10,"수확량",A1:C2)'의 결과값으로 옳은 것은?

	A	B	C	D	E
1	나무	높이	높이		
2	배	>10	<20		
3					
4	나무	높이	나이	수확량	수익
5	배	18	17	14	105
6	배	12	20	10	96
7	체리	13	14	9	105
8	사과	14	15	10	75
9	배	9	8	8	76.8
10	사과	8	9	6	45

① 15
② 12
③ 14
④ 18

03

DAVERAGE(데이터베이스,필드,조건범위) 함수는 조건을 만족하는 필드의 평균을 구하는 함수이다.
제시된 함수식에서는 나무가 '배'이면서, 높이가 10보다 크고 20보다 작은 수확량의 평균을 구하므로 (14+10)/2=12가 된다.

| 정답 | 03 ②

기출선지 OX 퀴즈

01 수식 작성 중 마우스로 셀을 클릭하면 기본적으로 해당 셀이 절대 참조로 처리된다. (O / X)

02 셀 참조 앞에 워크시트 이름과 마침표(.)를 차례로 넣어서 다른 워크시트에 있는 셀을 참조할 수 있다. (O / X)

03 셀 또는 셀 범위에 대한 이름 정의 시 이름은 최대 255자까지 지정할 수 있다. (O / X)

04 셀 또는 셀 범위에 대한 이름 정의 시 이름의 일부로 공백을 사용할 수 있다. (O / X)

05 #REF!는 숫자 인수가 필요한 함수에 다른 인수를 지정했을 때 발생하는 오류 메시지이다. (O / X)

06 #VALUE!는 잘못된 인수나 피연산자를 사용했을 때 발생하는 오류 메시지이다. (O / X)

07 #DIV/0!는 특정 값(셀)을 0 또는 빈 셀로 나누었을 때 발생하는 오류 메시지이다. (O / X)

08 시스템의 현재 날짜에서 연도를 구하는 함수식은 =YEAR(TODAY( ))이다. (O / X)

09 WEEKDAY 함수는 날짜에 해당하는 요일을 구하는 함수로 Return_type 인수를 생략하는 경우 '일월화수목금토' 중 해당하는 한 자리 요일이 텍스트값으로 반환된다. (O / X)

10 시간 데이터는 날짜의 일부로 인식하여 소수로 저장되며, 낮 12시는 0.5로 계산된다. (O / X)

11 날짜 데이터는 순차적인 일련 번호로 저장되기 때문에 날짜 데이터를 이용한 수식을 작성할 수 있다. (O / X)

12 VLOOKUP 함수의 네 번째 인수를 'FALSE'로 사용하는 경우 참조표에서 첫 열의 값은 반드시 오름차순 정렬되어 있어야 한다. (O / X)

13 HLOOKUP 함수는 참조표의 첫 행에서 값을 찾을 때 대/소문자를 구분하지 않는다. (O / X)

14 INDEX 함수는 표나 범위에서 값 또는 값에 대한 참조를 반환한다. (O / X)

15 CHOOSE 함수의 첫 번째 인수는 1에서 254 사이의 숫자를 나타내는 숫자나 수식, 셀 참조 등을 사용한다. (O / X)

16 중첩 함수는 함수를 다른 함수의 인수 중 하나로 사용하며, 최대 3개 수준까지 함수를 중첩할 수 있다. (O / X)

17 함수 마법사는 [수식] 탭의 [함수 라이브러리] 그룹에 있는 [함수 삽입] 명령을 선택하거나 수식 입력줄에 있는 함수 삽입 아이콘을 클릭하여 실행한다. (O / X)

18 함수식을 직접 입력할 때에는 입력한 함수명의 처음 몇 개의 문자와 일치하는 함수 목록을 표시하여 선택하게 하는 함수 자동 완성 기능을 이용할 수 있다. (O / X)

19 셀을 복사하여 붙여넣은 다음 [붙여넣기 옵션]의 [셀 연결] 명령을 사용하여 셀 참조를 만들 수도 있다. (O / X)

20 =PROPER("republic of korea")의 결과는 'Republic Of Korea'이다. (O / X)

21 LOWER(문자열) 함수는 문자열을 모두 소문자로 바꾸는 함수이다. (O / X)

22 =POWER(5,3)의 결과는 '15'이다. (O / X)

23 =COUNTA(1,"거짓!",TRUE,"1")의 결과는 '2'이다. (O / X)

24 ROUND(숫자,자릿수) 함수는 숫자를 지정한 자릿수로 반올림하는 함수이다. (O / X)

25 SUM 함수는 교차하지 않은 두 영역의 교차점을 지정한 경우 순환 참조 경고 오류 메시지가 뜬다. (O / X)

| 정답 |

01	X	02	X	03	O	04	X	05	X	06	O	07	O	08	O	09	X	10	O
11	O	12	X	13	O	14	O	15	O	16	X	17	O	18	O	19	O	20	O
21	O	22	X	23	X	24	O	25	X										

Build UP 기출로 개념 강화

개념끝 054 수식 작성

01 2018.03(1급)

다음 중 아래 워크시트에서 수식 '=SUM($B$2:C2)'가 입력된 [D2] 셀을 [D4] 셀에 복사하여 붙여넣었을 때의 결과값은?

D2 | =SUM($B$2:C2)

	A	B	C	D
1				
2		5	10	15
3		7	14	
4		9	18	
5				

① 15
② 27
③ 42
④ 63

02 또 나올 문제 2017.09

다음 중 참조의 대상 범위로 사용하는 이름 정의 시 이름의 지정 방법에 대한 설명으로 옳지 않은 것은?

① 이름의 첫 글자로 밑줄(_)을 사용할 수 있다.
② 이름에 공백 문자는 포함할 수 없다.
③ 'A1'과 같은 셀 참조 주소 이름은 사용할 수 없다.
④ 여러 시트에서 동일한 이름으로 정의할 수 있다.

03 또 나올 문제 2018.03, 2015.06

다음 중 수식에 잘못된 인수나 피연산자를 사용할 때 표시되는 오류 메시지로 옳은 것은?

① #DIV/0!
② #NUM!
③ #NAME?
④ #VALUE!

04 2015.03

다음 중 아래 워크시트에서 [D2] 셀에 그림과 같이 수식을 입력할 때 발생하는 문제는?

	A	B	C	D
1	컴퓨터 일반	스프레드시트	데이터베이스	합계
2	65	85	80	=SUM(A2:D2)
3				

① ##### 오류
② #NUM! 오류
③ #REF! 오류
④ 순환 참조 경고

05 또 나올 문제

2018.09

아래의 워크시트에서 [표1]을 이용하여 [F3:F5] 영역에 소속별 매출액의 합계를 구하고자 한다. 다음 중 [F3] 셀에 수식을 입력한 후 채우기 핸들을 이용하여 [F5] 셀까지 계산하려고 할 때 [F3] 셀에 입력할 함수식으로 옳은 것은?

	A	B	C	D	E	F	G
1	[표1]						
2	성명	소속	매출액		소속	총매출액	평균매출액
3	이민우	영업2부	8,819		영업1부	24,634	6,159
4	차소라	영업3부	8,010		영업2부	42,300	7,050
5	진희경	영업2부	6,985		영업3부	30,128	7,532
6	장용	영업1부	7,580				
7	최병철	영업1부	7,321				
8	김철수	영업2부	4,850				
9	정진수	영업3부	7,623				
10	고희수	영업1부	3,455				
11	조민희	영업2부	4,215				
12	추소영	영업2부	8,521				
13	홍수아	영업3부	6,741				
14	이강식	영업1부	6,278				
15	유동근	영업3부	7,754				
16	이현재	영업2부	8,910				

① =SUMIF(B3:B16,E3,C3:C16)
② =SUMIF(B$3:B$16,E$3,C$3:C$16)
③ =SUMIF($B$3:$B$16,E3,$C$3:$C$16)
④ =SUMIF($B3:$B16,$E3,$C3:$C16)

06

2021.상시, 2017.03

다음 중 [A7] 셀에 수식 '=SUMIFS(D2:D6,A2:A6,"연필",B2:B6,"서울")'을 입력한 경우 결과값으로 옳은 것은?

	A	B	C	D
1	품목	대리점	판매계획	판매실적
2	연필	경기	150	100
3	볼펜	서울	150	200
4	연필	서울	300	300
5	볼펜	경기	300	400
6	연필	서울	300	200
7	=SUMIFS(D			

① 100
② 500
③ 600
④ 750

바로 보는 해설

01 [D2] 셀의 함수식 '=SUM($B$2:C2)'를 아래쪽으로 자동 채우기 하면 [$B$2] 셀은 절대 참조이므로 셀 주소가 변하지 않고 [C2] 셀은 상대 참조이므로 셀 주소가 변한다. 즉 [D2] 셀은 '=SUM($B$2:C2)', [D3] 셀은 '=SUM($B$2:C3)', [D4] 셀은 '=SUM($B$2:C4)'이므로 [D2] 셀의 값은 '15(5+10)', [D3] 셀의 값은 '36(5+7+10+14)', [D4] 셀의 값은 '63(=5+7+9+10+14+18)'이다.

02 여러 시트에서 동일한 이름으로 정의할 수 없다.

03 | 오답 피하기 |
① 특정 값을 0 또는 빈 셀로 나눈 경우
② 수식이나 함수에 잘못된 숫자값이 포함된 경우
③ 잘못된 함수 이름이나 정의되지 않은 셀 이름을 사용한 경우

04 수식에 자기 자신의 셀을 참조하려는 경우 순환 참조 경고가 나타난다.

05 SUMIF(범위,조건,합계 범위) 함수는 범위에서 조건을 만족하는 경우 합계 범위에서 합계를 구하는 함수이다. 자동 채우기 핸들을 이용하여 계산하기 위해서는 범위(소속)와 합계 범위(매출액)는 절대 참조로, 조건(소속)은 상대 참조로 지정해야 한다.

06 SUMIFS(합계 범위,범위1,조건1,…) 함수는 여러 조건에 맞는 셀들의 합계를 구하는 함수이므로 [A2:A6] 영역에서 '연필'이면서 [B2:B6] 영역에서 '서울'인 행은 4행과 6행이다. 따라서 [D2:D6] 영역에서 4행과 6행의 합계를 구하면 300+200=500이 된다.

| 정답 | 01 ④ 02 ④ 03 ④ 04 ④ 05 ③ 06 ②

07

2021.상시, 2014.10

다음 중 아래 워크시트에서 근무일수를 구하기 위해 [B9] 셀에 사용한 함수로 옳은 것은?

	A	B	C	D
1	9월 아르바이트 현황			
2				
3	날짜	김은수	한규리	정태경
4	09월 22일	o	o	
5	09월 23일	o		o
6	09월 24일	o	o	
7	09월 25일	o	o	o
8	09월 26일	o	o	o
9	근무일수	5	4	3
10				

① =COUNTA(B4:B8)
② =COUNT(B4:B8)
③ =COUNTBLANK(B4:B8)
④ =DCOUNT(B4:B8)

08 (또 나올 문제)

2011.03

아래 시트에서 'o' 한 개당 20점으로 시험 점수를 계산하여 점수 필드에 표시하려고 할 때 [H2] 셀에 들어갈 수식으로 옳은 것은?

	A	B	C	D	E	F	G	H
1	수험번호	성명	문항1	문항2	문항3	문항4	문항5	점수
2	2001001	구대환	o	o	x	o	o	
3	2001002	김금지	x	o	o	o	x	
4	2001003	김은주	o	o	o	o	o	
5								

① =COUNT(C2:G2,"o")*20
② =COUNTIF(C2:G2,"o")*20
③ =SUM(C2:G2,"o")*20
④ =SUMIF(C2:G2,"o")*20

개념끝 057 날짜/시간 함수, 논리 함수, 문자열 함수

09

2020.02

다음 중 함수식에 따른 실행 결과가 옳은 것은?

① =LEFT(MID("Sound of Music", 5, 6), 3) → of
② =MID(RIGHT("Sound of Music", 7), 2, 3) → Mu
③ =RIGHT(MID("Sound of Music", 3, 7), 3) → f M
④ =MID(LEFT("Sound of Music", 7), 2, 3) → und

10

2017.09

다음 중 아래 워크시트의 [A2] 셀에 수식을 작성하는 경우 수식의 결과가 <u>다른</u> 하나는?

	A
1	대한상공대학교
2	

① =MID(A1,SEARCH("대",A1)+2,5)
② =RIGHT(A1,LEN(A1)−2)
③ =RIGHT(A1,FIND("대",A1)+5)
④ =MID(A1,FIND("대",A1)+2,5)

11

2020.07

다음 중 학점[B3:B10]을 이용하여 [E3:E7] 영역에 학점별 학생수만큼 '♣' 기호를 표시하고자 할 때 [E3] 셀에 입력해야 할 함수식으로 옳은 것은?

	A	B	C	D	E
1	엑셀 성적 분포				
2	이름	학점		학점	성적그래프
3	김현미	A		A	♣
4	조미림	B		B	♣♣♣♣
5	심기훈	F		C	♣
6	박원석	C		D	
7	이영준	B		F	♣♣
8	최세종	F			
9	김수현	B			
10	이미도	B			

① =REPT("♣",COUNTIF(D3,$B$3:$B$10))
② =REPT(COUNTIF(D3,$B$3:$B$10),"♣")
③ =REPT("♣,COUNTIF($B$3:$B$10,D3))
④ =REPT(COUNTIF($B$3:$B$10,D3),"♣")

12

2021.상시, 2015.06

다음 중 수식의 결과가 다른 셀과 <u>다른</u> 것은?

① =SEARCH("A","Automation")
② =SEARCH("a","Automation")
③ =FIND("a","Automation")
④ =FIND("A","Automation")

바로 보는 해설

07 COUNTA(인수1,인수2,…) 함수는 공백이 아닌 인수의 개수를 반환하는 함수로 [B4:B8] 영역에서 공백이 아닌 인수의 개수를 구할 수 있다.

08 COUNTIF(범위,조건) 함수는 '범위'에서 '조건'을 만족하는 셀의 개수를 반환하는 함수로 [C2:G2] 영역에서 "o"의 개수를 반환하고 20을 곱하여 점수를 계산한다.

09 =MID(RIGHT("Sound of Music", 7), 2, 3)

❶ RIGHT 함수는 'Sound of Music'의 오른쪽에서 7개의 문자를 반환하므로 'f Music'가 된다.
❷ MID(❶,2,3) 함수는 'f Music'의 2번째 문자부터 3개의 문자열을 반환하므로 ' Mu'이다.

10 • FIND(문자열1,문자열2,시작위치) 함수는 문자열1을 문자열2에서 찾아 위치를 반환하므로 FIND("대", A1) 함수의 결과값은 '1'이다.
• RIGHT(A1,❶+5) 함수는 [A1] 셀에서 오른쪽으로 6개의 글자로 표시하여 '한상공대학교'가 표시된다.

11 • COUNTIF(범위,조건) 함수는 범위에서 조건을 만족하는 셀의 개수를 반환한다. COUNTIF($B$3:$B$10,D3)의 [B3:B10] 영역에서 [D3] 셀의 값인 A와 동일한 값을 갖는 셀의 개수는 1이다. 이때 [B3:B10] 영역은 자동 채우기를 사용할 경우 고정되어야 하는 셀 주소이므로 절대 참조($)를 사용한다.
• REPT(문자열,개수) 함수는 문자열을 개수만큼 반복하여 반환한다. 따라서 ❶의 결과를 대입하면 REPT("♣",1)이므로 '♣'가 반환된다.

12 FIND 함수는 영문 대소문자를 구분하여 "Automation"에서 "a"의 위치를 반환하므로 결과는 '6'이다.

| 오답 피하기 |

① SEARCH 함수는 영문 대소문자를 구분하지 않고 "Automation"에서 "a"의 위치를 반환하므로 결과는 '1'이다.
② SEARCH 함수는 영문 대소문자를 구분하지 않고 "Automation"에서 "a"의 위치를 반환하므로 결과는 '1'이다.
④ FIND 함수는 영문 대소문자를 구분하여 "Automation"에서 "A"의 위치를 반환하므로 결과는 '1'이다.

| 정답 | 07 ① 08 ② 09 ② 10 ③ 11 ③ 12 ③

개념끝 058 찾기 / 참조 함수, 데이터베이스 함수

13 2017.03

다음 중 아래의 워크시트에서 '박지성'의 결석값을 찾기 위한 함수식은?

	A	B	C	D
1		성적표		
2	이름	중간	기말	결석
3	김남일	86	90	4
4	이천수	70	80	2
5	박지성	95	85	5

① =VLOOKUP("박지성",$A$3:$D$5,4,1)
② =VLOOKUP("박지성",$A$3:$D$5,4,0)
③ =HLOOKUP("박지성",$A$3:$D$5,4,0)
④ =HLOOKUP("박지성",$A$3:$D$5,4,1)

14 또 나올 문제 2021.상시, 2018.03

다음 중 아래 시트에서 [C2:G3] 영역을 참조하여 [C5] 셀의 점수값에 해당하는 학점을 [C6] 셀에 구하기 위한 함수식으로 옳은 것은?

	A	B	C	D	E	F	G
1							
2		점수	0	60	70	80	90
3		학점	F	D	C	B	A
4							
5		점수	76				
6		학점					
7							

① =VLOOKUP(C5,C2:G3,2,TRUE)
② =VLOOKUP(C5,C2:G3,2,FALSE)
③ =HLOOKUP(C5,C2:G3,2,TRUE)
④ =HLOOKUP(C5,C2:G3,2,FALSE)

15 또 나올 문제 2017.03

다음 중 아래의 워크시트를 참조하여 작성한 함수식 '=INDEX(B2:D9,2,3)'의 결과는?

	A	B	C	D
1	코드	정가	판매수량	판매가격
2	L-001	25,400	503	12,776,000
3	D-001	23,200	1,000	23,200,000
4	D-002	19,500	805	15,698,000
5	C-001	28,000	3,500	98,000,000
6	C-002	20,000	6,000	96,000,000
7	L-002	24,000	750	18,000,000
8	L-003	26,500	935	24,778,000
9	D-003	22,000	850	18,700,000

① 19,500
② 23,200,000
③ 1,000
④ 805

16 2021.상시, 2016.03

아래의 워크시트에서 [B2:D5] 영역은 '점수'로 이름이 정의되어 있다. 다음 중 [A6] 셀에 수식 '=AVERAGE(INDEX(점수,2,1),MAX(점수))'을 입력하는 경우 결과 값으로 옳은 것은?

	A	B	C	D
1	성명	중간	기말	실기
2	오금희	85	60	85
3	백나영	90	80	95
4	김장선	100	80	76
5	한승호	80	80	85
6				

① 85
② 90
③ 95
④ 100

17

2018.03

다음 중 아래 워크시트에서 [E2] 셀의 함수식이 '=CHOOSE(RANK.EQ(D2,$D$2:$D$5),"천하","대한","영광","기쁨")'일 때 결과로 옳은 것은?

	A	B	C	D	E
1	성명	이론	실기	합계	수상
2	김나래	47	45	92	
3	이석주	38	47	85	
4	박명호	46	48	94	
5	장영민	49	48	97	

① 천하
② 대한
③ 영광
④ 기쁨

바로 보는 해설

13 찾으려는 데이터 필드값의 방향이 열 방향이므로 VLOOKUP 함수를 활용해야 한다. 찾을 값 '박지성'이 참조 영역에 있으므로 FALSE 또는 0(정확하게 일치하는 값)으로 설정해야 한다.

14
- 찾으려는 데이터 필드 값의 방향이 행 방향이면 HLOOKUP 함수를, 열 방향이면 VLOOKUP 함수를 활용한다. 따라서 HLOOKUP 함수를 활용해야 한다.
- HLOOKUP(값,범위,행 번호,방법) 함수는 범위의 첫 번째 행에서 값을 찾아 지정한 행에서 대응하는 값을 반환한다. 이때 대응하는 값이 정확히 일치해야 할 때에는 FALSE가 된다. 유사(크지 않은 유사값)하게 일치해도 될 때에는 TRUE 또는 생략한다.
- HLOOKUP(C5,C2:G3,2,TRUE)에서 [C2:G3] 영역의 첫 번째 행에서 76점과 유사한 점수(크지 않은 유사값)를 찾아야 하므로 TRUE 또는 생략을 사용한다.

15 INDEX(범위,행 번호,열 번호) 함수는 범위에서 지정한 행 번호와 열 번호에 위치한 값을 반환하므로 결과값은 [B2:D9] 영역에서 2행 3열인 '23,200,000'이 된다.

16 =AVERAGE(INDEX(점수,2,1),MAX(점수))
(❶ INDEX(점수,2,1), ❷ MAX(점수), ❸ AVERAGE(…))

❶ [B2:D5] 영역에서 2행 1열의 교차값을 반환하므로 90을 반환한다.
❷ [B2:D5] 영역에서 최대값인 100을 반환한다.
❸ AVERAGE(❶,❷)이므로 90과 100의 평균인 95를 반환한다.

17 =CHOOSE(RANK.EQ(D2,$D$2:$D$5),"천하","대한","영광","기쁨")
(❶ RANK.EQ(D2,$D$2:$D$5), ❷ CHOOSE(…))

❶ RANK.EQ(수,범위,방법) 함수는 범위에서 수의 순위를 구하는 함수이다. 방법을 생략하거나 0으로 지정하면 내림차순으로 순위를 구한다. 따라서 [D2:D5] 영역에서 [D2] 셀의 순위는 '3'이다.
❷ CHOOSE(검색값,값1,값2,…) 함수는 검색값이 1이면 값1, 2이면 값2 등의 순서로 값을 반환하는 함수이다. 따라서 CHOOSE(❶,"천하","대한","영광","기쁨") 함수에서 ❶의 결과가 '3'이므로 '영광'이 반환된다.

| 정답 | 13 ② 14 ③ 15 ② 16 ③ 17 ③

인생의 목적은

끊임없는 전진에 있다.

– 프리드리히 니체(Friedrich Wilhelm Nietzsche)

최근 기출 10개년 기준

17%

CHAPTER 4

데이터 관리

무료 동영상 강의

학습전략

시험에서 많은 문제가 출제되는 부분이고, 업무에서도 아주 유용하게 활용할 수 있는 부분이 바로 데이터 관리입니다. 실기시험에도 출제 비중이 높은 부분이므로 반드시 실습하면서 기능을 익히는 것이 필요합니다.

개념끝

059 외부 데이터 가져오기

기출빈도 A B C D

01 외부 데이터 가져오기

결정적 힌트

외부 데이터 가져오기로 가져올 수 있는 파일 형식과 가져올 수 없는 파일 형식을 정리하고 실습을 통해 익혀두세요.

- 데이터베이스 파일과 텍스트 파일 등을 워크시트로 가져오거나 쿼리 형태로 변경하여 엑셀에서 사용할 수 있도록 하는 기능이다.

| 실행 방법

방법	[데이터] 탭-[데이터 가져오기 및 변환] 그룹-[데이터 가져오기], [텍스트/CSV], [웹] 선택

- 가져올 수 있는 파일 형식: 데이터베이스 파일(SQL, Access, Oracle, IBM Db2, MySQL 등), 텍스트 파일(.txt, .csv, .prn), 엑셀 파일(.xlsx), XML, JSON
- 가져올 수 없는 파일 형식: 한글 파일(.hwp), MS-Word 파일(.doc), 압축된 Zip 파일(.zip) 등
- 웹페이지에서 텍스트, 서식이 설정된 텍스트 영역, 테이블의 텍스트 등은 가져올 수 있지만, 그림과 스크립트의 내용은 가져올 수 없다.
- 원본 데이터가 변경될 경우 가져온 데이터에 반영되도록 설정할 수 있다.

■ 모두 새로 고침

원본 데이터가 변경될 경우 가져온 데이터에 반영되도록 하려면 [데이터] 탭-[쿼리 및 연결] 그룹-[모두 새로 고침]을 선택한다.

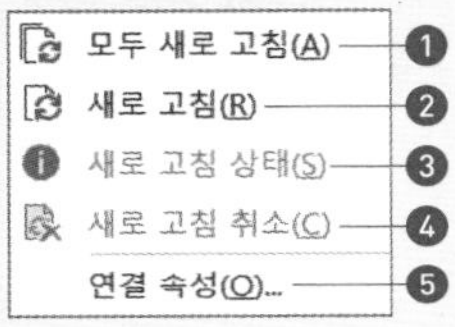

❶ 모두 새로 고침: 통합 문서에서 참조된 모든 외부 데이터를 최신 데이터로 가져온다.
❷ 새로 고침: 해당 워크시트에서 참조된 외부 데이터를 최신 데이터로 가져온다.
❸ 새로 고침 상태: 쿼리 상태를 확인하여 새로 고친다.
❹ 새로 고침 취소: 새로 고친 내용을 취소한다.
❺ 연결 속성: [연결 속성] 대화상자를 표시한다.

02 텍스트 파일 가져오기

- 텍스트 파일을 워크시트로 가져오는 기능이다.

| 실행 방법

방법	[데이터] 탭-[데이터 가져오기 및 변환] 그룹-[텍스트/CSV] 선택

- 텍스트 파일의 형식으로는 .txt, .csv, .prn 등이 있다.
- 콜론, 쉼표, 등호, 세미콜론, 공백, 탭, 사용자 지정, 고정 너비 등이 구분 기호로 기본 제공되고, 사용자가 원하는 구분 기호를 설정할 수 있다.
- 열 데이터 서식을 지정하거나 특정 열만 지정하여 가져올 수 있다.

실습으로 개념끝 ❶ 에듀윌_컴퓨터활용능력2급필기기본서_실습으로개념끝\2과목\Chapter4_1.외부데이터가져오기.xlsx

다음의 텍스트 파일을 열어, 생성된 데이터를 [B3:F12] 영역에 붙여넣으시오.

▶ 외부 데이터 파일명은 '복싱.txt'임
▶ 외부 데이터는 쉼표(,)로 구분되어 있음

따라하기

❶ [B3] 셀 선택 → [데이터] 탭 – [데이터 가져오기 및 변환] 그룹 – [텍스트/CSV]를 클릭한다.

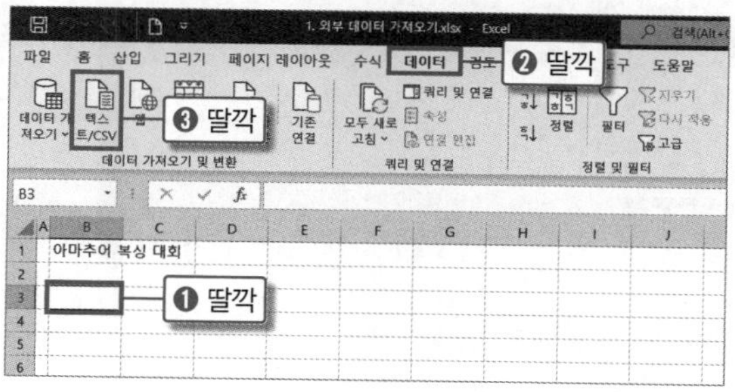

❷ [텍스트 파일 가져오기] 대화상자가 나타나면 'C:\에듀윌_2025컴활필기기본서_실습으로개념끝\2과목\Chapter4' 경로에서 '복싱.txt' 파일을 선택 → [가져오기] 단추를 클릭한다.

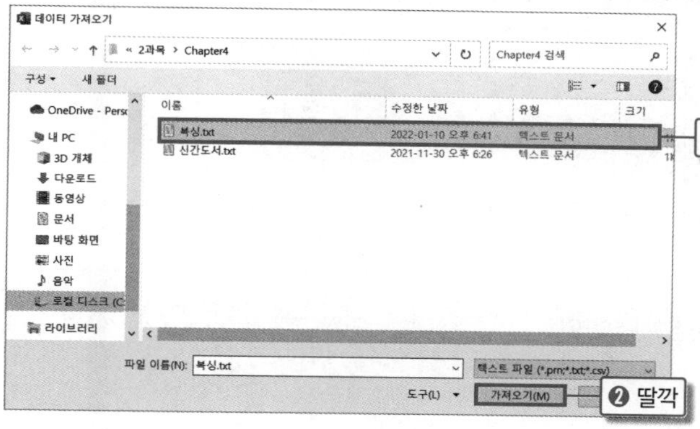

❸ [복싱.txt] 대화상자가 나타나면 [로드]를 클릭 → [다음으로 로드]를 클릭한다.

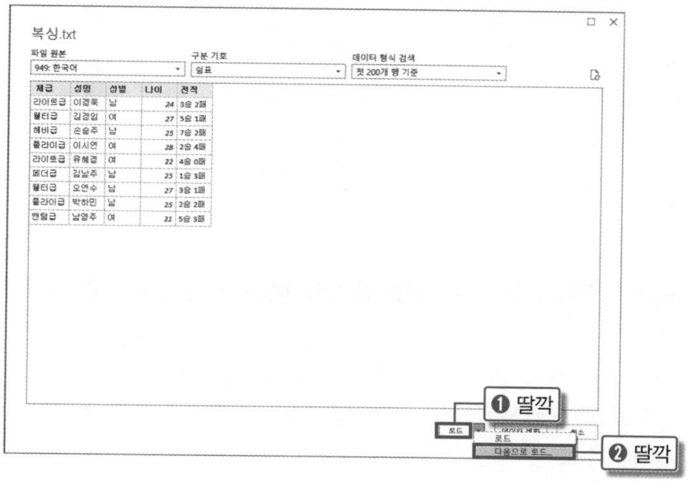

❹ [데이터 가져오기] 대화상자가 나타나면 '데이터가 들어갈 위치를 선택하십시오.'의 '기존 워크시트'에 [B3] 셀로 지정되었는지 확인 후 [확인] 단추를 클릭한다.

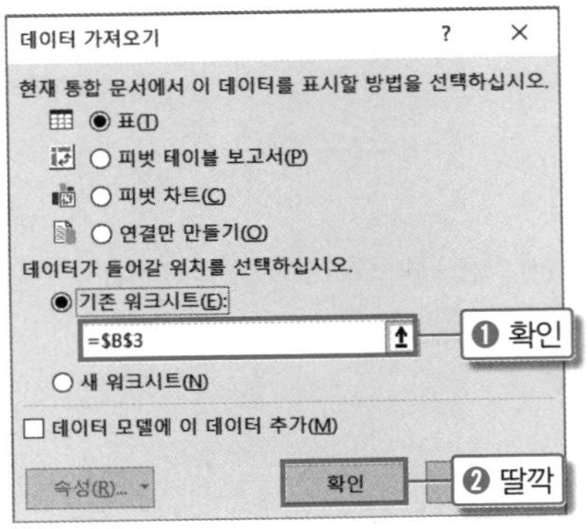

❺ 결과를 확인한다.

	B	C	D	E	F
1	아마추어 복싱 대회				
2					
3	체급	성명	성별	나이	전적
4	라이트급	이경욱	남	24	3승 2패
5	웰터급	김경임	여	27	5승 1패
6	헤비급	손승주	남	25	7승 2패
7	플라이급	이시연	여	28	2승 4패
8	라이트급	유혜경	여	22	4승 0패
9	페더급	김남주	남	25	1승 3패
10	웰터급	오연수	남	27	3승 1패
11	플라이급	박하민	남	25	2승 2패
12	밴텀급	남영주	여	21	5승 3패

Warming UP 기출로 개념 확인

01 또 나올 문제 2015.10

다음 중 [외부 데이터 가져오기] 기능으로 가져올 수 없는 파일 형식은?

① 데이터베이스 파일(*.accdb)
② 한글 파일(*.hwp)
③ 텍스트 파일(*.txt)
④ XML

02 2018.09(1급)

다음 중 '외부 데이터 가져오기' 기능을 이용하여 텍스트 파일을 불러오는 경우에 대한 설명으로 옳은 것은?

① 가져온 데이터는 원본 텍스트 파일이 수정되면 즉시 수정된 내용이 자동으로 반영된다.
② 데이터의 구분 기호로 탭, 세미콜론, 쉼표, 공백 등이 기본으로 제공되며, 사용자가 원하는 구분 기호를 설정할 수도 있다.
③ 텍스트 파일에서 특정 열(Column)만 선택하여 가져올 수는 없다.
④ 기본적으로 사용되는 텍스트 파일의 형식은 *.txt, *.prn, *.hwp이다.

바로 보는 해설

01
[외부 데이터 가져오기] 기능으로 한글 파일은 가져올 수 없다.

02
| 오답 피하기 |
① 자동으로 반영되지 않는다. [데이터] 탭-[쿼리 및 연결] 그룹-[모두 새로 고침]을 클릭하여 수정된 내용을 반영할 수 있다.
③ 특정 열만 선택하여 가져올 수 있다.
④ 기본적으로 사용되는 텍스트 파일의 형식은 *.txt, *.prn, *.csv이고, *.hwp는 한컴오피스 한글 파일로 엑셀에서 호환되지 않는다.

| 정답 | 01 ② 02 ②

개념끝

060 정렬과 필터

기출빈도 A …… B …… C …… D

01 정렬

- 입력한 자료를 특정한 순서에 따라 재배열하는 기능이다.
- 최대 64개의 열을 기준으로 정렬할 수 있다.
- 정렬 기준은 셀 값, 셀 색, 글꼴 색, 셀 아이콘 등이 있다.
- 정렬 방식은 오름차순, 내림차순, 사용자 지정 목록(사용자가 정의한 순서대로 정렬 가능)이 있다.
- 영문 대·소문자를 구분하여 정렬할 수 있다.
- 오름차순은 숫자 > 텍스트 > 논리값 > 오류값 > 빈 셀의 순으로 정렬된다.
  - 텍스트는 특수 문자 > 소문자 > 대문자 > 한글의 순으로 정렬(대/소문자 구분 지정 시)
  - 텍스트는 왼쪽에서 오른쪽으로 문자 단위 정렬
  - 논리값은 FALSE 다음에 TRUE 순으로 정렬
  - 빈 셀은 오름차순과 내림차순 모두 항상 마지막에 정렬
- 숨겨진 행이나 열은 정렬 결과에 포함되지 않는다.
- 범위에 병합된 셀이 포함되면 정렬할 수 없다.

(1) 도구를 이용한 정렬

정렬의 기준이 되는 필드가 하나인 경우 빠르게 정렬하는 기능이다.

| 실행 방법

방법	[데이터] 탭 – [정렬 및 필터] 그룹 – [오름차순 정렬] / [내림차순 정렬] 선택

(2) [정렬] 대화상자를 이용한 정렬

정렬의 기준이 되는 필드를 여러 개 선택하여 정렬할 수 있다.

| 실행 방법

방법1	[데이터] 탭 – [정렬 및 필터] 그룹 – [정렬] 선택
방법2	바로 가기 메뉴에서 [정렬] – [사용자 지정 정렬] 선택

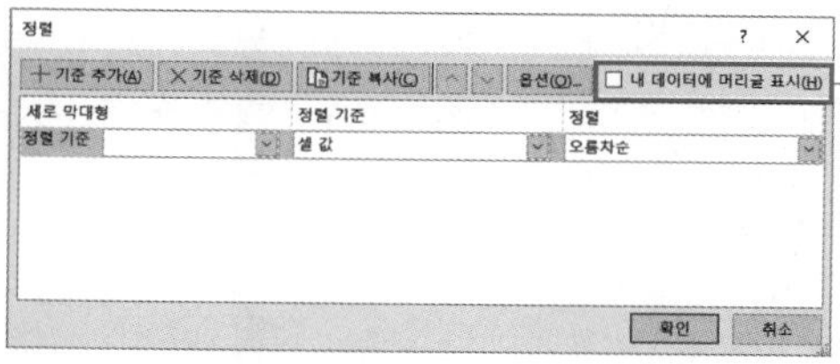

❶ 내 데이터에 머리글 표시	데이터 목록의 첫 행이 필드명이면 정렬 작업에 포함되거나 제외되도록 설정

결정적 힌트

정렬은 데이터 관리 기능 중 비교적 쉬운 부분입니다. 시험에도 자주 출제되는 부분이므로 정렬 기준, 정렬 방식, 정렬 순서 등을 중점적으로 학습하시기 바랍니다.

■ 정렬의 예시

- 원본

	A
1	엑셀
2	100
3	EXCEL
4	excel
5	TRUE
6	FALSE
7	
8	#DIV/0!

- 오름차순 정렬(대소문자 구분)

	A
1	100
2	excel
3	EXCEL
4	엑셀
5	FALSE
6	TRUE
7	#DIV/0!
8	

- 내림차순 정렬(대소문자 구분)

	A
1	#DIV/0!
2	TRUE
3	FALSE
4	엑셀
5	EXCEL
6	excel
7	100
8	

| 정렬 옵션

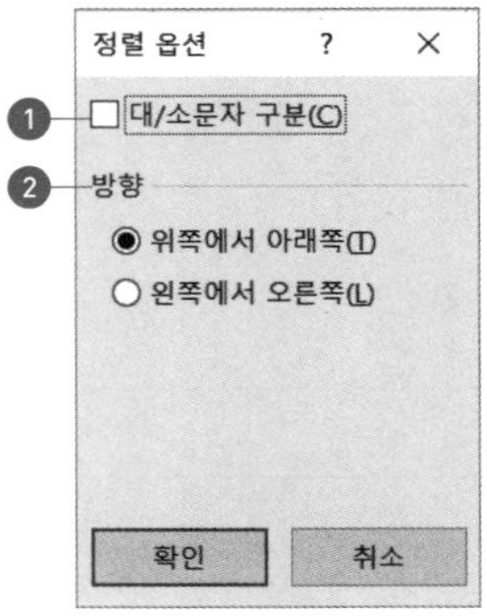

❶ 대/소문자 구분	영문자의 대·소문자를 구분하여 정렬
❷ 방향	위쪽에서 아래쪽으로, 왼쪽에서 오른쪽으로 정렬 방향을 선택(기본은 위쪽에서 아래쪽)

실습으로 개념끝 ❷ 에듀윌_컴퓨터활용능력2급필기기본서_실습으로개념끝\2과목\Chapter4_2.정렬-1.xlsx

[정렬] 기능을 이용하여 '학과'를 오름차순으로 정렬하고, 동일한 학과인 경우 '총점'의 내림차순으로 정렬하시오.

따라하기

❶ [B3:I16] 영역에서 임의의 셀 선택 → [데이터] 탭 – [정렬 및 필터] 그룹 – [정렬(정렬)]을 클릭한다.

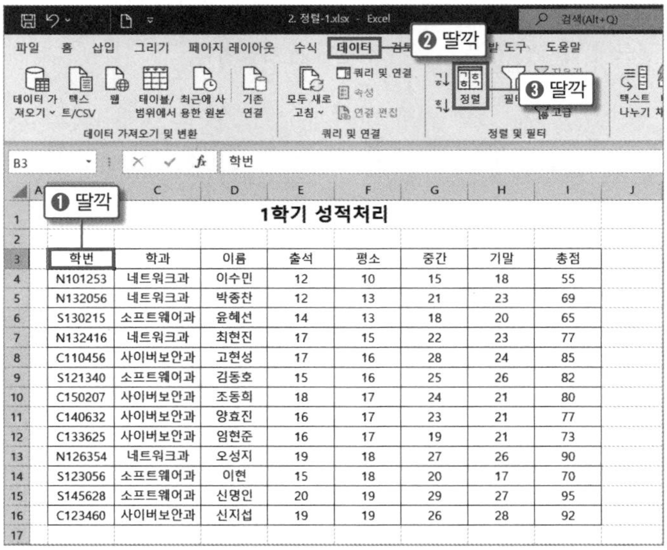

학번	학과	이름	출석	평소	중간	기말	총점
N101253	네트워크과	이수민	12	10	15	18	55
N132056	네트워크과	박종찬	12	13	21	23	69
S130215	소프트웨어과	윤혜선	14	13	18	20	65
N132416	네트워크과	최현진	17	15	22	23	77
C110456	사이버보안과	고현성	17	16	28	24	85
S121340	소프트웨어과	김동호	15	16	25	26	82
C150207	사이버보안과	조동희	18	17	24	21	80
C140632	사이버보안과	양효진	16	17	23	21	77
C133625	사이버보안과	임현준	16	17	19	21	73
N126354	네트워크과	오성지	19	18	27	26	90
S123056	소프트웨어과	이현	15	18	20	17	70
S145628	소프트웨어과	신명인	20	19	29	27	95
C123460	사이버보안과	신지섭	19	19	26	28	92

❷ [정렬] 대화상자가 나타나면 정렬 기준에서 '세로막대형'은 '학과', '정렬 기준'은 '셀 값', '정렬'은 '오름차순'으로 선택하여 첫 번째 정렬 기준을 지정한다.

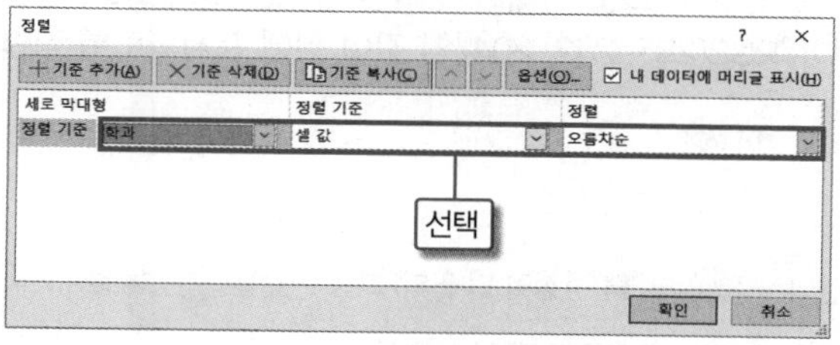

❸ [기준 추가] 단추 클릭 → 다음 기준에서 '세로 막대형'은 '총점', '정렬 기준'은 '셀 값', '정렬'은 '내림차순'으로 선택하여 두 번째 정렬 기준 지정 → [확인] 단추를 클릭한다.

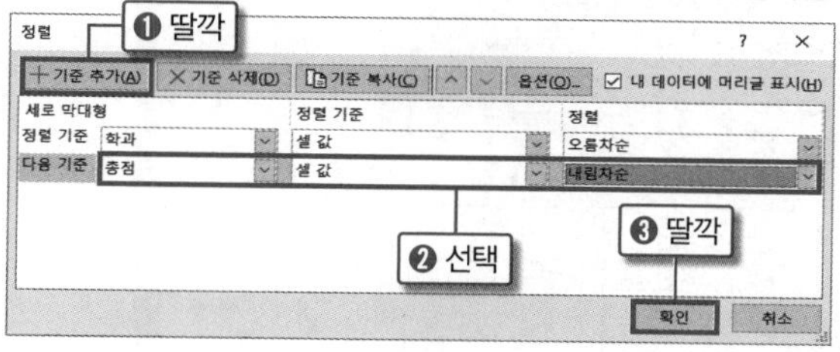

❹ 결과를 확인한다.

학번	학과	이름	출석	평소	중간	기말	총점
N126354	네트워크과	오성지	19	18	27	26	90
N132416	네트워크과	최현진	17	15	22	23	77
N132056	네트워크과	박종찬	12	13	21	23	69
N101253	네트워크과	이수민	12	10	15	18	55
C123460	사이버보안과	신지섭	19	19	26	28	92
C110456	사이버보안과	[illegible]	[illegible]	[illegible]	[illegible]	24	85
C150207	사이버보안과	[illegible]	[illegible]	[illegible]	[illegible]	21	80
C140632	사이버보안과	[illegible]	16	17	23	21	77
C133625	사이버보안과	임현준	16	17	19	21	73
S145628	소프트웨어과	신명인	20	19	29	27	95
S121340	소프트웨어과	김동호	15	16	25	26	82
S123056	소프트웨어과	이현	15	18	20	17	70
S130215	소프트웨어과	윤혜선	14	13	18	20	65

(3) 사용자 지정 목록으로 정렬

- 오름차순이나 내림차순이 아닌 사용자가 정의한 순서대로 정렬하는 기능이다.
- 사용자 지정 목록을 추가하거나 삭제할 수 있으나, 엑셀에서 기본적으로 제공하는 목록을 수정하거나 삭제할 수는 없다.

| 실행 방법

방법1	[정렬] 대화상자의 '정렬'에서 '사용자 지정 목록' 선택
방법2	[파일] 탭 – [옵션] – [고급] – [일반] – [사용자 지정 목록 편집] 선택

실습으로 개념끝 ❸ 에듀윌_컴퓨터활용능력2급필기기본서_실습으로개념끝\2과목\Chapter4_3.정렬-2.xlsx

[정렬] 기능을 이용하여 '직책'을 '부장 – 과장 – 대리 – 사원' 순으로 정렬하고, 동일한 직책인 경우 '자격증'의 셀 색이 'RGB(255, 242, 204)'인 값이 위에 표시되도록 정렬하시오.

따라하기

❶ [B3:G15] 영역에서 임의의 셀 선택 → [데이터] 탭 – [정렬 및 필터] 그룹 – [정렬(정렬)]을 클릭한다.

❷ [정렬] 대화상자가 나타나면 '정렬 기준'에서 '세로 막대형'은 '직책', '정렬 기준'은 '셀 값', '정렬'은 '사용자 지정 목록'으로 선택한다.

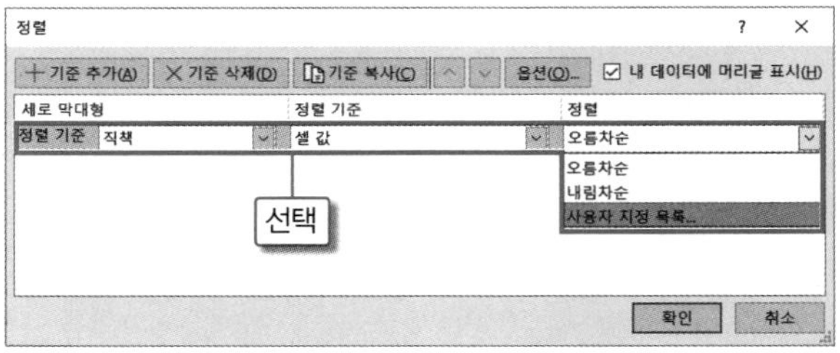

❸ [사용자 지정 목록] 대화상자가 나타나면 '목록 항목'에 '부장'을 입력한 후 Enter 를 누름 → 이와 같은 방법으로 '과장', '대리', '사원'을 차례로 입력한 후 [추가] 단추 클릭 → [확인] 단추를 클릭한다.

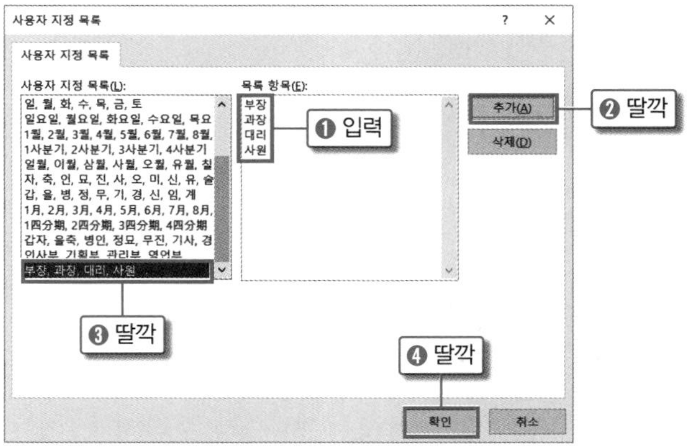

❹ [정렬] 대화상자로 되돌아오면 [기준 추가] 단추 클릭 → 다음 기준에서 '열'은 '자격증', '정렬 기준'은 '셀 색', '정렬'에서 셀 색은 'RGB(255, 242, 204)', '위에 표시'로 선택하여 두 번째 정렬 기준 지정 → [확인] 단추를 클릭한다.

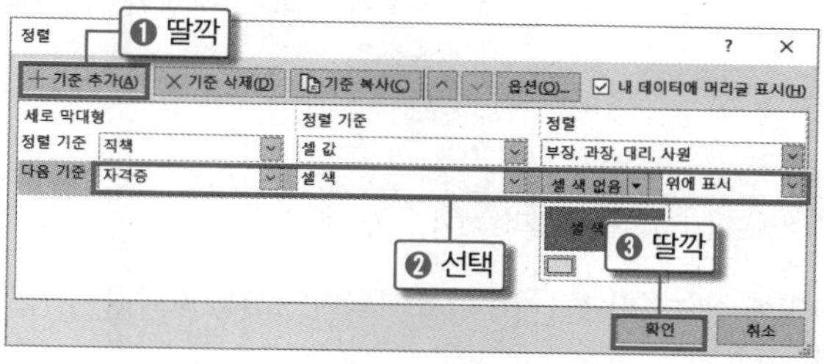

❺ 결과를 확인한다.

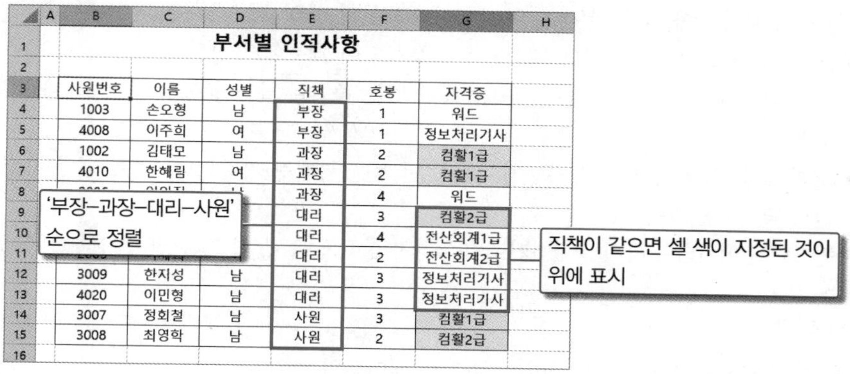

개념 플러스 정렬 오류

• 데이터 목록에서 하나의 열만 범위로 선택한 경우

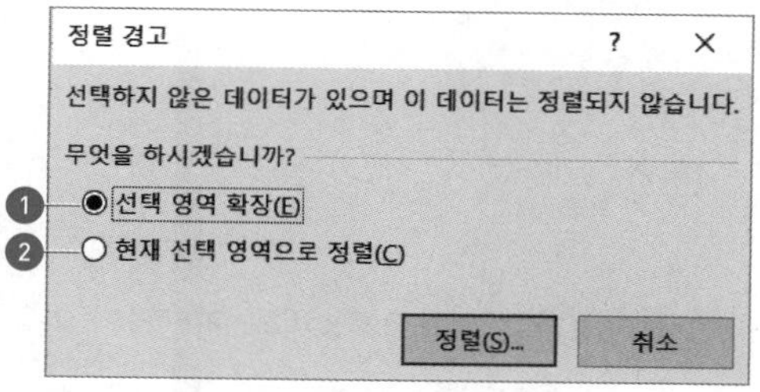

❶ 선택 영역 확장	인접한 데이터 목록을 모두 포함하도록 선택 영역을 확장
❷ 현재 선택 영역으로 정렬	현재 설정한 열만 정렬 대상으로 지정

• 셀 포인터가 목록 내에 있지 않은 경우

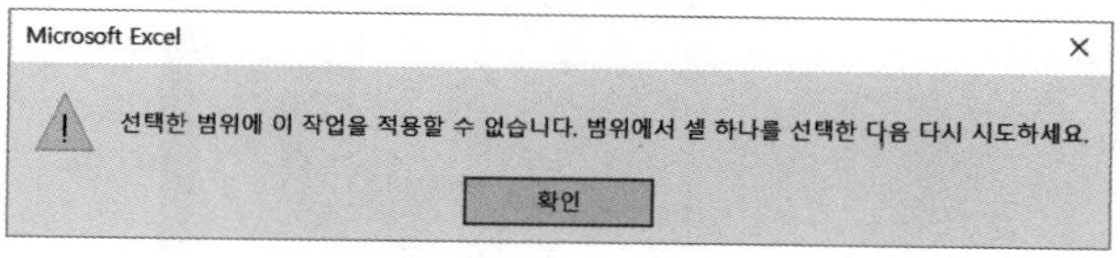

02 자동 필터

결정적 힌트

자동 필터는 간단하게 필터링하는 방법으로 업무에도 활용도가 높은 기능입니다. 자동 필터의 특징과 상위 10, 사용자 지정 필터 등의 기능을 실습하면서 익혀두시기 바랍니다.

- 많은 양의 자료에서 설정된 조건에 맞는 자료만 추출하는 기능으로, 지정한 조건에 맞는 행만 표시된다.

| 실행 방법

방법	[데이터] 탭-[정렬 및 필터] 그룹-[필터] 선택

- 필터를 실행하면 필드 이름 옆에 [필터 단추(▼)]가 표시되며, [필터 단추(▼)]를 클릭하고 조건이나 데이터를 지정한다.
- 여러 필드에 조건을 지정하면 AND 조건으로 설정되며, OR 조건은 설정할 수 없다.
- 하나의 열에 날짜, 숫자, 문자 등의 데이터가 혼합된 경우 셀의 수가 많은 필터로 표시된다.
- 날짜 데이터는 연, 월, 일의 계층별로 그룹화되어 계층에서 상위 수준을 선택하거나 선택을 취소하는 경우 해당 수준의 아래쪽에 있는 중첩된 날짜가 모두 선택되거나 선택 취소된다.
- '날짜 필터' 목록에서는 일, 주, 월, 분기, 년 등을 필터링 기준으로 사용할 수 있지만, 요일로 필터링할 수는 없다.
- 필터링된 데이터는 다시 정렬하거나 이동하지 않고도 복사, 찾기, 편집 및 인쇄할 수 있다.

(1) 상위 10

항목이나 백분율을 기준으로 상위나 하위로 데이터의 범위를 지정하여 필터링하는 기능으로, 숫자 데이터 필드에서만 가능하다.

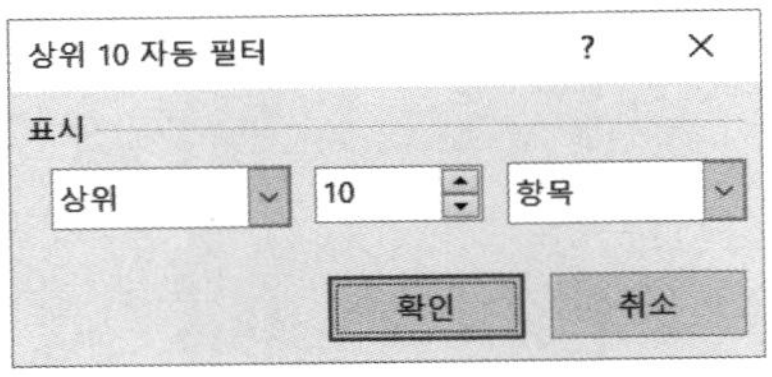

(2) 사용자 지정 필터

하나의 필드에 한 개 이상의 조건을 지정하여 필터링하는 기능으로, 비교 연산자와 와일드카드 문자(*, ?)를 사용할 수 있다.

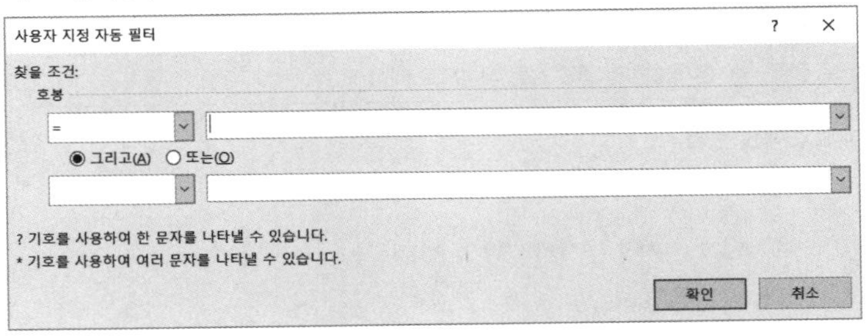

실습으로 개념끝 ❹ 에듀윌_컴퓨터활용능력2급필기기본서_실습으로개념끝\2과목\Chapter4_4.자동필터.xlsx

자동 필터를 이용하여 부서가 '총무부'이고 나이가 30 이상인 데이터를 추출하시오.

따라하기

❶ [B2] 셀을 선택하고 [데이터] 탭–[정렬 및 필터] 그룹–[필터]를 클릭한다. 필터 단추(▾)가 표시되면 '부서' 필드의 필터 단추(▾)를 클릭하고 '(모두 선택)'의 체크를 해제한다. '총무부'에만 체크하고 [확인] 단추를 클릭한다.

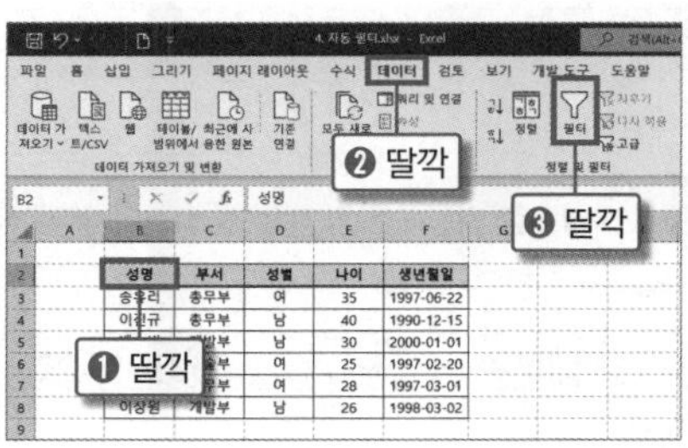

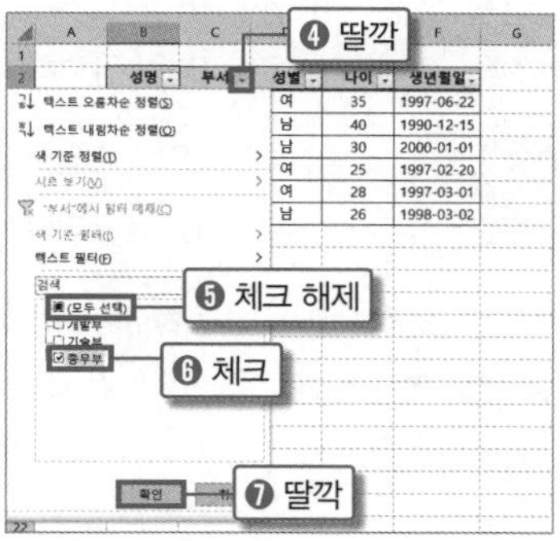

❷ '총무부'만 필터링되었으면 '나이' 필드의 필터 단추(▾)를 클릭하고 [숫자 필터]–[크거나 같음]을 선택한다. [사용자 지정 자동 필터] 대화상자가 나타나면 다음과 같이 조건 '>=, 30'을 지정하고 [확인] 단추를 클릭한다.

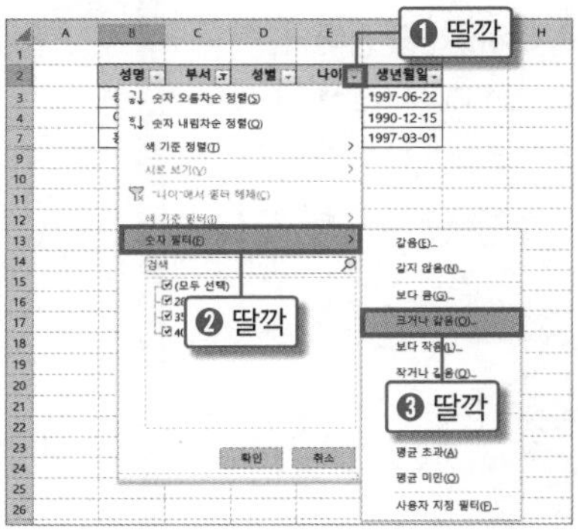

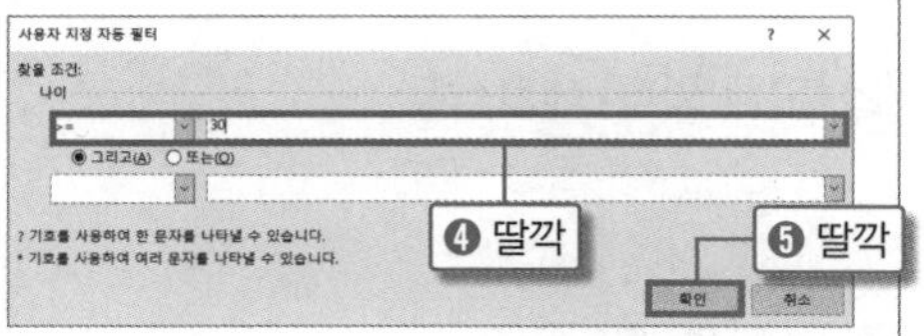

❸ 결과를 확인한다.

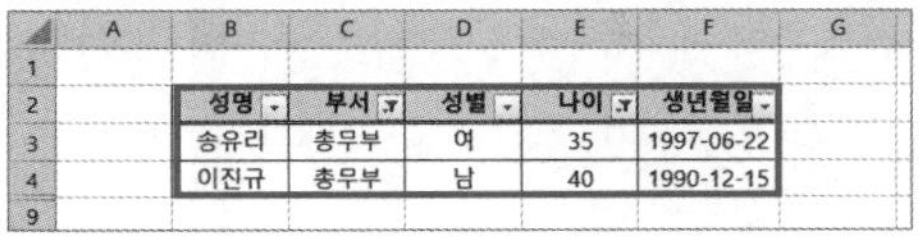

성명	부서	성별	나이	생년월일
송유리	총무부	여	35	1997-06-22
이진규	총무부	남	40	1990-12-15

■ **자동 필터 지우기**

지정한 자동 필터를 모두 지우려면 [데이터] 탭–[정렬 및 필터] 그룹–[지우기]를 선택한다.

03 고급 필터

결정적 힌트

고급 필터는 필기시험과 실기시험 모두 잘 출제되는 부분으로 자동 필터와 다른 점을 잘 이해해야 합니다. 특히 고급 필터의 조건을 지정하는 방법이 중요합니다.

• 여러 필드를 결합하여 복잡한 조건을 지정하거나 필터링 결과를 다른 위치에 복사하는 경우에 사용한다.

| 실행 방법

방법	[데이터] 탭–[정렬 및 필터] 그룹–[고급] 선택

• 하나의 필드에 두 개 이상의 조건을 지정할 수 있고, 여러 필드에 AND나 OR 조건을 설정할 수 있다.
• 필터링 결과를 현재 위치에 표시하거나 다른 위치에 복사할 수 있다.
• 문자 데이터를 필터링할 때 영문자의 대·소문자는 구분되지 않지만, 수식으로 구분하여 검색할 수 있다.

(1) 조건 지정

• 고급 필터를 실행하기 전에 미리 조건을 입력해야 한다.
• 조건 범위의 첫 행에는 필드명을 입력하고, 다음 행에 조건을 작성한다.

AND 조건	조건을 모두 같은 행에 입력
OR 조건	조건을 서로 다른 행에 입력

▼ AND 조건

	A	B
1	부서	나이
2	총무부	>=30

'부서'가 '총무부'이고 '나이'가 30 이상인 데이터를 추출

▼ OR 조건

	A	B
1	부서	나이
2	총무부	
3		>=30

'부서'가 '총무부'이거나 '나이'가 30 이상인 데이터를 추출

예 '이름'이 세 글자이면서 '이'로 시작하며, 'TOEIC' 점수가 600점 이상 800점 미만인 직원이거나, '직급'이 '대리'이면서 '연차'가 3년 이상인 직원의 데이터를 추출하는 경우

이름	TOEIC	TOEIC	직급	연차
이??	>=600	<800		
			대리	>=3

• 조건은 수식으로 작성할 수 있으며, 이 경우 필드명은 원래의 필드명과 다르게 입력하거나 입력하지 않아야 한다.
• 조건을 수식으로 입력하면 셀에는 'TRUE'나 'FALSE'가 표시된다.

예 '사원명'이 두 글자이면서 전체 실적의 평균을 초과하는 실적 데이터 검색

사원명	실적 조건
="=??"	=$B2 >AVERAGE($B$2:$B$9)

(2) [고급 필터] 대화상자

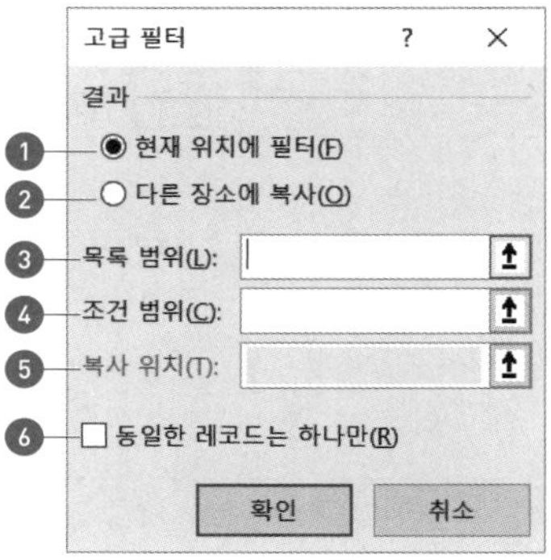

❶ 현재 위치에 필터	복사 위치를 지정하지 않고 현재 위치에 필터링 결과 표시
❷ 다른 장소에 복사	복사 위치를 미리 지정하고 복사 위치에 필터링 결과 표시
❸ 목록 범위	원본 데이터 목록의 범위를 지정(반드시 제목 행을 포함하여 지정)
❹ 조건 범위	조건이 입력된 범위를 지정
❺ 복사 위치	'다른 장소에 복사'를 선택할 경우 결과가 필터링될 위치를 지정
❻ 동일한 레코드는 하나만	필터링 결과에 동일한 레코드가 있는 경우 하나만 표시

실습으로 개념끝 ❺ 에듀윌_컴퓨터활용능력2급필기기본서_실습으로개념끝\2과목\Chapter4_5.고급필터.xlsx

고급 필터를 이용하여 '구분'이 '뮤지컬'이고 '예매량'이 '700 이상'인 데이터를 추출하시오.

따라하기

❶ [A3] 셀을 선택하고 Ctrl+C를 눌러 복사한 후 [A18] 셀에서 Ctrl+V를 눌러 붙여넣는다. 이와 같은 방법으로 [E3] 셀을 [B18] 셀에 복사하여 붙여넣고 [A19], [B19] 셀에 조건인 '뮤지컬'과 '>=700'을 각각 입력한다.

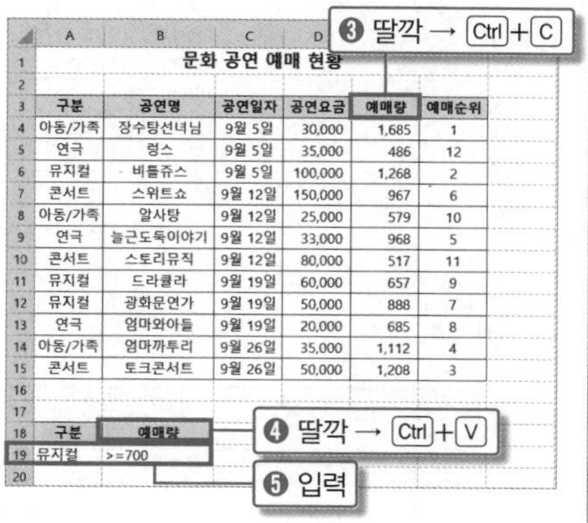

❷ [A3] 셀을 선택하고 [데이터] 탭-[정렬 및 필터] 그룹-[고급]을 클릭한다.

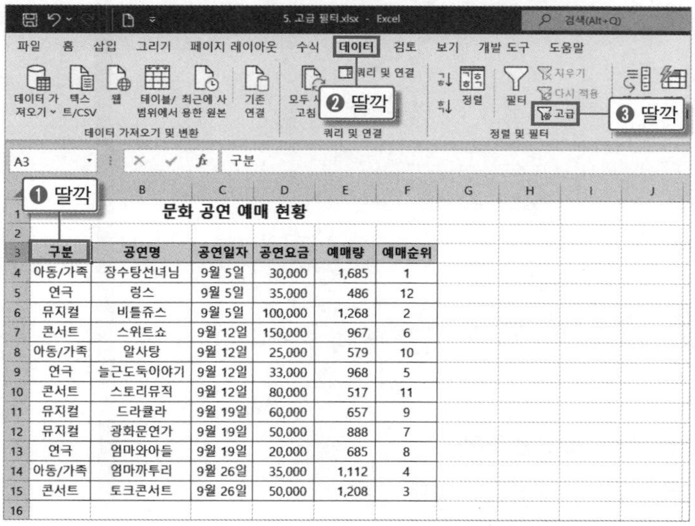

❸ [고급 필터] 대화상자가 나타나면 '결과'에서 '다른 장소에 복사'를 선택하고 '목록 범위'는 [A3:F15] 영역을, '조건 범위'는 [A18:B19] 영역을, '복사 위치'는 [A22] 셀을 지정하고 [확인] 단추를 클릭한다.

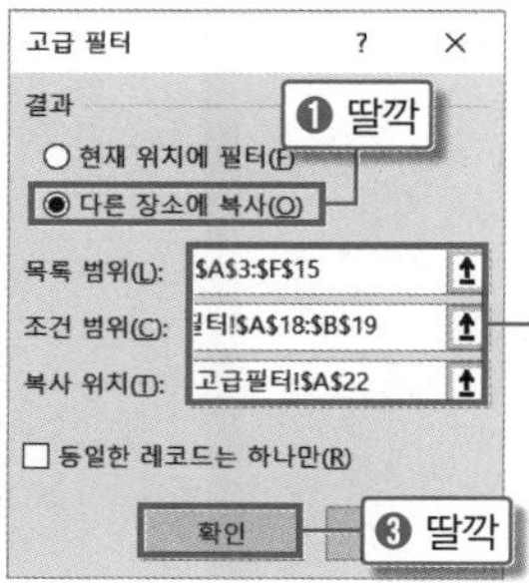

❹ 결과를 확인한다.

	A	B	C	D	E	F	G
1	문화 공연 예매 현황						
2							
3	구분	공연명	공연일자	공연요금	예매량	예매순위	
4	아동/가족	장수탕선녀님	9월 5일	30,000	1,685	1	
5	연극	렁스	9월 5일	35,000	486	12	
6	뮤지컬	비틀쥬스	9월 5일	100,000	1,268	2	
7	콘서트	스위트쇼	9월 12일	150,000	967	6	
8	아동/가족	알사탕	9월 12일	25,000	579	10	
9	연극	늘근도둑이야기	9월 12일	33,000	968	5	
10	콘서트	스토리뮤직	9월 12일	80,000	517	11	
11	뮤지컬	드라큘라	9월 19일	60,000	657	9	
12	뮤지컬	광화문연가	9월 19일	50,000	888	7	
13	연극	엄마와아들	9월 19일	20,000	685	8	
14	아동/가족	엄마까투리	9월 26일	35,000	1,112	4	
15	콘서트	토크콘서트	9월 26일	50,000	1,208	3	
16							
17							
18	구분	예매량					
19	뮤지컬	>=700					
20							
21							
22	구분	공연명	공연일자	공연요금	예매량	예매순위	
23	뮤지컬	비틀쥬스	9월 5일	100,000	1,268	2	
24	뮤지컬	광화문연가	9월 19일	50,000	888	7	
25							
26							

Warming UP 기출로 개념 확인

01 또 나올 문제 2019.08

다음 중 정렬에 대한 설명으로 옳은 것은?

① 최대 24개의 열을 기준으로 정렬할 수 있다.
② 글꼴 색을 기준으로 정렬할 수 있다.
③ 정렬 대상 범위에 병합된 셀이 포함되어 있어도 정렬할 수 있다.
④ 숨겨진 행은 정렬 결과에 포함되나 숨겨진 열은 정렬 결과에 포함되지 않는다.

바로 보는 해설

01

| 오답 피하기 |

① 최대 64개의 열을 기준으로 정렬할 수 있다.
③ 정렬 대상 범위에 병합된 셀이 있으면 정렬할 수 없다.
④ 숨겨진 행과 열 모두 정렬 결과에 포함되지 않는다.

| 정답 | 01 ②

02 또 나올 문제

2020.07

다음 중 근무기간이 15년 이상이면서 나이가 50세 이상인 직원의 데이터를 조회하기 위한 고급 필터의 조건으로 옳은 것은?

①

근무기간	나이
>=15	>=50

②

근무기간	나이
>=15	
	>=50

③

근무기간	>=15
나이	>=50

④

근무기간	>=50	
나이		>=50

02

문제에서 주어진 조건은 두 개의 조건 모두가 만족할 경우 데이터를 추출해야 하는 AND 조건이다. AND 조건은 고급 필터 조건에서 두 개의 조건을 같은 행에 설정해야 한다.

| 오답 피하기 |

② OR 조건으로 필터링하기 위한 고급 필터 조건이다. OR 조건은 두 개의 조건을 다른 행에 입력한 상태에서 한 개 이상의 조건에 만족할 경우 데이터가 추출된다.

③, ④ 고급 필터의 조건으로 적당하지 않은 형식이다.

03

2016.06

다음 중 데이터 관리 기능인 자동 필터에 대한 설명으로 옳지 않은 것은?

① 필터는 데이터 목록에서 설정된 조건에 맞는 데이터만을 추출하여 나타내기 위한 기능으로, 워크시트의 다른 영역으로 결과 테이블을 자동 생성할 수 있다.

② 두 개 이상의 필드(열)로 필터링할 수 있으며, 필터는 누적 적용되므로 추가하는 각 필터는 현재 필터 위에 적용된다.

③ 필터는 필요한 데이터 추출을 위해 조건을 만족하지 않는 데이터를 잠시 숨기는 것이므로 목록 자체의 내용은 변경되지 않는다.

④ 자동 필터를 사용하여 추출한 데이터는 레코드(행) 단위로 표시된다.

03

자동 필터의 결과는 같은 워크시트의 다른 영역이나 다른 워크시트로 생성할 수 없다. 워크시트의 다른 영역으로 결과 테이블을 자동 생성하기 위해서는 고급 필터를 사용해야 한다.

| 정답 | 02 ① 03 ①

개념끝

061 데이터 도구

기출빈도 A · B · C · D

01 텍스트 나누기

결정적 힌트

텍스트 나누기를 실행하면 텍스트 마법사가 실행됩니다. 텍스트 마법사의 각 단계에서 어떤 작업을 수행하는지 실습을 통해 익혀두시기 바랍니다.

- 하나의 셀에 입력된 데이터를 원본 데이터의 형식에 따라 구분 기호나 일정한 너비로 분리하여 여러 셀로 나누는 기능이다.

| 실행 방법

방법	[데이터] 탭–[데이터 도구] 그룹–[텍스트 나누기] 선택

- 나눌 범위에 포함할 수 있는 열은 반드시 한 개만 가능하다.
- 각 열을 선택하여 데이터 서식을 지정할 수 있다.
- 선택한 열의 오른쪽에 빈 열이 한 개 이상 있어야 하고, 없는 경우에는 오른쪽 열에 내용이 덮어쓰기 된다.

| 원본 데이터의 형식

구분 기호로 분리됨	각 필드가 탭, 세미콜론, 쉼표, 공백, 기타 문자로 분리된 경우
너비가 일정함	각 필드가 일정한 너비로 정렬된 경우

개념 플러스 각 필드의 너비(열 구분선)를 지정하는 방법

- 구분선 삽입: 원하는 위치를 마우스로 클릭하여 삽입한다.
- 구분선 이동: 원하는 위치로 드래그하여 이동한다.
- 구분선 삭제: 구분선을 마우스로 더블클릭하여 삭제한다.

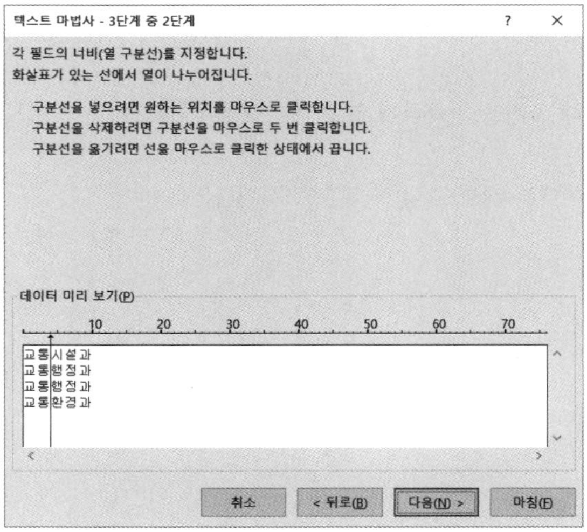

실습으로 개념끝 ⑥ 에듀윌_컴퓨터활용능력2급필기기본서_실습으로개념끝\2과목\Chapter4_6.텍스트나누기.xlsx

다음 텍스트 파일의 데이터를 [A3] 셀에 붙여넣은 후 텍스트 나누기를 실행하시오.

▶ 외부 데이터 파일명은 '신간도서.txt'임
▶ 외부 데이터는 쉼표(,)로 구분되어 있음

따라하기

❶ '메모장'을 열고 [파일] 메뉴 – [열기]를 클릭 → [열기] 대화상자가 나타나면 'C:\에듀윌_2025컴활필기기본서_실습으로개념끝\2과목\Chapter4' 경로에서 '신간도서.txt' 파일을 선택 → [열기] 단추를 클릭한다.

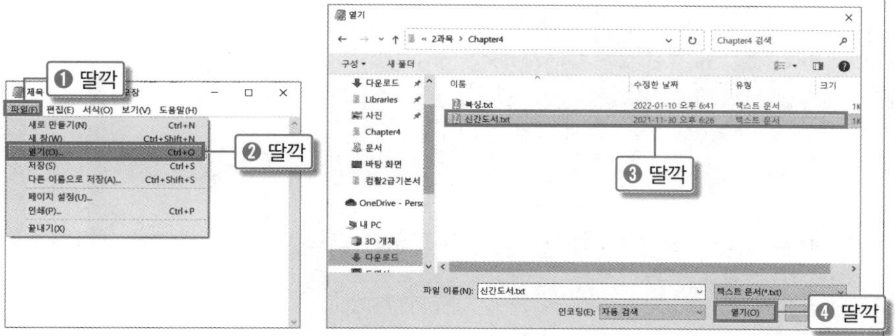

❷ 메모장에서 Ctrl+A를 눌러 모든 내용을 선택하고 Ctrl+C를 눌러 복사 → [A3] 셀을 선택한 후 Ctrl+V를 눌러 데이터를 붙여넣기 → 메모장에서 [닫기(✕)] 단추를 클릭한다.

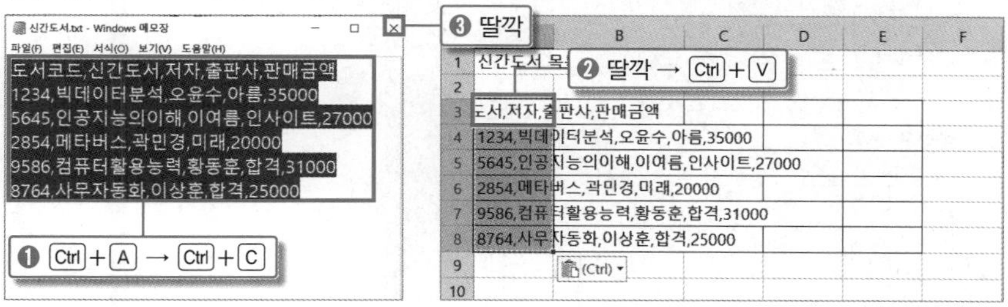

❸ [A3:A8] 영역을 선택한 상태에서 [데이터] 탭 – [데이터 도구] 그룹 – [텍스트 나누기(텍스트 나누기)]를 클릭한다.

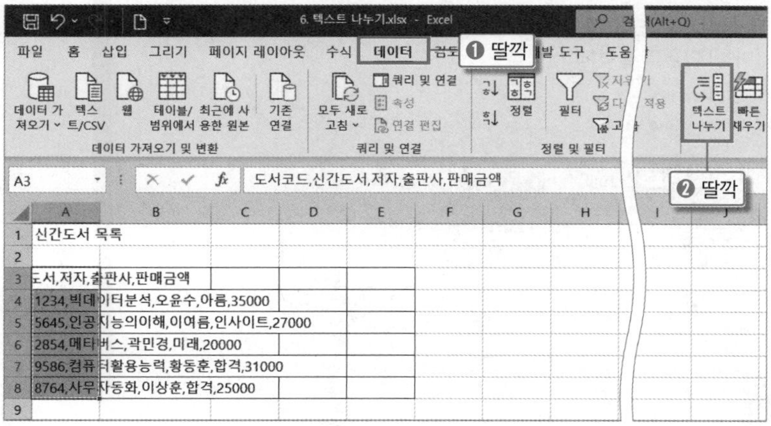

텍스트 나누기를 실행하기 전 반드시 범위를 지정해야 하며, 이때 데이터가 입력된 하나의 열만 선택한다.

❹ [텍스트 마법사 – 3단계 중 1단계] 대화상자가 나타나면 '원본 데이터 형식'은 '구분 기호로 분리됨'으로 선택되었는지 확인 → [다음] 단추를 클릭한다.

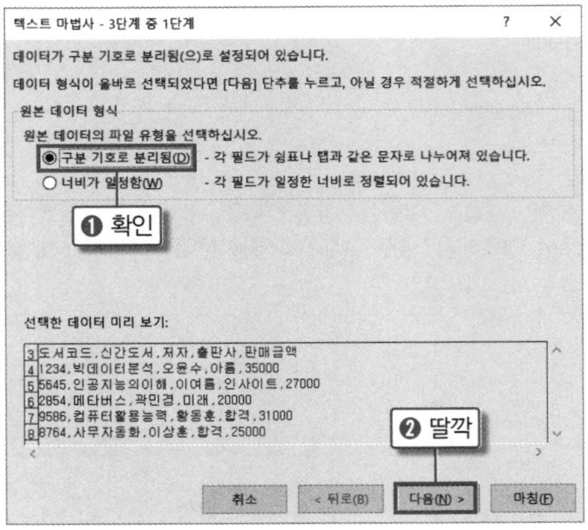

❺ [텍스트 마법사 – 3단계 중 2단계] 대화상자에서 '구분 기호'는 '탭'을 체크 해제하고 '쉼표'를 체크 → [다음] 단추를 클릭한다.

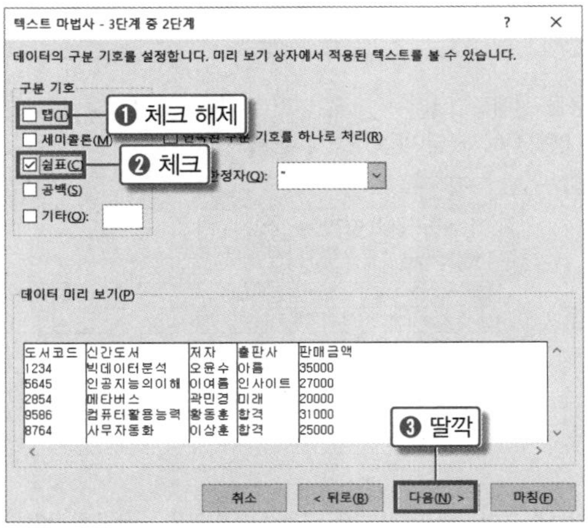

❻ [텍스트 마법사 – 3단계 중 3단계] 대화상자에서 '열 데이터 서식'은 '일반'으로 선택되었는지 확인 → [마침] 단추를 클릭한다.

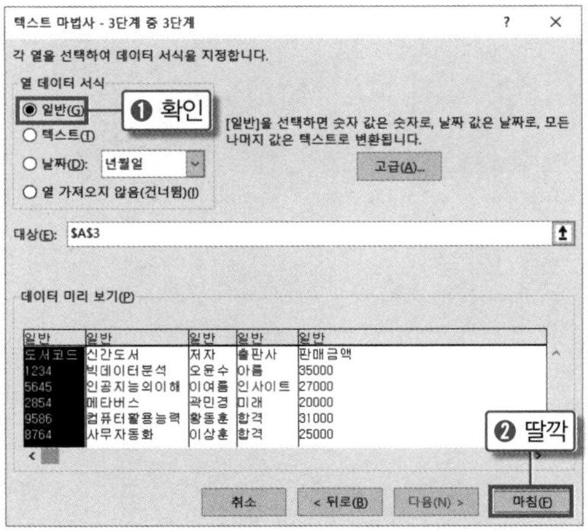

❼ 기존 데이터를 바꾸는지 묻는 메시지 상자가 나타나면 [확인] 단추를 클릭한다.

❽ 결과를 확인한다.

	A	B	C	D	E	F
1	신간도서 목록					
2						
3	도서코드	신간도서	저자	출판사	판매금액	
4	1234	빅데이터분석	오윤수	아름	35000	
5	5645	인공지능의이해	이여름	인사이트	27000	
6	2854	메타버스	곽민경	미래	20000	
7	9586	컴퓨터활용능력	황동훈	합격	31000	
8	8764	사무자동화	이상훈	합격	25000	
9						

02 중복된 항목 제거

결정적 힌트

중복된 항목 제거, 데이터 유효성 검사 기능은 자주 문제가 출제되는 부분은 아닙니다. 어떤 경우에 해당 도구를 사용하는지 목적을 정확하게 이해하시면 됩니다.

- 선택된 범위 안에서 중복된 레코드 중 하나를 제외하고 나머지를 제거하는 기능이다.

| 실행 방법

방법	[데이터] 탭–[데이터 도구] 그룹–[중복된 항목 제거] 선택

- [중복된 항목 제거]를 클릭하면 같은 데이터의 첫 번째 레코드를 제외한 나머지 레코드가 삭제된다.
- [중복된 항목 제거] 대화상자에서 '내 데이터에 머리글 표시'에 체크하면 '열' 목록에 '열 A' 대신 필드명이 표시된다.
- 중복 값을 제거하면 선택한 셀 범위나 테이블 값이 제거되지만, 테이블 밖의 값은 변경되거나 이동되지 않는다.

실습으로 개념끝 ❽ 에듀윌_컴퓨터활용능력1급필기기본서_실습으로개념끝\2과목\Chapter4_8.중복된항목제거.xlsx

중복된 항목 제거를 이용하여 사원번호와 이름이 같은 데이터를 제거하시오.

따라하기

❶ [B3] 셀을 선택하고 [데이터] 탭 – [데이터 도구] 그룹 – [중복된 항목 제거]를 클릭한다.

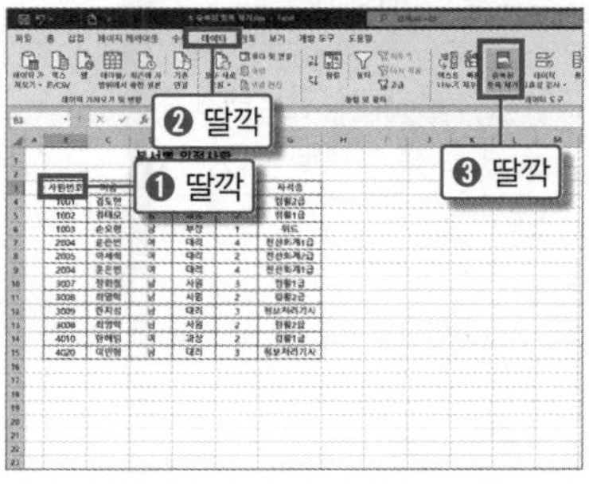

❷ [중복된 항목 제거] 대화상자에서 [모두 선택 취소]를 클릭하고 '사원번호', '이름'을 체크한 후 [확인] 단추를 클릭한다.

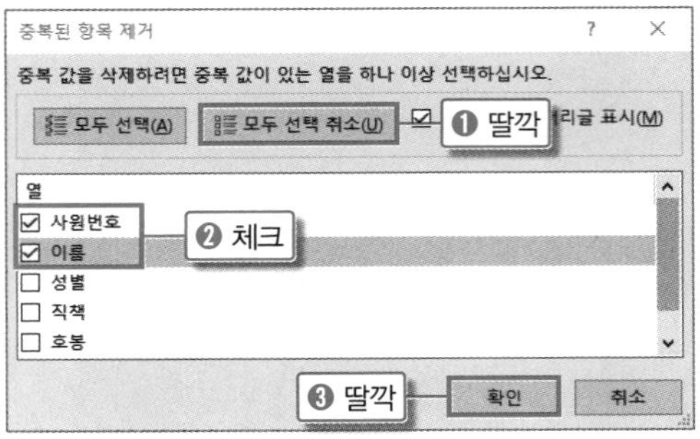

❸ 중복된 값이 제거되었다는 메시지를 확인한 후 [확인]을 클릭한다.

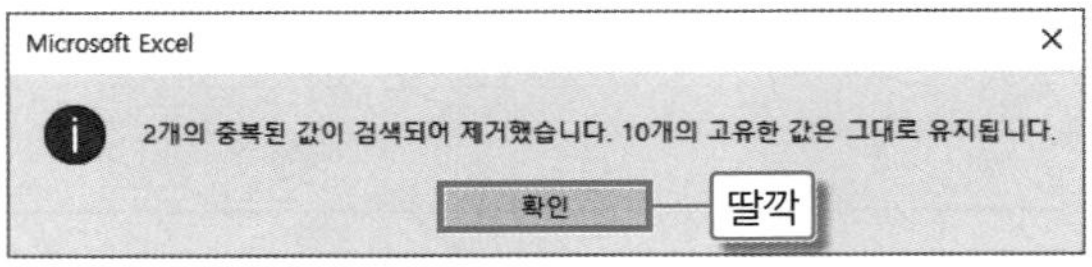

❹ 결과를 확인한다.

부서별 인적사항

사원번호	이름	성별	직책	호봉	자격증
1001	김도현	남	대리	3	컴활2급
1002	김태모	남	과장	2	컴활1급
1003	손오형	남	부장	1	워드
2004	윤은빈	여	대리	4	전산회계1급
2005	이세희	여	대리	2	전산회계2급
3007	정회철	남	사원	3	컴활1급
3008	최영학	남	사원	2	컴활2급
3009	한지성	남	대리	3	정보처리기사
4010	한혜림	여	과장	2	컴활1급
4020	이민형	남	대리	3	정보처리기사

03 데이터 유효성 검사

• 데이터의 목록이나 형식을 지정하여 데이터 입력을 제한하는 기능이다.

| 실행 방법

방법	[데이터] 탭 – [데이터 도구] 그룹 – [데이터 유효성 검사] 선택

• 유효성 조건 제한 대상: 모든 값, 정수, 소수점, 목록, 날짜, 시간, 텍스트 길이, 사용자 지정

▼ **유효성 조건 제한 대상**
- 정수: 정수만 입력할 수 있도록 셀을 제한한다.
- 소수점: 실수를 입력할 수 있도록 셀을 제한한다.
- 목록: 드롭다운 목록으로 데이터를 선택할 수 있도록 제한한다.
- 날짜: 날짜만 입력할 수 있도록 제한한다.
- 시간: 시간만 입력할 수 있도록 제한한다.
- 텍스트 길이: 텍스트의 길이를 제한한다.
- 사용자 지정: 사용자 지정 수식을 사용한다.

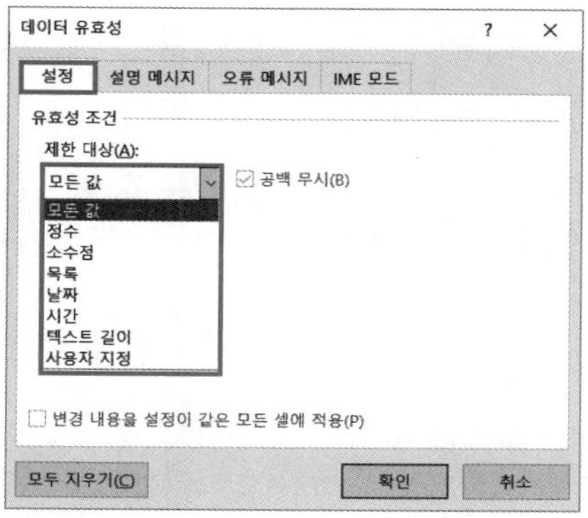

- '제한 대상'에서 '목록'을 선택한 경우 원본으로 정의된 이름의 범위를 사용하려면 등호(=)와 범위의 이름을 입력하고, 직접 입력하려면 값을 쉼표(,)로 구분하여 지정한다.
- [설명 메시지] 탭에서 사용자가 셀을 선택하면 지정한 설명 메시지가 표시되도록 할 수 있다.

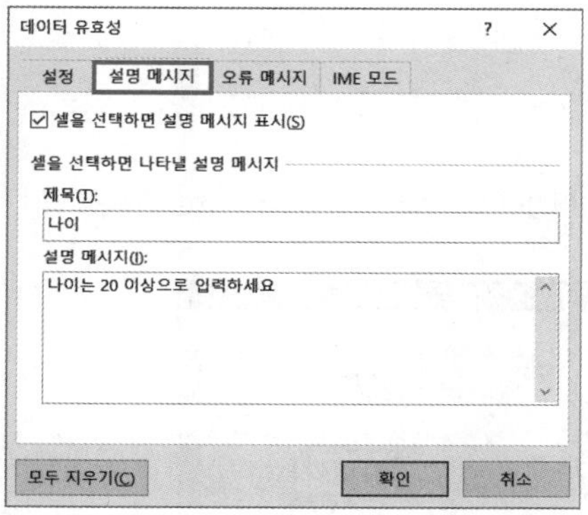

- [오류 메시지] 탭에서 유효성 검사에 맞지 않는 데이터가 입력되었을 때 표시할 오류 메시지를 설정할 수 있다.

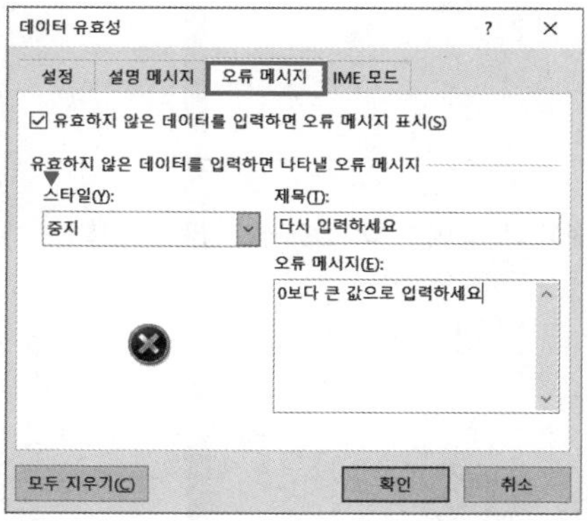

- [IME 모드] 탭에서 열 단위로 데이터 입력 모드(한글/영문)를 다르게 지정할 수 있다.

■ **유효성 조건 제한 방법**

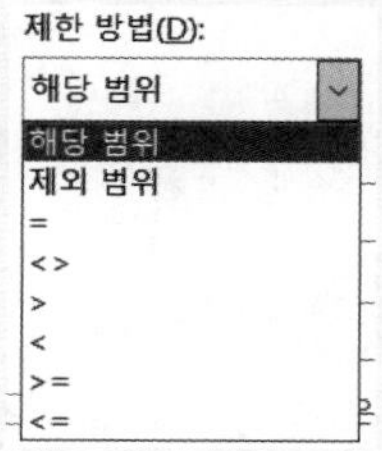

▼ **스타일**

- 중지: 
- 경고: 
- 정보: 

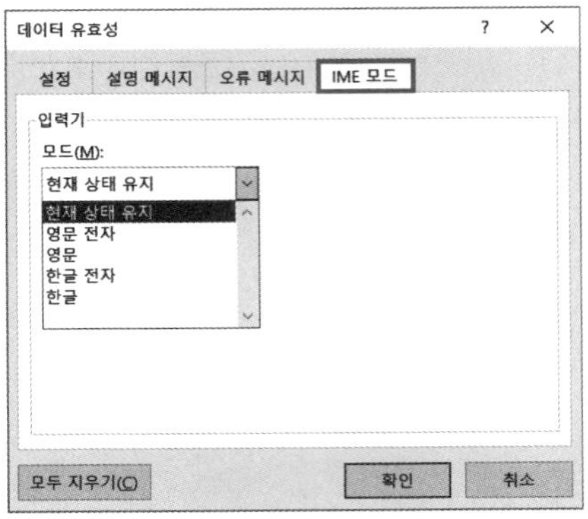

실습으로 개념끝 ❼

에듀윌_컴퓨터활용능력2급필기기본서_실습으로개념끝\2과목\Chapter4_7.데이터유효성검사.xlsx

데이터 유효성 검사 기능을 이용하여 1부터 4까지의 호봉만 입력되도록 제한 대상을 설정하시오.

따라하기

❶ [F4:F13] 영역을 드래그하여 선택하고 [데이터] 탭−[데이터 도구] 그룹−[데이터 유효성 검사]를 클릭한다.

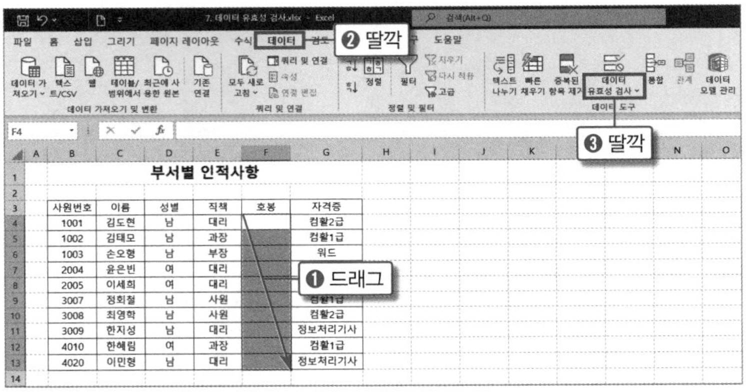

■ 호봉에 5를 입력할 경우에 표시되는 오류 메시지

❷ [데이터 유효성] 대화상자에 제한 대상을 정수로 변경하고 최소값에 1, 최대값에 4를 입력한 후 [확인] 단추를 클릭한다.

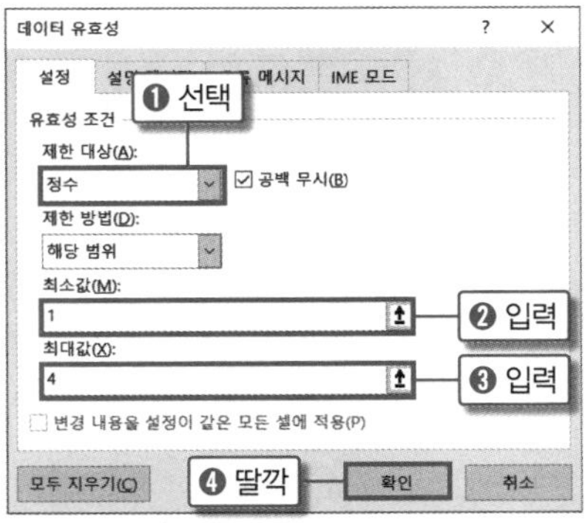

03 통합

- 하나 이상의 원본 영역을 지정하여 하나의 표로 데이터를 요약하는 기능이다.

| 실행 방법

방법	[데이터] 탭-[데이터 도구] 그룹-[통합] 선택

- 데이터 통합은 위치를 기준으로 통합하거나 영역의 이름을 지정하여 통합할 수 있다.
- 지정한 영역에 계산될 요약 함수는 합계, 평균, 개수, 최대, 최소, 곱, 숫자 개수, 표본 표준 편차, 표준 편차, 표본 분산, 분산 중 선택할 수 있다.
- 계산할 범위를 선택하고 [추가] 단추를 클릭하면 '모든 참조 영역'에 추가되고, 다른 통합 문서의 시트도 추가할 수 있다.
- '사용할 레이블'에 모두 체크한 경우 각 참조 영역에 결과표의 레이블과 일치하지 않은 레이블이 있으면 통합 결과표에 별도의 행이나 열이 생성된다.
- '원본 데이터에 연결'에 체크하면 참조한 원본 데이터가 변경될 때 자동으로 계산 결과가 변경되며, 통합할 데이터가 있는 워크시트가 결과가 작성될 워크시트와 다른 통합 문서에 있는 경우에만 적용할 수 있다.

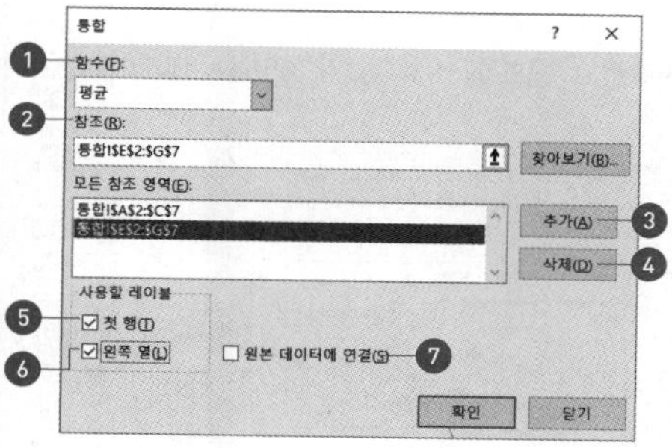

❶ 함수	통합에 사용할 함수를 선택
❷ 참조	통합할 데이터의 범위를 선택
❸ 추가	참조에서 지정한 범위를 추가
❹ 삭제	추가된 범위를 삭제
❺ 첫 행	참조된 범위의 첫 행을 통합한 데이터의 첫 행으로 사용
❻ 왼쪽 열	참조된 범위의 왼쪽 열을 통합한 데이터의 첫 열로 사용
❼ 원본 데이터에 연결	원본 데이터가 변경되면 통합된 데이터도 변경

실습으로 개념끝 ⑧ 에듀윌_컴퓨터활용능력2급필기기본서_실습으로개념끝\2과목\Chapter4_8.통합.xlsx

통합 기능을 이용하여 [표1], [표2]의 개인별 평균을 [표3]에 계산하시오.

따라하기

❶ [A10:C15] 영역을 선택하고 [데이터] 탭−[데이터 도구] 그룹−[통합]을 클릭한다.

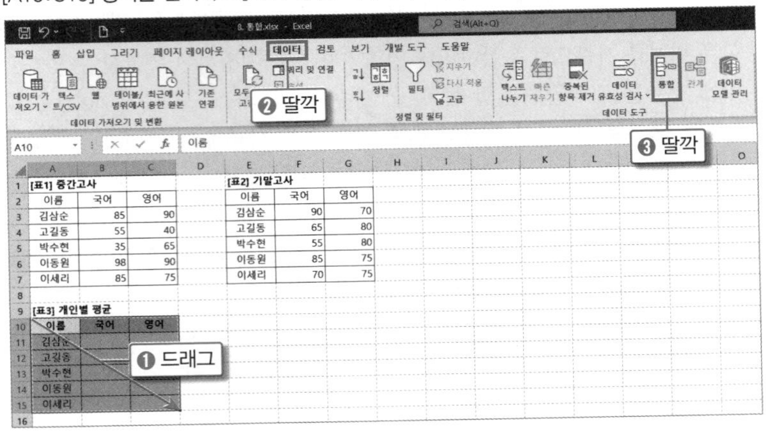

❷ [통합] 대화상자가 나타나면 '함수'에서 '평균'을 선택하고 '참조'에서 [A2:C7] 영역을 지정한 후 [추가] 단추를 클릭한다.

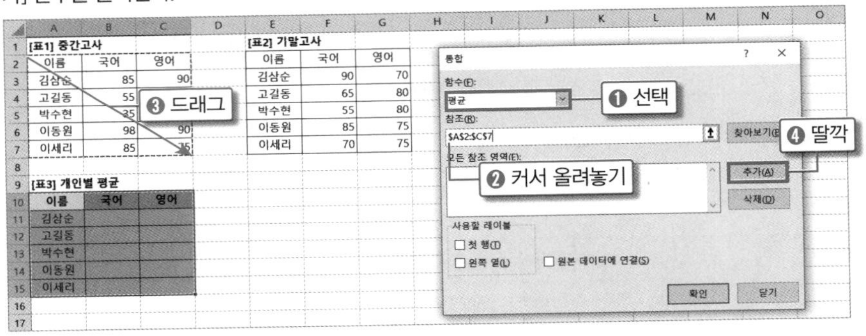

❸ 이와 같은 방법으로 [E2:G7] 영역을 추가하고 '사용할 레이블'에서 '첫 행'과 '왼쪽 열'에 체크한 후 [확인] 단추를 클릭한다.

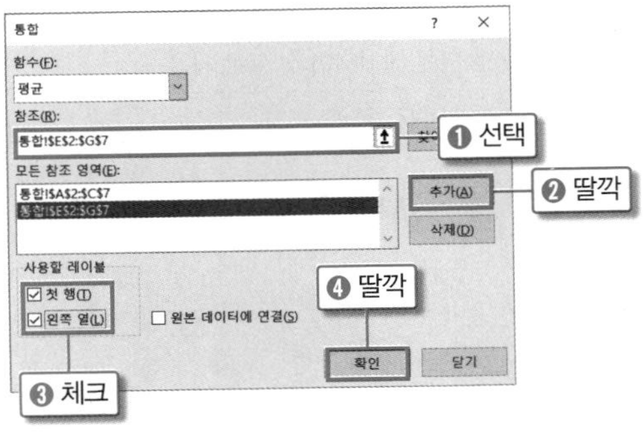

❹ 결과를 확인한다.

	A	B	C	D	E	F	G	H
1	[표1] 중간고사				[표2] 기말고사			
2	이름	국어	영어		이름	국어	영어	
3	김삼순	85	90		김삼순	90	70	
4	고길동	55	40		고길동	65	80	
5	박수현	35	65		박수현	55	80	
6	이동원	98	90		이동원	85	75	
7	이세리	85	75		이세리	70	75	
8								
9	[표3] 개인별 평균							
10	이름	국어	영어					
11	김삼순	87.5	80					
12	고길동	60	60					
13	박수현	45	72.5					
14	이동원	91.5	82.5					
15	이세리	77.5	75					
16								

Warming UP 기출로 개념 확인

01

2020.07

다음 중 [통합] 데이터 도구에 대한 설명으로 옳지 않은 것은?

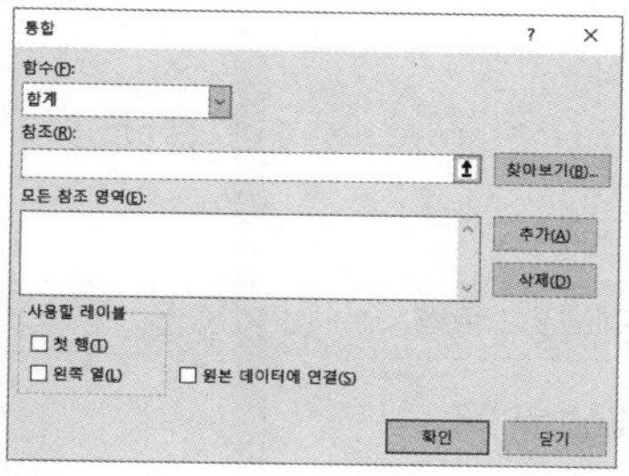

① '모든 참조 영역'에 다른 통합 문서의 워크시트를 추가하여 통합할 수 있다.
② '사용할 레이블'을 모두 선택한 경우 각 참조 영역에 결과표의 레이블과 일치하지 않은 레이블이 있으면 통합 결과표에 별도의 행이나 열이 만들어진다.
③ 지정한 영역에 계산될 요약 함수는 '함수'에서 선택하며, 요약 함수로는 합계, 개수, 평균, 최대값, 최소값 등이 있다.
④ '원본 데이터에 연결' 확인란을 선택하여 통합한 경우 통합에 참조된 영역에서의 행 또는 열이 변경될 때 통합된 데이터 결과도 자동으로 업데이트된다.

02 (또 나올 문제)

2020.02, 2016.03

다음 중 데이터 통합에 대한 설명으로 옳지 않은 것은?

① 데이터 통합은 위치를 기준으로 통합할 수도 있고, 영역의 이름을 정의하여 통합할 수도 있다.
② '원본 데이터에 연결' 기능은 통합할 데이터가 있는 워크시트와 통합 결과가 작성될 워크시트가 같은 통합 문서에 있는 경우에만 적용할 수 있다.
③ 다른 원본 영역의 레이블과 일치하지 않는 레이블이 있는 경우에 통합하면 별도의 행이나 열이 만들어진다.
④ 여러 시트에 있는 데이터나 다른 통합 문서에 입력되어 있는 데이터를 통합할 수 있다.

바로 보는 해설

01
'원본 데이터에 연결'에 체크할 경우 참조된 영역에서 행과 열이 변경될 때가 아닌 값이 변경될 때 통합 결과가 자동으로 업데이트된다.

02
'원본 데이터에 연결' 기능은 통합할 데이터가 있는 워크시트와 통합 결과가 작성될 워크시트가 다른 통합 문서에 있는 경우에만 적용할 수 있다.

| 정답 | 01 ④ 02 ②

개념끝

062 가상 분석

기출빈도

A B C D

01 데이터 표

결정적 힌트

데이터 표 기능은 비교적 많은 문제가 출제된 부분입니다. 간단히 실행할 수 있는 기능이지만, 행 입력 셀과 열 입력 셀을 잘 구분하여 지정하는 것이 중요하므로 의미를 정확하게 이해해야 합니다.

■ **데이터 표에서 부분적으로 수정하거나 삭제하는 경우 표시되는 오류**

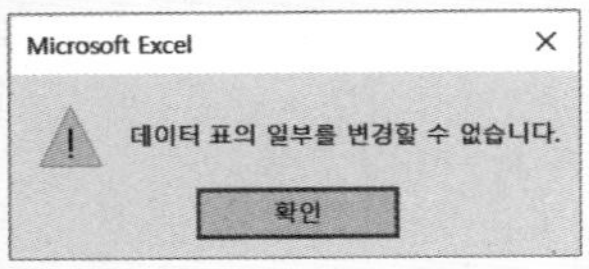

- 특정 값의 변화에 따른 결과값의 변화 과정을 한 번의 연산으로 빠르게 계산하여 표의 형태로 표시하는 기능이다.

| 실행 방법

방법	[데이터] 탭–[예측] 그룹–[가상 분석]–[데이터 표] 선택

- 변수가 한 개이거나 두 개인 데이터 표를 작성할 수 있다.
- 변수에 입력될 데이터가 같은 행에 입력되어 있으면 행 입력 셀로, 같은 열에 입력되어 있으면 열 입력 셀로 지정한다.
- 결과값은 반드시 변수를 포함한 수식으로 작성해야 한다.
- 데이터 표의 결과는 배열 수식으로 작성되므로 부분적으로 수정 또는 삭제할 수 없다.

실습으로 개념끝 ⑨ 에듀윌_컴퓨터활용능력2급필기기본서_실습으로개념끝\2과목\Chapter4_9.데이터표.xlsx

데이터 표를 이용하여 '할인율 변동에 따른 할인액'을 계산하시오.

따라하기

❶ [F4] 셀을 선택하고 '='를 입력한 후 수식이 들어있는 [C6] 셀을 선택하고 Enter를 누른다.

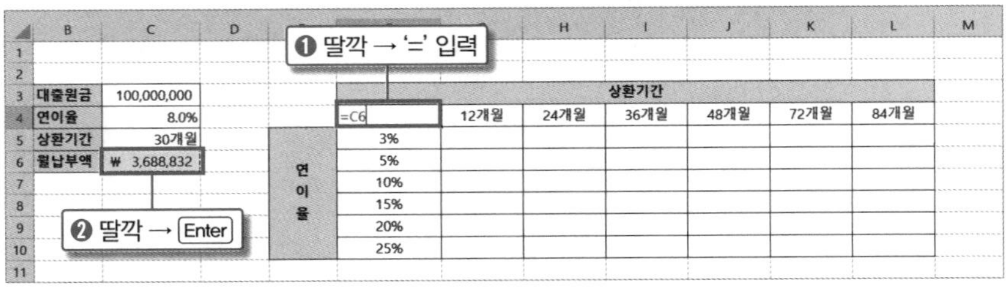

❷ [F4:L10] 영역을 선택하고 [데이터] 탭–[예측] 그룹–[가상 분석]을 클릭한 후 [데이터 표]를 선택한다.

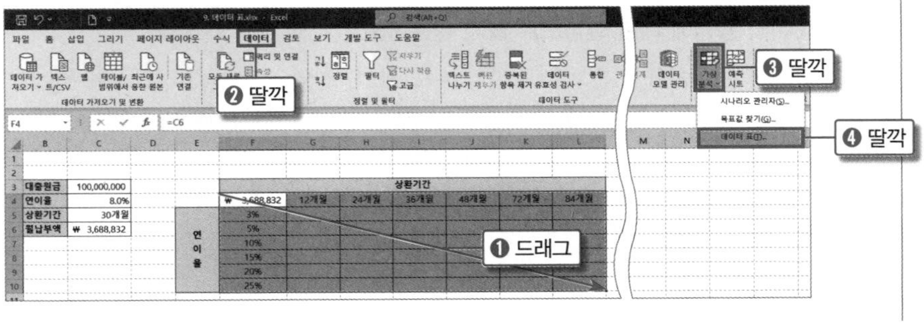

❸ [데이터 테이블] 대화상자가 나타나면 '행 입력 셀'에는 '상환기간'인 '$C$5'를, '열 입력 셀'에는 '연이율'인 '$C$4'를 입력하고 [확인] 단추를 클릭한다.

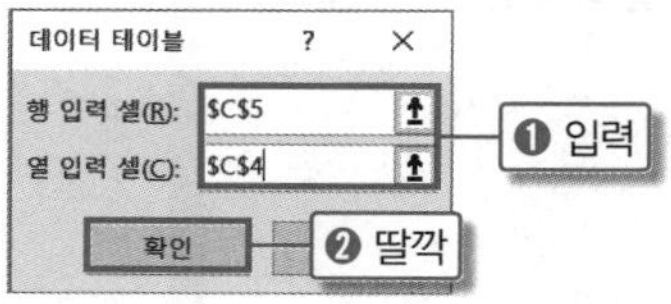

❹ 결과를 확인한다.

	B	C	D	E	F	G	H	I	J	K	L	M
1												
2												
3	대출원금	100,000,000			상환기간							
4	연이율	8.0%			₩ 3,688,832	12개월	24개월	36개월	48개월	72개월	84개월	
5	상환기간	30개월		연이율	3%	8,469,370	4,298,121	2,908,121	2,213,433	1,519,368	1,321,330	
6	월납부액	₩ 3,688,832			5%	8,560,748	4,387,139	2,997,090	2,302,929	1,610,493	1,413,391	
7					10%	8,791,589	4,614,493	3,226,719	2,536,258	1,852,584	1,660,118	
8					15%	9,025,831	4,848,665	3,466,533	2,783,075	2,114,501	1,929,675	
9					20%	9,263,451	5,089,580	3,716,358	3,043,036	2,395,283	2,220,620	
10					25%	9,504,420	5,337,152	3,975,983	3,315,713	2,693,718	2,531,164	
11												

■ 변수에 입력될 '상환기간'은 같은 행에 입력되어 있으므로 '행 입력 셀'로, '연이율'은 같은 열에 입력되어 있으므로 '열 입력 셀'로 지정한다.

02 목표값 찾기

- 수식에서 원하는 결과를 알고 있지만, 그 결과를 얻는 데 필요한 입력값을 구하는 경우에 사용하는 기능이다.
- 목표값 찾기에서 입력값은 하나만 지정할 수 있다.

결정적 힌트

목표값 찾기는 매우 간단하면서도 유용한 기능입니다. 목표값 찾기는 어떤 경우에 활용할 수 있는지 정확하게 이해할 필요가 있습니다.

| 실행 방법

방법	[데이터] 탭-[예측] 그룹-[가상 분석]-[목표값 찾기] 선택

| [목표값 찾기] 대화상자

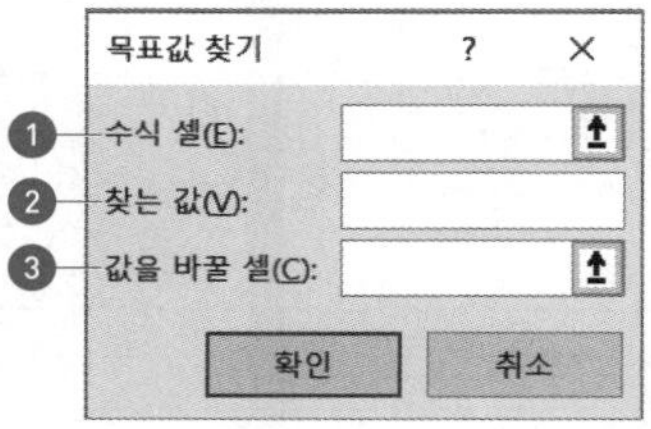

❶ 수식 셀	특정 값이 나오기를 원하는 수식이 들어있는 셀
❷ 찾는 값	원하는 특정 값을 숫자로 직접 입력
❸ 값을 바꿀 셀	목표값을 얻기 위해 데이터를 조절할 셀로, 반드시 수식에서 이 셀을 참조하고 있어야 함

실습으로 개념끝 ⑩ 에듀윌_컴퓨터활용능력2급필기기본서_실습으로개념끝\2과목\Chapter4_10.목표값찾기.xlsx

목표값 찾기를 이용하여 전체 합계가 '1300'이 되려면 배수빈의 '액세스' 점수가 몇 점이 되어야 하는지 계산하시오.

따라하기

❶ [E8] 셀을 선택하고 [데이터] 탭-[예측] 그룹-[가상 분석]을 클릭한 후 [목표값 찾기]를 선택한다.

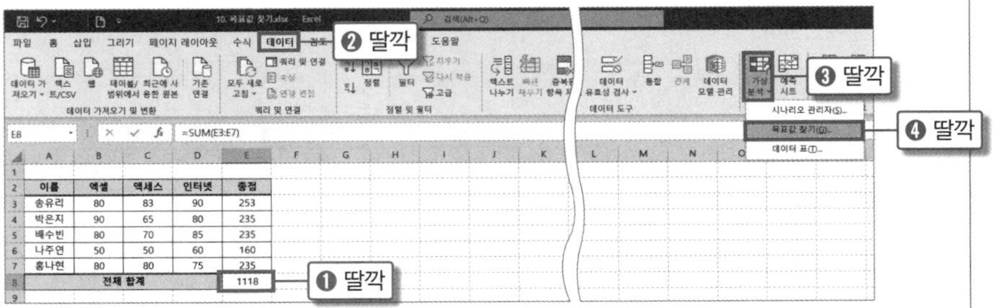

❷ [목표값 찾기] 대화상자가 나타나면 '찾는 값'에는 '1300'을, '값을 바꿀 셀'에는 배수빈의 액세스 점수가 있는 '$C$5'를 입력한 후 [확인] 단추를 클릭한다.

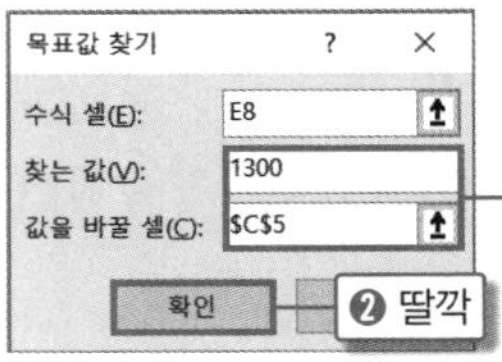

❸ 결과를 확인한다.

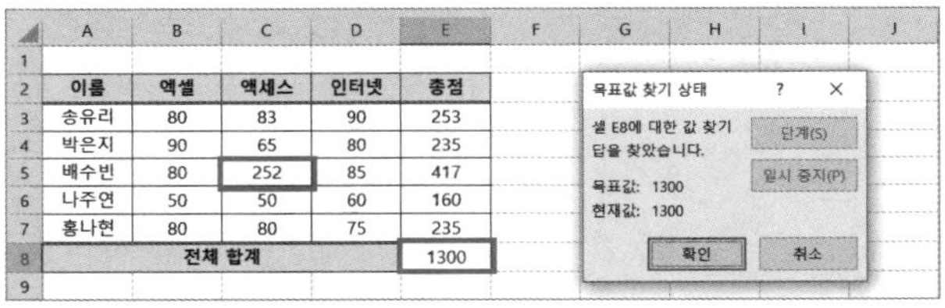

결정적 힌트

시나리오는 목표값 찾기와 마찬가지로 가상 분석을 수행하지만, 사용 목적이 다르고 기능도 좀 더 복잡합니다. 시나리오의 결과는 시나리오 요약 보고서나 시나리오 피벗 테이블 보고서로 만들 수 있는데 어떤 다른 점이 있는지도 잘 이해해야 합니다.

03 시나리오

- 다양한 상황과 변수에 따른 여러 가지 결과값의 변화를 가상의 상황을 통해 예측하여 분석할 수 있는 기능이다.

| 실행 방법

방법	[데이터] 탭-[예측] 그룹-[가상 분석]-[시나리오 관리자] 선택

- [시나리오 관리자] 대화상자에서 '변경 셀'은 '결과 셀'의 값을 예측할 수 있는 숫자값이 입력된 셀이고, '결과 셀'은 수식이 입력된 셀이다.
- 하나의 시나리오에 최대 32개까지 '변경 셀'을 지정할 수 있다.
- 시나리오 결과는 요약 보고서나 피벗 테이블 보고서로 작성할 수 있다.
- '시나리오'의 이름은 사용자가 직접 입력해야 하고, '설명'은 입력하지 않아도 된다.

- '변경 셀'과 '결과 셀'에 이름을 지정한 후 시나리오 요약 보고서를 작성하면 결과에 셀 주소 대신 지정한 이름이 표시된다.
- '결과 셀'은 시나리오 요약 보고서를 만들 때는 지정하지 않아도 되지만, 시나리오 피벗 테이블 보고서를 만들 때는 반드시 지정해야 한다.
- 시나리오 보고서는 현재 시트의 앞에 새 워크시트를 삽입해서 표시하며, 별도의 파일에 저장할 수 없다.
- 원본 데이터에서 '변경 셀'의 현재 값을 수정해도 시나리오 요약 보고서는 자동으로 업데이트되지 않는다.
- 시나리오 관리자에서 시나리오를 삭제해도 시나리오 요약 보고서의 해당 시나리오는 삭제되지 않는다.

| [시나리오 관리자] 대화상자

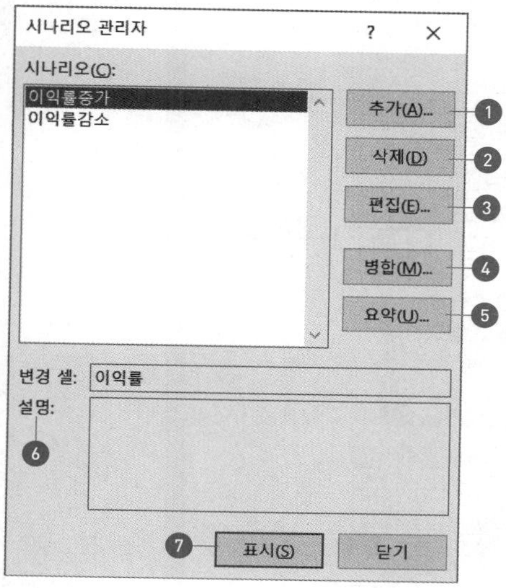

❶ 추가	'시나리오 이름'과 '변경 셀'을 지정할 수 있는 대화상자 표시
❷ 삭제	선택한 시나리오를 삭제하는 기능으로, 시나리오를 삭제해도 시나리오 요약 보고서의 시나리오는 삭제되지 않음
❸ 편집	선택한 시나리오를 편집할 수 있는 대화상자 표시
❹ 병합	다른 통합 문서나 다른 시트에 저장된 시나리오를 병합
❺ 요약	시나리오에 대한 요약 보고서나 피벗 테이블 작성
❻ 설명	시나리오에 대한 추가 설명으로, 반드시 입력할 필요는 없음
❼ 표시	선택한 시나리오에 대한 결과값 표시

실습으로 개념끝 ⑪ 에듀윌_컴퓨터활용능력2급필기기본서_실습으로개념끝\2과목\Chapter4_11.시나리오.xlsx

시나리오 기능을 이용하여 다음과 같이 이익률이 변동하는 경우 순이익 합계의 변동 시나리오를 작성하시오.

▶ [G12] 셀의 이름은 '이익률', [G11] 셀의 이름은 '순이익합계'로 정의
▶ 시나리오1: 시나리오 이름은 '이익률증가', 이익률은 '30%'로 설정
▶ 시나리오2: 시나리오 이름은 '이익률감소', 이익률은 '20%'로 설정

따라하기

❶ [G12] 셀을 선택하고 이름 상자에 '이익률'을 입력한 후 Enter를 누른다.

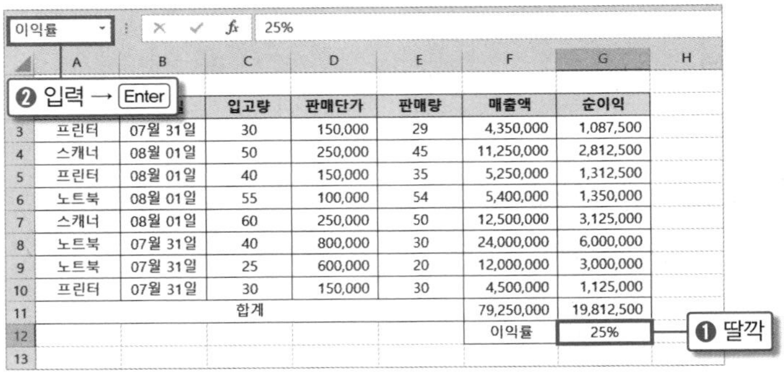

■ **정의된 이름 삭제**

이름이 잘못 지정된 경우 [수식] 탭-[정의된 이름] 그룹-[이름 관리자]를 클릭하여 삭제할 이름을 선택한 후 [삭제] 단추를 클릭한다.

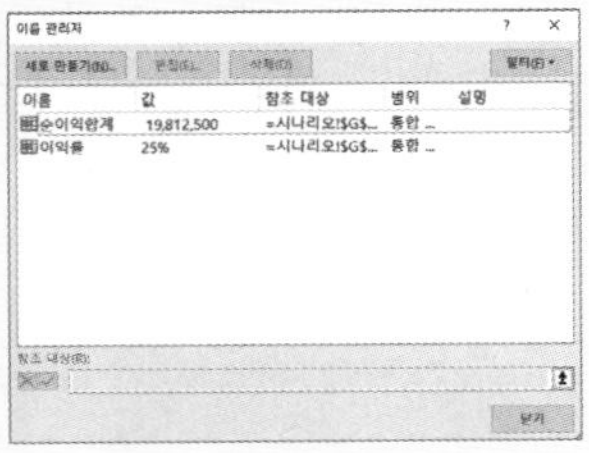

❷ 이와 같은 방법으로 [G11] 셀의 이름을 '순이익합계'로 정의한다.

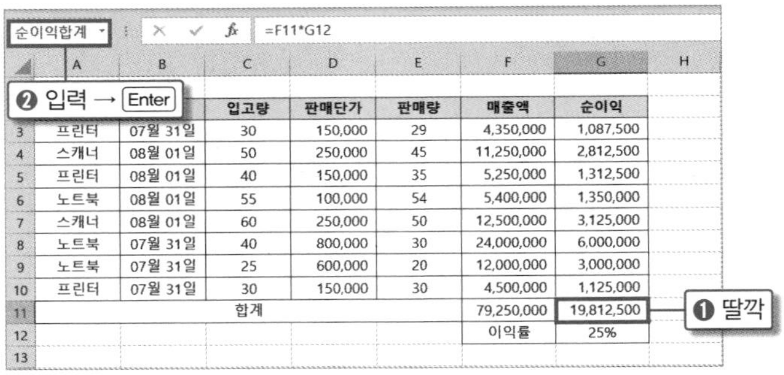

❸ [G12] 셀을 선택하고 [데이터] 탭-[예측] 그룹-[가상 분석]을 클릭한 후 [시나리오 관리자]를 선택한다.

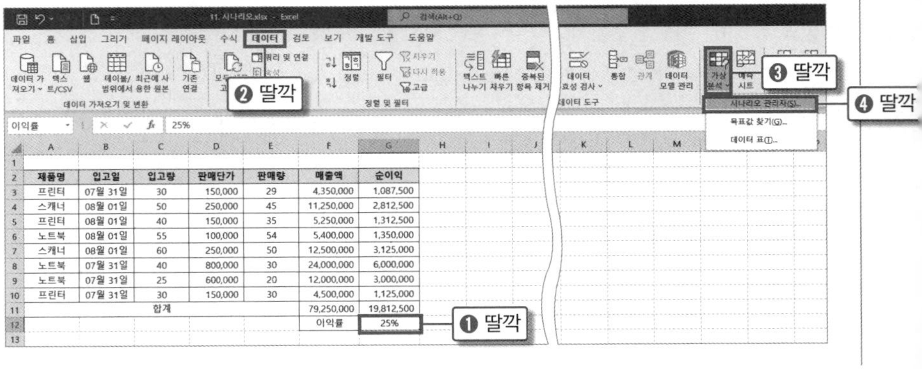

❹ [시나리오 관리자] 대화상자가 나타나면 [추가] 단추를 클릭한다. [시나리오 추가] 대화상자에서 '시나리오 이름'에 '이익률증가'를 입력하고 '변경 셀'에 'G12'로 지정되었는지 확인한 후 [확인] 단추를 클릭한다.

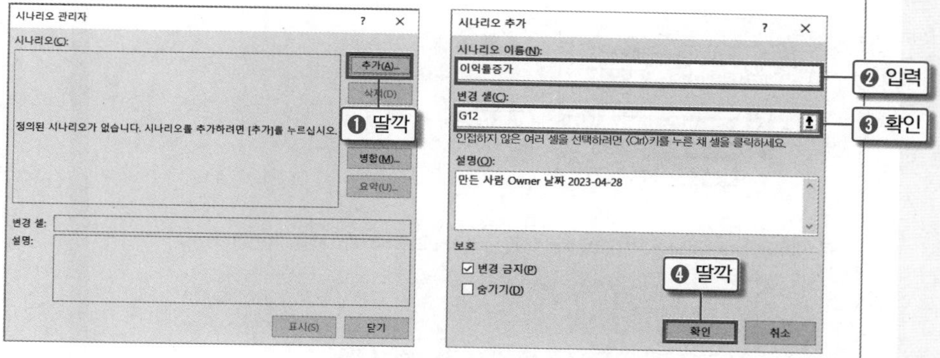

❺ [시나리오 값] 대화상자가 나타나면 '이익률'에 '0.3'을 입력하고 [추가]를 클릭한다. [시나리오 추가] 대화상자로 되돌아오면 '시나리오 이름'에 '이익률감소'를 입력하고 '변경 셀'에 'G12'로 지정되었는지 확인한 후 [확인] 단추를 클릭한다.

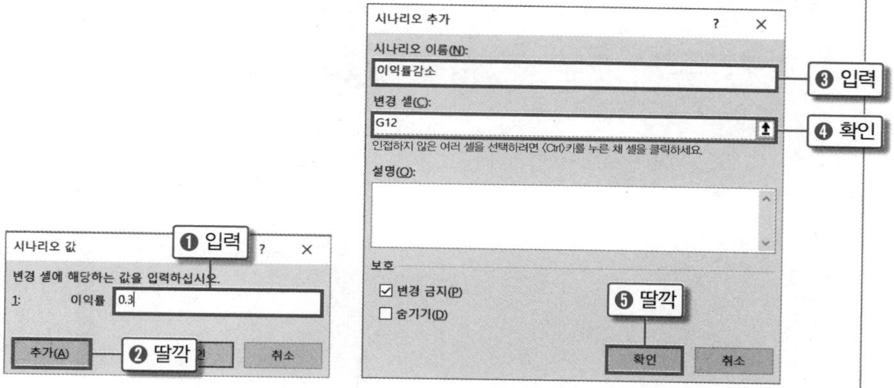

❻ [시나리오 값] 대화상자가 나타나면 '이익률'에 '0.2'를 입력하고 [확인] 단추를 클릭한다. [시나리오 관리자] 대화상자로 되돌아오면 '시나리오'에 '이익률증가'와 '이익률감소'가 추가되었는지 확인하고 [요약]을 클릭한다.

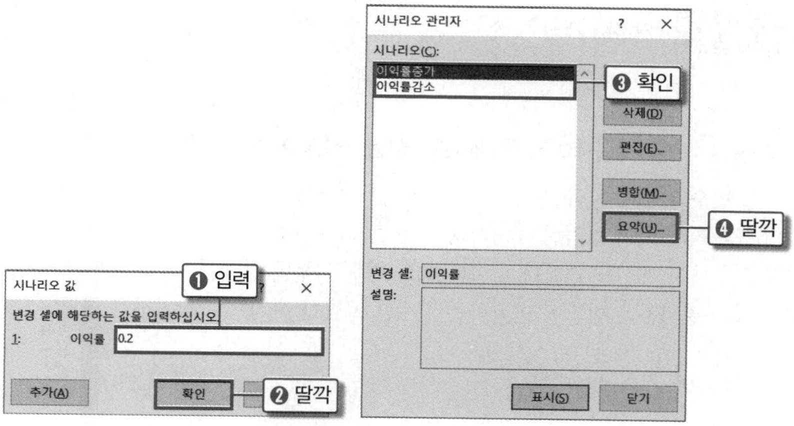

❼ [시나리오 요약] 대화상자가 나타나면 '보고서 종류'에서 '시나리오 요약'을 선택하고 '결과 셀'에 '=$G$11'을 입력한 후 [확인] 단추를 클릭한다.

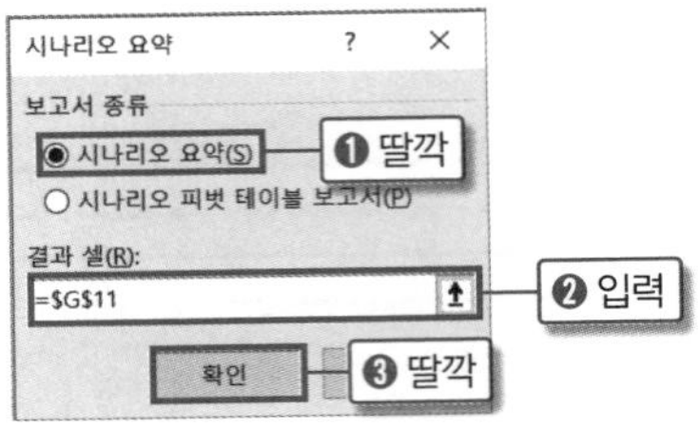

❽ 새로운 [시나리오 요약] 시트에 생성된 시나리오 요약 보고서를 확인한다.

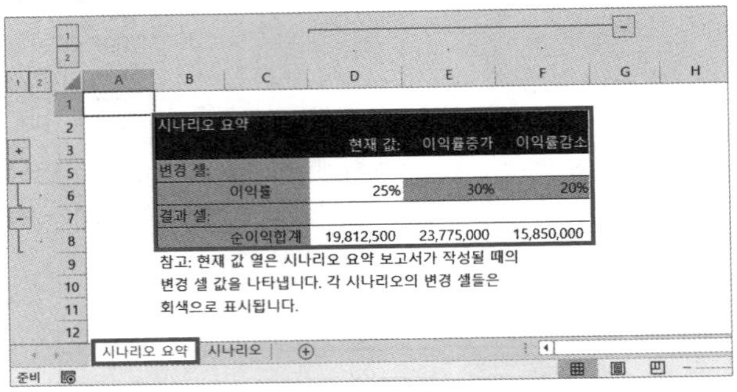

■ **시나리오 요약 보고서 삭제**

삭제할 '시나리오 요약' 시트 탭에서 마우스 오른쪽 단추를 클릭한 후 바로 가기 메뉴에서 [삭제]를 선택한다.

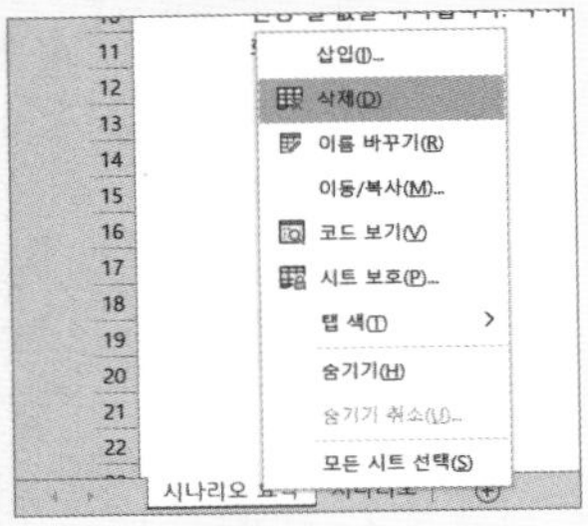

Warming UP 기출로 개념 확인

01 2017.09

다음 중 가상 분석 도구인 [데이터 표]에 대한 설명으로 옳지 않은 것은?

① 테스트할 변수의 수에 따라 변수가 한 개이거나 두 개인 데이터 표를 만들 수 있다.
② 데이터 표를 이용하여 입력된 데이터는 부분적으로 수정 또는 삭제할 수 있다.
③ 워크시트가 다시 계산될 때마다 데이터 표도 변경 여부에 관계없이 다시 계산된다.
④ 데이터 표의 결과값은 반드시 변화하는 변수를 포함한 수식으로 작성해야 한다.

바로 보는 해설

01
부분적으로 수정 또는 삭제할 수 없다.

| 정답 | 01 ②

02 또 나올 문제

2020.07, 2015.06

다음 중 아래의 그림과 같이 목표값 찾기를 설정했을 때 이에 대한 의미로 옳은 것은?

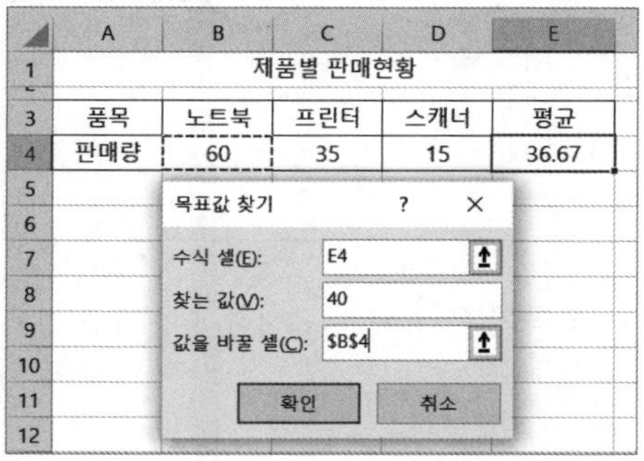

① 평균이 40이 되려면 노트북 판매량이 얼마가 되어야 하는가?
② 노트북 판매량이 40이 되려면 평균이 얼마가 되어야 하는가?
③ 노트북 판매량을 40으로 변경하였을 때 평균은 얼마가 되어야 하는가?
④ 평균이 40이 되려면 노트북을 제외한 나머지 제품의 판매량이 얼마가 되어야 하는가?

02

- 목표값 찾기는 수식에서 원하는 결과를 알고 있지만, 그 결과를 얻는 데 필요한 입력값을 구하는 경우에 사용하는 기능이다.
- 수식 셀: 특정 값이 나오기를 원하는 수식이 들어있는 셀로, [E4] 셀(평균 판매량: 36.67)로 설정되어 있다.
- 찾는 값: 원하는 특정 값을 숫자로 직접 입력하는 셀로, 40이 설정되어 있다.
- 값을 바꿀 셀: 목표값을 얻기 위해 변동되어야 할 셀로, [B4] 셀(노트북 판매량: 60)이 설정되어 있다.
- 정리하면 현재 평균 판매량이 36.67에서 40으로 되기 위해서는 노트북이 몇 대 팔려야 하는지(값을 바꿀 셀이 노트북 판매량으로 설정되어 있으므로)를 찾는 설정이다.

03 또 나올 문제

2018.09, 2014.03

다음 중 시나리오에 대한 설명으로 옳지 않은 것은?

① 하나의 시나리오에 변경 셀을 최대 32개까지 지정할 수 있다.
② 요약 보고서나 피벗 테이블 보고서로 시나리오 결과를 작성할 수 있다.
③ 시나리오 병합을 통하여 다른 통합 문서나 다른 워크시트에 저장된 시나리오를 가져올 수 있다.
④ 입력된 자료들을 그룹별로 분류하고, 해당 그룹별로 원하는 함수를 이용한 계산 결과를 볼 수 있다.

03

부분합에 대한 설명이다.

| 정답 | 02 ① 03 ④

개념끝

063 개요와 부분합

기출빈도 A ····· B ····· C ····· D

01 개요 설정

결정적 힌트

엑셀 2021 버전에서는 윤곽선 대신 개요라는 용어를 사용하며, 윤곽선과 개요가 혼용될 수도 있습니다. 개요 설정은 시험에 자주 출제되는 부분은 아니지만, 부분합을 설정했을 때 개요가 자동으로 생성되므로 개념을 잘 이해하실 필요가 있습니다.

- 행 또는 열을 그룹 단위로 묶어서 요약 행이나 요약 열을 빠르게 표시하거나 세부 정보를 표시하는 기능이다.

| 실행 방법

방법1	[데이터] 탭–[개요] 그룹–[그룹] 선택
방법2	[데이터] 탭–[개요] 그룹–[그룹]–[자동 개요] 선택

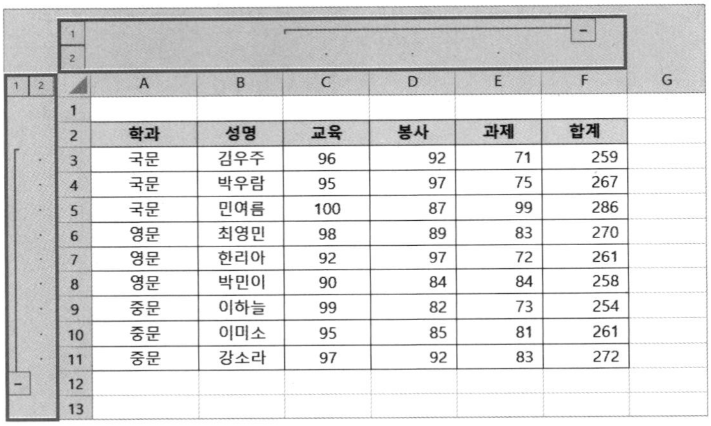

학과	성명	교육	봉사	과제	합계
국문	김우주	96	92	71	259
국문	박우람	95	97	75	267
국문	민여름	100	87	99	286
영문	최영민	98	89	83	270
영문	한리아	92	97	72	261
영문	박민이	90	84	84	258
중문	이하늘	99	82	73	254
중문	이미소	95	85	81	261
중문	강소라	97	92	83	272

- 데이터에 최대 8개 수준까지 하위 수준을 표시할 수 있다.
- 윤곽 기호가 나타나지 않으면 [파일] 탭–[옵션]을 선택하고 [Excel 옵션] 창의 '고급' 범주에서 '윤곽을 설정한 경우 윤곽 기호 표시'에 체크하면 표시된다.
- 개요에 스타일을 적용하려면 [데이터] 탭–[개요] 그룹–[윤곽선] 아이콘(⧅)을 클릭하고 [설정] 대화상자에서 [자동 스타일]에 체크한다.

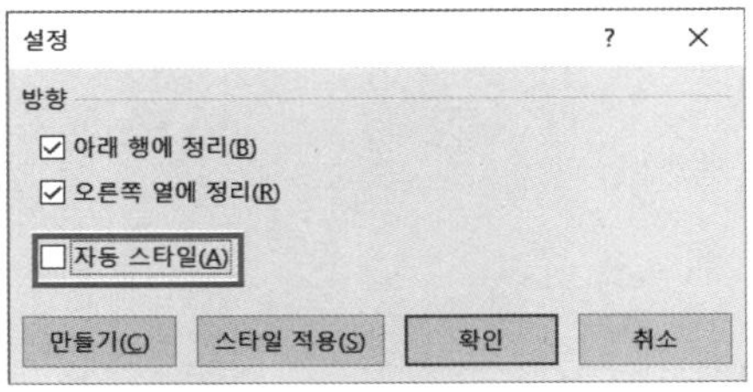

- 개요를 해제하려면 [데이터] 탭–[개요] 그룹–[그룹 해제]–[개요 지우기]를 선택한다. 이 경우 요약 정보가 표시된 원본 데이터는 삭제되지 않는다.

02 부분합

• 데이터를 일정한 기준으로 그룹화하여 합계, 평균 등 다양하게 계산하는 기능이다.

| 실행 방법

방법	[데이터] 탭–[개요] 그룹–[부분합] 선택

• 부분합을 실행하기 전 반드시 그룹화할 항목을 기준으로 정렬해야 한다.
• 부분합을 실행하면 목록에 자동으로 개요가 설정된다.
• 한 번에 한 개의 함수를 계산하므로 함수를 추가하려면 부분합을 중첩해서 실행해야 한다.
• [부분합] 대화상자에서 '부분합 계산 항목'으로 선택된 항목에는 SUBTOTAL 함수가 자동으로 입력되어 계산된다.
• 부분합을 제거하면 부분합과 함께 표에 삽입된 개요 및 페이지 나누기도 모두 제거된다.

| [부분합] 대화상자

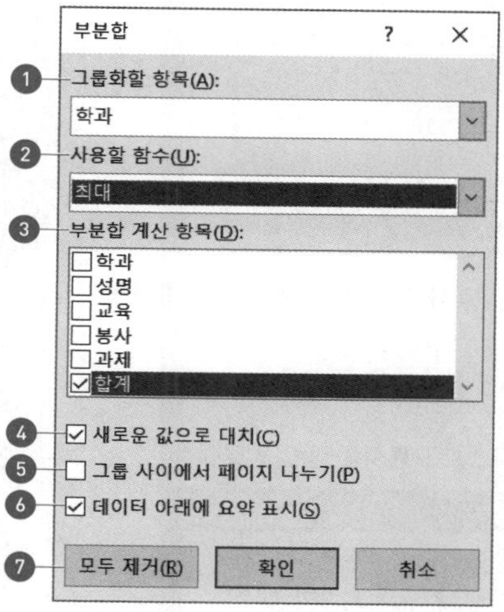

❶ 그룹화할 항목	부분합을 계산할 기준 필드로, 미리 정렬되어 있어야 함
❷ 사용할 함수	합계, 평균, 개수, 최대, 최소, 곱, 숫자 개수, 표본 표준 편차, 표준 편차, 표본 분산, 분산 함수
❸ 부분합 계산 항목	부분합을 계산하여 표시할 항목 선택
❹ 새로운 값으로 대치	이전 부분합의 결과값을 지우고 새로운 부분합을 구함
❺ 그룹 사이에서 페이지 나누기	페이지 구분선 삽입
❻ 데이터 아래에 요약 표시	부분합의 내용을 세부 데이터의 아래에 표시
❼ 모두 제거	부분합 삭제

결정적 힌트

부분합은 시험에 자주 출제되는 부분입니다. 부분합의 개념과 부분합을 실행하기 전 반드시 정렬을 해야 한다는 점, 부분합을 추가하는 방법 등을 반드시 기억해야 합니다.

▼ SUBTOTAL 함수

합계, 평균, 개수 등 부분합에서 사용하는 11개 함수를 쉽게 계산하는 함수이다.

=SUBTOTAL(함수 번호, 범위)

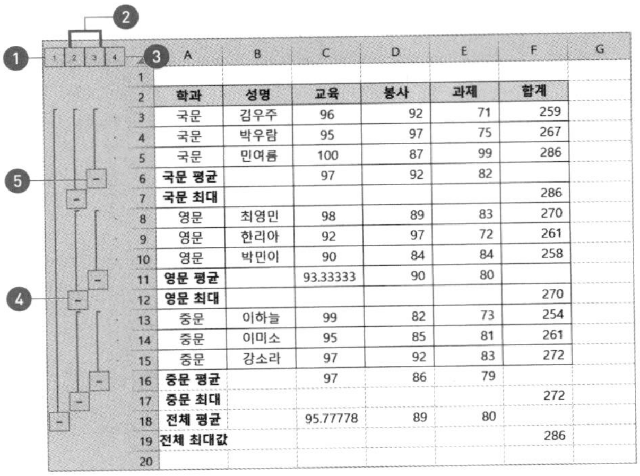

	A	B	C	D	E	F
1						
2	학과	성명	교육	봉사	과제	합계
3	국문	김우주	96	92	71	259
4	국문	박우람	95	97	75	267
5	국문	민여름	100	87	99	286
6	국문 평균		97	92	82	
7	국문 최대					286
8	영문	최영민	98	89	83	270
9	영문	한리아	92	97	72	261
10	영문	박민이	90	84	84	258
11	영문 평균		93.33333	90	80	
12	영문 최대					270
13	중문	이하늘	99	82	73	254
14	중문	이미소	95	85	81	261
15	중문	강소라	97	92	83	272
16	중문 평균		97	86	79	
17	중문 최대					272
18	전체 평균		95.77778	89	80	
19	전체 최대값					286
20						

❶ [1]	전체 계산 항목 표시	❹ [-]	하위 수준 숨기기
❷ [2], [3]	그룹별 계산 항목 표시	❺ [+]	하위 수준 표시
❸ [4]	전체 데이터 표시		

실습으로 개념끝 ⑫ 에듀윌_컴퓨터활용능력2급필기기본서_실습으로개념끝\2과목\Chapter4_12.부분합.xlsx

부분합을 이용하여 학과별 '합계'의 '최대'와 '교육', '봉사', '과제'의 '평균'을 계산하시오.

따라하기

❶ [A2] 셀을 선택하고 [데이터] 탭-[정렬 및 필터] 그룹-[텍스트 오름차순 정렬]을 클릭한다.

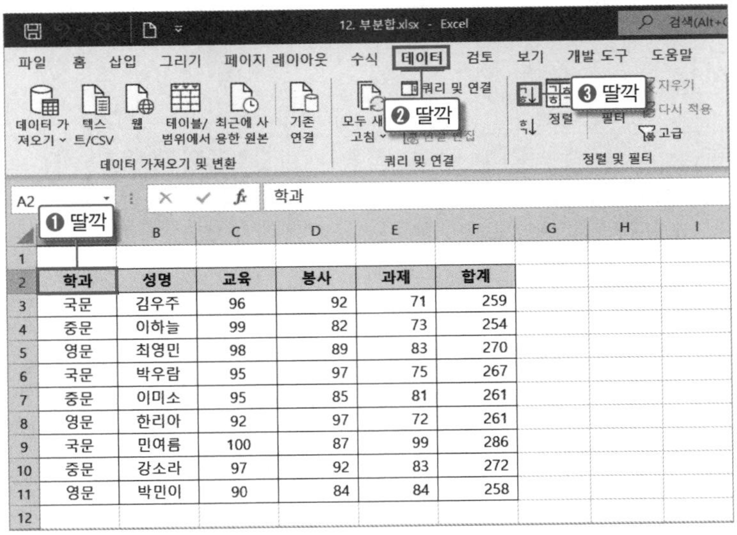

	A	B	C	D	E	F
1						
2	학과	성명	교육	봉사	과제	합계
3	국문	김우주	96	92	71	259
4	중문	이하늘	99	82	73	254
5	영문	최영민	98	89	83	270
6	국문	박우람	95	97	75	267
7	중문	이미소	95	85	81	261
8	영문	한리아	92	97	72	261
9	국문	민여름	100	87	99	286
10	중문	강소라	97	92	83	272
11	영문	박민이	90	84	84	258
12						

❷ [A2] 셀을 선택한 상태에서 [데이터] 탭-[개요] 그룹-[부분합]을 클릭한다. [부분합] 대화상자가 나타나면 '사용할 함수'에서 '최대'를 선택하고 '부분합 계산 항목'에서 '합계'에 체크한 후 [확인] 단추를 클릭한다.

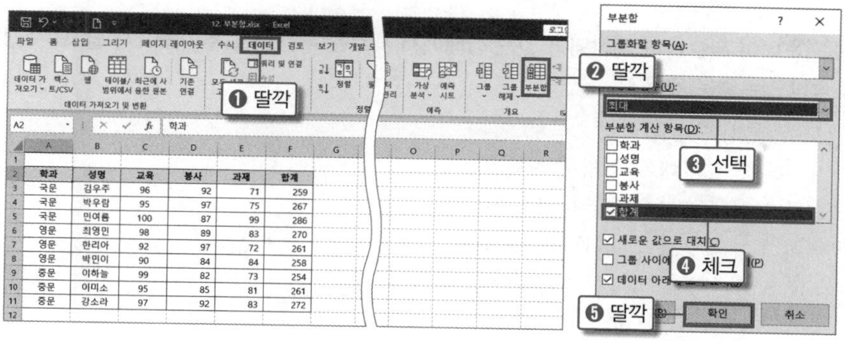

❸ 학과별로 합계의 최대를 구했으면 [데이터] 탭-[개요] 그룹-[부분합]을 클릭하고 [부분합] 대화상자가 나타나면 '사용할 함수'에서 '평균'을 선택한다. '부분합 계산 항목'에서 '교육', '봉사', '과제'에 체크하고 '합계'와 아래의 '새로운 값으로 대치'의 체크를 해제한 후 [확인] 단추를 클릭한다.

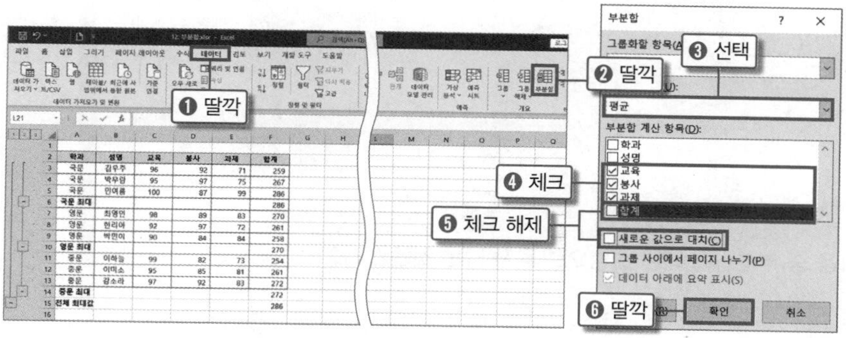

❹ 결과를 확인한다.

	A	B	C	D	E	F	G
1							
2	학과	성명	교육	봉사	과제	합계	
3	국문	김우주	96	92	71	259	
4	국문	박우람	95	97	75	267	
5	국문	민여름	100	87	99	286	
6	국문 평균		97	92	82		
7	국문 최대					286	
8	영문	최영민	98	89	83	270	
9	영문	한리아	92	97	72	261	
10	영문	박민이	90	84	84	258	
11	영문 평균		93.33333	90	80		
12	영문 최대					270	
13	중문	이하늘	99	82	73	254	
14	중문	이미소	95	85	81	261	
15	중문	강소라	97	92	83	272	
16	중문 평균		97	86	79		
17	중문 최대					272	
18	전체 평균		95.77778	89	80		
19	전체 최대값					286	
20							

▼ **새로운 값으로 대치**

부분합을 중첩해서 적용할 경우 '새로운 값으로 대치'를 체크 해제하지 않으면 첫 번째 '최대' 부분합이 지워지고 두 번째 '평균' 부분합만 계산되므로 주의해야 한다.

부분합을 중첩해서 적용할 경우 처음 계산한 부분합의 결과가 아래에 표시되고 마지막에 계산한 부분합의 결과가 위에 표시된다.

Warming UP 기출로 개념 확인

01 또 나올 문제 2019.03

다음 중 이미 부분합이 계산되어 있는 상태에서 새로운 부분합을 추가하고자 할 때 수행해야 할 작업으로 옳은 것은?

① [모두 제거] 단추를 클릭
② '새로운 값으로 대치' 설정을 해제
③ '그룹 사이에 페이지 나누기'를 설정
④ '데이터 아래에 요약 표시' 설정을 해제

02 2020.07

다음 중 부분합에 대한 설명으로 옳지 않은 것은?

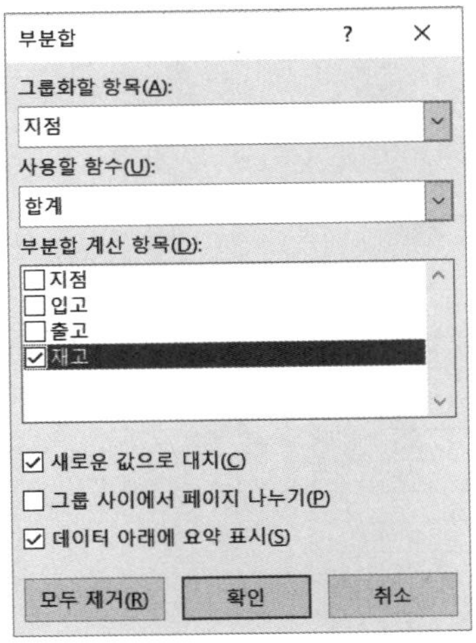

① 부분합을 실행하면 각 부분합에 대한 정보 행을 표시하고 숨길 수 있도록 목록에 개요가 자동으로 설정된다.
② 부분합은 한 번에 한 개의 함수만 계산할 수 있으므로 두 개 이상의 함수를 이용하려면 함수의 개수만큼 부분합을 중첩해서 삽입해야 한다.
③ '새로운 값으로 대치'를 선택하면 이전의 부분합의 결과는 제거되고 새로운 부분합의 결과로 변경한다.
④ 그룹화할 항목으로 선택된 필드는 자동으로 오름차순 정렬하여 부분합이 계산된다.

바로 보는 해설

01
이미 부분합이 계산되어 있는 상태에서 새로운 부분합을 추가하고자 할 때 [부분합] 대화상자에서 '새로운 값으로 대치'의 체크를 반드시 해제해야 한다.

| 오답 피하기 |
① 부분합이 삭제된다.
③ 페이지 구분선이 삽입된다.
④ 부분합의 내용이 세부 데이터의 아래에 표시된다.

02
자동으로 정렬되지 않는다. 부분합을 하기 전에 반드시 먼저 그룹화할 항목을 기준으로 정렬해야 올바른 부분합을 구할 수 있다.

| 정답 | 01 ② 02 ④

개념끝

064 피벗 테이블과 피벗 차트

기출빈도 **A** B C D

01 피벗 테이블

• 광범위한 데이터를 다양한 형태로 요약하여 보여주는 대화형 테이블을 만드는 기능이다.

| 실행 방법

방법	[삽입] 탭–[표] 그룹–[피벗 테이블] 선택

• 엑셀의 목록, 외부 데이터, 다중 통합 범위, 다른 피벗 테이블을 기준으로 작성한다.
• 피벗 테이블 보고서는 새 워크시트나 기존 워크시트에서 시작 위치를 선택할 수 있다.
• 새 워크시트에 피벗 테이블을 생성하면 보고서 필터의 위치는 [A1] 셀이고 행 레이블은 [A3] 셀에서 시작한다.
• 작성된 피벗 테이블의 필드 위치는 행 또는 열로 이동하거나 삭제할 수 있다.
• 피벗 테이블에서 '값' 영역의 특정 항목을 마우스로 더블클릭하면 해당 데이터에 대한 세부적인 데이터가 새로운 시트에 표시된다.
• 원본의 자료가 변경되면 자동으로 반영되지 않으므로 [데이터] 탭–[쿼리 및 연결] 그룹–[모두 새로 고침] 또는 [피벗 테이블 분석] 탭–[데이터] 그룹–[새로 고침]–[모두 새로 고침]을 선택하여 일괄적으로 새로 고침해야 한다.
• 하위 데이터 집합에도 필터와 정렬, 조건부 서식을 적용하여 원하는 정보만 강조할 수 있다.
• 행 레이블이나 열 레이블에서의 데이터 정렬은 수동, 오름차순, 내림차순 중에서 선택할 수 있다.

(1) 피벗 테이블의 구성

피벗 테이블은 필터 필드, 행 필드, 열 필드, 값 필드, 값 영역 등으로 구성된다.

예 필터: 성명, 행: 부서, 열: 직위, 값: 근무년수의 최대값

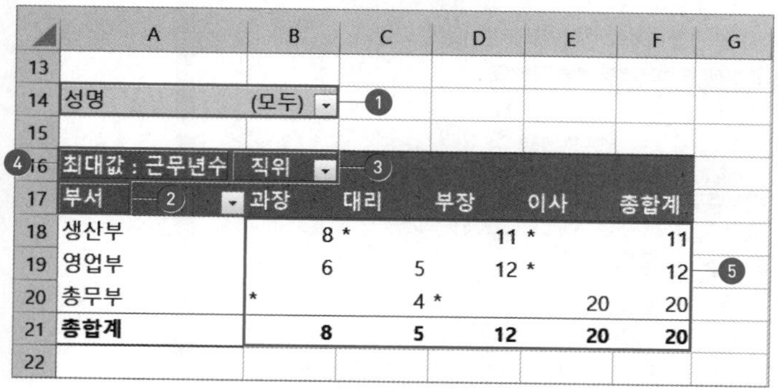

	A	B	C	D	E	F	G
13							
14	성명	(모두) ▾ ①					
15							
④ 16	최대값 : 근무년수	직위 ▾ ③					
17	부서 ② ▾	과장	대리	부장	이사	총합계	
18	생산부	8 *		11 *		11	
19	영업부	6	5	12 *		12	⑤
20	총무부	*	4 *		20	20	
21	**총합계**	**8**	**5**	**12**	**20**	**20**	
22							

결정적 힌트

피벗 테이블은 필기시험에 자주 출제되며 실기시험에도 반드시 출제되는 중요한 부분입니다. 피벗 테이블의 특징, 구성, 옵션, 그룹화 등 모든 내용이 중요하며, 피벗 테이블과 피벗 차트와의 관계도 잘 이해할 필요가 있습니다.

❶ 필터 필드	필터 필드 단추를 눌러 표시할 필드를 선택할 수 있음
❷ 행 필드	행 방향으로 표시되는 필드
❸ 열 필드	열 방향으로 표시되는 필드
❹ 값 필드	분석할 대상이 되는 필드
❺ 값 영역	• 값 필드에 대해 분석한 결과가 나타나는 영역 • 숫자 형식의 필드를 선택하면 합계, 개수, 평균, 최대값, 최소값, 곱, 숫자 개수, 표본 표준 편차, 표준 편차, 표본 분산, 분산 등을 표시할 수 있으며, 문자 형식의 필드를 선택하면 개수를 표시함

(2) 값 필드 설정

요약에 사용할 함수, 값 표시 형식 등을 지정할 수 있다.

| 실행 방법

방법	값 필드 단추의 바로 가기 메뉴에서 [값 필드 설정] 클릭

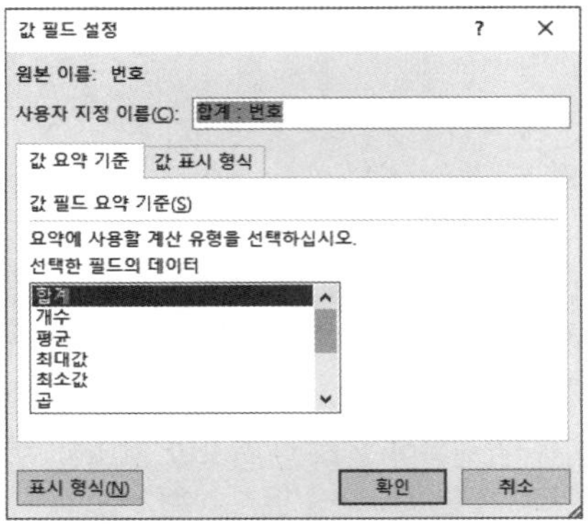

실습으로 개념끝 ⓭ 에듀윌_컴퓨터활용능력2급필기기본서_실습으로개념끝\2과목\Chapter4_13.피벗테이블.xlsx

피벗 테이블 기능을 이용하여 기존 워크시트의 [H3] 셀에 급여 피벗 테이블을 작성하시오.

따라하기

❶ [A1] 셀을 선택하고 [삽입] 탭–[표] 그룹–[피벗 테이블]을 클릭한다.

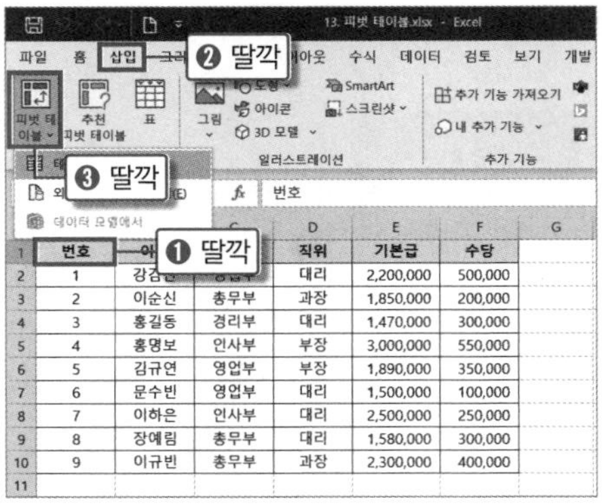

❷ [표 또는 범위의 피벗 테이블] 대화상자가 나타나면 '테이블 또는 범위 선택'의 '표/범위'가 데이터가 입력된 모든 셀인 '$A$1:$F$10'인지 확인한다. 피벗 테이블 보고서를 넣을 위치를 '기존 워크시트'로 선택하고 '위치'에 'H3'을 지정한 후 [확인] 단추를 클릭한다.

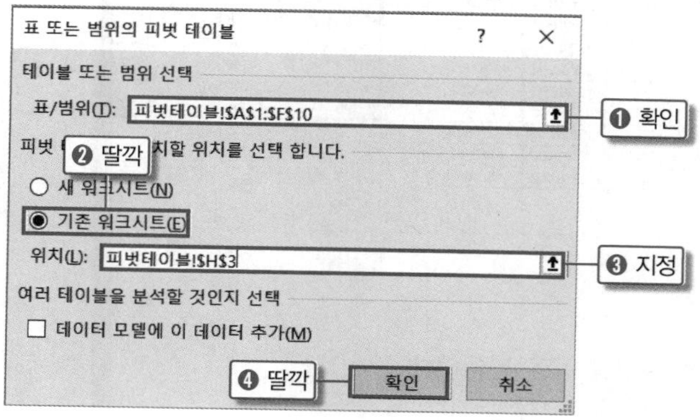

❸ 피벗 테이블이 나타나면 [피벗 테이블 필드] 창에서 '부서'는 '필터' 영역으로, '기본급'과 '수당'은 '값' 영역으로, '직위'는 '행' 레이블로 드래그한다. '값' 영역에서 '합계 : 수당'을 클릭한 후 [값 필드 설정]을 선택한다.

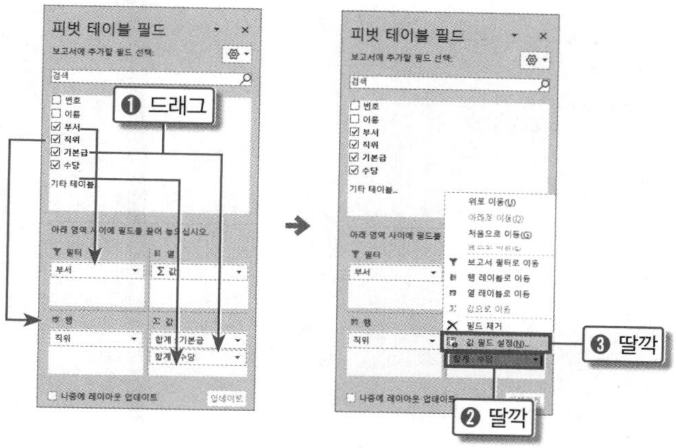

❹ [값 필드 설정] 대화상자가 나타나면 [값 요약 기준] 탭의 '선택한 필드의 데이터'에서 '평균'을 선택하고 [확인] 단추를 클릭한다.

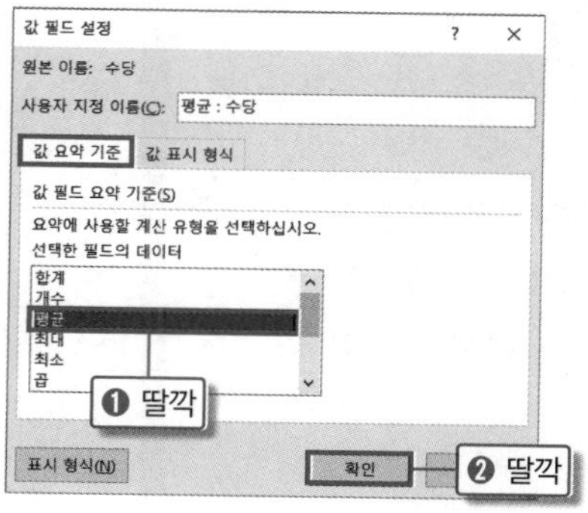

'기존 워크시트'를 선택하지 않고 '새 워크시트'가 선택되어 있으면 새로운 워크시트에 피벗 테이블이 생성된다.

❺ 결과를 확인한다.

번호	이름	부서	직위	기본급	수당
1	강감찬	영업부	대리	2,200,000	500,000
2	이순신	총무부	과장	1,850,000	200,000
3	홍길동	경리부	대리	1,470,000	300,000
4	홍명보	인사부	부장	3,000,000	550,000
5	김규연	영업부	부장	1,890,000	350,000
6	문수빈	영업부	대리	1,500,000	100,000
7	이하은	인사부	대리	2,500,000	250,000
8	장예림	총무부	대리	1,580,000	300,000
9	이규빈	총무부	과장	2,300,000	400,000

부서	(모두)	
행 레이블	합계 : 기본급	평균 : 수당
부장	4890000	450000
과장	4150000	300000
대리	9250000	290000
총합계	18290000	327777.7778

(3) 피벗 테이블 옵션

피벗 테이블에 대한 다양한 옵션을 지정할 수 있다.

| 실행 방법

방법	피벗 테이블의 바로 가기 메뉴에서 [피벗 테이블 옵션] 클릭

| [레이아웃 및 서식] 탭

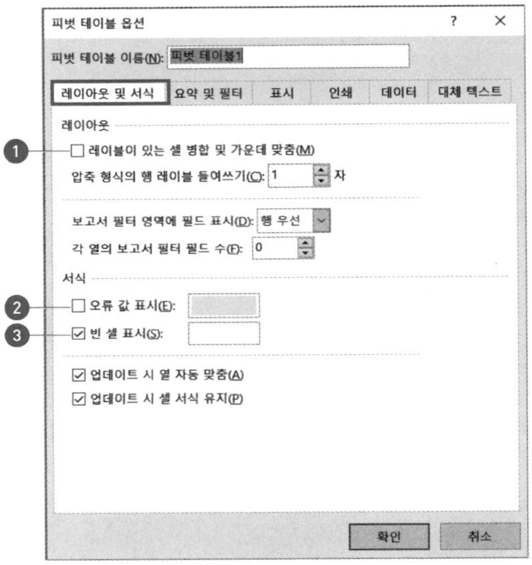

❶ 레이블이 있는 셀 병합 및 가운데 맞춤	행 레이블이나 열 레이블을 병합하고 가운데 맞춤
❷ 오류 값 표시	오류 메시지 대신 표시할 텍스트 지정
❸ 빈 셀 표시	빈 셀 대신 표시할 텍스트 지정

| [요약 및 필터] 탭

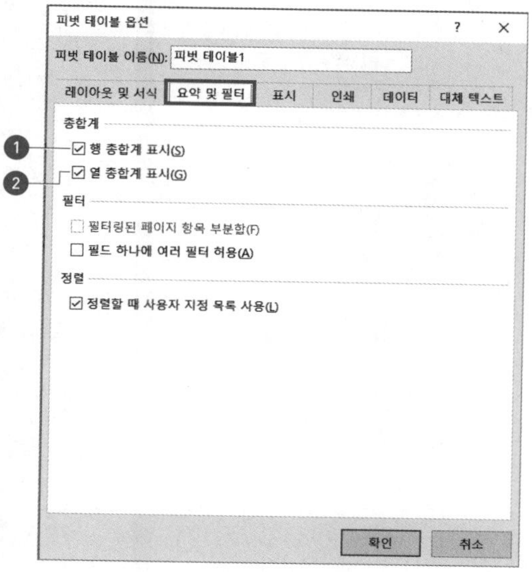

[디자인] 탭–[레이아웃] 그룹–[총합계]를 선택하여 행 총합계나 열 총합계의 표시 여부를 선택할 수도 있다.

❶ 행 총합계 표시	행 총합계의 표시 여부 지정
❷ 열 총합계 표시	열 총합계의 표시 여부 지정

(4) 계산 필드 추가

• 피벗 테이블에 새로운 수식을 추가하여 표시할 수 있다.

| 실행 방법

방법	[피벗 테이블 분석] 탭–[계산] 그룹–[필드, 항목 및 집합]–[계산 필드] 선택

• [계산 필드 삽입] 대화상자에서 필드 이름과 수식을 지정한다.
• 수식에는 셀 참조와 정의된 이름을 사용할 수 없다.

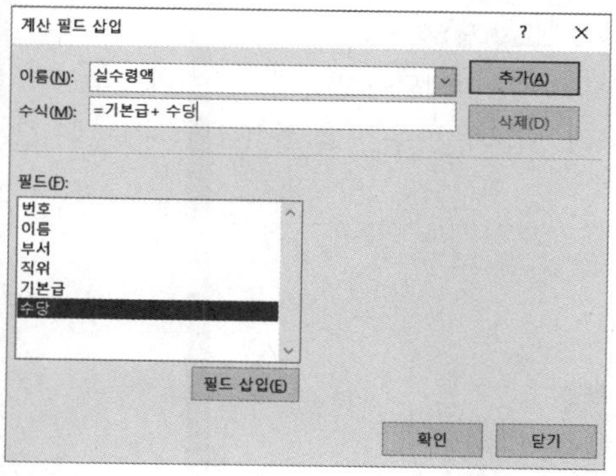

(5) 그룹화 추가

• 특정 필드를 그룹화하여 일정한 단위로 표시하는 기능이다.
• 문자, 숫자, 날짜 및 시간에 대해 그룹화를 지정할 수 있다.
• 그룹으로 지정할 셀을 범위로 지정한 후 바로 가기 메뉴에서 [그룹]을 선택하고 그룹명을 변경할 수 있다.

- 그룹을 지정할 필드의 바로 가기 메뉴에서 [그룹]을 선택하고 [그룹화] 대화상자에서 시작, 끝, 단위를 지정한다.

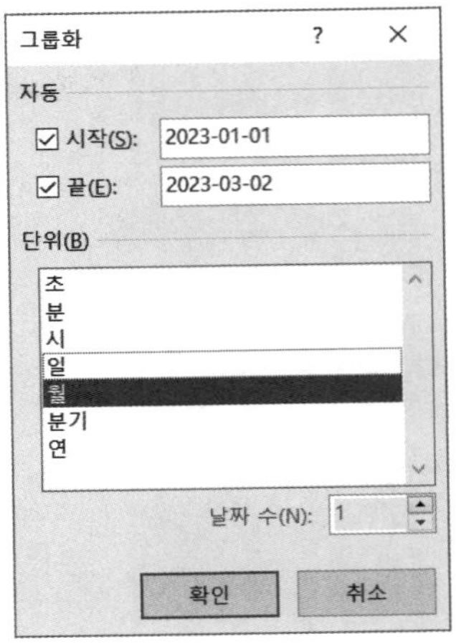

02 피벗 차트

- 피벗 테이블의 데이터를 이용하여 작성한 차트로, 피벗 테이블에서 변화가 생기면 피벗 차트도 함께 변경된다.

| 실행 방법

방법	[피벗 테이블 분석] 탭–[도구] 그룹–[피벗 차트] 선택

- 피벗 차트는 피벗 테이블 보고서를 만들 때 함께 만들거나 피벗 테이블 보고서가 있는 경우 피벗 차트를 작성할 수 있다.
- 피벗 차트는 분산형, 주식형, 거품형 차트로 변경할 수 없다.
- 피벗 차트에서 필터를 적용하면 자동으로 피벗 테이블 보고서에 적용된다.
- 피벗 테이블을 삭제하면 피벗 차트는 일반 차트로 변경된다.
- 피벗 차트를 삭제해도 관련된 피벗 테이블 보고서는 삭제되지 않는다.
- [피벗 테이블 분석] 탭–[동작] 그룹–[지우기]–[모두 지우기]를 선택하면 피벗 테이블 보고서와 피벗 차트가 모두 제거된다.

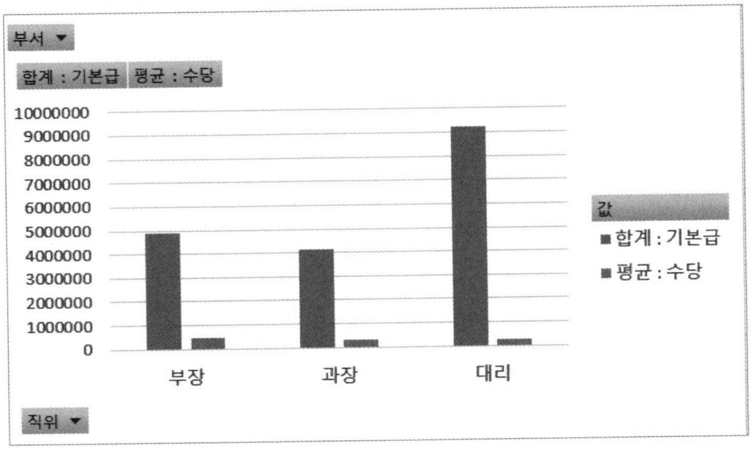

Warming UP 기출로 개념 확인

01

2019.08

다음 중 아래와 같은 피벗 테이블을 작성하기 위한 작업으로 옳지 <u>않은</u> 것은?

	L	M	N	O	P
2					
3		직업	(모두)		
4					
5			열 레이블		
6		행 레이블	생명	연금	종신
7		⊞1월			
8		합계 : 월납입액		32,000	115,000
9		합계 : 만기보장금액		1,153,600	3,671,950
10		⊞2월			
11		합계 : 월납입액	150,000		101,000
12		합계 : 만기보장금액	3,708,000		1,792,200
13		⊞3월			
14		합계 : 월납입액	32,000	100,000	
15		합계 : 만기보장금액	758,080	1,236,000	
16		전체 합계 : 월납입액	182,000	132,000	216,000
17		전체 합계 : 만기보장금액	4,466,080	2,389,600	5,464,150

① 피벗 테이블 보고서를 넣을 위치로 기존 워크시트의 [M3] 셀을 선택하였다.
② '직업' 필드를 보고서 필터 영역에 설정하였다.
③ 전체 합계는 열의 전체 합계만 표시되도록 설정하였다.
④ 행 레이블의 필드에 그룹화를 설정하였다.

02 (또 나올 문제)

2018.09, 2015.03

다음 중 피벗 테이블에 대한 설명으로 옳지 <u>않은</u> 것은?

① 원본의 자료가 변경되면 [모두 새로 고침] 기능을 이용하여 일괄 피벗 테이블에 반영할 수 있다.
② 작성된 피벗 테이블을 삭제하는 경우 함께 작성한 피벗 차트는 자동으로 삭제된다.
③ 피벗 테이블을 삭제하려면 피벗 테이블 전체를 범위로 지정한 후 [Delete]를 누른다.
④ 피벗 테이블의 삽입 위치는 새 워크시트뿐만 아니라 기존 워크시트에서 시작 위치를 선택할 수도 있다.

03 (또 나올 문제)

2018.03

다음 중 피벗 테이블에 대한 설명으로 옳지 <u>않은</u> 것은?

① 값 영역의 특정 항목을 마우스로 더블클릭하면 해당 데이터에 대한 세부적인 데이터가 새로운 시트에 표시된다.
② 데이터 그룹 수준을 확장하거나 축소해서 요약 정보만 표시할 수도 있고 요약된 내용의 세부 데이터를 표시할 수도 있다.
③ 행을 열로 또는 열을 행으로 이동하여 원본 데이터를 다양한 방식으로 요약하여 표시할 수 있다.
④ 피벗 테이블과 피벗 차트를 함께 만든 후에 피벗 테이블을 삭제하면 피벗 차트도 자동으로 삭제된다.

바로 보는 해설

01
[M3] 셀은 보고서 필터이고, 피벗 테이블 보고서 위치는 [M5] 셀이다.

02
작성된 피벗 테이블을 삭제하면 함께 작성한 피벗 차트는 일반 차트로 변경된다.

03
피벗 테이블을 삭제하더라도 피벗 테이블과 연결된 피벗 차트는 삭제되지 않고, 일반 차트로 변경된다.

| 정답 | 01 ① 02 ② 03 ④

기출선지 OX 퀴즈

01 '외부 데이터 가져오기' 기능으로 한글 파일은 가져올 수 없다. (O / X)

02 '외부 데이터 가져오기' 기능을 이용하여 텍스트 파일을 불러오는 경우 원본 텍스트 파일이 수정되면 즉시 수정된 내용이 자동으로 반영된다. (O / X)

03 데이터 정렬 시 정렬 대상 범위에 병합된 셀이 포함되어 있어도 정렬할 수 있다. (O / X)

04 데이터 정렬 시 최대 64개의 열을 기준으로 정렬할 수 있다. (O / X)

05 데이터 정렬은 색상별 정렬이 가능하여 글꼴 색 또는 셀 색을 기준으로 정렬할 수도 있다. (O / X)

06 사용자 지정 목록을 사용하여 사용자가 정의한 순서대로 정렬할 수 있다. (O / X)

07 필터는 필요한 데이터 추출을 위해 조건을 만족하지 않는 데이터를 잠시 숨기는 것이므로 목록 자체의 내용은 변경되지 않는다. (O / X)

08 자동 필터를 사용하여 추출한 데이터는 레코드(행) 단위로 표시된다. (O / X)

09 자동 필터는 워크시트의 다른 영역으로 결과 테이블을 자동 생성할 수 있다. (O / X)

10 '텍스트 나누기' 기능으로 일정한 열 너비 또는 구분 기호로 구분하여 데이터를 나눌 수 있다. (O / X)

11 데이터 통합은 위치를 기준으로 통합할 수도 있고, 영역의 이름을 정의하여 통합할 수도 있다. (O / X)

12 데이터 통합의 '원본 데이터에 연결' 기능은 통합할 데이터가 있는 워크시트와 통합 결과가 작성될 워크시트가 같은 통합 문서에 있는 경우에만 적용할 수 있다. (O / X)

13 워크시트가 다시 계산될 때마다 데이터 표도 변경 여부에 관계없이 다시 계산된다. (O / X)

14 데이터 표의 결과값은 반드시 변화하는 변수를 포함한 수식으로 작성해야 한다. (O / X)

15 시나리오는 입력된 자료들을 그룹별로 분류하고, 해당 그룹별로 원하는 함수를 이용한 계산 결과를 볼 수 있다. (O / X)

16 하나의 시나리오에 변경 셀을 최대 32개까지 지정할 수 있다. (O / X)

17 요약 보고서나 피벗 테이블 보고서로 시나리오 결과를 작성할 수 있다. (O / X)

18 시나리오 병합을 통하여 다른 통합 문서나 다른 워크시트에 저장된 시나리오를 가져올 수 있다. (O / X)

19 부분합은 한 번에 한 개의 함수만 계산할 수 있으므로 두 개 이상의 함수를 이용하려면 함수의 개수만큼 부분합을 중첩해서 삽입해야 한다. (O / X)

20 그룹화할 항목으로 선택된 필드는 자동으로 오름차순 정렬하여 부분합이 계산된다. (O / X)

21 작성된 피벗 테이블을 삭제하는 경우 함께 작성한 피벗 차트는 자동으로 삭제된다. (O / X)

22 피벗 테이블을 삭제하려면 피벗 테이블 전체를 범위로 지정한 후 Delete를 누른다. (O / X)

23 엑셀에서 기본 오름차순 정렬 시 숫자는 가장 작은 음수에서 가장 큰 양수의 순서로 정렬된다. (O / X)

24 필터를 사용하려면 기준이 되는 필드를 반드시 오름차순이나 내림차순으로 정렬해야 한다. (O / X)

25 새 워크시트에 피벗 테이블을 생성하면 보고서 필터의 위치는 [A1] 셀이고 행 레이블은 [A3] 셀에서 시작한다. (O / X)

26 피벗 차트를 삭제해도 관련된 피벗 테이블 보고서는 삭제되지 않는다. (O / X)

27 다양한 상황과 변수에 따른 여러 가지 결과값의 변화를 가상의 상황을 통해 예측하여 분석할 수 있는 도구는 목표값 찾기이다. (O / X)

28 [부분합]을 실행하면 각 정보 행 그룹의 바로 아래나 위에 요약 행이 삽입되고, 개요가 자동으로 만들어진다. (O / X)

29 피벗 테이블은 많은 양의 데이터를 손쉽게 요약하기 위해 사용되는 기능이다. (O / X)

30 피벗 테이블 결과가 표시되는 장소는 동일한 시트 내에만 지정된다. (O / X)

| 정답 |

01	O	02	X	03	X	04	O	05	O	06	O	07	O	08	O	09	X	10	O
11	O	12	X	13	O	14	O	15	X	16	O	17	O	18	O	19	O	20	X
21	X	22	O	23	O	24	X	25	O	26	O	27	X	28	O	29	O	30	X

Build UP 기출로 개념 강화

개념끝 059 외부 데이터 가져오기

01 2017.09(1급)

다음 중 워크시트에 외부 데이터를 가져오는 방법으로 적절하지 않은 것은?

① Microsoft Query 사용
② 웹 쿼리 사용
③ 데이터 연결 마법사 사용
④ 하이퍼링크 사용

개념끝 060 정렬과 필터

02 2018.03

다음 중 엑셀에서 기본 오름차순 정렬 순서에 대한 설명으로 옳지 않은 것은?

① 날짜는 가장 이전 날짜에서 가장 최근 날짜의 순서로 정렬된다.
② 논리값의 경우 TRUE 다음 FALSE의 순서로 정렬된다.
③ 숫자는 가장 작은 음수에서 가장 큰 양수의 순서로 정렬된다.
④ 빈 셀은 오름차순과 내림차순 정렬에서 항상 마지막에 정렬된다.

03 또 나올 문제 2015.10

다음 중 정렬에 관한 설명으로 옳지 않은 것은?

① 특정 글꼴 색이 적용된 셀을 포함한 행이 위에 표시되도록 정렬할 수 있다.
② 사용자 지정 목록을 사용하여 사용자가 정의한 순서대로 정렬할 수 있다.
③ 최대 64개의 열을 기준으로 정렬할 수 있다.
④ 위쪽에서 아래쪽으로 정렬 시 숨겨진 행도 포함하여 정렬할 수 있다.

04 또 나올 문제 2013.10

다음 중 필터링에 대한 설명으로 옳지 않은 것은?

① 자동 필터를 사용하여 데이터를 필터링하면 셀 범위나 표 열에서 원하는 데이터를 쉽고 빠르게 찾아 작업할 수 있다.
② 데이터에 필터를 적용하면 지정한 조건에 맞는 행만 표시되고 나머지 행은 숨겨진다.
③ 자동 필터에서는 여러 열에 동시에 '또는(OR)' 조건으로 결합시킬 수 없다.
④ 필터를 사용하려면 기준이 되는 필드를 반드시 오름차순이나 내림차순으로 정렬해야 한다.

05 또 나올 문제 2021.상시, 2020.02

다음 중 아래의 고급 필터 조건에 대한 설명으로 옳은 것은?

국사	영어	평균
>=80	>=85	
		>=85

① 국사가 80 이상이거나, 영어가 85 이상이거나, 평균이 85 이상인 경우
② 국사가 80 이상이거나, 영어가 85 이상이면서, 평균이 85 이상인 경우
③ 국사가 80 이상이면서, 영어가 85 이상이거나, 평균이 85 이상인 경우
④ 국사가 80 이상이면서, 영어가 85 이상이면서, 평균이 85 이상인 경우

06

2021.상시, 2017.09

다음 중 아래 그림의 표에서 조건 범위로 [A9:B11] 영역을 선택하여 고급 필터를 실행한 결과의 레코드 수는 얼마인가?

	A	B	C	D
1	성명	이론	실기	합계
2	김진아	47	45	92
3	이은경	38	47	85
4	장영주	46	48	94
5	김시내	40	42	65
6	홍길동	49	48	97
7	박승수	37	43	80
8				
9	합계	합계		
10	<95	>90		
11		<70		

① 0　　② 3
③ 4　　④ 6

07 (또 나올 문제)

2017.03

다음 중 아래 워크시트의 [A1:E9] 영역에서 고급 필터를 실행하여 영어 점수가 영어 평균 점수를 초과하거나 성명의 두 번째 문자가 '영'인 데이터를 추출하고자 할 때, 조건으로 ㉮와 ㉯에 입력할 내용으로 옳은 것은?

	A	B	C	D	E	F	G	H
1	성명	반	국어	영어	수학		영어평균	성명
2	강동식	1	81	89	99		㉮	
3	남궁영	2	88	75	85			㉯
4	강영주	2	90	88	92			
5	이동수	1	86	93	90			
6	박영민	2	75	91	84			
7	윤영미래	1	88	80	73			
8	이순영	1	100	84	96			
9	명지오	2	95	75	88			

① ㉮ =D2〉AVERAGE(D2:D9), ㉯ ="=?영*"
② ㉮ =D2〉AVERAGE(D2:D9), ㉯ ="=*영?"
③ ㉮ =D2〉AVERAGE($D$2:$D$9), ㉯ ="=?영*"
④ ㉮ =D2〉AVERAGE($D$2:$D$9), ㉯ ="=*영?"

바로 보는 해설

01 하이퍼링크를 사용하여 외부 데이터를 가져올 수 없다.

02 FALSE는 0, TRUE는 1이므로 논리값을 오름차순으로 정렬하면 FALSE → TRUE 순이 된다.

03 정렬 시 숨겨진 행은 포함되지 않는다.

04 필터를 사용할 때 필드를 미리 정렬할 필요가 없으며, 필요에 따라 필터링 후 정렬이 가능하다.

05 고급 필터 조건을 같은 행에 입력하면 두 개의 조건이 모두 만족해야 데이터가 추출되는 AND 조건이고, 다른 행에 입력하면 한 개 이상의 조건에 만족할 경우 데이터가 추출되는 OR 조건이다. 문제에서 주어진 조건은 국사와 영어가 같은 행에 있으므로 AND 조건이고, 평균은 다른 행에 있으므로 OR 조건이다.

06 합계가 95 미만이면서 90을 초과한 '김진아'와 '장영주', 70 미만인 '김시내'만 필터링되어 총 '3명'이다.

07
- 영어 점수가 영어 평균 점수를 초과: 평균을 구하는 범위는 항상 동일해야 하므로, AVERAGE 함수의 인수는 절대 참조($)로 지정하여 AVERAGE($D$2:$D$9)
- 성명의 두 번째 문자가 '영': 와일드카드 *는 문자의 여러 자리를, ?는 문자의 한 자리를 대신하는 문자이므로 =?영*

| 정답 | 01 ④ 02 ② 03 ④ 04 ④ 05 ③ 06 ② 07 ③

개념끝 061 데이터 도구

08 또 나올 문제 2017.03

아래의 왼쪽 워크시트에서 성명 데이터를 오른쪽 워크시트와 같이 성과 이름 두 개의 열로 분리하기 위해 [텍스트 나누기] 기능을 사용하고자 한다. 다음 중 [텍스트 나누기]의 분리 방법으로 가장 적절한 것은?

	A
1	김철수
2	박선영
3	최영희
4	한국인

→

	A	B
1	김	철수
2	박	선영
3	최	영희
4	한	국인

① 열 구분선을 기준으로 내용 나누기
② 구분 기호를 기준으로 내용 나누기
③ 공백을 기준으로 내용 나누기
④ 탭을 기준으로 내용 나누기

09 2021.상시, 2016.03

다음 중 데이터 유효성 검사에 관한 설명으로 옳지 않은 것은?

① 유효성 조건에 대한 제한 대상과 제한 방법을 설정할 수 있다.
② 이미 입력된 데이터에 유효성 검사를 설정하는 경우 잘못된 데이터는 삭제된다.
③ 워크시트의 열 단위로 데이터 입력 모드(한글/영문)를 다르게 지정할 수 있다.
④ 유효성 검사에 위배되는 잘못된 데이터가 입력되는 경우 표시할 오류 메시지를 설정할 수 있다.

개념끝 062 가상 분석

10 2016.03, 2015.10

다음 중 아래 그림과 같이 연 이율과 월 적금액이 고정되어 있고, 적금 기간이 1년, 2년, 3년, 4년, 5년인 경우 각 만기 후의 금액을 확인하기 위한 도구로 적합한 것은?

	A	B	C	D	E	F
1						
2		연 이율	3%		적금기간(연)	만기 후 금액
3		적금기간(연)	1			6,083,191
4		월 적금액	500,000		1	
5		만기 후 금액	₩6,083,191		2	
6					3	
7					4	
8					5	
9						

① 고급 필터 ② 데이터 통합
③ 목표값 찾기 ④ 데이터 표

11 2018.09

다음 중 아래 그림과 같이 [목표값 찾기]를 실행했을 때 이에 대한 의미로 옳은 것은?

	A	B	C	D	E	F
1		2017년 판매현황				
2	품목	노트북	프린터	스캐너	평균	
3	판매량	60	65	55	60.00	

목표값 찾기 ? ×
수식 셀(E): $E$3
찾는 값(V): 65
값을 바꿀 셀(C): $B$3
확인 취소

① 평균이 65가 되려면 노트북의 판매량이 얼마가 되어야 하는가?
② 노트북 판매량이 65가 되려면 평균은 얼마가 되어야 하는가?
③ 평균이 65가 되려면 프린트의 판매량은 얼마가 되어야 하는가?
④ 노트북 판매량이 65가 되려면 캠코더의 판매량은 얼마가 되어야 하는가?

12 또 나올 문제 2019.03

다음 중 [시나리오 추가] 대화상자에 대한 설명으로 옳지 않은 것은?

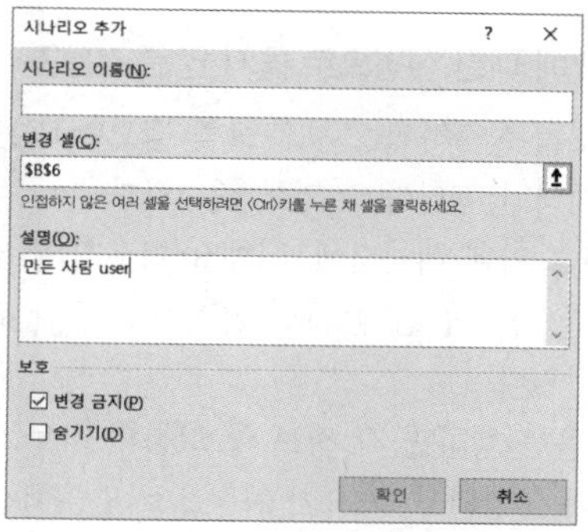

① [데이터]−[예측]−[가상 분석]−[시나리오 관리자] 대화상자에서 [추가] 단추를 클릭하면 표시되는 대화상자이다.

② '변경 셀'은 변경 요소가 되는 값의 그룹이며, 하나의 시나리오에 최대 32개까지 지정할 수 있다.

③ '설명'은 시나리오에 대한 추가적인 설명으로 반드시 입력해야 한다.

④ '보호'의 체크 박스들은 [검토]−[보호]−[시트 보호]를 설정한 경우에만 적용되는 항목들이다.

바로 보는 해설

08 텍스트 나누기는 한 셀에 입력된 데이터를 원본 데이터의 형식에 따라 구분 기호나 일정한 너비로 분리하여 여러 셀로 나누는 기능이다. 문제에서 데이터가 앞의 한 자리와 나머지로 나누어졌으므로 각 필드의 너비(열 구분선)를 기준으로 텍스트를 나눈 것이다.

09 이미 입력된 데이터에 유효성 검사를 설정하는 경우 잘못된 데이터는 삭제되지 않고 그대로 남아있다.

10 [데이터] 탭–[가상 분석] 그룹–[데이터 표]를 선택하고 [데이터 테이블] 대화상자에서 '열 입력 셀'을 [C3] 셀로 지정한다.

11 수식 셀은 결과값이 출력되는 셀 주소로 '평균' 셀을, 찾는 값에는 목표하는 값 '65'를 입력하고, 값을 바꿀 셀에는 변경되는 값이 들어갈 '판매량' 셀을 입력해야 한다.

12 '설명'은 필수 입력값이 아니다. 시나리오에 대한 부연 설명이 필요할 때 사용하면 된다.

| 정답 | 08 ① 09 ② 10 ④ 11 ① 12 ③

13

2017.09

아래 워크시트에서 총이익[G12]이 5000000이 되려면 4분기 판매수량[G3]이 얼마가 되어야 하는지 목표값 찾기를 이용하여 계산하고자 한다. 다음 중 [목표값 찾기] 대화상자에 입력할 내용이 순서대로 바르게 나열된 것은?

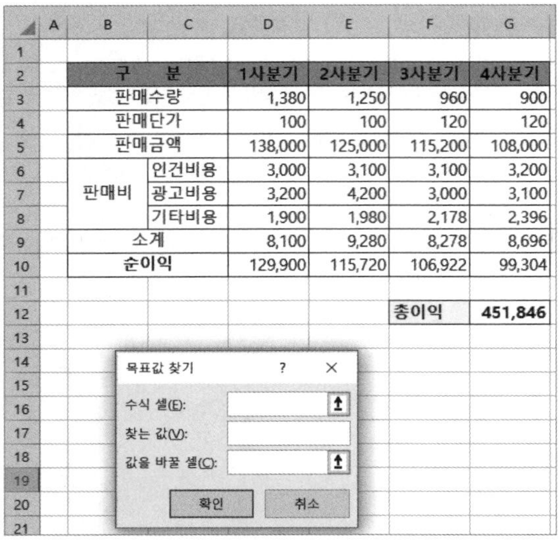

구 분		1사분기	2사분기	3사분기	4사분기
판매수량		1,380	1,250	960	900
판매단가		100	100	120	120
판매금액		138,000	125,000	115,200	108,000
판매비	인건비용	3,000	3,100	3,100	3,200
	광고비용	3,200	4,200	3,000	3,100
	기타비용	1,900	1,980	2,178	2,396
소계		8,100	9,280	8,278	8,696
순이익		129,900	115,720	106,922	99,304
				총이익	451,846

① $G$12, 500000, $G$3
② $G$3, 500000, $G$12
③ $G$3, $G$12, 500000
④ $G$12, $G$3, 500000

개념끝 063 개요와 부분합

14

2019.03(1급)

다음 중 개요에 대한 설명으로 옳지 않은 것은?

① 개요 기호를 설정하면 그룹의 요약 정보만 또는 필요한 그룹의 데이터만 확인할 수 있어 편리하다.
② 그룹별로 요약된 데이터에서 [개요 지우기]를 실행하면 설정된 윤곽 기호와 함께 개요 설정에 사용된 요약 정보도 함께 제거된다.
③ [부분합]을 실행하면 각 정보 행 그룹의 바로 아래나 위에 요약 행이 삽입되고, 개요가 자동으로 만들어진다.
④ 그룹화하여 요약하려는 데이터 목록이 있는 경우 데이터에 최대 여덟 개 수준의 개요를 설정할 수 있으며, 한 수준은 각 그룹에 해당한다.

15

2012.09

다음 중 부분합의 계산 항목에 사용할 수 있는 함수의 종류로 옳지 않은 것은?

① 최대값 ② 표준 편차
③ 중앙값 ④ 수치 개수

16 또 나올 문제

2014.06

다음 중 부분합에 관한 설명으로 옳지 않은 것은?

① 부분합을 작성할 때 기준이 되는 필드가 반드시 정렬되어 있지 않아도 제대로 된 부분합을 실행할 수 있다.
② 부분합에 특정한 데이터만 표시된 상태에서 차트를 작성하면 표시된 데이터에 대해서만 차트가 작성된다.
③ [부분합] 대화상자에서 '새로운 값으로 대치'는 이미 작성한 부분합을 지우고, 새로운 부분합으로 실행할 경우에 설정한다.
④ 부분합 계산에 사용할 요약 함수를 두 개 이상 사용하기 위해서는 함수의 종류 수만큼 부분합을 반복 실행해야 한다.

17 또 나올 문제

2021.상시, 2014.10

다음 중 [부분합] 대화상자의 각 항목 설정에 대한 설명으로 옳지 않은 것은?

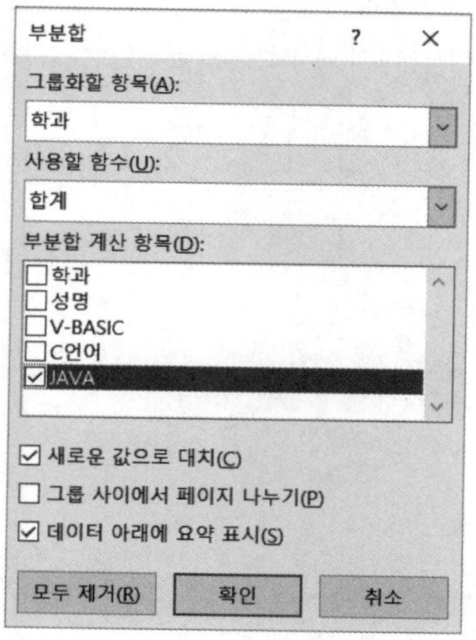

① '그룹화할 항목'에서 선택할 필드를 기준으로 미리 오름차순 또는 내림차순으로 정렬한 후 부분합을 실행해야 한다.

② 부분합 실행 전 상태로 되돌리려면 부분합 대화상자의 [모두 제거] 단추를 클릭한다.

③ 세부 정보가 있는 행 아래에 요약 행을 지정하려면 '데이터 아래에 요약 표시'를 선택하여 체크 표시한다.

④ 이미 작성된 부분합을 유지하면서 부분합 계산 항목을 추가할 경우에는 '새로운 값으로 대치'를 선택하여 체크한다.

바로 보는 해설

13 • 수식 셀: 결과가 입력될 셀 주소(G12)
• 찾는 값: 원하는 특정 값을 숫자로 직접 입력(500000)
• 값을 바꿀 셀: 목표값을 얻기 위해 변동되어야 할 셀(G3)

14 [개요 지우기]를 실행하면 설정된 윤곽 기호만 지워지고 요약 정보는 삭제되지 않는다.

15 부분합에서 사용할 수 있는 함수: 합계, 평균, 개수, 최대값, 최소값, 곱, 숫자 개수, 표본 표준 편차, 표준 편차, 표본 분산, 분산 함수

16 부분합을 작성할 때 기준이 되는 필드는 반드시 정렬되어 있어야 한다.

17 이미 작성된 부분합을 유지하면서 부분합 계산 항목을 추가할 경우에는 '새로운 값으로 대치'를 해제해야 한다.

| 정답 | 13 ① 14 ② 15 ③ 16 ① 17 ④

개념끝 064 피벗 테이블과 피벗 차트

18 2021.상시, 2013.10

다음 중 피벗 테이블 보고서에 관한 설명으로 옳지 않은 것은?

① 피벗 테이블 보고서를 작성한 후에 사용자가 새로운 수식을 추가하여 표시할 수 있다.

② 원본 데이터가 변경되는 즉시 피벗 테이블 보고서의 데이터도 자동으로 변경된다.

③ 피벗 테이블 보고서는 현재 작업 중인 워크시트나 새로운 워크시트에 작성할 수 있다.

④ 피벗 테이블을 삭제하더라도 피벗 테이블과 연결된 피벗 차트는 삭제되지 않고 일반 차트로 변경된다.

19 또 나올 문제 2013.03

다음 중 피벗 테이블에 대한 설명으로 옳지 않은 것은?

① 피벗 테이블 결과가 표시되는 장소는 동일한 시트 내에만 지정된다.

② 피벗 테이블로 작성된 목록에서 행 필드를 열 필드로 편집할 수 있다.

③ 피벗 테이블 작성 후에도 사용자가 새로운 수식을 추가하여 표시할 수 있다.

④ 피벗 테이블은 많은 양의 데이터를 손쉽게 요약하기 위해 사용되는 기능이다.

바로 보는 해설

18 원본 데이터가 변경되어도 피벗 테이블 보고서의 데이터는 자동으로 변경되지 않으므로 [모두 새로 고침] 기능을 이용하여 피벗 테이블에 반영해야 한다

19 피벗 테이블 결과가 표시되는 장소는 동일한 시트 외에 새 워크시트도 가능하다.

| 정답 | 18 ② 19 ①

최근 기출 10개년 기준

21%

CHAPTER 5

차트 활용

무료 동영상 강의

학습전략

빅데이터의 시대에서 유용하게 활용될 수 있는 기능이 바로 차트입니다. 특히 엑셀은 아주 쉽게 차트를 작성하고 편집할 수 있습니다. 필기시험과 실기시험에 빠지지 않고 출제되는 부분이므로 꼼꼼하게 학습하는 것이 필요합니다.

개념끝

065 차트 작성

기출빈도 **A** B C D

결정적 힌트

차트의 특징과 차트의 구성 요소를 묻는 문제가 많이 출제되었습니다. 차트를 보면서 구성 요소를 잘 이해하고 있어야 합니다.

01 차트의 개요

- 데이터를 막대, 선, 원 등의 시각적인 요소로 표현하여 데이터의 경향과 흐름을 알아보기 쉽게 표현한 것이다.
- 차트를 작성하려면 반드시 원본 데이터가 필요하며, 작성된 차트는 원본 데이터가 변경되면 차트도 함께 변경된다.
- 워크시트의 행과 열에서 숨겨진 데이터는 차트에 표시되지 않는다.
- 차트에서 사용할 데이터가 들어있는 셀을 하나만 선택하고 차트를 만들면 해당 셀을 직접 둘러싸는 셀의 데이터가 차트에 모두 표시된다.
- 사용자가 자주 사용하는 차트를 서식 파일로 저장하고, 기본 차트로 설정할 수 있다.

02 차트의 구성 요소

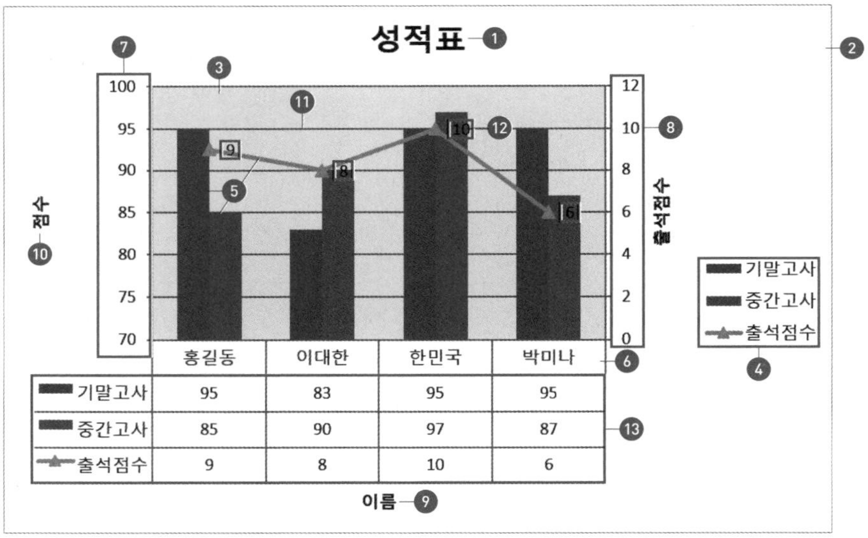

❶ 차트 제목	차트의 제목 표시
❷ 차트 영역	차트의 모든 구성 요소를 포함하는 영역
❸ 그림 영역	가로 축과 세로 축으로 구성된 영역
❹ 범례	• 데이터 계열의 항목별 이름으로 색이나 무늬로 데이터 계열을 구분 • [범례 서식] 창에서 위치를 상하좌우, 오른쪽 위로 지정 • 범례를 삭제하려면 범례를 선택하고 Delete

⑤ 데이터 계열	차트로 나타낼 값을 가진 항목들을 의미
⑥ 가로 축	데이터 항목을 표시하는 축
⑦ 기본 세로 축	데이터 계열의 값을 표시하는 축으로 왼쪽에 표시
⑧ 보조 세로 축	데이터 계열의 값을 표시하는 축으로 오른쪽에 표시
⑨ 가로 축 제목	가로 축 항목의 전체 의미를 나타내는 제목
⑩ 세로 축 제목	세로 축에 표현되는 숫자의 전체 의미를 나타내는 제목
⑪ 눈금선	눈금을 그림 영역에 표시
⑫ 데이터 레이블	데이터 계열의 값이나 항목을 이름표로 표시
⑬ 데이터 테이블	차트의 데이터를 표로 표시하고 범례의 표시 여부를 지정할 수 있음

- [홈] 탭-[글꼴] 그룹이나 마우스 오른쪽 단추를 클릭하면 나타나는 미니 도구 모음(채우기 윤곽선)을 이용하여 차트 구성 요소의 서식을 지정할 수 있다.
- 차트 구성 요소에 도형 스타일이나 워드아트(WordArt) 스타일을 적용할 수 있다.
- 차트 구성 요소들은 도형처럼 맞춤, 그룹, 회전 등을 설정할 수 없다.

▼ 데이터 테이블

- 범례 표지 포함

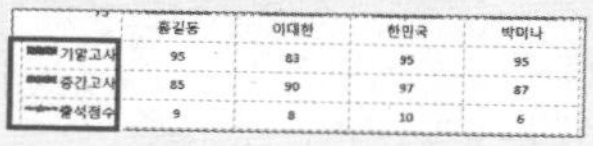

	홍길동	이대한	한민국	박미나
기말고사	95	83	95	95
중간고사	85	90	97	87
출석점수	9	8	10	6

- 범례 표지 없음

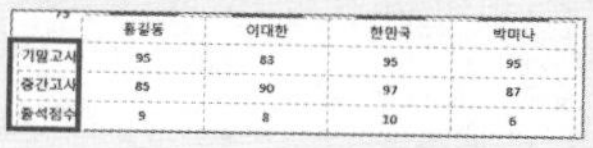

	홍길동	이대한	한민국	박미나
기말고사	95	83	95	95
중간고사	85	90	97	87
출석점수	9	8	10	6

03 기본 차트 작성

결정적 힌트

차트 작성 시 사용되는 바로 가기 키를 반드시 암기하셔야 합니다.

- 엑셀의 기본 차트는 묶은 세로 막대형 차트로, 사용자가 기본 차트를 지정할 수 있다.
- F11을 누르면 새로운 차트 시트에 기본 차트가 작성된다.
- Alt+F1을 누르면 현재 시트에 기본 차트가 작성된다.

개념 플러스 기본 차트 변경

[차트 종류 변경] 대화상자에서 기본 차트로 지정할 차트의 바로 가기 메뉴에서 [기본 차트로 설정]을 선택하고 [확인] 단추를 클릭한다.

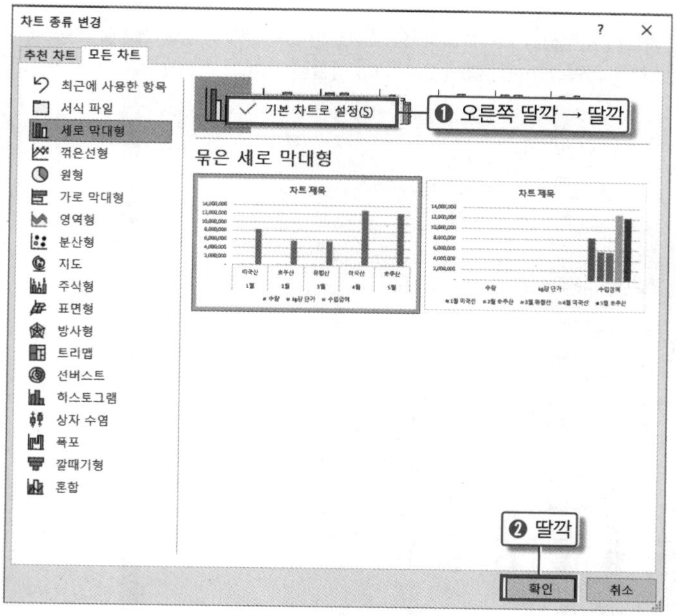

04 차트 작성

결정적 힌트

차트 작성은 실습을 하면서 과정을 잘 익혀두시기 바랍니다.

- 먼저 원본 데이터를 범위로 지정해야 하며, 이때 각 필드명을 포함하여 지정한다.
- 서로 떨어져 있는 범위를 선택할 때는 Ctrl을 이용하여 지정한다.
- 범위를 지정한 후 [삽입] 탭-[차트] 그룹에서 세로 막대형 차트나 가로 막대형 차트, 꺾은선형 차트, 영역형 차트, 원형 차트, 분산형 차트 등 다양한 차트 중 원하는 스타일을 클릭하여 작성한다.

실습으로 개념끝 ❶ 에듀윌_컴퓨터활용능력2급필기기본서_실습으로개념끝\2과목\Chapter5_1.차트작성.xlsx

수입월별로 '수량'과 '수입금액'이 표시되는 누적 세로 막대형 차트를 [B8:G20] 영역에 작성한 후 차트 제목을 지정하고 수입금액 계열은 꺾은선형으로 변경하시오.

따라하기

❶ [A1:A6] 영역을 선택하고 Ctrl 을 누른 상태에서 [C1:C6] 영역과 [E1:E6] 영역을 차례대로 선택한다. [삽입] 탭-[차트] 그룹-[세로 또는 가로 막대형 차트 삽입]을 클릭하고 '2차원 세로 막대형'의 [누적 세로 막대형]을 클릭한다.

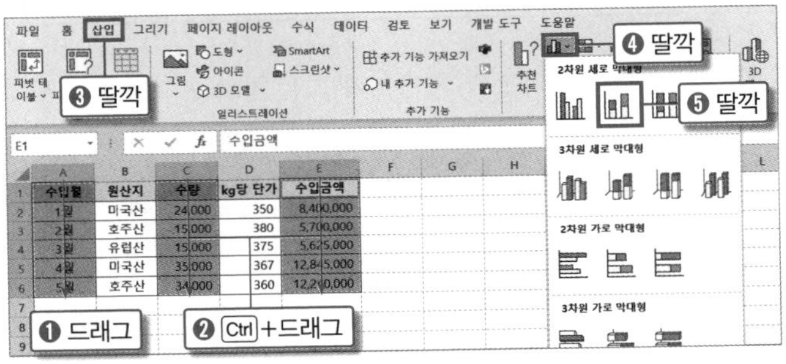

❷ Alt 를 누른 상태에서 차트의 조절점을 드래그하여 [B8:G20] 영역에 맞게 차트의 크기를 조절한다. 차트 제목에 '밀 수입현황'을 입력하고 [홈] 탭-[글꼴] 그룹-[글꼴 크기]에서 '20'pt로 지정한 후 [굵게]를 클릭한다.

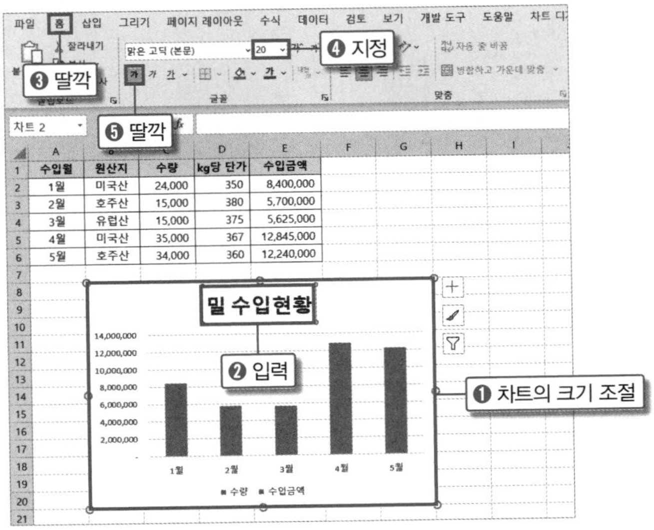

❸ '수입금액' 계열에서 마우스 오른쪽 단추를 클릭한 후 [계열 차트 종류 변경]을 선택한다.

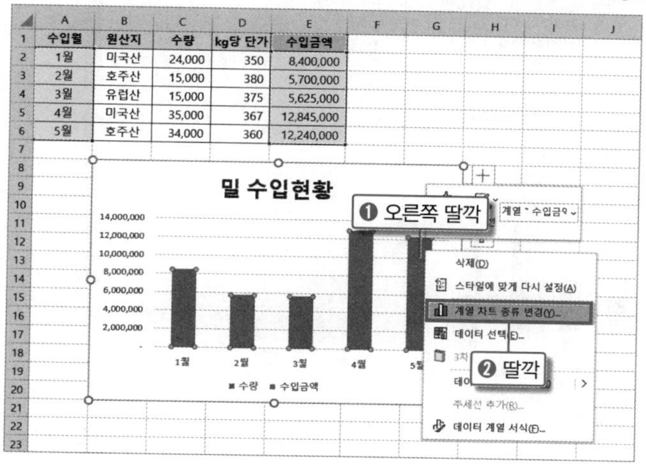

'수입금액' 계열 막대를 하나만 선택해도 모든 '수입금액' 계열이 선택된다. 만약 원하는 하나의 '수입금액' 계열만 선택하려면 '수입금액' 계열 막대를 천천히 두 번 클릭한다.

❹ [차트 종류 변경] 대화상자의 [모든 차트] 탭이 나타나면 '혼합' 범주에서 '수입금액'의 '차트 종류'를 '표식이 있는 꺾은선형'으로 선택하고 '보조 축'에 체크한 후 [확인] 단추를 클릭한다.

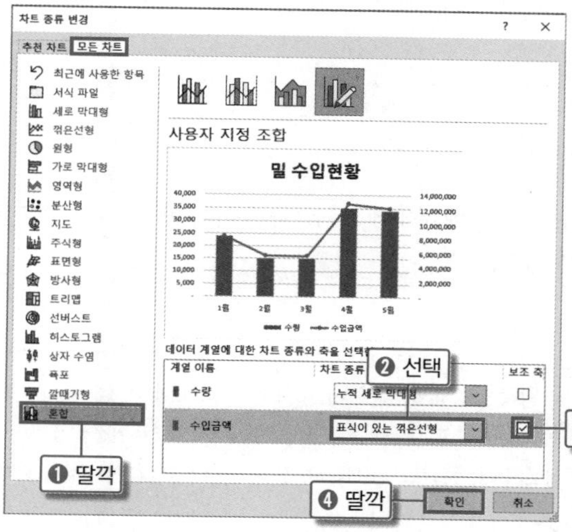

❺ '수입금액' 계열에서 마우스 오른쪽 단추를 클릭한 후 [데이터 레이블 추가]-[데이터 레이블 추가]를 선택한다.

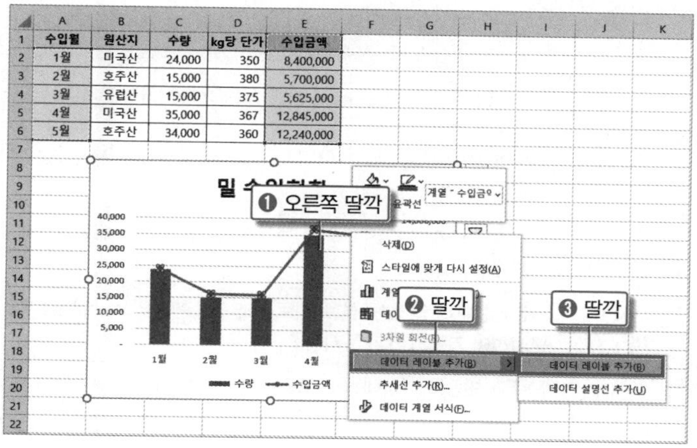

'수입금액' 계열의 꺾은선을 클릭하면 모든 '수입금액' 계열이 선택된다.

❻ 결과를 확인한다.

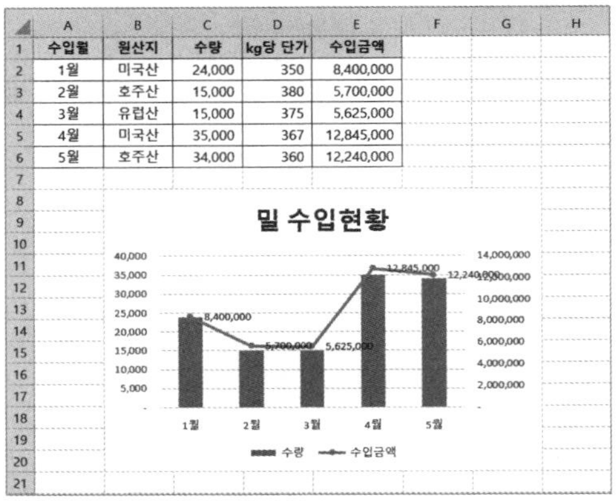

결정적 힌트

주어진 데이터에 따라 적절한 차트를 선택하는 것이 매우 중요합니다. 차트의 종류는 많은 문제가 출제되는 부분으로, 각 차트의 특징과 용도를 반드시 기억해두셔야 합니다. 3차원 차트로 변경이 불가능한 차트의 종류도 반드시 암기해두세요.

05 차트 종류 변경

| 실행 방법

방법1	[차트 디자인] 탭 – [종류] 그룹 – [차트 종류 변경] 선택
방법2	차트의 바로 가기 메뉴에서 [차트 종류 변경] 선택

차트나 데이터 계열을 선택하고 바로 가기 메뉴에서 [계열 차트 종류 변경]을 선택하면 특정 계열만 차트의 종류를 변경할 수 있다.

| 차트의 종류

세로 막대형 차트	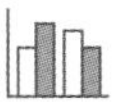	각 항목 간의 값을 막대의 길이로 비교 및 분석
가로 막대형 차트	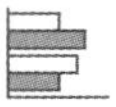	세로 막대형 차트와 유사하고, 값 축과 항목 축의 위치가 서로 바뀜
꺾은선형 차트	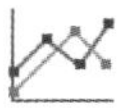	월, 분기, 연도와 같이 시간의 흐름에 따라 각 항목의 변화나 경향 표시
원형 차트	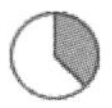	• 각 항목의 값이 항목 합계의 비율로 표시되고, 하나의 데이터 계열만 표시할 수 있음 • 첫째 조각의 각: 첫째 조각이 시작되는 각도로, 기본값은 0°
도넛형 차트		• 원형 차트의 한 종류로, 원형 차트와 비슷하지만 여러 데이터의 계열 표시 • 하나의 고리는 하나의 데이터 계열을 표시하고, 색상으로 데이터 요소를 구분하여 표시
영역형 차트		시간의 경과에 따른 변화를 보여주고, 각 값의 합계와 전체에 대한 관계를 비교
거품형 차트		분산형 차트의 한 종류로, 가로축과 세로축이 있고, 세 번째 열을 추가하여 거품의 크기를 지정
주식형 차트	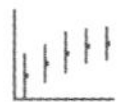	주가 변동을 나타내는 차트로, 시가, 종가, 거래량, 저가, 고가 등을 표시

▼ 첫째 조각의 각

• 첫째 조각의 각이 0도인 경우

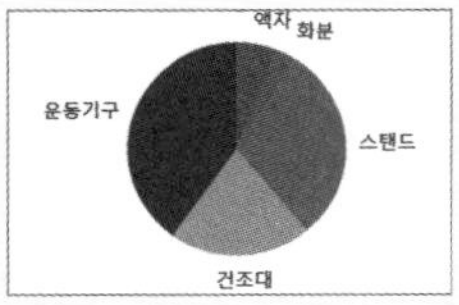

• 첫째 조각의 각이 90도인 경우

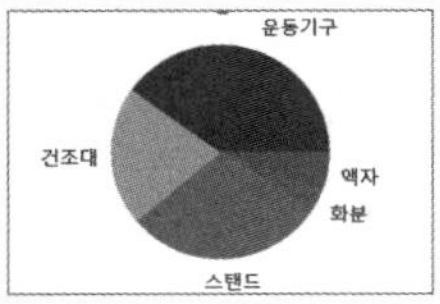

분산형 차트	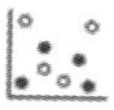	• 과학, 통계 및 공학 데이터와 같은 숫자값을 표시하고 비교 • 가로축의 값이 일정한 간격이 아닌 경우나 가로축의 데이터 요소 수가 많은 경우에 사용 • 데이터 요소 간의 차이점보다는 큰 데이터 집합 간의 유사점을 표시하려는 경우에 사용 • 다섯 개의 하위 차트(분산형 차트, 곡선 및 표식이 있는 분산형 차트, 곡선이 있는 분산형 차트, 직선 및 표식이 있는 분산형 차트, 직선이 있는 분산형 차트) 제공
표면형 차트		두 개의 데이터 집합에서 최적의 조합을 찾을 때 사용
방사형 차트		가운데에서 뻗어가는 형태의 차트로, 데이터 계열이 많을 때 사용하고, 가로축이 없음

개념 플러스 원형 대 가로 막대형 차트

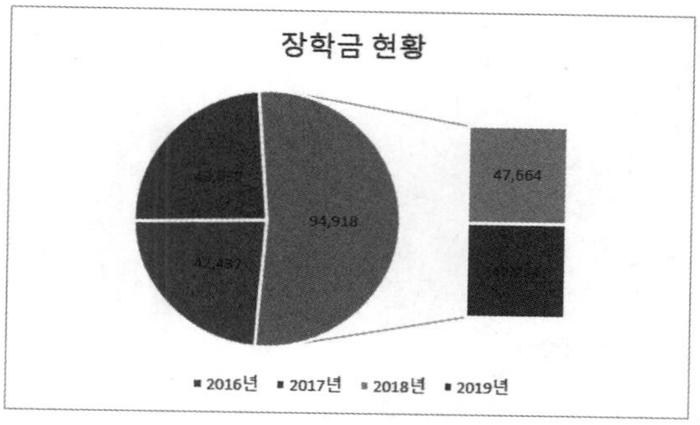

원형 차트와 같이 전체에서 차지하는 비율을 표시하며, 첫 번째 원형의 값을 누적 가로 막대로 표시하여 가독성을 높이는 차트이다.

▌**기타 차트**

이중 축 차트	차트에 보조 축을 표시하는 차트로, 특정 데이터 계열의 값이 다른 데이터 계열의 값과 크게 차이가 나거나, 데이터의 단위가 다른 경우에 주로 사용
혼합형 차트	차트에 두 개 이상의 차트 종류를 사용하는 차트로, 2차원 차트와 3차원 차트는 혼합할 수 없음

■ 3차원 차트 변경이 불가능한 차트

분산형 차트, 도넛형 차트, 방사형 차트, 주식형 차트

Warming UP 기출로 개념 확인

01 또 나올 문제 2019.08, 2015.10

다음 중 3차원 차트로 변경이 가능한 차트 유형은?

① 

② 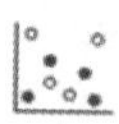

③ 

④ 

바로 보는 해설

01

영역형 차트로, 3차원 차트로 변경이 가능하다.

| 오답 피하기 |

① 도넛형 차트로, 3차원 차트로 변경이 불가능하다.

② 분산형 차트로, 3차원 차트로 변경이 불가능하다.

④ 주식형 차트로, 3차원 차트로 변경이 불가능하다.

| 정답 | 01 ③

2018.09

02

다음 중 아래 차트에 관한 설명으로 옳지 않은 것은?

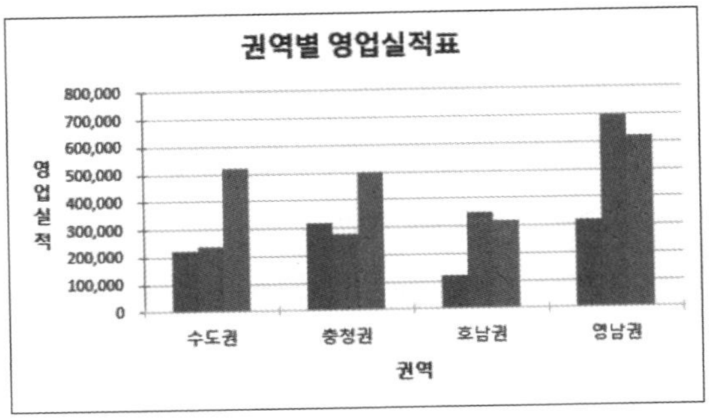

① 범례가 표시되어 있다.
② 차트 제목이 표시되어 있다.
③ 차트 종류는 묶은 세로 막대형이다.
④ 기본 세로 축 제목이 표시되어 있다.

02

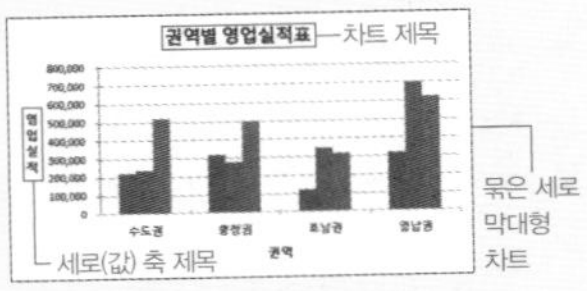

범례는 표시되어 있지 않다. 범례는 데이터 계열의 항목별 이름으로, 색이나 무늬로 데이터 계열을 구분한다.

2019.08

03 (또 나올 문제)

다음 중 각 차트에 대한 설명으로 옳지 않은 것은?

① 꺾은선형 차트: 일정 간격에 따라 데이터의 추세를 나타내기에 적합하다.
② 원형 차트: 전체에 대한 각 부분의 관계를 보여주며, 여러 데이터 계열이 각각의 고리로 표시된다.
③ 방사형 차트: 각 데이터 요소의 중간 지점에 대한 값의 변화를 보여주며, 여러 데이터 계열의 집계값을 비교하기에도 용이하다.
④ 분산형 차트: 여러 데이터 계열에 있는 숫자값 사이의 관계를 보여주거나 두 개의 숫자 그룹을 x, y 좌표로 이루어진 하나의 계열로 표시한다.

03

도넛형 차트에 대한 설명으로, 원형 차트는 한 개의 데이터 계열만 표시할 수 있어 축이 없다.

2019.03

04

다음 중 아래의 데이터를 이용하여 각 데이터 간 값을 비교하는 차트를 작성하려고 할 때 가장 적절하지 않은 차트는?

	A	B	C	D	E
1	성명	1사분기	2사분기	3사분기	4사분기
2	홍길동	83	90	95	70
3	성춘향	91	70	70	88
4	이몽룡	93	98	91	93

① 세로 막대형
② 꺾은선형
③ 원형
④ 방사형

04

원형 차트는 하나의 데이터 계열만 표시할 수 있기 때문에 각 데이터 간의 값을 비교하는 차트를 작성할 수 없다.

| 정답 | 02 ① 03 ② 04 ③

개념끝

066 차트의 편집

기출빈도
A ····· B ····· C ····· D

01 차트 도구

결정적 힌트

작성한 차트를 편집하는 기능에는 어떤 것이 있는지 알아두고 특히 원본 데이터를 변경하는 방법을 잘 이해해야 합니다.

차트를 클릭하면 리본 메뉴에 [차트 디자인] 탭과 [서식] 탭이 표시된다.

| [차트 디자인] 탭

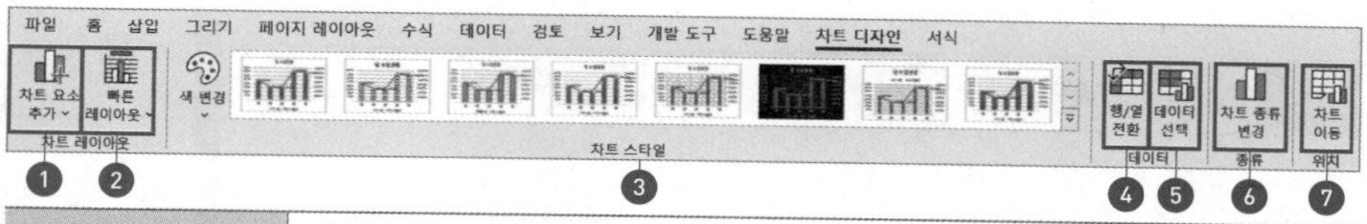

❶ 차트 요소 추가	차트에 축 제목, 차트 제목, 데이터 레이블, 데이터 테이블 등 구성 요소를 추가
❷ 빠른 레이아웃	차트의 전체 레이아웃을 변경
❸ 차트 스타일	차트의 색과 스타일 변경
❹ 행/열 전환	차트의 가로 축과 세로 축을 전환
❺ 데이터 선택	차트의 원본 데이터를 변경
❻ 차트 종류 변경	차트의 종류를 변경
❼ 차트 이동	차트를 새 시트로 이동하거나 워크시트에 삽입

| [서식] 탭

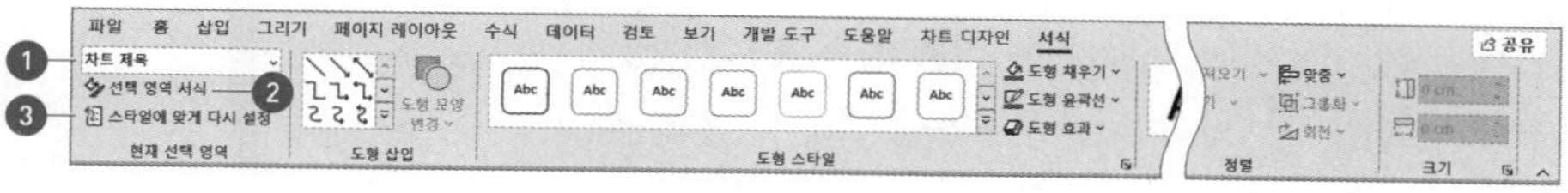

❶ 차트 요소 선택 상자	차트 구성 요소를 선택
❷ 선택 영역 서식	선택한 요소의 서식을 지정
❸ 스타일에 맞게 다시 설정	선택한 요소의 서식을 기본 서식으로 변경

02 차트의 크기 조절

- 차트를 선택한 후 크기 조절점을 드래그해 크기를 조절할 수 있다.
- Alt를 누른 상태에서 차트 크기를 조절하면 차트의 크기가 셀에 맞춰 조절된다.
- 그림 영역, 범례 등을 선택하여 차트의 크기를 조절할 수 있다.

▼ 차트의 크기 조절

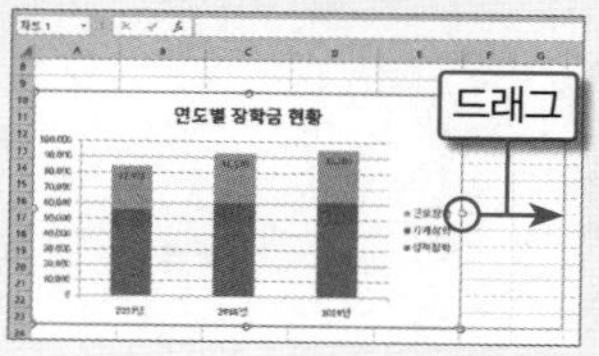

03 차트 이동

- 차트를 선택한 후 드래그하여 원하는 위치로 이동한다.

- 차트 제목, 축 제목, 범례, 그림 영역 등은 마우스로 드래그하여 이동할 수 있다.
- Alt를 누른 상태에서 차트를 이동하면 셀에 맞춰 이동된다.
- 시트에 삽입된 차트는 '차트 이동' 기능을 이용하여 새로운 시트나 현재 통합 문서의 다른 시트로 이동할 수 있다.

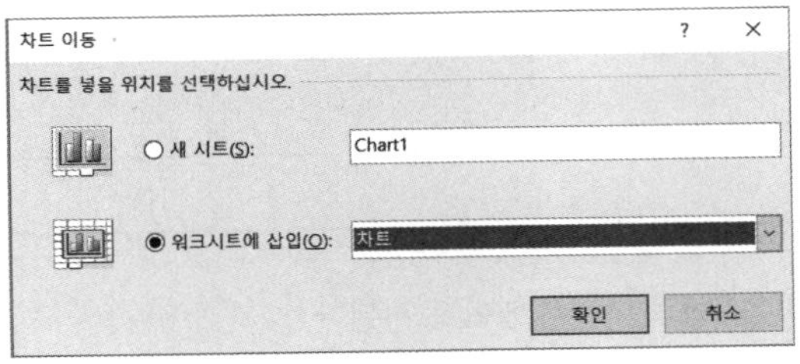

04 차트 삭제

- 차트 영역을 선택하고 Delete를 누른다.
- 차트를 삭제하면 워크시트에 있는 원본 데이터에 영향을 미치지 않지만, 원본 데이터를 삭제하면 차트도 새로 변경된다.

05 원본 데이터의 변경

- 차트에 사용되는 원본 데이터를 변경할 수 있다.

| 실행 방법

방법1	[차트 디자인] 탭－[데이터] 그룹－[데이터 선택] 선택
방법2	차트의 바로 가기 메뉴에서 [데이터 선택] 선택

- 워크시트에서 차트 데이터 영역의 중간에 항목(레코드)을 삽입하는 경우 차트에서도 항목이 삽입된다.
- 워크시트에서 차트 데이터 영역의 중간에 계열을 삽입하는 경우 차트는 변경되지 않는다.
- 데이터 계열이 범례에서 표시되는 순서를 바꿀 수 있다.

| [데이터 원본 선택] 대화상자

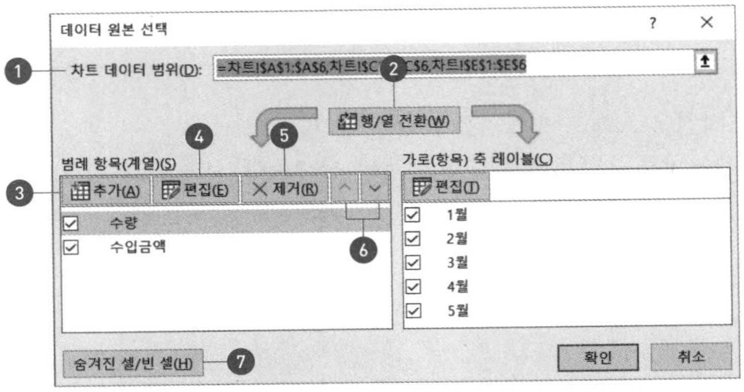

❶ 차트 데이터 범위	차트에 사용하는 전체 데이터의 범위를 수정할 수 있음
❷ 행/열 전환	가로 축의 데이터 계열과 범례 항목을 바꿀 수 있음
❸ 추가	새로운 데이터 계열 추가
❹ 편집	계열 이름이나 계열 값을 수정
❺ 제거	선택한 계열을 제거
❻ 위로 이동/아래로 이동	범례에 표시되는 순서를 변경
❼ 숨겨진 셀/빈 셀	데이터 범위 내에 숨겨진 셀이나 빈 셀도 차트에 표시

개념 플러스 원본 데이터 변경

• 데이터 범위에 레코드를 삽입하는 경우

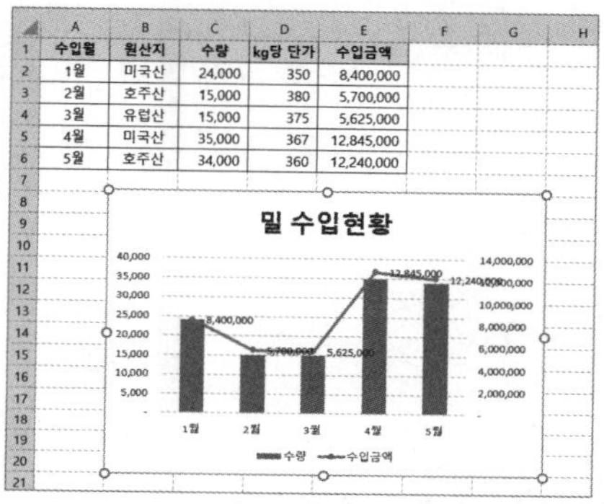

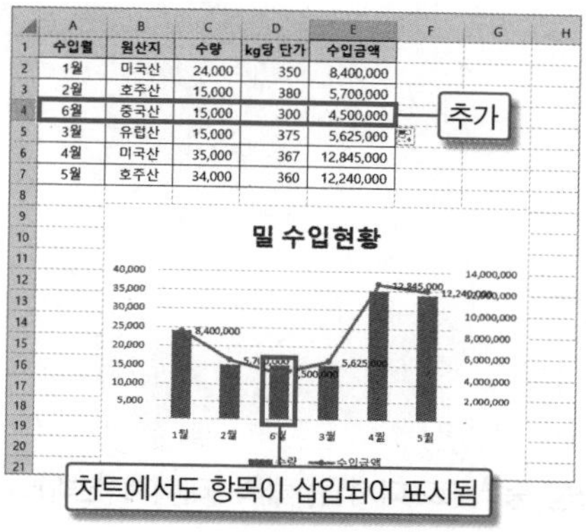

• 데이터 계열을 삭제하는 경우

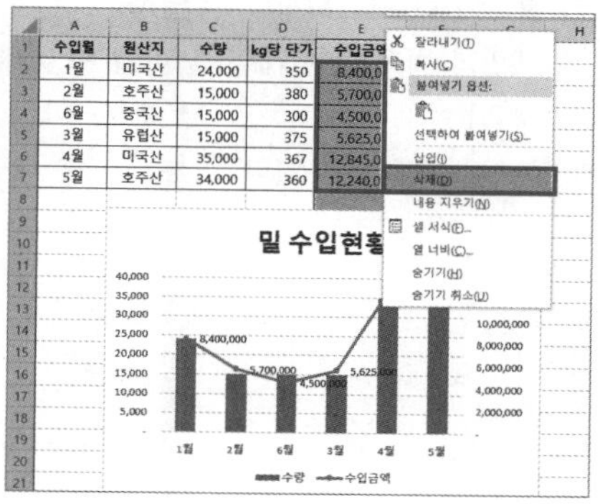

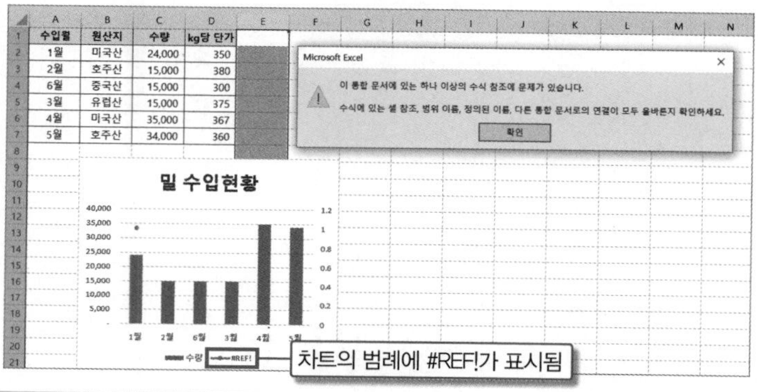

바로 보는 해설

01
차트의 크기를 셀에 맞추기 위해서는 Alt를 누른 상태에서 차트 크기를 조절해야 한다.

02
[차트 디자인] 탭–[데이터] 그룹–[데이터 선택]을 클릭하고 [데이터 원본 선택] 대화상자의 '범례 항목(계열)'에서 데이터 계열의 순서를 바꿀 수 있다.

| 오답 피하기 |

④ 데이터 범위 내에 숨겨진 행이나 열의 데이터는 차트에 표시되지 않지만 [데이터 원본 선택] 대화상자의 '숨겨진 셀/빈 셀'을 이용하여 표시할 수 있다.

| 정답 | 01 ③ 02 ③

Warming UP 기출로 개념 확인

01

2020.02, 2015.10

다음 중 차트에 대한 설명으로 옳지 않은 것은?

① 기본적으로 워크시트의 행과 열에서 숨겨진 데이터는 차트에 표시되지 않는다.
② 차트 제목, 가로/세로 축 제목, 범례, 그림 영역 등은 마우스로 드래그하여 이동할 수 있다.
③ Ctrl을 누른 상태에서 차트 크기를 조절하면 차트의 크기가 셀에 맞춰 조절된다.
④ 사용자가 자주 사용하는 차트 종류를 차트 서식 파일로 저장할 수 있다.

02 또 나올 문제

2020.02(1급), 2017.09(1급)

다음 중 [차트 디자인] 탭의 [데이터 선택]에 대한 설명으로 옳지 않은 것은?

① [차트 데이터 범위]에서 차트에 사용하는 데이터 전체의 범위를 수정할 수 있다.
② [행/열 전환]을 클릭하여 가로(항목) 축의 데이터 계열과 범례 항목(계열)을 바꿀 수 있다.
③ 범례에서 표시되는 데이터 계열의 순서를 바꿀 수 없다.
④ 데이터 범위 내에 숨겨진 행이나 열의 데이터도 차트에 표시할 수 있다.

개념끝

067 차트 요소 추가

기출빈도
A B C D

01 차트 제목 추가

결정적 힌트

차트를 선택하면 [차트 디자인]이 나타납니다. 여기에서 [차트 레이아웃] 그룹을 이용하여 차트의 구성 요소를 추가할 수 있습니다. 특히 추세선과 오차 막대의 특징을 잘 이해하시기 바랍니다.

| 실행 방법

방법1	[차트 디자인] 탭–[차트 레이아웃] 그룹–[차트 요소 추가]–[차트 제목] 선택
방법2	[차트 요소] 단추(+)를 클릭하고 [차트 제목] 선택

| 방법1

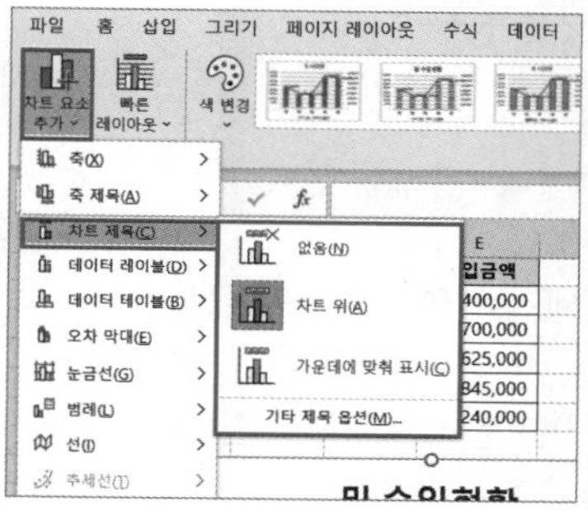

| 방법2

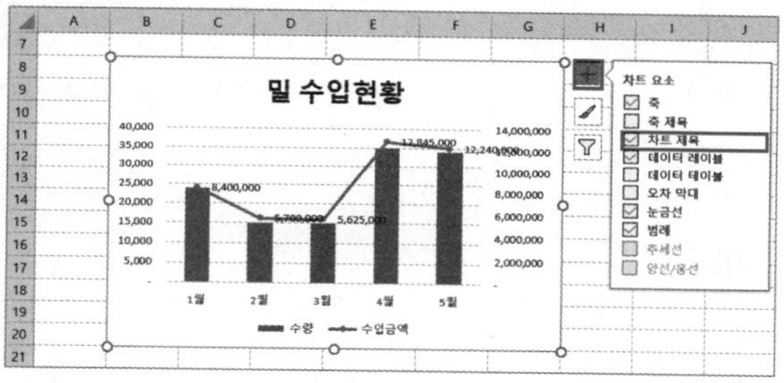

- 차트 제목은 '차트 위'에 추가하거나 '가운데에 맞춰 표시'할 수 있다.
- 차트 제목을 삭제하려면 [차트 요소] 단추를 클릭하고 [차트 제목]을 해제한다.
- 차트 제목을 셀과 연동하려면 차트 제목을 클릭한 후 수식 입력줄에서 등호(=)를 입력한 후 연동할 셀을 선택한다.

차트 제목을 셀과 연동하면 셀의 내용이 변경될 때 차트 제목도 함께 변경된다.

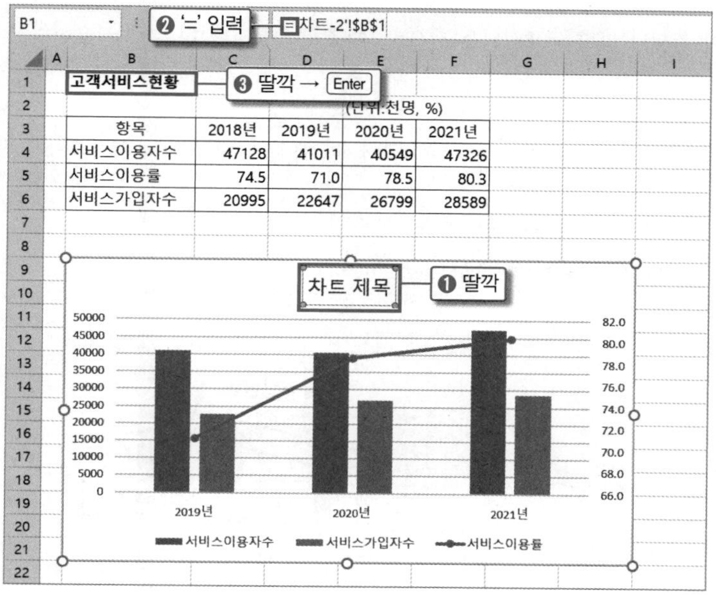

02 데이터 레이블 추가

| 실행 방법

방법1	[차트 디자인] 탭–[차트 레이아웃] 그룹–[차트 요소 추가]–[데이터 레이블] 선택
방법2	데이터 계열의 바로 가기 메뉴에서 [데이터 레이블 추가]–[데이터 레이블 추가] 선택
방법3	[차트 요소] 단추(+)를 클릭하고 [데이터 레이블] 선택

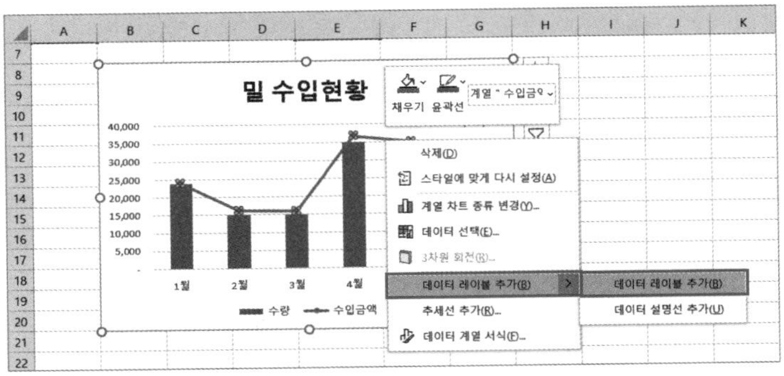

- 데이터 레이블 내용은 계열 이름, 항목 이름, 값 중에서 한 가지를 선택하여 표시할 수 있다.
- 데이터 레이블이 겹치지 않고, 읽기 쉽도록 차트에서 데이터 레이블의 위치를 조정할 수 있다.
- 기본적으로 데이터 레이블은 워크시트의 값에 연결되며 변경될 때 자동으로 업데이트된다.
- 데이터 레이블을 삭제하려면 데이터 레이블을 한 번 클릭하여 선택한 후 Delete를 누른다.

▼ 데이터 레이블 위치

03 추세선 추가

- 데이터 계열의 변화 추세나 방향을 표시하는 선으로, 예측 문제를 분석하는 데 사용한다.

| 실행 방법

방법1	데이터 계열을 선택한 후 [차트 디자인] 탭–[차트 레이아웃] 그룹–[차트 요소 추가]–[추세선] 선택
방법2	데이터 계열의 바로 가기 메뉴에서 [추세선 추가] 선택
방법3	[차트 요소] 단추(+)를 클릭하고 [추세선] 선택

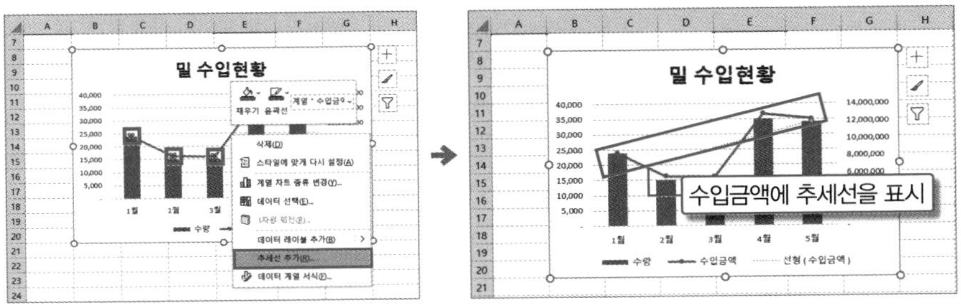

- 추세선의 종류: 지수, 선형, 로그, 다항식, 거듭제곱, 이동 평균
- 추세선이 불가능한 차트: 3차원 차트, 원형 차트, 도넛형 차트, 방사형 차트, 표면형 차트
- 추세선이 추가된 데이터 계열의 차트 종류를 3차원 차트로 변경하면 추세선은 자동으로 삭제된다.
- 하나의 데이터 계열에 두 개 이상의 추세선을 동시에 표시할 수 있다.
- 추세선을 삭제하려면 추세선을 선택하고 Delete를 누르거나 추세선의 바로 가기 메뉴에서 [삭제]를 선택한다.

■ 추세선 옵션

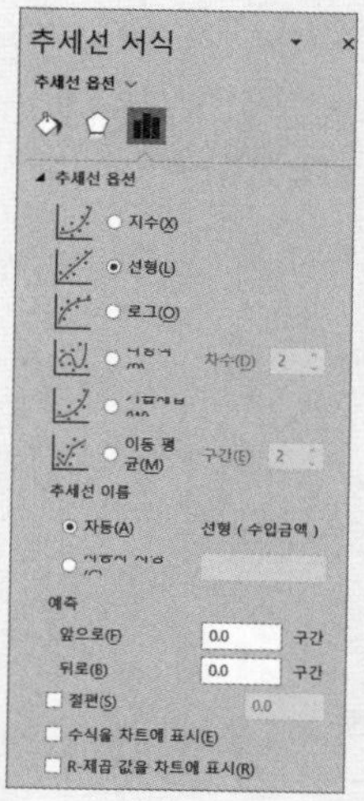

04 오차 막대 추가

- 데이터 계열에 있는 각 데이터 표식의 잠재적인 오차량을 표시하는 막대이다.

| 실행 방법

방법	데이터 계열을 선택한 후 [차트 디자인] 탭-[차트 레이아웃] 그룹-[차트 요소 추가]-[오차 막대] 선택

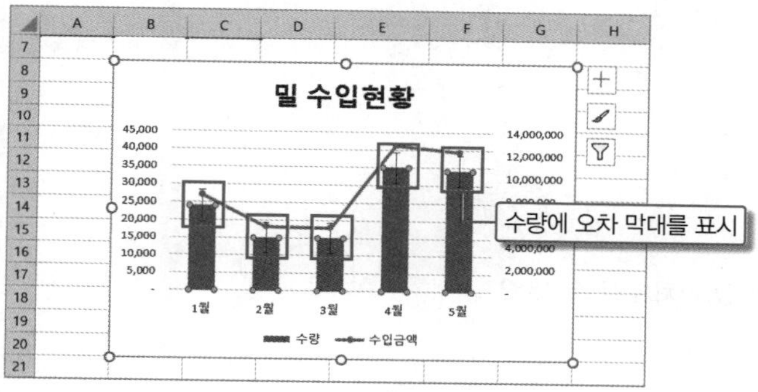

■ 오차 막대 옵션

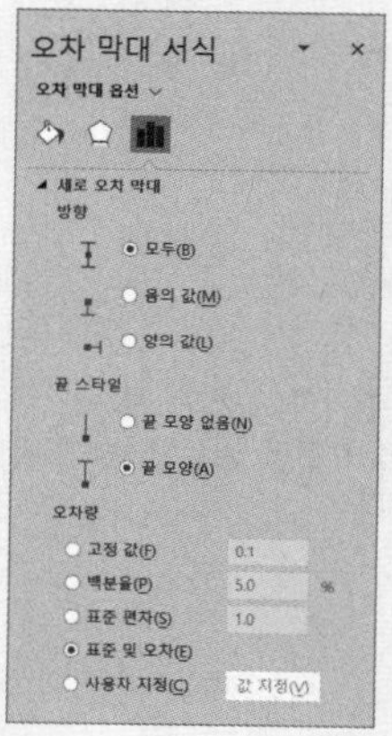

- 3차원 차트는 오차 막대를 표시할 수 없다.
- 분산형 차트, 거품형 차트는 세로 오차 막대, 가로 오차 막대를 모두 적용할 수 있다.
- 오차 막대의 표시 방향: 모두(기준점을 기준으로 양의 값, 음의 값을 모두 표시), 음의 값, 양의 값
- 오차량: '고정 값', '백분율', '표준 편차', '표준 및 오차', '사용자 지정'

Warming UP 기출로 개념 확인

01

2018.03

다음 중 [차트 디자인] 탭의 [차트 레이아웃] 그룹에서 삽입할 수 없는 항목은?

① 범례
② 축 제목
③ 차트 제목
④ 텍스트 상자

02 또 나올 문제

2017.03

다음 중 추세선을 추가할 수 있는 차트의 종류는?

① 방사형
② 분산형
③ 원형
④ 표면형

바로 보는 해설

01
텍스트 상자(,)는 [서식] 탭 – [도형 삽입] 그룹에서 삽입할 수 있다.

02
추세선을 추가할 수 없는 차트는 원형, 도넛형, 표면형, 방사형 등의 3차원 차트이다.

| 정답 | 01 ④ 02 ②

03

2019.08

다음 중 〈변경 전〉 차트를 〈변경 후〉 차트로 수정하기 위해 적용한 기능으로 옳지 않은 것은?

〈변경 전〉

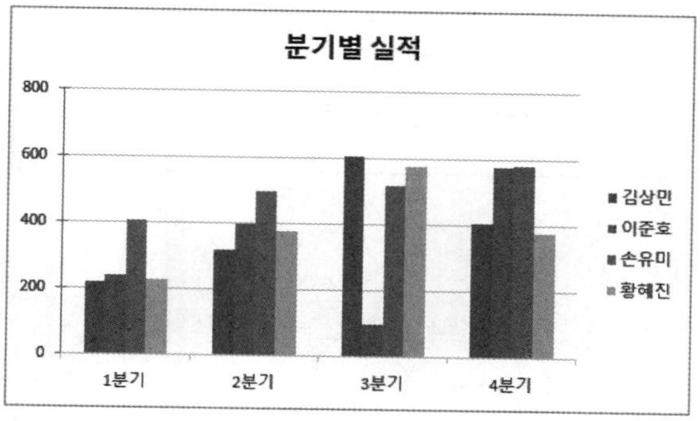

〈변경 후〉

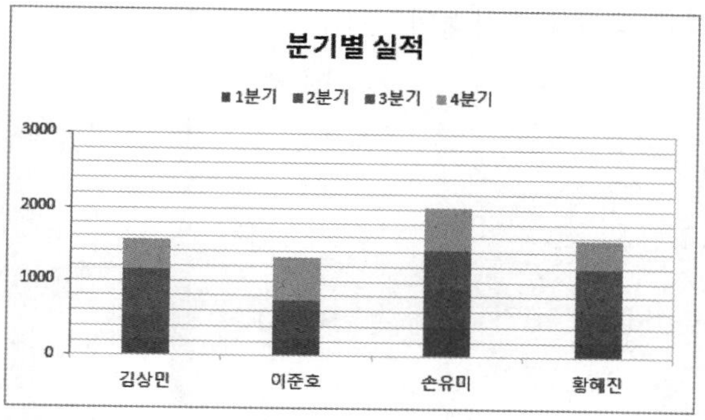

① 누적 세로 막대형으로 차트 종류 변경
② 데이터의 행과 열을 전환
③ 세로 축 보조 눈금을 추가
④ 범례의 위치를 위쪽으로 변경

03

세로 축 보조 눈금이 아닌 세로 축 보조 눈금선이 추가되었다.

〈변경 전〉

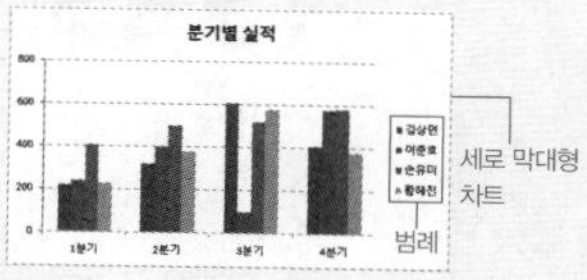

〈변경 후〉

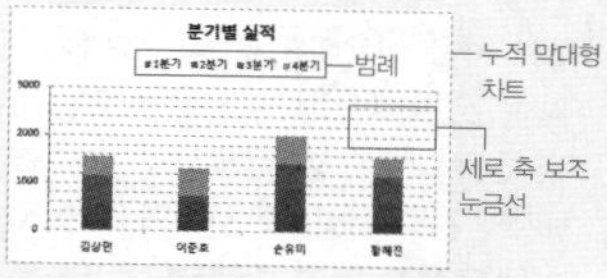

| 정답 | 03 ③

개념끝

068 차트 서식 지정

기출빈도 A ····· B ····· C ····· D

01 차트 영역 서식

결정적 힌트

서식 창을 이용하여 차트 전체와 각 구성 요소의 서식을 지정할 수 있습니다. 특히 데이터 계열 서식의 계열 겹치기와 간격 너비, 축 서식의 각 항목에 대한 문제가 잘 출제되므로 이 부분을 중심으로 학습하시기 바랍니다.

| 실행 방법

방법1	차트 영역을 클릭하고 [서식] 탭-[현재 선택 영역] 그룹-[선택 영역 서식] 선택
방법2	차트 영역의 바로 가기 메뉴에서 [차트 영역 서식] 선택
방법3	차트 영역을 클릭하고 Ctrl+1

차트 영역 서식에는 채우기 및 선, 효과, 크기 및 속성 등이 있다.

| 채우기 및 선

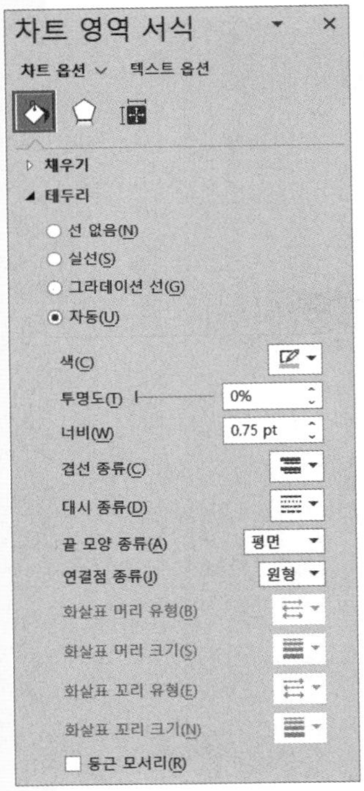

| 효과

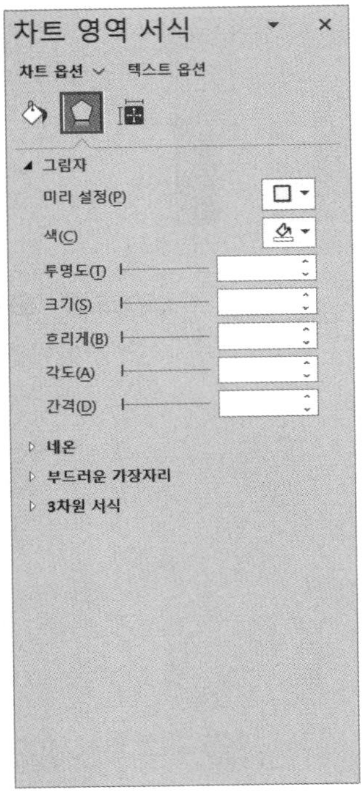

| 크기 및 속성

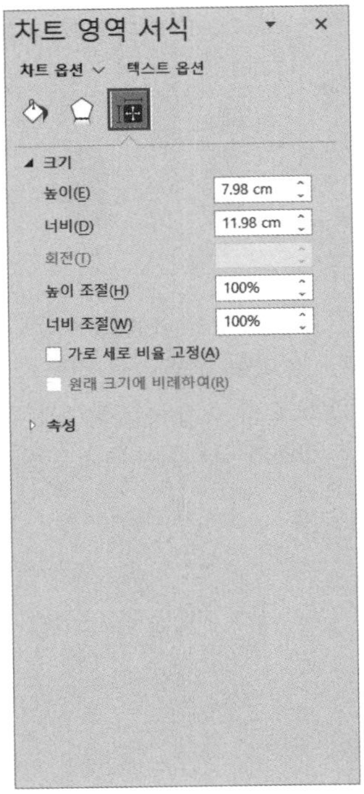

채우기 및 선	• 채우기: 채우기 없음, 단색 채우기, 그라데이션 채우기, 그림 또는 질감 채우기, 패턴 채우기, 자동 등을 설정 • 테두리: 선 없음, 실선, 그라데이션 선, 자동, 색, 투명도, 너비, 선 종류, 둥근 모서리 등을 설정
효과	그림자, 네온, 부드러운 가장자리, 3차원 서식, 3차원 회전 등을 설정
크기 및 속성	• 크기: 높이, 너비, 회전, 높이 조절, 너비 조절 등을 설정 • 속성: 위치와 크기 변함, 위치만 변함, 변하지 않음, 개체 인쇄, 잠금 등을 설정

02 데이터 계열 서식

| 실행 방법

방법1	데이터 계열을 클릭하고 [서식] 탭－[현재 선택 영역] 그룹－[선택 영역 서식] 선택
방법2	데이터 계열의 바로 가기 메뉴에서 [데이터 계열 서식] 선택
방법3	데이터 계열을 클릭하고 Ctrl+1

데이터 계열 서식에는 채우기 및 선, 효과, 계열 옵션 등이 있다.

| 계열 옵션

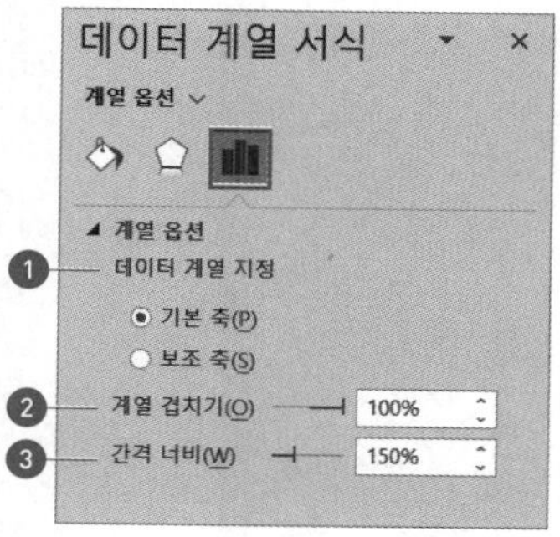

❶ 데이터 계열 지정	기본 축, 보조 축을 설정
❷ 계열 겹치기	숫자값이 클수록 겹쳐지는 부분이 커짐(−100~100%)
❸ 간격 너비	숫자값이 클수록 항목 사이의 공백이 커짐(0~500%)

| '계열 겹치기'가 '65%'인 경우

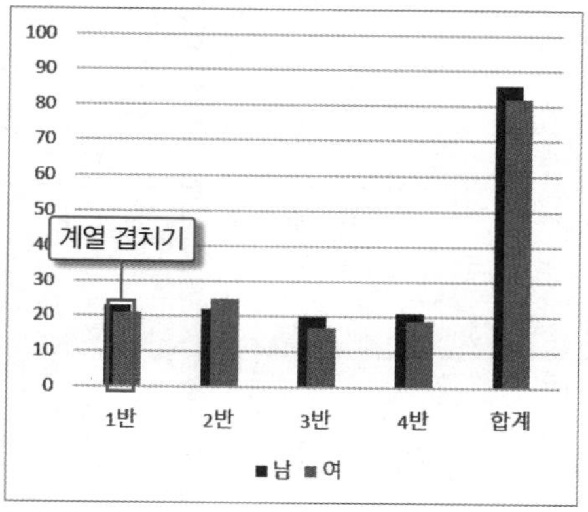

| '간격 너비'가 '0%'인 경우

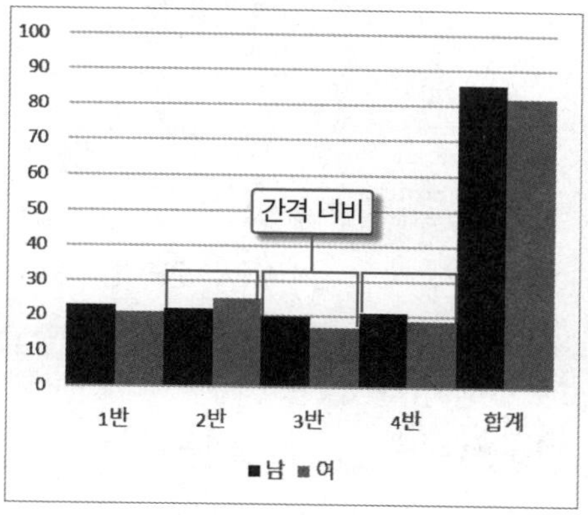

개념 플러스 막대형 차트에서 계열에 그림 채우기

- 그림은 삽입, 클립보드에서 선택할 수 있다.
- 늘이기: 막대의 크기에 비례해서 그림의 높이가 증가한다.
- 쌓기: 원본 그림의 크기에 따라 단위/그림이 달라진다.
- 다음 배율에 맞게 쌓기: 계열 간의 원본 그림 크기가 달라도 단위/그림 같게 설정하면 같은 크기로 표시된다.

▼ 막대형 차트에서 계열에 그림 채우기

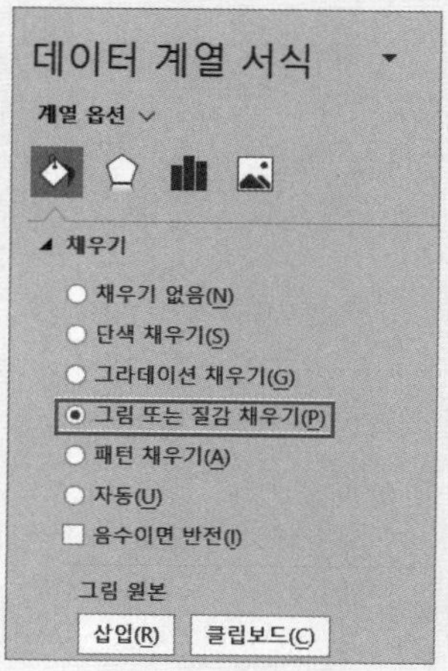

03 축 서식

■축 서식 지정의 예시

• '축 값'을 1000으로 지정한 경우

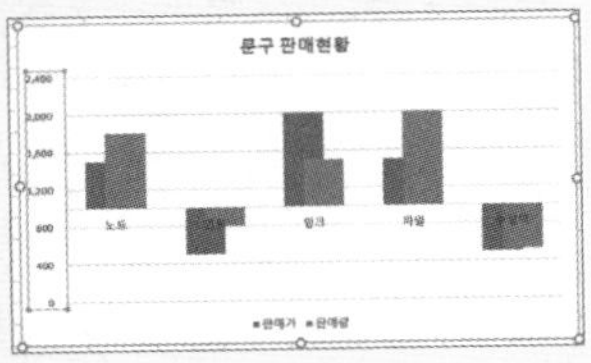

• '축의 최대값'으로 지정한 경우

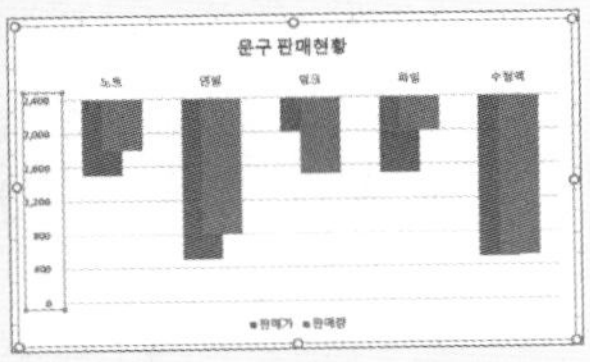

• '로그 눈금 간격'을 지정한 경우

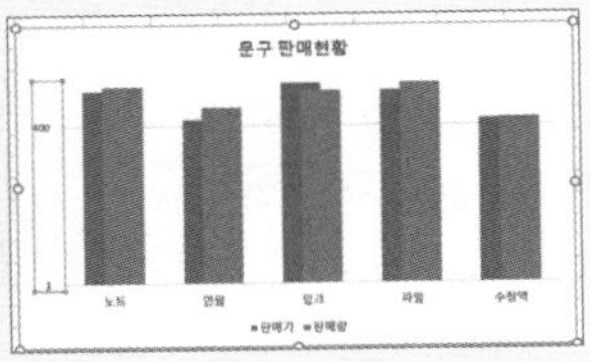

• '값을 거꾸로'로 지정한 경우

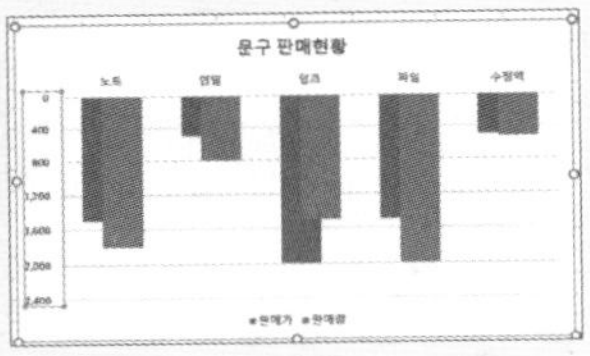

| 실행 방법

방법1	축을 클릭하고 [서식] 탭-[현재 선택 영역] 그룹-[선택 영역 서식] 선택
방법2	축의 바로 가기 메뉴에서 [축 서식] 선택
방법3	축을 클릭하고 Ctrl+1

축 서식에는 채우기 및 선, 효과, 크기 및 속성, 축 옵션 등이 있다.

| 축 옵션

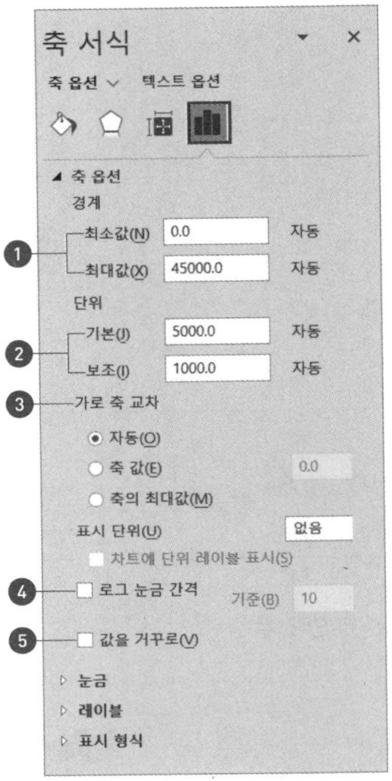

❶ 최소값/최대값	세로(값) 축에 표시되는 최소값과 최대값 지정
❷ 기본/보조	세로(값) 축 기본 눈금선과 보조 눈금선의 단위 지정
❸ 가로 축 교차	'자동', '축 값', '축의 최대값'으로 설정
❹ 로그 눈금 간격	데이터의 값 차이가 매우 클 때 사용
❺ 값을 거꾸로	세로 축에 표시되는 값을 거꾸로 나열

Warming UP 기출로 개념 확인

01 (또 나올 문제)

2017.09, 2017.03

다음 중 차트의 데이터 계열 서식에 대한 설명으로 옳지 않은 것은?

① 계열 겹치기 수치를 양수로 지정하면 데이터 계열 사이가 벌어진다.
② 차트에서 데이터 계열의 간격을 넓게 또는 좁게 지정할 수 있다.
③ 특정 데이터 계열의 값이 다른 데이터 계열의 값과 차이가 많이 나거나 데이터 형식이 혼합되어 있는 경우 보조 세로(값) 축에 하나 이상의 데이터 계열을 나타낼 수 있다.
④ 보조 축에 해당되는 데이터 계열을 구분하기 위하여 보조 축의 데이터 계열만 선택하여 차트 종류를 변경할 수 있다.

02

2018.09

다음 중 차트 작업에 대한 설명으로 옳지 않은 것은?

① 차트에 표시되는 계열의 순서는 차트 생성 후에도 변경할 수 있다.
② 데이터 계열 값으로 참조되는 셀 영역에서 표시 형식을 변경하는 경우 차트에 표시되는 값에도 적용된다.
③ 사용자가 차트 요소에 지정한 서식은 해당 요소 선택 후 [홈]−[편집]−[지우기]−[서식 지우기]를 이용하여 원래 스타일로 되돌릴 수 있다.
④ 데이터 계열 값으로 참조되는 셀 영역에서 값을 변경하는 경우 차트에 표시되는 값도 함께 변경된다.

03 (또 나올 문제)

2020.07, 2016.03

다음 중 아래 차트에 대한 설명으로 옳지 않은 것은?

구분	남	여	합계
1반	23	21	44
2반	22	25	47
3반	20	17	37
4반	21	19	40
합계	86	82	168

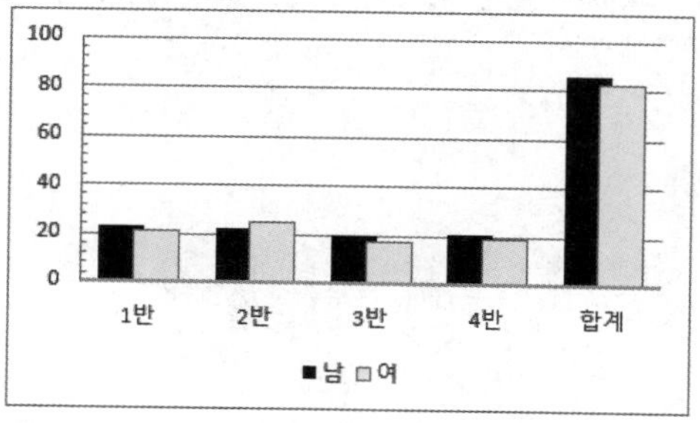

① 차트의 종류는 묶은 세로 막대형으로 계열 옵션의 '계열 겹치기'가 적용되었다.
② 세로 (값) 축의 [축 서식]에는 주 눈금과 보조 눈금이 '안쪽'으로 표시되도록 설정되었다.
③ 데이터 계열로 '남'과 '여'가 사용되고 있다.
④ 표 전체 영역을 데이터 원본으로 사용하여 차트를 작성하였다.

바로 보는 해설

01
계열 겹치기 수치를 양수로 지정하면 데이터 계열 사이가 겹쳐지고, 음수로 지정하면 데이터 계열 사이가 벌어진다.

02
[서식]−[현재 선택 영역]−[스타일에 맞게 다시 설정]을 통해 원래 스타일로 되돌릴 수 있다.

03

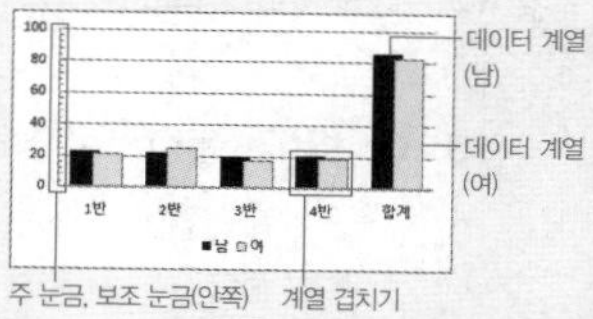

표 전체 영역이 아니라 '남'과 '여' 계열만 사용하여 차트를 작성하였다. 표에 있는 각 반의 '합계' 데이터는 차트에 사용하지 않았다.

| 정답 | 01 ① 02 ③ 03 ④

기출선지 OX 퀴즈

01 영역형 차트는 3차원 차트로 변경이 가능하다. (O / X)

02 원형 차트는 전체에 대한 각 부분의 관계를 보여주며, 여러 데이터 계열이 각각의 고리로 표시된다. (O / X)

03 꺾은선형 차트는 일정 간격에 따라 데이터의 추세를 나타내기에 적합하다. (O / X)

04 기본적으로 워크시트의 행과 열에서 숨겨진 데이터는 차트에 표시되지 않는다. (O / X)

05 차트 제목, 가로/세로 축 제목, 범례, 그림 영역 등은 마우스로 드래그하여 이동할 수 있다. (O / X)

06 Ctrl을 누른 상태에서 차트 크기를 조절하면 차트의 크기가 셀에 맞춰 조절된다. (O / X)

07 추세선을 추가할 수 없는 차트는 원형, 도넛형, 표면형, 방사형, 3차원 차트이다. (O / X)

08 3차원 차트는 오차 막대를 표시할 수 없다. (O / X)

09 계열 겹치기 수치를 양수로 지정하면 데이터 계열 사이가 벌어진다. (O / X)

10 차트에서 데이터 계열의 간격을 넓게 또는 좁게 지정할 수 있다. (O / X)

11 보조 축에 해당되는 데이터 계열을 구분하기 위하여 보조축의 데이터 계열만 선택하면 차트 종류를 변경할 수 있다. (O / X)

12 차트에 표시되는 계열의 순서는 차트 생성 후에도 변경할 수 있다. (O / X)

13 데이터 계열 값으로 참조되는 셀 영역에서 표시 형식을 변경하는 경우 차트에 표시되는 값에도 적용된다. (O / X)

14 차트를 클릭하면 [차트 디자인], [서식] 탭이 추가된다. (O / X)

15 차트에서 데이터 요소의 크기를 조절하면 워크시트의 값이 자동으로 고쳐진다. (O / X)

16 워크시트의 셀과 차트의 제목을 연결하려면 차트에 제목이 입력되어 있어야 한다. (O / X)

17 여러 데이터 계열을 선택하여 한 번에 차트 종류를 변경할 수 있다. (O / X)

18 3차원 차트는 혼합형 차트로 만들 수 없다. (O / X)

19 전체 항목의 합에 대한 각 항목의 비율을 나타내기에 적합한 차트는 원형 차트이다. (O / X)

20 방사형 차트는 항목 레이블이 월, 분기, 연도와 같이 일정한 간격의 값을 나타내는 경우에 적합한 차트로 일정 간격에 따라 데이터의 추세를 표시하는 데 유용하다. (O / X)

21 방사형 차트는 분산형 차트의 한 종류로 데이터 계열 간의 항목 비교에 사용된다. (O / X)

22 이중 축 차트는 특정 데이터 계열의 값이 다른 데이터 계열의 값과 현저하게 차이가 나거나 데이터의 단위가 다른 경우 주로 사용한다. (O / X)

23 [차트 디자인] 탭의 [차트 레이아웃] 그룹에서 삽입할 수 없는 항목은 텍스트 상자이다. (O / X)

24 데이터 레이블 내용은 계열 이름, 항목 이름, 값 중에서 한 가지를 선택하여 표시할 수 있다. (O / X)

25 추세선이 추가된 데이터 계열의 차트 종류를 3차원 차트로 변경해도 추세선은 유지된다. (O / X)

| 정답 |

01	O	02	X	03	O	04	O	05	O	06	X	07	O	08	O	09	X	10	O
11	O	12	O	13	O	14	O	15	X	16	O	17	X	18	O	19	O	20	X
21	X	22	O	23	O	24	O	25	X										

Build UP 기출로 개념 강화

개념끝 065 차트 작성

01 또 나올 문제 2017.03

다음 중 아래 차트에 설정되어 있지 않은 차트 요소는?

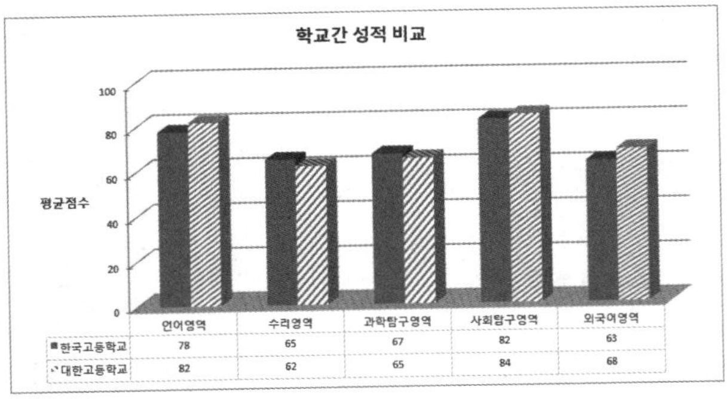

① 차트 제목
② 데이터 테이블
③ 데이터 레이블
④ 세로 (값) 축 제목

02 2016.03

다음 중 아래의 차트에 설정된 차트의 구성 요소로 옳지 않은 것은?

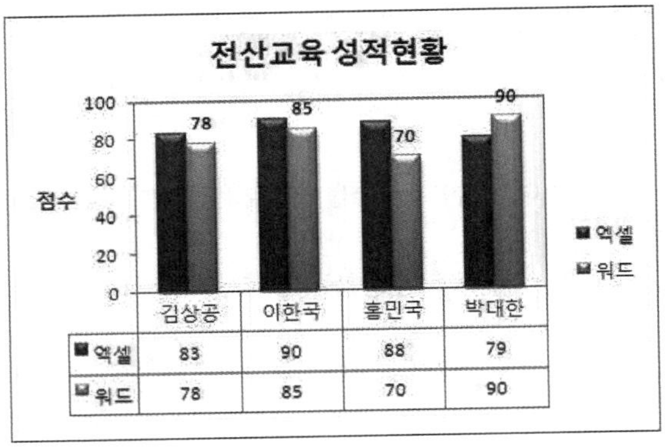

① 눈금선
② 데이터 테이블
③ '워드' 계열의 데이터 레이블
④ 세로 (값) 축 제목

03 2018.09

다음 중 원형 차트에 대한 설명으로 옳지 않은 것은?

① 차트 계열 요소의 값들을 '데이터 테이블'로 나타낼 수 있다.
② 항상 한 개의 데이터 계열만을 가지고 있으므로 축이 없다.
③ 차트의 각 조각을 분리하거나, 첫째 조각의 각을 조정할 수 있다.
④ 전체 항목의 합에 대한 각 항목의 비율을 표시할 수 있다.

04 (또 나올 문제) 2018.03

다음 중 차트에 대한 설명으로 옳지 않은 것은?

① 표면형 차트는 두 개의 데이터 집합에서 최적의 조합을 찾을 때 사용한다.

② 방사형 차트는 분산형 차트의 한 종류로 데이터 계열 간의 항목 비교에 사용된다.

③ 분산형 차트는 데이터의 불규칙한 간격이나 묶음을 보여주는 것으로, 주로 과학이나 공학용 데이터 분석에 사용된다.

④ 이중 축 차트는 특정 데이터 계열의 값이 다른 데이터 계열의 값과 현저하게 차이가 나거나 데이터의 단위가 다른 경우 주로 사용한다.

05 2018.03

다음 중 아래 차트에 대한 설명으로 옳지 않은 것은?

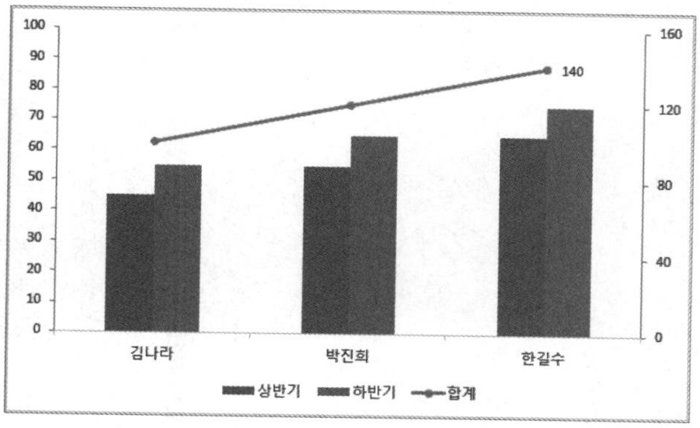

① '합계' 계열이 보조 축으로 설정된 이중 축 차트이다.

② 범례 위치는 '아래쪽'으로 설정되어 있다.

③ '하반기' 계열의 '한길수' 요소에 데이터 레이블이 표시되어 있다.

④ 보조 세로 (값) 축의 주 단위는 '40'으로 설정되어 있다.

바로 보는 해설

01 계열의 값을 차트에 표시하는 것을 '데이터 레이블'이라고 하는데 막대 그래프 주변에 값이 표시되어 있지 않다.

| 오답 피하기 |

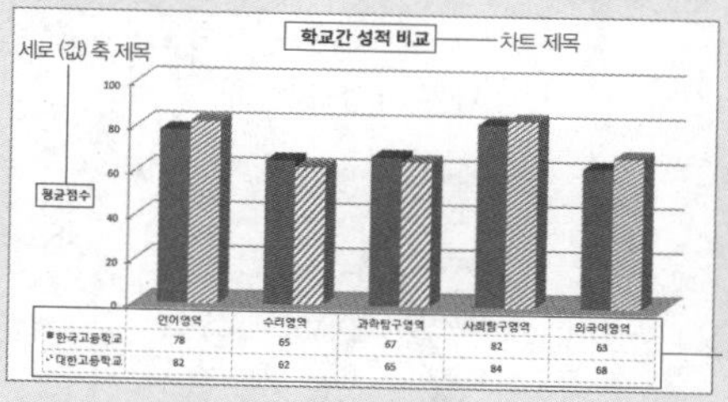

02 **| 오답 피하기 |**

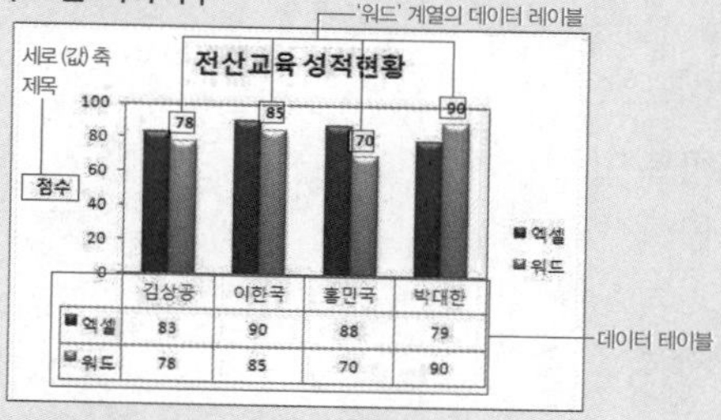

눈금선은 표시되어 있지 않다.

03 원형 차트는 차트 계열 요소의 값들을 '데이터 테이블'로 나타낼 수 없다.

04 거품형 차트에 대한 설명이다. 방사형 차트는 많은 데이터 계열의 집계값을 비교할 때 사용되며 같은 계열의 값은 모두 선으로 연결된다.

05 '합계' 계열의 '한길수' 요소에 데이터 레이블이 표시되어 있다.

| 오답 피하기 |

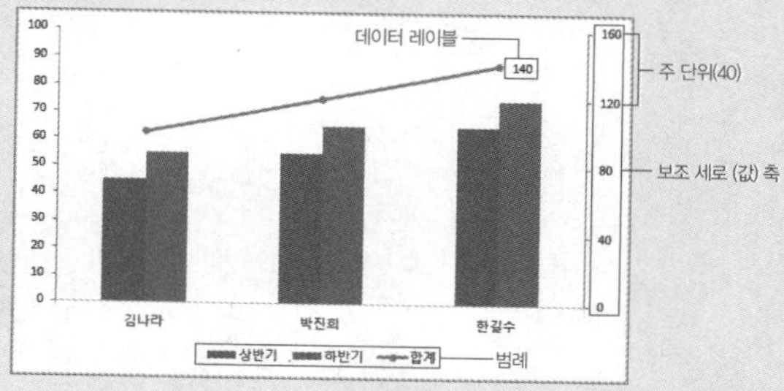

| 정답 | 01 ③ 02 ① 03 ① 04 ② 05 ③

06

2021.상시, 2015.06

다음 중 아래의 차트와 같이 데이터를 선으로 표시하여 데이터 계열의 총 값을 비교하고, 상호 관계를 살펴보고자 할 때 사용하는 차트 종류는?

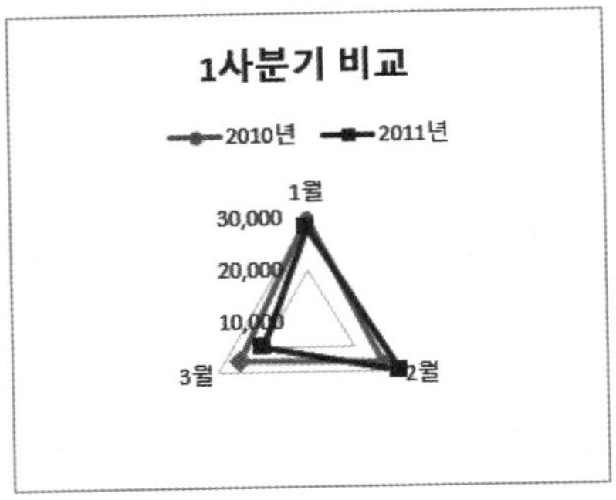

① 도넛형 차트
② 방사형 차트
③ 분산형 차트
④ 주식형 차트

07 또 나올 문제

2013.10

다음 중 전체 항목의 합에 대한 각 항목의 비율을 나타내기에 적합한 차트는?

① 혼합형 차트
② 원형 차트
③ 방사형 차트
④ 영역형 차트

08

2013.10

다음 중 아래 차트에 대한 설명으로 옳지 않은 것은?

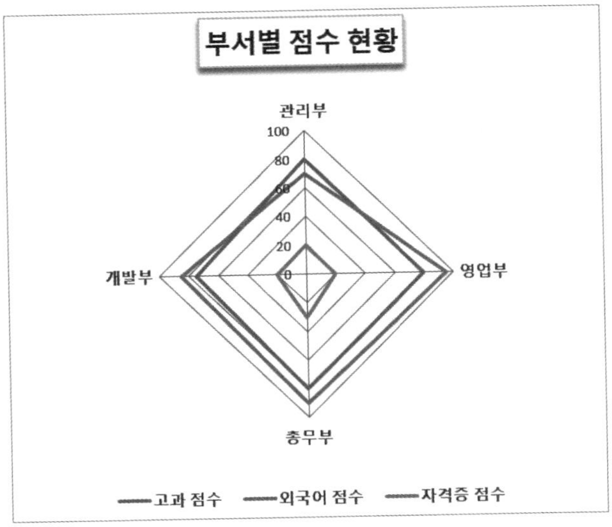

① 데이터 계열이 중심점에서 외곽선으로 나오는 축을 갖는다.
② 여러 데이터 계열의 집계 값을 비교할 때 사용한다.
③ 같은 계열에 있는 모든 값들이 선으로 연결되며, 각 계열마다 축을 갖는다.
④ 두 데이터 계열에서 최적의 조합을 찾는 데 유용하다.

개념끝 066 차트의 편집

09

2017.09

다음 중 차트 편집에 대한 내용으로 옳지 않은 것은?

① 차트의 데이터 범위에서 일부 데이터를 차트에 표시하지 않으려면 행이나 열을 '숨기기'로 지정한다.
② 3차원 차트는 혼합형 차트로 만들 수 없다.
③ F11을 눌러 차트 시트를 만들 수 있다.
④ 여러 데이터 계열을 선택하여 한 번에 차트 종류를 변경할 수 있다.

10 또 나올 문제

2016.10, 2014.06

다음 중 차트에서 계열의 순서를 변경할 때 선택해야 할 바로 가기 메뉴는?

① 차트 이동
② 데이터 선택
③ 차트 영역 서식
④ 그림 영역 서식

바로 보는 해설

06 방사형 차트는 가운데에서 뻗어가는 형태의 차트로, 데이터 계열이 많을 때 사용하고, 가로축이 없다.

07 원형 차트는 각 항목의 값이 항목 합계의 비율로 표시되고, 하나의 데이터 계열만 표시할 수 있다.

08 표면형 차트에 대한 설명이다.

09 데이터 계열은 한 번에 하나만 선택할 수 있다.

10 [차트 디자인] 탭-[데이터] 그룹-[데이터 선택]이나 차트의 바로 가기 메뉴에서 [데이터 선택]을 선택한다.

| 정답 | 06 ② 07 ② 08 ④ 09 ④ 10 ②

11 또 나올 문제

2012.09

다음 중 아래 차트에 대한 설명으로 옳지 않은 것은?

	A	B	C	D
1	년도	금액		
2	2010년	35,000		
3	2011년	25,500		
4	2012년	69,300		
5				

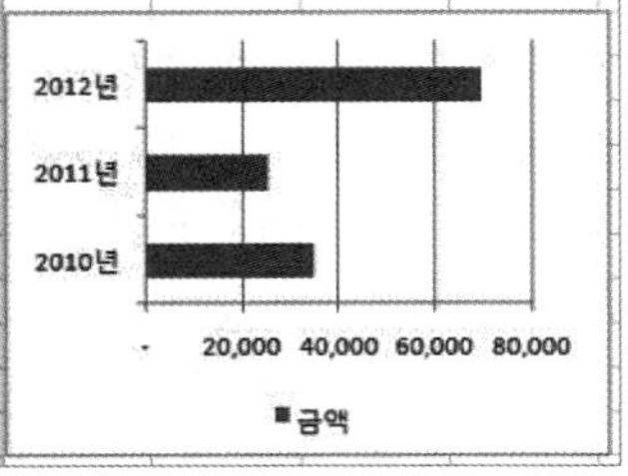

① 표의 데이터를 수정하면 차트도 자동으로 수정된다.
② 차트에서 주 눈금선을 선택하여 삭제하면 주 눈금선이 사라진다.
③ 표의 [A5:B5] 셀에 새로운 데이터를 추가하면 차트에도 자동으로 추가된다.
④ 표의 [A3:B3] 셀과 [A4:B4] 셀 사이에 새로운 데이터를 삽입하면 차트에도 자동으로 삽입된다.

개념끝 067 차트 요소 추가

12

2021.상시

다음 차트는 기대수명 20년에 대한 예측을 표시한 것이다. 이때 사용한 기능으로 옳은 것은?

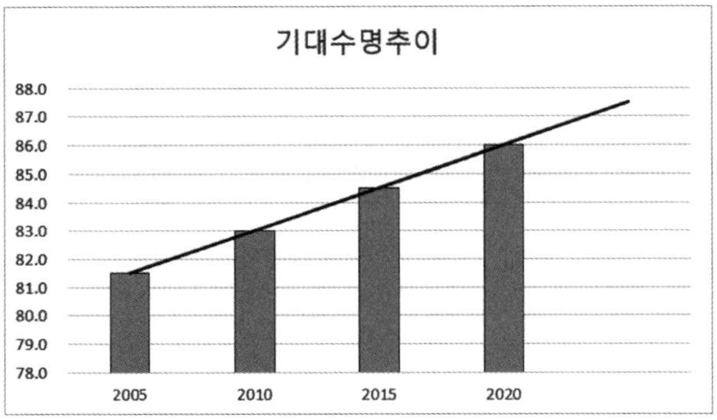

① 자동 합계　　② 추세선
③ 오차 막대　　④ 평균 구하기

13 또 나올 문제

2020.02, 2016.03

다음 중 특정한 데이터 계열에 대한 변화 추세를 파악하기 위해 추세선을 표시할 수 있는 차트의 종류는?

① 
② 
③ 
④ 

개념끝 068

차트 서식 지정

14 2020.07

다음 중 막대형 차트에서 각 데이터 계열을 그림으로 표시하는 방법으로 옳지 않은 것은?

① 막대에 채워질 그림은 저장된 파일, 클립보드에 복사되어 있는 파일, 온라인에서 선택할 수 있다.
② 늘이기는 값에 비례하여 그림의 너비와 높이가 증가한다.
③ 쌓기는 원본 그림의 크기에 따라 단위/그림이 달라진다.
④ '다음 배율에 맞게 쌓기'는 계열 간의 원본 그림 크기가 달라도 'Units/Picture'을 같게 설정하면 같은 크기로 표시된다.

15 또 나올 문제 2012.09

아래 그림을 [데이터 계열 서식] 메뉴를 이용하여 수정하고자 할 때, 다음 중 설명이 옳지 않은 것은?

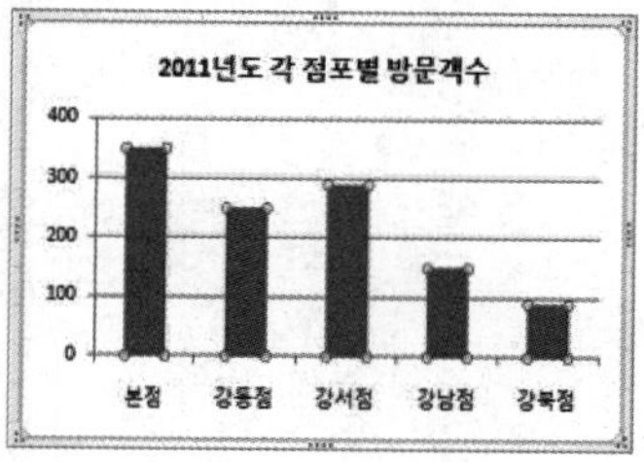

① [계열 겹치기]는 −100%에서 100%까지 조절할 수 있다.
② [간격 너비]는 0%에서 500%까지이다.
③ [요소마다 다른 색 사용]에 체크표시를 하면 막대의 색깔이 각각 달라진다.
④ [간격 너비]의 숫자를 늘리면 각 막대의 너비가 커진다.

바로 보는 해설

11 [A5:B5] 영역은 차트의 원본 데이터 범위가 아니므로 차트에 자동으로 추가되지 않는다.

12 추세선은 데이터 계열의 변화 추세나 방향을 표시하는 선이다.

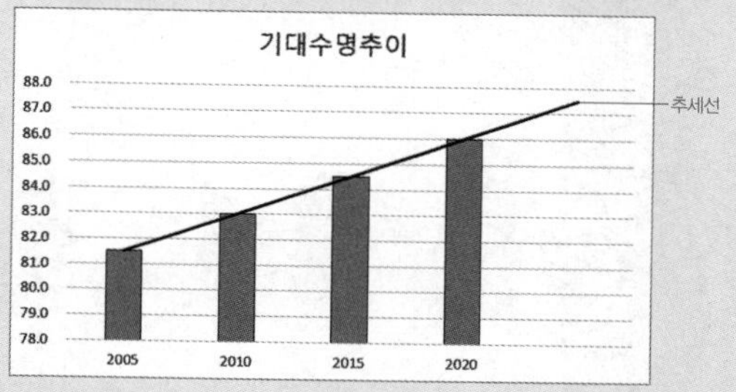

13 거품형 차트로 추세선 표시가 가능하다.

| 오답 피하기 |
① 방사형 차트로 추세선을 표시할 수 없다.
② 원형 차트로 추세선을 표시할 수 없다.
③ 도넛형 차트로 추세선을 표시할 수 없다.

14 늘이기는 막대 그래프의 크기에 비례하여 그림의 높이가 증가한다.

15 [간격 너비]의 숫자를 늘리면 막대 사이의 간격이 넓어지므로 각 막대의 너비는 작아진다.

| 정답 | 11 ③ 12 ② 13 ④ 14 ② 15 ④

최근 기출 10개년 기준

9%

CHAPTER 6

출력 작업

무료 동영상 강의

학습전략

엑셀을 활용하여 문서를 작성했다면 출력도 쉽게 할 수 있어야 합니다. 출력에 관련된 다양한 기능들도 문제로 출제되고 있으므로 자주 출제되는 부분을 중심으로 학습하는 전략이 필요합니다.

개념끝

069 페이지 레이아웃 설정

기출빈도 **A** ····· B ····· C ····· D

01 [페이지 레이아웃] 탭

결정적 힌트

인쇄에 관련된 기능으로 자주 문제에 출제되는 부분은 아닙니다. 페이지 나누는 방법과 페이지 구분선을 제거하는 방법, 인쇄 영역을 지정하고 해제하는 방법 등을 중심으로 학습하시기 바랍니다.

(1) [테마] 변경 그룹

- 테마란 엑셀 문서 전체에서 색, 글꼴, 그래픽 서식 효과 등을 쉽게 지정하는 기능이다.
- [페이지 레이아웃] 탭 – [테마] 그룹에서 테마를 변경할 수 있다.

❶ 테마	테마를 변경하거나 현재 테마를 다시 사용할 수 있도록 저장
❷ 색	테마 색을 선택하거나 사용자 테마 색 작성
❸ 글꼴	테마 글꼴을 선택하거나 사용자 테마 글꼴 작성
❹ 효과	그림자, 반사, 선, 채우기가 포함된 효과 선택

(2) [페이지 설정] 그룹

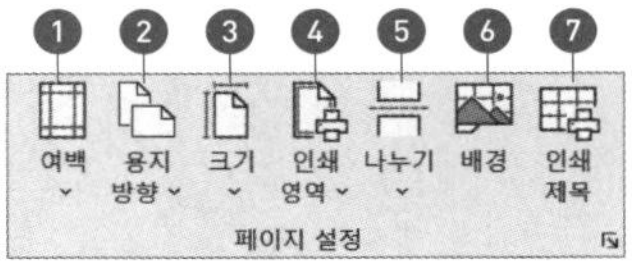

❶ 여백	기본, 넓게, 좁게, 사용자 지정 여백 등을 지정
❷ 용지 방향	용지 방향을 세로, 가로로 지정
❸ 크기	인쇄 용지 크기를 지정
❹ 인쇄 영역	인쇄 영역을 설정하거나 해제
❺ 나누기	페이지 나누기를 삽입하거나 제거
❻ 배경	워크시트 배경으로 이미지를 지정 가능, 배경은 인쇄되지 않음
❼ 인쇄 제목	모든 페이지에 반복해서 인쇄할 행과 열 지정

▼ 인쇄 제목

'인쇄 제목'을 선택하면 [페이지 설정] 대화상자의 [시트] 탭이 열려서 인쇄 제목을 지정할 수 있다.

(3) [크기 조정] 그룹

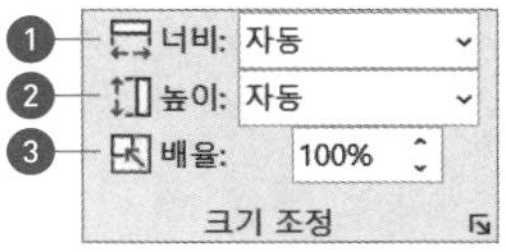

너비, 높이, 배율은 [페이지 설정] 대화상자의 [페이지] 탭에서도 지정할 수 있다.

❶ 너비	특정 페이지 수에 맞게 인쇄물의 너비를 조절
❷ 높이	특정 페이지 수에 맞게 인쇄물의 높이를 조절
❸ 배율	인쇄물을 확대하거나 축소할 배율 지정

(4) [시트 옵션] 그룹

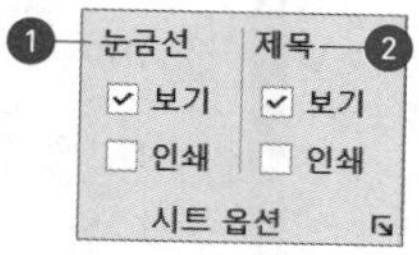

눈금선, 제목은 [페이지 설정] 대화상자의 [시트] 탭에서도 지정할 수 있다.

❶ 눈금선	눈금선을 화면에 표시하거나 인쇄 여부 지정
❷ 제목	행/열 머리글을 화면에 표시하거나 인쇄 여부 지정

02 페이지 나누기

• 인쇄 시 사용자가 임의로 페이지 구분선을 삽입하는 기능이다.

삽입	[페이지 레이아웃] 탭－[페이지 설정] 그룹－[나누기]－[페이지 나누기 삽입] 선택
제거	[페이지 레이아웃] 탭－[페이지 설정] 그룹－[나누기]－[페이지 나누기 제거] 선택

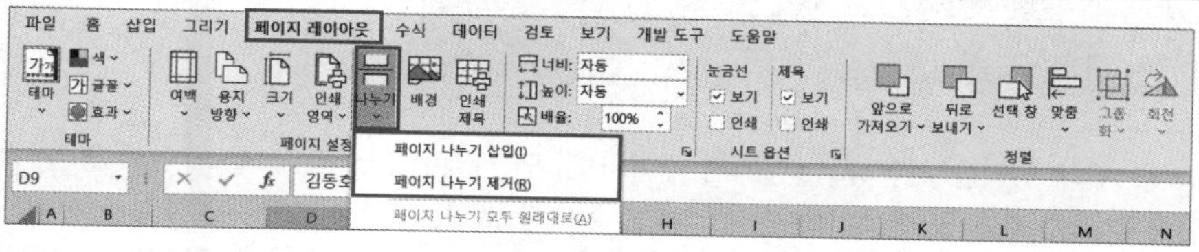

• 현재 셀 포인터를 기준으로 위쪽과 왼쪽에 페이지 구분선이 삽입된다.
• 행 높이와 열 너비를 변경하면 자동 페이지 나누기의 위치가 변경된다.
• 용지 크기, 여백 설정, 배율 옵션에 따라 자동 페이지 나누기가 삽입된다.
• [페이지 레이아웃] 탭－[페이지 설정] 그룹－[나누기]－[페이지 나누기 모두 원래대로]를 선택하면 페이지를 나누기 전의 원래 상태로 되돌릴 수 있다.

• 자동 페이지 나누기: 인쇄 내용이 많아 한 페이지가 넘는 경우 자동으로 페이지 구분선이 삽입된다.
• 수동 페이지 나누기: 사용자가 원하는 위치에 페이지 구분선을 삽입한다.

03 인쇄 영역

• 인쇄 영역을 정의하고 워크시트를 인쇄하면 해당 인쇄 영역만 인쇄된다.

설정	인쇄할 영역의 범위를 지정한 후 [페이지 레이아웃] 탭－[페이지 설정] 그룹－[인쇄 영역]－[인쇄 영역 설정] 선택
해제	[페이지 레이아웃] 탭－[페이지 설정] 그룹－[인쇄 영역]－[인쇄 영역 해제] 선택

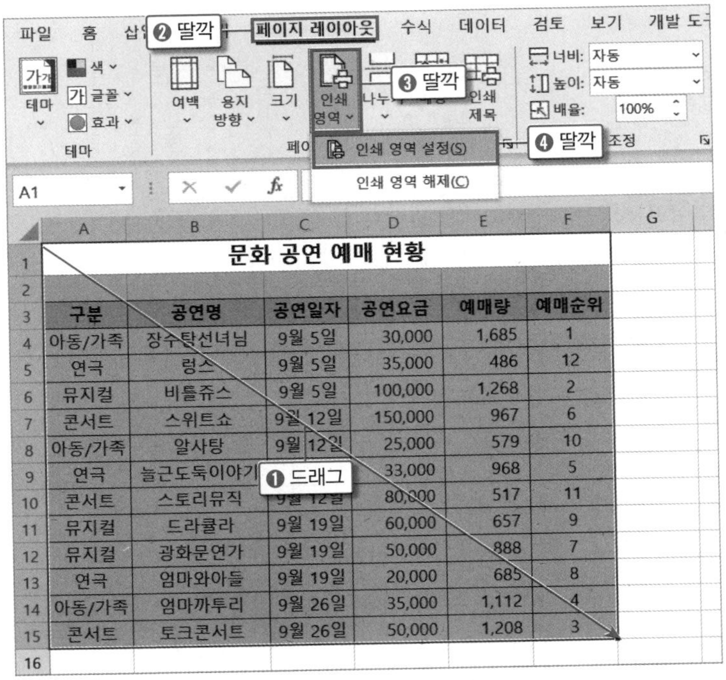

- 추가할 인쇄 영역을 선택하고 [페이지 레이아웃] 탭－[페이지 설정] 그룹－[인쇄 영역]－[인쇄 영역에 추가]를 선택하면 인쇄 영역을 확대할 수 있다.
- 인쇄 영역은 [홈] 탭－[페이지 설정] 그룹－[페이지 설정] 아이콘(◪)을 클릭하여 [페이지 설정] 대화상자를 열고 [시트] 탭에서 지정할 수 있지만, 인쇄 미리 보기 상태에서는 인쇄 영역이 활성화되지 않으므로 지정할 수 없다.
- 인쇄 영역 설정은 하나의 시트에서만 가능하다.
- 인쇄 영역을 지정하면 이름 상자에 자동으로 'Print_Area'라는 이름이 작성된다.
- Ctrl+F3을 누르거나 [수식] 탭－[정의된 이름] 그룹－[이름 관리자]를 클릭하여 [이름 관리자] 대화상자를 열고 인쇄 영역과 'Print_Area' 이름을 확인할 수 있다.

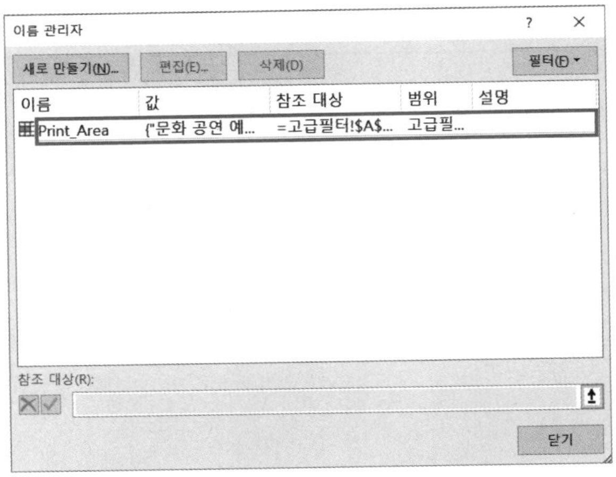

- 여러 영역을 인쇄 영역으로 설정한 경우 설정한 순서대로 서로 다른 페이지에 인쇄된다.
- 페이지 나누기 미리 보기에서 인쇄 영역으로 설정된 부분은 밝게, 설정되지 않은 부분은 어둡게 표시된다.

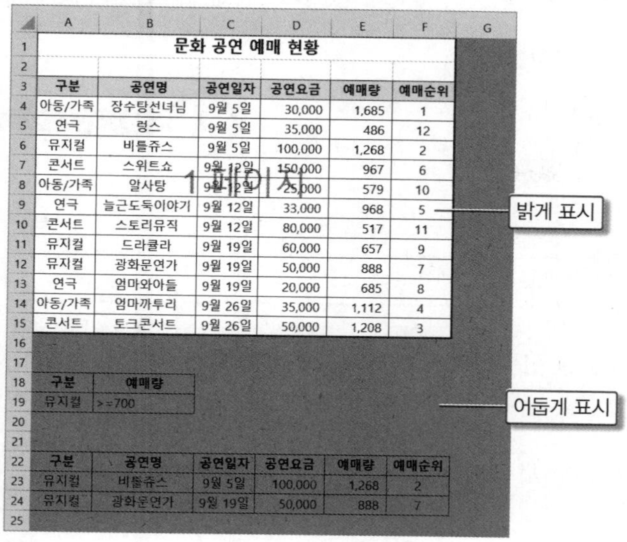

	A	B	C	D	E	F
1	문화 공연 예매 현황					
2						
3	구분	공연명	공연일자	공연요금	예매량	예매순위
4	아동/가족	장수탕선녀님	9월 5일	30,000	1,685	1
5	연극	렁스	9월 5일	35,000	486	12
6	뮤지컬	비틀쥬스	9월 5일	100,000	1,268	2
7	콘서트	스위트쇼	9월 12일	150,000	967	6
8	아동/가족	알사탕	9월 12일	25,000	579	10
9	연극	늘근도둑이야기	9월 12일	33,000	968	5
10	콘서트	스토리뮤직	9월 12일	80,000	517	11
11	뮤지컬	드라큘라	9월 19일	60,000	657	9
12	뮤지컬	광화문연가	9월 19일	50,000	888	7
13	연극	엄마와아들	9월 19일	20,000	685	8
14	아동/가족	엄마까투리	9월 26일	35,000	1,112	4
15	콘서트	토크콘서트	9월 26일	50,000	1,208	3
16						
17						
18	구분	예매량				
19	뮤지컬	>=700				
20						
21						
22	구분	공연명	공연일자	공연요금	예매량	예매순위
23	뮤지컬	비틀쥬스	9월 5일	100,000	1,268	2
24	뮤지컬	광화문연가	9월 19일	50,000	888	7
25						

Warming UP 기출로 개념 확인

01 (또 나올 문제)

2022.상시, 2020.02

다음 중 페이지 나누기에 대한 설명으로 옳지 않은 것은?

① 페이지 나누기는 워크시트를 인쇄할 수 있도록 페이지 단위로 나누는 구분선이다.
② [페이지 나누기 미리 보기] 상태에서 마우스로 페이지 나누기 구분선을 클릭하여 끌면 페이지를 나눌 위치를 조정할 수 있다.
③ 행 높이와 열 너비를 변경해도 자동 페이지 나누기 구분선의 위치는 변경되지 않는다.
④ [페이지 나누기 미리 보기] 상태에서 파선은 자동 페이지 나누기를 나타내고 실선은 사용자 지정 페이지 나누기를 나타낸다.

02

2019.03(1급)

다음 중 시트의 특정 범위만 항상 인쇄하는 경우에 대한 설명으로 옳지 않은 것은?

① 인쇄할 영역을 블록 설정한 후 [페이지 레이아웃] 탭-[페이지 설정] 그룹의 [인쇄 영역]-[인쇄 영역 설정]을 클릭한다.
② 인쇄 영역으로 설정되면 페이지 나누기 미리 보기에서는 설정된 부분만 표시된다.
③ 인쇄 영역을 설정하면 자동으로 Print_Area라는 이름이 작성되며, 이름은 Ctrl+F3 또는 [수식] 탭-[정의된 이름] 그룹-[이름 관리자]에서 확인할 수 있다.
④ 인쇄 영역 설정은 [페이지 설정] 대화상자의 [시트] 탭에서 지정할 수 있다.

바로 보는 해설

01
행 높이와 열 너비를 변경하면 자동 페이지 나누기 구분선의 위치가 변경되고, 수동 페이지 나누기는 구분선의 위치가 변경되지 않는다.

02
페이지 나누기 미리 보기에서 인쇄 영역으로 설정된 부분은 정상적으로 밝게, 설정되지 않은 부분은 어둡게 표시된다.

| 정답 | 01 ③ 02 ②

개념끝

070 통합 문서 보기

기출빈도 A B C D

01 페이지 나누기 미리 보기

결정적 힌트

페이지 나누기 미리 보기와 페이지 레이아웃은 혼동될 수 있는 기능입니다. 두 가지 기능의 특징을 정확하게 이해하는 것이 필요합니다.

• 워크시트 상태에서 페이지 구분선, 인쇄 영역, 페이지 번호 등을 보여주는 보기 상태이다.

| 실행 방법

방법	[보기] 탭 – [통합 문서 보기] 그룹 – [페이지 나누기 미리 보기] 선택

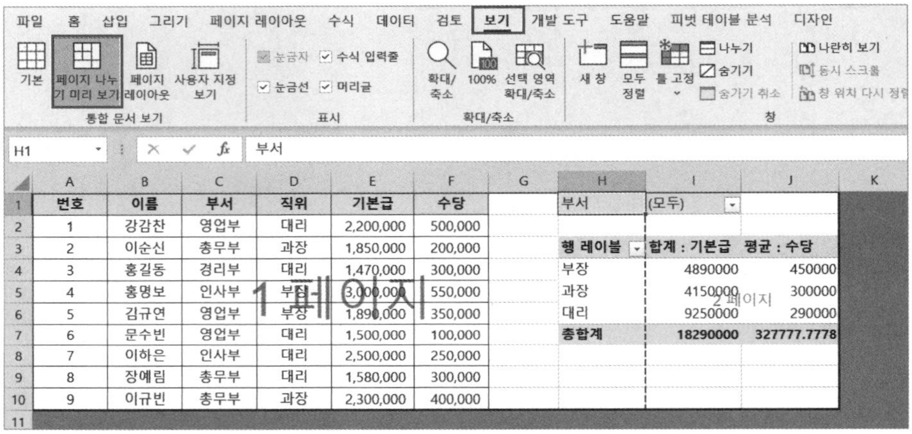

페이지 나누기 미리 보기 상태에서 바로 가기 메뉴의 [페이지 나누기 삽입]을 선택하여 페이지를 나눌 수 있다.

• 마우스로 페이지 구분선을 드래그하여 페이지를 나눌 위치를 조정할 수 있다.
• 수동으로 삽입한 페이지 나누기는 파란색 실선으로, 자동 페이지 나누기는 파란색 점선으로 표시된다.
• 수동으로 삽입한 페이지 나누기를 제거하려면 페이지 나누기를 표시하는 파란색 실선을 페이지 나누기 미리 보기 영역의 밖으로 드래그한다.
• 원래 보기 상태로 되돌아가려면 [보기] 탭 – [통합 문서 보기] 그룹 – [기본]을 선택한다.

02 페이지 레이아웃 보기

• 워크시트에 머리글/바닥글 영역이 표시되어 간단히 머리글/바닥글을 추가할 수 있는 보기 상태이다.

| 실행 방법

방법	[보기] 탭 – [통합 문서 보기] 그룹 – [페이지 레이아웃] 선택

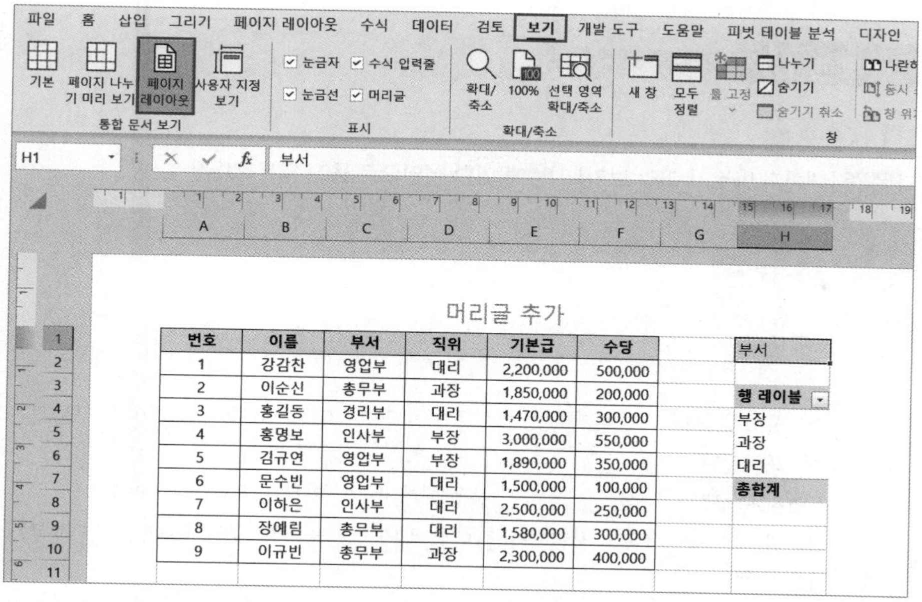

- 마우스로 드래그하여 페이지 구분선을 조정할 수 없다.
- 마우스를 이용하여 페이지 여백과 머리글과 바닥글 여백을 조정할 수 있다.
- [머리글/바닥글] 탭－[머리글/바닥글 요소] 그룹에서 미리 정의된 머리글이나 바닥글을 선택할 수 있다.

- 페이지 레이아웃 보기에서는 기본 보기와 같이 데이터 형식과 레이아웃을 변경할 수 있다.
- 페이지 레이아웃 보기에서 표시되는 눈금자의 단위는 [파일] 탭－[옵션]을 선택하고 [Excel 옵션] 창에서 '고급' 범주를 선택한 후 '표시'의 '눈금자 단위'에서 지정할 수 있다.

▼ 눈금자 단위

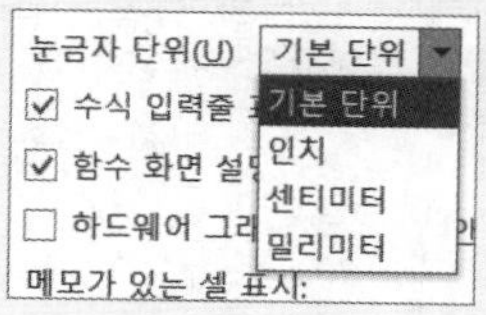

Warming UP 기출로 개념 확인

01 (또 나올 문제) 2018.09

다음 중 [페이지 나누기 미리 보기] 기능에 대한 설명으로 옳지 <u>않은</u> 것은?

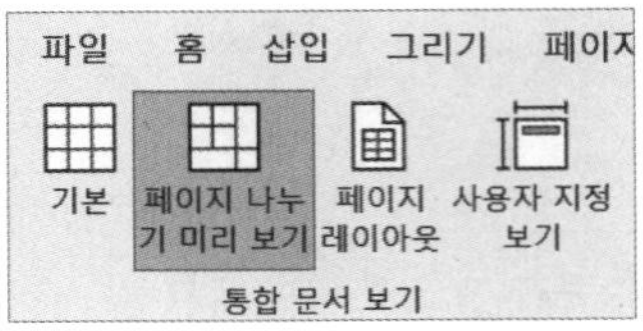

① 수동으로 삽입한 페이지 나누기는 실선으로 표시되고, 자동으로 추가된 페이지 나누기는 파선으로 표시된다.
② 자동 페이지 나누기 구분선을 이동하면 수동 페이지 나누기로 바뀐다.
③ 수동으로 삽입한 페이지 나누기를 제거하려면 페이지 나누기를 페이지 나누기 미리 보기 영역 밖으로 끌어 놓는다.
④ 행 높이와 열 너비를 변경하여도 자동 페이지 나누기는 영향을 받지 않고 원래대로 유지된다.

02 2018.03

다음 중 [페이지 레이아웃] 상태에서의 머리글/바닥글 작업에 대한 설명으로 옳지 <u>않은</u> 것은?

① 머리글/바닥글 여백을 충분히 확보하려면 [머리글/바닥글] 탭의 [옵션] 그룹에서 '문서에 맞게 배율 조정'을 선택한다.
② [머리글/바닥글] 탭의 [머리글/바닥글 요소] 그룹에서 미리 정의된 머리글이나 바닥글을 선택할 수 있다.
③ 워크시트 페이지 위쪽의 머리글 영역을 클릭하면 리본 메뉴에 [머리글/바닥글] 탭이 표시된다.
④ 머리글 또는 바닥글의 입력을 마치려면 워크시트에서 아무 곳이나 클릭한다.

바로 보는 해설

01
행 높이와 열 너비를 변경하면 자동 페이지 나누기는 영향을 받아 바로 적용되고, 수동 페이지 나누기는 영향을 받지 않고 원래대로 유지된다.

02
머리글/바닥글 여백을 충분히 확보하기 위해서는 [머리글/바닥글]-[옵션] 그룹의 '페이지 여백에 맞추기'를 선택한다.

| 정답 | 01 ④ 02 ①

개념끝

071 인쇄 작업

기출빈도 A ····· B ····· C ····· D

01 페이지 설정

인쇄할 문서의 페이지, 여백, 머리글/바닥글, 시트 등에 관한 사항을 설정하는 기능이다.

| 실행 방법

방법	[페이지 레이아웃] 탭－[페이지 설정] 그룹－[페이지 설정] 아이콘(◲) 클릭

결정적 힌트

인쇄 관련 기능 중 가장 많은 문제가 출제된 부분이 페이지 설정 기능입니다. 특히 [머리글/바닥글] 탭과 [시트] 탭에서 자주 문제가 출제되므로 이에 관련된 기능은 모두 알아두실 필요가 있습니다.

(1) [페이지] 탭

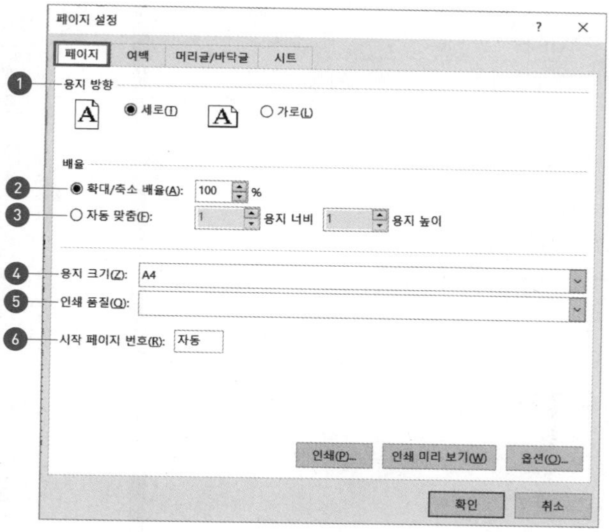

❶ 용지 방향	'세로' 또는 '가로' 방향으로 선택
❷ 확대/축소 배율	10 ~ 400%로 축소 또는 확대
❸ 자동 맞춤	지정한 너비와 높이에 맞추어 인쇄하는 기능으로, '용지 너비'와 '용지 높이'를 모두 '1'로 설정하면 여러 페이지를 한 페이지에 인쇄할 수 있음
❹ 용지 크기	인쇄 용지의 크기 설정
❺ 인쇄 품질	인쇄 품질이 높을수록 선명하게 인쇄
❻ 시작 페이지 번호	'자동'으로 설정하면 1페이지부터 인쇄

(2) [여백] 탭

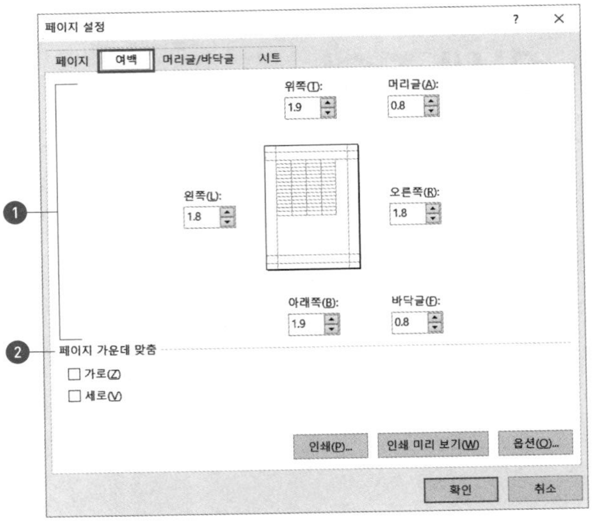

❶ 여백	인쇄 용지의 상하좌우, 머리글, 바닥글 여백 지정
❷ 페이지 가운데 맞춤	페이지의 가로 또는 세로 방향의 가운데에 맞춰 인쇄

(3) [머리글/바닥글] 탭

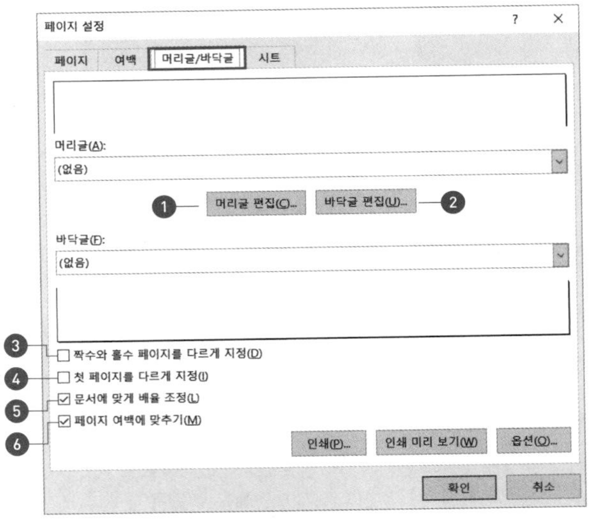

❶ 머리글 편집	모든 페이지의 위쪽에 고정적으로 인쇄되는 내용 지정
❷ 바닥글 편집	모든 페이지의 아래쪽에 고정적으로 인쇄되는 내용 지정
❸ 짝수와 홀수 페이지를 다르게 지정	짝수 페이지와 홀수 페이지의 머리글 및 바닥글을 다르게 지정
❹ 첫 페이지를 다르게 지정	첫 페이지의 머리글과 바닥글을 제거하거나 다르게 지정
❺ 문서에 맞게 배율 조정	워크시트와 같은 글꼴 크기와 크기 조정을 사용할지 지정
❻ 페이지 여백에 맞추기	머리글이나 바닥글을 표시하기에 충분한 머리글 또는 바닥글 여백을 확보할지 지정

| [머리글/바닥글] 단추

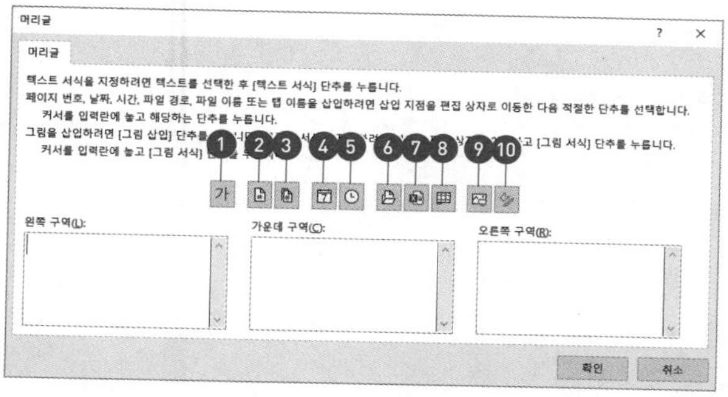

[머리글/바닥글] 단추를 클릭하면 '&' 뒤에 대괄호 안에 이름이 표시된다.
예 &[페이지 번호], &[날짜]

❶ 텍스트 서식	❷ 페이지 번호 삽입	❸ 전체 페이지 수 삽입	❹ 날짜 삽입	❺ 시간 삽입
❻ 파일 경로 삽입	❼ 파일 이름 삽입	❽ 시트 이름 삽입	❾ 그림 삽입	❿ 그림 서식

▪한 개의 앰퍼샌드(&) 문자를 포함시키는 방법

머리글이나 바닥글의 텍스트에 한 개의 앰퍼샌드(&) 문자를 포함시키려면 앰퍼샌드(&) 문자를 두 번 입력해야 한다.

예 '&&보고서&&'로 입력하면 '&보고서&'로 표시된다.

(4) [시트] 탭

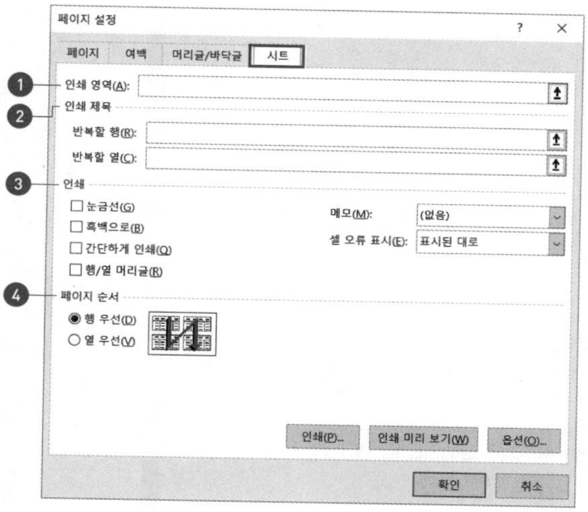

❶ 인쇄 영역	특정 영역만 선택하여 인쇄하고 숨겨진 행과 열은 인쇄하지 않음
❷ 인쇄 제목	• 모든 페이지에 반복해서 인쇄할 행과 열 지정 • 반복할 행: $1:$3과 같이 행 번호로 표시 • 반복할 열: $A:$C와 같이 열 번호로 표시
❸ 인쇄	• 눈금선: 워크시트의 셀 구분선 인쇄 • 메모: 메모의 인쇄 여부로, '(없음)', '시트 끝', '시트에 표시된 대로' 중에서 선택 • 간단하게 인쇄: 차트, 도형, 그림, 클립아트 등의 그래픽 요소를 제외하고 텍스트만 빠르게 인쇄 • 셀 오류 표시: '표시된 대로', '〈공백〉', '--', '#N/A' 중에서 선택하여 셀 오류 표시 • 행/열 머리글: 워크시트의 행 머리글과 열 머리글을 포함하여 인쇄
❹ 페이지 순서	여러 페이지가 인쇄될 경우 '열 우선'을 선택하면 오른쪽 방향으로 인쇄한 후 아래쪽 방향으로 진행됨

▼ [차트] 탭

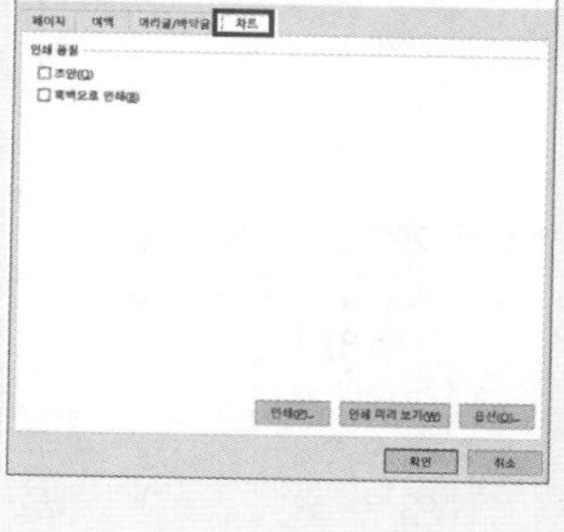

개념 플러스 차트의 [페이지 설정] 대화상자

차트를 선택한 상태에서 [페이지 레이아웃] 탭–[페이지 설정] 그룹–[페이지 설정] 아이콘(◲)을 클릭하면 [페이지 설정] 대화상자에 [시트] 탭 대신 [차트] 탭이 표시된다.

02 인쇄 미리 보기

결정적 힌트

인쇄 미리 보기도 비교적 많은 문제가 출제된 부분입니다. 인쇄 미리 보기 창에서 어떤 항목을 설정할 수 있는지 정확하게 알아둘 필요가 있습니다.

• 인쇄하기 전의 화면으로, 출력 결과를 미리 확인하는 기능이다.

| 실행 방법

방법1	[파일] 탭 – [인쇄]
방법2	Ctrl + F2

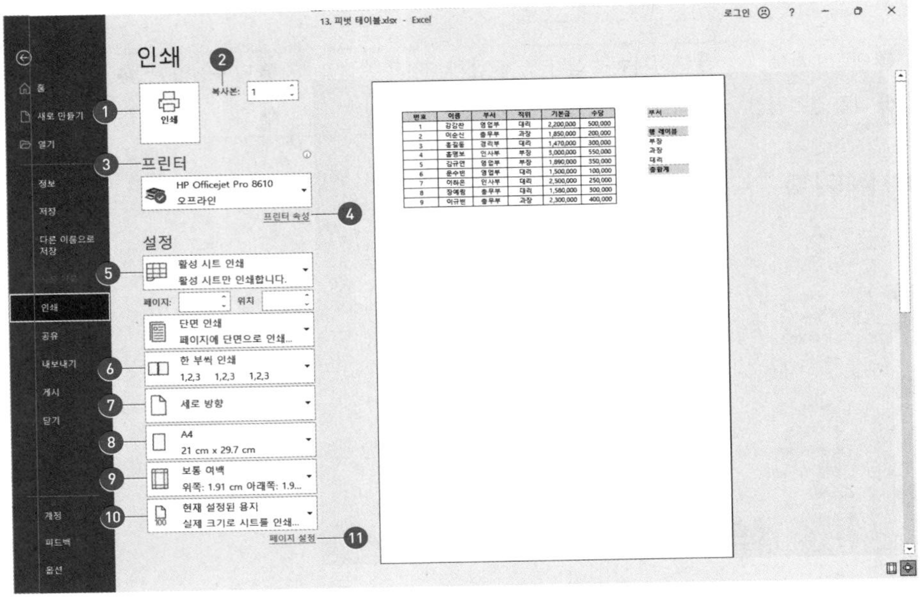

❶ 인쇄	인쇄를 실행
❷ 복사본	인쇄 부수 지정
❸ 프린터	인쇄할 프린터를 지정
❹ 프린터 속성	[프린터 속성] 대화상자 실행
❺ 인쇄 대상	'활성 시트 인쇄', '전체 통합 문서 인쇄', '선택 영역 인쇄'
❻ 한 부씩 인쇄	'한 부씩 인쇄', '한 부씩 인쇄 안 함' 선택
❼ 용지 방향	용지 방향을 '세로', '가로'로 지정
❽ 용지 종류	인쇄 용지의 크기 지정
❾ 여백	인쇄 용지의 여백 지정
❿ 인쇄 배율	'현재 설정된 용지', '한 페이지에 시트 맞추기', '한 페이지에 모든 열 맞추기', '한 페이지에 모든 행 맞추기' 선택
⓫ 페이지 설정	[페이지 설정] 대화상자 실행

▼ [프린터 속성] 대화상자

연결된 프린터의 속성 창이 표시되며, 프린터에 따라 표시되는 내용이 다르다.

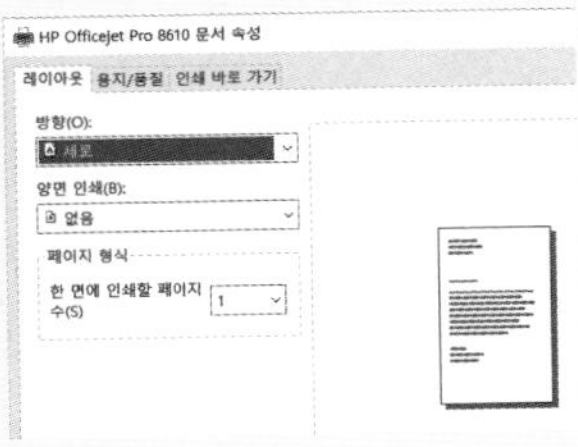

• [여백 표시] 단추(▥)를 클릭하면 여백선을 드래그하여 여백의 크기를 조정하거나 열 너비를 조정할 수 있다.

• [확대/축소] 단추(⊡)를 클릭하면 확대되거나 축소되며 인쇄 크기에 영향을 미치지 않는다.

• 인쇄 미리 보기를 끝내고 통합 문서로 돌아가려면 Esc를 누른다.

▼ 인쇄 미리 보기에서 여백과 열 너비는 조정할 수 있지만 행 높이는 조절할 수 없다.

개념 플러스 전체 통합 문서의 페이지 번호를 일련번호로 연결하는 방법

방법1	[파일] 탭－[인쇄]를 선택하고 '설정'에서 '전체 통합 문서 인쇄'를 선택하여 인쇄
방법2	전체 시트를 그룹으로 설정하고 인쇄
방법3	각 시트의 [페이지 설정] 대화상자에서 [페이지] 탭의 '시작 페이지 번호'를 일련 번호에 맞게 설정한 후 인쇄

Warming UP 기출로 개념 확인

01 또 나올 문제

2020.07

다음 중 [페이지 설정] 대화상자의 [시트] 탭에 대한 설명으로 옳은 것은?

① '메모'는 셀에 설정된 메모의 인쇄 여부를 설정하는 것으로, '없음'과 '시트에 표시된 대로' 중 하나를 선택하여 인쇄할 수 있다.
② 워크시트의 셀 구분선을 그대로 인쇄하려면 '눈금선'에 체크하여 표시하면 된다.
③ '간단하게 인쇄'를 체크하면 설정된 글꼴 색은 모두 검정으로, 도형은 테두리 색만 인쇄하여 인쇄 속도를 높인다.
④ '인쇄 영역'에 범위를 지정하면 특정 부분만 인쇄할 수 있으며, 지정한 범위에 숨겨진 행이나 열도 함께 인쇄된다.

02

2020.02

다음 중 머리글 편집과 바닥글 편집에서 명령 단추와 기능의 연결이 옳지 않은 것은?

①  : 그림 서식
②  : 페이지 번호 삽입
③  : 시간 삽입
④  : 시트 이름 삽입

03

2019.08

다음 중 아래 그림과 같이 눈금선과 행/열 머리글을 포함하여 인쇄하기 위한 방법은?

	A	B	C	D
1				
2				
3	개강 날짜	단계 및 대상	기간	시간
4	2018-01-02	초급, 중급	3개월 수금	17:00~18:00
5	2018-01-10	중학생	4개월 토일	11:00~12:00
6	2018-02-01	일반인	1개월 화수	09:00~10:30
7	2018-02-15	초중급	5주간 토일	18:00~19:20
8	2018-03-02	초등(1-3학년)	1개월 매주	10:00~10:50
9	2018-02-20	성인	2개월 화목	10:00~12:00
10	2018-03-10	초중급	1개월 월수	17:00~18:00

① [페이지 레이아웃] 탭의 [시트 옵션] 그룹에서 '눈금선'과 '제목'에서 보기를 선택한다.
② [페이지 설정] 대화상자의 [시트] 탭에서 '눈금선'과 '행/열 머리글'을 선택한다.
③ [보기] 탭의 [표시] 그룹에서 '눈금선'과 '머리글'을 선택한다.
④ [Excel 옵션] 창의 [고급] 탭 '이 워크시트의 표시 옵션'에서 '행 및 열 머리글 표시'와 '눈금선 표시'를 선택한다.

바로 보는 해설

01

| 오답 피하기 |
① 메모는 '없음', '시트 끝', '시트에 표시된 대로' 중 하나를 선택하여 인쇄할 수 있다.
③ '간단하게 인쇄'를 체크하면 텍스트만 인쇄되고 도형, 그림 등은 인쇄되지 않아 인쇄 속도를 높인다.
④ '인쇄 영역'에 범위를 지정하면 특정 부분만 인쇄할 수 있지만, 숨겨진 행과 열은 인쇄되지 않는다.

02

제시된 이미지는 [파일 이름 삽입] 명령 단추이다. [시트 이름 삽입] 명령 단추는 이다.

03

[페이지 설정] 대화상자의 [시트] 탭에서 '눈금선'과 '행/열 머리글'을 선택하면 그림과 같이 인쇄할 수 있다.

| 정답 | 01 ② 02 ④ 03 ②

기출선지 OX 퀴즈

01 페이지 나누기는 워크시트를 인쇄할 수 있도록 페이지 단위로 나누는 구분선이다. (O / X)

02 [페이지 나누기 미리 보기] 상태에서 마우스로 페이지 나누기 구분선을 클릭하여 드래그하면 페이지를 나눌 위치를 조정할 수 있다. (O / X)

03 [페이지 나누기 미리 보기] 상태에서 실선은 자동 페이지 나누기를 나타내고 파선은 사용자 지정 페이지 나누기를 나타낸다. (O / X)

04 인쇄 영역 설정은 [페이지 설정] 대화상자의 [시트] 탭에서 지정할 수 있다. (O / X)

05 [페이지 나누기 미리 보기]에서 인쇄 영역으로 설정된 부분은 정상적으로 밝게, 설정되지 않은 부분은 어둡게 표시된다. (O / X)

06 [페이지 나누기 미리 보기]에서 행 높이와 열 너비를 변경하여도 자동 페이지 나누기는 영향을 받지 않고 원래대로 유지된다. (O / X)

07 워크시트 페이지 위쪽의 머리글 영역을 클릭하면 리본 메뉴에 [머리글/바닥글] 탭이 표시된다. (O / X)

08 머리글 또는 바닥글의 입력을 마치려면 워크시트에서 아무 곳이나 클릭한다. (O / X)

09 사용자가 설정한 인쇄 영역은 엑셀을 종료하면 인쇄 영역 설정이 자동으로 해제된다. (O / X)

10 필요한 경우 기존 인쇄 영역에 다른 영역을 추가하여 인쇄 영역을 확대할 수 있다. (O / X)

11 인쇄 영역을 정의한 후 워크시트를 인쇄하면 해당 인쇄 영역만 인쇄된다. (O / X)

12 [페이지 나누기 미리 보기] 상태에서는 페이지 구분선을 마우스로 드래그하여 페이지 나눌 위치를 조정할 수 있다. (O / X)

13 [페이지 나누기 미리 보기] 상태에서는 미리 정의된 머리글이나 바닥글을 선택하여 쉽게 추가할 수 있다. (O / X)

14 [페이지 설정]의 머리글/바닥글에 표는 삽입할 수 없다. (O / X)

15 [페이지 설정] 대화상자의 [시트] 탭에서 '간단하게 인쇄'는 워크시트에 입력된 차트, 도형, 그림 등 모든 그래픽 요소를 제외하고 텍스트만 인쇄한다. (O / X)

16 [페이지 설정] 대화상자의 [시트] 탭에서 '인쇄 영역'은 특정 부분만 인쇄하기 위해 범위를 지정하며, 인쇄 영역 내에 포함된 숨겨진 행과 열도 인쇄된다. (O / X)

17 머리글 또는 바닥글을 표시하기에 충분한 머리글 또는 바닥글 여백을 확보하려면 [페이지 여백에 맞추기]를 선택한다. (O / X)

18 홀수 페이지의 머리글 및 바닥글을 짝수 페이지와 다르게 지정하려면 [페이지 설정] 대화상자의 [머리글/바닥글] 탭에서 '짝수와 홀수 페이지를 다르게 지정'을 선택한다. (O / X)

19 여러 시트를 한 번에 인쇄하려면 [인쇄] 창에서 '여러 시트'를 선택하여 인쇄한다. (O / X)

20 [인쇄 미리 보기] 창에서 셀 너비를 조절할 수 있으나 워크시트에는 변경된 너비가 적용되지 않는다. (O / X)

21 머리글 또는 바닥글 내용에 '&' 문자를 포함시키려면 '&&'를 사용해야 한다. (O / X)

22 [페이지 설정] 대화상자의 [페이지] 탭에서 '자동 맞춤' 옵션을 이용하면 한 장에 모아서 인쇄할 수 있다. (O / X)

23 [페이지 설정] 대화상자의 [여백] 탭에서 '페이지 나누기' 옵션을 이용하여 새 페이지가 시작되는 위치를 설정할 수 있다. (O / X)

24 [페이지 설정] 대화상자의 [시트] 탭에서 '반복할 행'에 [$4:$4]을 지정하고 워크시트 문서를 출력하면 모든 페이지에 4행과 4열의 내용이 반복되어 인쇄된다. (O / X)

25 [페이지 나누기 미리 보기] 상태에서 행 높이와 열 너비를 변경하면 자동 페이지 나누기의 위치도 변경된다. (O / X)

| 정답 |

01	O	02	O	03	X	04	O	05	O	06	X	07	O	08	O	09	X	10	O
11	O	12	O	13	X	14	O	15	O	16	X	17	O	18	O	19	X	20	X
21	O	22	O	23	X	24	X	25	O										

Build UP 기출로 개념 강화

개념끝 069 페이지 레이아웃 설정

01 또 나올 문제 2020.07

다음 중 '페이지 나누기'에 대한 설명으로 옳지 않은 것은?

① [페이지 나누기 미리 보기]에서 행 높이와 열 너비를 변경하면 '자동 페이지 나누기'의 위치도 변경된다.
② [페이지 나누기 미리 보기]에서 수동으로 삽입된 페이지 나누기는 점선으로 표시된다.
③ 수동으로 삽입한 페이지 나누기를 제거하려면 페이지 나누기 선 아래 셀의 바로 가기 메뉴에서 [페이지 나누기 제거]를 선택한다.
④ 용지 크기, 여백 설정, 배율 옵션 등에 따라 자동 페이지 나누기가 삽입된다.

02 2016.10(1급)

다음 중 워크시트의 인쇄 영역 설정에 대한 설명으로 옳지 않은 것은?

① 인쇄 영역을 정의한 후 워크시트를 인쇄하면 해당 인쇄 영역만 인쇄된다.
② 사용자가 설정한 인쇄 영역은 엑셀을 종료하면 인쇄 영역 설정이 자동으로 해제된다.
③ 필요한 경우 기존 인쇄 영역에 다른 영역을 추가하여 인쇄 영역을 확대할 수 있다.
④ 인쇄 영역으로 여러 영역이 설정된 경우 설정한 순서대로 각기 다른 페이지에 인쇄된다.

개념끝 070 통합 문서 보기

03 2015.03

다음 중 [페이지 나누기] 기능에 대한 설명으로 옳지 않은 것은?

① [보기] 탭의 [페이지 나누기 미리 보기]를 클릭하면 페이지가 나누어진 상태가 더 명확하게 구분된다.
② [페이지 나누기 미리 보기] 상태에서는 페이지 구분선을 마우스로 드래그하여 페이지 나눌 위치를 조정할 수 있다.
③ [페이지 레이아웃] 탭의 [나누기]–[페이지 나누기 모두 원래대로]를 클릭하여 페이지 나누기 전 상태로 원상 복귀할 수 있다.
④ [페이지 나누기 미리 보기] 상태에서는 데이터를 입력하거나 편집할 수 없으므로 [기본] 보기 상태로 변경해야 한다.

04 또 나올 문제 2016.03

다음 중 워크시트의 [머리글/바닥글] 설정에 대한 설명으로 옳지 않은 것은?

① '페이지 레이아웃' 보기 상태에서는 워크시트 페이지 위쪽이나 아래쪽을 클릭하여 머리글/바닥글을 추가할 수 있다.
② 첫 페이지, 홀수 페이지, 짝수 페이지의 머리글/바닥글 내용을 다르게 지정할 수 있다.
③ 머리글/바닥글에 그림을 삽입하고, 그림 서식을 지정할 수 있다.
④ '페이지 나누기 미리 보기' 상태에서는 미리 정의된 머리글이나 바닥글을 선택하여 쉽게 추가할 수 있다.

05

2017.03(1급)

다음 중 [페이지 나누기 미리 보기] 상태에서 설정할 수 있는 기능에 대한 설명으로 옳지 않은 것은?

① 행 높이와 열 너비를 변경하면 자동 페이지 나누기의 위치도 변경된다.

② 수동으로 삽입한 페이지 나누기를 제거하려면 페이지 나누기를 페이지 나누기 미리 보기 영역 밖으로 끌어다 놓는다.

③ '페이지 나누기 삽입' 기능은 선택한 셀의 아래쪽 행, 오른쪽 열로 페이지 나누기를 삽입한다.

④ 수동 페이지 나누기를 모두 제거하려면 임의의 셀의 바로 가기 메뉴에서 [페이지 나누기 모두 원래대로]를 클릭한다.

개념끝 071 인쇄 작업

06

2015.10

다음 중 [페이지 설정]의 머리글/바닥글에 삽입할 수 없는 것은?

① 표

② 그림

③ 파일 경로

④ 시트 이름

07 또 나올 문제

2013.03

[페이지 설정] 대화상자의 [시트] 탭에서 '반복할 행'에 [$4:$4]을 지정하고 워크시트 문서를 출력하였다. 다음 중 출력 결과에 대한 설명으로 옳은 것은?

① 첫 페이지만 1행부터 4행의 내용이 반복되어 인쇄된다.

② 모든 페이지에 4행의 내용이 반복되어 인쇄된다.

③ 모든 페이지에 4열의 내용이 반복되어 인쇄된다.

④ 모든 페이지에 4행과 4열의 내용이 반복되어 인쇄된다.

바로 보는 해설

01 수동으로 삽입된 페이지 나누기는 '실선'으로, 자동으로 삽입된 페이지 나누기는 '점선(파선)'으로 표시된다.

02 사용자가 설정한 인쇄 영역은 통합 문서를 저장할 때 함께 저장되므로 인쇄 영역은 계속 유지된다.

03 [페이지 나누기 미리 보기] 상태에서도 데이터를 입력하거나 편집할 수 있다.

04 '페이지 레이아웃 보기' 상태에서 미리 정의된 머리글이나 바닥글을 선택하여 쉽게 추가할 수 있다.

05 '페이지 나누기 삽입' 기능을 이용하면 선택한 셀의 위쪽 행, 왼쪽 열을 기준으로 페이지를 나눌 수 있다.

06 [페이지 설정]의 머리글/바닥글에 표는 삽입할 수 없다.

07 '반복할 행'을 지정하면 모든 페이지에 반복되어 인쇄된다.

| 정답 | 01 ② 02 ② 03 ④ 04 ④ 05 ③ 06 ① 07 ②

08 (또 나올 문제) 2018.03

다음 중 [페이지 설정] 대화상자의 [시트] 탭에 관한 설명으로 옳지 않은 것은?

① '메모'는 시트에 포함된 메모의 인쇄 여부와 인쇄 위치를 지정한다.
② '눈금선'은 시트에 회색으로 표시된 셀 눈금선의 인쇄 여부를 지정한다.
③ '인쇄 영역'은 특정 부분만 인쇄하기 위해 범위를 지정하며, 인쇄 영역 내에 포함된 숨겨진 행과 열도 인쇄된다.
④ '간단하게 인쇄'는 워크시트에 입력된 차트, 도형, 그림 등 모든 그래픽 요소를 제외하고 텍스트만 인쇄한다.

09 2017.09

다음 중 [페이지 설정] 대화상자의 [머리글/바닥글] 탭에 대한 설명으로 옳지 않은 것은?

① 홀수 페이지의 머리글 및 바닥글을 짝수 페이지와 다르게 지정하려면 '짝수와 홀수 페이지를 다르게 지정'을 선택한다.
② 인쇄되는 첫 번째 페이지에서 머리글과 바닥글을 표시하지 않으려면 '첫 페이지를 다르게 지정'을 선택한 후 머리글과 바닥글 편집에서 첫 페이지 머리글과 첫 페이지 바닥글에 아무것도 설정하지 않는다.
③ 인쇄될 워크시트를 워크시트의 실제 크기의 백분율에 따라 확대·축소하려면 '문서에 맞게 배율 조정'을 선택한다.
④ 머리글 또는 바닥글을 표시하기에 충분한 머리글 또는 바닥글 여백을 확보하려면 [페이지 여백에 맞추기]를 선택한다.

10 2015.10

다음 중 인쇄에 대한 설명으로 옳은 것은?

① 기본적으로 워크시트에서 숨기기를 실행한 영역도 인쇄된다.
② 인쇄 영역에 포함된 도형들을 함께 인쇄하려면 [인쇄] 대화상자에서 '개체 인쇄'를 선택하여 인쇄한다.
③ 워크시트에 삽입된 차트만 인쇄하려면 차트가 선택된 상태에서 인쇄 명령을 실행한다.
④ 여러 시트를 한 번에 인쇄하려면 [인쇄] 창에서 '여러 시트'를 선택하여 인쇄한다.

11 2013.03

다음 중 [페이지 설정] 대화상자에서 실행 가능한 작업이 아닌 것은?

① [페이지] 탭에서 '자동 맞춤' 옵션을 이용하여 한 장에 모아서 인쇄할 수 있다.
② [여백] 탭에서 '페이지 나누기' 옵션을 이용하여 새 페이지가 시작되는 위치를 설정할 수 있다.
③ [머리글/바닥글] 탭에서 머리말과 꼬리말이 짝수와 홀수 페이지에 다르게 표시되도록 설정할 수 있다.
④ [시트] 탭에서 '간단하게 인쇄' 옵션을 이용하여 워크시트에 삽입된 차트나 일러스트레이션 개체 등이 인쇄되지 않도록 설정할 수 있다.

12 (또 나올 문제) 2013.06

다음 중 [페이지 설정] 대화상자의 [시트] 탭에 대한 설명으로 옳지 않은 것은?

① [행/열 머리글] 항목은 행/열 머리글이 인쇄되도록 설정하는 기능이다.
② [인쇄 제목] 항목을 이용하면 특정 부분을 매 페이지 마다 반복적으로 인쇄할 수 있다.
③ [눈금선] 항목을 선택하여 체크 표시하면 작업 시트의 셀 구분선은 인쇄되지 않는다.
④ [메모] 항목에서 '(없음)'을 선택하면 셀에 메모가 있더라도 인쇄되지 않는다.

13

2011.07

다음 중 머리글 또는 바닥글에 인쇄할 '전체 페이지 수'를 표시하려고 할 때 사용하는 것으로 옳은 것은?

① 

② 

③ 

④ 

14 (또 나올 문제)

2012.03

다음 중 [페이지 설정] 대화상자를 이용한 머리글/바닥글 편집에 대한 설명으로 옳지 <u>않은</u> 것은?

① 서식을 지정할 텍스트를 블록 설정하고  단추를 클릭하여 글꼴 서식을 지정할 수 있다.

② 그림이 있는 구역에 커서를 넣고  단추를 클릭하여 그림 서식을 지정할 수 있다.

③ 페이지 번호를 '– 1 –' 처럼 표시하려면 '& – [페이지 번호] –'를 입력한다.

④ 머리글 또는 바닥글 내용에 '&' 문자를 포함시키려면 '&&'를 사용해야 한다.

15

2019.08(1급)

다음 중 [인쇄 미리 보기 및 인쇄]에 대한 설명으로 옳지 <u>않은</u> 것은?

① 페이지 여백 표시는 가능하나 페이지 여백의 변경은 [페이지 설정] 대화상자에서만 설정할 수 있다.

② 인쇄 및 미리 보기 할 대상을 선택 영역, 활성 시트, 전체 통합 문서 중 선택할 수 있다.

③ 인쇄 미리 보기를 끝내고 통합 문서로 돌아가려면 Esc를 누른다.

④ 용지 방향을 가로 방향과 세로 방향으로 바꿔가며 미리 보기 할 수 있다.

바로 보는 해설

08 인쇄 영역은 워크시트에서 특정 영역만 선택하여 인쇄하고자 할 때 범위를 지정하며, 인쇄 영역 내에 포함된 숨겨진 행과 열을 인쇄하기 위해서는 숨겨져 있는 행과 열을 표시한 다음 인쇄해야 한다.

09 인쇄될 워크시트를 워크시트의 실제 크기의 백분율에 따라 확대·축소하려면 [페이지 설정] 대화 상자의 [페이지] 탭에서 설정해야 한다. '문서에 맞게 배율 조정'은 머리글이나 바닥글에서 워크시트와 동일한 글꼴 크기와 배율을 사용하도록 지정할 때 선택한다.

10 | 오답 피하기 |
① 워크시트에서 숨기기를 실행한 영역은 인쇄되지 않는다.
② 인쇄 영역에 포함된 도형들은 기본적으로 함께 인쇄된다.
④ 여러 시트를 한 번에 인쇄하려면 인쇄할 시트를 모두 선택한 후 [인쇄] 창에서 '활성 시트 인쇄'를 선택하여 인쇄한다.

11 [여백] 탭에서는 인쇄 용지의 상하좌우, 머리글, 바닥글 여백 지정하거나 페이지 가운데 맞춤을 지정할 수 있다.

12 [눈금선] 항목을 선택하여 체크 표시하면 작업 시트의 셀 구분선이 인쇄된다.

13 | 오답 피하기 |
① 페이지 번호
③ 파일 이름
④ 시트 이름

14 페이지 번호를 '– 1 –' 처럼 표시하려면 '– &[페이지 번호] –'를 입력해야 한다.

15 페이지 여백은 인쇄 미리 보기에서도 변경할 수 있고, 여백 경계선을 마우스로 드래그하여 변경할 수도 있다.

| 정답 | 08 ③ 09 ③ 10 ③ 11 ② 12 ③ 13 ② 14 ③ 15 ①

최근 기출 10개년 기준

11%

CHAPTER 7

매크로 활용

무료 동영상 강의

학습전략

엑셀을 활용하여 업무를 자동화하는데 필요한 기능을 다루고 있습니다. 필기시험뿐만 아니라 실기시험에도 빠지지 않고 출제되는 부분이므로 어렵게 느껴지더라도 실습을 통해 꼼꼼하게 학습할 필요가 있습니다.

개념끝

072 매크로 작성

기출빈도 A ····· B ····· C ····· D

01 매크로의 개념

- 반복적인 작업이나 자주 사용하는 명령 등을 매크로로 기록하여 작업 과정을 자동화하는 기능을 의미한다.
- 매크로는 Visual Basic 언어를 기반으로 작성되고, Visual Basic Editor(VB Editor)로 작성하거나 변경할 수 있다.
- 매크로를 기록하는 경우 작업 과정의 모든 단계가 매크로 레코더에 기록되고, 리본 메뉴에서의 탐색은 기록된 단계에 포함되지 않는다.
- 매크로는 통합 문서에 첨부된 모듈 시트로, 하나의 Sub 프로시저로 기록되며, Sub로 시작하고 End Sub로 끝난다.
- 매크로는 기본적으로 절대 참조로 기록되며, 상대 참조로 기록하려면 [보기] 탭–[매크로] 그룹–[매크로]–[상대 참조로 기록]를 선택한 후 매크로를 기록한다.

결정적 힌트

매크로는 필기시험과 실기시험에 매회 출제되는 중요한 기능입니다. 매크로의 기본 개념과 [매크로 기록] 대화상자에서 많은 문제가 출제되었습니다. 특히 매크로 이름과 바로 가기 키 등이 중요합니다. 매크로 기능을 처음 접해보는 사용자라면 반드시 실습을 통해 기능을 익히는 것이 필요합니다.

▼ 상대 참조로 기록

[상대 참조로 기록]을 선택하면 매크로를 실행할 때 셀 포인터의 위치에 따라 매크로가 다른 위치에 적용된다.

02 매크로의 생성

| 실행 방법

방법1	[보기] 탭–[매크로] 그룹–[매크로]–[매크로 기록] 선택
방법2	[개발 도구] 탭–[코드] 그룹–[매크로 기록] 선택

개념 플러스 [개발 도구] 탭이 화면에 표시되지 않는 경우

① [파일] 탭–[옵션]을 선택한다.
② [Excel 옵션] 대화상자가 나타나면 '리본 사용자 지정' 범주에서 '리본 메뉴 사용자 지정'의 '기본 탭'을 선택하고 '개발 도구'를 체크 → [확인] 단추를 클릭한다.

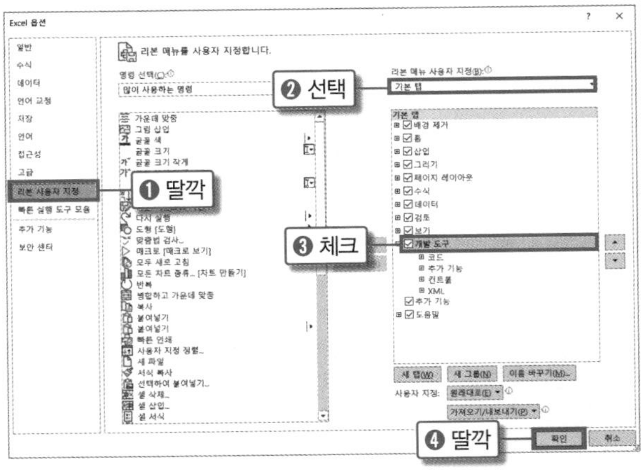

| [매크로 기록] 대화상자

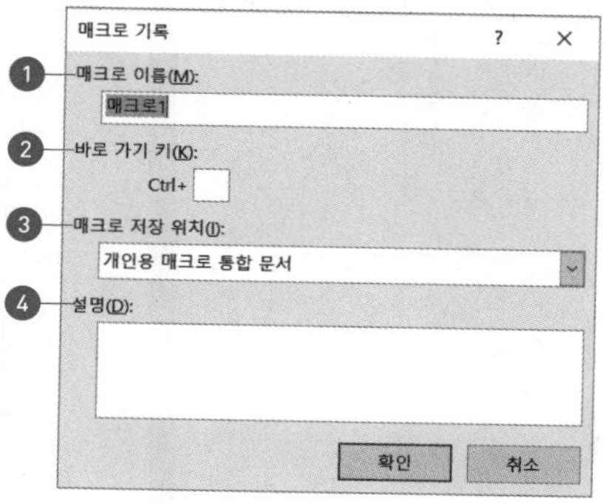

❶ 매크로 이름	• 첫 글자는 반드시 문자로 지정해야 하고, ?, /, –, #, @, $, %, & 등의 기호를 사용할 수 없음 • 이름에 공백을 사용할 수 없음 • 하나의 통합 문서에서 같은 매크로 이름을 지정할 수 없음 • 통합 문서를 열 때마다 특정 작업이 자동으로 수행되는 매크로는 Auto_Open으로 이름을 지정함
❷ 바로 가기 키	• 특수 문자와 숫자는 사용할 수 없고, 영문자만 가능 • 바로 가기 키를 반드시 설정할 필요는 없음 • 소문자는 Ctrl과 조합해서 사용하지만, 대문자로 지정하면 Ctrl+Shift를 누른 상태에서 해당 문자를 눌러야 함 • 매크로 바로 가기 키가 엑셀 바로 가기 키보다 우선임
❸ 매크로 저장 위치	• '현재 통합 문서', '새 통합 문서', '개인용 매크로 통합 문서' 중에서 선택 • '개인용 매크로 통합 문서'를 선택하면 엑셀을 실행할 때마다 매크로를 사용할 수 있음('XLSTART' 폴더에 'Personal.xlsb'로 저장됨)
❹ 설명	매크로에 설명이 필요한 경우 입력할 수 있지만, 반드시 입력할 필요는 없음

실습으로 개념끝 ❶ 에듀윌_컴퓨터활용능력2급필기기본서_실습으로개념끝\2과목\Chapter7_1.매크로.xlsx

[E11:F11] 영역에 대하여 평균을 계산하는 '평균' 매크로를 생성하시오.

따라하기

❶ [개발 도구] 탭–[코드] 그룹–[매크로 기록]을 클릭한다.

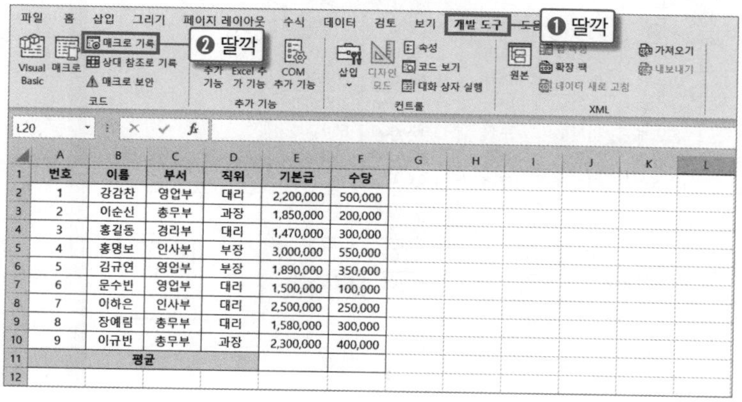

번호	이름	부서	직위	기본급	수당
1	강감찬	영업부	대리	2,200,000	500,000
2	이순신	총무부	과장	1,850,000	200,000
3	홍길동	경리부	대리	1,470,000	300,000
4	홍명보	인사부	부장	3,000,000	550,000
5	김규연	영업부	부장	1,890,000	350,000
6	문수빈	영업부	대리	1,500,000	100,000
7	이하은	인사부	대리	2,500,000	250,000
8	장예림	총무부	대리	1,580,000	300,000
9	이규빈	총무부	과장	2,300,000	400,000
평균					

❷ [매크로 기록] 대화상자가 나타나면 '매크로 이름'에 '평균'을 입력하고 매크로 저장 위치를 '현재 통합 문서'로 지정한 후 [확인] 단추를 클릭한다.

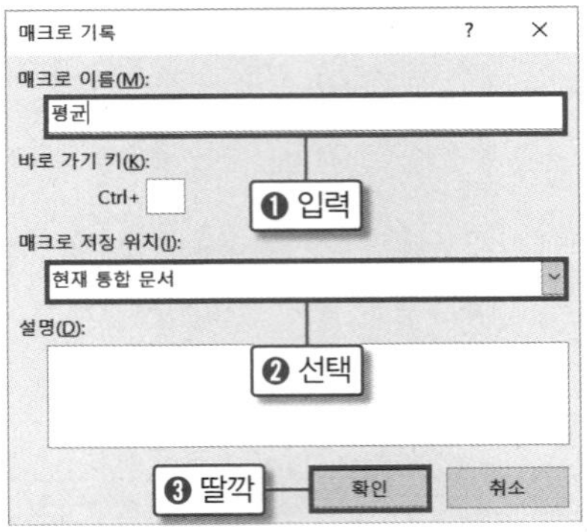

❸ [E11] 셀을 선택하고 '=AVERAGE(E2:E10)'을 입력한 후 Enter를 누른다.

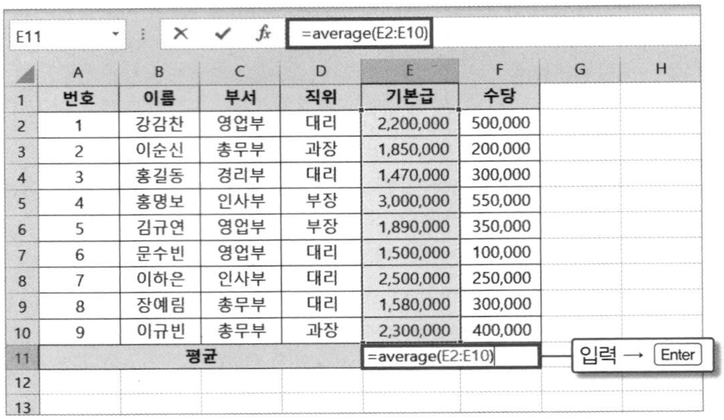

	A	B	C	D	E	F	G	H
1	번호	이름	부서	직위	기본급	수당		
2	1	강감찬	영업부	대리	2,200,000	500,000		
3	2	이순신	총무부	과장	1,850,000	200,000		
4	3	홍길동	경리부	대리	1,470,000	300,000		
5	4	홍명보	인사부	부장	3,000,000	550,000		
6	5	김규연	영업부	부장	1,890,000	350,000		
7	6	문수빈	영업부	대리	1,500,000	100,000		
8	7	이하은	인사부	대리	2,500,000	250,000		
9	8	장예림	총무부	대리	1,580,000	300,000		
10	9	이규빈	총무부	과장	2,300,000	400,000		
11	평균				=average(E2:E10)			
12								
13								

매크로 기록을 중지하기 위해 상태 표시줄에 표시된 '기록 중지' 단추(□)를 클릭해도 된다.

❹ [E11] 셀의 자동 채우기 핸들을 [F11] 셀까지 드래그하여 함수식을 복사한다. 임의의 셀을 선택하고 [개발 도구] 탭-[코드] 그룹-[기록 중지]를 클릭한다.

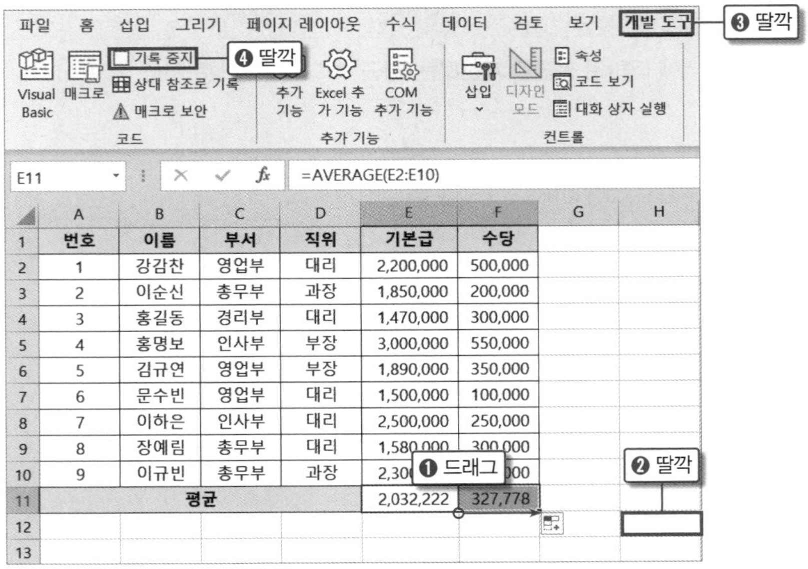

	A	B	C	D	E	F	G	H
1	번호	이름	부서	직위	기본급	수당		
2	1	강감찬	영업부	대리	2,200,000	500,000		
3	2	이순신	총무부	과장	1,850,000	200,000		
4	3	홍길동	경리부	대리	1,470,000	300,000		
5	4	홍명보	인사부	부장	3,000,000	550,000		
6	5	김규연	영업부	부장	1,890,000	350,000		
7	6	문수빈	영업부	대리	1,500,000	100,000		
8	7	이하은	인사부	대리	2,500,000	250,000		
9	8	장예림	총무부	대리	1,580,000	300,000		
10	9	이규빈	총무부	과장	2,300,000	400,000		
11	평균				2,032,222	327,778		
12								
13								

❺ [삽입] 탭–[일러스트레이션] 그룹–[도형]을 클릭하고 '기본 도형'의 '사각형: 빗면(▢)'을 클릭한다.

❻ Alt를 누른 상태에서 [H3:I4] 영역에 드래그하여 '빗면' 도형을 그린다. 도형을 선택한 상태에서 '평균'을 입력하고 [홈] 탭–[맞춤] 그룹–[가운데 맞춤]을 클릭한다.

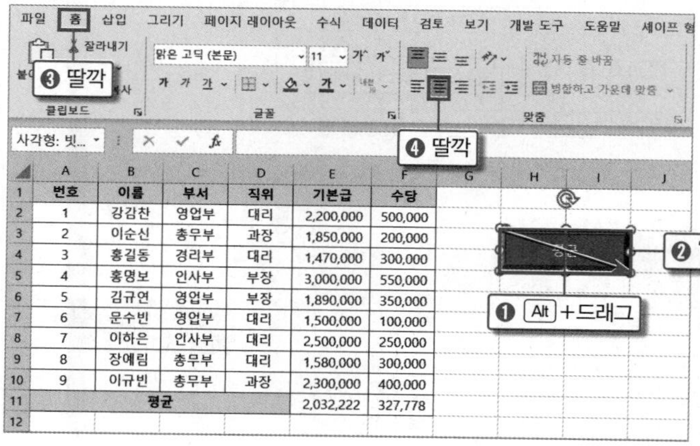

❼ '빗면' 도형에서 마우스 오른쪽 단추를 클릭하고 바로 가기 메뉴에서 [매크로 지정]을 선택한다.

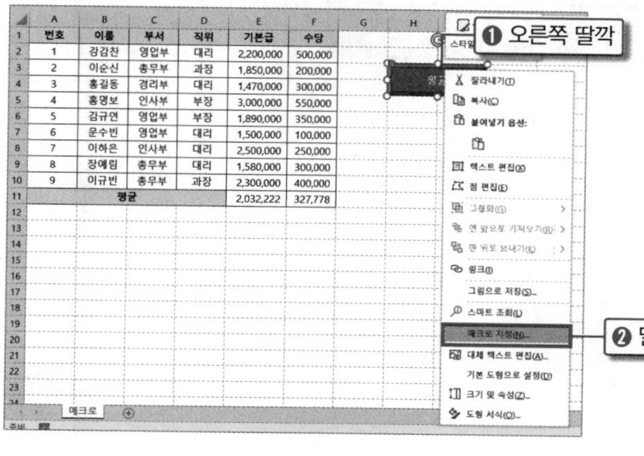

[개발 도구] 탭–[컨트롤] 그룹–[삽입]을 클릭한 후 '양식 컨트롤'의 '단추'(▭)를 삽입하면 [매크로 지정] 대화상자가 자동으로 표시된다.

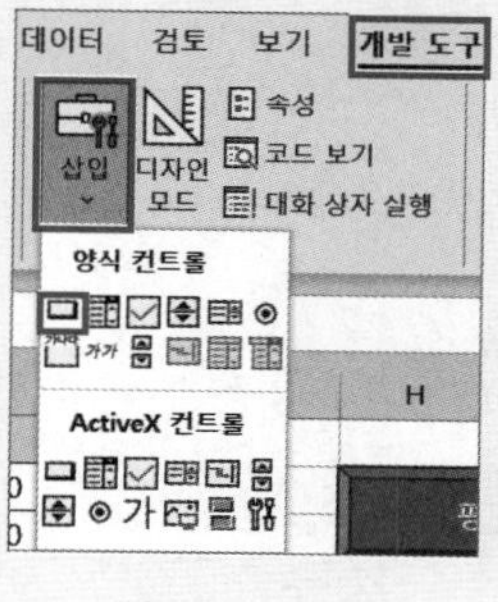

❽ [매크로 지정] 대화상자가 나타나면 '매크로 이름'에서 '평균'을 선택하고 '매크로 위치'에 '현재 통합 문서'를 선택한 후 [확인] 단추를 클릭한다.

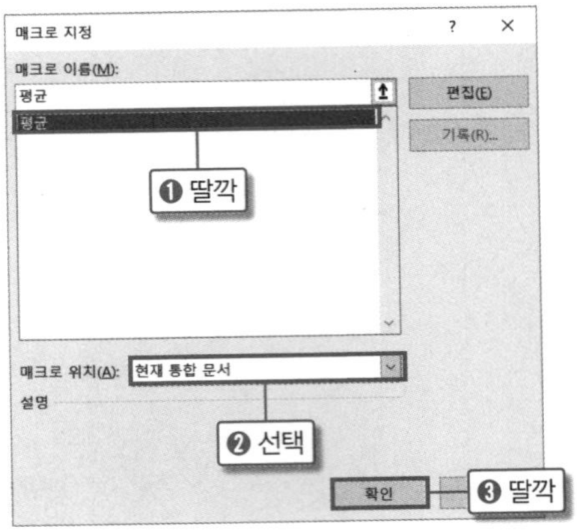

❾ [E11:F11] 영역을 선택하고 Delete를 눌러 평균값을 삭제한 후 빗면 도형을 클릭한다.

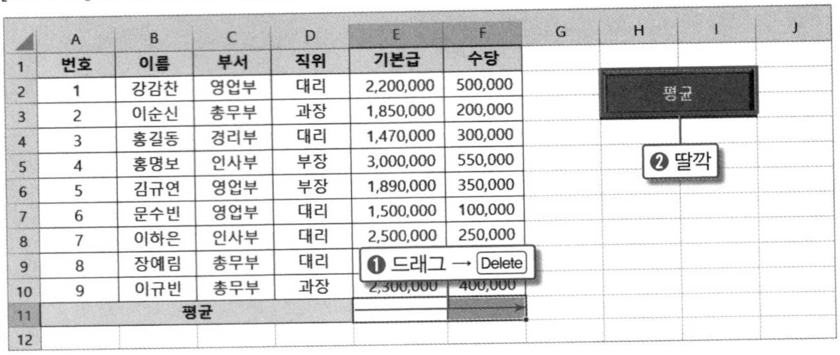

	A	B	C	D	E	F	G	H	I	J
1	번호	이름	부서	직위	기본급	수당				
2	1	강감찬	영업부	대리	2,200,000	500,000				
3	2	이순신	총무부	과장	1,850,000	200,000				
4	3	홍길동	경리부	대리	1,470,000	300,000				
5	4	홍명보	인사부	부장	3,000,000	550,000				
6	5	김규연	영업부	부장	1,890,000	350,000				
7	6	문수빈	영업부	대리	1,500,000	100,000				
8	7	이하은	인사부	대리	2,500,000	250,000				
9	8	장예림	총무부	대리						
10	9	이규빈	총무부	과장	2,300,000	400,000				
11	평균									
12										

> 매크로가 정상적으로 실행되지 않으면 [개발 도구] 탭-[코드] 그룹-[매크로]를 클릭하여 해당 매크로를 삭제한 후 새로 작성해야 한다.

❿ 결과를 확인한다.

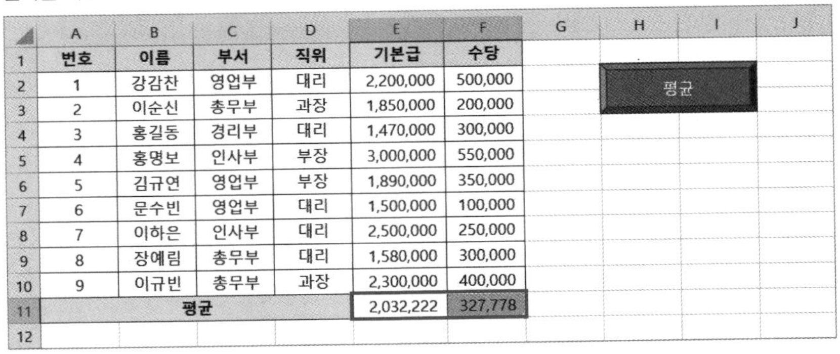

	A	B	C	D	E	F	G	H	I	J
1	번호	이름	부서	직위	기본급	수당				
2	1	강감찬	영업부	대리	2,200,000	500,000				
3	2	이순신	총무부	과장	1,850,000	200,000				
4	3	홍길동	경리부	대리	1,470,000	300,000				
5	4	홍명보	인사부	부장	3,000,000	550,000				
6	5	김규연	영업부	부장	1,890,000	350,000				
7	6	문수빈	영업부	대리	1,500,000	100,000				
8	7	이하은	인사부	대리	2,500,000	250,000				
9	8	장예림	총무부	대리	1,580,000	300,000				
10	9	이규빈	총무부	과장	2,300,000	400,000				
11	평균				2,032,222	327,778				
12										

Warming UP 기출로 개념 확인

01 (또 나올 문제) 2020.07

다음 중 매크로의 바로 가기 키에 대한 설명으로 옳지 않은 것은?

① 매크로 생성 시 설정한 바로 가기 키는 [매크로] 대화상자의 [옵션]에서 변경할 수 있다.
② 기본적으로 바로 가기 키는 Ctrl과 조합하여 사용하지만, 대문자로 지정하면 Shift가 자동으로 덧붙는다.
③ 바로 가기 키의 조합 문자는 영문자만 가능하고, 바로 가기 키를 설정하지 않아도 매크로를 생성할 수 있다.
④ 엑셀에서 기본적으로 지정되어 있는 바로 가기 키는 매크로의 바로 가기 키로 지정할 수 없다.

02 2020.02

다음 중 매크로 이름을 정의하는 규칙으로 옳지 않은 것은?

① '?', '/', '–' 등의 문자는 매크로 이름에 사용할 수 없다.
② 기존의 매크로 이름과 동일한 이름을 사용하면 기존의 매크로를 새로 기록하려는 매크로로 바꿀 것인지를 선택할 수 있다.
③ 매크로 이름의 첫 글자는 반드시 문자로 지정해야 한다.
④ 매크로 이름에 사용되는 영문자는 대·소문자를 구분한다.

03 2019.08

다음 중 매크로에 관한 설명으로 옳지 않은 것은?

① 같은 통합 문서 내에서 시트가 다르면 동일한 매크로 이름으로 기록할 수 있다.
② [매크로 기록] 대화상자에서 바로 가기 키 지정 시 영문 대문자를 사용하면 Shift가 자동으로 덧붙는다.
③ 엑셀을 실행할 때마다 매크로를 사용할 수 있게 하려면 [매크로 기록] 대화상자에서 매크로 저장 위치를 '개인용 매크로 통합 문서'로 선택한다.
④ 통합 문서를 열 때 어떤 상황에서 어떤 매크로를 실행할지 매크로 보안 설정을 변경하여 제어할 수 있다.

바로 보는 해설

01
엑셀에서 기본적으로 지정되어 있는 바로 가기 키를 매크로 바로 가기 키로 지정할 수 있다. 다만 매크로 바로 가기 키가 엑셀 바로 가기 키보다 우선 적용된다.

02
매크로 이름에 사용되는 영문자는 대·소문자를 구분하지 않는다.

03
같은 통합 문서 내에서는 동일한 이름의 매크로를 작성할 수 없다.

| 정답 | 01 ④ 02 ④ 03 ①

개념끝

073 매크로 실행

기출빈도 A ····· B ····· C ····· D

결정적 힌트

작성된 매크로를 실행하는 방법은 매우 다양합니다. 매크로를 실행하는 다양한 방법을 반드시 이해하고 매크로를 삭제하거나 편집하는 방법도 알아두어야 합니다.

01 매크로 실행

(1) 바로 가기 키

매크로 기록 시 지정한 바로 가기 키를 누른다.

(2) 개체 사용

- 단추, 그림, 도형, 차트 등에 매크로를 연결하여 실행할 수 있다.
- 개체의 바로 가기 메뉴에서 [매크로 지정]을 선택한 후 [매크로 지정] 대화상자에서 연결할 매크로를 선택하고 [확인] 단추를 클릭한다.
- 단추(▭)를 그리면 바로 [매크로 지정] 대화상자가 나타난다.
- 셀이나 텍스트 등에는 매크로를 지정할 수 없다.

개념 플러스 양식 컨트롤과 ActiveX 컨트롤

[개발 도구] 탭-[컨트롤] 그룹-[삽입]을 클릭하면 데이터 표시 및 입력 또는 작업을 수행하기 위해 텍스트 상자, 목록 상자, 옵션 단추, 명령 단추 등의 양식에 넣는 그래픽 개체를 선택할 수 있다.

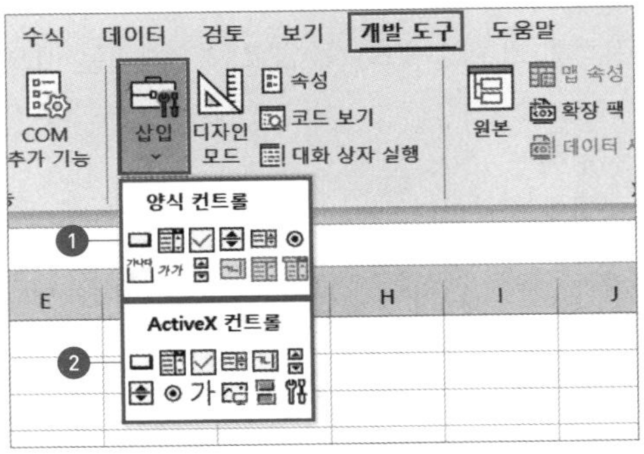

❶ 양식 컨트롤	• [디자인 모드] 상태에서 크기, 이동, 매크로 동작이 모두 가능 • 단추(▭)를 추가하면 [매크로 지정] 대화상자가 자동으로 표시됨
❷ ActiveX 컨트롤	• 양식 컨트롤보다 다양한 이벤트에 반응할 수 있지만, 양식 컨트롤보다 호환성이 낮음 • [디자인 모드] 상태에서 크기 조정과 이동은 가능하지만, 매크로 동작이 실행되지 않음

(3) [매크로] 대화상자

[매크로] 대화상자에서 실행할 매크로를 선택하고 [실행] 단추를 클릭한다.

| 실행 방법

방법1	[보기] 탭 – [매크로] 그룹 – [매크로 보기] 선택
방법2	[개발 도구] 탭 – [코드] 그룹 – [매크로] 선택
방법3	Alt + F8

| [매크로] 대화상자

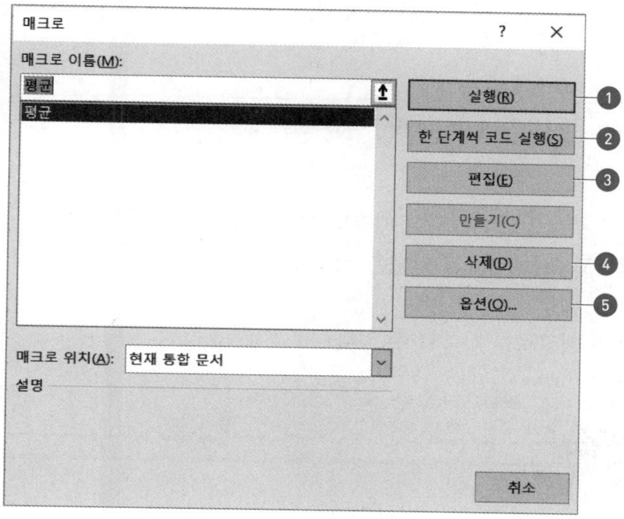

❶ 실행	선택한 매크로 실행
❷ 한 단계씩 코드 실행	Visual Basic Editor를 실행하여 선택한 매크로를 한 줄씩 실행
❸ 편집	Visual Basic Editor를 실행하여 매크로 이름이나 코드 수정
❹ 삭제	선택한 매크로 삭제
❺ 옵션	'매크로 이름'은 수정할 수 없고 '바로 가기 키'와 '설명'은 수정할 수 있음

(4) Visual Basic Editor

- Visual Basic Editor에서 [도구] – [매크로] 메뉴를 선택한 후 실행할 매크로를 선택하고 [실행] 단추를 클릭한다.
- F5 : 매크로를 실행한다.
- F8 : 한 단계씩 매크로를 실행한다.
- Ctrl + F8 : 모듈 창의 커서 위치까지 실행한다.

02 매크로 삭제

• [매크로] 대화상자에서 삭제할 매크로를 선택하고 [삭제] 단추를 클릭한다.
• Visual Basic Editor에서 삭제할 매크로의 프로시저를 Delete를 이용하여 삭제해도 된다.
• 매크로가 연결된 개체를 삭제해도 매크로는 삭제되지 않는다.

03 매크로 편집

• 매크로는 Visual Basic Editor를 이용하여 편집할 수 있다.

| 실행 방법

방법1	[개발 도구] 탭 – [코드] 그룹 – [Visual Basic] 선택
방법2	Alt + F11

• 작은따옴표(')가 붙은 문장은 주석으로 처리되어 매크로 실행에 영향을 주지 않는다.
• 매크로는 모듈 시트에 기록되고 모듈 시트의 이름은 'Module1', 'Module2' 등 순서대로 자동 설정된다.
• 하나의 모듈 시트에 여러 개의 매크로를 기록할 수 있다.

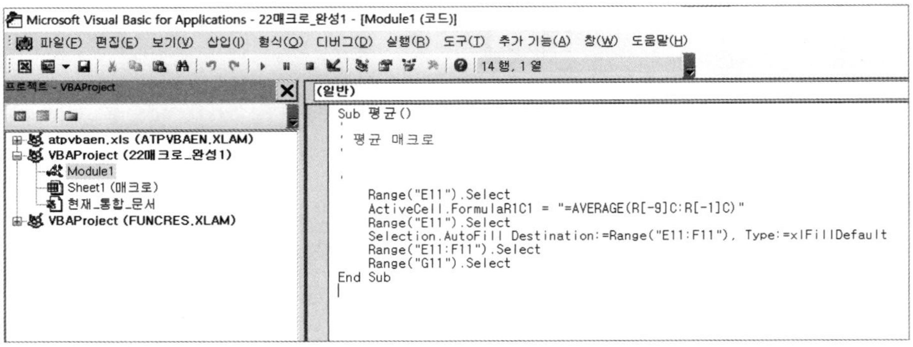

04 매크로 보안

- [개발 도구] 탭–[코드] 그룹–[매크로 보안]을 클릭하여 [보안 센터] 창을 열고 '매크로 설정' 범주에서 설정한다.

- '매크로 설정' 범주 항목
  - 알림이 없는 매크로 사용 안 함
  - 알림이 포함된 VBA 매크로 사용 안 함
  - 디지털 서명된 매크로를 제외하고 VBA 매크로 사용 안 함
  - VBA 매크로 사용(권장 안 함, 위험한 코드가 시행될 수 있음)

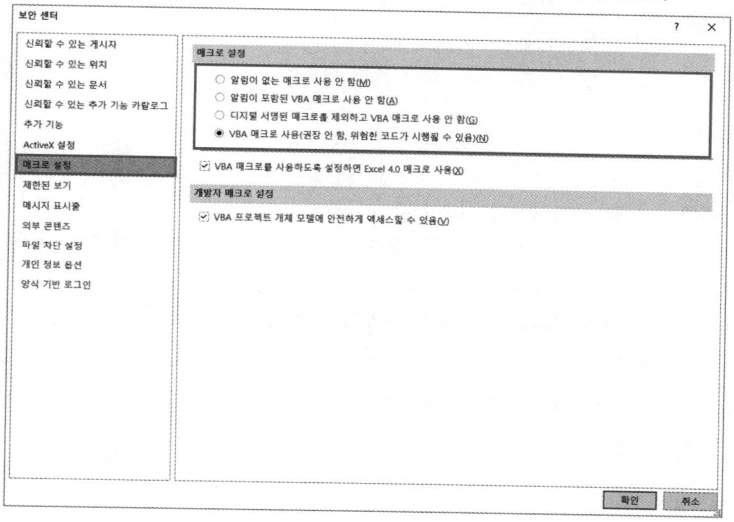

■ 매크로가 포함된 문서를 열 때 [보안 경고] 메시지가 표시되는 경우

[보안 경고] 메시지에서 [콘텐츠 사용] 단추를 클릭한다.

Warming UP 기출로 개념 확인

01

2020.02

다음 중 [매크로] 대화상자에 대한 설명으로 옳지 않은 것은?

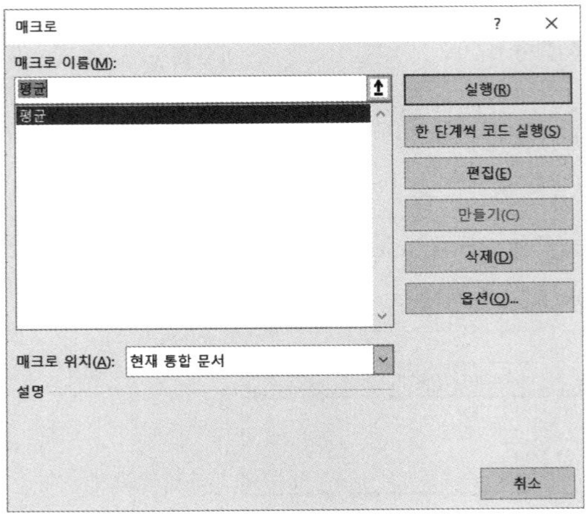

① [실행] 단추를 클릭하면 선택한 매크로를 실행한다.

② [한 단계씩 코드 실행] 단추를 클릭하면 선택한 매크로의 코드를 한 단계씩 실행할 수 있도록 Visual Basic 편집기를 실행한다.

③ [편집] 단추를 클릭하면 선택한 매크로의 명령을 수정할 수 있도록 Visual Basic 편집기를 실행한다.

④ [옵션] 단추를 클릭하면 선택한 매크로의 매크로 이름과 설명을 수정할 수 있는 [매크로 옵션] 대화상자를 표시한다.

02 또 나올 문제

2018.09

다음 중 작성된 매크로를 실행하는 방법으로 옳지 않은 것은?

① 매크로를 지정한 도형을 클릭하여 실행한다.

② [매크로] 대화상자에서 매크로를 선택하여 실행한다.

③ 매크로를 기록할 때 지정한 바로 가기 키를 이용하여 실행한다.

④ 매크로를 지정한 워크시트의 셀 자체를 클릭하여 실행한다.

바로 보는 해설

01

[옵션] 단추를 클릭하면 매크로의 바로 가기 키와 설명을 수정할 수 있는 [매크로 옵션] 대화상자가 열린다. 매크로 이름은 [편집] 단추를 클릭하여 실행되는 Visual Basic 편집기를 통해 수정할 수 있다.

02

셀을 선택하는 것만으로 매크로를 실행할 수 없다.

| 정답 | 01 ④ 02 ④

03

2018.03

다음 중 [매크로] 대화상자에 대한 설명으로 옳지 않은 것은?

① 매크로 이름을 선택한 후 [실행] 단추를 클릭하면 매크로가 실행된다.
② [한 단계씩 코드 실행] 단추를 클릭하면 Visual Basic Editor에서 매크로 실행 과정을 단계별로 확인할 수 있다.
③ [만들기] 단추를 클릭하면 빠른 실행 도구 모음에 매크로 실행 명령을 추가할 수 있다.
④ [옵션] 단추를 클릭하면 매크로 바로 가기 키를 수정할 수 있다.

03
[만들기] 단추를 클릭하면 코드를 입력하여 매크로를 작성할 수 있는 Visual Basic Editor가 실행된다.

04

2017.09

다음 중 매크로를 실행하는 방법으로 옳지 않은 것은?

① 매크로 기록 시 Alt 조합 바로 가기 키를 지정하여 매크로를 실행한다.
② 빠른 실행 도구 모음에 매크로 아이콘을 추가하여 매크로를 실행한다.
③ Alt+F8을 눌러 [매크로] 대화상자를 표시한 후 매크로를 선택하고 [실행] 단추를 클릭하여 실행한다.
④ 그림, 도형 등의 그래픽 개체에 매크로 이름을 연결한 후 그래픽 개체 영역을 클릭하여 실행한다.

04
[매크로 기록]의 바로 가기 키는 Ctrl과 조합한다.

| 정답 | 03 ③ 04 ①

기출선지 OX 퀴즈

01 엑셀에서 기본적으로 지정되어 있는 바로 가기 키는 매크로의 바로 가기 키로 지정할 수 없다. (O / X)

02 매크로 생성 시 설정한 바로 가기 키는 [매크로] 대화상자의 [옵션]에서 변경할 수 있다. (O / X)

03 '?', '/', '–' 등의 문자는 매크로 이름에 사용할 수 없다. (O / X)

04 매크로 이름의 첫 글자는 반드시 문자로 지정해야 한다. (O / X)

05 매크로 이름에 사용되는 영문자는 대·소문자를 구분한다. (O / X)

06 같은 통합 문서 내에서 시트가 다르면 동일한 매크로 이름으로 기록할 수 있다. (O / X)

07 엑셀을 실행할 때마다 매크로를 사용할 수 있게 하려면 [매크로 기록] 대화상자에서 매크로 저장 위치를 '개인용 매크로 통합 문서'로 선택한다. (O / X)

08 [매크로] 대화상자에서 [한 단계씩 코드 실행] 단추를 클릭하면 선택한 매크로의 코드를 한 단계씩 실행할 수 있도록 Visual Basic 편집기를 실행한다. (O / X)

09 작성된 매크로를 실행하려면 매크로를 지정한 워크시트의 셀 자체를 클릭하여 실행한다. (O / X)

10 빠른 실행 도구 모음에 매크로 아이콘을 추가하여 매크로를 실행할 수 있다. (O / X)

11 그림, 도형 등의 그래픽 개체에 매크로 이름을 연결한 후 그래픽 개체 영역을 클릭하여 실행할 수 있다. (O / X)

12 매크로란 반복적인 작업을 단순화하기 위해 작업 과정을 자동화하는 기능이다. (O / X)

13 매크로는 VBA 언어로 기록되며, 잘못 기록하더라도 Visual Basic 편집기를 사용하여 매크로를 편집할 수 있다. (O / X)

14 매크로 기록 시 사용자의 마우스 동작은 기록되지만, 키보드 작업은 기록되지 않는다. (O / X)

15 매크로 기록 시 Alt 조합 바로 가기 키를 지정하여 매크로를 실행한다. (O / X)

16 [매크로 기록] 대화상자에서 바로 가기 키 지정 시 영문 대문자를 사용하면 Shift가 자동으로 덧붙는다. (O / X)

17 매크로를 기록하는 경우 실행하려는 작업을 완료하는 데 필요한 모든 단계가 매크로 레코더에 기록되며, 리본에서의 탐색은 기록에 포함되지 않는다. (O / X)

18 [매크로 기록] 대화상자의 '매크로 저장 위치'에서 '현재 통합 문서'를 선택하면 모든 Excel 문서에서 해당 매크로를 사용할 수 있다. (O / X)

19 [매크로 기록] 대화상자의 '설명'은 매크로에 대한 설명을 기록할 때 사용하며, 매크로 실행에 영향을 미치지 않는다. (O / X)

20 [매크로 기록] 대화상자의 '바로 가기 키'에는 영문자만 사용할 수 있으며, 대문자 입력 시에는 Ctrl + Shift가 조합키로 사용된다. (O / X)

| 정답 |

01	X	02	O	03	O	04	O	05	X	06	X	07	O	08	O	09	X	10	O
11	O	12	O	13	O	14	X	15	X	16	O	17	O	18	X	19	O	20	O

Build UP 기출로 개념 강화

개념끝 072 매크로 작성

01

2019.08

새 워크시트에서 [A1] 셀에 셀 포인터를 두고, [개발 도구] 탭의 [상대 참조로 기록]을 선택한 후 [매크로 기록]을 클릭하여 [그림 1]과 같이 데이터를 입력하는 '매크로1'을 작성하였다. 다음 중 [그림 2]와 같이 [C3] 셀에 셀 포인터를 두고 '매크로1'을 실행한 경우 '성적 현황'이 입력되는 셀의 위치는?

[그림 1]

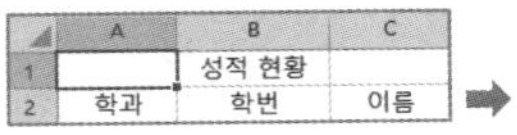

[그림 2]

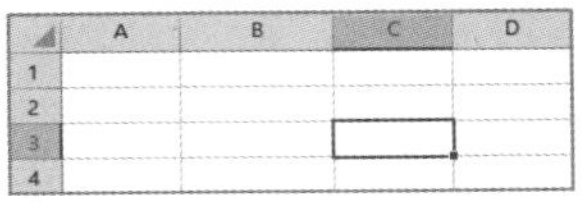

① [B1] 셀 ② [C3] 셀
③ [C4] 셀 ④ [D3] 셀

02

2019.03, 2014.03

다음 중 아래와 같이 설정된 [매크로 기록] 대화상자에 대한 설명으로 옳지 <u>않은</u> 것은?

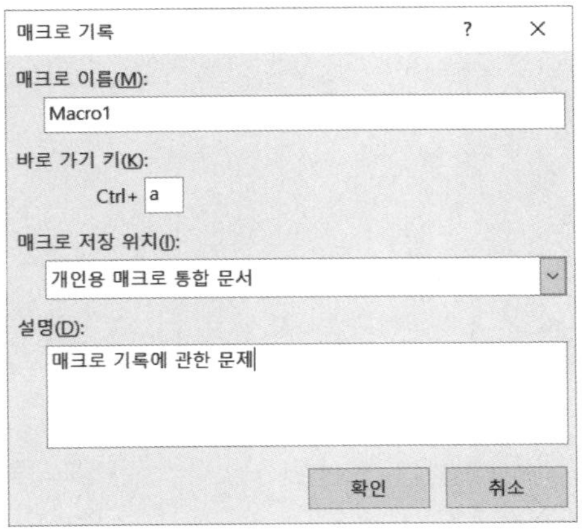

① 매크로 이름은 Macro1이며, 변경하고자 할 경우 [매크로] 대화상자에서만 변경할 수 있다.
② 작성된 'Macro1' 매크로는 'Personal.xlsb'에 저장된다.
③ 설명은 일종의 주석으로 반드시 지정해 주지 않아도 된다.
④ 작성된 'Macro1' 매크로는 Ctrl + a를 눌러 실행할 수 있다.

03

2019.03

다음 중 매크로에 대한 설명으로 옳은 것은?

① 매크로의 이름은 문자로 시작하여야 하고, 공백을 포함할 수 있다.
② 한 번 작성된 매크로는 삭제할 수 없다.
③ 매크로 작성을 위해 Visual Basic 언어를 따로 설치해야 한다.
④ 매크로란 반복적인 작업을 단순화하기 위해 작업과정을 자동화하는 기능이다.

04 또 나올 문제

2018.09

다음 중 매크로에 대한 설명으로 옳지 <u>않은</u> 것은?

① 매크로 이름은 대·소문자를 구분하지 않으며, 공백이나 마침표를 포함하여 매크로 이름을 설정할 수 있다.
② 매크로를 실행할 Ctrl 조합 바로 가기 키는 매크로가 포함된 통합 문서가 열려있는 동안 이와 동일한 기본 엑셀 바로 가기 키를 무시한다.
③ 매크로를 기록하는 경우 실행하려는 작업을 완료하는 데 필요한 모든 단계가 매크로 레코더에 기록되며, 리본에서의 탐색은 기록에 포함되지 않는다.
④ 엑셀을 사용할 때마다 매크로를 사용할 수 있게 하려면 매크로 기록 시 매크로 저장 위치 목록에서 '개인용 매크로 통합 문서'를 선택한다.

05

2018.03

다음 중 [매크로 기록] 대화상자의 각 항목에 입력하는 내용으로 옳지 않은 것은?

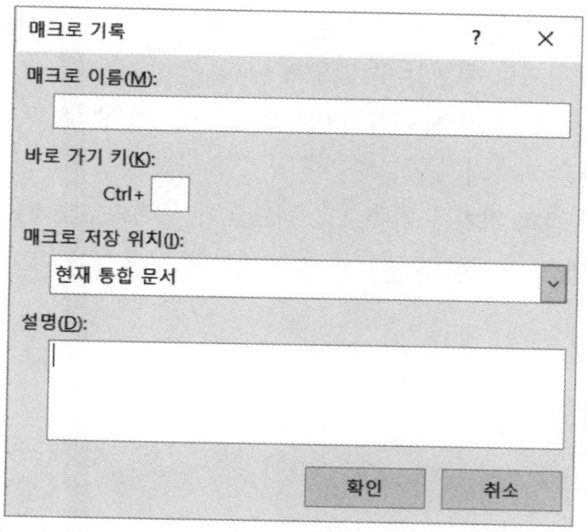

① 매크로 이름: 공백을 사용할 수 없으므로 단어 구분 기호로 밑줄을 사용한다.

② 바로 가기 키: 영문자만 사용할 수 있으며, 대문자 입력 시에는 Ctrl + Shift 가 조합키로 사용된다.

③ 매크로 저장 위치: '현재 통합 문서'를 선택하면 모든 Excel 문서에서 해당 매크로를 사용할 수 있다.

④ 설명: 매크로에 대한 설명을 기록할 때 사용하며, 매크로 실행에 영향을 미치지 않는다.

06 또 나올 문제

2022.상시, 2017.09

다음 중 매크로 작성 시 [매크로 기록] 대화상자에서 선택할 수 있는 매크로의 저장 위치로 옳지 않은 것은?

① 새 통합 문서

② 개인용 매크로 통합 문서

③ 현재 통합 문서

④ 작업 통합 문서

바로 보는 해설

01 매크로를 상대 참조로 기록했다면 매크로를 실행하는 위치에 따라 주소가 변경된다. 따라서 [그림 1]의 내용이 [A1] 셀을 중심으로 입력했듯이 [그림 2]는 [C3] 셀을 중심으로 [D3] 셀에는 '성적 현황', [C4] 셀에는 '학과', [D4] 셀에는 '학번', [E4] 셀에는 '이름'이 입력된다.

	A	B	C	D	E
1		성적 현황			
2	학과	학번	이름		
3				성적 현황	
4			학과	학번	이름
5					

02 매크로 이름은 [매크로] 대화상자의 [편집] 단추 또는 [개발 도구] 탭-[코드] 그룹-[Visual Basic]을 클릭하면 실행되는 Visual Bacic Editor에서 변경할 수 있다.

03 | 오답 피하기 |

① 공백은 포함할 수 없다.

② 작성된 매크로는 [개발 도구]-[코드] 그룹 [매크로]의 [매크로] 대화상자에서 삭제 가능하다.

③ 매크로는 엑셀에 기본적으로 포함되어 있는 기능이므로 Visual Basic 언어를 따로 설치할 필요는 없다.

04 매크로 이름은 대·소문자를 구분하지 않고, 물음표(?), 마침표(.), 슬래시(/) 등과 같은 문자와 공백은 사용할 수 없다.

05 '매크로 저장 위치'에서 '현재 통합 문서'를 선택하면 현재 작업하고 있는 통합 문서에서만 매크로를 사용할 수 있다. 모든 Excel 문서에서 해당 매크로를 사용하려면 '매크로 저장 위치'를 '개인용 매크로 통합 문서'로 선택하고 매크로를 생성해야 한다.

06 매크로 저장 위치는 '새 통합 문서', '개인용 매크로 통합 문서', '현재 통합 문서' 중에서 선택할 수 있다.

| 정답 | 01 ④ 02 ① 03 ④ 04 ① 05 ③ 06 ④

07

2016.03, 2014.03

다음 중 매크로에 관한 설명으로 옳지 않은 것은?

① 매크로 이름은 자동으로 부여되며, 사용자가 변경할 수 있다.
② 매크로의 바로 가기 키는 Ctrl과 영문자 또는 숫자를 조합하여 사용할 수 있다.
③ 매크로는 해당 작업에 대한 일련의 명령과 함수를 비주얼 베이직 모듈로 저장한 것이다.
④ 매크로가 저장되는 위치는 '개인용 매크로 통합 문서', '새 통합 문서', '현재 통합 문서' 중에서 선택할 수 있다.

08

2015.10

다음 중 매크로에 대한 설명으로 옳지 않은 것은?

① 모든 통합 문서에서 매크로를 실행시키고자 할 경우 '개인용 매크로 통합 문서'로 저장 위치를 설정한다.
② 매크로 이름에는 공백이 포함될 수 없으며 항상 문자로 시작되어야 한다.
③ 매크로는 VBA 언어로 기록되며, 잘못 기록하더라도 Visual Basic 편집기를 사용하여 매크로를 편집할 수 있다.
④ 바로 가기 키로 엑셀에서 이미 사용하고 있는 바로 가기 키를 지정할 수 있으나, 바로 가기 키로 매크로를 실행하면 오류 메시지가 표시된다.

09 또 나올 문제

2015.06

다음 중 매크로 이름으로 지정할 수 없는 것은?

① 매크로_1　　② Macro_2
③ 3_Macro　　④ 평균구하기

10

2015.06

다음 중 매크로에 관한 설명으로 옳지 않은 것은?

① 서로 다른 매크로에 동일한 이름을 부여할 수 없다.
② 매크로는 반복적인 작업을 자동화하여 복잡한 작업을 단순한 명령으로 실행할 수 있도록 한다.
③ 매크로 기록 시 사용자의 마우스 동작은 기록되지만, 키보드 작업은 기록되지 않는다.
④ 현재 셀의 위치를 기준으로 매크로가 실행되도록 하려면 '상대 참조로 기록'을 설정한 후 매크로를 기록한다.

개념끝 073 매크로 실행

11 또 나올 문제

2016.03, 2014.03

다음 중 [보안 센터] 창의 [매크로 설정]의 선택 항목으로 옳지 않은 것은?

① 알림이 없는 매크로 사용 안 함
② 알림이 포함된 VBA 매크로 사용 안 함
③ 디지털 서명된 매크로를 제외하고 VBA 매크로 사용 안 함
④ VBA 매크로 사용(기본 설정, 알림 표시)

12

2016.06, 2015.10

다음 중 아래의 매크로 대화상자에 대한 설명에서 괄호 안에 들어갈 용어로 옳은 것은?

> 매크로 대화상자의 (㉠) 단추는 바로 가기 키나 설명을 변경할 수 있고, (㉡) 단추는 매크로 이름이나 명령 코드를 수정할 수 있다.

	㉠	㉡
①	옵션	편집
②	편집	옵션
③	매크로	보기 편집
④	편집	매크로 보기

13
2015.03

다음 중 엑셀의 매크로 사용에 대한 설명으로 옳지 않은 것은?

① 리본 메뉴에 [개발 도구] 탭의 표시 여부는 [Excel 옵션]에서 선택할 수 있다.
② 엑셀에서 기본적으로 사용하는 통합 문서(.xlsx)는 매크로 제외 통합 문서이다.
③ 엑셀의 매크로 보안 설정은 기본적으로 '디지털 서명된 매크로만 포함'으로 설정되어 있다.
④ [개발 도구] 탭을 사용하면 매크로와 양식 컨트롤을 쉽게 사용할 수 있다.

14
2014.10

다음 중 매크로를 실행하는 방법에 대한 설명으로 옳지 않은 것은?

① [개발 도구]–[코드] 그룹의 [매크로]를 클릭한 후 매크로를 선택하여 실행한다.
② 셀의 바로 가기 메뉴에서 [매크로 지정]을 클릭하여 셀에 매크로를 연결한 후 실행한다.
③ 매크로를 기록할 때 지정한 바로 가기 키를 눌러 실행한다.
④ 빠른 실행 도구 모음에 매크로를 선택하여 아이콘으로 추가한 후 아이콘을 클릭하여 실행한다.

15
2013.10

다음 중 워크시트 상에서 매크로를 연결할 수 없는 양식 컨트롤의 유형은?

① 레이블
② 텍스트 필드
③ 단추
④ 확인란

바로 보는 해설

07 매크로의 바로 가기 키에는 숫자를 사용할 수 없다.

08 바로 가기 키로 엑셀에서 이미 사용하고 있는 바로 가기 키를 지정할 수 있으며, 매크로 바로 가기 키가 엑셀 바로 가기 키보다 우선으로 실행된다.

09 매크로 이름의 첫 글자는 반드시 문자로 지정해야 한다.

10 매크로 기록 시 마우스 동작뿐만 아니라 키보드 작업도 기록된다.

11 • '매크로 설정' 범주 항목
– 알림이 없는 매크로 사용 안 함
– 알림이 포함된 VBA 매크로 사용 안 함
– 디지털 서명된 매크로를 제외하고 VBA 매크로 사용 안 함
– VBA 매크로 사용(권장 안 함, 위험한 코드가 시행될 수 있음)

12 매크로 대화상자의 [옵션] 단추는 바로 가기 키나 설명을 변경할 수 있고, [편집] 단추는 매크로 이름이나 명령 코드를 수정할 수 있다.

13 엑셀의 매크로 보안 설정은 기본적으로 '모든 매크로 제외(알림 표시)'로 설정되어 있다.

14 셀에는 매크로를 연결하여 실행할 수 없다.

15 텍스트 필드에는 매크로를 연결하여 실행할 수 없다.

| 정답 | 07 ② 08 ④ 09 ③ 10 ③ 11 ④
12 ① 13 ③ 14 ② 15 ②

Jump UP 기출 재구성 과목별 모의고사

01 개념끝 054 2008.03

다음 중 수식 입력줄의 기능에 대한 설명으로 옳지 않은 것은?

① 현재 셀에 입력된 문자 데이터를 그대로 표시한다.
② 수식 입력줄을 이용하여 입력된 데이터를 수정할 수 있다.
③ 수식 입력줄을 이용하여 셀의 특정 범위에 이름을 정의할 수 있다.
④ 셀의 내용을 입력 시 수식 입력줄에 직접 입력이 가능하다.

02 개념끝 051 2022.상시, 2021.상시, 2017.03

다음 중 데이터 입력에 대한 설명으로 옳지 않은 것은?

① 셀 안에서 줄 바꿈을 하려면 Alt+Enter를 누른다.
② 한 행을 블록 설정한 상태에서 Enter를 누르면 블록 내의 셀이 오른쪽 방향으로 순차적으로 선택되어 행 단위로 데이터를 쉽게 입력할 수 있다.
③ 여러 셀에 숫자나 문자 데이터를 한 번에 입력하려면 여러 셀이 선택된 상태에서 데이터를 입력한 후 바로 Shift+Enter를 누른다.
④ 열의 너비가 좁아 입력된 날짜 데이터 전체를 표시하지 못하는 경우 셀의 너비에 맞춰 '#'이 반복 표시된다.

03 개념끝 051 2021.상시, 2015.10

다음 중 메모에 대한 설명으로 옳지 않은 것은?

① 통합 문서에 포함된 메모를 시트에 표시된 대로 인쇄하거나 시트 끝에 인쇄할 수 있다.
② 메모에는 어떠한 문자나 숫자, 특수 문자도 입력 가능하며, 텍스트 서식도 지정할 수 있다.
③ 시트에 삽입된 모든 메모를 표시하려면 [검토] 탭의 [메모] 그룹에서 '메모 모두 표시'를 선택한다.
④ 셀에 입력된 데이터를 Delete로 삭제한 경우 메모도 함께 삭제된다.

04 개념끝 051 2014.10

다음 중 [A1] 셀을 선택하고 [연속 데이터] 대화상자의 항목을 아래 그림과 같이 설정하였을 경우 [C1] 셀에 채워질 값으로 옳은 것은?

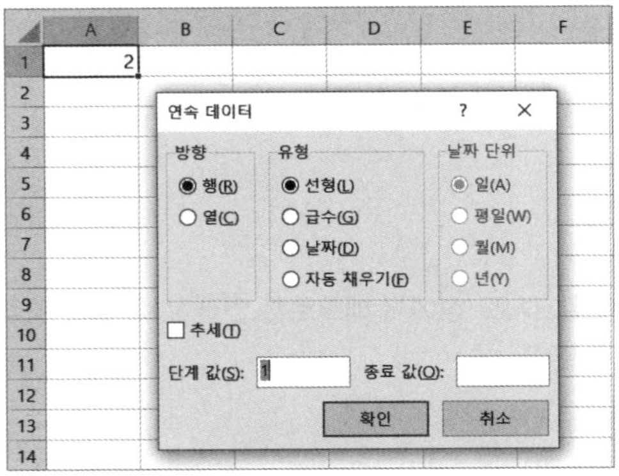

① 4 ② 6
③ 8 ④ 16

05 개념끝 048 2012.09

아래의 그림처럼 워크시트의 내용을 화면의 여러 창에서 동시에 표시하려고 할 때 사용하는 기능으로 옳은 것은?

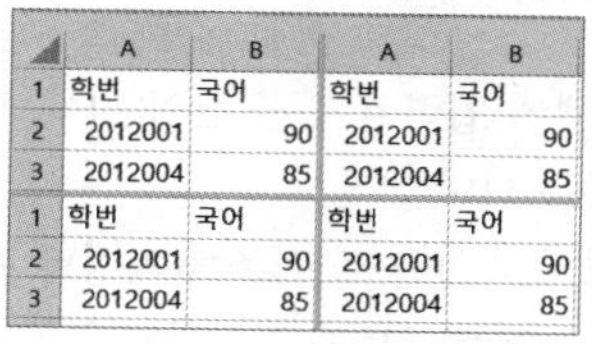

① 나누기
② 선택 영역 확대/축소
③ 틀 고정
④ 모두 정렬

06 개념끝 053 2019.08

아래 워크시트와 같이 짝수 행에만 배경색과 글꼴 스타일 '굵게'를 설정하는 조건부 서식을 지정하고자 한다. 다음 중 이를 위해 아래의 [새 서식 규칙] 대화상자에 입력할 수식으로 옳은 것은?

	A	B	C	D
1	사원번호	성명	직함	
2	**101**	**구민정**	**과장**	
3	102	강수영	부사장	
4	**103**	**김진수**	**사원**	
5	104	박영수	사원	
6	**105**	**이민호**	**과장**	

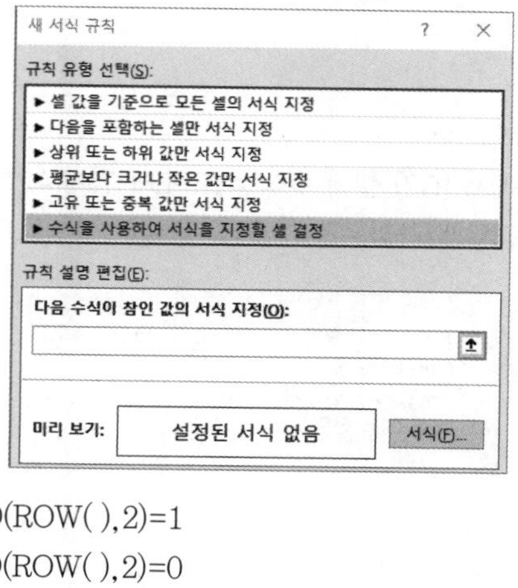

① =MOD(ROW( ),2)=1
② =MOD(ROW( ),2)=0
③ =MOD(COLUMN( ),2)=1
④ =MOD(COLUMN( ),2)=0

바로 보는 해설

01 셀의 특정 범위에 이름을 정의하려면 이름 상자를 이용한다.

02 여러 셀에 숫자나 문자 데이터를 한 번에 입력하려면 Ctrl + Enter를 눌러야 한다.

03 셀에 입력된 데이터를 Delete로 삭제해도 메모는 삭제되지 않으며 메모를 삭제하려면 메모가 삽입된 셀의 바로 가기 메뉴에서 [메모 삭제]를 선택한다.

04 급수는 단계 값만큼 곱하여 입력된다.
[A1] 셀: 2, [B1] 셀: 4, [C1] 셀: 8

05 [보기] 탭-[창] 그룹-[나누기]를 선택하면 화면을 여러 개로 나누어 하나의 화면으로 표시하기 어려운 경우 떨어져 있는 데이터도 한 화면에 볼 수 있다.

06
- ROW(셀이나 범위) 함수는 '셀이나 범위'의 행 번호를 반환하고, ROW( )와 같이 셀이나 범위를 지정하지 않으면 수식이 입력된 행을 반환한다.
- MOD(수1,수2) 함수는 수1을 수2로 나눈 나머지를 반환한다.
- 따라서 MOD(수식이 입력된 행,2)이므로 짝수 행의 조건이 맞을 경우 2행, 4행, 6행에 배경색과 글꼴 스타일이 적용된다.

| 오답 피하기 |
③ COLUMN(셀이나 범위) 함수는 '셀이나 범위'의 열 번호를 반환한다.

| 정답 | 01 ③ 02 ③ 03 ④ 04 ③ 05 ① 06 ②

07 개념끝 052 2012.03

다음 중 워크시트에 입력된 데이터 중 특정한 내용을 찾거나 바꾸는 [찾기 및 바꾸기] 기능에 대한 설명으로 옳지 않은 것은?

① 와일드카드 문자(?, *)를 사용할 수 있다.
② +, − 와 같은 특수 문자를 찾을 수 있다.
③ 와일드카드 문자(?, *) 자체를 찾을 경우는 % 기호를 와일드카드 문자 앞에 사용하면 된다.
④ 행 방향으로 먼저 검색할지, 열 방향으로 먼저 검색할지를 사용자가 설정할 수 있다.

08 개념끝 054 2014.03

다음 중 참조의 대상 범위로 사용하는 이름에 대한 설명으로 옳은 것은?

① 이름 정의 시 첫 글자는 반드시 숫자로 시작해야 한다.
② 하나의 통합 문서 내에서 시트가 다르면 동일한 이름을 지정할 수 있다.
③ 이름 정의 시 영문자는 대소문자를 구분하므로 주의하여야 한다.
④ 이름은 기본적으로 절대 참조로 대상 범위를 참조한다.

09 개념끝 054 2013.03

다음 중 오류 값의 표시 내용에 대한 설명으로 옳지 않은 것은?

① #NUM!: 수식이나 함수에 잘못된 숫자 값을 사용할 때 발생한다.
② #VALUE!: 셀에 입력된 숫자 값이 너무 커서 셀 안에 나타낼 수 없음을 의미한다.
③ #REF!: 유효하지 않은 셀 참조를 지정할 때 발생한다.
④ #NAME: 수식의 텍스트를 인식하지 못할 때 발생한다.

10 개념끝 057 2011.07

아래 시트에서 [D2] 셀에 수식 =UPPER(TRIM(A2))&"−kr"를 입력했을 경우 결과값은?

	A	B	C	D
1	도서코드	출판사	출판년도	변환도서코드
2	mng-002	대한도서	2008	
3	psy-523	믿음사	2009	
4	mng-091	정일도서	2007	
5				

① MNG−002−kr
② MNG−KR
③ MNG 002−KR
④ MNG−002

11 개념끝 056 2014.10

다음 중 수식의 실행 결과가 옳지 않은 것은?

① =ROUND(4561.604,1) → 4561.6
② =ROUND(4561.604,−1) → 4560
③ =ROUNDUP(4561.604,1) → 4561.7
④ =ROUNDUP(4561.604,−1) → 4562

12 개념끝 058 2011.03

다음 시트에서 [H1] 셀에 표시되는 결과로 옳은 것은?

H1 =HLOOKUP(82,B1:F5,3,TRUE)

	A	B	C	D	E	F	G	H
1		0	60	70	80	90		5,3,TRUE)
2	국어	2	11	21	25	6		
3	영어	3	12	22	26	7		
4	수학	4	13	23	27	8		
5	과학	5	14	24	28	9		
6								

① 26
② 27
③ 7
④ 8

13 개념끝 064 2011.03

다음 중 피벗 테이블에서 가능한 작업들을 설명한 것으로 옳지 않은 것은?

① 먼저 피벗 테이블을 만든 후 나중에 피벗 차트를 추가할 수 있다.
② 피벗 테이블과 피벗 차트를 함께 만든 후에 피벗 테이블을 삭제하면 피벗 차트도 자동으로 삭제된다.
③ 피벗 차트는 피벗 테이블을 만들지 않고는 만들 수 없다.
④ 한번 작성된 피벗 테이블의 필드 위치를 필요에 따라 삭제나 이동하여 재배치할 수 있다.

바로 보는 해설

07 와일드카드 문자(?, *) 자체를 찾을 경우는 ~ 기호를 와일드카드 문자 앞에 붙여서 검색한다.

08 | 오답 피하기 |
① 이름의 첫 글자는 문자나 밑줄(_), 역슬래시(\)만 사용할 수 있고, 숫자로 시작될 수 없다.
② 하나의 통합 문서 내에서 시트가 다르더라도 동일한 이름은 지정할 수 없다.
③ 이름 정의 시 영문자의 대·소문자를 구분하지 않는다.

09 #VALUE!는 잘못된 인수나 피연산자를 사용한 경우 발생한다.

10 =UPPER(TRIM(A2))&"−kr"

❶ [A2] 셀의 공백을 모두 삭제한다.
❷ ❶을 대문자로 변환한다.
❸ ❷에 "−kr"을 연결한다.

11 4561.604를 올림하여 십의 단위로 표시하므로 4570이 표시된다.

12 [B1:F5] 영역의 첫 행에서 82를 찾아 3번째 행의 값을 반환한다. 이때 마지막 인수가 'TRUE'이므로 82와 같거나 작은 값 중 가장 큰 값을 찾으므로 80을 찾고 이에 해당하는 3번째 행의 값인 26이 반환된다.

13 작성된 피벗 테이블을 삭제하면 함께 작성한 피벗 차트는 일반 차트로 변경된다.

| 정답 | 07 ③ 08 ④ 09 ② 10 ① 11 ④ 12 ① 13 ②

14 개념끝 063 2011.03

다음 중 부분합에 대한 설명으로 옳지 않은 것은?

① 부분합의 첫 행에는 열 이름표가 있어야 하며, 그룹으로 사용할 데이터는 반드시 오름차순으로 정렬되어야 한다.
② 부분합이 실행되면 윤곽 기호가 표시되므로 각 수준의 데이터를 편리하게 볼 수 있다.
③ 부분합이 적용된 각 그룹을 페이지로 분리할 수 있다.
④ 부분합을 해제하고 원래의 목록으로 표시할 때는 [부분합] 대화상자에서 [모두 제거] 단추를 클릭한다.

15 개념끝 060 2021.상시

다음 중 [A1:C3] 영역과 같이 조건을 작성한 후 고급 필터를 실행했을 때, 추출되는 데이터에 관한 설명으로 옳은 것은?

	A	B	C
1	영어	영어	국어
2	>=80	<=90	
3			>=90

① 국어 점수가 90점 이상이고, 영어 점수가 80점 이상이거나 90점 이하인 데이터
② 국어 점수가 90점 이상이거나, 영어 점수가 80점 이상이고 90점 이하인 데이터
③ 국어 점수가 90점 이상이면서, 영어 점수가 80점 이상이고 90점 이하인 데이터
④ 국어 점수가 90점 이상이거나, 영어 점수가 80점 이상이거나 90점 이하인 데이터

16 개념끝 065 2012.03

아래 괄호에 알맞은 엑셀 차트의 종류는?

- 원형 차트를 개선한 것으로 원형 차트는 하나의 계열을 가지는데 비해 (　　)는 다중 계열을 가질 수 있다.
- 3차원 차트로 작성할 수 없다.

① 쪼개진 원형 차트
② 원형 대 원형 차트
③ 도넛형 차트
④ 원형 대 가로 막대 차트

17 개념끝 072, 073 2015.03

다음 중 새 매크로를 기록할 때의 과정에 대한 설명으로 옳지 않은 것은?

① Alt+F8를 눌러 [매크로 기록] 대화상자를 실행시켰다.
② 매크로 이름을 '서식변경'으로 지정하였다.
③ 바로 가기 키를 Ctrl+Shift+C로 지정하였다.
④ 매크로 저장 위치를 '새 통합 문서'로 지정하였다.

18 개념끝 065 2021.상시

다음 중 차트에 대한 설명으로 옳지 않은 것은?

① 2개 이상의 차트 종류를 활용하여 혼합형 차트를 만들 수 있다.
② 기본적으로 워크시트의 행과 열에서 숨겨진 데이터는 차트에 표시되지 않는다.
③ 차트를 삭제하면 워크시트에 있는 원본 데이터도 삭제된다.
④ Alt를 누른 상태에서 차트 크기를 조절하면 차트가 셀에 맞춰서 크기가 조절된다.

19 개념끝 071 2015.06

다음 중 [인쇄 미리 보기] 화면에서 설정할 수 없는 기능은?

① 상하좌우의 여백 조정
② 머리글과 바닥글의 여백 조정
③ 셀의 행 높이 조정
④ 셀의 열 너비 조정

20 개념끝 048 2010.10

일반적으로 새 통합 문서를 열면 1개의 워크시트가 나타난다. 이것을 10개로 조정하려고 할 때 옳은 것은?

① [파일]-[옵션]에서 ‘일반’ 탭을 눌러 ‘포함할 시트 수’를 10으로 고친다.
② [보기]-[사용자 지정 보기]에서 ‘새 통합 문서의 시트수’를 10으로 고친다.
③ [창]-[새 창]에서 새 창을 추가로 7개 만든다.
④ 시트 탭을 오른쪽 마우스로 눌러 코드 보기를 하여 ThisWorkbook을 10번 복사한다.

바로 보는 해설

14 그룹으로 사용할 데이터는 정렬되어 있어야 하지만 반드시 오름차순으로 정렬할 필요는 없다.

15 고급 필터의 조건은 같은 행에 입력하면 두 개의 조건이 모두 만족해야 데이터가 추출되는 AND 조건이고, 다른 행에 입력하면 한 개 이상의 조건에 만족할 경우 데이터가 추가되는 OR 조건이다.

16 도넛형 차트는 원형 차트의 한 종류로, 원형 차트와 비슷하지만 여러 데이터의 계열을 표시한다.

17 Alt+F8을 누르면 [매크로] 대화상자가 실행된다.

18 차트를 삭제하여도 워크시트에 있는 원본 데이터는 영향을 받지 않는다. 다만 원본 데이터를 삭제하면 차트도 변경된다.

19 [인쇄 미리 보기] 화면에서 열 너비 조정은 가능하지만 행 높이 조정은 불가능하다.

20 새 통합 문서의 시트 수는 [파일]-[옵션]에서 ‘일반’ 탭을 눌러 ‘포함할 시트 수’를 수정한다.

| 정답 | 14 ① 15 ② 16 ③ 17 ① 18 ③ 19 ③ 20 ①

에듀윌이
너를
지지할게

ENERGY

풍랑은 영원하지 않습니다.
터널은 무한하지 않습니다.
견디면 다 지나갑니다.

지나고 보면 그 시간이 유익입니다.

– 조정민, 『고난이 선물이다』, 두란노

eduwill

세상을 움직이려면

먼저 나 자신을 움직여야 한다.

– 소크라테스(Socrates)

에듀윌 EXIT

컴퓨터활용능력

2급 필기 기본서

특별부록 #빈출개념+3개년 기출

eduwill

1권

1과목 컴퓨터 일반

2권

※실습파일 다운로드
EXIT 합격 서비스(exit.eduwill.net) ▶ 로그인 ▶ 자료실 게시판 ▶ 컴퓨터활용능력 2급 ▶ 필기 ▶다운로드

3권

필수부록

[PDF] OX퀴즈
※ EXIT 합격 서비스(exit.eduwill.net)의 [자료실 게시판]에서 다운로드

한번에 몰아보는

#빈출개념

1과목 | 컴퓨터 일반

개념끝 001 Windows 10의 특징

OLE
(Object Linking and Embedding)

Windows 환경에서 각종 앱 간의 데이터 교환을 위해 서로의 데이터를 공유하는 기능을 지원한다.

에어로 피크
(Aero Peek)

모든 창을 최소화할 필요 없이 바탕 화면을 빠르게 미리 보거나, 작업 표시줄의 해당 아이콘을 가리켜서 열린 창을 미리 볼 수 있게 하는 기능이다.

NTFS
(New Technology File System)

성능, 보안, 안정성 면에서 고급 기능을 제공하는 파일 시스템이다.

개념끝 002 마우스 및 키보드 사용법

Shift 조합 바로 가기 키

Shift + F10	선택한 항목의 바로 가기 메뉴를 표시
Shift + Delete	휴지통으로 이동하지 않고 영구히 삭제

Ctrl 조합 바로 가기 키

Ctrl + C	선택한 항목을 복사
Ctrl + X	선택한 항목을 잘라냄
Ctrl + V	선택한 항목을 붙여넣기
Ctrl + A	모든 항목을 선택
Ctrl + Z	실행 취소
Ctrl + Esc	[시작] 메뉴 표시
Ctrl + Shift + Esc	작업 관리자 창을 표시하고 문제가 생긴 앱을 강제 종료
Ctrl + D	선택 항목을 삭제 후 휴지통으로 이동
Ctrl + F4	활성 문서 종료
Ctrl + F1	리본 메뉴 최소화
Ctrl + 마우스 휠 드래그	아이콘 크기 변경
Ctrl + Insert	선택한 항목을 복사

Alt 조합 바로 가기 키

Alt + F4	현재 창을 종료
Alt + Tab	작업 전환 창을 이용하여 작업 창을 전환
Alt + Esc	다음 활성화된 창으로 전환
Alt + Enter	선택한 항목의 [속성] 창을 표시
Alt + Space Bar	활성 창의 바로 가기 메뉴 열기
Alt + PrintScreen	활성 창을 클립보드에 복사
Alt + P	파일 탐색기에서 미리 보기 창 표시 및 숨기기
Alt + Shift + P	파일 탐색기에서 세부 정보 창 표시 및 숨기기

개념끝 003 바탕 화면과 바로 가기 아이콘

바로 가기 아이콘의 특징

① 바로 가기 아이콘에 원본 파일을 연결하면 빠르고 간편하게 해당 파일을 실행시킬 수 있다.
② 바로 가기 아이콘의 확장명은 .LNK로 지정된다.
③ 바로 가기 아이콘의 왼쪽 아랫부분에 화살표 모양( )이 표시된다.
④ 파일, 폴더, 디스크 드라이브, 프로그램, 프린터, 네트워크 등의 개체에 바로 가기 아이콘을 만들 수 있다.
⑤ 하나의 바로 가기 아이콘에는 하나의 원본 파일만 지정할 수 있다.
⑥ 하나의 원본 파일에 대해서 여러 개의 바로 가기 아이콘을 만들 수 있다.
⑦ 바로 가기 아이콘을 삭제해도 연결된 원본 파일은 삭제되지 않는다.
⑧ 바로 가기 아이콘은 원본 파일이 있는 위치와 관계없이 만들 수 있다.

바로 가기 아이콘의 [속성] 창

① 파일 형식, 위치, 크기, 디스크 할당 크기, 만든 날짜, 수정한 날짜, 액세스한 날짜, 특성 등을 확인할 수 있다.
② 연결된 대상 파일을 변경하거나 바로 가기 키를 지정할 수 있다.

개념끝 004 시작 메뉴와 작업 표시줄

작업 표시줄의 특징

① 작업 표시줄은 시작 단추, 검색 상자, 작업 보기, 고정된 앱 단추, 실행 중인 앱 단추, 알림 영역, 바탕 화면 보기 등으로 구성된다.
② 작업 표시줄의 위치를 상하좌우로 변경할 수 있다.
③ 작업 표시줄의 크기는 화면의 1/2까지만 늘릴 수 있다.
④ '작업 표시줄 잠금'이 설정된 상태에서는 작업 표시줄의 위치나 크기를 변경할 수 없다.
⑤ 작업 표시줄을 자동으로 숨길 수 있으나 마우스 포인터를 작업 표시줄이 있는 위치에 올려놓으면 다시 표시된다.
⑥ 작업 표시줄에서는 앱 단추가 하나의 작은 아이콘으로 표시된다.
⑦ 작업 표시줄의 바로 가기 메뉴에서 [계단식 창 배열], [창 가로 정렬 보기], [창 세로 정렬 보기], [바탕 화면 보기], [작업 표시줄 잠금], [작업 표시줄 설정]을 지정할 수 있다.

작업 표시줄의 점프 목록

① 프로그램의 점프 목록을 보려면 작업 표시줄의 프로그램 아이콘을 마우스 오른쪽 단추로 클릭한다.
② 점프 목록에서 항목을 열려면 프로그램의 점프 목록에서 해당 항목을 선택한다.
③ 점프 목록에 항목을 고정하려면 해당 프로그램의 점프 목록에 마우스 포인터를 올려놓고 [이 목록에 고정( )]을 클릭한다.
④ 점프 목록에서 고정된 항목을 제거하려면 프로그램의 점프 목록의 '고정됨'에서 [이 목록에서 제거( )]를 클릭한다.

개념끝 005 휴지통

휴지통에 들어가지 않고 바로 삭제되는 경우

① 단축키 Shift + Delete로 삭제한 경우
② USB 드라이브, 네트워크 드라이브에서 삭제한 경우
③ [휴지통 속성] 창에서 최대 크기를 0MB로 설정한 경우
④ [명령 프롬프트] 창에서 삭제한 경우
⑤ '파일을 휴지통에 버리지 않고 삭제할 때 바로 제거'로 설정한 경우
⑥ 같은 이름의 항목을 복사나 이동 작업으로 덮어쓴 경우

개념끝 006 파일 탐색기 최빈출

즐겨찾기

① 자주 사용하는 폴더를 추가하여 사용하는 기능이다.
② 즐겨찾기의 순서를 변경할 수 있다.
③ 폴더, 저장된 검색, 라이브러리 또는 드라이브를 즐겨찾기에 추가하려면 탐색 창의 '즐겨찾기(즐겨찾기)'로 드래그해야 한다.

라이브러리(Library)

실제로 항목을 저장하지 않고 여러 위치에 저장된 파일 및 폴더의 모음을 표시하여 신속하고 편리하게 파일을 관리하는 기능이다.

파일 탐색기의 바로 가기 키

BackSpace	선택된 폴더의 상위 폴더로 이동
숫자 키패드의 *	선택한 폴더의 모든 하위 폴더 표시
숫자 키패드의 +	선택한 폴더의 하위 폴더 표시
숫자 키패드의 -	선택한 폴더의 하위 폴더를 닫음
←	선택한 폴더가 확장되어 있으면 축소, 그렇지 않으면 상위 폴더 선택
→	선택한 폴더가 축소되어 있으면 확장, 그렇지 않으면 하위 폴더 선택
Alt + D	주소 표시줄 선택
Ctrl + E / Ctrl + F	[검색 상자] 선택

개념끝 007 파일과 폴더

복사

리본 메뉴	[홈] 탭-[클립보드] 그룹-[복사] → [홈] 탭-[클립보드] 그룹-[붙여넣기]
바로 가기 메뉴	바로 가기 메뉴에서 [복사] 선택 → 바로 가기 메뉴에서 [붙여넣기] 선택
바로 가기 키	Ctrl+C → Ctrl+V
같은 드라이브	Ctrl+드래그
다른 드라이브	드래그 또는 Ctrl+드래그

이동

리본 메뉴	[홈] 탭-[클립보드] 그룹-[잘라내기] → [홈] 탭-[클립보드] 그룹-[붙여넣기]
바로 가기 메뉴	바로 가기 메뉴에서 [잘라내기] 선택 → 바로 가기 메뉴에서 [붙여넣기] 선택
바로 가기 키	Ctrl+X → Ctrl+V
같은 드라이브	드래그 또는 Shift+드래그
다른 드라이브	Shift+드래그

파일이나 폴더의 검색

① [검색 상자]에 찾으려는 파일이나 폴더를 입력하면 자동으로 검색되어 결과가 표시된다.
② '*'나 '?' 등의 와일드카드 문자(만능 문자)를 사용하여 검색할 수 있다.
③ 검색 내용에 '-'를 붙이면 해당 내용이 포함되지 않은 파일이나 폴더를 검색한다.
④ 검색 저장 기능을 이용하면 다음에 사용할 때 해당 검색과 일치하는 최신 파일을 표시한다.
⑤ [시작(⊞)]의 오른쪽에 있는 [검색 상자]에서는 검색 필터를 사용할 수 없다.

개념끝 008 보조 프로그램

메모장

① 서식이 없는 간단한 텍스트 파일이나 웹 페이지를 편집하는 기본 텍스트 편집기이다.
② 메모장의 특징
- 기본 파일 확장명은 .TXT이다.
- 그림이나 차트 등의 OLE 개체는 삽입할 수 없다.
- 특정한 문자열을 찾고 바꾸거나, 창의 크기에 맞춰 줄을 바꿀 수 있다.
- F5를 누르거나 첫 줄 왼쪽에 '.LOG'를 입력하여 현재의 시간과 날짜를 자동으로 삽입할 수 있다.
- 글꼴, 글꼴 스타일, 글자 크기의 변경은 가능하지만, 글자색은 변경할 수 없다.
- [편집]-[이동] 메뉴를 선택하여 문서의 특정 줄로 이동할 수 있으나, 자동 줄 바꿈이 설정된 경우에는 이동할 수 없다.
- [파일]-[페이지 설정] 메뉴를 선택하고 [페이지 설정] 대화상자에서 머리글과 바닥글을 설정할 수 있다.

원격 데스크톱 연결

① 한 컴퓨터에서 다른 위치의 원격 컴퓨터에 연결하는 기능을 실행하는 앱이다.
② 원격 데스크톱 연결의 특징
- 현재의 컴퓨터 앞에서 원격 위치의 데스크톱 컴퓨터에 연결하여 응용 프로그램을 해당 콘솔 앞에서 실행하고, 파일 및 네트워크 리소스에 액세스할 수 있는 것을 의미한다.
- 원격에 있는 컴퓨터에서 음악 또는 기타 소리를 사용자의 컴퓨터에서 재생하거나 녹음할 수 있다.
- 원격 작업을 하려면 네트워크에 연결된 컴퓨터와 제2의 원격 컴퓨터가 있어야 한다.

개념끝 009 작업 관리자와 명령 프롬프트

작업 관리자의 특징

① 실행 중인 앱을 [작업 끝내기]로 종료할 수 있으나 실행 순서를 변경할 수는 없다.
② 현재 사용 중인 CPU, 메모리, 디스크, 네트워크 등의 사용 현황을 확인할 수 있다.
③ 컴퓨터에 연결된 사용자 및 작업 상황을 확인할 수 있고, 둘 이상의 사용자가 연결된 경우 사용자에게 메시지를 보낼 수 있다.

명령 프롬프트의 실행과 종료

실행 방법	① [시작(⊞)]-[Windows 시스템]-[명령 프롬프트] 선택 ② ⊞+R → 'cmd' 입력 후 [확인] ③ 검색 상자에 '명령 프롬프트' 입력 후 Enter
종료 방법	[명령 프롬프트] 창에서 'exit'를 입력

개념끝 010 인쇄 최빈출

기본 프린터

① 특정 프린터를 설정하지 않았을 때 자동으로 인쇄 작업을 처리하는 프린터이다.
② [장치 및 프린터] 창에서 기본 프린터에는 프린터 아이콘에 확인 표시가 나타난다.

③ 기본 프린터는 한 대만 지정할 수 있고, 다른 프린터로 변경할 수 있다.
④ 기본 프린터로 설정된 프린터도 삭제할 수 있다.
⑤ 원하는 프린터를 선택하고 [관리]-[기본값으로 설정]을 선택하여 기본 프린터로 지정한다.

인쇄 관리자

① 인쇄가 실행될 때 작업 표시줄의 알림 영역에 프린터 모양의 아이콘()을 더블클릭하여 [인쇄 관리자] 창을 열 수 있다.
② 인쇄 대기 중인 문서의 출력 대기 순서를 임의로 변경할 수 있다.
③ 인쇄 작업이 시작된 문서도 중간에 강제로 종료할 수 있다.
④ 인쇄 대기 중인 문서를 삭제할 수 있다.

[설정] 창 – 시스템

디스플레이

① 야간 모드: 숙면을 방해하는 청색 광을 야간에 따뜻한 색으로 표시하여 사용자의 숙면을 돕는 기능이다.
② 텍스트, 앱 및 기타 항목의 크기 변경: 화면에 표시되는 텍스트 크기, 앱 및 기타 항목의 크기를 배율로 변경한다.
③ 디스플레이 해상도: 화면 해상도를 설정한다.
④ 디스플레이 방향: 디스플레이의 방향을 '가로', '세로', '가로(대칭 이동)', '세로(대칭 이동)'로 지정한다.
⑤ 여러 디스플레이: 여러 개의 모니터를 사용할 수 있는 '여러 디스플레이'를 설정한다.

[시스템 속성] 대화상자

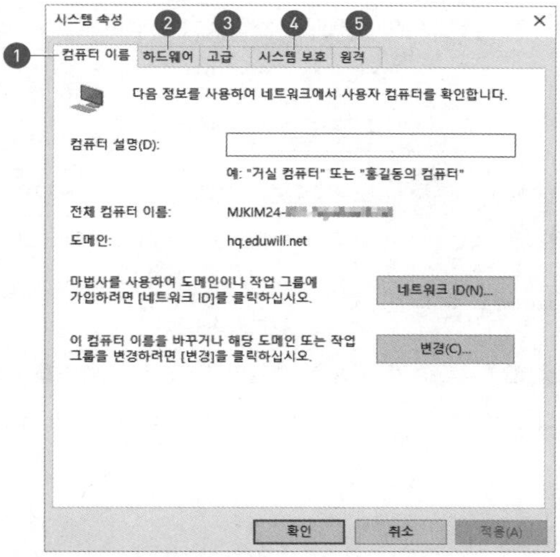

❶ [컴퓨터 이름] 탭	컴퓨터 이름, 컴퓨터 설명, 작업 그룹 등을 확인하거나 변경
❷ [하드웨어] 탭	• 장치 관리자: 장치들의 드라이버를 식별하거나 업데이트하고 하드웨어가 올바르게 작동하는지 확인 • 장치 설치 설정: 장치 드라이버 소프트웨어의 자세한 정보와 자동 다운로드 여부 설정
❸ [고급] 탭	• 성능: 시각 효과, 프로세서 일정, 메모리 사용 및 가상 메모리 등을 지정 • 사용자 프로필: 사용자 로그인에 관련된 바탕 화면 설정 • 시작 및 복구: 시스템 시작, 시스템 오류 및 디버깅 정보 지정
❹ [시스템 보호] 탭	• 컴퓨터를 이전 복원 지점으로 되돌려서 시스템 변경을 취소하는 기능 • 시스템 복원은 사용자 문서, 사진 또는 개인 데이터에는 영향을 주지 않음 • 시스템 복원 시 Windows Update에 의한 변경 사항도 복원됨 • 복원 지점은 시스템에 의해 자동으로 설정되지만, 사용자가 임의로 복원 지점을 설정할 수도 있음
❺ [원격] 탭	원격 지원에 대한 사용 여부 지정

[설정] 창 – 장치

[마우스 속성] 대화상자

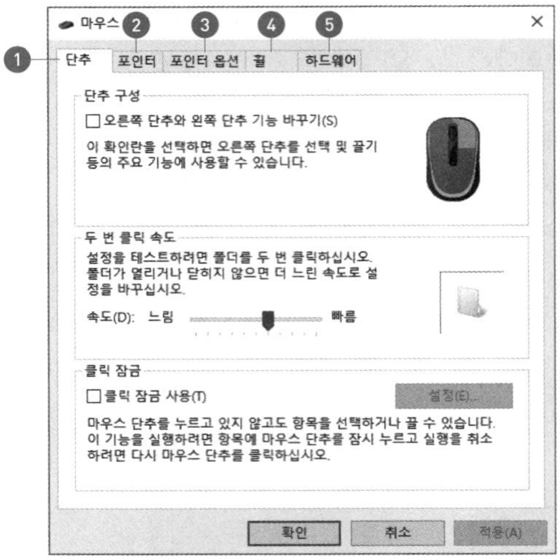

❶ [단추] 탭	오른쪽 단추와 왼쪽 단추 기능 바꾸기, 두 번 클릭 속도, 클릭 잠금 설정
❷ [포인터] 탭	마우스 구성표, 포인터 지정, 포인터 그림자 사용 설정
❸ [포인터 옵션] 탭	포인터 속도 선택, 포인터 자국 표시, 입력할 때는 마우스 숨기기, Ctrl을 누르면 마우스 위치 표시 설정
❹ [휠] 탭	휠을 한 번 돌리면 스크롤할 양, 휠을 상하로 이동할 때 스크롤할 문자의 수 설정
❺ [하드웨어] 탭	사용하고 있는 마우스 장치의 이름, 종류, 장치 속성 표시

[키보드 속성] 대화상자

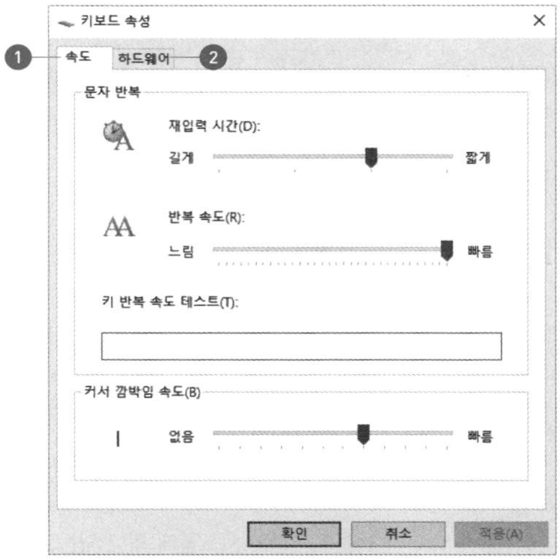

❶ [속도] 탭	• 키 재입력 시간, 키 반복 속도, 커서 깜박임 속도 조절 • 커서의 모양은 설정할 수 없음
❷ [하드웨어] 탭	키보드 장치를 선택하고 제조업체, 위치, 장치 상태를 확인

개념끝 014 [설정] 창 – 개인 설정

테마

① 테마란 바탕 화면의 배경, 색, 소리, 마우스 커서 등을 하나의 그룹으로 묶어 놓은 것이다.
② 기본적으로 제공되는 테마를 변경하거나, Microsoft Store에서 테마를 다운로드 받아 설치할 수 있다.
③ 바탕 화면 아이콘 설정: 컴퓨터, 휴지통, 문서, 제어판, 네트워크 등 바탕 화면에 표시되는 아이콘을 변경하거나 삭제된 아이콘을 다시 표시할 수 있다.

글꼴

① 시스템에 새로운 글꼴을 설치하거나 설치된 글꼴을 삭제한다.
② 글꼴 파일의 확장명은 .TTF, .OTF, .FON 등이다.
③ 시스템에서 사용하는 글꼴은 'C:\Windows\Fonts' 폴더에 파일 형태로 저장된다.
④ TrueType 글꼴과 OpenType 글꼴을 제공하고 앱이나 프린터에서 작동한다.

개념끝 015 [설정] 창 – 앱

앱 및 기능

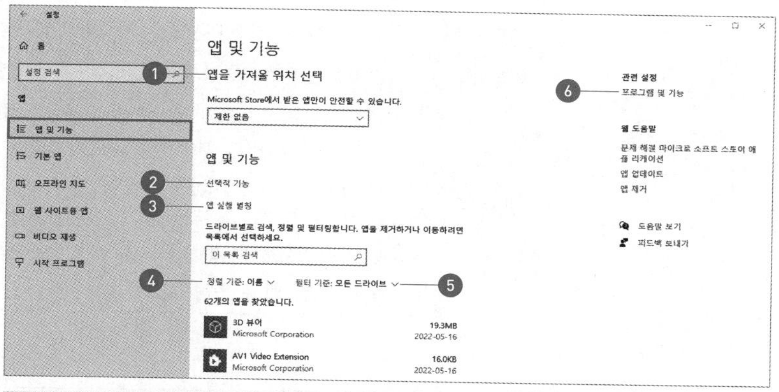

❶ 앱을 가져올 위치 선택	설치할 앱을 가져올 위치를 지정
❷ 선택적 기능	Windows에서 제공하는 기능을 선택적으로 추가하거나 제거
❸ 앱 실행 별칭	동일한 이름의 앱이 있을 경우 실행할 때 사용할 이름을 선택
❹ 정렬 기준	앱을 정렬 기준에 따라 이름, 크기, 설치 날짜로 정렬
❺ 필터 기준	필터 기준으로는 모든 드라이브, 로컬 디스크(C:), 그 외 디스크로 지정
❻ 프로그램 및 기능	• 새로운 Windows 업데이트를 수행하거나, 설치된 업데이트 내용을 제거하거나 변경 • 시스템에 설치된 프로그램의 목록을 확인 및 제거, 변경할 수 있지만, 새로운 프로그램을 설치할 수 없음 • 설치된 Windows의 기능을 사용 또는 사용 안 함을 지정

개념끝 016 [설정] 창 – 계정

계정 유형

관리자 계정	• 소프트웨어나 하드웨어를 설치할 수 있고 모든 파일에 액세스할 수 있음 • 다른 계정의 계정 유형, 계정 이름, 암호를 변경, 다른 계정의 컴퓨터 사용 시간을 제어할 수 있음 • 컴퓨터 보안에 영향을 주는 설정을 변경할 수 있음 • 다른 계정의 등급 및 콘텐츠, 제목별로 게임을 제어할 수 있음
표준 계정	• 소프트웨어 및 하드웨어를 설치하거나 제거할 수 없고, 설치된 프로그램은 실행할 수 있음 • 자신의 계정에 대한 암호를 설정할 수 있음 • 다른 사용자나 컴퓨터 보안에 영향을 주는 설정은 할 수 없음

개념끝 017 [설정] 창 – 접근성

접근성 설정의 주요 항목

돋보기	화면에서 원하는 영역을 확대하여 크게 표시할 수 있음
고대비	화면에서 텍스트와 이미지를 더 뚜렷하고 쉽게 식별할 수 있음
내레이터	화면의 모든 텍스트를 소리 내 읽어주도록 설정할 수 있음
키보드	• 화상 키보드: 키보드가 없어도 입력 가능한 화상 키보드를 표시할 수 있음 • 고정 키: 동시에 두 개의 키를 누르기 어려운 경우 특정 키를 고정하여 하나의 키만으로 바로 가기 키를 사용할 수 있음 • 토글 키: Caps Lock, Num Lock, Scroll Lock을 누를 때 신호음이 나도록 지정할 수 있음 • 필터 키: 사용자가 짧게 누르거나 반복적으로 누르는 것을 무시하거나 키보드의 반복 속도를 변경할 수 있음

개념끝 018 [설정] 창 – 업데이트 및 보안

백업

① 백업은 원본 데이터의 손실에 대비하여 중요한 데이터를 하나 더 저장하는 기능이다.
② 여러 파일이 백업된 경우 원하는 파일을 선택하여 복원할 수 있다.
③ 특정 날짜와 시간에 백업할 수 있도록 백업 주기를 지정할 수 있다.
④ 백업 파일을 복원할 경우 복원 위치를 지정할 수 있다.

개념끝 019 관리 도구

디스크 관리

볼륨 확장 및 축소·삭제, 드라이브 문자 변경, 포맷 실행 등을 할 수 있다.

이벤트 뷰어

[보기]–[분석 및 디버그 로그 표시] 메뉴를 선택하여 분석 및 디버그 로그를 표시할 수 있다.

포맷

① 하드디스크의 트랙 및 섹터를 초기화하는 작업이다.
② 포맷을 실행하면 디스크의 모든 데이터가 삭제된다.
③ 포맷 창 설정 가능 항목: 파일 시스템 선택, 할당 단위 크기, 볼륨 레이블 입력, 빠른 포맷 설정

개념끝 020 시스템 구성

안전 부팅

① 중요한 시스템 서비스만 실행되는 안전 모드로, Windows를 시작하고 네트워킹은 사용할 수 없다.
② [부팅] 탭에서 [부팅 옵션]의 [안전 부팅]을 선택한다.
③ 컴퓨터에서 예기치 않은 문제가 발생했을 때 안전 모드로 부팅하여 문제점을 찾을 수 있다.

개념끝 021 컴퓨터의 발전과 분류 최빈출

컴퓨터의 세대별 발전

세대	주요 소자	특징
1세대	진공관	• 하드웨어 개발 중심 • 기계어, 어셈블리어의 사용 • 일괄 처리 시스템
2세대	트랜지스터	• 운영체제(OS) 등장 • 실시간 처리 시스템
3세대	집적회로(IC)	• 시분할 처리 시스템 • 다중 처리 시스템
4세대	고밀도 집적회로(LSI)	• 개인용 컴퓨터(PC)의 사용 • 네트워크의 발전
5세대	초고밀도 집적회로(VLSI)	• 인공지능 연구 • 전문가 시스템 • 퍼지(Fuzzy) 이론

데이터 취급에 따른 분류

분류	디지털 컴퓨터	아날로그 컴퓨터	하이브리드 컴퓨터
입력 형식	숫자, 문자 등의 이산 데이터	전류, 전압, 온도 등	디지털 컴퓨터와 아날로그 컴퓨터의 장점을 조합한 컴퓨터
출력 형식	숫자, 문자 등의 이산 데이터	곡선, 그래프 등	
구성 회로	논리 회로	증폭 회로	
주요 연산	산술 논리 연산	미적분 연산	
프로그래밍	필요함	필요 없음	
기억 기능	있음	없음	
목적	범용 컴퓨터	과학 연구 등의 특수 목적용 컴퓨터	

개념끝 022 자료의 표현과 처리 최빈출

ASCII 코드

① 하나의 문자가 3비트의 Zone 부분과 4비트의 Digit 부분으로 구성된다.
② 2^7(128)가지의 문자를 표현할 수 있다.
③ 확장 ASCII 코드는 8비트를 사용한다.
④ 주로 개인용 컴퓨터와 데이터 통신에서 사용한다.

유니코드(Unicode)

① 컴퓨터에서 세계 각국의 언어를 통일된 방법으로 표현할 수 있도록 고안된 국제 표준코드이다.
② 한글, 한자, 영문, 숫자 모든 글자를 16비트(2바이트)로 표현한다.

패리티 코드

① 에러 검출만 가능하고 교정은 불가능한 코드이다.
② 짝수 패리티와 홀수 패리티가 있다.

개념끝 023 중앙처리장치

레지스터

① CPU 내부에서 특정한 목적에 사용되는 일시적인 기억장소로, 메모리 중 가장 빠른 속도로 접근이 가능하다.
② 플립플롭(Flip-Flop)이나 래치(Latch)를 직렬 또는 병렬로 연결한다.

제어장치의 구성 요소

프로그램 카운터 (PC; Program Counter)	다음에 수행할 명령어의 주소를 기억하는 레지스터
메모리 주소 레지스터 (MAR; Memory Address Register)	기억장치에 입·출력되는 데이터의 주소 번지를 기억하는 레지스터
메모리 버퍼 레지스터 (MBR; Memory Buffer Register)	메모리 주소 레지스터의 내용을 기억하는 레지스터
명령어 레지스터 (IR; Instruction Register)	현재 수행 중인 명령어의 내용을 기억하는 레지스터
명령어 해독기 (Instruction Decoder)	• 현재 실행 중인 명령어를 해독하는 회로 • 현재 수행해야 할 명령어를 해독한 후 수행할 수 있는 여러 가지 제어 신호를 발생시킴
번지 해독기 (Address Decoder)	명령어 레지스터가 보낸 주소를 해독한 후 저장되어 있던 데이터를 메모리로 보내는 회로
부호기(Encoder)	명령어 해독기로 해독한 내용을 신호로 변환하여 각 장치에 전달하는 회로

연산장치의 구성 요소

가산기(Adder)	두 개 이상의 2진수의 덧셈을 수행하는 회로
보수기(Complementor)	2진수의 뺄셈을 수행하기 위해 보수로 변환하는 데 사용하는 회로
누산기(AC; ACcumulator)	연산된 결과를 일시적으로 저장하는 레지스터
데이터 레지스터(Data Register)	연산에 사용할 데이터를 기억하는 레지스터
상태 레지스터(Status Register)	연산 중에 발생하는 여러 가지 상태 값을 기억하는 레지스터
플래그 레지스터(Flag Register)	
인덱스 레지스터(Index Register)	주소를 변경하기 위해 사용하는 레지스터

개념끝 024 기억장치

주기억장치

① 프로그램이나 데이터를 저장해 놓고 CPU가 직접 접근하여 명령어를 실행하거나 데이터를 처리할 수 있는 기억장치이다.
② ROM과 RAM으로 구성된다.

SSD(Solid State Drive)

① 반도체를 이용한 기억장치로 초고속 메모리 칩(Chip)에 데이터를 저장하는 방식이다.
② 하드디스크보다 속도가 빠르고 외부의 충격에도 강하다.
③ 기계적 지연이나 에러의 확률, 발열, 소음, 전력 소모가 적다.
④ 소형화, 경량화할 수 있다.
⑤ 기억 매체로 플래시 메모리나 DRAM을 이용하므로 배드 섹터(Bad Sector)가 발생하지 않는다.

캐시 메모리(Cache Memory)

① CPU와 주기억장치 사이에 위치하여 두 장치 사이의 속도 차이를 줄여서 처리 속도를 향상시키는 일종의 버퍼 메모리이다.
② SRAM이 사용되어 접근 속도가 매우 빠르다.
③ 기본적인 성능은 캐시 적중률(Hit Ratio)로 표현한다.
④ 캐시 적중률이 높을수록 컴퓨터 시스템의 전체 처리 속도가 향상된다.

개념끝 025 기타 장치

바이오스(BIOS; Basic Input Output System)

① 기본 입·출력장치나 메모리 등 하드웨어 작동에 필요한 프로그램이다.
② EPROM이나 플래시 메모리 칩에 저장되어 있어 '펌웨어(Firmware)'라고 한다.
③ 전원이 켜지면 자동으로 가장 먼저 기동되고, 기본 입·출력장치나 메모리 등 하드웨어의 이상 유무를 검사한다.
④ 칩을 교환하지 않고도 업그레이드할 수 있다.

CMOS

① 부팅 시에 필요한 하드웨어 정보를 담고 있는 반도체이다.
② 일반적으로 Delete, F2 등을 이용하여 전원이 켜질 때 CMOS 셋업에 들어갈 수 있다.
③ CMOS에서 설정할 수 있는 항목: 시스템 날짜와 시간, 칩셋 설정, 부팅 순서, 시스템 암호, 하드디스크의 타입 등
④ 칩셋(Chip Set): 메인보드에 설치된 다양한 장치들을 여러 개 설정하면 비효율적이므로, 칩셋을 통하여 여러 가지 장치들을 제어하고 역할을 조율한다.

USB(Universal Serial Bus) 포트

① 범용 직렬 장치를 연결하는 컴퓨터 인터페이스이다.
② 허브를 이용하면 최대 127개의 주변 기기를 연결할 수 있다.
③ USB 1.1(12Mbps), USB 2.0(480Mbps), USB 3.0(5Gbps), USB 3.1(10Gbps)의 최대 전송 속도가 가능하다.
④ 핫 플러그(Hot Plug) 기능과 플러그 앤 플레이(Plug & Play) 기능 모두 지원한다.
⑤ 직렬 포트보다 USB 포트의 데이터 전송 속도가 더 빠르다.
⑥ USB 3.0은 파란색, USB 2.0 이하는 검정색 또는 흰색을 사용한다.

개념끝 026 컴퓨터 관리와 문제 해결 최빈출

컴퓨터의 문제 해결

메모리가 부족한 경우	• 불필요한 프로그램을 종료 • 시스템 재부팅 • 불필요한 시작 프로그램 삭제
하드디스크 용량이 부족한 경우	• 디스크 정리를 수행하여 불필요한 파일을 삭제 • 사용하지 않는 Windows 구성 요소와 응용 프로그램을 제거 • 사용 빈도가 낮은 파일은 백업한 후 하드디스크에서 삭제 • 휴지통 비우기를 실행
하드디스크 인식이 안 되는 경우	• 백신 프로그램으로 바이러스 감염을 확인 • 하드디스크의 전원 연결 상태를 점검 • MOS 셋업에서 하드디스크 설정 내용을 확인 • USB나 CD-ROM으로 부팅이 되면 하드디스크 손상 점검 후 운영체제를 다시 설치
시스템의 속도가 느려진 경우	드라이브 조각 모음 및 최적화를 수행하여 하드디스크의 단편화를 제거
모니터 화면이 보이지 않는 경우	모니터의 전원 및 연결 부분을 점검
인쇄가 수행되지 않는 경우	• 프린터의 전원이나 케이블의 연결 상태 확인 • 프린터 드라이버 재설치 • 프린터의 기종과 등록 정보가 올바르게 설정되어 있는지 확인 • 스풀 공간이 부족하면 하드디스크에서 스풀 공간 확보 • 스풀 오류가 발생하면 프린터 스풀러 서비스를 중지하고 저장소의 파일을 삭제한 후 다시 인쇄해야 함

디스크 정리

불필요한 파일을 삭제하여 디스크의 사용 가능한 공간을 좀 더 넓게 확보하는 기능이다.

드라이브 조각 모음 및 최적화	① 디스크에 단편화되어 조각난 파일들을 모아서 디스크의 실행 속도를 높여준다. ② 디스크 조각 모음을 할 수 없는 경우: CD-ROM 드라이브, 네트워크 드라이브, Windows가 지원하지 않는 형식의 압축 프로그램 등

개념끝 027 소프트웨어의 분류

시스템 소프트웨어

① 컴퓨터와 사용자의 중간에서 시스템을 효율적으로 운영할 수 있도록 도와주는 프로그램이다.
② 시스템 소프트웨어에는 운영체제, 언어 번역 프로그램, 유틸리티 프로그램 등이 있다.
③ 부트 로더, C 런타임 라이브러리, 장치 드라이버 등도 시스템 소프트웨어에 속한다.

사용권에 따른 소프트웨어의 구분

① 상용 소프트웨어(Commercial Software): 정식으로 사용료를 내고 사용하는 소프트웨어로 해당 소프트웨어의 모든 기능을 사용할 수 있다.
② 공개 소프트웨어(Open Source Software): 소스 코드를 공개해 누구나 그 코드를 무료로 이용하고 수정하거나 재배포할 수 있는 소프트웨어이다.
③ 프리웨어(Freeware): 라이선스 없이 무료로 배포되어 자유롭게 배포할 수 있는 소프트웨어이다.
④ 셰어웨어(Shareware): 특정 기능이나 사용 기간에 제한을 두고 무료로 사용하는 소프트웨어이다.
⑤ 애드웨어(Adware): 광고를 보는 대가로 무료로 사용할 수 있는 소프트웨어이다.
⑥ 데모 버전(Demo Version): 프로그램의 홍보를 목적으로 주요 기능을 시연하는 소프트웨어이다.
⑦ 트라이얼 버전(Trial Version): 일정 기간 무료로 사용할 수 있는 체험판 소프트웨어이다.
⑧ 베타 버전(Beta Version): 정식 버전이 출시되기 전에 테스트용으로 제작되어 일반인에게 공개하는 소프트웨어이다.
⑨ 알파 버전(Alpha Version): 베타 테스트를 하기 전에 제작 회사 내에서 테스트할 목적으로 제작된 소프트웨어이다.
⑩ 패치 프로그램(Patch Program): 이미 배포된 프로그램의 오류 수정이나 기능 향상을 위해 프로그램 일부를 변경해 주는 프로그램이다.
⑪ 번들 프로그램(Bundle Program): 특정한 하드웨어나 소프트웨어에 함께 제공되는 소프트웨어이다.

개념끝 028 운영체제

제어 프로그램과 처리 프로그램

제어 프로그램	감시 프로그램, 작업 관리 프로그램, 데이터 관리 프로그램
처리 프로그램	언어 번역 프로그램, 서비스 프로그램, 문제 처리 프로그램

운영체제의 목적

① 처리 능력(Throughput) 향상: 일정 시간 내에 시스템이 처리하는 일의 양을 향상한다.
② 반환 시간(Turn Around Time) 단축: 작업을 의뢰한 시간부터 처리가 완료될 때까지 걸린 시간을 단축한다.
③ 신뢰도(Reliability) 향상: 주어진 문제를 정확하게 해결하는 정도를 향상한다.
④ 사용 가능도(Availability) 향상: 컴퓨터 시스템 내의 한정된 자원을 여러 사용자가 요구할 때, 신속하고 충분히 지원해 줄 수 있는지로 사용 가능도를 향상한다

분산 처리 시스템
(Distributed Processing System)

① 여러 대의 컴퓨터들에 의해 작업한 결과를 통신망을 이용하여 상호 교환할 수 있도록 연결된 시스템이다.
② 클라이언트/서버 방식: 클라이언트와 서버가 모두 처리 능력을 갖추며, 분산 처리 환경에 적합한 방식이다.
③ 동배 간 처리(Peer-To-Peer) 방식: 서버 없이 개인 대 개인으로 연결하여 파일을 공유하는 방식으로 유지 보수 및 데이터의 보안 유지가 어렵다.

개념끝 029 프로그래밍 언어

객체 지향 프로그래밍

① 프로그램에서 사용하는 데이터 구조의 데이터형과 사용하는 함수까지 객체로 정의하는 프로그래밍 기법으로, 절차형 언어의 문제점을 해결하기 위해 개발되었다.
② 객체 지향 언어: C++, Actor, Smalltalk, Java, Python 등
③ 특징: 추상화, 캡슐화, 정보 은닉, 상속성, 다형성 등
④ 소프트웨어의 재사용으로 프로그램 개발 시간을 단축할 수 있다.
⑤ 시스템의 확장성이 높고 정보 은닉이 쉽다.

컴파일러와 인터프리터

컴파일러	인터프리터
전체를 한번에 번역	행 단위로 번역
목적 프로그램을 생성	목적 프로그램을 생성하지 않음
실행 속도가 빠름	실행 속도가 느림

개념끝 030 웹 프로그래밍 언어

DHTML(Dynamic HTML)

이미지의 애니메이션을 지원하고, 사용자와의 상호작용에 따른 동적인 웹 페이지의 제작이 가능한 언어이다.

JSP(Java Server Page)

① 웹 서버에서 동적으로 웹 페이지를 생성하여 웹 브라우저에 돌려주는 스크립트 언어이다.
② HTML 문서에 자바 코드를 삽입하며 <% … %>와 같은 형태로 작성된다.
③ 다양한 운영체제에서 실행할 수 있다.

Java Script

웹 페이지에서 사용자로부터 특정 값을 입력받아 동적으로 처리할 수 있는 객체 기반의 스크립트 프로그래밍 언어이다.

개념끝 031 멀티미디어 개요 최빈출

멀티미디어의 특징

① 통합성(Integration): 텍스트, 그래픽, 사운드, 동영상 등의 다양한 미디어를 통합한다.
② 디지털화(Digitalization): 아날로그 형태의 다양한 데이터를 컴퓨터가 인식하도록 디지털화한다.
③ 쌍방향성(Interactive): 정보 제공자와 사용자 간의 상호작용으로 데이터가 전달된다.
④ 비선형성(Non-Linear): 순차적으로 진행되는 것이 아니라 사용자와의 상호작용을 통해 진행 상황을 제어한다.

멀티미디어의 활용

주문형 비디오 (VOD; Video On Demand)	영화, 드라마, 뉴스 등의 프로그램을 원하는 시간에 다시 볼 수 있는 서비스
가상 현실 (VR; Virtual Reality)	컴퓨터가 만든 가상 세계의 다양한 경험을 체험할 수 있도록 하는 컴퓨터 그래픽 기술과 시뮬레이션 기능 등의 관련 기술
증강 현실 (AR; Augmented Reality)	현실 세계에 가상의 사물을 합성하여 마치 현실 세계에 존재하는 사물처럼 보이게 하는 기술
화상 회의 시스템 (VCS; Video Conference System)	초고속 정보통신망을 이용하여 멀리 떨어져 있는 사람들과 비디오와 오디오를 통해 회의하는 시스템
원격 의료 (Telemedicine)	초고속 정보통신망을 이용하여 원거리에 의료정보와 의료서비스를 전달하는 모든 활동
키오스크 (Kiosk)	지하철, 박물관, 백화점, 쇼핑센터 등에서 보통 터치스크린(Touch Screen)을 이용하여 운영되는 무인 종합 정보 안내 시스템

개념끝 032 그래픽 데이터 최빈출

JPEG

① 정지 화상을 위해 만들어진 압축 방식의 표준이다.
② 웹에서 사진과 같이 색이 다양한 정지 영상을 표현하기에 적합하다.
③ 24비트 컬러를 사용하여 트루컬러로 이미지를 표현한다.
④ 손실, 무손실 압축 기법을 모두 사용하지만, 무손실 압축 기법은 잘 쓰지 않는다.
⑤ 저장할 때 사용자가 임의로 압축률을 조정할 수 있다.
⑥ 압축률이 높을수록 이미지의 질이 떨어진다.
⑦ 문자, 선, 세밀한 격자 등 고주파 성분이 많은 이미지의 변환에서는 GIF나 PNG에 비해 품질이 떨어진다.

그래픽 관련 용어

앨리어싱(Aliasing)	비트맵 이미지를 확대할 때 이미지의 경계선이 매끄럽지 않고 계단 형태로 나타나는 현상
안티앨리어싱(Anti-aliasing)	2차원 그래픽에서 계단 현상(앨리어싱)을 제거하여 경계면을 부드럽게 보이게 하는 기법
모델링(Modeling)	물체의 형상을 컴퓨터 내부에서 3차원 그래픽으로 어떻게 표현할 것인지를 정하는 과정
렌더링(Rendering)	3차원 그래픽에서 사물 모형에 명암과 색상을 추가하여 사실감을 더하는 과정
디더링(Dithering)	표현할 수 없는 색상이 있을 경우 색상을 조합하여 비슷한 색상을 내는 효과
인터레이싱(Interlacing)	화면에 이미지를 표시할 때 한번에 표시하지 않고 이미지의 대략적인 모습을 먼저 보여준 후 천천히 표시되면서 선명해지는 효과
모핑(Morphing)	두 개의 이미지 중 하나의 이미지를 다른 이미지로 서서히 변화시키는 특수 효과

개념끝 033 사운드 데이터

WAV
(WAVeform audio file format)

① 무압축 방식으로, 아날로그 사운드를 디지털 사운드로 바꾼 방식이다.
② 자연의 음향과 사람의 음성 표현이 가능하고 파일의 용량이 큰 편이다.
③ 녹음 조건에 따라 파일의 크기가 가변적이다.

MIDI
(Musical Instrument Digital Interface)

① 전자 음향장치나 디지털 악기 간의 통신 규약이다.
② 용량이 작고, 사람의 목소리나 자연음은 재생할 수 없다.

MP3
(MPEG-1 audio layer 3)

① 소리에 대한 사람의 청각 특성을 잘 살려 압축하는 기법이다.
② CD 수준의 음질을 들을 수 있는 고음질 오디오 압축 표준 형식이다.

개념끝 034 동영상 데이터

MPEG

① 동영상 전문가 그룹인 Motion Picture Experts Group에서 제안한 동영상 압축 기술의 국제 표준 규격이다.
② 동영상과 오디오 압축에 관한 일련의 표준이다.

AVI

① Windows에서 기본적으로 지원하는 표준 동영상 파일 형식이다.
② 별도의 하드웨어 장치 없이 재생 가능하다.

MOV

① 애플(Apple)에서 개발한 동영상 파일 형식이다.
② Windows에서 재생하려면 Quick Time for Windows 프로그램을 설치해야 한다.

개념끝 035 정보통신

네트워크의 구성 형태

성(Star)형	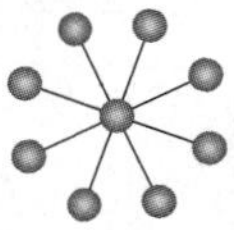	• 모든 컴퓨터를 중앙 컴퓨터와 일대일로 연결한 형태 • 포인트 투 포인트(Point-to-Point) 방식이라고도 함 • 통신망의 처리 능력 및 신뢰성이 중앙 컴퓨터의 제어장치에 좌우됨
트리(Tree)형	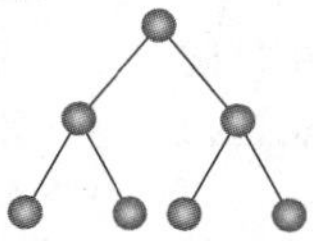	• 허브를 이용하여 계층적으로 구성한 형태 • 많이 확장되면 트래픽이 가중될 수 있음
링(Ring)형	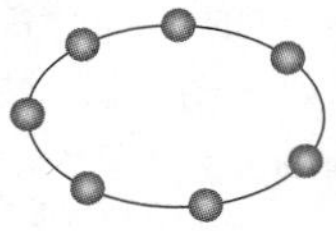	• 여러 대의 컴퓨터를 원형 모양으로 서로 연결한 형태 • 단방향의 경우 특정 노드에 이상이 생기면 전체 통신망에 영향을 미침
버스(Bus)형	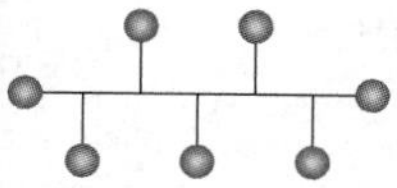	• 하나의 통신 회선에 여러 대의 컴퓨터를 연결한 형태 • 케이블 종단에는 종단장치가 있어야 함 • 증설이나 삭제가 쉬움 • 기밀 보장이 어렵고 회선 길이의 제한을 받음
망(Mesh)형	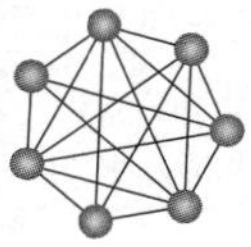	• 모든 컴퓨터를 그물 모양으로 서로 연결한 형태 • 특정 노드에 이상이 생겨도 전송할 수 있고 응답 시간이 빠름

근거리 통신망
(LAN; Local Area Network)

① 집, 학교, 회사 등 한정된 공간에서 자원을 공유할 목적으로 연결된 통신망이다.
② 전송 거리가 짧고, 고속 전송이 가능하며, 오류 발생률이 낮은 통신망이다.

개념끝 036 OSI 7계층과 네트워크 장치

OSI 7계층

네트워크에서 통신에 필요한 프로토콜을 7단계로 구분하고 정의한 표준 계층 모델이다.

제1계층	물리 계층 (Physical Layer)	• 전송 매체에서의 전기 신호 전송 기능과 제어 및 클록 신호 제공 • 작동 장치: 리피터, 허브
제2계층	데이터 링크 계층 (Data Link Layer)	• 포인트 투 포인트(Point – to – Point) 간 신뢰성 있는 전송을 보장하기 위한 계층 • 동기화, 흐름 제어, 순서 제어 기능 제공 • 작동 장치: 브리지, 스위치
제3계층	네트워크 계층 (Network Layer)	• 정보 교환 및 중계 기능, 경로 설정 기능 제공 • 작동 장치: 라우터
제4계층	전송 계층 (Transport Layer)	송·수신 시스템 간의 논리적 안정과 균일한 서비스 제공
제5계층	세션 계층 (Session Layer)	사용자와 전송 계층 간의 인터페이스를 위한 연결 제공
제6계층	표현 계층 (Presentation Layer)	네트워크에서 일관성 있게 데이터를 표현하도록 코드 변환, 데이터의 재구성, 암호화 등 담당
제7계층	응용 계층 (Application Layer)	응용 프로세스 간의 정보 교환, 파일 전송 등 제공

네트워크 장치

모뎀(MODEM)	디지털 신호를 아날로그 신호로 변환하여 전송하고, 수신된 신호를 다시 디지털 신호로 변환하는 장치
허브(Hub)	네트워크에서 여러 대의 컴퓨터를 연결하고 각 회선을 통합 관리하는 장치
브리지(Bridge)	• 독립된 두 개의 근거리 통신망을 상호 접속하는 연결 장치 • OSI 7계층에서의 데이터 링크 계층(제2계층)에 포함됨 • 통신량 조절
라우터(Router)	• 데이터 전송을 위한 최적의 IP 경로를 찾아 전송하는 장치 • 네트워크를 구성하기 위해 반드시 필요한 장비
리피터(Repeater)	약해진 신호를 증폭하며 다음 구간으로 전달하는 장치
게이트웨이(Gateway)	• 한 네트워크에서 다른 네트워크로 들어가는 입구 역할을 하는 장치 • 서로 구조가 다른 두 개의 통신 네트워크를 연결하는 데 사용

Tracert

① 송신한 패킷이 어떤 경로로 가는지 추적하는 명령어이다.
② IP 주소, 목적지까지 거치는 경로의 수, 각 구간 사이의 데이터 왕복 속도를 확인한다.
③ 특정 사이트가 열리지 않을 때 해당 서버가 문제인지, 인터넷망이 문제인지 확인한다.
④ 인터넷 속도가 느릴 때 어느 구간에서 정체를 일으키는지 확인한다.

개념끝 037 프로토콜 최빈출

프로토콜의 기능

① 동기화: 프레임의 시작과 끝을 구분하기 위해 송·수신기를 같은 상태로 유지한다.
② 연결 제어: 통신 개체(Entity) 간에 '연결 설정', '데이터 전송', '연결 해제'의 3단계로 제어한다.
③ 흐름 제어: 송신 측이 수신 측의 처리 속도보다 더 빨리 데이터를 보내지 못하도록 조절한다.
④ 오류 제어: 데이터 전송 도중에 발생하는 오류를 검출한다.

TCP
(Transmission Control Protocol)

① 메시지를 송·수신 주소와 정보로 묶어 패킷 단위로 나눈다.
② 일부 망에 장애가 있어도 다른 망으로 통신할 수 있는 신뢰성을 제공한다.
③ 전송 데이터의 흐름을 제어하고 데이터의 오류를 검사한다.
④ OSI 7계층의 전송 계층(제4계층)에 해당한다.

IP(Internet Protocol)

① 패킷 주소를 해석하고 최적의 경로를 결정하여 전송한다.
② 신뢰성이 보장되지 않는 비신뢰성, 비연결형 서비스를 수행한다.
③ OSI 7계층의 네트워크 계층(제3계층)에 해당한다.

개념끝 038 인터넷의 개요

IPv6

① IPv4의 주소 부족 문제를 해결하기 위해 개발되었다.
② 128비트 주소 체계로, 16비트씩 여덟 부분으로 나누고, 콜론(:)으로 구분한다.
③ 각 부분은 네 자리의 16진수로 표현하고, 각 블록의 앞자리에 있는 0은 생략할 수 있다.
④ IPv4와의 호환성이 우수하고 품질을 쉽게 보장할 수 있다.
⑤ IPv4보다 주소의 확장성, 융통성, 연동성이 뛰어나다.
⑥ 시간 흐름 제어로 향상된 멀티미디어 기능을 지원한다.
⑦ 인증성, 기밀성, 데이터 무결성의 지원으로 보안 문제를 해결할 수 있다.
⑧ 주소 유형: 유니캐스트, 멀티캐스트, 애니캐스트 형태

도메인 네임(Domain Name)

① IP 주소를 사용자가 이해하기 쉬운 문자 형태로 변환한 것이다.
② 호스트 컴퓨터명, 소속 기관명, 소속 기관의 종류, 소속 국가명의 순서로 구성되며, 왼쪽에서 오른쪽으로 갈수록 상위 도메인을 의미한다.
③ 국가가 다른 경우라도 중복된 도메인 네임을 사용할 수 없다.

URL(Uniform Resource Locator)

① 인터넷에 있는 각종 자원이 있는 위치를 나타내는 표준 주소 체계이다.
② 형식

프로토콜://호스트 서버 주소[:포트 번호][/파일 경로]

개념끝 040 인터넷 서비스 최빈출

FTP(File Transfer Protocol)

① 파일을 송·수신할 때 사용되는 원격 파일 전송 프로토콜이다.
② 파일 업로드, 다운로드, 삭제, 이름 변경 등의 작업을 할 수 있다.
③ FTP 서버의 응용 프로그램은 다운로드한 후 실행할 수 있다.
④ 익명(Anonymous) FTP: FTP 서버에 계정이 없는 익명의 사용자도 접속하여 사용할 수 있는 서비스이다.
⑤ ASCII 코드의 텍스트 파일은 ASCII 모드로, 그림, 동영상, 실행 파일, 압축 파일 등은 Binary 모드로 전송한다.

전자우편 프로토콜

SMTP (Simple Mail Transfer Protocol)	사용자가 작성한 이메일을 다른 사람의 계정으로 전송해 주는 프로토콜
POP3 (Post Office Protocol 3)	메일 서버의 이메일을 사용자의 컴퓨터로 가져오기 위한 프로토콜
MIME (Multi-purpose Internet Mail Extensions)	멀티미디어 전자우편을 주고받기 위한 인터넷 메일의 표준 프로토콜
IMAP (Internet Message Access Protocol)	서버에 직접 접속하여 메일을 확인하는 방식으로, 메일을 수신해도 서버에 메일이 남아있는 프로토콜

개념끝 041 최신 정보통신 기술 활용 최빈출

VoIP

① IP 기술을 이용하여 음성을 전송하는 기술로, 네트워크를 통해 음성을 패킷 형태로 전송한다.
② 일반 전화보다 요금이 저렴하지만, 트래픽이 많아지면 통화 품질이 떨어질 수 있다.
③ m-VoIP(mobile VoIP): 무선 통신망을 이용하는 모바일 인터넷 전화 서비스이다.

인트라넷과 엑스트라넷

① 인트라넷: 인터넷을 이용해 일정 지역 안에서 정보를 교환하거나 공동 작업을 하기 위한 목적으로 구축한 통신망으로, 인터넷 관련 기술을 기업 내의 전자우편, 전자결재 등과 같은 정보 시스템에 적용할 수 있다.
② 엑스트라넷: 인터넷을 이용해 일정 지역 안에서 정보를 교환하거나 공동 작업을 하기 위한 목적으로 구축한 통신망으로, 인터넷 기술을 사용하여 '공급자-고객-협력업체' 사이의 인트라넷을 연결하는 협력적 네트워크이다.

사물 인터넷

① 인터넷을 기반으로 다양한 사물, 사람, 공간 등을 서로 연결하고, 상황을 분석 및 예측, 판단해서 지능화된 서비스를 제공하는 기술이다.
② 스마트 센싱 기술과 무선 통신 기술을 융합하여 실시간으로 데이터를 주고받는 기술이다.
③ 개인 맞춤형 스마트 서비스를 지향하고, 스스로 사물에 의사 결정을 내리는 단계로 발전하고 있다.
④ 사물 인터넷 기반 서비스는 개방형 아키텍처가 필요하므로 정보 공유에 대한 부작용을 최소화하기 위한 정보보안 기술의 적용이 필요하다.

개념끝 042 정보 윤리 기본

정보사회의 문제점

① 정보의 편중으로 계층 간의 정보 차이가 증가한다.
② 중앙 컴퓨터 또는 서버의 장애나 오류 때문에 사회적·경제적으로 혼란이 발생할 수 있다.
③ 정보 기술을 이용한 새로운 범죄가 증가할 수 있다.
④ VDT 증후군(Video Display Terminal Syndrome)이나 테크노스트레스(Technostress)와 같은 직업병이 발생할 수 있다.
⑤ 정보처리 기술로 인간관계의 유대감이 약화될 수 있다.

개념끝 043 저작권 보호

저작재산권의 보호 기간

① 특별한 규정이 있는 경우를 제외하고는 저작자가 생존하는 동안과 사망한 후 70년간 존속한다.
② 공동저작물의 저작재산권은 맨 마지막으로 사망한 저작자가 사망한 후 70년간 존속한다.
③ 저작재산권의 보호 기간을 계산하는 경우에는 저작자가 사망하거나 저작물을 창작 또는 공표한 다음 해부터 기산한다.

개념끝 045 컴퓨터 범죄 최빈출

컴퓨터 범죄의 유형

피싱 (Phishing)	기업이나 금융기관 등의 가짜 웹 사이트나 이메일로 유인하여 개인의 금융 정보를 빼내는 행위
스니핑 (Sniffing)	네트워크의 주변을 돌아다니는 패킷을 엿보면서 계정과 패스워드를 알아내는 행위
스푸핑 (Spoofing)	검증된 사람이 네트워크를 통해 데이터를 보낸 것처럼 데이터를 변조하여 접속을 시도하는 행위
키로거 공격 (Key Logger Attack)	키보드의 키 입력 시 캐치 프로그램을 사용하여 ID나 암호 등의 개인정보를 빼내는 행위
서비스 거부 공격 (DoS; Denial of Service)	일시에 대량의 데이터를 한 서버에 집중 및 전송시키는 공격 방식으로, 시스템에 오버플로를 발생시켜서 정상적인 서비스를 수행하지 못하도록 만드는 범죄 행위
분산 서비스 거부 공격 (DDoS; Distributed Denial of Service)	악성 코드에 감염된 여러 대의 좀비 PC를 일제히 동작시키는 방법으로 대량의 데이터를 한 곳의 서버 컴퓨터에 집중적으로 전송시켜서 특정 서버가 정상적으로 동작하지 못하게 하는 공격 방식
피기배킹 (Piggybacking)	정당한 사용자가 정상적으로 시스템을 종료하지 않고 자리를 떠났을 때 비인가된 사용자가 바로 그 자리에서 계속 작업하여 불법적으로 접근하는 범죄 행위
웜(Worm)	네트워크를 통해 연속적으로 자신을 복제하여 시스템을 과부하시키는 프로그램
트로이 목마(Trojan Horse)	시스템에 다른 프로그램 코드로 위장하여 침투시키는 행위
백도어(Back Door), 트랩 도어(Trap Door)	시스템에 침입한 해커가 다시 쉽게 침입하기 위해서 만들어 놓은 불법 침입 경로

개념끝 046 컴퓨터 바이러스

감염 부위에 따른 유형

부트 바이러스	부트 섹터에 감염되는 바이러스로 컴퓨터를 켤 때 실행이 됨 예 미켈란젤로, 브레인
파일 바이러스	COM, EXE 등의 실행 파일, 오버레이 파일, 주변 기기 구동 프로그램 등에 감염되는 바이러스 예 예루살렘, CIH
부트/파일 바이러스	부트 섹터와 파일 모두에 감염되는 바이러스 예 Invader, 에볼라
매크로 바이러스	마이크로소프트의 엑셀이나 워드와 같은 파일을 매개로 하고, 특정 응용 프로그램에서 매크로를 사용하면 감염이 확산되는 컴퓨터 바이러스 예 멜리사, Laroux

개념끝 047 정보 보안

정보 보안 위협의 유형

가로막기(Interruption)	데이터의 전달을 가로막아 수신자 측으로 정보가 전달되는 것을 방해하는 행위로 가용성을 저해함
가로채기(Interception)	전송되는 데이터를 전송 도중에 도청 및 몰래 보는 행위로 기밀성을 저해함
변조/수정(Modification)	전송된 원래의 데이터를 다른 내용으로 수정하여 변조하는 행위로 무결성을 저해함
위조(Fabrication)	다른 송신자로부터 데이터가 송신된 것처럼 꾸미는 행위로 무결성을 저해함

방화벽

① 보안이 필요한 네트워크의 통로를 단일화하여 관리하는 기능으로, 외부 네트워크와 내부 네트워크 사이에 위치한다.
② 통신을 허용할 프로그램 및 기능을 설정한다.
③ 소프트웨어의 버전과 저작권에 대한 내용이 인증되어야 한다.
④ 각 네트워크의 위치 유형에 따른 외부 연결의 차단과 알림을 설정한다.
⑤ 로그 정보를 통해 역추적하는 기능이 있어 외부 침입자의 흔적을 찾을 수 있다.
⑥ 외부로부터의 침입은 막을 수 있지만, 내부에서 일어나는 해킹은 막을 수 없다.

암호화

데이터에 암호 알고리즘을 적용하여 허가받지 않은 사람들이 정보를 볼 수 없도록 암호문으로 변환하는 기법이다.

① 비밀키 암호화 기법
- 같은 키로 데이터를 암호화하고 복호화한다.
- 대표적인 알고리즘은 DES(Data Encryption Standard)이다.
- 비밀키 암호의 안전성은 키의 길이 및 키의 비밀성 유지 여부에 영향을 받는다.

② 공개키 암호화 기법
- 암호화 키와 복호화 키가 서로 다르다.
- 암호화 키는 공개(공개키)하고, 복호화 키는 비밀(개인키)로 한다.
- 대표적인 알고리즘은 RSA(Rivest–Shamir–Adleman)이다.

2과목 | 스프레드시트 일반

개념끝 048 엑셀의 개요

화면의 확대/축소

① 현재 작업 중인 워크시트의 화면을 확대하거나 축소하는 기능이다.
② 10~400% 범위에서 확대 및 축소할 수 있으며, 인쇄할 때는 적용되지 않는다.

틀 고정

① 데이터가 많을 때 화면을 스크롤해도 특정 행이나 열이 계속 표시되도록 설정하는 기능이다.
② 셀 포인터의 위쪽과 왼쪽에 틀 고정 구분선이 생기고, 틀 고정 구분선은 드래그하여 위치를 조절할 수 없다.
③ 화면에 표시되는 틀 고정 형태는 인쇄할 때 적용되지 않는다.

창 나누기

① 화면을 여러 개로 나누어 하나의 화면으로 표시하기 어려운 경우, 떨어져 있는 데이터도 한 화면에 볼 수 있는 기능이다.
② 화면을 두 개나 네 개의 영역으로 분할할 수 있고, 셀 포인터의 위쪽과 왼쪽에 창 분할선이 생긴다.
③ 분할선을 드래그하여 분할된 지점을 변경할 수 있다.
④ 창 나누기는 [실행 취소] 명령으로 해제할 수 없고, 분할선을 더블클릭하여 해제할 수 있다.

개념끝 049 파일 관리

열기 암호

열기 암호를 입력해야 파일을 열 수 있다.

쓰기 암호

쓰기 암호를 몰라도 파일을 열 수 있으나, 원래 이름으로 저장할 수 없다.

파일 형식

.xlsx	Excel 통합 문서
.xlsm	Excel 매크로 사용 통합 문서
.xlsb	Excel 바이너리 통합 문서
.xls	Excel 97~2003 통합 문서
.xltx	Excel 서식 파일(VBA 매크로 코드를 저장할 수 없음)
.xltm	매크로 포함 서식 파일
.xml	XML 데이터
.htm, html	웹 페이지
.txt	탭으로 분리된 텍스트 파일

.prn	공백으로 분리된 텍스트 파일
.csv	쉼표로 분리된 텍스트 파일

개념끝 050 통합 문서 관리

시트 선택

① 연속적인 시트 선택: 시트 탭에서 첫 번째 시트 탭을 선택하고 Shift를 누른 상태에서 마지막 시트 탭을 선택한다.
② 떨어져 있는 시트 선택: 시트 탭에서 Ctrl을 누른 상태에서 차례대로 시트 탭을 선택한다.
③ 모든 시트 선택: 시트 탭의 바로 가기 메뉴에서 [모든 시트 선택]을 선택한다.

시트 보호

시트의 내용, 개체, 시나리오를 보호하도록 설정하는 기능으로, 시트에 입력된 데이터나 차트를 변경하지 못하도록 보호한다.

통합 문서 보호

시트 삽입, 삭제, 이동, 숨기기, 이름 바꾸기 등의 작업을 할 수 없도록 보호하는 기능이다.

개념끝 051 데이터 입력 최빈출

각종 데이터 입력

문자 데이터	• 문자, 숫자, 기호 등이 조합된 데이터로 셀의 왼쪽에 맞추어 입력된다. • 숫자 앞에 작은따옴표(')를 붙이면 문자로 인식한다. • 셀 너비보다 긴 데이터가 입력된 경우 오른쪽 빈 셀에 이어서 표시되며, 오른쪽 셀이 빈셀이 아니면 셀 너비에 맞춰 데이터가 표시된다.
숫자 데이터	• 숫자와 함께 +, −, 소수점(.), 쉼표(,), ₩, $, %, 지수 기호(e) 등이 조합된 데이터로 셀의 오른쪽에 맞추어 입력된다. • 음수는 숫자 앞에 '−'를 붙이거나 괄호( )로 표시한다. • 분수는 '0'을 입력한 후 한 칸 띄우고 입력한다.
날짜 데이터	• 년, 월, 일을 하이픈(−)이나 슬래시(/)로 구분하여 입력하며, 셀의 오른쪽에 맞추어 입력된다. • 날짜는 1900년 1월 1일을 1로 시작하는 일련 번호로 저장된다. • 연도와 월만 입력하면 자동으로 해당 월의 1일로 입력된다.
시간 데이터	• 시, 분, 초를 콜론(:)으로 구분하여 입력하며, 셀의 오른쪽에 맞추어 입력된다. • 시간 데이터는 소수로 저장되고, 낮 12시는 0.5로 계산된다. • 날짜와 시간을 하나의 셀에 같이 입력하려면 공백으로 날짜와 시간을 구분한다.
수식 데이터	• 등호(=)나 더하기(+), 빼기(−) 기호로 시작하며, 더하기(+)와 빼기(−) 기호는 등호(=)로 자동 변환된다. • 셀에는 수식의 결과가, 수식 입력줄에는 입력한 수식이 표시된다.

데이터 채우기

데이터를 입력한 후 해당 셀의 자동 채우기 핸들(✚)을 드래그하여 데이터를 채우는 기능이다.

메모 삽입 셀에 입력된 내용에 대한 보충 설명을 기록할 때 사용한다.

개념끝 052 데이터 편집

선택하여 붙여넣기 복사한 데이터를 붙여넣을 때 서식, 값, 수식 등 일부 내용만 선택하여 붙여넣는 기능이다.

셀의 삭제 선택한 범위의 셀을 삭제하고 오른쪽이나 아래에 있는 셀을 삭제한 영역으로 이동하는 기능이다.

찾기 워크시트에 입력된 특정한 데이터를 찾는 기능으로, 숫자, 특수 문자, 한자 등도 찾을 수 있다.

개념끝 053 서식 설정 최빈출

사용자 지정 서식 코드 양수, 음수, 0, 텍스트 순으로 네 개의 표시 형식을 순서대로 지정하며, 각 구역은 세미콜론(;)으로 구분한다.

숫자 서식 코드

코드	기능
#	유효한 자릿수만 표시하고, 유효하지 않은 0은 표시하지 않음
0	유효하지 않은 자릿수를 0으로 표시
?	유효하지 않은 0 대신 공백을 삽입하고 소수점 기준으로 맞춤
,	• 천 단위 구분 기호로 쉼표(,) 삽입 • 맨 끝에 표시하면 천 단위가 생략되고 반올림된 값 표시
%	숫자에 100을 곱하고 %를 붙여서 표시

문자 서식 코드

코드	기능
@	문자 데이터를 그대로 표시
*	뒤의 문자를 셀 너비만큼 채워서 표시
_	데이터의 오른쪽 끝에 공백을 추가하며 '_' 기호 뒤에 반드시 하나의 문자가 있어야 함

개념끝 054 수식 작성 최빈출

참조 연산자

콜론(:)	범위 연산자
쉼표(,)	구분 연산자
공백( )	교점 연산자

셀 참조

워크시트의 특정 셀이나 셀 범위의 데이터를 참조하는 방식으로, 계산할 데이터의 위치를 지정하기 위해 수식에서 사용된다.

오류 메시지

####	결과값이 셀 너비보다 길어서 셀에 결과값을 모두 표시할 수 없는 경우
#DIV/0!	특정 값을 0 또는 빈 셀로 나눈 경우
#N/A	수식에서 잘못된 값으로 연산을 시도한 경우
#NAME?	잘못된 함수 이름이나 정의되지 않은 셀 이름을 사용한 경우
#NULL!	교차하지 않은 두 영역의 교차점을 지정한 경우
#NUM!	수식이나 함수에 잘못된 숫자값이 포함된 경우
#REF!	셀 참조를 잘못 사용한 경우
#VALUE!	잘못된 인수나 피연산자를 사용한 경우
순환 참조 경고	수식에 자기 자신의 셀을 참조하려는 경우

개념끝 056 수학/삼각 함수, 통계 함수 최빈출

MOD 함수

MOD(수1,수2): '수1'을 '수2'로 나눈 나머지를 반환한다.

SUMIF 함수

SUMIF(범위,조건,합계 범위): '범위'에서 '조건'을 만족하는 경우 '합계 범위'에서 합계를 반환한다.

ROUND 함수

ROUND(숫자,자릿수): '숫자'를 지정한 '자릿수'로 반올림하여 반환한다.

개념끝 057 날짜/시간 함수, 논리 함수, 텍스트 함수

EOMONTH 함수

EOMONTH(시작 날짜,개월수): '시작 날짜'를 기준으로 이전(음수)이나 이후(양수) 달의 마지막 날짜의 일련 번호를 반환한다.

IF 함수

IF(조건식,값1,값2): '조건식'이 참이면 '값1', 거짓이면 '값2'을 반환한다.

AND 함수

AND(조건1,조건2,…): 모든 조건이 참이면 'TRUE', 나머지는 'FALSE'로 반환한다.

개념끝 058 찾기/참조 함수, 데이터베이스 함수

HLOOKUP 함수

① HLOOKUP(값,범위,행 번호,방법): '범위'의 첫 번째 행에서 '값'을 찾아 지정한 행에서 대응하는 값을 반환한다.

② 방법
- 0 또는 FALSE: 정확히 일치
- 1 또는 TRUE 또는 생략: 유사 일치

VLOOKUP 함수

VLOOKUP(값,범위,열 번호,방법): '범위'의 첫 번째 열에서 값을 찾아 지정한 열에서 대응하는 값을 반환한다.

DSUM 함수

DSUM(데이터베이스,필드,조건 범위): 조건을 만족하는 '필드'의 합계를 반환한다.

개념끝 059 외부 데이터 가져오기

가져올 수 없는 파일 형식

한글 파일(.hwp), MS-Word 파일(.doc), PDF 파일(.pdf), 압축된 Zip 파일(.zip) 등

텍스트 파일 가져오기

① 텍스트 파일을 워크시트로 가져오는 기능이다.

② 텍스트 파일의 형식으로는 .txt, .csv, .prn 등이 있다.

Microsoft Query 가져오기

① 외부 데이터베이스에서 여러 테이블을 조인(Join)한 결과를 가져오거나 원본 데이터와 동기화할 수 있는 기능이다.

② 데이터베이스 파일(SQL, Access, dBASE), 쿼리 파일, OLAP 큐브 파일을 가져올 수 있다.

개념끝 060 정렬과 필터 최빈출

정렬 순서

오름차순은 숫자 > 텍스트 > 논리값 > 오류값 > 빈 셀의 순으로 정렬된다.
- 텍스트는 특수 문자 > 소문자 > 대문자 > 한글의 순으로 정렬(대/소문자 구분 지정 시)
- 텍스트는 왼쪽에서 오른쪽으로 문자 단위 정렬
- 논리값은 FALSE 다음에 TRUE 순으로 정렬
- 빈 셀은 오름차순과 내림차순 모두 항상 마지막에 정렬

자동 필터의 특징

① 여러 필드에 조건을 지정하면 AND 조건으로 설정되며, OR 조건은 설정할 수 없다.

② 하나의 열에 날짜, 숫자, 문자 등의 데이터가 혼합된 경우 셀의 수가 많은 필터로 표시된다.

③ 날짜 데이터는 연, 월, 일의 계층별로 그룹화되어 계층에서 상위 수준을 선택하거나 선택을 취소하는 경우 해당 수준의 아래쪽에 있는 중첩된 날짜가 모두 선택되거나 선택 취소된다.

④ '날짜 필터' 목록에서는 일, 주, 월, 분기, 년 등을 필터링 기준으로 사용할 수 있지만, 요일로 필터링할 수는 없다.

⑤ 필터링된 데이터는 다시 정렬하거나 이동하지 않고도 복사, 찾기, 편집 및 인쇄할 수 있다.

고급 필터의 조건

AND 조건	조건을 모두 같은 행에 입력
OR 조건	조건을 서로 다른 행에 입력

개념끝 061 데이터 도구

텍스트 마법사

① [텍스트 마법사 – 3단계 중 1단계] 대화상자가 나타나면 '원본 데이터 형식'은 '구분 기호로 분리됨'으로 선택되었는지 확인 → [다음] 단추를 클릭한다.

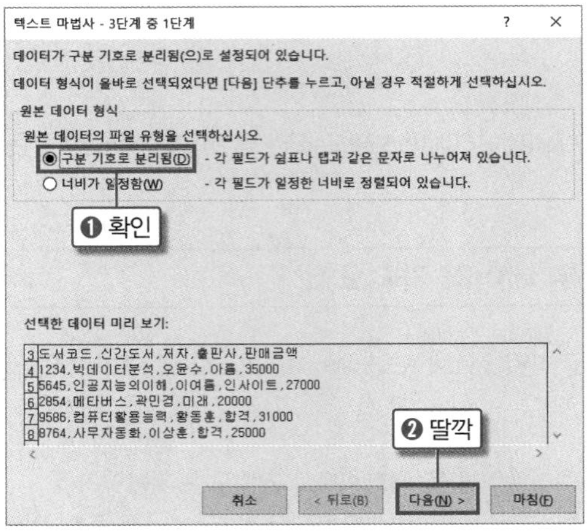

② [텍스트 마법사 – 3단계 중 2단계] 대화상자에서 '구분 기호'는 '탭'을 체크 해제하고 '쉼표'를 체크 → [다음] 단추를 클릭한다.

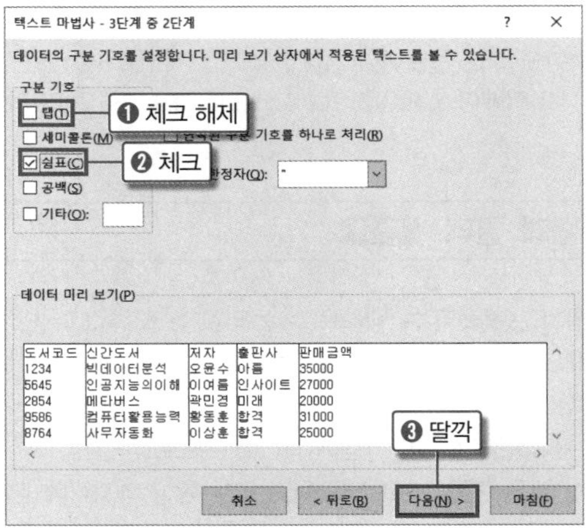

③ [텍스트 마법사 – 3단계 중 3단계] 대화상자에서 '열 데이터 서식'은 '일반'으로 선택되었는지 확인 → [마침] 단추를 클릭한다.

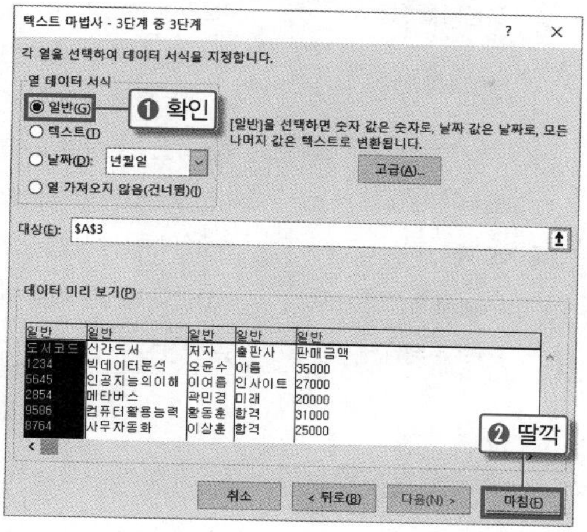

데이터 유효성 검사

데이터의 목록이나 형식을 지정하여 데이터 입력을 제한하는 기능이다.

통합

하나 이상의 원본 영역을 지정하여 하나의 표로 데이터를 요약하는 기능이다.

개념끝 062 가상 분석

데이터 표

특정 값의 변화에 따른 결과값의 변화 과정을 한 번의 연산으로 빠르게 계산하여 표의 형태로 표시하는 기능이다.

목표값 찾기

수식에서 원하는 결과를 알고 있지만, 그 결과를 얻는 데 필요한 입력값을 구하는 경우에 사용하는 기능이다.

시나리오

다양한 상황과 변수에 따른 여러 가지 결과값의 변화를 가상의 상황을 통해 예측하여 분석할 수 있는 기능이다.

개념끝 063 개요와 부분합

[부분합] 대화상자

그룹화할 항목	부분합을 계산할 기준 필드로, 미리 정렬되어 있어야 함
사용할 함수	합계, 평균, 개수, 최대, 최소, 곱, 숫자 개수, 표본 표준 편차, 표준 편차, 표본 분산, 분산 함수
부분합 계산 항목	부분합을 계산하여 표시할 항목 선택
새로운 값으로 대치	이전 부분합의 결과값을 지우고 새로운 부분합을 구함
그룹 사이에서 페이지 나누기	페이지 구분선 삽입
데이터 아래에 요약 표시	부분합의 내용을 세부 데이터의 아래에 표시
모두 제거	부분합 삭제

중첩 부분합

이미 작성된 부분합 그룹 내에 새로운 부분합 그룹을 추가하는 것을 의미한다.

개념끝 064 피벗 테이블과 피벗 차트

피벗 테이블의 특징

① 엑셀의 목록, 외부 데이터, 다중 통합 범위, 다른 피벗 테이블을 기준으로 작성한다.
② 피벗 테이블 보고서는 새 워크시트나 기존 워크시트에서 시작 위치를 선택할 수 있다.
③ 새 워크시트에 피벗 테이블을 생성하면 보고서 필터의 위치는 [A1] 셀이고 행 레이블은 [A3] 셀에서 시작한다.
④ 작성된 피벗 테이블의 필드 위치는 행 또는 열로 이동하거나 삭제할 수 있다.
⑤ 피벗 테이블에서 '값' 영역의 특정 항목을 마우스로 더블클릭하면 해당 데이터에 대한 세부적인 데이터가 새로운 시트에 표시된다.
⑥ 원본의 자료가 변경되면 자동으로 반영되지 않으므로 [데이터] 탭–[쿼리 및 연결] 그룹–[모두 새로 고침] 또는 [피벗 테이블 분석] 탭–[데이터] 그룹–[새로 고침]–[모두 새로 고침]을 선택하여 일괄적으로 새로 고침해야 한다.
⑦ 하위 데이터 집합에도 필터와 정렬, 조건부 서식을 적용하여 원하는 정보만 강조할 수 있다.
⑧ 행 레이블이나 열 레이블에서의 데이터 정렬은 수동, 오름차순, 내림차순 중에서 선택할 수 있다.

피벗 테이블의 구성

필터 필드	필터 필드 단추를 눌러 표시할 필드를 선택할 수 있음
행 필드	행 방향으로 표시되는 필드
열 필드	열 방향으로 표시되는 필드
값 필드	분석할 대상이 되는 필드
값 영역	• 값 필드에 대해 분석한 결과가 나타나는 영역 • 숫자 형식의 필드를 선택하면 합계, 개수, 평균, 최대값, 최소값, 값, 숫자 개수, 표본 표준 편차, 표준 편차, 표본 분산, 분산 등을 표시할 수 있으며, 문자 형식의 필드를 선택하면 개수를 표시함

피벗 차트

피벗 테이블의 데이터를 이용하여 작성한 차트로, 피벗 테이블에서 변화가 생기면 피벗 차트도 함께 변경된다.

개념끝 065 차트 작성 최빈출

차트의 구성 요소

차트 제목	차트의 제목 표시
차트 영역	차트의 모든 구성 요소를 포함하는 영역
그림 영역	가로 축과 세로 축으로 구성된 영역
범례	• 데이터 계열의 항목별 이름으로 색이나 무늬로 데이터 계열을 구분 • [범례 서식] 창에서 위치를 상하좌우, 오른쪽 위로 지정 • 범례를 삭제하려면 범례를 선택하고 Delete
데이터 계열	차트로 나타낼 값을 가진 항목들을 의미
가로 축	데이터 항목을 표시하는 축
기본 세로 축	데이터 계열의 값을 표시하는 축으로 왼쪽에 표시
보조 세로 축	데이터 계열의 값을 표시하는 축으로 오른쪽에 표시
가로 축 제목	가로 축 항목의 전체 의미를 나타내는 제목
세로 축 제목	세로 축에 표현되는 숫자의 전체 의미를 나타내는 제목
눈금선	눈금을 그림 영역에 표시
데이터 레이블	데이터 계열의 값이나 항목을 이름표로 표시
데이터 테이블	차트의 데이터를 표로 표시하고 범례의 표시 여부를 지정할 수 있음

차트 작성 바로 가기 키

① F11을 누르면 새로운 차트 시트에 기본 차트가 작성된다.
② Alt + F1을 누르면 현재 시트에 기본 차트가 작성된다.

차트의 종류

세로 막대형 차트	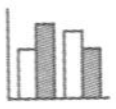	각 항목 간의 값을 막대의 길이로 비교 및 분석
가로 막대형 차트	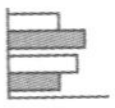	세로 막대형 차트와 유사하고, 값 축과 항목 축의 위치가 서로 바뀜
꺾은선형 차트		월, 분기, 연도와 같이 시간의 흐름에 따라 각 항목의 변화나 경향 표시
원형 차트		• 각 항목의 값이 항목 합계의 비율로 표시되고, 하나의 데이터 계열만 표시할 수 있음 • 첫째 조각의 각: 첫째 조각이 시작되는 각도로, 기본값은 0°
도넛형 차트		• 원형 차트의 한 종류로, 원형 차트와 비슷하지만 여러 데이터의 계열 표시 • 하나의 고리는 하나의 데이터 계열을 표시하고, 색상으로 데이터 요소를 구분하여 표시
영역형 차트		시간의 경과에 따른 변화를 보여주고, 각 값의 합계와 전체에 대한 관계를 비교
거품형 차트		분산형 차트의 한 종류로, 가로축과 세로축이 있고, 세 번째 열을 추가하여 거품의 크기를 지정
주식형 차트	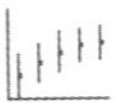	주가 변동을 나타내는 차트로, 시가, 종가, 거래량, 저가, 고가 등을 표시
분산형 차트	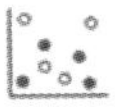	• 과학, 통계 및 공학 데이터와 같은 숫자값을 표시하고 비교 • 가로축의 값이 일정한 간격이 아닌 경우나 가로축의 데이터 요소 수가 많은 경우에 사용 • 데이터 요소 간의 차이점보다는 큰 데이터 집합 간의 유사점을 표시하려는 경우에 사용 • 다섯 개의 하위 차트(분산형 차트, 곡선 및 표식이 있는 분산형 차트, 곡선이 있는 분산형 차트, 직선 및 표식이 있는 분산형 차트, 직선이 있는 분산형 차트) 제공
표면형 차트		두 개의 데이터 집합에서 최적의 조합을 찾을 때 사용
방사형 차트		가운데에서 뻗어가는 형태의 차트로, 데이터 계열이 많을 때 사용하고, 가로축이 없음

개념끝 066 차트의 편집

차트의 크기 조절

① 차트를 선택한 후 크기 조절점을 드래그해 크기를 조절할 수 있다.
② Alt를 누른 상태에서 차트 크기를 조절하면 차트의 크기가 셀에 맞춰 조절된다.
③ 그림 영역, 범례 등을 선택하여 차트의 크기를 조절할 수 있다.

차트 이동

① 차트를 선택한 후 드래그하여 원하는 위치로 이동한다.
② 차트 제목, 축 제목, 범례, 그림 영역 등은 마우스로 드래그하여 이동할 수 있다.
③ Alt를 누른 상태에서 차트를 이동하면 셀에 맞춰 이동된다.
④ 시트에 삽입된 차트는 '차트 이동' 기능을 이용하여 새로운 시트나 현재 통합 문서의 다른 시트로 이동할 수 있다.

원본 데이터의 변경

① 워크시트에서 차트 데이터 영역의 중간에 항목(레코드)을 삽입하는 경우 차트에서도 항목이 삽입된다.
② 워크시트에서 차트 데이터 영역의 중간에 계열을 삽입하는 경우 차트는 변경되지 않는다.
③ 데이터 계열이 범례에서 표시되는 순서를 바꿀 수 있다.

개념끝 067 차트 요소 추가

차트 제목

① 차트 제목은 '차트 위'에 추가하거나 '가운데에 맞춰 표시'할 수 있다.
② 차트 제목을 삭제하려면 [차트 요소] 단추를 클릭하고 [차트 제목]을 해제한다.
③ 차트 제목을 셀과 연동하려면 차트 제목을 클릭한 후 수식 입력줄에서 등호(=)를 입력한 후 연동할 셀을 선택한다.

데이터 레이블

① 데이터 레이블 내용은 계열 이름, 항목 이름, 값 중에서 한 가지를 선택하여 표시할 수 있다.
② 데이터 레이블이 겹치지 않고, 읽기 쉽도록 차트에서 데이터 레이블의 위치를 조정할 수 있다.
③ 기본적으로 데이터 레이블은 워크시트의 값에 연결되며 변경될 때 자동으로 업데이트된다.
④ 데이터 레이블을 삭제하려면 데이터 레이블을 한 번 클릭하여 선택한 후 Delete를 누른다

추세선

① 추세선의 종류: 지수, 선형, 로그, 다항식, 거듭제곱, 이동 평균
② 추세선이 불가능한 차트: 3차원 차트, 원형 차트, 도넛형 차트, 방사형 차트, 표면형 차트
③ 추세선이 추가된 데이터 계열의 차트 종류를 3차원 차트로 변경하면 추세선은 자동으로 삭제된다.
④ 하나의 데이터 계열에 두 개 이상의 추세선을 동시에 표시할 수 있다.
⑤ 추세선을 삭제하려면 추세선을 선택하고 Delete를 누르거나 추세선의 바로 가기 메뉴에서 [삭제]를 선택한다.

개념끝 068 차트 서식 지정 최빈출

계열 겹치기

숫자값이 클수록 겹쳐지는 부분이 커진다(−100～100%).

간격 너비

숫자값이 클수록 항목 사이의 공백이 커진다(0～500%).

축 옵션

최소값/최대값	세로(값) 축에 표시되는 최소값과 최대값 지정
기본/보조	세로(값) 축 기본 눈금선과 보조 눈금선의 단위 지정
가로 축 교차	'자동', '축 값', '축의 최대값'으로 설정
로그 눈금 간격	데이터의 값 차이가 매우 클 때 사용
값을 거꾸로	세로 축에 표시되는 값을 거꾸로 나열

개념끝 069 페이지 레이아웃 설정

[페이지 설정] 그룹

여백	기본, 넓게, 좁게, 사용자 지정 여백 등을 지정
용지 방향	용지 방향을 세로, 가로로 지정
크기	인쇄 용지 크기를 지정
인쇄 영역	인쇄 영역을 설정하거나 해제
나누기	페이지 나누기를 삽입하거나 제거
배경	워크시트 배경으로 이미지를 지정 가능, 배경은 인쇄되지 않음
인쇄 제목	모든 페이지에 반복해서 인쇄할 행과 열 지정

페이지 나누기

① 인쇄 시 사용자가 임의로 페이지 구분선을 삽입하는 기능이다.
② 현재 셀 포인터를 기준으로 위쪽과 왼쪽에 페이지 구분선이 삽입된다.
③ 행 높이와 열 너비를 변경하면 자동 페이지 나누기의 위치가 변경된다.
④ 용지 크기, 여백 설정, 배율 옵션에 따라 자동 페이지 나누기가 삽입된다.
⑤ [페이지 레이아웃] 탭–[페이지 설정] 그룹–[나누기]–[페이지 나누기 모두 원래대로]를 선택하면 페이지를 나누기 전의 원래 상태로 되돌릴 수 있다.

인쇄 영역

① 인쇄 영역을 정의하고 워크시트를 인쇄하면 해당 인쇄 영역만 인쇄된다.
② 추가할 인쇄 영역을 선택하고 [페이지 레이아웃] 탭–[페이지 설정] 그룹–[인쇄 영역]–[인쇄 영역에 추가]를 선택하면 인쇄 영역을 확대할 수 있다.
③ 인쇄 영역은 [페이지 레이아웃] 탭–[페이지 설정] 그룹–[페이지 설정] 아이콘(⧉)을 클릭하여 [페이지 설정] 대화상자를 열고 [시트] 탭에서 지정할 수 있지만, 인쇄 미리 보기 상태에서는 인쇄 영역이 활성화되지 않으므로 지정할 수 없다.
④ 인쇄 영역 설정은 하나의 시트에서만 가능하다.
⑤ 인쇄 영역을 지정하면 이름 상자에 자동으로 'Print_Area'라는 이름이 작성된다.
⑥ Ctrl + F3을 누르거나 [수식] 탭–[정의된 이름] 그룹–[이름 관리자]를 클릭하여 [이름 관리자] 대화상자를 열고 인쇄 영역과 'Print_Area' 이름을 확인할 수 있다.

개념끝 070 통합 문서 보기

페이지 나누기

① 워크시트 상태에서 페이지 구분선, 인쇄 영역, 페이지 번호 등을 보여주는 보기 상태이다.
② 마우스로 페이지 구분선을 드래그하여 페이지를 나눌 위치를 조정할 수 있다.
③ 수동으로 삽입한 페이지 나누기는 파란색 실선으로, 자동 페이지 나누기는 파란색 점선으로 표시된다.
④ 수동으로 삽입한 페이지 나누기를 제거하려면 페이지 나누기를 표시하는 파란색 실선을 페이지 나누기 미리 보기 영역의 밖으로 드래그한다.
⑤ 원래 보기 상태로 되돌아가려면 [보기] 탭-[통합 문서 보기] 그룹-[기본]을 선택한다.

페이지 레이아웃 보기

① 워크시트에 머리글/바닥글 영역이 표시되어 간단히 머리글/바닥글을 추가할 수 있는 보기 상태이다.
② 마우스로 드래그하여 페이지 구분선을 조정할 수 없다.
③ 마우스를 이용하여 페이지 여백과 머리글과 바닥글 여백을 조정할 수 있다.
④ [머리글/바닥글] 탭-[머리글/바닥글 요소] 그룹에서 미리 정의된 머리글이나 바닥글을 선택할 수 있다.
⑤ 페이지 레이아웃 보기에서는 기본 보기와 같이 데이터 형식과 레이아웃을 변경할 수 있다.
⑥ 페이지 레이아웃 보기에서 표시되는 눈금자의 단위는 [파일] 탭-[옵션]을 선택하고 [Excel 옵션] 창에서 '고급' 범주를 선택한 후 '표시'의 '눈금자 단위'에서 지정할 수 있다.

개념끝 071 인쇄 작업 최빈출

[머리글/바닥글] 탭

머리글 편집	모든 페이지의 위쪽에 고정적으로 인쇄되는 내용 지정
바닥글 편집	모든 페이지의 아래쪽에 고정적으로 인쇄되는 내용 지정
짝수와 홀수 페이지를 다르게 지정	짝수 페이지와 홀수 페이지의 머리글 및 바닥글을 다르게 지정
첫 페이지를 다르게 지정	첫 페이지의 머리글과 바닥글을 제거하거나 다르게 지정
문서에 맞게 배율 조정	워크시트와 같은 글꼴 크기와 크기 조정을 사용할지 지정
페이지 여백에 맞추기	머리글이나 바닥글을 표시하기에 충분한 머리글 또는 바닥글 여백을 확보할지 지정

[시트] 탭

인쇄 영역	특정 영역만 선택하여 인쇄하고 숨겨진 행과 열은 인쇄하지 않음
인쇄 제목	• 모든 페이지에 반복해서 인쇄할 행과 열 지정 • 반복할 행: $1:$3과 같이 행 번호로 표시 • 반복할 열: $A:$C와 같이 열 번호로 표시
인쇄	• 눈금선: 워크시트의 셀 구분선 인쇄 • 메모: 메모의 인쇄 여부로, '(없음)', '시트 끝', '시트에 표시된 대로' 중에서 선택 • 간단하게 인쇄: 차트, 도형, 그림, 클립아트 등의 그래픽 요소를 제외하고 텍스트만 빠르게 인쇄 • 셀 오류 표시: '표시된 대로', '〈공백〉', '—', '#N/A' 중에서 선택하여 셀 오류 표시 • 행/열 머리글: 워크시트의 행 머리글과 열 머리글을 포함하여 인쇄
페이지 순서	여러 페이지가 인쇄될 경우 '열 우선'을 선택하면 오른쪽 방향으로 인쇄한 후 아래쪽 방향으로 진행됨

인쇄 미리 보기

① 인쇄하기 전의 화면으로, 출력 결과를 미리 확인하는 기능이다.
② [여백 표시] 단추(▯)를 클릭하면 여백선을 드래그하여 여백의 크기를 조정하거나 열 너비를 조정할 수 있다.
③ [확대/축소] 단추(▯)를 클릭하면 확대되거나 축소되며 인쇄 크기에 영향을 미치지 않는다.
④ 인쇄 미리 보기를 끝내고 통합 문서로 돌아가려면 Esc를 누른다.

개념끝 072 매크로 작성 최빈출

매크로의 개념

① 반복적인 작업이나 자주 사용하는 명령 등을 매크로로 기록하여 작업 과정을 자동화하는 기능을 의미한다.
② 매크로는 Visual Basic 언어를 기반으로 작성되고, Visual Basic Editor(VB Editor)로 작성하거나 변경할 수 있다.
③ 매크로를 기록하는 경우 작업 과정의 모든 단계가 매크로 레코더에 기록되고, 리본 메뉴에서의 탐색은 기록된 단계에 포함되지 않는다.
④ 매크로는 통합 문서에 첨부된 모듈 시트로, 하나의 Sub 프로시저로 기록되며, Sub로 시작하고 End Sub로 끝난다.
⑤ 매크로는 기본적으로 절대 참조로 기록되며, 상대 참조로 기록하려면 [보기] 탭-[매크로] 그룹-[매크로]-[상대 참조로 기록]를 선택한 후 매크로를 기록한다.

매크로 이름

① 첫 글자는 반드시 문자로 지정해야 하고, ?, /, -, #, @, $, %, & 등의 기호를 사용할 수 없다.
② 이름에 공백을 사용할 수 없다.
③ 하나의 통합 문서에서 같은 매크로 이름을 지정할 수 없다.
④ 통합 문서를 열 때마다 특정 작업이 자동으로 수행되는 매크로는 Auto_Open으로 이름을 정한다.

바로 가기 키

① 특수 문자와 숫자는 사용할 수 없고, 영문자만 가능하다.
② 바로 가기 키를 반드시 설정할 필요는 없다.
③ 소문자는 Ctrl과 조합해서 사용하지만, 대문자로 지정하면 Ctrl+Shift를 누른 상태에서 해당 문자를 눌러야 한다.
④ 매크로 바로 가기 키가 엑셀 바로 가기 키보다 우선이다.

개념끝 073 매크로 실행

개체 사용

① 실행 단추, 온라인 그림, 도형, 차트 등에 매크로를 연결하여 실행할 수 있다.
② 개체의 바로 가기 메뉴에서 [매크로 지정]을 선택한 후 [매크로 지정] 대화상자에서 연결할 매크로를 선택하고 [확인] 단추를 클릭한다.
③ [실행] 단추(▭)를 그리면 바로 [매크로 지정] 대화상자가 나타난다.
④ 셀이나 텍스트 등에는 매크로를 지정할 수 없다.

매크로 삭제

① [매크로] 대화상자에서 삭제할 매크로를 선택하고 [삭제] 단추를 클릭한다.
② Visual Basic Editor에서 삭제할 매크로의 프로시저를 Delete를 이용하여 삭제해도 된다.
③ 매크로가 연결된 개체를 삭제해도 매크로는 삭제되지 않는다.

매크로 보안

① [개발 도구] 탭-[코드] 그룹-[매크로 보안]을 클릭하여 [보안 센터] 창을 열고 '매크로 설정' 범주에서 설정한다.
② '매크로 설정' 범주 항목
- 알림이 없는 매크로 사용 안 함
- 알림이 포함된 VBA 매크로 사용 안 함
- 디지털 서명된 매크로를 제외하고 VBA 매크로 사용 안 함
- VBA 매크로 사용(권장 안 함, 위험한 코드가 시행될 수 있음)

2024～2022년 상시시험 기출변형문제로 최신경향 완전정복!

Level UP

상시시험 기출변형문제

더 많은 문제를 풀고 싶다면?

추가로 더 풀기

① '에듀윌 EXIT 합격 서비스' 접속
② 로그인
③ 교재 구매 인증
④ 필기CBT 게시판
⑤ 응시하기

EXIT 합격 서비스 바로가기

제1회 기출변형문제

정답 및 해설 p.096

제한시간 40분 | 1회독 월 일 시작 : | 종료 : | 2회독 월 일 시작 : | 종료 : | 3회독 월 일 시작 : | 종료 :

1과목 컴퓨터 일반

01

다음 중 컴퓨터를 이용한 자료 처리 방식에 대한 설명으로 옳지 않은 것은?

① 듀얼 시스템은 두 개 이상의 CPU를 가지고 동시에 여러 개의 작업을 처리하는 방식이다.
② 일괄 처리 시스템은 자료 처리 작업을 일정한 양이나 시간 동안 모아서 한꺼번에 처리하는 방식이다.
③ 실시간 처리 시스템은 은행이나 여행사의 좌석 예약 조회 서비스 등에 이용된다.
④ 분산 처리 시스템은 각 지역의 컴퓨터가 통신 회선으로 연결되어 서로 간에 데이터를 공유할 수 있다.

02

다음 중 Windows 10에서 사용하는 바로 가기 키에 대한 설명으로 옳지 않은 것은?

① Shift+Esc: [시작] 메뉴를 표시
② Shift+F10: 선택한 항목의 바로 가기 메뉴 표시
③ Alt+Enter: 선택한 항목의 '속성' 대화상자 열기
④ ⊞+E: 파일 탐색기 실행

03

다음 중 파일 삭제 시 파일이 [휴지통]에 임시 보관되어 복원이 가능한 경우는?

① 바탕 화면에 있는 파일을 [휴지통]으로 드래그 앤 드롭하여 삭제한 경우
② USB 메모리에 저장되어 있는 파일을 Delete로 삭제한 경우
③ 네트워크 드라이브의 파일을 바로 가기 메뉴의 [삭제]를 클릭하여 삭제한 경우
④ Shift+Delete를 이용하여 C 드라이브에 저장된 파일을 삭제한 경우

04

다음 중 Windows에서 [표준 사용자 계정]의 사용자가 할 수 있는 작업으로 옳지 않은 것은?

① 사용자 자신의 암호를 변경할 수 있다.
② 마우스 포인터의 모양을 변경할 수 있다.
③ 컴퓨터 보안에 영향을 주는 설정을 변경할 수 있다.
④ 사용자의 사진으로 자신만의 바탕 화면을 설정할 수 있다.

05

다음 중 사용자가 눈으로 보는 현실 화면이나 실제 영상에 문자나 그래픽과 같은 가상의 3차원 정보를 실시간으로 겹쳐 보여주는 새로운 멀티미디어 기술을 의미하는 용어는?

① 가상 장치 인터페이스(VDI)
② 가상 현실 모델 언어(VRML)
③ 증강현실(AR)
④ 주문형 비디오(VOD)

06

다음 중 이미지 테두리의 계단 현상을 최소화해 주는 그래픽 기법은?

① 모핑(Morphing)
② 디더링(Dithering)
③ 렌더링(Rendering)
④ 안티앨리어싱(Anti-Aliasing)

07

다음 중 정보통신에서 네트워크 관련 장비에 대한 설명으로 옳지 않은 것은?

① 라우터(Router): 네트워크를 구성하기 위해 반드시 필요한 장비로, 정보 전송을 위한 최적의 경로를 찾아 통신망에 연결하는 장치
② 허브(Hub): 두 개의 근거리 통신망(LAN)과 근거리 통신망(LAN)을 연결해주는 장치
③ 모뎀(MODEM): 네트워크를 구성할 때 디지털 신호를 아날로그 신호로 변환하여 전송하고 다시 수신된 신호를 원래대로 변환하기 위한 전송 장치
④ 게이트웨이(Gateway): 한 네트워크에서 다른 네트워크로 들어가는 입구 역할을 하는 장치로, 근거리통신망(LAN)과 같은 하나의 네트워크를 다른 네트워크와 연결할 때 사용되는 장치

08

다음 중 네트워크 구성 형태에 대한 설명으로 옳지 않은 것은?

① 망(Mesh)형은 응답 시간이 빠르고 노드의 연결성이 우수하다.
② 성(Star)형은 모든 컴퓨터를 중앙 컴퓨터와 일대일로 연결한 형태로, 통신망의 처리 능력 및 신뢰성이 중앙 컴퓨터의 제어장치에 좌우된다.
③ 버스(Bus)형은 기밀 보장이 어렵고, 통신 회선의 길이에 제한이 있다.
④ 트리(Tree)형은 통신 회선 중 어느 하나라도 고장 나면 전체 통신망에 영향을 미친다.

09

다음 중 서로 다른 기종의 컴퓨터 간에 데이터를 송 · 수신하기 위해 개발된 인터넷 표준 프로토콜은?

① TCP/IP
② HTTP
③ FTP
④ SMTP

10

다음 중 (가)와 (나)에 해당하는 ICT 관련 신기술이 옳게 짝지어진 것은?

(가) 전기 에너지의 생산부터 소비까지의 전 과정을 정보통신 시스템과 연결하여 에너지 효율을 높이는 지능형 전력망 시스템이다.
(나) 13.56Mhz의 주파수 대역을 사용하는 비접촉식 통신 기술로, 통신 거리가 10cm 이내로 짧고 상대적으로 보안이 우수하다. 또한 데이터의 읽기와 쓰기 기능을 모두 사용할 수 있으며 연결기기 간의 설정을 하지 않아도 된다.

① (가) – NFC, (나) – USN
② (가) – 스마트 그리드, (나) – NFC
③ (가) – NFC, (나) – 스마트 그리드
④ (가) – USN, (나) – RFID

11

다음 중 인터넷에서 사용하는 도메인 네임에 대한 설명으로 옳은 것은?

① IP 주소를 사람이 이해하기 쉬운 숫자 형태로 표현한 것이다.
② 소속 국가명, 소속 기관명, 소속 기관 종류, 호스트 컴퓨터명의 순으로 구성된다.
③ 퀵돔(Quick Dom)은 2단계 체제와 같이 도메인을 짧은 형태로 줄여 쓰는 것을 말한다.
④ 국가가 다른 경우에는 중복된 도메인 네임을 사용할 수 있다.

12

다음 중 광고를 보는 대가로 무료로 사용할 수 있는 소프트웨어는?

① 프리웨어
② 셰어웨어
③ 애드웨어
④ 상용 소프트웨어

13

객체 지향 언어에는 C++, Java 등이 있다. 이들의 기본 개념과 거리가 먼 것은?

① 지역성(Locality)
② 상속개념(Inheritance)
③ 캡슐화(Encapsulation)
④ 오버로딩(Overloading)

14

다음 중 소형화, 경량화를 비롯해 음성과 동작 인식 등의 기술이 적용되어 장소에 구애받지 않고 컴퓨터를 활용할 수 있도록 몸에 착용하는 컴퓨터를 의미하는 것은?

① 웨어러블 컴퓨터
② 마이크로 컴퓨터
③ 인공지능 컴퓨터
④ 서버 컴퓨터

15

다음 중 유니코드(Unicode)에 대한 설명으로 옳은 것은?

① 표현 가능한 문자 수는 최대 256자이다.
② 에러 검출이나 교정이 가능한 코드이다.
③ 연산을 빠르게 수행하기 위하여 Zone 비트와 Digit 비트로 구성한다.
④ 데이터의 처리나 교환을 위하여 1개 문자를 16비트로 표현한다.

16

다음 중 CPU에 대한 설명으로 옳지 않은 것은?

① CPU의 성능을 나타내는 단위 중 MIPS는 1초당 100만 개 단위의 명령어를 연산하는 것을 의미하는 단위이다.
② 연산장치는 산술 연산과 논리 연산을 수행하는 장치로 가산기, 보수기, 누산기 등으로 구성된다.
③ 제어장치는 컴퓨터의 모든 동작을 지시, 감독, 제어하는 장치이다.
④ CISC는 범용 마이크로프로세서의 명령 세트를 축소하여 설계한 컴퓨터 방식으로, 주로 고성능의 워크스테이션이나 그래픽용 컴퓨터에서 사용된다.

17

다음 중 정당한 사용자가 정상적으로 시스템을 종료하지 않고 자리를 떠났을 때 비인가된 사용자가 바로 그 자리에서 계속 작업을 수행하여 불법적 접근을 행하는 범죄 행위는?

① 피싱(Phishing)
② 스푸핑(Spoofing)
③ 스니핑(Sniffing)
④ 피기배킹(Piggybacking)

18

다음 중 컴퓨터에 관련된 용어의 설명으로 옳지 않은 것은?

① GIGO: 입력 자료가 좋지 않으면 출력 자료도 좋지 않다는 것으로 컴퓨터에 불필요한 정보를 입력하면 불필요한 정보가 출력된다는 의미의 용어
② ALU: CPU 내에서 주기억장치로부터 읽어들인 명령어를 해독하여 해당 장치에게 제어 신호를 보내 정확하게 수행하도록 지시하는 장치
③ ADPS: 자동으로 다량의 데이터를 처리하는 시스템으로 전자정보처리시스템인 EDPS와 같이 컴퓨터를 정의하는 용어
④ CPU: 컴퓨터의 가장 중요한 부분으로 명령을 해독하고 산술논리연산이나 데이터를 처리하는 장치

19

다음 중 마이크로소프트사의 엑셀이나 워드와 같은 파일을 매개로 하고 특정 응용 프로그램으로 매크로가 사용되면 감염이 확산되는 형태의 바이러스는?

① 부트(Boot) 바이러스
② 파일(File) 바이러스
③ 부트(Boot) & 파일(File) 바이러스
④ 매크로(Macro) 바이러스

20

다음 중 Windows 10의 제어판에서 시각장애가 있는 사용자가 컴퓨터를 사용하기에 편리하도록 설정할 수 있는 항목은?

① 동기화 센터
② 사용자 정의 문자 편집기
③ 접근성 센터
④ 프로그램 호환성 마법사

2과목 스프레드시트 일반

21

다음 중 엑셀의 화면 제어에 대한 설명으로 옳지 않은 것은?

① 화면의 확대/축소는 화면에서 워크시트를 더 크게 또는 작게 표시하는 것으로, 실제 인쇄할 때에도 설정된 화면의 크기로 인쇄된다.
② 리본 메뉴는 화면 해상도와 엑셀 창의 크기에 따라 다른 형태로 표시될 수 있다.
③ 워크시트에서 특정 영역을 마우스로 드래그하여 블록을 설정한 후 [보기]-[선택 영역 확대/축소]를 클릭하면 워크시트가 확대/축소되어 블록으로 지정한 영역이 전체 창에 맞게 보여진다.
④ 리본 메뉴가 차지하는 공간 때문에 작업이 불편한 경우 리본 메뉴의 활성 탭 이름을 더블클릭하여 리본 메뉴를 최소화할 수 있다.

22

다음 중 셀에 데이터를 입력하는 방법에 대한 설명으로 옳지 않은 것은?

① [C5] 셀에 값을 입력하고 Esc를 누르면 [C5] 셀에 입력한 값이 취소된다.
② [C5] 셀에 값을 입력하고 오른쪽 방향키를 누르면 [C5] 셀에 값이 입력된 후 [D5] 셀로 셀 포인터가 이동한다.
③ [C5] 셀에 값을 입력하고 Enter를 누르면 [C5] 셀에 값이 입력된 후 [D5] 셀로 셀 포인터가 이동한다.
④ [C5] 셀에 값을 입력하고 Home을 누르면 [C5] 셀에 값이 입력된 후 [A5] 셀로 셀 포인터가 이동한다.

23

다음 중 아래 워크시트에서 [A1:B1] 영역을 선택한 후 채우기 핸들을 이용하여 [B3] 셀까지 드래그했을 때 [A3] 셀, [B3] 셀의 값은?

	A	B
1	가-011	1월15일
2		
3		
4		

① 다-011, 01월17일
② 가-013, 01월17일
③ 가-013, 03월15일
④ 다-011, 03월15일

24

다음 중 셀 서식의 사용자 지정 표시 형식 중 코드와 설명이 옳지 않은 것은?

① #: 유효한 자릿수만 표시하고, 유효하지 않은 0은 표시하지 않는다.
② ?: 유효하지 않은 자릿수에 0 대신 공백을 표시하고, 소수점을 기준으로 정렬한다.
③ ss: 초 단위의 숫자를 00~59로 표시한다.
④ dddd: 요일을 Sun~Sat로 표시한다.

25

다음 중 원본 데이터를 지정된 서식으로 설정하였을 때 결과가 옳지 않은 것은?

	원본 데이터	서식	결과 데이터
①	314826	#,##0,	314,826
②	281476	#,##0.0	281,476.0
③	12:00:00 AM	0	0
④	2024-05-23	yyyy-mmmm	2024-May

26

다음 중 데이터 정렬에 대한 설명으로 옳지 않은 것은?

① 사용자 지정 목록을 사용하면 사용자가 정의한 순서대로 정렬할 수 있다.
② 색상별 정렬이 가능하여 글꼴 색 또는 셀 색을 기준으로 정렬할 수도 있다.
③ 정렬 옵션을 이용하면 데이터를 열 방향 또는 행 방향으로 선택하여 정렬할 수 있다.
④ 표에 병합된 셀들이 포함되어 있는 경우 병합된 셀들은 맨 아래쪽으로 정렬된다.

27

다음 중 자동 필터와 고급 필터에 대한 설명으로 옳지 않은 것은?

① 고급 필터를 이용하여 중복되지 않게 고유 레코드만 추출할 수 있다.
② 자동 필터 목록의 [상위 10 자동 필터] 기능은 항목이나 퍼센트를 기준으로 500까지 표시할 수 있다.
③ 고급 필터에서 다른 행에 입력된 조건은 AND 조건으로 결합된다.
④ 자동 필터에서 두 개 이상의 필드에 조건이 설정된 경우 AND 조건으로 결합된다.

28

다음 중 조건부 서식에 대한 설명으로 옳지 않은 것은?

① 조건부 서식의 규칙별로 다른 서식을 적용할 수 있다.
② 규칙에 맞는 셀 범위는 해당 규칙에 따라 서식이 지정되고 규칙에 맞지 않는 셀 범위는 서식이 지정되지 않는다.
③ 조건을 수식으로 입력할 경우 수식 앞에 등호(=)를 반드시 입력해야 한다.
④ 조건부 서식이 적용된 후 셀 값이 바뀌어 규칙과 일치하지 않아도 셀 서식 설정은 해제되지 않는다.

29

다음 중 날짜 및 시간 데이터에 대한 설명으로 옳지 않은 것은?

① 날짜 데이터를 입력할 때 연도와 월만 입력하면 일자는 자동으로 해당 월의 1일로 입력된다.
② 셀에 '4/9'를 입력하고 Enter를 누르면 셀에 는 '04월 09일'로 표시된다.
③ 날짜 및 시간 데이터의 텍스트 맞춤은 기본 왼쪽 맞춤으로 표시된다.
④ Ctrl + ;를 누르면 시스템의 오늘 날짜, Ctrl + Shift + ;를 누르면 현재 시간이 입력된다.

30

다음 중 아래 워크시트에서 가입일이 2020년 이전이면 회원등급을 '골드회원', 아니면 '일반회원'으로 표시하려고 할 때, [C3] 셀에 입력할 수식으로 옳은 것은?

	A	B	C
1	회원가입현황		
2	성명	가입일	회원등급
3	김형우	2020-01-05	골드회원
4	이윤경	2019-03-07	골드회원
5	권순기	2022-05-05	일반회원
6	김미영	2018-11-23	골드회원
7	김주학	2023-12-05	일반회원

① =TODAY(IF(B3<=2020,"골드회원","일반회원")
② =IF(TODAY(B3)<=2020,"일반회원","골드회원")
③ =IF(DATE(B3)<=2020,"골드회원","일반회원")
④ =IF(YEAR(B3)<=2020,"골드회원","일반회원")

31

다음 중 각 함수식과 그 결과가 옳지 않은 것은?

① =TRIM(" 1/4분기 수익") → 1/4분기 수익
② =SEARCH("세","세금 명세서",3) → 5
③ =PROPER("republic of korea")
→ REPUBLIC OF KOREA
④ =UPPER("Republic of Korea")
→ REPUBLIC OF KOREA

32

다음 중 [A7] 셀에 수식 '=SUMIFS(D2:D6,A2:A6,"연필",B2:B6,"서울")'을 입력했을 때의 결과값으로 옳은 것은?

	A	B	C	D
1	품목	대리점	판매계획	판매실적
2	연필	경기	150	100
3	볼펜	서울	150	200
4	연필	서울	300	300
5	볼펜	경기	300	400
6	연필	서울	300	200
7	=SUMIFS(D2:D6,A2:A6, "연필", B2:B6, "서울")			

① 100
② 500
③ 600
④ 750

33

다음 중 아래 워크시트에서 참고표를 참고하여 55,000원에 해당하는 할인율을 [C6] 셀에 구하고자 할 때의 적절한 함수식은?

	A	B	C	D	E	F
1		<참고표>				
2		금액	30,000	50,000	80,000	150,000
3		할인율	3%	7%	10%	15%
4						
5		금액	55,000			
6		할인율	7%			

① =LOOKUP(C5,C2:F2,C3:F3)
② =HLOOKUP(C5,B2:F3,1)
③ =VLOOKUP(C5,C2:F3,1)
④ =VLOOKUP(C5,B2:F3,2)

34

다음 중 아래 워크시트에서 [A1:A2] 영역은 '범위1', [B1:B2] 영역은 '범위2'로 이름이 정의되어 있는 경우 각 수식의 결과로 옳지 않은 것은?

	A	B
1	1	2
2	3	4

① =COUNT(범위1, 범위2) → 4
② =AVERAGE(범위1, 범위2) → 2.5
③ =범위1+범위2 → 10
④ =SUMPRODUCT(범위1, 범위2) → 14

35

다음 중 아래 워크시트의 부분합 실행 결과에 대한 설명으로 옳지 않은 것은?

1 2 3 4

	A	B	C	D
1	성명	소속	직무	1차 성적
2	박시현	교통행정과	건축	86
3	정새연	교통행정과	건축	88
4	김동현	교통행정과	건축	99
5	김주원	교통행정과	행정	85
6	최영서	교통행정과	건축	80
7		**교통행정과 최대**		99
8		**교통행정과 평균**		87.6
13		**보건사업과 최대**		96
14		**보건사업과 평균**		86.75
18		**사회복지과 최대**		93
19		**사회복지과 평균**		85.66667
20		**전체 최대값**		99
21		**전체 평균**		86.83333

① [부분합] 대화상자에서 그룹화할 항목을 '소속'으로 설정하였다.
② 그룹의 모든 정보 데이터를 표시하려면 윤곽 기호에서 3 을 클릭하면 된다.
③ 부분합 실행 시 [데이터 아래 요약 표시]를 선택 해제하면 데이터 위에 요약을 표시할 수 있다.
④ [부분합 계산 항목]으로 선택된 항목에는 SUBTOTAL 함수가 자동으로 입력되어 최대값과 평균이 계산되었다.

36

다음 중 데이터 통합에 대한 설명으로 옳지 않은 것은?

① 데이터 통합은 위치를 기준으로 통합할 수도 있고, 영역의 이름을 정의하여 통합할 수도 있다.
② '원본 데이터에 연결' 기능은 통합할 데이터가 있는 워크시트와 통합 결과가 작성될 워크시트가 같은 통합 문서에 있는 경우에만 적용할 수 있다.
③ 다른 원본 영역의 레이블과 일치하지 않는 레이블이 있는 경우에 통합하면 별도의 행이나 열이 만들어진다.
④ 여러 시트에 있는 데이터나 다른 통합 문서에 입력되어 있는 데이터를 통합할 수 있다.

37

다음 중 매크로에 대한 설명으로 옳지 않은 것은?

① 같은 통합 문서 내에서 시트가 다르면 동일한 매크로 이름으로 기록할 수 있다.
② [매크로 기록] 대화상자에서 바로 가기 키 지정 시 영문 대문자를 사용하면 Shift가 자동으로 덧붙는다.
③ 엑셀을 실행할 때마다 매크로를 사용할 수 있게 하려면 [매크로 기록] 대화상자에서 매크로 저장 위치를 '개인용 매크로 통합 문서'로 선택한다.
④ 통합 문서를 열 때 어떤 상황에서 어떤 매크로를 실행할지 매크로 보안 설정을 변경하여 제어할 수 있다.

38

다음 중 [매크로 기록] 대화상자의 각 항목에 입력하는 내용으로 옳지 않은 것은?

① 매크로 이름: 공백을 사용할 수 없으므로 단어 구분 기호로 밑줄을 사용한다.
② 바로 가기 키: 영문자만 사용할 수 있으며, 대문자 입력 시에는 Ctrl+Shift가 조합키로 사용된다.
③ 매크로 저장 위치: '현재 통합 문서'를 선택하면 모든 Excel 문서에서 해당 매크로를 사용할 수 있다.
④ 설명: 매크로에 대한 설명을 기록할 때 사용하며, 매크로 실행에 영향을 미치지 않는다.

39

다음 중 각 차트에 대한 설명으로 옳지 않은 것은?

① 꺾은선형 차트: 일정 간격에 따라 데이터의 추세를 나타내기에 적합하다.
② 원형 차트: 전체에 대한 각 부분의 관계를 보여주며, 여러 데이터 계열이 각각의 고리로 표시된다.
③ 방사형 차트: 각 데이터 요소의 중간 지점에 대한 값의 변화를 보여주며, 여러 데이터 계열의 집계 값을 비교하기에도 용이하다.
④ 분산형 차트: 여러 데이터 계열에 있는 숫자 값 사이의 관계를 보여주거나 두 개의 숫자 그룹을 xy 좌표로 이루어진 하나의 계열로 표시한다.

40

다음 중 틀 고정 및 창 나누기에 대한 설명으로 옳지 않은 것은?

① 화면에 나타나는 창 나누기 형태는 인쇄 시 적용되지 않는다.
② 창 나누기를 수행하면 셀 포인터의 오른쪽과 아래쪽으로 창 구분선이 표시된다.
③ 창 나누기는 셀 포인터의 위치에 따라 수직, 수평, 수직·수평 분할이 가능하다.
④ 첫 행을 고정하려면 셀 포인터의 위치에 상관없이 [틀 고정]-[첫 행 고정]을 선택한다.

Level UP 제2회 기출변형문제

정답 및 해설 p.100

제한시간 40분

1회독	월	일	시작 :	종료 :	2회독	월	일	시작 :	종료 :	3회독	월	일	시작 :	종료 :

1과목 컴퓨터 일반

01

다음 중 Windows의 운영체제에서 시스템의 속도가 느려진 경우의 문제 해결 방법으로 가장 적절한 것은?

① [장치 관리자] 창에서 중복 설치된 해당 장치를 제거한다.
② 드라이브 조각 모음 및 최적화를 수행하여 하드디스크의 단편화를 제거한다.
③ [작업 관리자] 대화상자에서 시스템의 속도를 저해하는 Windows 프로세스를 찾아 '작업 끝내기'를 실행한다.
④ [시스템 관리자] 창에서 하드디스크의 파티션을 재설정한다.

02

Windows의 바탕 화면에 있는 바로 가기 아이콘을 선택한 후 Alt+Enter를 눌렀을 때 나타나는 현상으로 옳은 것은?

① 해당 바로 가기 아이콘의 바로 가기 메뉴가 표시된다.
② 해당 바로 가기 아이콘이 삭제된다.
③ 해당 바로 가기 아이콘의 '속성' 대화상자가 표시된다.
④ 해당 바로 가기 아이콘과 연결된 프로그램이 실행된다.

03

다음 중 Windows의 [Windows 탐색기]에 대한 설명으로 옳지 않은 것은?

① 컴퓨터에 설치된 디스크 드라이브, 파일 및 폴더 등을 관리하는 기능을 가진다.
② 폴더와 파일을 계층 구조로 표시하며, 폴더 앞의 ▷ 기호는 하위 폴더가 있음을 의미한다.
③ 현재 폴더에서 상위 폴더로 이동하려면 바로 가기 키인 Backspace를 누른다.
④ 폴더 내의 모든 항목을 선택하려면 Alt+A를 누른다.

04

다음 중 Windows 10의 드라이브 최적화 기능에 대한 설명으로 옳지 않은 것은?

① 하드디스크에 단편화되어 조각난 파일들을 모아준다.
② USB 플래시 드라이브와 같은 이동식 저장 장치도 조각화 될 수 있다.
③ 수행 후에는 디스크 공간의 최적화가 이루어져 디스크의 용량이 증가한다.
④ 일정을 구성하여 드라이브 최적화(디스크 조각 모음)를 예약 실행할 수 있다.

05

다음 중 영상 신호와 음향 신호를 압축하지 않고 통합하여 전송하는 고선명 멀티미디어 인터페이스로, S-비디오, 컴포지트 등의 아날로그 케이블보다 고품질의 음향 및 영상을 감상할 수 있는 것은?

① DVI
② HDMI
③ USB
④ IEEE-1394

06

다음 중 멀티미디어 파일을 다운받을 때 지연 시간을 줄이기 위해 데이터를 다운로드 받으면서 재생할 수 있는 기술은?

① CSS 기술
② 스트리밍 기술
③ 가상현실 기술
④ 매핑 기술

07

다음 중 정보통신 시스템의 구성 요소에 대한 설명으로 옳지 않은 것은?

① 데이터 전송 방식에는 클라이언트/서버 방식과 동배 간 처리 방식이 있다.
② 데이터 전송계는 데이터의 이동을 담당하는 여러 장치들을 포함한다.
③ 데이터 처리계는 데이터 처리에 사용하는 하드웨어와 통신 소프트웨어가 해당된다.
④ 단말 장치는 원격지에서 발생한 데이터의 송수신을 위한 장치로 에러 제어 기능이 있다.

08

인터넷 주소(IP Address)를 물리적 하드웨어 주소(MAC Address)로 변환하는 프로토콜은?

① DNS
② ARP
③ ICMP
④ RARP

09

다음 중 Windows에서 디스크에 저장된 파일의 위치를 재정렬하는 단편화 제거 과정을 통해 디스크에서의 파일 읽기/쓰기 성능을 향상시키는 기능은?

① 리소스 모니터
② 디스크 정리
③ 디스크 포맷
④ 디스크(드라이브) 조각 모음

10

다음 중 컴퓨터 CPU 내의 구성 요소에 대한 설명으로 옳지 않은 것은?

① 명령어 레지스터는 현재 실행 중인 명령의 내용을 기억하는 레지스터이다.
② 프로그램 카운터(PC)는 앞으로 실행할 명령어의 수를 계산할 때 사용한다.
③ 명령어 해독기는 명령 레지스터에 있는 명령어를 해독하는 회로이다.
④ 제어장치는 컴퓨터에 있는 모든 장치들의 동작을 지시하고 제어하는 장치이다.

11

다음 중 Windows의 바로 가기 키에 대한 설명으로 옳지 않은 것은?

① Ctrl+Delete는 파일을 휴지통으로 이동하지 않고 영구 삭제한다.
② Alt+F4는 사용 중인 항목을 닫거나 실행 중인 프로그램을 종료한다.
③ Ctrl+Esc는 [시작] 메뉴를 나타낸다.
④ Alt+Tab은 열린 항목 사이를 전환한다.

12

다음 중 Windows의 시스템 복원 기능에 대한 설명으로 옳지 않은 것은?

① 컴퓨터 시스템에 문제가 생겼을 경우 복원 지점을 이용하여 정상적인 상태로 만드는 기능이다.
② 복원 지점은 시스템에 의해 자동으로 설정되지만 사용자가 임의로 복원 지점을 설정할 수도 있다.
③ 시스템 복원을 하면 가장 최근에 설치한 프로그램과 드라이버를 포함하여 모든 파일을 손실 없이 그대로 복원한다.
④ 시스템 복원 시 Windows Update에 의한 변경 사항도 복원된다.

13

다음 중 웹 브라우저의 기능에 대한 설명으로 옳지 않은 것은?

① 방문한 웹사이트를 수정할 수 있다.
② 전자우편을 보내거나 FTP 서버에 접속할 수 있다.
③ 웹 페이지를 사용자 컴퓨터에 저장하거나 인쇄할 수 있다.
④ 자주 방문하는 웹사이트 주소를 관리할 수 있다.

14

다음 중 특정한 목적을 위한 작은 컴퓨터 시스템으로 하드웨어와 소프트웨어가 하나로 조합되어 있고, TV, 냉장고, 밥솥 등의 가전제품에 사용되는 시스템은?

① 임베디드 시스템
② 시분할 시스템
③ 클라우드 시스템
④ 듀얼 시스템

15

다음 중 차세대 웹 표준으로 텍스트와 하이퍼링크를 이용한 문서 작성 중심으로 구성된 기존 표준에 비디오, 오디오 등의 다양한 부가 기능을 추가하여 최신 멀티미디어 콘텐츠를 ActiveX 없이 웹 서비스로 제공할 수 있는 언어는?

① XML
② VRML
③ HTML5
④ JSP

16

다음 중 2진수 101_2을 8진수로 바꾸었을 때 값은?

① 2
② 5
③ 16
④ 25

17

다음 중 컴퓨터의 주기억장치인 RAM에 대한 설명으로 옳은 것은?

① 전원이 공급되지 않더라도 기억된 내용이 지워지지 않는다.
② 시스템에서 사용하는 BIOS, POST 등이 저장된다.
③ 현재 사용 중인 응용 프로그램이나 데이터가 저장된다.
④ 펌웨어라고도 한다.

18

다음 중 컴퓨터 범죄를 예방하는 방법으로 적절하지 않은 것은?

① 시스템에 방화벽을 구성하여 사용한다.
② 다운로드 받은 파일은 백신 프로그램으로 검사한 후 사용한다.
③ 의심이 가는 이메일은 열어서 내용을 확인하고 삭제한다.
④ 백신 프로그램은 수시로 업데이트한다.

19

다음 중 Windows의 [제어판]-[접근성 센터]에서 설정할 수 없는 기능은?

① 다중 디스플레이를 설정하여 두 대의 모니터에 화면을 확장하여 표시할 수 있다.
② 돋보기를 사용하여 화면에서 원하는 영역을 확대하여 크게 표시할 수 있다.
③ 내레이터를 사용하여 화면의 모든 텍스트를 소리내어 읽어 주도록 설정할 수 있다.
④ 키보드가 없어도 입력 가능한 화상 키보드를 표시할 수 있다.

20

다음 중 여러 대의 컴퓨터를 일제히 동작시켜 대량의 데이터를 한 곳의 서버 컴퓨터에 집중적으로 전송시킴으로써 특정 서버가 정상적으로 작동하지 못하게 하는 공격 방식은?

① 스니핑(Sniffing)
② 분산 서비스 거부(DDoS)
③ 백도어(Back Door)
④ 해킹(Hacking)

2과목 스프레드시트 일반

21

다음 중 워크시트에 대한 설명으로 옳지 않은 것은?

① 새 통합 문서에는 [Excel 옵션]에서 설정한 시트 수만큼 워크시트가 표시되며, 최대 255개까지 워크시트를 추가할 수 있다.
② 워크시트의 이름은 공백 문자를 포함할 수 없고 /, , ?, *, [,] 등의 기호도 사용할 수 없다.
③ 선택한 워크시트를 현재 통합 문서 또는 다른 통합 문서에 복사하거나 이동시킬 수 있다.
④ 시트의 삽입 또는 삭제 시 Ctrl+Z로 실행 취소 명령을 실행하여 복구할 수 없다.

22

셀에서 직접 셀의 내용을 편집하거나 수식 입력줄에서 셀의 내용을 편집할 수 있도록 셀을 편집 모드로 전환하는 과정으로 옳지 않은 것은?

① 편집하려는 데이터가 들어 있는 셀을 두 번 클릭한다.
② 편집하려는 데이터가 들어 있는 셀을 클릭하고 수식 입력줄을 클릭한다.
③ 편집하려는 데이터가 들어 있는 셀을 클릭하고 F5를 누른다.
④ 편집하려는 데이터가 들어 있는 셀을 클릭하고 F2를 누른다.

23

다음 중 채우기 핸들에 대한 설명으로 옳지 않은 것은?

① 문자와 숫자가 혼합된 셀의 채우기 핸들을 드래그하면 동일한 내용으로 복사된다.
② 숫자가 입력된 첫 번째 셀과 두 번째 셀을 범위로 설정한 후 채우기 핸들을 드래그하면 선택한 2개의 셀의 차이만큼 증가한다.
③ 숫자가 입력된 셀에서 Ctrl을 누른 채 채우기 핸들을 오른쪽으로 드래그하면 숫자가 1씩 증가한다.
④ 사용자 정의 목록에 정의된 목록 데이터의 첫 번째 항목을 입력하고 채우기 핸들을 드래그하면 목록 데이터가 입력된다.

24

다음 중 셀의 이동과 복사에 대한 설명으로 옳지 않은 것은?

① 이동하고자 하는 셀 역을 선택한 후 잘라내기 바로 가기 키인 Ctrl+X를 누르면 선택 역 주위에 점선이 표시된다.
② 클립보드에는 최대 24개 항목이 저장 가능하므로 여러 데이터를 클립보드에 복사해 두었다가 다른 곳에 한 번에 붙여 넣을 수 있다.
③ 선택된 셀 역을 이동할 위치로 드래그하는 동안에는 선택된 셀 역의 테두리만 표시된다.
④ Shift를 누른 채 선택 영역의 테두리를 클릭하여 원하는 위치로 드래그하면 선택 영역이 복사된다.

25

다음 중 셀 또는 셀 범위에 대한 이름 정의 시 구문 규칙에 대한 설명으로 옳지 않은 것은?

① 이름은 최대 255자까지 지정할 수 있다.
② 이름의 첫 자는 반드시 문자나 밑줄(_) 또는 슬래시(/)로 시작해야 한다.
③ 이름에는 공백을 사용할 수 없다.
④ 이름은 대소문자를 구별하지 않는다.

26

다음 중 [셀 서식] 대화상자에서 [맞춤] 탭의 기능으로 옳지 않은 것은?

① '셀 병합'은 선택 영역에서 데이터 값이 여러 개인 경우 마지막 셀의 내용만 남기고 모두 지운다.
② '셀에 맞춤'은 입력 데이터의 길이가 셀의 너비보다 긴 경우 글자 크기를 자동으로 줄인다.
③ '방향'은 데이터를 세로 방향으로 설정하거나 가로의 회전 각도를 지정하여 방향을 설정한다.
④ '자동 줄 바꿈'은 텍스트의 길이가 셀의 너비보다 긴 경우 자동으로 줄을 나누어 표시한다.

27

다음 중 아래와 같이 조건을 설정한 고급 필터의 실행 결과에 대한 설명으로 옳은 것은?

소속	근무경력
<>영업팀	>=30

① 소속이 '영업팀'이 아니면서 근무경력이 30년 이상인 사원의 정보
② 소속이 '영업팀'이면서 근무경력이 30년 이상인 사원의 정보
③ 소속이 '영업팀'이 아니거나 근무경력이 30년 이상인 사원의 정보
④ 소속이 '영업팀'이거나 근무경력이 30년 이상인 사원의 정보

28

다음 중 아래의 워크시트에서 수식 '=DAVERAGE(A4:E10, "수확량",A1:C2)'의 결과값으로 옳은 것은?

	A	B	C	D	E
1	나무	높이	높이		
2	배	>10	<20		
3					
4	나무	높이	나이	수확량	수익
5	배	18	17	14	105
6	배	12	20	10	96
7	체리	13	14	9	105
8	사과	14	15	10	75
9	배	8	8	8	77
10	사과	8	9	6	45

① 15
② 12
③ 14
④ 18

29

다음 중 아래 워크시트의 [A2] 셀에 수식을 작성하는 경우 수식의 결과값이 다른 하나는?

	A
1	대한상공대학교
2	

① =MID(A1,SEARCH("대",A1)+2,5)
② =RIGHT(A1,LEN(A1)−2)
③ =RIGHT(A1,FIND("대",A1)+5)
④ =MID(A1,FIND("대",A1)+2,5)

30

다음 중 수식의 실행 결과가 옳지 않은 것은?

① =MOD(17,−5) ⇒ 2
② =PRODUCT(7,2,2) ⇒ 28
③ =INT(−5.2) ⇒ −6
④ =ROUND(6.59,0) ⇒ 7

31

아래 워크시트에서 [A2:B8] 영역을 참조하여 [E3:E7] 영역에 학점별 학생 수를 표시하고자 한다. 다음 중 [E3] 셀에 수식을 입력한 후 채우기 핸들을 이용하여 [E7] 셀까지 계산하려고 할 때 [E3] 셀에 입력해야 할 수식으로 옳은 것은?

	A	B	C	D	E
1	엑셀 성적 분포				
2	이름	학점		학점	학생수
3	김현미	A		A	2
4	조미림	B		B	1
5	심기훈	A		C	2
6	박원석	C		D	1
7	이영준	D		F	0
8	이세종	C			

① =COUNTIF(B3:B8,D3)
② =COUNTIF($B$3:$B$8,D3)
③ =SUMIF(B3:B8,D3)
④ =SUMIF($B$3:$B$8,D3)

32

다음 중 함수식에 대한 결과값이 옳은 것은?

① =COUNT(1,"참",TRUE,"1") → 1
② =COUNTA(1,"거짓",TRUE,"1") → 2
③ =MAX(TRUE,"10",8,3) → 10
④ =ROUND(215.143,−2) → 215.14

33

다음 워크시트에서 [그림 A]는 원 데이터를, [그림 B]의 [E11] 셀은 목표값 찾기가 실행된 결과이다. 이 워크시트에 대한 설명으로 옳은 것은?

	A	B	C	D	E
1	[그림 A]				
2	이름	언어	수리	총점	평균
3	허균	120	75.3	195.3	97.7
4	김정희	82.1	38.6	120.7	60.4
5	장주몽	83.9	80	163.9	82.0
6	홍길동	43.4	78	121.4	60.7
7					
8	[그림 B]				
9	이름	언어	수리	총점	평균
10	허균	120	75.3	195.3	97.7
11	김정희	82.1	93.9	176	88.0
12	장주몽	83.9	80	163.9	82.0
13	홍길동	43.4	78	121.4	60.7

① 김정희의 '평균'이 88이 되기 위해서 '총점'이 몇 점이 되어야 하는지를 목표값 찾기 기능을 이용하여 '총점'에 대한 값을 변경하였다.
② [수식 셀]은 목표값을 찾기 위한 수식이 들어있는 셀을 지정하는 것으로 [C11] 셀을 선택하였다.
③ [값을 바꿀 셀]에는 [E11] 셀을 선택하였다.
④ 찾는 값은 '88'을 지정하였다.

34

다음 중 피벗 테이블에 대한 설명으로 옳지 <u>않은</u> 것은?

① 예상 값을 계산하는 데 유용하다.
② 합계, 표준 편차, 분산 등의 값을 구할 수 있다.
③ 피벗 테이블의 행, 열, 페이지 영역에 설정된 항목을 이동시키거나, 새로운 항목을 추가할 수 있다.
④ 원본 데이터가 변경되었을 때 피벗 테이블에 반영하려면 '데이터 새로 고침'을 실행해 주어야 한다.

35

다음 중 매크로에 대한 설명으로 옳지 <u>않은</u> 것은?

① 매크로 이름은 대소문자를 구분하지 않으며, 공백이나 마침표를 포함하여 매크로 이름을 설정할 수 있다.
② 매크로를 실행할 Ctrl을 활용한 바로 가기 키는, 매크로가 포함된 통합 문서가 열려 있는 동안 이와 동일한 기본 엑셀 바로 가기 키를 무시한다.
③ 매크로를 기록하는 경우 실행하려는 작업을 완료하는 데 필요한 모든 단계가 매크로 레코더에 기록되며, 리본에서의 탐색은 기록에 포함되지 않는다.
④ 엑셀을 사용할 때마다 매크로를 사용할 수 있게 하려면 매크로 기록 시 매크로 저장 위치 목록에서 '개인용 매크로 통합 문서'를 선택한다.

36

다음 중 [매크로] 대화상자에 대한 설명으로 옳지 <u>않은</u> 것은?

① 매크로 이름을 선택한 후 [실행] 단추를 클릭하면 매크로가 실행된다.
② [한 단계씩 코드 실행] 단추를 클릭하면 Visual Basic Editor에서 매크로 실행 과정을 단계별로 확인할 수 있다.
③ [만들기] 단추를 클릭하면 빠른 실행 도구 모음에 매크로 실행 명령을 추가할 수 있다.
④ [옵션] 단추를 클릭하면 매크로 바로 가기 키를 수정할 수 있다.

37

다음 중 3차원 차트로 변경이 가능한 차트 유형은?

① 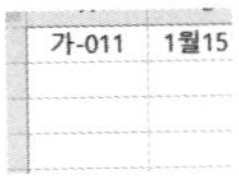

② 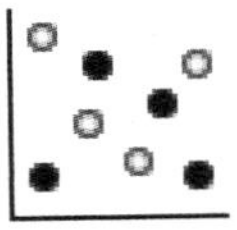

③ 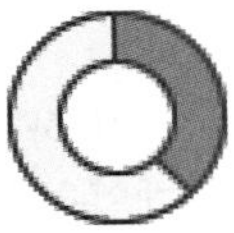

④ 

38

다음 중 [창]–[틀 고정]에 대한 설명으로 옳지 않은 것은?

① 셀 포인터의 이동에 상관없이 항상 제목 행이나 제목 열을 표시하고자 할 때 설정한다.
② 제목 행으로 설정된 행은 셀 포인터를 화면의 아래쪽으로 이동시켜도 항상 화면에 표시된다.
③ 제목 열로 설정된 열은 셀 포인터를 화면의 오른쪽으로 이동시켜도 항상 화면에 표시된다.
④ 틀 고정을 취소할 때에는 반드시 셀 포인터를 틀 고정된 우측 하단에 위치시키고 [창]–[틀 고정 취소]를 클릭해야 한다.

39

다음 중 [페이지 설정] 대화상자의 [시트] 탭에 대한 설명으로 옳은 것은?

① '메모'는 셀에 설정된 메모의 인쇄 여부를 설정하는 것으로 '없음'과 '시트에 표시된 대로' 중 하나를 선택하여 인쇄할 수 있다.
② 워크시트의 셀 구분선을 그대로 인쇄하려면 '눈금선'에 체크하여 표시하면 된다.
③ '간단하게 인쇄'를 체크하면 설정된 글꼴색은 모두 검정으로, 도형은 테두리 색만 인쇄하여 인쇄 속도를 높인다.
④ '인쇄 영역'에 범위를 지정하면 특정 부분만 인쇄할 수 있으며, 지정한 범위에 숨겨진 행이나 열도 함께 인쇄된다.

40

다음 중 [페이지 나누기]에 대한 설명으로 옳지 않은 것은?

① [페이지 나누기 미리 보기]에서 행 높이와 열 너비를 변경하면 '자동 페이지 나누기'의 위치도 변경된다.
② [페이지 나누기 미리 보기]에서 수동으로 삽입된 페이지 나누기는 점선으로 표시된다.
③ 수동으로 삽입한 페이지 나누기를 제거하려면 페이지 나누기 선 아래 셀의 바로 가기 메뉴에서 [페이지 나누기 제거]를 선택한다.
④ 용지 크기, 여백 설정, 배율 옵션 등에 따라 자동 페이지 나누기가 삽입된다.

Level UP 제3회 기출변형문제

정답 및 해설 p.104

제한시간 40분 | 1회독 월 일 시작 : | 종료 : | 2회독 월 일 시작 : | 종료 : | 3회독 월 일 시작 : | 종료 :

1과목 컴퓨터 일반

01

다음 중 컴퓨터에서 사용되는 바이트(Byte)에 대한 설명으로 옳지 않은 것은?

① 영문 한 글자를 나타낼 수 있는 최소 단위는 1Byte이다.
② 자료 표현의 최소 단위이다.
③ 1Byte로 256가지의 정보를 표현할 수 있다.
④ 일반적으로 한글 및 한자는 2Byte로 한 글자를 표현한다.

02

다음 중 인터넷의 표준 주소 체계인 URL(Uniform Resource Locator)의 형식으로 옳은 것은?

① 프로토콜://호스트 서버 주소[:포트 번호][/파일 경로]
② 프로토콜://호스트 서버 주소[/파일 경로][:포트 번호]
③ 호스트 서버 주소://프로토콜[/파일 경로][:포트 번호]
④ 호스트 서버 주소://프로토콜[:포트 번호][/파일 경로]

03

다음 중 컴퓨터의 보조기억장치로 사용하는 SSD(Solid State Drive)의 특징으로 옳지 않은 것은?

① HDD보다 빠른 속도로 데이터의 읽기나 쓰기가 가능하다.
② 물리적인 외부 충격에 약하며 불량 섹터가 발생할 수 있다.
③ 작동 소음이 없으며 전력 소모가 적다.
④ 자기 디스크가 아닌 반도체를 이용하여 데이터를 저장한다.

04

다음 중 유명 기업이나 금융기관을 사칭한 가짜 웹사이트나 이메일 등으로 개인의 금융 정보와 비밀번호를 입력하도록 유도하여 예금 인출 및 다른 범죄에 이용하는 컴퓨터 범죄 유형은?

① 웜(Worm)
② 해킹(Hacking)
③ 피싱(Phishing)
④ 스니핑(Sniffing)

05

다음 중 프린터 인쇄 시 발생할 수 있는 문제의 해결 방안으로 가장 적절하지 않은 것은?

① 인쇄가 되지 않을 경우 먼저 프린터의 전원이나 케이블 연결 상태를 확인한다.
② 프린터의 스풀 에러가 발생한 경우 프린터 스풀러 서비스를 중지하고 수동으로 다시 인쇄한다.
③ 글자가 이상하게 인쇄될 경우 시스템을 재부팅한 후 인쇄해 보고, 같은 결과가 나타나면 프린터 드라이버를 다시 설치한다.
④ 인쇄물의 상태가 좋지 않은 경우 헤드를 청소하거나 카트리지를 교환한다.

06

다음 중 처리하는 데이터 형태에 따른 컴퓨터의 분류에 해당하지 않는 것은?

① 하이브리드 컴퓨터
② 디지털 컴퓨터
③ 마이크로 컴퓨터
④ 아날로그 컴퓨터

07

다음 중 인터넷 주소 체계에 대한 설명으로 옳지 않은 것은?

① 인터넷 연결을 위해서는 IP 주소 또는 도메인 네임 중 하나를 배정받아야 하며, 인터넷에 연결된 컴퓨터의 고유 주소는 도메인 네임으로 이는 IP 주소와 동일하다.
② 국제 인터넷 주소 관리기구는 ICANN이며, 한국에서는 한국인터넷진흥원(KISA)에서 관리하고 있다.
③ 현재는 인터넷 주소 체계인 IPv4 주소와 IPv6 주소가 함께 사용되고 있으며, IPv6 주소가 점차 확대되고 있다.
④ IPv6는 IPv4와의 호환성이 뛰어나고, 128비트의 주소를 사용하여 주소 부족 문제 및 보안 문제를 해결할 수 있다.

08

다음 중 여러 대의 컴퓨터를 일제히 동작시켜 대량의 데이터를 한 곳의 서버 컴퓨터에 집중적으로 전송시킴으로써 특정 서버가 정상적으로 동작하지 못하게 하는 공격 방식은?

① 스니핑(Sniffing)
② 분산 서비스 거부(DDoS)
③ 백도어(Back Door)
④ 해킹(Hacking)

09

다음 중 애니메이션에서의 모핑(Morphing) 기법에 대한 설명으로 옳은 것은?

① 종이에 그린 그림을 셀룰로이드에 그대로 옮긴 뒤 채색하고 촬영하는 기법이다.
② 2개의 이미지나 3차원 모델 간에 부드럽게 연결하여 서서히 변하는 모습을 보여주는 기법이다.
③ 키 프레임을 이용하여 애니메이션을 만드는 기법이다.
④ 점토를 사용하여 애니메이션을 만드는 기법이다.

10

다음 중 컴퓨터를 이용한 자료 처리 방식을 발달 과정 순서대로 옳게 나열한 것은?

① 실시간 처리 시스템 – 일괄 처리 시스템 – 분산 처리 시스템
② 일괄 처리 시스템 – 실시간 처리 시스템 – 분산 처리 시스템
③ 분산 처리 시스템 – 실시간 처리 시스템 – 일괄 처리 시스템
④ 실시간 처리 시스템 – 분산 처리 시스템 – 일괄 처리 시스템

11

다음 중 가상 메모리에 관한 설명으로 옳은 것은?

① EEPROM의 일종으로 디지털 기기에서 널리 사용되는 비휘발성 메모리이다.
② 주기억장치의 크기보다 큰 용량을 필요로 하는 프로그램을 실행해야 할 때 유용하게 사용된다.
③ 중앙처리장치와 주기억장치 사이에 위치하여 컴퓨터의 처리 속도를 향상시킨다.
④ 두 장치 간의 속도 차이를 해결하기 위해 사용되는 임시 저장 공간으로 각 장치 내에 위치한다.

12

다음 중 인터넷을 이용한 전자우편(E-mail)에 관한 설명으로 옳지 않은 것은?

① 전자우편에서는 SMTP, MIME, POP3 프로토콜 등이 사용된다.
② 전자우편 주소는 "아이디@도메인 네임"으로 구성된다.
③ 한 사람이 동시에 여러 사람에게 동일한 전자우편을 보낼 수 있다.
④ 받은 메일에 대해 작성한 답장만 발송자에게 전송하는 기능을 전달(Forward)이라고 한다.

13

다음 중 인터넷 주소 체계인 IPv6에 대한 설명으로 옳은 것은?

① 주소는 8비트씩 16개 부분으로 총 128비트로 구성되어 있다.
② 주소를 네트워크 부분의 길이에 따라 A클래스에서 E클래스까지 총 5단계로 구분한다.
③ IPv4와의 호환성은 낮으나 IPv4에 비해 품질 보장은 용이하다.
④ 주소의 단축을 위해 각 블록에서 선행되는 0은 생략할 수 있다.

14

다음 중 Windows 10에서 바로 가기 아이콘에 대한 설명으로 옳지 않은 것은?

① 원본 파일이 있는 위치와 다른 위치에 만들 수 있다.
② 원본 파일을 삭제하여도 바로 가기 아이콘을 실행할 수 있다.
③ 바로 가기 아이콘의 확장자는 .LNK이다.
④ 하나의 원본 파일에 대하여 여러 개의 바로 가기 아이콘을 만들 수 있다.

15

다음 중 아래의 ㉠, ㉡, ㉢에 해당하는 소프트웨어의 종류를 올바르게 짝지어 나열한 것은?

홍길동은 어떤 프로그램이 좋은지 알아보기 위해 ㉠ 누구나 임의의 용도로 사용할 수 있는 프로그램과 ㉡ 주로 일정 기간 동안 일부 기능을 제한한 상태로 사용하는 프로그램을 먼저 사용해 보고, 가장 적합한 ㉢ 프로그램을 구입하여 사용하려고 한다.

	㉠	㉡	㉢
①	프리웨어	셰어웨어	상용 소프트웨어
②	셰어웨어	프리웨어	상용 소프트웨어
③	상용 소프트웨어	셰어웨어	프리웨어
④	셰어웨어	상용 소프트웨어	프리웨어

16

다음 중 아래 그림에서 ㉠과 ㉡에 해당하는 장치를 올바르게 연결한 것은?

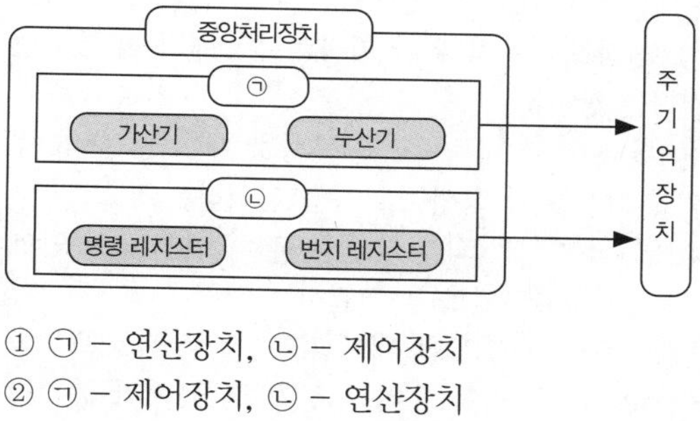

① ㉠ – 연산장치, ㉡ – 제어장치
② ㉠ – 제어장치, ㉡ – 연산장치
③ ㉠ – 연산장치, ㉡ – 보조기억장치
④ ㉠ – 제어장치, ㉡ – 캐시기억장치

17

다음 중 컴퓨터에서 사용하는 코드 체계에서 에러 검출뿐만 아니라 교정도 할 수 있는 코드로 옳은 것은?

① Hamming Code
② Parity Code
③ ASCII Code
④ BCD Code

18

다음 중 Windows 10의 [작업 관리자]에서 설정할 수 있는 작업으로 옳지 않은 것은?

① 실행 중인 응용 프로그램은 종료할 수 없다.
② 현재 실행 중인 프로세스와 프로세스에서 실행되는 서비스를 볼 수 있다.
③ CPU 사용 정도와 CPU 사용 현황을 확인할 수 있다.
④ 실행 중인 응용 프로그램의 실행 순서는 변경할 수 없다.

19

다음 중 정보통신에서 네트워크 관련 장비에 대한 설명으로 옳지 않은 것은?

① 라우터(Router): 네트워크를 구성하기 위해 반드시 필요한 장비로, 정보 전송을 위한 최적의 경로를 찾아 통신망에 연결하는 장치
② 리피터(Repeater): 네트워크를 구성할 때 여러 대의 컴퓨터를 연결하고, 각 회선들을 통합 관리하는 장치
③ 브리지(Bridge): LAN과 LAN을 연결하거나 LAN 안에서 컴퓨터 그룹(세그먼트)을 연결하는 장치
④ 게이트웨이(Gateway): 한 네트워크에서 다른 네트워크로 들어가는 입구 역할을 하는 장치로, 근거리 통신망(LAN)과 같은 하나의 네트워크를 다른 네트워크와 연결할 때 사용되는 장치

20

다음 중 Windows 10의 [파일 탐색기]에 대한 기능과 구조에 대한 설명으로 옳지 않은 것은?

① 컴퓨터에 설치된 디스크 드라이브, 파일 및 폴더 등을 관리하는 기능을 가진다.
② 폴더와 파일을 계층 구조로 표시하며, 폴더 앞의 [>] 기호는 하위 폴더가 있음을 의미한다.
③ 현재 폴더에서 상위 폴더로 이동하려면 바로 가기 키인 [Home]을 누른다.
④ [보기] 탭을 선택하면 세부 정보 창, 레이아웃, 파일 확장명 등 표시 여부를 선택할 수 있다.

2과목 스프레드시트 일반

21

다음 중 입력한 수식에서 발생한 오류 메시지와 그 발생 원인으로 옳지 않은 것은?

① #VALUE!: 잘못된 인수나 피연산자를 사용했을 때
② #DIV/0!: 특정 값(셀)을 0 또는 빈 셀로 나누었을 때
③ #N/A: 함수 이름을 잘못 입력하거나 인식할 수 없는 텍스트를 수식에 사용했을 때
④ #REF!: 셀 참조가 유효하지 않을 때

22

다음 중 워크시트에 숫자 '2234543'을 입력한 후 사용자 지정 표시 형식을 설정하였을 때, 화면에 표시되는 결과로 옳지 않은 것은?

① 형식: #,##0.00	결과: 2,234,543.00
② 형식: 0.00	결과: 2234543.00
③ 형식: #,###,"천원"	결과: 2,235천원
④ 형식: #%	결과: 2234543%

23

아래의 워크시트에서 [표1]을 이용하여 [F3:F5] 영역에 소속별 매출액의 합계를 구하고자 한다. 다음 중 [F3] 셀에 수식을 입력한 후 채우기 핸들을 이용하여 [F5] 셀까지 계산하려고 할 때 [F3] 셀에 입력할 함수식으로 옳은 것은?

	A	B	C	D	E	F	G
1	[표1]						
2	성명	소속	매출액		소속	총매출액	평균매출액
3	황복동	영업1부	8,777		영업1부	39,747	7,949
4	정명식	영업2부	7,022		영업2부	36,195	9,049
5	최봉수	영업1부	7,106		영업3부	30,468	7,617
6	김진영	영업3부	6,025				
7	김진호	영업1부	6,763				
8	황채연	영업1부	8,388				
9	정재경	영업2부	6,376				
10	이경희	영업3부	7,402				
11	송혜란	영업2부	6,348				
12	정희경	영업1부	8,713				
13	고동윤	영업3부	8,525				
14	정은희	영업2부	8,423				
15	이현기	영업3부	8,516				
16	한원선	영업2부	8,026				

① =SUMIF(B3:B16,E3,C3:C16)
② =SUMIF(B$3:B$16,E$3,C$3:C$16)
③ =SUMIF($B$3:$B$16,E3,$C$3:$C$16)
④ =SUMIF($B3:$B16,$E3,$C3:$C16)

24

다음 중 매크로에 대한 설명으로 옳지 않은 것은?

① 매크로 이름은 대·소문자를 구분하지 않으며, 공백이나 마침표를 포함하여 매크로 이름을 설정할 수 있다.
② 매크로를 실행할 Ctrl 조합 바로 가기 키는 매크로가 포함된 통합 문서가 열려 있는 동안 이와 동일한 기본 엑셀 바로 가기 키를 무시한다.
③ 매크로를 기록하는 경우 실행하려는 작업을 완료하는 데 필요한 모든 단계가 매크로 레코더에 기록되며, 리본에서의 탐색은 기록에 포함되지 않는다.
④ 엑셀을 사용할 때마다 매크로를 사용할 수 있게 하려면 매크로 기록 시 매크로 저장 위치 목록에서 '개인용 매크로 통합 문서'를 선택한다.

25

다음 중 아래 워크시트에서 [A1:A2] 영역을 선택한 후 Ctrl을 누른 채 채우기 핸들을 아래쪽으로 드래그하는 경우 [A5] 셀에 입력되는 값은?

	A	B
1	3	
2	6	
3		
4		
5		

① 3 ② 6 ③ 12 ④ 15

26

다음 중 워크시트에 대한 설명으로 옳지 않은 것은?

① 새 통합 문서에는 [Excel 옵션]에서 설정한 시트 수만큼 워크시트가 표시되며, 최대 255개까지 워크시트를 추가할 수 있다.
② 워크시트의 이름은 공백 문자를 포함하여 최대 31자까지 사용할 수 있으나 /, ₩, ?, *, [,] 등의 기호는 사용할 수 없다.
③ 선택한 워크시트를 현재 통합 문서 또는 다른 통합 문서에 복사하거나 이동시킬 수 있다.
④ 시트의 삽입 또는 삭제 시 Ctrl+Z로 실행 취소 명령을 실행하여 복구할 수 있다.

27

다음 중 아래 그림의 시나리오 요약 보고서에 대한 설명으로 옳지 않은 것은?

시나리오 요약				
		현재 값:	경기호황	경기불황
변경 셀:				
	노트북	60	80	50
	프린터	35	70	25
	스캐너	15	50	10
결과 셀:				
	평균	36.66666667	66.66666667	28.33333333

참고: 현재 값 열은 시나리오 요약 보고서가 작성될 때의
변경 셀 값을 나타냅니다. 각 시나리오의 변경 셀들은
회색으로 표시됩니다.

① 노트북, 프린터, 스캐너 값의 변화에 따른 평균 값을 확인할 수 있다.
② '경기호황'과 '경기불황' 시나리오에 대한 시나리오 요약 보고서이다.
③ 시나리오의 값을 변경하면 해당 변경 내용이 기존 요약 보고서에 자동으로 다시 계산되어 표시된다.
④ 시나리오 요약 보고서를 실행하기 전에 변경 셀과 결과 셀에 대해 이름을 정의하였다.

28

다음 중 아래 워크시트에서 '엑셀'이 90 이상이거나, '파워포인트'와 '엑세스'가 모두 80 이상이면 '평가'에 "통과"를 표시하고 그렇지 않으면 공백을 표시하는 [E2] 셀의 함수식으로 옳은 것은?

	A	B	C	D	E
1	이름	엑셀	파워포인트	엑세스	평가
2	황채연	81	77	86	
3	정재경	79	88	95	
4	최재원	88	79	80	

① =IF(AND(B2>=90,OR(C2>=80,D2>=80)),"통과"," ")
② =IF(OR(AND(B2>=90,C2>=80),D2>=80)),"통과"," ")
③ =IF(OR(B2>=90,AND(C2>=80,D2>=80)),"통과"," ")
④ =IF(AND(OR(B2>=90,C2>=80),D2>=80)),"통과"," ")

29

다음 중 머리글 편집과 바닥글 편집에서 명령 단추와 기능의 연결이 옳지 않은 것은?

① : 그림 삽입
② : 페이지 번호 삽입
③ : 시간 삽입
④ : 시트 이름 삽입

30

다음 중 부분합에 관한 설명으로 옳지 않은 것은?

① 부분합을 작성할 때 기준이 되는 필드가 반드시 정렬되어 있지 않아도 제대로 된 부분합을 실행할 수 있다.
② 부분합에 특정한 데이터만 표시된 상태에서 차트를 작성하면 표시된 데이터에 대해서만 차트가 작성된다.
③ [부분합] 대화상자에서 '새로운 값으로 대치'는 이미 작성한 부분합을 지우고, 새로운 부분합으로 실행할 경우에 설정한다.
④ 부분합 계산에 사용할 요약 함수를 두 개 이상 사용하기 위해서는 함수의 종류 수만큼 부분합을 반복 실행해야 한다.

31

다음 중 [페이지 설정] 대화상자를 이용한 머리글/바닥글 편집에 대한 설명으로 옳지 않은 것은?

① 서식을 지정할 텍스트를 블록 설정하고 가 단추를 클릭하여 글꼴 서식을 지정할 수 있다.
② 그림이 있는 구역에 커서를 넣고 단추를 클릭하여 그림 서식을 지정할 수 있다.
③ 페이지 번호를 '– 1 –' 처럼 표시하려면 '& – [페이지 번호] –'를 입력한다.
④ 머리글 또는 바닥글 내용에 '&' 문자를 포함시키려면 '&&'를 사용해야 한다.

32

다음 중 매크로 작성 시 [매크로 기록] 대화상자에서 선택할 수 있는 매크로의 저장 위치로 옳지 않은 것은?

① 새 통합 문서
② 개인용 매크로 통합 문서
③ 현재 통합 문서
④ 작업 통합 문서

33

다음 중 [A7] 셀에 수식 '=SUMIFS(D2:D6,A2:A6,"연필",B2:B6,"서울")'을 입력한 경우 결과값으로 옳은 것은?

	A	B	C	D
1	품목	대리점	판매계획	판매실적
2	연필	경기	150	100
3	볼펜	서울	150	200
4	연필	서울	300	300
5	볼펜	경기	300	400
6	연필	서울	300	200
7	=SUMIFS(D2:D6,A2:A6,"연필",B2:B6,"서울")			

① 100
② 500
③ 600
④ 750

34

다음 중 [매크로 기록] 대화상자에 대한 설명으로 옳지 않은 것은?

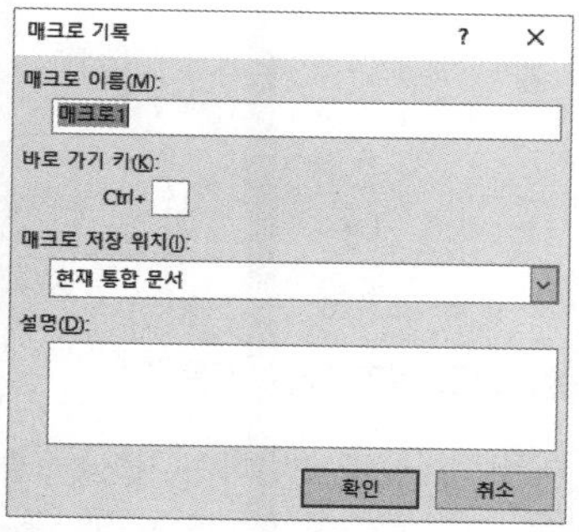

① 매크로 이름에는 공백을 포함할 수 없다.
② 바로 가기 키에 사용할 수 있는 문자는 영문자(대·소문자), '@', '#' 등이 있다.
③ 설명은 사용자가 임으로 수정할 수 있다.
④ 엑셀을 실행할 때마다 매크로를 사용할 수 있게 하려면 매크로 저장 위치를 '개인용 매크로 통합 문서'를 선택한다.

35

다음 중 아래 그림의 표에서 조건 범위로 [A13:B15] 영역을 선택하여 고급 필터를 실행한 결과의 레코드 수는 얼마인가?

	A	B	C	D
1	성명	이론	실기	합계
2	송성철	47	45	92
3	김성민	44	45	89
4	윤성민	44	37	81
5	오동하	35	39	74
6	김시형	43	48	91
7	조윤상	49	40	89
8	박하늘	35	47	82
9	배민성	43	43	86
10	임지우	35	50	85
11	임형석	44	48	92
12				
13	합계	합계		
14	<95	>90		
15		<80		

① 0 ② 3 ③ 4 ④ 6

36

다음 중 [통합] 데이터 도구에 대한 설명으로 옳지 않은 것은?

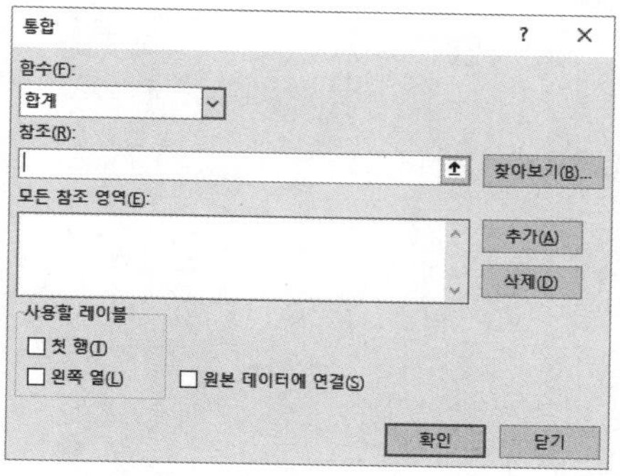

① '모든 참조 영역'에 다른 통합 문서의 워크시트를 추가하여 통합할 수 있다.
② '사용할 레이블'을 모두 선택한 경우 각 참조 영역에 결과 표의 레이블과 일치하지 않은 레이블이 있으면 통합 결과 표에 별도의 행이나 열이 만들어진다.
③ 지정한 영역에 계산될 요약 함수는 '함수'에서 선택하며, 요약 함수로는 합계, 개수, 평균, 최대, 최소 등이 있다.
④ '원본 데이터에 연결' 확인란을 선택하여 통합한 경우 통합에 참조된 영역에서의 행 또는 열이 변경될 때 통합된 데이터 결과도 자동으로 업데이트된다.

37

다음 중 피벗 테이블에 대한 설명으로 옳지 않은 것은?

① 원본의 자료가 변경되면 [모두 새로 고침] 기능을 이용하여 피벗 테이블에 반영할 수 있다.
② 작성된 피벗 테이블을 삭제하면 함께 작성한 피벗 차트도 삭제된다.
③ 피벗 테이블을 삭제하려면 피벗 테이블 전체를 범위로 지정한 후 Delete를 누른다.
④ 피벗 테이블 보고서에서는 값 영역에 표시된 데이터를 삭제하거나 수정할 수 없다.

38

특정 셀 범위를 대상으로 이름을 지정할 수 있다. 다음 중 이름과 관련된 설명으로 옳지 않은 것은?

① 이름은 이름 상자를 이용하여 정의할 수 있다.
② 수식에 사용된 이름을 지울 경우 '#NAME?' 오류가 발생되므로 이름 삭제 시 주의한다.
③ [A1:A4]는 영어, [B1:B4]는 수학으로 이름이 지정되었을 때, 두 범위 합계를 구하기 위해 '=SUM(영어,수학)'이라는 수식을 사용하면 된다.
④ 정의된 이름은 참조 시 상대 참조 방식으로 사용된다.

39

다음 중 엑셀의 오차 막대에 대한 설명으로 옳지 않은 것은?

① 데이터 계열의 각 데이터 표식에 대한 오류 가능성이나 불확실성의 정도를 표시한다.
② 고정값, 백분율, 표준 편차, 표준 오차 등으로 설정할 수 있다.
③ 3차원 세로 막대형 차트에서 사용 가능하다.
④ 오차 막대를 화면에 표시하는 방법에는 [차트 디자인]–[차트 레이아웃]–[차트 요소 추가]–오차 막대를 클릭한다.

40

다음 중 원형 차트에 대한 설명으로 옳지 않은 것은?

① 각 항목의 값을 전체에 대한 백분율로 전환하여 차트를 생성하므로 항목별 기여도를 비교하고자 할 때 사용한다.
② 값 축 및 항목 축을 가지지 않으며 3차원 차트로 작성할 수 있다.
③ 원형 차트를 구성하는 각 조각을 분리할 수 있고 첫 번째 조각의 각을 조정할 수 있다.
④ 여러 계열을 데이터 범위로 지정하면 항목별 계열의 합이 산출되어 차트에 표시된다.

Level UP 제4회 기출변형문제

정답 및 해설 p.108

제한시간 40분

1회독	월	일	시작 :	종료 :	2회독	월	일	시작 :	종료 :	3회독	월	일	시작 :	종료 :

1과목 컴퓨터 일반

01
다음 중 컴퓨터에서 사용하는 EBCDIC 코드에 관한 설명으로 옳은 것은?

① 패리티 비트를 이용하여 오류 검출과 오류 교정이 가능하다.
② 4개의 존 비트와 4개의 디지트 비트로 구성되며, 주로 대형 컴퓨터의 범용 코드로 사용된다.
③ 7비트를 사용하여 영문 대·소문자, 숫자, 문장 부호, 특수 제어 문자 등을 표현한다.
④ 데이터 처리 및 통신 시스템 상호 간의 정보 교환을 위해 사용된다.

02
다음 중 인터넷을 이용할 때 자주 방문하게 되는 웹사이트로 전자우편, 뉴스, 쇼핑, 게시판 등 다양한 서비스를 통합하여 제공하는 사이트를 의미하는 것은?

① 미러 사이트
② 포털 사이트
③ 커뮤니티 사이트
④ 멀티미디어 사이트

03
다음 중 사용자의 기본 설정을 사이트가 인식하도록 하거나, 사용자가 웹사이트로 이동할 때마다 로그인해야 하는 번거로움을 생략할 수 있도록 사용자 환경을 향상시키는 것은?

① 쿠키(Cookie)
② 즐겨찾기(Favorites)
③ 웹 서비스(Web Service)
④ 히스토리(History)

04
다음 중 한글 Windows 10의 [파일 탐색기] 창에 대한 설명으로 옳지 않은 것은?

① 탐색 창에서 특정 폴더를 선택하고 숫자 키패드의 [*]를 누르면 선택된 폴더의 모든 하위 폴더를 표시해 준다.
② 세부 정보 창에는 현재의 위치를 알려주는 경로가 표시된다.
③ [Backspace]를 누르면 현재 폴더에서 상위 폴더로 이동한다.
④ 도구 모음은 현재 선택한 개체에서 가장 많이 사용하는 기능을 표시하는 곳이다.

05
다음 중 Windows 10의 [설정]–[접근성]에서 설정할 수 있는 기능으로 옳지 않은 것은?

① 가족 및 다른 사용자: 자녀가 컴퓨터를 사용할 수 있는 시간, 실행할 수 있는 게임 유형 및 실행할 수 있는 프로그램을 제한할 수 있다.
② 화상 키보드: 키보드가 없어도 입력 가능한 화상 키보드를 표시할 수 있도록 설정할 수 있다.
③ 고대비: 화면에서 텍스트와 이미지를 더 뚜렷하고 쉽게 식별할 수 있도록 설정할 수 있다.
④ 내레이터: 화면의 모든 텍스트를 소리내어 읽어주도록 설정할 수 있다.

06

다음 중 멀티미디어의 특징에 대한 설명으로 옳지 않은 것은?

① 사용자의 선택에 따라 데이터가 다양한 방향으로 처리된다.
② 다양한 디지털 데이터를 아날로그 데이터로 변환하여 통합 처리한다.
③ 텍스트, 그래픽, 사운드, 동영상 등의 여러 미디어를 통합 처리한다.
④ 정보 제공자와 사용자 간의 상호 작용에 의해 데이터가 전달된다.

07

다음 중 빈칸의 용어를 올바르게 나열한 것은?

(ⓐ)는 생활에서 관찰이나 측정을 통해 얻을 수 있는 문자나 그림, 숫자 등의 값을 의미한다. 이러한 요소들을 모아서 의미 있는 이용 가능한 형태로 바꾸면 (ⓑ)이(가) 된다.
(ⓒ)란 정보통신 기술의 혁신을 바탕으로 경제와 사회의 중심이 물질이나 에너지로부터 정보로 이동하여 정보가 사회의 전 분야에 널리 확산되는 것을 말한다.

	ⓐ	ⓑ	ⓒ
①	자료	지식	정보화
②	자료	정보	정보화
③	정보	DB	스마트
④	정보	지식	스마트

08

다음 중 정보통신 장비와 관련하여 게이트웨이(Gateway)에 관한 설명으로 옳은 것은?

① 적절한 전송 경로를 선택하여 데이터를 전달하는 장비이다.
② 프로토콜이 다른 네트워크를 결합하는 장비이다.
③ 감쇠된 전송 신호를 증폭하여 다음 구간으로 전달하는 장비이다.
④ 같은 프로토콜을 사용하는 독립적인 2개의 근거리 통신망에 상호 접속하는 장비이다.

09

다음 중 사물 인터넷(IoT)에 대한 설명으로 옳지 않은 것은?

① IoT 구성품 가운데 디바이스는 빅데이터를 수집하며, 클라우드와 AI는 수집된 빅데이터를 저장하고 분석한다.
② IoT는 인터넷 기반으로 다양한 사물, 사람, 공간을 긴밀하게 연결하고 상황을 분석, 예측, 판단해서 지능화된 서비스를 자율 제공하는 제반 인프라 및 융·복합 기술이다.
③ 현재는 사물을 단순히 연결시켜 주는 단계에서 수집된 데이터를 분석해 스스로 사물에 의사결정을 내리는 단계로 발전하고 있다.
④ IoT 네트워크를 이용할 경우 통신 비용이 절감되는 효과가 있으며, 정보보안기술의 적용이 용이해진다.

10

다음 중 정보사회에서 정보 보안을 위협하기 위해 웜(Worm)의 형태를 이용하는 것에 해당하지 않는 것은?

① 분산 서비스 거부 공격
② 버퍼 오버플로 공격
③ 슬래머
④ 트로이 목마

11

다음 중 Windows 10의 작업 표시줄에 대한 설명으로 옳지 않은 것은?

① 작업 표시줄 잠금을 설정하여 작업 표시줄의 위치나 크기를 변경하지 못하도록 할 수 있다.
② 마우스 포인터 위치에 따라 작업 표시줄이 표시되지 않도록 작업 표시줄 자동 숨기기를 설정할 수 있다.
③ 작업 표시줄의 오른쪽 끝에 있는 [바탕 화면 보기] 단추를 클릭하여 바탕 화면이 표시되도록 할 수 있다.
④ [작업 표시줄 아이콘 만들기] 기능을 이용하여 작업 표시줄의 바로 가기 아이콘을 바탕 화면에 설정할 수 있다.

12

다음 중 컴퓨터에서 사용하는 캐시 메모리에 대한 설명으로 옳지 않은 것은?

① 기억 용량이 크고 속도가 빠른 버퍼 메모리이다.
② SRAM으로 만들어진 기억장치로 하드웨어로 되어 있다.
③ 기본적인 성능은 히트율(Hit Ratio)로 표현한다.
④ CPU와 주기억장치 사이에 위치한다.

13

다음 중 Windows 10의 [설정]–[시스템]–[정보]를 선택했을 때 확인할 수 있는 내용에 해당하지 않는 것은?

① 설치된 Windows 운영체제의 버전
② CPU의 종류와 설치된 메모리의 용량
③ 설치된 Windows 정품 인증 내용
④ 컴퓨터 이름과 현재 로그인한 사용자 계정

14

다음 중 인터넷 서비스를 위한 프로토콜로 웹 페이지와 웹 브라우저 사이에서 하이퍼텍스트 문서를 전송하기 위한 것은?

① TCP/IP
② HTTP
③ FTP
④ WAP

15

다음 중 컴퓨터에서 문자 데이터를 표현하는 방법으로 옳지 않은 것은?

① EBCDIC
② Unicode
③ ASCII
④ Parity Bit

16

다음 중 멀티미디어와 관련하여 동영상 전문가 그룹에 의해서 제안된 비디오 또는 오디오 압축에 관한 일련의 표준으로 옳은 것은?

① XML
② SVG
③ JPEG
④ MPEG

17

다음 중 Windows 10에서 하드디스크를 포맷하기 위한 [포맷] 창에서 설정 가능한 항목으로 옳지 않은 것은?

① 볼륨 레이블 입력
② 파티션 제거
③ 파일 시스템 선택
④ 빠른 포맷 선택

18

다음 중 Windows 10의 [메모장]에 대한 설명으로 옳지 않은 것은?

① 작성한 문서를 저장할 때 확장자는 기본적으로 .txt가 부여된다.
② 특정한 문자열을 찾을 수 있는 찾기 기능이 있다.
③ 그림, 차트 등의 OLE 개체는 삽입할 수 없다.
④ 현재 시간/날짜를 삽입하는 기능은 없다.

19

다음 중 Windows 10에서 프린터 설치에 관한 설명으로 옳지 않은 것은?

① [시작]–[장치]–[프린터 및 스캐너]–[프린터 또는 스캐너 추가]를 선택하여 설치할 수 있다.
② 설치할 프린터 유형은 로컬 프린터와 네트워크, 무선 또는 Bluetooth 프린터 중에서 하나를 선택할 수 있다.
③ 네트워크 프린터를 선택한 경우에는 연결할 프린터의 포트를 지정한다.
④ 기본 프린터는 한 대만 지정할 수 있고, 다른 프린터로 변경할 수 있다.

20

다음 중 컴퓨터 범죄 예방과 대책에 관한 설명으로 옳지 않은 것은?

① 해킹 여부를 정기적으로 검사한다.
② 의심이 가는 이메일은 열어서 내용을 확인하고 삭제한다.
③ 백신 프로그램을 설치하고 자동 업데이트 기능을 설정한다.
④ 보호하려는 컴퓨터나 정보에 비밀번호를 설정하고 주기적으로 변경한다.

2과목 스프레드시트 일반

21

다음 중 판매관리표에서 수식으로 작성된 판매액의 총합계가 원하는 값이 되기 위한 판매수량을 예측하는 데 가장 적절한 데이터 분석 도구는? (단, 판매액의 총합계를 구하는 수식은 판매수량을 참조하여 계산된다.)

① 시나리오 관리자 ② 데이터 표
③ 피벗 테이블 ④ 목표값 찾기

22

아래 워크시트에서 [A2:B6] 영역을 선택한 후 그림과 같이 중복 값을 제거하였다. 다음 중 유지되는 행의 개수로 옳은 것은?

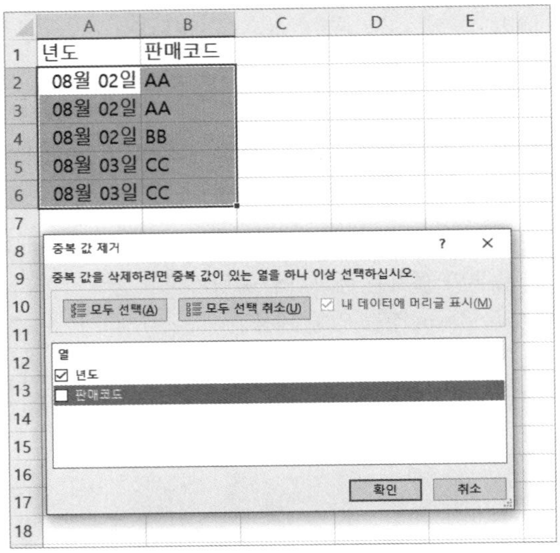

① 1 ② 2 ③ 3 ④ 4

23

다음 중 피벗 테이블에 대한 설명으로 옳지 않은 것은?

① 원본의 자료가 변경되면 [모두 새로 고침] 기능을 이용하여 일괄 피벗 테이블에 반영할 수 있다.
② 작성된 피벗 테이블을 삭제하는 경우 함께 작성한 피벗 차트는 자동으로 삭제된다.
③ 피벗 테이블을 삭제하려면 피벗 테이블 전체를 범위로 지정한 후 Delete를 누른다.
④ 피벗 테이블의 삽입 위치는 새 워크시트뿐만 아니라 기존 워크시트에서 시작 위치를 선택할 수도 있다.

24

다음 중 수식에 잘못된 인수나 피연산자를 사용할 때 표시되는 오류 메시지로 옳은 것은?

① #DIV/0!　　② #NUM!
③ #NAME?　　④ #VALUE!

25

다음 중 아래와 같이 설정된 [매크로 기록] 대화상자에 대한 설명으로 옳지 않은 것은?

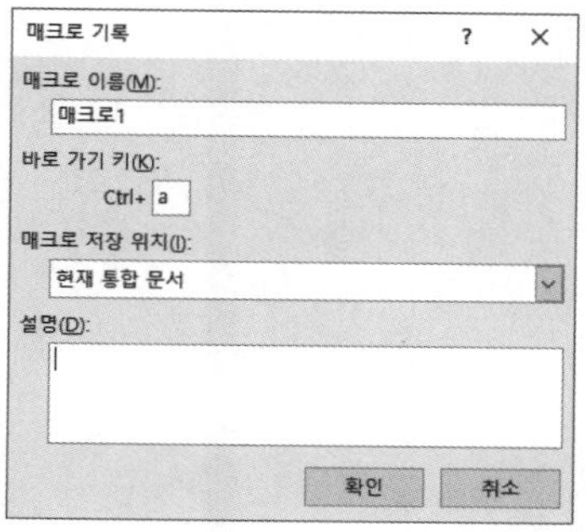

① 매크로 이름은 매크로1이며, 변경하고자 할 경우 [매크로] 대화상자에서만 변경할 수 있다.
② 매크로 저장 위치는 '현재 통합문서', '새 통합 문서', '개인용 매크로 통합 문서' 중에서 선택할 수 있다.
③ 설명은 일종의 주석으로 반드시 지정해 주지 않아도 된다.
④ 작성된 '매크로1' 매크로는 Ctrl+a를 눌러 실행할 수 있다.

26

다음 중 [부분합] 대화상자의 각 항목 설정에 대한 설명으로 옳지 않은 것은?

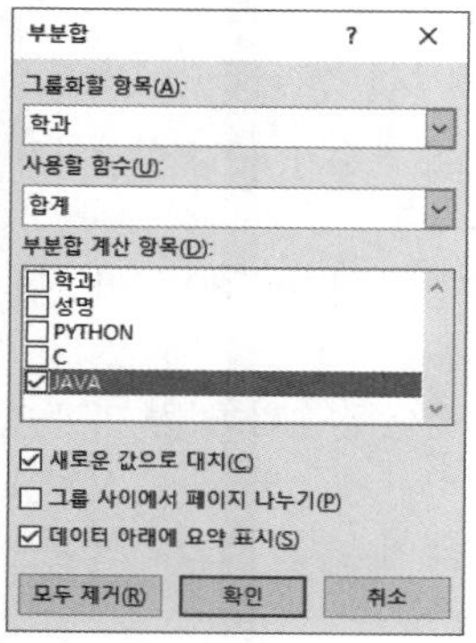

① '그룹화할 항목'에서 선택할 필드를 기준으로 미리 오름차순 또는 내림차순으로 정렬한 후 부분합을 실행해야 한다.
② 부분합 실행 전 상태로 되돌리려면 부분합 대화상자의 [모두 제거] 단추를 클릭한다.
③ 세부 정보가 있는 행 아래에 요약 행을 지정하려면 '데이터 아래에 요약 표시'를 선택하여 체크한다.
④ 이미 작성된 부분합을 유지하면서 부분합 계산 항목을 추가할 경우에는 '새로운 값으로 대치'를 선택하여 체크한다.

27

다음 중 워크시트에 숫자 '2234543'을 입력한 후 사용자 지정 표시 형식을 설정하였을 때, 화면에 표시되는 결과로 옳지 않은 것은?

① 형식: #,##0.00　　결과: 2,234,543.00
② 형식: 0.00　　결과: 2234543.00
③ 형식: #,###,"천원"　　결과: 2,234천원
④ 형식: #%　　결과: 223454300%

28

다음 중 [페이지 설정] 대화상자의 [시트] 탭에 대한 설명으로 옳지 않은 것은?

① 셀에 삽입된 메모를 시트 끝에 인쇄되도록 설정할 수 있다.
② 셀 구분선이나 그림 개체 등은 제외하고 셀에 입력된 데이터만 인쇄되도록 설정할 수 있다.
③ 워크시트의 행 머리글과 열 머리글을 포함하여 인쇄할 수 있다.
④ 페이지를 기준으로 가운데에 인쇄되도록 '페이지 가운데 맞춤'을 설정할 수 있다.

29

다음 중 [A5] 셀의 메모가 지워지는 작업에 해당하는 것은?

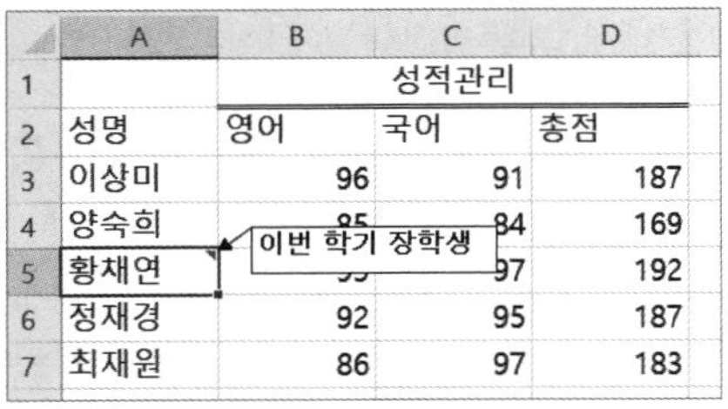

① [A4] 셀의 채우기 핸들을 아래쪽으로 드래그하였다.
② [A5] 셀의 바로 가기 메뉴에서 [메모 숨기기]를 선택하였다.
③ [A5] 셀을 선택하고, [홈] 탭-[편집] 그룹-[지우기]에서 [모두 지우기]를 선택하였다.
④ [A5] 셀을 선택하고, 키보드의 Backspace 를 눌렀다.

30

다음 중 [선택하여 붙여넣기] 대화상자에 대한 설명으로 옳지 <u>않은</u> 것은?

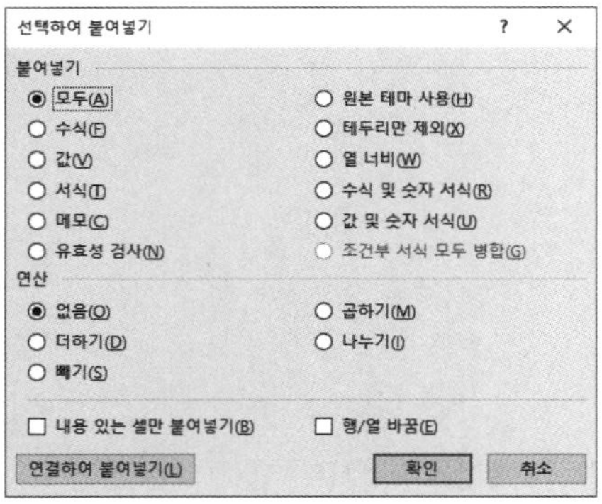

① 복사한 데이터를 여러 가지 옵션을 적용하여 붙여넣는 기능으로, [잘라내기]를 실행한 상태에서는 사용할 수 없다.
② [서식]을 선택한 경우 복사한 셀의 내용과 서식을 함께 붙여넣는다.
③ [내용 있는 셀만 붙여넣기]를 선택하면 복사할 영역에 빈 셀이 있는 경우 붙여넣을 영역의 값을 바꾸지 않는다.
④ [행/열 바꿈]을 선택한 경우 복사한 데이터의 열을 행으로, 행을 열로 변경하여 붙여넣기가 실행된다.

31

다음 중 매크로의 바로 가기 키에 관한 설명으로 옳지 <u>않은</u> 것은?

① 기본적으로 조합키 Ctrl과 함께 사용할 영문자를 지정한다.
② 바로 가기 키 지정 시 영문자를 대문자로 입력하면 조합키는 Ctrl + Shift로 변경된다.
③ 바로 가기 키로 영문자와 숫자를 함께 지정할 때에는 조합키로 Alt를 함께 사용해야 한다.
④ 바로 가기 키를 지정하지 않아도 매크로를 기록할 수 있다.

32

다음 중 [A1:C3] 영역과 같이 조건을 작성한 후 고급 필터를 실행했을 때, 추출되는 데이터에 관한 설명으로 옳은 것은?

	A	B	C
1	영어	영어	국어
2	>=80	<=90	
3			>=90

① 국어 점수가 90점 이상이고, 영어 점수가 80점 이상이거나 90점 이하인 데이터
② 국어 점수가 90점 이상이거나, 영어 점수가 80점 이상이고 90점 이하인 데이터
③ 국어 점수가 90점 이상이면서, 영어 점수가 80점 이상이고 90점 이하인 데이터
④ 국어 점수가 90점 이상이거나, 영어 점수가 80점 이상이거나 90점 이하인 데이터

33

다음은 "등급에 따라 분반"을 출력하는 수식이다. 수식으로 옳지 않은 것은?

조건
- 등급이 'A'이면 '고급반'
- 등급이 'B'이면 '중급반'
- 등급이 'C'이면 '초급반'

	A	B	C	D	E	F	G	H
1								
2	번호	이름	국어	영어	수학	평균	등급	분반
3	1	황동호	100	97	86	94	A	고급반
4	2	조현경	86	75	75	79	C	초급반
5	3	최재원	79	86	85	83	B	중급반
6	4	김진우	80	75	75	77	C	초급반
7	5	김진영	65	65	80	70	C	초급반

① =IF(G3="A","고급반",IF(G3="B","중급반","초급반"))
② =SWITCH(G3,"A","고급반","B","중급반","C","초급반")
③ =IFS(G3="A","고급반",G3="B","중급반",G3="C","초급반")
④ =IFS(G3,"A","고급반","B","중급반","C","초급반")

34

다음 중 아래 시트에서 [A1] 셀을 선택하고 Ctrl을 누른 채 채우기 핸들을 [A4] 셀까지 드래그했을 때 [A4] 셀에 입력되는 값은?

	A
1	1학년 1반 01번
2	
3	
4	

① 1학년 1반 01번 ② 1학년 1반 04번
③ 1학년 4반 01번 ④ 4학년 4반 04번

35

다음 중 인쇄에 대한 설명으로 옳은 것은?

① 기본적으로 워크시트에서 숨기기를 실행한 영역도 인쇄된다.
② 인쇄 영역에 포함된 도형들을 함께 인쇄하려면 [인쇄] 대화상자에서 '개체 인쇄'를 선택하여 인쇄한다.
③ 워크시트에 삽입된 차트만 인쇄하려면 차트가 선택된 상태에서 인쇄 명령을 실행한다.
④ 인쇄 미리 보기 상태에서도 인쇄 영역을 설정할 수 있다.

36

다음 중 셀에 데이터를 입력하는 방법에 대한 설명으로 옳지 않은 것은?

① [A1] 셀에 값을 입력하고 Esc를 누르면 [A1] 셀에 입력한 값이 취소된다.
② [A1] 셀에 값을 입력하고 오른쪽 방향키 →를 누르면 [A1] 셀에 값이 입력된 후 [B1] 셀로 셀 포인터가 이동한다.
③ [A1] 셀에 값을 입력하고 Enter를 누르면 [A1] 셀에 값이 입력된 후 [A2] 셀로 셀 포인터가 이동한다.
④ [C5] 셀에 값을 입력하고 Home을 누르면 [C5] 셀에 값이 입력된 후 [C1] 셀로 셀 포인터가 이동한다.

37

다음 중 수식의 실행 결과가 나머지 셋과 다른 것은?

① =SEARCH("C","Connection")
② =SEARCH("c","Connection")
③ =FIND("c","Connection")
④ =FIND("C","Connection")

38

다음 중 데이터 정렬에 대한 설명으로 옳지 <u>않은</u> 것은?

① 글꼴 색 또는 셀 색을 기준으로 정렬할 수는 없다.
② 사용자 지정 목록을 사용하면 사용자가 정의한 순서대로 정렬할 수 있다.
③ 표에 병합된 셀들이 포함되어 있는 경우 정렬할 수 없다.
④ 위쪽에서 아래쪽으로 정렬 시 숨겨진 행이나 열은 정렬에 포함되지 않는다.

39

다음 중 아래의 차트에 대한 설명으로 옳지 <u>않은</u> 것은?

	A	B	C	D	E
1	구분	남	여	합계	
2	1반	23	21	44	
3	2반	22	25	47	
4	3반	20	17	37	
5	4반	21	19	40	
6	합계	86	82	168	

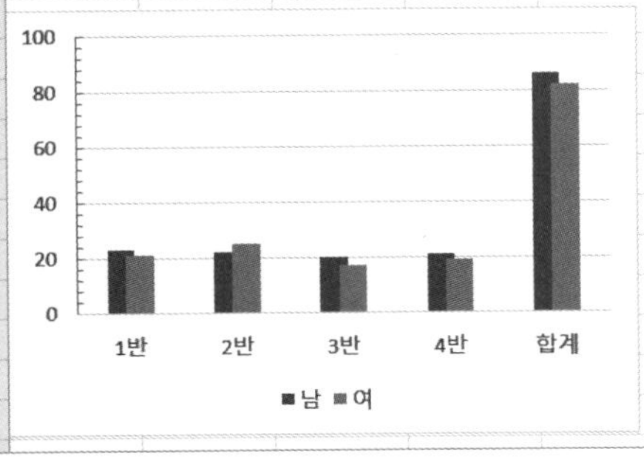

① 차트의 종류는 묶은 세로 막대형으로 계열 옵션의 '계열 겹치기' 수치가 음수로 적용되었다.
② 세로 (값) 축의 [축 서식]에는 주 눈금과 보조 눈금이 '안쪽'으로 표시되도록 설정되었다.
③ 데이터 계열로 '남'과 '여'가 사용되고 있다.
④ 데이터 원본으로 표 전체 영역에서 합계 계열을 제외한 모든 영역이 사용되었다.

40

다음 중 차트에 대한 설명으로 옳지 <u>않은</u> 것은?

① 차트 작성 후 원본 셀의 데이터를 수정했는데, 차트의 값이 자동으로 변경되지 않으면 [수식]-[계산 옵션]의 계산 옵션이 '수동'으로 설정된 경우이다.
② 기본적으로 워크시트의 행과 열에서 숨겨진 데이터는 차트에 표시되지 않는다.
③ 차트를 작성한 후 원본 데이터 셀에 입력된 값이 변경되더라도 차트의 값은 변경되지 않는다.
④ 차트로 작성할 데이터를 시트에 입력하지 않고 [차트 디자인]-[데이터]-[데이터 선택]에서 직접 모든 원본 데이터를 입력할 수도 있다.

Level UP 제5회 기출변형문제

정답 및 해설 p.112

제한시간 40분 | 1회독 월 일 시작 : | 종료 : | 2회독 월 일 시작 : | 종료 : | 3회독 월 일 시작 : | 종료 :

1과목 컴퓨터 일반

01

다음 중 Windows 10의 특징으로 옳지 않은 것은?

① 비선점형 멀티태스킹
② 플러그 앤 플레이
③ OLE
④ 에어로 피크 기능 제공

02

다음 중 한글 Windows 10의 [시스템 속성] 대화상자에서 설정할 수 있는 작업으로 옳지 않은 것은?

① 컴퓨터 이름, 컴퓨터 설명 등을 확인하거나 변경
② 원격 지원에 대한 사용 여부 지정
③ 하드웨어가 올바르게 동작하는지 확인
④ 실행 중인 프로그램의 강제 종료

03

다음 중 Windows 10의 사용자 계정에 대한 설명으로 옳지 않은 것은?

① 관리자 계정은 다른 계정의 계정 유형, 이름, 암호를 변경할 수 있다.
② 관리자 계정은 컴퓨터 보안에 영향을 주는 설정을 변경할 수 있다.
③ 표준 계정은 다른 사용자나 컴퓨터 보안에 영향을 주는 설정을 할 수 있다.
④ 표준 계정은 자신의 계정에 대한 암호를 설정할 수 있다.

04

다음 중 Windows 10의 [제어판] – [접근성 센터]에서 설정할 수 있는 기능으로 옳지 않은 것은?

① [고대비 설정]: 화면에서 원하는 영역을 확대하여 크게 표시할 수 있다.
② [내레이터]: 화면의 모든 텍스트를 소리 내어 읽어주도록 설정할 수 있다.
③ [화상 키보드]: 키보드가 없어도 입력 가능한 화상 키보드를 표시할 수 있다.
④ [마우스 키 켜기]: 키보드의 숫자 키패드로 마우스 포인터의 움직임을 제어할 수 있다.

05

다음 중 Windows 10에서 프린터 설치에 관한 설명으로 옳지 않은 것은?

① 설치할 프린터 유형은 로컬 프린터와 네트워크, 무선 또는 블루투스 프린터 중에서 하나를 선택할 수 있다.
② 네트워크 프린터는 연결할 프린터의 포트가 자동으로 지정되지 않으므로 포트를 지정해야 한다.
③ 로컬 프린터 설치 시 USB 모델은 프린터를 컴퓨터에 연결하면 Windows 10에서 자동으로 검색하고 설치한다.
④ 기본 프린터는 한 대만 지정할 수 있고, 다른 프린터로 변경할 수 있다.

06

다음 중 컴퓨터의 세대별 소자와 특징으로 옳은 것은?

① 제1세대: 진공관, 일괄 처리 시스템
② 제2세대: 트랜지스터, 시분할 처리 시스템
③ 제3세대: 집적회로(IC), 실시간 처리 시스템
④ 제4세대: 고밀도 집적회로(LSI), 전문가 시스템

07

다음 중 컴퓨터에서 사용하는 유니코드(Unicode)에 관한 설명으로 옳은 것은?

① 128가지의 문자를 표현할 수 있으며, 주로 개인용 컴퓨터와 데이터 통신에서 사용한다.
② 하나의 문자를 4비트의 존 부분과 4비트의 디지트 부분으로 구성한다.
③ 오류 검출과 단일 비트의 오류 교정이 가능한 코드이다.
④ 국제표준코드로 한글, 한자, 영문, 숫자와 같은 모든 글자를 16비트(2바이트)로 표현한다.

08

다음 중 중앙처리장치의 구성 요소가 <u>아닌</u> 것은?

① 제어장치
② RAID
③ 레지스터
④ 연산장치

09

다음 중 컴퓨터에서 사용하는 캐시 메모리에 관한 설명으로 옳은 것은?

① DRAM이 사용되어 접근 속도가 매우 빠르다.
② CPU와 주기억장치 사이에 위치하여 두 장치 사이의 속도 차이를 줄여서 처리 속도를 향상시키는 일종의 버퍼 메모리이다.
③ 주소 대신 기억된 데이터의 내용을 이용하여 원하는 정보에 접근하는 기억장치이다.
④ 비휘발성 메모리인 EEPROM의 일종으로 정보의 입출력이 자유롭다.

10

다음 중 컴퓨터 시스템을 안정적으로 사용하기 위한 관리 방법으로 적절하지 <u>않은</u> 것은?

① 주기적인 백업은 시간이 많이 소요되므로 하지 않는 것이 좋다.
② 직사광선과 습기가 많거나 자성이 강한 물체가 있는 곳은 피하여 설치한다.
③ 컴퓨터의 성능 향상을 위해 주기적으로 오류 검사, 디스크 정리, 드라이브 조각 모음 및 최적화 등을 실행하는 것이 좋다.
④ 컴퓨터를 이동하거나 부품을 교체할 때에는 전원을 끄고 작업한다.

11

다음 중 시스템 소프트웨어에 대한 설명으로 옳지 <u>않은</u> 것은?

① 컴퓨터와 사용자의 중간에서 시스템을 효율적으로 운영할 수 있도록 도와주는 프로그램이다.
② 시스템 소프트웨어 종류로는 운영체제, 언어 번역 프로그램, 유틸리티 프로그램이 있다.
③ 시스템 소프트웨어는 컴퓨터 시스템을 효율적으로 운영해 주는 소프트웨어이다.
④ 사용자들이 특정한 용도에 맞게 활용하기 위해 작성된 프로그램이다.

12

다음 중 컴퓨터 운영체제의 주요 기능으로 옳지 않은 것은?

① 컴퓨터 시스템과 사용자 간의 편리한 인터페이스를 제공한다.

② 컴퓨터가 동작하는 동안 보조기억장치인 하드디스크에 위치하여 효율적인 자원 관리 서비스를 제공한다.

③ 운영체제는 제어 프로그램과 처리 프로그램으로 구성된다.

④ 프로세스 관리, 기억장치 관리, 주변장치 관리 등의 기능을 처리한다.

13

다음 중 특정 기능이나 사용 기간에 제한을 두고 무료 배포하는 소프트웨어는 무엇인가?

① 프리웨어

② 셰어웨어

③ 패치 프로그램

④ 트라이얼 버전

14

다음 중 멀티미디어의 특징에 대한 설명으로 옳지 않은 것은?

① 텍스트, 그래픽, 사운드, 동영상 등의 다양한 미디어를 통합하여 제공한다.

② 디지털 형태의 다양한 데이터를 아날로그로 변환하여 처리한다.

③ 정보 제공자와 사용자 간의 상호작용으로 데이터가 전달된다.

④ 가상현실, 화상 회의, 방송, 교육, 의료 등 사회 전 분야에 응용이 가능하다.

15

다음 중 멀티미디어 기법에 대한 설명으로 옳지 않은 것은?

① 안티앨리어싱(Anti-Aliasing)은 2차원 그래픽에서 계단 현상(앨리어싱)을 제거하여 경계면을 부드러워 보이게 하는 기법이다.

② 모델링(Modeling)은 3차원 그래픽에서 사물 모형에 명암과 색상을 추가하여 사실감을 더하는 과정이다.

③ 디더링(Dithering)은 표현할 수 없는 색상이 있을 경우 색상을 조합하여 비슷한 색상을 내는 효과이다.

④ 모핑(Morphing)은 하나의 이미지를 다른 이미지로 서서히 변화시키는 특수효과이다.

16

다음은 OSI 7계층에 대한 설명으로 옳지 않은 것은?

① 물리 계층은 전송 매체에서의 전기 신호 전송 기능과 제어 및 클록 신호를 제공한다.

② 네트워크 계층은 정보 교환 및 중계 기능, 경로 설정 기능을 제공한다.

③ 전송 계층은 포인트 투 포인트 간 신뢰성 있는 전송을 보장하기 위한 계층으로 동기화, 흐름 제어, 순서 제어 기능을 제공한다.

④ 세션 계층은 사용자와 전송 계층 간의 인터페이스를 위한 연결을 제공한다.

17

다음 중 웹 서버와 브라우저 사이에서 하이퍼텍스트 문서를 주고받기 위한 프로토콜은?

① HTTP

② DHCP

③ ARP

④ TCP/IP

18

다음 중 인터넷 전자우편에 관한 설명으로 옳지 않은 것은?

① 기본적으로 7비트의 ASCII 코드를 사용하여 메시지를 전송한다.
② 한 사람이 동시에 여러 사람에게 같은 전자우편을 보낼 수 있다.
③ 송신자가 작성한 메일을 수신자의 계정에 전송하는 역할을 담당하는 프로토콜은 POP3이다.
④ SMTP, POP3, MIME 등의 프로토콜이 사용된다.

19

다음 중 인터넷 서비스에 대한 설명으로 옳지 않은 것은?

① WAIS: 인터넷의 전자게시판으로 특정한 주제나 관심사에 대해 의견을 제시하고 자료를 등록할 수 있는 서비스
② IRC: 여러 사람이 관심 있는 분야별로 각자의 채널에서 대화할 수 있는 서비스
③ Telnet: 멀리 떨어져 있는 컴퓨터에 접속하여 자신의 컴퓨터처럼 사용할 수 있게 하는 서비스
④ FTP: 인터넷에서 파일을 송수신할 때 사용되는 프로토콜

20

다음 중 검증된 사람이 네트워크를 통해 데이터를 보낸 것처럼 데이터를 변조하여 접속을 시도하는 컴퓨터 범죄의 유형은?

① 스니핑
② DDos
③ 피싱
④ 스푸핑

2과목 스프레드시트 일반

21

다음 중 [창]–[틀 고정]에 대한 설명으로 옳은 것은?

① 틀 고정은 스크롤해도 특정 행이나 열이 계속 표시되도록 설정하는 기능이다.
② 셀 포인터의 아래쪽과 오른쪽에 틀 고정 구분선이 생기고, 틀 고정 구분선은 드래그하여 위치를 조절할 수 있다.
③ 화면에 표시되는 틀 고정 형태는 인쇄할 때도 적용된다.
④ 셀 편집 모드이거나 [페이지 레이아웃] 상태일 때도 틀 고정을 설정할 수 있다.

22

다음 중 워크시트에서 숨겨져 있는 [C열]과 [D열]을 다시 표시하기 위한 작업 과정에 대한 설명으로 옳은 것은?

① B열에서 E열까지 드래그한 다음 마우스 오른쪽 단추를 눌러 숨기기 취소를 선택한다.
② B열에서 E열까지 드래그한 다음 창 메뉴에서 숨기기 취소를 선택한다.
③ E열을 선택한 다음 마우스 오른쪽 단추를 눌러 숨기기 취소를 선택한다.
④ B열을 선택한 다음 마우스 오른쪽 단추를 눌러 숨기기 취소를 선택한다.

23

다음 중 셀에 데이터를 입력하는 방법에 대한 설명으로 옳지 않은 것은?

① [B4] 셀에 값을 입력하고 Esc를 누르면 [B4] 셀에 입력한 값이 취소된다.
② 범위를 지정하고 Enter를 누르면 지정한 범위 안에서만 셀 포인터가 이동한다.
③ 여러 셀에 같은 데이터를 입력하기 위해 Alt+Enter를 누른다.
④ [B4] 셀에 값을 입력하고 Home을 누르면 [B4] 셀에 값이 입력된 후 [A4] 셀로 셀 포인터가 이동한다.

24

다음 중 채우기 핸들을 이용하여 데이터를 입력하는 방법으로 옳은 것은?

① 인접한 셀의 내용으로 현재 셀을 빠르게 입력하려면 위쪽 셀의 내용은 Ctrl+R, 왼쪽 셀의 내용은 Ctrl+D를 누른다.

② 문자+숫자 데이터는 Ctrl을 누른 상태에서 자동 채우기 핸들을 드래그하면 문자는 복사되고 숫자는 1씩 증가한다.

③ 숫자 데이터는 한 개의 셀을 선택하고 자동 채우기 핸들을 드래그하면 1씩 증가한다.

④ 날짜가 입력된 셀의 채우기 핸들을 아래쪽으로 끌면 기본적으로 1일 단위로 증가하여 자동 채우기가 된다.

25

다음 중 셀 서식의 사용자 지정 표시 형식 중 코드와 설명이 옳은 것은?

① 0: 유효한 자릿수만 표시하고, 유효하지 않은 0은 표시하지 않는다.

② ?: 유효하지 않은 0은 표시하지 않는다.

③ ss: 초 단위의 숫자를 00~59로 표시한다.

④ ddd: 요일을 Sunday ~ Saturday로 표시한다.

26

다음 중 조건부 서식에 대한 설명으로 옳지 <u>않은</u> 것은?

① 특정한 조건을 만족하는 셀만 지정된 서식이 적용된다.

② 셀 값이 변경되어 규칙을 만족하지 않으면 적용된 서식이 해제된다.

③ 조건에는 '셀 값' 또는 '수식'을 사용할 수 있다.

④ 조건부 서식의 스타일에는 데이터 막대, 색조, 아이콘 집합, 그림 등이 있다.

27

다음 중 아래 워크시트에서 근무일수를 구하기 위해 [G4] 셀에 사용한 함수로 옳은 것은?

	A	B	C	D	E	F	G	H
1	2022 8월 아르바이트 현황							
2								
3	날짜 / 이름	08월 01일	08월 02일	08월 03일	08월 04일	08월 05일	근무일수	
4	이상미	○	○	○	○	○	5	
5	양숙희	○		○	○	○	4	
6	황채연	○	○		○	○	4	
7	황나연	○	○			○	3	
8	황복동	○	○	○		○	4	
9								

① =COUNT(B4:F4)

② =COUNTA(B4:F4)

③ =COUNTBLANK(B4:F4)

④ =DCOUNT(B4:F4)

28

다음 시트에서 [B7:B9] 셀 영역의 수식으로 옳은 것은?

	A	B	C
1	이름	정보화능력점수	
2	홍일동	85	
3	홍이동	95	
4	홍삼동	85	
5	홍사동	90	
6	홍오동	75	
7	최소값	75	
8	3번째로 큰 값	85	
9	90점 이상인 점수	2	
10			

① =MIN(B2:B6), =LARGE(B2:B6,3), =COUNTIF(B2:B6,">=90")

② =MIN(B2:B6), =LARGE(B2:B6,−3), =COUNTIF(B2:B6,">=90")

③ =MIN(B2:B6), =SMALL(B2:B6,3), =COUNTIF(B2:B6,">=90")

④ =MIN(B2:B6), =SMALL(B2:B6,−3), =COUNTIF(B2:B6,">=90")

29

다음 중 아래 워크시트에서 '양숙희'의 출석일수 값을 찾기 위한 함수식으로 옳은 것은?

	A	B	C	D	E
1	1학기 성적표				
2					
3	이름	중간고사	기말고사	출석일수	
4	황복동	83	93	15	
5	양숙희	98	83	13	
6	정명식	82	84	14	
7	최봉수	97	80	15	
8	김진영	85	85	13	
9	김진호	86	93	12	
10					

① =HLOOKUP("양숙희",$A$4:$D$9,4,FALSE)
② =HLOOKUP("양숙희",$A$4:$D$9,4,TRUE)
③ =VLOOKUP("양숙희",$A$4:$D$9,4,FALSE)
④ =VLOOKUP("양숙희",$A$4:$D$9,4,TRUE)

30

다음 중 정렬에 대한 설명으로 옳은 것은?

① 입력한 자료를 특정한 순서에 따라 재배열하는 기능으로 최대 64개의 열을 기준으로 정렬할 수 있다.
② 글꼴 색을 기준으로 정렬할 수 없다.
③ 오름차순은 빈 셀>숫자>텍스트>논리값>오류값 순으로 정렬된다.
④ 특정 색이 적용된 셀을 포함한 행이 위에 표시되도록 정렬한다.

31

다음 중 아래 그림의 표에서 조건범위로 [B9:D11] 영역을 선택하여 고급 필터를 실행한 결과의 레코드 수는 얼마인가?

	A	B	C	D	E
1	이름	중간	기말	합계	
2	이상미	31	31	62	
3	양숙희	34	38	72	
4	이경미	30	37	67	
5	최진	33	34	67	
6	유하나	33	33	66	
7	김경아	40	39	79	
8					
9		중간	기말	합계	
10		>=35	>=35		
11				>=70	
12					

① 1　　② 2　　③ 3　　④ 4

32

다음 중 부분합의 계산 항목에 사용할 수 있는 함수의 종류로 옳지 않은 것은?

① 최대값
② 표준 편차
③ 분산
④ 중앙값

33

다음 중 다양한 상황과 변수에 따른 여러 가지 결과값의 변화를 가상의 상황을 통해 예측하여 분석할 수 있는 기능으로 옳은 것은?

① 목표값 찾기
② 피벗 테이블
③ 시나리오
④ 데이터 표

34

다음 중 피벗 테이블 보고서에 관한 설명으로 옳지 않은 것은?

① 피벗 테이블에 새로운 수식을 추가하여 표시할 수 있다.
② 원본 데이터가 변경되더라도 피벗 테이블 보고서의 데이터는 자동으로 반영되지 않는다.
③ 피벗 테이블 보고서는 현재 작업 중인 워크시트나 새로운 워크시트에 작성할 수 있다.
④ 피벗 테이블을 삭제하는 경우 함께 작성한 피벗 차트는 자동으로 삭제된다.

35

다음 중 차트에 대한 설명으로 옳은 것은?

① 표면형 차트는 데이터의 불규칙한 간격이나 묶음을 보여주는 것으로 주로 과학이나 공학용 데이터 분석에 사용된다.
② 방사형 차트는 가운데에서 뻗어가는 형태의 차트로 데이터 계열이 많을 때 사용한다.
③ 분산형 차트는 특정 데이터 계열의 값이 다른 데이터 계열의 값과 현저하게 차이가 나거나 데이터의 단위가 다른 경우 주로 사용한다.
④ 원형 차트는 두 개의 데이터 집합에서 최적의 조합을 찾을 때 사용한다.

36

다음 중 차트의 데이터 계열 서식에 대한 설명으로 옳지 않은 것은?

① 계열 겹치기 수치 값이 클수록 겹쳐지는 부분이 커진다.
② 차트에서 데이터 계열의 간격을 넓게 또는 좁게 지정할 수 있다.
③ 특정 데이터 계열의 값이 다른 데이터 계열의 값과 차이가 많이 나거나 데이터 형식이 혼합되어 있는 경우 보조 세로(값) 축에 하나 이상의 데이터 계열을 나타낼 수 있다.
④ 보조 축의 데이터 계열만 선택하여 차트 종류를 변경할 수는 없다.

37

다음 중 아래의 차트에 설정된 차트의 구성 요소로 옳지 않은 것은?

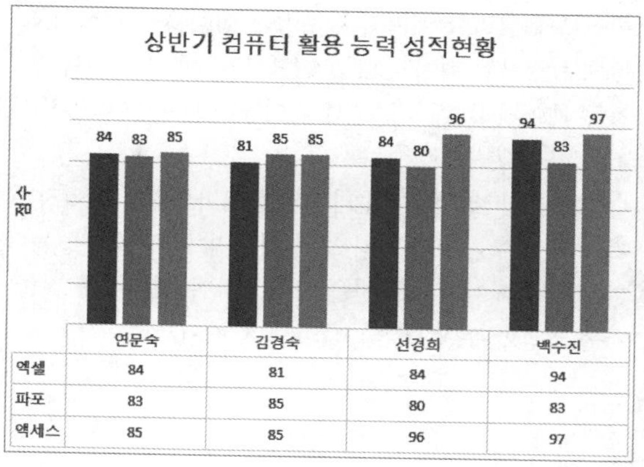

① 눈금선
② 데이터 표
③ 데이터 레이블
④ 범례

38

다음 중 [페이지 설정] 대화상자의 [시트] 탭에 대한 설명으로 옳지 않은 것은?

① '메모'는 메모의 인쇄 여부로, '없음'과 '시트에 표시된 대로' 중 하나를 선택하여 인쇄할 수 있다.
② 워크시트의 셀 구분선을 그대로 인쇄하려면 '눈금선'에 체크하여 표시하면 된다.
③ '간단하게 인쇄'를 체크하면 그래픽 요소를 제외하고 텍스트만 빠르게 인쇄된다.
④ '인쇄 영역'에 범위를 지정하면 특정 부분만 인쇄할 수 있으며, 지정한 범위에 숨겨진 행이나 열은 인쇄되지 않는다.

39

다음 중 [페이지 나누기 미리 보기] 기능에 대한 설명으로 옳지 않은 것은?

① 수동으로 삽입한 페이지 나누기는 점선으로 표시되고, 자동으로 추가된 페이지 나누기는 실선으로 표시된다.

② 자동 페이지 나누기 구분선을 이동하면 수동 페이지 나누기로 바뀐다.

③ 수동으로 삽입한 페이지 나누기를 제거하려면 페이지 나누기를 페이지 나누기 미리 보기 영역 밖으로 끌어 놓는다.

④ 마우스로 페이지 구분선을 드래그하여 페이지를 나눌 위치를 조정할 수 있다.

40

다음 중 매크로의 바로 가기 키에 대한 설명으로 옳지 않은 것은?

① 매크로 생성 시 설정한 바로 가기 키는 [매크로] 대화 상자의 [옵션]에서 변경할 수 있다.

② 기본적으로 바로 가기 키는 Ctrl과 조합하여 사용하지만 대문자로 지정하면 Shift가 자동으로 덧붙는다.

③ 바로 가기 키의 조합 문자는 영문자, 특수문자와 숫자도 가능하고, 바로 가기 키를 설정하지 않아도 매크로를 생성할 수 있다.

④ 엑셀에서 기본적으로 지정되어 있는 바로 가기 키도 매크로의 바로 가기 키로 지정할 수 있는데 매크로 바로 가기 키가 엑셀 바로 가기 키보다 우선한다.

Level UP 제6회 기출변형문제

정답 및 해설 p.117

제한시간 40분

1회독 월 일	시작 :	종료 :	2회독 월 일	시작 :	종료 :	3회독 월 일	시작 :	종료 :

1과목 컴퓨터 일반

01

다음 중 한글 Windows 10의 [Windows 탐색기] 기능에 관한 설명으로 옳지 않은 것은?

① 컴퓨터에 있는 파일, 폴더 및 드라이브의 계층적 구조를 표시하고 관리한다.
② Esc를 누르면 현재 폴더에서 상위 폴더로 이동한다.
③ 파일 및 폴더를 복사하고, 옮기고, 이름을 바꾸고 검색할 수 있다.
④ 문서를 열지 않고 바로 인쇄할 수 있는 기능을 제공한다.

02

다음 중 한글 Windows 10의 [시스템 속성] 대화상자에서 할 수 있는 것으로 옳지 않은 것은?

① [하드웨어] 탭: 장치들의 드라이버를 식별하거나 업데이트하고 하드웨어가 올바르게 작동하는지 확인
② [컴퓨터 이름] 탭: 컴퓨터 설명과 작업 그룹 등을 확인하거나 변경
③ [고급] 탭: 시스템 시작, 시스템 오류 및 디버깅 정보를 지정
④ [원격] 탭: 컴퓨터를 이전 복원 지점으로 되돌려서 시스템 변경을 취소하는 기능

03

다음 중 Windows 10에서 [관리자 계정]의 사용자가 할 수 있는 작업으로 옳지 않은 것은?

① 소프트웨어 및 하드웨어를 설치하고 모든 파일에 엑세스할 수 있다.
② 컴퓨터 보안에 영향을 주는 설정은 변경할 수 없다.
③ 다른 계정의 계정 유형, 계정 이름, 암호를 변경할 수 있다.
④ 다른 계정의 컴퓨터 사용 시간을 제어할 수 있다.

04

다음 중 Windows 10의 제어판에서 신체적으로 시각장애나 청각장애가 있는 사용자들을 위해서 다양한 기능을 제공하여 컴퓨터를 관리하게 사용할 수 있도록 하는 기능은?

① 동기화 센터
② 접근성 센터
③ 원격 데스크톱
④ 프로그램 호환성 문제 해결사

05

다음 중 한글 Windows 10의 프린터 스풀(Spool) 기능에 대한 설명으로 옳지 않은 것은?

① 설정한 프린터 아이콘에서 등록 정보를 선택하여 세부사항을 지정할 수 있다.
② 프린터와 같은 저속의 입출력 장치를 CPU와 병행하여 작동시켜 컴퓨터의 전체 효율을 향상시켜 준다.
③ 프린터가 인쇄 중일 때는 다른 응용 프로그램을 실행할 수 없다.
④ 프린터 속성의 [고급] 탭에서 스풀에 대한 설정을 변경할 수 있다.

06

다음 중 디지털 컴퓨터와 아날로그 컴퓨터의 차이점에 관한 설명으로 옳은 것은?

① 아날로그 컴퓨터는 전류, 전압, 온도 등을 처리하며, 디지털 컴퓨터는 숫자, 문자 등 이산 데이터를 처리한다.
② 아날로그 컴퓨터는 논리 회로로 구성되며, 디지털 컴퓨터는 증폭 회로로 구성된다.
③ 아날로그 컴퓨터는 산술이나 논리 연산을 주로 하며, 디지털 컴퓨터는 미분이나 적분 연산을 주로 한다.
④ 아날로그 컴퓨터는 범용이며, 디지털 컴퓨터는 특수 목적용으로 많이 사용된다.

07

다음 중 컴퓨터에서 사용하는 ASCII 코드에 관한 설명으로 옳지 않은 것은?

① 하나의 문자를 3비트의 존 부분과 4비트의 디지트 부분으로 구성한다.
② 256가지의 문자를 표현할 수 있다.
③ 주로 개인용 컴퓨터와 데이터 통신에서 사용한다.
④ 확장 ASCII 코드는 8비트를 사용한다.

08

다음 중 연산장치의 구성 요소로 옳지 않은 것은?

① 가산기
② 명령 레지스터
③ 누산기
④ 데이터 레지스터

09

다음 중 플래시 메모리에 대한 설명으로 옳은 것은?

① 중앙처리장치와 주기억장치 사이에 위치하여 컴퓨터의 처리 속도를 향상시키는 역할을 한다.
② 보조기억장치의 일부를 주기억장치처럼 사용해서 주기억장치의 용량을 확대하여 사용하는 방법이다.
③ 비휘발성 메모리인 EEPROM의 일종으로, 디지털카메라나 MP3, 개인용 정보 단말기, USB 드라이브 등에 널리 사용된다.
④ 주기억장치에 저장된 정보에 접근할 때 주소 대신 기억된 정보의 내용을 이용하여 직접 접근하는 장치이다.

10

다음 중 컴퓨터의 문제 해결 방법으로 적합하지 않은 것은?

① 하드디스크 용량이 부족한 경우 디스크 정리를 수행하여 불필요한 파일을 삭제한다.
② 시스템 속도가 느려진 경우 드라이브 조각 모음 및 최적화를 수행한다.
③ 하드디스크 용량이 부족한 경우 불필요한 프로그램을 종료한다.
④ 하드디스크 인식이 안 되는 경우 백신 프로그램으로 바이러스 감염 여부를 확인한다.

11

다음 중 아래에서 시스템 소프트웨어만 선택하여 나열한 것은?

㉠ 운영체제 ㉡ 리눅스 ㉢ 스프레드시트 ㉣ 포토샵

① ㉠, ㉡
② ㉢, ㉣
③ ㉠, ㉡, ㉢
④ ㉡, ㉢, ㉣

12

다음 중 운영체제를 구성하는 처리 프로그램의 종류에 해당하지 않는 것은?

① 데이터 관리 프로그램
② 언어 번역 프로그램
③ 문제 처리 프로그램
④ 서비스 프로그램

13

다음 중 Windows Update가 속한 사용권에 따른 소프트웨어 분류 유형으로 가장 적절한 것은?

① 패치 버전
② 데모 버전
③ 알파 버전
④ 베타 버전

14

다음 중 멀티미디어에 대한 설명으로 옳지 않은 것은?

① 멀티미디어는 사용자의 선택에 따라 다양한 방향으로 처리되는 비선형 콘텐츠로 발전하고 있다.
② 정보사회의 멀티미디어는 텍스트, 이미지, 사운드, 애니메이션, 동영상 등을 디지털화한 복합 구성 매체이다.
③ 가상현실, 전자출판, 화상 회의, 방송, 교육, 의료 등 사회 전 분야에 응용 가능하다.
④ 멀티미디어 정보는 디지털 데이터로 변환하여 처리되며, 그 처리기기들은 단방향성의 특징이 강화되며 발전하고 있다.

15

다음 중 컴퓨터에서 그래픽 데이터의 표현 방식인 비트맵(Bitmap) 방식에 관한 설명으로 옳지 않은 것은?

① 이미지를 점의 집합으로 표시하는 방식으로 래스터(Raster) 이미지라고 한다.
② 이미지를 확대하면 테두리가 거칠어지는 계단 현상과 같은 앨리어싱 현상이 발생한다.
③ 파일 형식에는 WMF, AI, SVG 등이 있다.
④ 다양한 색상을 사용하여 사실적 이미지를 표현할 수 있다.

16

다음 중 네트워크 장치에 대한 설명으로 옳지 않은 것은?

① 모뎀: 디지털 신호를 아날로그 신호로 변환하여 전송하고 수신된 신호를 다시 디지털 신호로 변환하는 장치이다.
② 허브: 네트워크를 구성할 때 한꺼번에 여러 대의 컴퓨터를 연결하는 장치로 허브의 종류에는 더미 허브, 스위칭 허브 등이 있다.
③ 리피터: 데이터 전송을 증폭하여 다음 구간으로 전달하는 장치이다.
④ 브리지: 한 네트워크에서 다른 네트워크로 들어가는 입구 역할을 하는 장치이다.

17

다음 중 TCP/IP 속성에 포함되지 않는 것은?

① DNS 서버 주소
② 서브넷 마스크
③ 기본 게이트웨이
④ 웹 서버 주소

18

다음 중 전자우편에서 사용하는 IMAP 프로토콜에 관한 설명으로 옳은 것은?

① 송신자가 작성한 메일을 수신자의 계정에 전송하는 역할을 담당하는 프로토콜이다.
② 메일 서버의 이메일을 사용자의 컴퓨터로 가져오기 위한 프로토콜이다.
③ 멀티미디어 이메일을 주고받기 위한 프로토콜이다.
④ 서버에 직접 접속하여 메일을 확인하는 방식으로 메일을 수신해도 서버에 메일이 남아 있는 프로토콜이다.

19

다음 중 인터넷 기술을 사용하여 "공급자–고객–협력업체" 사이의 인트라넷을 연결하는 협력적 네트워크 형태는?

① 광역 통신망(WAN)
② 근거리 통신망(LAN)
③ 부가 가치 통신망(VAN)
④ 엑스트라넷(Extranet)

20

다음에서 설명하고 있는 컴퓨터 범죄의 유형으로 옳은 것은?

> 정당한 사용자가 정상적으로 시스템을 종료하지 않고 자리를 떠났을 때 비인가된 사용자가 바로 그 자리에서 계속 작업을 수행하여 불법적 접근을 행하는 범죄 행위

① 웜
② 트로이 목마
③ 피기배킹
④ 트랩 도어

2과목 스프레드시트 일반

21

다음 중 스크롤해도 특정 행이나 열이 계속 표시되도록 설정하는 기능으로 옳은 것은?

① 나누기
② 모두 정렬
③ 틀 고정
④ 새 창

22

다음 중 엑셀의 화면 구성에 대한 설명으로 옳지 않은 것은?

① 상태 표시줄: 현재 작업 중인 파일의 이름이 표시된다.
② 리본 메뉴: 엑셀의 다양한 명령들을 용도에 맞게 탭과 그룹으로 분류하여 아이콘으로 표시되는 곳이다.
③ 빠른 실행 도구 모음: 자주 사용하는 도구들을 모아놓은 도구 모음으로, 사용자가 추가 및 제거하거나 리본 메뉴의 위쪽에 표시할 수 있다.
④ 이름 상자: 현재 선택한 셀 주소나 이름이 표시되고, 차트나 그리기 개체를 선택하면 개체의 이름이 표시된다.

23

다음 중 데이터 입력에 대한 설명으로 옳지 않은 것은?

① 데이터를 입력하는 도중에 입력을 취소하려면 [Esc]를 누른다.
② 셀 안에서 줄을 바꾸어 데이터를 입력하려면 [Shift]+[Enter]를 누른다.
③ 한 행을 블록 설정한 상태에서 [Enter]를 누르면 블록 내의 셀이 오른쪽 방향으로 순차적으로 선택되어 행 단위로 데이터를 쉽게 입력할 수 있다.
④ 여러 셀에 동일한 데이터를 입력하려면 해당 셀을 범위로 지정하여 데이터를 입력한 후 [Ctrl]+[Enter]를 누른다.

24

아래 그림과 같이 선택된 범위의 셀에서 [A5] 셀까지 자동 채우기를 실행했을 때 [A5] 셀에 표시되는 값으로 옳은 것은?

	A
1	
2	2022-08-01
3	2022-08-03
4	
5	

① 2022-08-01
② 2022-08-03
③ 2022-08-05
④ 2022-08-07

25

다음 중 입력 데이터에 주어진 표시 형식으로 지정한 경우 그 결과가 옳지 않은 것은?

	입력 데이터	표시 형식	표시 결과
①	8.5	#.00	8.50
②	yang	@"korea.go.kr"	yangkorea.go.kr
③	2022/03/01	mmm dd yyyy	Mar 01 2022
④	3.14	??.??	03.14

26

다음 중 조건부 서식을 이용하여 [A2:C5] 영역에 엑셀과 파워포인트 점수가 모두 80 이상인 행 전체에 셀 배경색을 지정하기 위한 수식으로 옳은 것은?

	A	B	C
1	이름	엑셀	파워포인트
2	이상미	85	80
3	양숙희	75	80
4	오경선	95	85
5	장은실	80	70
6			

① =AND($B2>=80,$C2>=80)
② =AND(B$2>=80,C$2>=80)
③ =OR($B2>=80,$C2>=80)
④ =OR(B$2>=80,C$2>=80)

27

다음 중 함수를 실행한 결과가 옳은 것은?

① =ROUND(5.45,1) → 5
② =MOD(4,2) → 0
③ =MID("2002 한일 월드컵",5,2) → 한일
④ =POWER(5,2) → 10

28

아래 시트는 평균 [E2:E7]을 이용하여 순위 [F2:F7]을 계산한 것이다. [F2] 셀에 수식을 입력하고 자동 채우기 핸들을 이용하여 [F7] 셀까지 드래그했다면, [F2] 셀에 들어갈 수식으로 옳은 것은?

	A	B	C	D	E	F
1	학번	파포	엑셀	엑세스	평균	등수
2	101	87	93	87	89.0	6
3	102	90	94	91	91.7	5
4	103	91	89	100	93.3	2
5	104	87	94	95	92.0	4
6	105	92	90	98	93.3	2
7	106	97	88	100	95.0	1
8						
9						

① =RANK(E2,E2:E7,0)
② =RANK(E2,$E$2:$E$7,0)
③ =RANK(E2,$E$2:$E$7,1)
④ =RANK($E$2:$E$7,E2,0)

29

다음 중 셀 범위를 선택한 후 그 범위에 이름을 정의하여 사용하는 것에 대한 설명으로 옳은 것은?

① 이름은 기본적으로 상대 참조를 사용한다.
② 이름에는 공백이 없어야 한다.
③ 이름은 대소문자를 구별한다.
④ 셀 주소와 같은 형태의 이름도 사용할 수 있다.

30

다음 중 엑셀에서 기본 오름차순 정렬 순서에 대한 설명으로 옳은 것은?

① 날짜는 가장 이전 날짜에서 가장 최근 날짜의 순서로 정렬된다.
② 논리값의 경우 TRUE 다음 FALSE의 순서로 정렬된다.
③ 텍스트는 소문자 → 대문자 → 한글 → 특수 문자 순으로 정렬된다.
④ 빈 셀은 오름차순과 내림차순 정렬에서 항상 처음에 정렬된다.

31

다음 중 학과가 '컴퓨터'이고 점수가 '90점 이상'인 데이터를 추출하기 위한 고급 필터 조건은?

①

학과	점수
컴퓨터	>=90

②

학과	점수
<>컴퓨터	>=90

③

학과	점수
컴퓨터	
	>=90

④

학과	컴퓨터
점수	>=90

32

다음 중 부분합에 대한 설명으로 옳지 <u>않은</u> 것은?

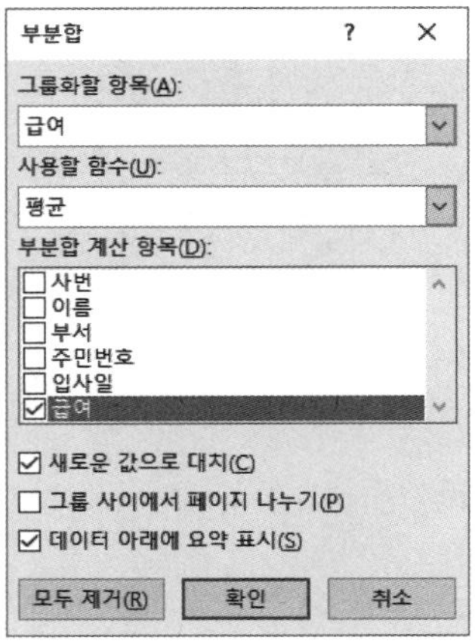

① 부분합을 실행하면 목록에 자동으로 개요가 설정된다.
② 부분합을 제거하면 부분합과 함께 표에 삽입된 개요 및 페이지 나누기도 모두 제거된다.
③ '새로운 값으로 대치'를 선택하면 이전의 부분합의 결과에 새로운 부분합의 결과가 추가된다.
④ 그룹화할 항목을 기준으로 먼저 정렬하고 [부분합]을 선택한다.

33

다음 워크시트에서 [그림 A]는 원 데이터를, [그림 B]의 [E11] 셀은 목표값 찾기가 실행된 결과를 나타낸 경우이다. 이 워크시트에 관한 설명으로 옳은 것은?

	A	B	C	D	E
1	[그림 A]				
2	이름	국어	영어	총점	평균
3	이상미	56	86	142	71
4	양숙희	65	56	121	60.5
5	장은실	99	93	192	96
6	오경선	88	52	140	70
7					
8	[그림 B]				
9	이름	국어	영어	총점	평균
10	이상미	56	86	142	71
11	양숙희	65	95	160	80
12	장은실	99	93	192	96
13	오경선	88	52	140	70

① 양숙희의 '평균'이 80이 되기 위해서 '총점'이 몇 점이 되어야 하는지를 목표값 찾기 기능을 이용하여 '총점'에 대한 값을 변경하였다.
② [수식 셀]은 목표값을 찾기 위한 수식이 들어있는 셀을 지정하는 것으로 [C11] 셀을 선택하였다.
③ [값을 바꿀 셀]에는 [E11] 셀을 선택하였다.
④ 찾는 값은 '80'을 지정하였다.

34

다음 중 피벗 차트에 대한 설명으로 옳지 않은 것은?

① 피벗 테이블 보고서가 없는 경우에도 피벗 차트를 작성할 수 있다.
② 피벗 테이블을 삭제하면 피벗 차트는 일반 차트로 변경된다.
③ 피벗 차트는 분산형, 주식형, 거품형 차트로 변경할 수 없다.
④ 피벗 차트를 삭제해도 관련된 피벗 테이블 보고서는 삭제되지 않는다.

35

아래 설명에 알맞은 엑셀 차트의 종류는?

- 과학, 통계 및 공학 데이터와 같은 숫자값을 표시하고 비교할 때 사용된다.
- 가로 축의 값이 일정한 간격이 아닌 경우나 가로 축의 데이터 요소 수가 많은 경우에 사용된다.
- 데이터 요소 간의 차이점보다는 큰 데이터 집합 간의 유사점을 표시하려는 경우에 사용된다.

① 표면형 차트 ② 방사형 차트
③ 분산형 차트 ④ 원형 차트

36

다음 중 추세선을 작성할 수 있는 차트의 종류로 옳은 것은?

① 방사형 차트 ② 꺾은선형 차트
③ 도넛형 차트 ④ 원형 차트

37

다음 중 차트에 대한 설명으로 옳은 것은?

① 기본적으로 워크시트의 행과 열에서 숨겨진 데이터도 차트에 표시된다.
② 범례, 그림 영역은 마우스로 드래그하여 이동할 수 없다.
③ Alt를 누른 상태에서 차트 크기를 조절하면 차트의 크기가 셀에 맞춰 조절된다.
④ 시트에 삽입된 차트는 새로운 시트나 현재 통합 문서의 다른 시트로 이동할 수 없다.

38

다음 중 [페이지 설정] 대화상자에서 모든 페이지의 위쪽 또는 아래쪽에 고정적으로 인쇄되는 내용을 지정하기 위해 사용할 탭은 무엇인가?

① [페이지] 탭 ② [여백] 탭
③ [머리글/바닥글] 탭 ④ [시트] 탭

39

다음 중 [페이지 나누기 미리 보기] 상태에 대한 설명으로 옳지 않은 것은?

① 차트나 그림 등의 개체를 삽입할 수 있다.
② 페이지 구분선을 마우스로 드래그하여 페이지를 나눌 위치를 조정할 수 있다.
③ [페이지 레이아웃]-[페이지 설정] 그룹의 [나누기]-[페이지 나누기 모두 원래대로]를 클릭하면 사용자가 삽입한 페이지 구분선이 모두 삭제된다.
④ 자동으로 표시된 페이지 구분선은 실선, 사용자가 삽입한 페이지 구분선은 점선으로 표시된다.

40

다음 중 매크로 이름을 정의하는 규칙으로 옳지 않은 것은?

① '?', '/', '-' 등의 문자는 매크로 이름에 사용할 수 없으나 공백은 포함할 수 있다.
② 하나의 통합 문서에서 같은 매크로 이름을 지정할 수 없다.
③ 매크로 이름의 첫 글자는 반드시 문자로 지정해야 한다.
④ 매크로 이름에 사용되는 영문자는 대소문자를 구분하지 않는다.

Level UP

정답 및 해설

Level UP 정답 및 해설 활용법!

1 철저한 문항 분석으로 전체적인 윤곽 잡기

해설을 확인하기 전, '문항별 출제 영역&키워드 분석'을 훑어보고 출제 흐름을 파악하세요!

2 상세한 해설로 문제 완전 정복하기

상세한 해설과 오답 피하기로 문제를 완벽하게 소화해서 본인의 것으로 만드세요!

3 개념끝 링크로 문제와 개념 연계학습하기

어렵거나 모르는 개념이 있다면 '개념끝 링크'를 통해 연계 학습하세요!

제1회 기출변형문제

ㅣ문항별 출제 영역 & 키워드

문항	영역	키워드
1과목 ㅣ 컴퓨터 일반		
01	컴퓨터의 발전과 분류	운영체제의 운영 방식
02	마우스 및 키보드 사용법	단축키
03	휴지통	휴지통
04	[설정] 창 – 계정	표준 계정
05	멀티미디어 개요	증강현실
06	그래픽 데이터	안티앨리어싱
07	OSI 7계층과 네트워크 장치	브리지
08	정보통신	링형, 성형, 트리형
09	프로토콜	TCP/IP
10	최신 정보통신 기술 활용	스마트 그리드, NFC
11	OSI 7계층과 네트워크 장치	도메인 네임
12	소프트웨어의 분류	프리웨어, 쉐어웨어, 상용 소프트웨어
13	프로그래밍 언어	객체 지향 프로그래밍
14	컴퓨터의 발전과 분류	웨어러블 컴퓨터
15	자료의 표현과 처리	유니코드
16	중앙처리장치	RISC, CISC
17	컴퓨터 범죄	피기배킹
18	중앙처리장치	CPU
19	컴퓨터 바이러스	매크로 바이러스
20	[설정] 창 – 접근성	접근성 센터

문항	영역	키워드
2과목 ㅣ 스프레드시트 일반		
21	엑셀의 개요	확대/축소
22	데이터 입력	셀 이동
23	데이터 입력	채우기 핸들
24	서식 설정	사용자 지정 서식
25	서식 설정	사용자 지정 서식
26	정렬과 필터	정렬
27	정렬과 필터	고급 필터
28	서식 설정	사용자 지정 서식
29	서식 설정	사용자 지정 서식
30	날짜/시간 함수	YEAR, IF
31	문자열 함수	PROPER
32	통계 함수	SUMIFS
33	논리 함수	LOOKUP
34	수식 작성	수식 작성
35	개요와 부분합	개요
36	데이터 도구	통합 문서
37	매크로 실행	매크로
38	매크로 작성	매크로
39	차트 작성	데이터 계열
40	엑셀의 개요	창 나누기

정답

문제 p.048

01	①	02	①	03	①	04	③	05	③
06	④	07	②	08	④	09	①	10	②
11	③	12	③	13	①	14	①	15	④
16	④	17	④	18	②	19	④	20	③
21	①	22	③	23	②	24	④	25	①
26	④	27	③	28	④	29	③	30	④
31	③	32	②	33	①	34	③	35	②
36	②	37	①	38	③	39	②	40	②

1과목 컴퓨터 일반

01 ①

개념끝 021

두 개 이상의 CPU를 가지고 동시에 여러 개의 작업을 처리하는 방식은 다중 처리 시스템이다. 듀얼 시스템은 업무 처리의 신뢰도를 높이기 위해 2개의 CPU가 같은 업무를 동시에 처리하여 그 결과를 상호 점검하면서 운영하는 시스템이다.

02 ①

개념끝 002

[시작] 메뉴를 표시하는 바로 가기 키는 Ctrl+Esc이다.

03 ①

개념끝 005

바탕 화면에 있는 파일을 [휴지통]으로 드래그 앤 드롭하여 삭제한 경우, 파일이 휴지통으로 옮겨지므로 복원이 가능하다. 그 외의 경우는 모두 휴지통에 들어가지 않고 바로 삭제된다.

04 ③

개념끝 016

표준 계정의 사용자는 다른 사용자나 컴퓨터 보안에 영향을 주는 설정은 변경할 수 없다.

05 ③

개념끝 031

증강현실(Augmented Reality, AR)은 가상현실(Virtual Reality)의 한 분야로 실제 환경에 가상 사물을 합성하여 원래의 환경에 존재하는 것처럼 보여주는 것을 말한다.

06 ④

개념끝 032

2차원 그래픽에서 계단 현상(앨리어싱)을 제거하여 경계면을 부드럽게 보이도록 하는 기법을 안티앨리어싱이라고 한다.

| 오답 피하기 |

① 모핑(Morphing): 한 이미지가 다른 이미지로 서서히 변화하는 과정을 나타내는 기법이다.
② 디더링(Dithering): 제한된 색을 조합하여 음이나 색을 나타내는 것으로 여러 컬러의 색을 최대한 나타내는 기법이다.
③ 렌더링(Rendering): 컴퓨터 프로그램을 이용하여 3차원 애니메이션을 만드는 과정으로, 사물 모형에 명암과 색상을 추가하여 사실감을 더해 주는 작업이다.

07 ②

개념끝 036

독립된 두 개의 근거리 통신망(LAN)을 서로 연결해 주는 장치는 브리지(Bridge)이다. 허브(Hub)는 네트워크를 구성할 때 여러 대의 컴퓨터를 연결하고, 각 회선들을 통합 관리하는 장치이다.

08 ④

개념끝 035

링(Ring)형의 경우 통신 회선 중 어느 하나라도 고장 나면 전체 통신망에 영향을 미친다. 트리(Tree)형은 허브를 이용하여 계층적으로 구성한 형태로, 많이 확장되면 트래픽이 가중될 수 있다.

09 ①

개념끝 037

TCP/IP에 대한 설명이다.

| 오답 피하기 |

② HTTP: 인터넷 서비스를 위한 프로토콜로 웹 페이지와 웹 브라우저 사이에서 하이퍼텍스트 문서를 전송하기 위한 프로토콜
③ FTP: 파일을 송 · 수신할 때 사용되는 원격 파일 전송 프로토콜
④ SMTP: 사용자가 작성한 이메일을 다른 사람의 계정으로 전송해 주는 프로토콜

10 ②

개념끝 041

- (가): 스마트 그리드는 기존 전력망에 정보 통신 기술을 접목하는 기술이다.
- (나): NFC(Near Field Communication)는 근거리, 비접촉식 통신 기술이다.

11 ③

개념끝 038

퀵돔(Quick Dom)은 2단계 체제와 같이 도메인을 짧은 형태로 줄여 쓰는 것을 의미한다.

| 오답 피하기 |

① 도메인 네임은 IP주소를 사람이 이해하기 쉬운 문자 형태로 표현한 것이다.
② 호스트 컴퓨터명, 소속 기관명, 소속 기관 종류, 소속 국가명 순으로 구성되어 있다.
④ 중복된 도메인은 있을 수 없다. 즉 도메인은 고유값을 가진다.

12 ③

개념끝 027

| 오답 피하기 |

① 프리웨어: 무료로 배포되어 자유롭게 사용할 수 있는 소프트웨어이다.
② 셰어웨어: 일정 기간 동안 무료로 사용하다가 금액을 지불하고 정식으로 사용할 수 있는 소프트웨어이다.
④ 상용 소프트웨어: 정식으로 사용료를 내고 사용하는 소프트웨어로, 해당 소프트웨어의 모든 기능을 사용할 수 있다.

13 ①

개념끝 029

객체 지향 프로그래밍의 특징으로는 추상화, 캡슐화, 정보 은닉, 상속성, 다형성 등이 있다.

14 ①
개념끝 021

주어진 내용은 웨어러블 컴퓨터에 관한 설명이다.

| 오답 피하기 |

② 마이크로 컴퓨터: 개인용 컴퓨터
③ 인공지능 컴퓨터: 인간의 지능을 모방하는 컴퓨터
④ 서버 컴퓨터: 서비스를 제공하는 컴퓨터

15 ④
개념끝 022

유니코드는 데이터의 처리나 교환을 위하여 1개 문자를 16비트로 표현한다.

16 ④
개념끝 023

범용 마이크로프로세서의 명령 세트를 축소하여 설계한 컴퓨터 방식으로, 주로 고성능의 워크스테이션이나 그래픽용 컴퓨터에서 사용하는 것은 RISC에 대한 설명이다. CISC는 개인용 컴퓨터에 주로 사용된다.

17 ④
개념끝 045

주어진 내용은 피기배킹(Piggybacking)에 대한 설명이다.

18 ②
개념끝 023

CPU 내에서 주기억장치로부터 읽어 들인 명령어를 해독하여 해당 장치에게 제어 신호를 보내 정확하게 수행하도록 지시하는 장치는 제어장치이다. ALU(산술 논리 연산장치)는 CPU를 구성하는 연산장치로, 산술 연산과 논리 연산을 하는 장치이다.

19 ④
개념끝 046

매크로 바이러스에 대한 설명이다.

| 오답 피하기 |

① 부트(Boot) 바이러스: 부트 섹터를 감염시켜 부팅이 되지 않도록 한다.
② 파일(File) 바이러스: 실행 파일을 감염시켜 파일을 손상시킨다.
③ 부트(Boot) & 파일(File) 바이러스: 부트 섹터와 파일을 감염시킨다.

20 ③
개념끝 017

접근성 센터는 신체적으로 시각장애나 청각장애가 있는 사용자를 위해서 다양한 기능을 제공하여 컴퓨터를 편리하게 사용할 수 있도록 도와주는 기능을 제공한다.

2과목 스프레드시트 일반

21 ①
개념끝 048

확대/축소 기능은 10~400% 범위에서 사용 가능하고 작업을 쉽고 편리하게 하기 위해 화면을 확대/축소하는 기능이며, 인쇄와는 상관이 없다.

22 ③
개념끝 051

[C5] 셀에 값을 입력하고 Enter를 누르면 [C6] 셀로 셀 포인터가 이동한다.

23 ②
개념끝 051

문자와 숫자가 함께 입력되어 있는 경우 오른쪽 끝에 있는 숫자가 1씩 증가한다. 날짜는 '일'이 1씩 증가한다.

24 ④
개념끝 053

사용자 지정 서식에서 dddd는 요일을 Sunday~Saturday로 표시한다.

25 ①
개념끝 053

#,##0,는 천 단위마다 콤마(,)로 표시하고 백의 자리에서 반올림한다.
기본 단위를 천으로 표시하므로 백의 자리에서 반올림 후 백의 자리 이하를 생략하면 315가 표시된다.

26 ④
개념끝 060

병합된 셀이 포함된 경우 정렬할 수 없다.

27 ③
개념끝 060

같은 행이면 AND 조건, 다른 행이면 OR 조건이다.

28 ④
개념끝 053

셀 값이 변경되어 규칙을 만족하지 않으면 적용된 서식은 해제된다.

29 ③
개념끝 053

날짜, 시간 데이터의 텍스트 맞춤은 기본 오른쪽 맞춤으로 표시된다.

30 ④
개념끝 057

=IF(YEAR(B3)<=2020,"골드회원","일반회원")

❶ YEAR(B3): [B3] 셀에서 연도를 추출함. 결과값은 2020
❷ IF(연도<=2020,"골드회원","일반회원"): 2020이 2020 이하인 경우 조건이 맞으면 '골드회원' 그렇지 않으면 '일반회원'으로 표시함. 따라서 결과값은 '골드회원'

31 ③
개념끝 057

• PROPER: 영어 단어의 첫 글자만 대문자로 표시한다.
=PROPER("republic of korea") → Republic Of Korea

| 오답 피하기 |

① TRIM(문자열): 문자열 좌/우 공백은 제거하고 나머지 공백은 한 칸으로 만든다.
② SEARCH("찾을 문자","문자열",K): 문자열 K번째부터 시작해서 찾을 문자의 위치를 숫자로 반환한다.
④ =UPPER("문자열"): '문자열'을 모두 영문자의 대문자로 반환한다.

32 ②

개념끝 056

주어진 수식을 해석하면 품목이 '연필'이면서 대리점이 '서울'인 판매실적의 합계를 말하므로 결과값은 500이다.

33 ①

개념끝 057

LOOKUP(기준 셀,범위1,범위2): 기준 셀에 해당하는 값을 범위1에서 찾아서 참조되는 값을 범위2에서 찾아 표시한다.

34 ③

개념끝 054

수식을 입력한 셀에 3이 입력되고 바로 아래 셀에는 7이 입력된다.

35 ②

개념끝 063

모든 정보 데이터를 표시하려면 개요 기호에서 4를 클릭하면 된다.

36 ②

개념끝 061

워크시트가 서로 다른 통합 문서에 있는 경우에만 적용할 수 있다.

37 ①

개념끝 073

매크로 이름은 고유성을 가지기 때문에 같은 통합 문서 내에서는 동일한 이름을 지정할 수 없다.

38 ③

개념끝 072

매크로 저장 위치가 '개인용 매크로 통합문서'일 경우 모든 Excel 문서에서 해당 매크로를 사용할 수 있다.

39 ②

개념끝 065

원형 차트는 한 개의 데이터 계열만 사용할 수 있다.

40 ②

개념끝 048

창 나누기나 틀 고정을 수행하면 셀 포인터의 왼쪽과 위쪽으로 표시된다.

제2회 기출변형문제

문항별 출제 영역 & 키워드

문항	영역	키워드
1과목 I 컴퓨터 일반		
01	컴퓨터 관리와 문제 해결	컴퓨터 속도, 최적화
02	바탕 화면과 바로 가기 아이콘	바로 가기 아이콘
03	파일 탐색기	Windows 탐색기
04	컴퓨터 관리와 문제 해결	최적화
05	기타 장치	포트, HDMI
06	동영상 데이터	스트리밍
07	정보통신	동배 간 처리 방식
08	프로토콜	ARP
09	컴퓨터 관리와 문제 해결	디스크 조각 모음
10	중앙처리장치	레지스터, 프로그램 카운터
11	마우스 및 키보드 사용법	단축키
12	[설정] 창 – 시스템	시스템 복원 기능
13	[설정] 창 – 앱	웹 브라우저
14	중앙처리장치	임베디드 시스템
15	웹 프로그래밍 언어	HTML
16	자료의 표현과 처리	2진수
17	기억장치	RAM
18	컴퓨터 범죄	컴퓨터 범죄
19	[설정] 창 – 접근성	접근성 센터
20	컴퓨터 범죄	DDoS

문항	영역	키워드
2과목 I 스프레드시트 일반		
21	통합 문서 관리	워크시트 이름
22	데이터 편집	셀 편집
23	데이터 입력	채우기 핸들
24	데이터 편집	셀 선택과 복사
25	수식 작성	이름 정의
26	서식 설정	셀 병합
27	정렬과 필터	고급 필터
28	데이터베이스 함수	DEAVERAGE
29	문자열 함수	RIGHT
30	수학/삼각 함수	MOD
31	통계 함수	COUNTIF
32	통계 함수	MAX
33	가상 분석	목표값 찾기
34	피벗 테이블과 피벗 차트	피벗 테이블
35	매크로 작성	매크로 이름
36	매크로 작성	매크로 이름
37	차트 작성	3차원 차트
38	엑셀의 개요	틀 고정
39	페이지 레이아웃 설정	인쇄, 페이지 설정
40	페이지 레이아웃 설정	페이지 나누기

정답

문제 p.055

01	②	02	③	03	④	04	③	05	②
06	②	07	①	08	②	09	④	10	②
11	①	12	③	13	①	14	①	15	③
16	②	17	③	18	③	19	①	20	②
21	②	22	③	23	①	24	④	25	②
26	①	27	①	28	②	29	③	30	①
31	②	32	③	33	④	34	①	35	①
36	③	37	①	38	④	39	④	40	②

1과목 컴퓨터 일반

01 ②

개념끝 026

시스템의 속도가 느려진 경우 드라이브 조각 모음 및 최적화를 수행하여 하드디스크의 단편화 제거하여 문제를 해결한다.

02 ③

개념끝 003

Alt+Enter는 선택한 항목의 '속성' 대화상자를 표시하는 역할을 한다.

03 ④

개념끝 006

폴더 내의 모든 항목을 선택하려면 Ctrl+A를 눌러야 한다.

04 ③

개념끝 026

최적화 기능으로 용량이 증가하지는 않는다.

05 ②

개념끝 025

HDMI에 대한 설명이다.

| 오답 피하기 |

① DVI: 비디오 신호를 디지털 신호로 전송하는 방식이다.
③ USB: 범용 직렬 장치를 연결시키는 컴퓨터의 인터페이스이다.
④ IEEE-1394: 전기전자기술자협회에서 표준화한 직렬 인터페이스이다.

06 ②

개념끝 034

스트리밍은 전송되는 데이터를 끊임없이 지속적으로 처리 가능하기 때문에 파일을 다운로드하면서 재생할 수 있는 기능이다.

07 ①

개념끝 035

동배 간 처리 방식, 클라이언트/서버 방식 등은 데이터 전송 방식이 아니라 네트워크 운영 방식이다. 데이터 전송 방식에는 단방향, 반이중, 전이중 통신 등이 있다.

08 ②

개념끝 037

ARP에 대한 설명이다.

| 오답 피하기 |

① DNS(Domain Name Server, Domain Name System): 문자로 만들어진 도메인 네임을 IP 주소로 변환해 주는 시스템
③ ICMP(Internet Control Message Protocol): TCP/IP 프로토콜에서 IP 네트워크의 IP 상태 및 오류 정보를 공유함
④ RARP(Reverse Address Resolution Protocol): 물리적 하드웨어 주소(Mac Address)를 IP 주소(IP Address)로 변환하는 프로토콜

09 ④

개념끝 026

디스크(드라이브) 조각 모음을 하면 디스크에 저장된 파일의 위치를 재정렬하는 단편화 제거 과정을 통해 디스크에서의 파일 읽기/쓰기 성능을 향상시킬 수 있다.

10 ②

개념끝 023

프로그램 카운터는 다음에 수행할 명령어의 주소를 기억하는 레지스터이다.

11 ①

개념끝 002

파일을 휴지통으로 이동하지 않고 영구 삭제하는 바로 가기 키는 Shift+Delete이다.

12 ③

개념끝 012

개인 파일은 백업하지 않으므로 손상된 개인 파일은 삭제되었거나 복구할 수 없다.

13 ①

개념끝 015

방문한 웹사이트는 수정할 수 없다.

14 ①

개념끝 023

임베디드 시스템은 전자제품에 마이크로프로세서를 내장시킨 시스템으로, TV와 냉장고 등의 가전제품에 주로 사용한다.

15 ③

개념끝 030

| 오답 피하기 |

① XML: HTML의 단점을 보완하여 웹에서 구조화된 폭넓고 다양한 문서들을 상호 교환할 수 있도록 설계한 언어
② VRML: 3차원 가상 공간을 표현하기 위한 언어
④ JSP: 웹 서버에서 동적으로 웹 브라우저를 관리하는 스크립트 언어

16 ②

개념끝 022

2진수인 101을 10진수로 변환하면 $1\times2^2+0\times2^1+1\times2^0=5$이다. 5를 8진수로 변환하면 5이다.

17 ③

개념끝 024

RAM은 전원이 공급되지 않으면 내용이 모두 지워지는 휘발성 메모리이며, 현재 사용 중인 응용 프로그램이나 데이터가 저장된다.

18 ③
개념끝 045

의심이 가는 이메일은 확인하지 않고 바로 삭제한다.

19 ①
개념끝 017

다중 디스플레이를 설정하여 두 대의 모니터에 화면을 확장하여 표시하려면 [디스플레이]에서 설정해야 한다.

20 ②
개념끝 045

| 오답 피하기 |

① 스니핑(Sniffing): 스니핑은 네트워크의 주변을 돌아다니는 패킷을 엿보면서 계정과 패스워드를 알아내는 행위
③ 백도어(Back Door): 시스템에 침입한 해커가 다시 쉽게 침입하기 위해서 만들어 놓은 불법 침입 경로
④ 해킹(Hacking): 계정 또는 컴퓨터 시스템에 대한 무단 액세스를 통해 디지털 장치와 네트워크를 손상하는 행위

2과목 스프레드시트 일반

21 ②
개념끝 050

워크시트의 이름은 공백 문자를 포함하여 최대 31자까지 사용할 수 있다.

22 ③
개념끝 052

F5를 누르면 [이동] 대화상자가 실행된다.

23 ①
개념끝 051

문자는 동일하게 복사되고, 숫자는 1씩 증가한다.

24 ④
개념끝 052

Ctrl을 누른 채 원하는 위치로 드래그하면 선택 영역이 복사된다.

25 ②
개념끝 054

이름의 첫 글자는 반드시 문자 또는 밑줄(_)로 시작되며 슬래시(/)는 사용할 수 없다.

26 ①
개념끝 053

셀 병합 시 첫 번째 셀의 내용만 남기고 모두 지워진다.

27 ①
개념끝 060

조건이 같은 행에 있으므로 AND 조건이다. 그러므로 소속이 '영업팀'이 아니면서 근무경력이 30년 이상인 사원 정보를 필터링한다.

28 ②
개념끝 058

DAVERAGE(A4:E10,"수확량",A1:C2): 데이터 범위[A4:E10]에서 조건[A1:C2] 영역을 만족하는 수확량 열의 평균을 계산한다.

29 ③
개념끝 057

=RIGHT(A1,FIND("대",A1)+5)

❶ FIND("대",A1): [A1] 셀의 '대'가 첫 글자이므로 1을 반환함
❷ RIGHT(A1,1+5): [A1] 셀의 오른쪽부터 시작해서 6글자 추출함. 결과값은 한상공대학교

| 오답 피하기 |

① =MID(A1,SEARCH("대",A1)+2,5)
  ❶ SEARCH("대",A1): [A1] 셀의 '대'가 첫 글자이므로 1을 반환함
  ❷ MID(A1,1+2,5): [A1] 셀에서 3번째 글자부터 5글자를 추출하면 결과값은 상공대학교
② =RIGHT(A1,LEN(A1)-2)
  ❶ LEN(A1): [A1] 셀의 문자열 길이 7을 반환함
  ❷ RIGHT(A1,7-2): [A1] 셀의 오른쪽부터 시작해서 5글자 추출하면 결과값은 상공대학교
④ =MID(A1,FIND("대",A1)+2,5)
  ❶ FIND("대",A1): [A1] 셀의 '대'가 첫 글자이므로 1을 반환함
  ❷ MID(A1,1+2,5): [A1] 셀에서 3번째 글자부터 5글자를 추출하면 결과값은 상공대학교

30 ①
개념끝 056

MOD(수1,수2)는 '수1'을 '수2'로 나눈 나머지를 반환하는 함수이다. 따라서 결과값은 -3이다.

31 ②
개념끝 056

COUNTIF(범위,조건): 범위에서 조건을 만족하는 셀의 개수를 표시한다.

32 ③
개념끝 056

| 오답 피하기 |

① =COUNT(1,"참",TRUE,"1"): 인수 중에서 숫자의 개수를 반환함 → 3
② =COUNTA(1,"거짓",TRUE,"1"): 공백이 아닌 모든 인수의 개수를 반환함 → 4
④ =ROUND(215.143,-2): 10의 자리에서 반올림하여 표시함 → 200

33 ④

개념끝 062

| 오답 피하기 |

① '수리'가 몇 점이 되어야 하는지를 목표값 찾기 기능으로 '수리'에 대한 값을 변경하였다.
② [수식 셀]은 목표값을 찾기 위한 수식이 들어있는 셀을 지정하는 것으로 [E11] 셀을 선택하였다.
③ [값을 바꿀 셀]에는 [C11] 셀을 선택하였다.

34 ①

개념끝 064

예상 값을 구할 때는 목표값 찾기 또는 시나리오 관리자 기능을 사용한다.

35 ①

개념끝 072

매크로 이름에는 공백이나 마침표를 사용할 수 없다.

36 ③

개념끝 072

매크로 이름을 입력하고 [만들기] 단추를 클릭하면 매크로를 VBA에서 만들 수 있다.

37 ①

개념끝 065

①은 '영역형 차트', ②는 '분산형 차트', ③은 '도넛형 차트', ④는 '주식형 차트'이다. 분산형 차트, 도넛형 차트, 방사형 차트, 주식형 차트는 3차원 차트로 변경이 불가하다.

38 ④

개념끝 048

틀 고정 취소는 셀 포인터와 상관없이 [창]–[틀 고정 취소]를 하면 된다.

39 ④

개념끝 069

숨겨진 행과 열은 인쇄되지 않는다.

40 ②

개념끝 069

- 점선(파선): 자동으로 삽입된 페이지 나누기를 한 경우
- 실선: 수동으로 삽입된 페이지 나누기를 한 경우

제3회 기출변형문제

문항별 출제 영역 & 키워드

문항	영역	키워드
1과목 I 컴퓨터 일반		
01	컴퓨터 시스템 활용	자료의 구성 단위
02	인터넷 활용	도메인 네임, URL
03	컴퓨터 하드웨어	보조기억장치
04	컴퓨터 시스템 보호	컴퓨터 범죄
05	컴퓨터 하드웨어	컴퓨터 관리, 문제 해결
06	컴퓨터 시스템 활용	컴퓨터의 발전, 분류
07	인터넷 활용	IP 주소, 도메인 네임
08	컴퓨터 시스템 보호	컴퓨터 범죄
09	멀티미디어 활용	그래픽 데이터
10	컴퓨터 소프트웨어	운영체제
11	컴퓨터 하드웨어	기타 기억장치
12	인터넷 활용	전자우편, 전자우편 프로토콜
13	인터넷 활용	IP 주소
14	Windows 10의 기본 기능	바로 가기 아이콘
15	컴퓨터 소프트웨어	소프트웨어의 구분
16	컴퓨터 하드웨어	중앙처리장치(CPU)
17	컴퓨터 시스템 활용	자료의 표현
18	Windows 10의 고급 기능	작업 관리자
19	인터넷 활용	OSI 7계층과 네트워크 장치
20	Windows 10의 기본 기능	파일 탐색기

문항	영역	키워드
2과목 I 스프레드시트 일반		
21	수식 활용	오류 메시지
22	데이터 입력 및 편집	사용자 지정 서식
23	수식 활용	수학/삼각 함수
24	매크로 활용	매크로 기록
25	데이터 입력 및 편집	자동 채우기
26	스프레드시트의 개요	워크시트의 전반적 내용
27	데이터 분석	시나리오
28	수식 활용	논리 함수
29	출력 작업	페이지 설정
30	데이터 분석	부분합
31	출력 작업	페이지 설정
32	매크로 활용	매크로 기록
33	수식 활용	수학/삼각 함수
34	매크로 활용	매크로 기록
35	데이터 정리	고급 필터
36	데이터 분석	통합
37	데이터 분석	피벗 테이블, 피벗 차트
38	수식 활용	이름 정의
39	차트 활용	추세선과 오차 막대
40	차트 활용	차트의 종류

정답

문제 p.063

01	②	02	①	03	②	04	③	05	②
06	③	07	①	08	②	09	②	10	②
11	②	12	④	13	④	14	②	15	①
16	①	17	①	18	①	19	②	20	③
21	③	22	④	23	③	24	①	25	①
26	④	27	③	28	③	29	④	30	①
31	③	32	④	33	②	34	②	35	③
36	④	37	②	38	④	39	③	40	④

1과목 컴퓨터 일반

01 ②

개념끝 022

자료 표현의 최소 단위는 비트(Bit)이다.

02 ①

개념끝 038

URL은 인터넷상에 존재하는 각종 자원이 있는 위치를 나타내는 표준 주소 체계이다. 형식은 프로토콜://호스트 서버 주소[:포트 번호][/파일 경로]로, [:포트 번호], [/파일 경로]는 생략 가능하다.

03 ②

개념끝 024

SSD는 물리적인 외부 충격에 강하며 자기 디스크가 아닌 반도체 메모리를 사용하기 때문에 불량 섹터가 발생하지 않는다.

04 ③

개념끝 045

| 오답 피하기 |

① 웜(Worm): 네트워크를 통해 연속적으로 자신을 복제하여 시스템을 과부하시키는 프로그램
② 해킹(Hacking): 타인의 컴퓨터 시스템에 무단으로 침입하여 데이터와 프로그램을 없애거나 망치는 행위
④ 스니핑(Sniffing): 네트워크 주변을 지나다니는 패킷을 엿보면서 계정과 패스워드를 알아내는 행위

05 ②

개념끝 026

스풀 에러가 발생한 경우 프린터 스풀러 서비스를 중지하고 스풀러 저장소에 있는 파일들을 삭제한 후 다시 인쇄한다.

06 ③

개념끝 021

컴퓨터의 처리 능력에 따른 분류에 해당한다.
〈컴퓨터의 분류〉
- 데이터 형태에 따른 분류: 디지털 컴퓨터, 아날로그 컴퓨터, 하이브리드 컴퓨터
- 처리 능력에 따른 분류: 슈퍼 컴퓨터(초대형 컴퓨터), 메인 프레임(대형 컴퓨터), 미니 컴퓨터(중형 컴퓨터), 마이크로 컴퓨터(소형 컴퓨터)

07 ①

개념끝 038

도메인 네임은 숫자 형태의 IP 주소를 사람이 이해하기 쉬운 문자 형태로 표기하는 주소이고, IP 주소는 숫자로 표기하는 주소로, 도메인 네임과 IP 주소는 서로 다른 개념이다.

08 ②

개념끝 045

분산 서비스 거부(DDoS; Distributed Denial of Service)에 대한 설명이다.

| 오답 피하기 |

① 스니핑(Sniffing): 네트워크의 주변을 지나다니는 패킷을 엿보면서 계정과 패스워드를 알아내는 행위를 말한다.
③ 백도어(Back Door): 시스템 관리자의 편의를 위한 경우나 설계상 버그로 인해 시스템의 보안이 제거된 통로를 말하며, 트랩 도어(Trap Door)라고도 한다.
④ 해킹(Hacking): 컴퓨터 시스템에 불법적으로 접근, 침투하여 정보를 유출하거나 파괴하는 행위를 말한다.

09 ②

개념끝 032

모핑은 2개의 이미지를 적절히 연결시켜 변환, 통합하는 기법으로 컴퓨터 그래픽, 영화 등에서 많이 응용되고 있다.

| 오답 피하기 |

① 셀 애니메이션에 대한 설명이다.
③ 키 프레임 애니메이션에 대한 설명이다.
④ 클레이 애니메이션에 대한 설명이다.

10 ②

개념끝 028

운영체제 운용 기법의 발달 과정: 일괄 처리 시스템 → 다중 프로그래밍 시스템/다중 처리 시스템/시분할 시스템/실시간 처리 시스템 → 다중 모드 → 분산 처리 시스템

11 ②

개념끝 024

보조기억장치의 일부를 주기억장치처럼 사용하는 메모리 기법이다.

| 오답 피하기 |

① 플래시 메모리에 대한 설명으로, MP3 플레이어, 휴대전화, 디지털카메라 등에 널리 사용된다.
③ 캐시 메모리에 대한 설명이다.
④ 버퍼 메모리에 대한 설명이다.

12 ④

개념끝 040

받은 메일에 대해 작성한 답장만 발송자에게 전송하는 기능을 회신이라 한다. 전달은 받은 메일을 그대로 다른 사람에게 전송하는 기능을 말한다.

13 ④

개념끝 038

주소의 한 부분이 0으로만 연속되는 경우 연속된 0은 '::'으로 생략하여 표시할 수 있다.

| 오답 피하기 |

① 주소는 16비트씩 8개 부분으로 총 128비트로 구성되어 있다.
② IPv4에 대한 설명으로, IPv6은 유니캐스트, 애니캐스트, 멀티캐스트의 형태로 구분하여 사용한다.
③ IPv4와의 호환성이 우수하고, IPv4에 비해 품질 보장은 용이하다.

14 ②

개념끝 003

바로 가기 아이콘은 삭제해도 원본 파일에는 영향을 주지 않지만 원본 파일을 삭제하면 바로 가기 아이콘을 실행할 수 없다.

15 ①

개념끝 027

㉠은 프리웨어, ㉡은 셰어웨어, ㉢은 상용 소프트웨어에 대한 설명이다.

〈사용권에 따른 소프트웨어 분류〉

- 상용 소프트웨어: 정식으로 대가를 지불(구매)하고 사용
- 셰어웨어: 사용 기간 또는 기능에 제한을 두고 무료로 배포
- 프리웨어: 무료로 누구나 접근할 수 있도록 배포
- 공개 소프트웨어: 개발자가 소스를 공개, 누구나 자유롭게 사용하고 수정 및 재배포 가능
- 데모 버전: 홍보용, 사용 기간 또는 기능을 제한하여 배포
- 알파 버전: 제작 회사 내에서 테스트 목적으로 제작
- 베타 버전: 정식 프로그램 출시 전, 일반인에게 테스트 목적으로 무료 배포
- 패치 버전: 이미 배포한 프로그램에 대한 오류 수정 및 성능 향상을 위해 프로그램의 일부를 변경해 주는 소프트웨어
- 번들: 소프트웨어 구매 시 무료로 제공하는 소프트웨어

16 ①

개념끝 023

중앙처리장치는 크게 연산장치와 제어장치로 나뉜다. 연산장치(ALU)의 구성 요소로는 가산기, 보수기, 누산기, 상태 레지스터 등이 있으며, 제어장치의 구성 요소로는 명령 레지스터(IR), 프로그램 카운터(PC), 부호기(Encoder), 해독기(Decoder) 등이 있다.

17 ①

개념끝 022

| 오답 피하기 |

② 패리티 비트를 사용하여 만든 코드로, 오류 검출만 가능하고 수정은 불가능하다.
③ 하나의 문자를 3비트의 존 부분과 4비트의 디지트 부분으로 구성하며, 개인용 컴퓨터와 데이터 통신에 사용한다.
④ 하나의 문자를 2비트의 존 부분과 4비트의 디지트 부분으로 구성하며, 64가지의 문자를 표현할 수 있다.

18 ①

개념끝 009

실행 중인 응용 프로그램은 [작업 관리자]-[프로세스]-[작업 끝내기]로 종료할 수 있다.

〈작업 관리자〉

- 실행 중인 응용 프로그램의 실행 순서를 변경할 수는 없다.
- 현재 실행 중인 프로세스와 프로세스에서 실행되는 서비스를 볼 수 있다.
- CPU의 사용 정도와 사용 현황을 확인할 수 있다.
- 단축키 Ctrl+Shift+Esc 또는 Ctrl+Alt+Delete를 누른 후 [작업 관리자]를 선택하여 [작업 관리자] 창을 열 수 있다.

19 ②

개념끝 036

허브(Hub)에 대한 설명이다. 리피터(Repeater)는 약해진 신호를 증폭하며 다음 구간으로 전달하는 장치이다.

20 ③

개념끝 006

현재 폴더에서 상위 폴더로 이동하려면 바로 가기 키인 Backspace를 누른다.

2과목 스프레드시트 일반

21 ③

개념끝 054

#NAME? 오류 메시지에 대한 설명이다. #N/A 오류 메시지는 수식에 사용할 수 없는 값이 들어있을 경우에 발생한다.

22 ④

개념끝 053

% 기호는 셀 값에 100을 곱해서 나온 값과 함께 % 기호를 붙여서 표시하므로 결과는 '223454300%'이다.

23 ③

개념끝 056

SUMIF(범위,조건,합계 범위) 함수는 범위에서 조건을 만족하는 경우 합계 범위에서 합계를 구하는 함수이다. 자동 채우기 핸들을 이용하여 계산하기 위해서는 범위(소속)와 합계 범위(매출액)는 절대 참조로, 조건(소속)은 상대 참조로 지정해야 한다.

24 ①

개념끝 072

매크로 이름은 대·소문자를 구분하지 않고, 공백이나 마침표를 포함하여 설정할 수 없다.

25 ①

개념끝 051

범위로 설정한 두 개의 숫자가 반복해서 복사되어 [A3] 셀에는 '3', [A4] 셀에는 '6', [A5] 셀에는 '3'이 입력된다.

26 ④

개념끝 048

삽입된 시트 또는 삭제된 시트는 실행 취소로 되살릴 수 없다.

27 ③

개념끝 062

시나리오의 값을 변경해도 이미 작성된 시나리오 보고서가 자동으로 계산되지 않으므로 시나리오 보고서를 다시 작성해야 한다.

28 ③

개념끝 057

=IF(OR(B2>=90,AND(C2>=80,D2>=80)),"통과"," ")

❶ AND(C2>=80,D2>=80)

❷ OR(B2>=90,AND(C2>=80,D2>=80))

❶ AND 함수는 모든 조건이 참이면 TRUE, 그렇지 않으면 FALSE를 반환함. AND(C2>=80,D2>=80) 함수는 [C2] 셀이 80 이상이고, [D2] 셀이 80 이상인 경우 TRUE를 반환

❷ OR 함수는 조건 중 하나라도 참이면 TRUE, 그렇지 않으면 FALSE를 반환함. OR(B2>=90,❶) 함수는 [B2] 셀이 90 이상이거나, ❶의 결과가 TRUE인 경우 TRUE를 반환

따라서 [B2] 셀이 90 이상이거나, [C2] 셀이 80 이상이고 [D2] 셀이 80 이상인 경우 '통과'를 표시하고, 그렇지 않은 경우 공백(" ")을 표시하는 함수식에 해당한다.

29 ④

개념끝 069

제시된 이미지는 [파일 이름 삽입] 명령 단추이며, [시트 이름 삽입] 명령 단추는 이다.

30 ①

개념끝 063

부분합을 작성할 때 기준이 되는 필드가 반드시 정렬되어 있어야 부분합을 실행할 수 있다.

31 ③

개념끝 069

페이지 번호를 '–1–'로 표시하려면 '– &[페이지 번호] –'를 입력해야 한다.

32 ④

개념끝 072

매크로 저장 위치는 '새 통합 문서', '현재 통합 문서', '개인용 매크로 통합 문서' 중에서 선택할 수 있다.

33 ②

개념끝 056

SUMIFS(합계 범위,범위1,조건1,…) 함수는 여러 조건에 맞는 셀들의 합계를 구하는 함수이므로 [A2:A6] 영역에서 '연필'이면서 [B2:B6] 영역에서 '서울'인 행은 4행과 6행이다. 따라서 [D2:D6] 영역에서 4행과 6행의 합계를 구하면 300+200=500이다.

34 ②

개념끝 072

바로 가기 키에 사용할 수 있는 문자는 영문자(대 · 소문자)만 가능하다.

35 ③

개념끝 060

고급 필터 조건을 같은 행에 입력하면 두 개의 조건이 모두 만족해야 데이터가 추출되는 AND 조건이고, 다른 행에 입력하면 한 개 이상의 조건에 만족할 경우 데이터가 추출되는 OR 조건이다. 합계가 95 미만이면서 90을 초과한 '송성철(92)', '김시형(91)', '임형석(92)'과 합계가 80 미만인 '오동하(74)'만 필터링되어 총 4명이다.

36 ④

개념끝 061

'원본 데이터에 연결'에 체크하면 참조한 원본 데이터가 변경될 때 자동으로 계산 결과가 변경되며, 통합할 데이터가 있는 워크시트가 결과가 작성될 워크시트와 다른 통합 문서에 있는 경우에만 적용할 수 있다.

37 ②

개념끝 064

작성된 피벗 테이블을 삭제하면 함께 작성한 피벗 차트는 일반 차트로 변경된다.

38 ④

개념끝 054

정의된 이름은 절대 참조 방식으로 참조를 한다.

39 ③

개념끝 067

3차원 차트에서는 오차 막대를 사용할 수 없다.

40 ④

개념끝 065

원형 차트는 전체 합계에 대한 각 항목의 구성 비율을 표시하고 하나의 계열만 표현할 수 있다.

제4회 기출변형문제

| 문항별 출제 영역 & 키워드

문항	영역	키워드
1과목 I 컴퓨터 일반		
01	컴퓨터 시스템 활용	자료의 표현
02	인터넷 활용	인터넷 서비스
03	인터넷 활용	웹브라우저
04	Windows 10의 기본 기능	파일 탐색기
05	Windows 10의 고급 기능	접근성
06	멀티미디어 활용	멀티미디어 특징
07	정보 윤리 기본	자료, 정보, 정보화
08	인터넷 활용	OSI 7계층, 네트워크 장치
09	인터넷 활용	인터넷 서비스
10	컴퓨터 시스템 보호	컴퓨터 범죄
11	Windows 10의 기본 기능	작업 표시줄
12	컴퓨터 하드웨어	기타 기억장치
13	Windows 10의 고급 기능	시스템
14	인터넷 활용	프로토콜
15	컴퓨터 시스템 활용	자료의 표현
16	멀티미디어 활용	동영상 데이터
17	Windows 10의 고급 기능	관리 도구
18	Windows 10의 고급 기능	보조프로그램
19	Windows 10의 고급 기능	프린터
20	컴퓨터 시스템 보호	컴퓨터 범죄, 바이러스

문항	영역	키워드
2과목 I 스프레드시트 일반		
21	데이터 분석	목표값 찾기
22	데이터 관리	중복된 항목 제거
23	데이터 분석	피벗 테이블, 피벗 차트
24	수식 활용	오류 메시지
25	매크로 활용	매크로 기록
26	데이터 분석	부분합
27	데이터 입력 및 편집	사용자 지정 서식
28	출력 작업	페이지 설정
29	데이터 입력 및 편집	메모(노트), 윗주, 링크
30	데이터 입력 및 편집	이동/복사, 선택하여 붙여넣기
31	매크로 활용	매크로 기록
32	데이터 관리	고급 필터
33	수식 활용	논리 함수
34	데이터 입력 및 편집	자동 채우기
35	출력 작업	인쇄
36	데이터 입력 및 편집	데이터 입력
37	수식 활용	문자열 함수
38	데이터 관리	정렬
39	차트 활용	차트 구성 요소, 차트 편집
40	차트 활용	차트 편집

정답 문제 p.071

01	②	02	②	03	①	04	②	05	①
06	②	07	②	08	②	09	④	10	④
11	④	12	①	13	④	14	②	15	④
16	④	17	②	18	④	19	③	20	②
21	④	22	②	23	②	24	④	25	①
26	④	27	③	28	④	29	③	30	②
31	③	32	②	33	④	34	①	35	③
36	④	37	③	38	①	39	①	40	③

1과목 컴퓨터 일반

01 ②
개념끝 022

| 오답 피하기 |

① 패리티 비트는 오류 검출만 가능하며, 오류 검출 및 오류 교정이 가능한 코드는 해밍 코드이다.

③, ④ ASCII 코드에 대한 설명이다.

02 ②
개념끝 040

주어진 내용은 포털 사이트(PS; Portal Site)에 대한 설명이다.

| 오답 피하기 |

① 인터넷에서 동시 접속자 수가 너무 많아 과부하가 걸리거나 속도가 느려지는 것을 막기 위해 같은 사이트를 여러 곳에 복사해 놓은 사이트를 말한다.

03 ①
개념끝 039

웹사이트에 방문 기록을 남겨 접속할 때 자동으로 만들어지는 임시 파일을 말한다.

| 오답 피하기 |

② 자주 방문하는 웹사이트를 목록에 추가, 저장하여 쉽게 찾아갈 수 있게 하는 기능이다.

③ 인터넷 환경에서 특정 전자기기가 자신이 제공하는 다양한 서비스를 다른 전자기기에서 활용할 수 있도록 웹 표준 기반으로 제공하는 기능이다.

④ 방문했던 웹사이트 주소를 순서대로 보관하는 기능이다.

04 ②
개념끝 006

현재의 위치를 알려주는 것은 주소 표시줄이며, 세부 정보 창은 선택한 드라이브나 폴더, 파일과 관련된 속성이 표시되는 곳이다.

05 ①
개념끝 017

[설정]-[계정]-[가족 및 다른 사용자]에서 설정한다.

06 ②
개념끝 031

멀티미디어는 아날로그 데이터를 디지털 데이터로 변환하여 통합 처리한다.

07 ②
개념끝 042

ⓐ 자료는 가공되지 않은 데이터를 말하며, ⓑ 정보는 자료와는 달리 특정 목적과 문제 해결에 도움이 되도록 자료를 가공한 것을 말한다. ⓒ 정보화란 정보가 사회의 전 분야에 확산되는 현상을 말한다.

08 ②
개념끝 036

| 오답 피하기 |

① 라우터(Router)에 대한 설명이다.

③ 리피터(Repeater)에 대한 설명이다.

④ 브리지(Bridge)에 대한 설명이다.

09 ④
개념끝 040

사물 인터넷(IoT)은 인터넷을 기반으로 하기 때문에 네트워크 구성 비용이 추가되어 통신 비용이 증가되며, 정보보안기술의 적용에 어려움이 있어서 보안에 취약하다.

10 ④
개념끝 045

트로이 목마는 시스템에 어떤 허가되지 않은 행위를 수행시키기 위해 다른 프로그램 코드로 위장하여 침투시키는 행위를 하는 바이러스로, '백오리피스'가 대표적인 프로그램이다.

〈웜(Worm)〉

자신을 스스로 복제하여 시스템에 부하를 높여 시스템을 다운시키는 바이러스로, 'DDoS', '슬래머', '버퍼 오버플로' 등이 웜의 형태이다.

- DDoS(분산 서비스 거부 공격): 여러 컴퓨터를 이용해 대량의 데이터를 한 곳의 서버에 과부하를 일으켜 정상적인 기능을 방해하는 것을 말한다.
- 버퍼 오버플로: 메모리에 할당된 버퍼의 크기보다 초과되는 데이터를 입력시켜 프로그램의 복귀 주소를 조작 후 공격자의 원하는 코드를 실행하는 것을 말한다.
- 슬래머: 윈도우 서버의 취약점을 이용해 대량의 네트워크 트래픽을 유발하여 네트워크를 마비시키는 바이러스이다.

11 ④
개념끝 004

Windows 10에서는 [작업 표시줄 아이콘 만들기] 기능은 제공하지 않는다.

12 ①
개념끝 024

기억 용량은 작으나 속도가 빠른 버퍼 메모리이다.

13 ④
개념끝 012

[설정]-[계정]에서 확인할 수 있다.

14 ②
개념끝 037

HTTP(Hyper Text Transfer Protocol): 웹상에서 텍스트, 이미지, 오디오, 비디오 등 멀티미디어 파일을 송·수신하는 데 필요한 통신 프로토콜이다.

| 오답 피하기 |

① TCP/IP(Transmission Control Protocol/Internet Protocol): 서로 다른 기종의 컴퓨터 간에 데이터를 송 · 수신하기 위해 개발된 인터넷 표준 프로토콜로, TCP와 IP를 포함한 관련 프로토콜을 모두 포함한다.
③ FTP(File Transfer Protocol): 파일 전송 프로토콜로, 네트워크에 연결된 컴퓨터 간에 데이터를 원활하게 교환하기 위한 목적으로 개발되었다.
④ WAP(Wireless Application Protocol): 무선 애플리케이션 프로토콜로, 무선 통신을 사용하는 응용 프로그램의 국제 표준이다.

15 ④

개념끝 022

데이터 전달 과정에서 오류가 생겼는지 검사하기 위해 원래의 정보에 덧붙이는 비트이다.

| 오답 피하기 |

① 하나의 문자를 4비트의 존 부분과 4비트의 디지트 부분으로 구성하고, 256가지의 문자를 표현할 수 있다.
② 컴퓨터에서 세계 각국의 언어를 통일된 방법으로 표현할 수 있도록 고안된 국제 표준 코드로 한글, 한자, 영문, 숫자 등 하나의 문자를 16비트로 표현한다.
③ 하나의 문자를 3비트의 존 부분과 4비트의 디지트 부분으로 구성하고, 128가지의 문자를 표현할 수 있다.

16 ④

개념끝 034

동영상 압축 기술의 국제 표준 규격이다.

| 오답 피하기 |

① 웹 프로그래밍 언어이다. SGML의 복잡성과 HTML의 단순함을 개선한 차세대 인터넷 언어로, 웹에서 구조화된 폭넓고 다양한 문서들을 상호 교환할 수 있도록 설계되었다.
② 2차원 벡터 그래픽을 표현하기 위한 XML 기반의 파일 형식이다.
③ 그래픽 파일 형식이다. 정지 화상을 위해 만들어진 압축 방식의 표준으로, 웹에서 사진과 같이 색이 다양한 정지 영상을 표현하기에 적합하다.

17 ②

개념끝 019

포맷(Format)은 하드디스크의 트랙 및 섹터를 초기화하는 작업으로, [포맷] 대화상자에서는 용량 확인, 파일 시스템 선택, 할당 단위 크기, 볼륨 레이블 입력, 포맷 옵션을 선택할 수 있다.

18 ④

개념끝 008

[편집] 메뉴–시간/날짜(단축키 F5)에서 삽입할 수 있다.

19 ③

개념끝 010

네트워크 프린터는 연결할 프린터의 포트가 자동으로 지정되므로 포트를 지정하지 않는다.

20 ②

개념끝 045

의심이 가는 이메일은 열지 말고 삭제한다.

2과목 스프레드시트 일반

21 ④

개념끝 062

수식에서 원하는 결과를 알고 있지만, 그 결과를 얻는 데 필요한 입력값을 구하는 경우에 사용하는 기능이다.

| 오답 피하기 |

① 가상 시나리오를 만들고 다양한 변수를 적용해서 그에 따라 달라지는 값을 예측하고 분석하는 기능으로, 다양한 경우의 예측값을 손쉽게 구할 수 있는 기능이다.
② 수식의 특정 값이 변할 경우 다른 셀에 영향을 주는 값을 한 번에 계산할 수 있는 기능이다.
③ 광범위한 데이터를 한눈에 쉽게 파악할 수 있도록 다양한 형태로 요약(합계, 평균, 기타 통계)하여 보여주는 대화형 테이블을 만드는 기능이다.

22 ②

개념끝 053

'년도'에서 중복된 데이터를 삭제하면 08월 02일, 08월 03일 2개가 남게 된다.

23 ②

개념끝 064

작성된 피벗 테이블을 삭제하면 함께 작성한 피벗 차트는 일반 차트로 변경된다.

24 ④

개념끝 054

| 오답 피하기 |

① 특정 값을 0 또는 빈 셀로 나눈 경우에 발생한다.
② 수식이나 함수에 잘못된 숫자값이 포함된 경우에 발생한다.
③ 잘못된 함수 이름이나 정의되지 않은 셀 이름을 사용한 경우에 발생한다.

25 ①

개념끝 072

매크로 이름은 [매크로] 대화상자의 [편집] 단추 또는 [개발 도구] 탭–[코드] 그룹–[Visual Basic]을 클릭하면 실행되는 Visual Basic Editor에서 변경할 수 있다.

26 ④

개념끝 063

이미 작성된 부분합을 유지하면서 부분합 계산 항목을 추가할 경우에는 '새로운 값으로 대치' 선택을 해제해야 한다.

27 ③

개념끝 053

콤마(,)가 서식의 맨 끝에 위치하면 천 단위 이하가 생략되고 반올림된 값이 표시되므로, 옳은 결과는 '2,235천원'이다.

28 ④ 개념끝 069

'페이지 가운데 맞춤'은 [페이지 설정] 대화상자의 [여백] 탭에서 설정할 수 있다.

29 ③ 개념끝 051

[모두 지우기]를 선택하면 [A5] 셀 데이터와 메모가 삭제된다. 메모를 삭제하려면 [홈] 탭-[편집] 그룹-[지우기]에서 [모두 지우기] 또는 [메모 지우기]를 선택하거나 바로 가기 메뉴에서 [메모 삭제]를 선택하면 된다.

| 오답 피하기 |

① [A4] 셀의 데이터가 [A5] 셀에 그대로 복사된다.
② 메모가 삭제되는 것이 아니라 메모가 화면에서 숨겨진다.
④ [A4] 셀의 데이터인 '황채연'만 지워진다.

30 ② 개념끝 052

[서식]을 선택한 경우 복사한 셀의 내용은 복사되지 않고 서식만 붙여넣기가 실행된다.

31 ③ 개념끝 072

매크로의 바로 가기 키는 영문자만 가능하며 숫자는 사용할 수 없다.

32 ② 개념끝 060

고급 필터의 조건은 같은 행에 입력하면 두 개의 조건이 모두 만족해야 데이터가 추출되는 AND 조건이고, 다른 행에 입력하면 한 개 이상의 조건에 만족할 경우 데이터가 추출되는 OR 조건이다.

33 ④ 개념끝 057

IFS(조건식1,값1,조건식2,값2,…) 함수는 '조건식1'이 참이면 '값1', '조건식2'가 참이면 '값2'를 반환하는 함수이다. 문제에서 [G3] 셀의 등급에 따라 분반한다고 하였으므로, G3="등급"의 형태로 조건이 표현되어야 한다.

34 ① 개념끝 051

문자열 데이터에 숫자가 포함된 경우 Ctrl을 누른 채 채우기 핸들을 드래그하면 문자열과 숫자 데이터가 그대로 복사되고, 자동 채우기 핸들을 그대로 드래그하면 맨 마지막 숫자만 1씩 증가하고 나머지는 복사된다.

35 ③ 개념끝 071

| 오답 피하기 |

① 기본적으로 워크시트에서 숨기기를 실행한 영역은 인쇄되지 않는다.
② 인쇄 영역에 포함된 도형들은 기본적으로 인쇄된다.
④ 인쇄 미리 보기 상태에서는 인쇄 영역이 활성화되지 않으므로 지정할 수 없다.

36 ④ 개념끝 051

Home을 누르면 해당 행의 첫 번째 열로 셀 포인터가 이동되므로 [C1] 셀이 아니라 [A5] 셀로 이동한다.

37 ③ 개념끝 057

FIND(문자열1,문자열2,시작 위치) 함수는 대·소문자를 구분하고, 문자열2의 시작 위치부터 문자열1을 찾아 위치를 반환한다. 따라서 'Connection'의 c의 위치를 반환하므로 결과값은 '6'이다.

| 오답 피하기 |

① SEARCH(문자열1,문자열2,시작 위치) 함수는 대·소문자를 구분하지 않고 문자열2의 시작 위치부터 문자열1을 찾아 위치를 반환한다. 따라서 'Connection'의 C의 위치를 반환하므로 결과값은 '1'이다.
② SEARCH 함수는 대·소문자를 구분하지 않는다. 따라서 'Connection'의 c의 위치를 반환하므로 결과값은 '1'이다.
④ FIND 함수는 대·소문자를 구분한다. 따라서 'Connection'의 C의 위치를 반환하므로 결과값은 '1'이다.

38 ① 개념끝 060

색상별 정렬이 가능하여 글꼴 색 또는 셀 색을 기준으로 정렬할 수 있다.

39 ① 개념끝 065

데이터 계열이 겹쳐 있으므로 '계열 겹치기' 수치가 양수로 적용되었다. 음수로 지정하면 데이터 계열 사이가 벌어진다.

40 ③ 개념끝 066

차트 작성 후 원본 데이터가 변경되면 자동으로 차트의 값이 변경된다.

제5회 기출변형문제

| 문항별 출제 영역 & 키워드

문항	영역	키워드
	1과목 | 컴퓨터 일반	
01	windows 10의 특징	windows 10의 특징
02	[설정] 창 – 시스템	[시스템 속성] 대화상자
03	[설정] 창 – 계정	사용자 계정
04	[설정] 창 – 접근성	접근성 센터
05	인쇄	프린터 설치
06	컴퓨터의 발전과 분류	컴퓨터의 세대별 소자
07	자료의 표현과 처리	유니코드
08	중앙처리장치	중앙처리장치
09	기억장치	캐시 메모리
10	컴퓨터 관리와 문제 해결	컴퓨터 관리
11	소프트웨어의 분류	시스템 소프트웨어
12	운영체제	컴퓨터 운영체제
13	소프트웨어의 분류	사용권에 따른 소프트웨어 분류
14	멀티미디어 개요	멀티미디어의 특징
15	그래픽 데이터	멀티미디어 기법
16	OSI 7계층과 네트워크 장치	OSI 7계층
17	프로토콜	프로토콜
18	인터넷 서비스	전자우편
19	인터넷 서비스	인터넷 서비스
20	컴퓨터 범죄	컴퓨터 범죄

문항	영역	키워드
	2과목 | 스프레드시트 일반	
21	엑셀의 개요	틀 고정
22	통합 문서 관리	시트 숨기기
23	데이터 입력	데이터 입력
24	데이터 입력	채우기 핸들
25	서식 설정	사용자 지정 표시 형식
26	서식 설정	조건부 서식
27	수학/삼각 함수, 통계 함수	통계 함수
28	수학/삼각 함수, 통계 함수	통계 함수
29	찾기/참조 함수, 데이터베이스 함수	찾기/참조 함수
30	정렬과 필터	정렬
31	정렬과 필터	고급 필터
32	개요와 부분합	부분합
33	가상 분석	시나리오
34	피벗 테이블과 피벗 차트	피벗 테이블 보고서
35	차트의 편집	차트 종류
36	차트 서식 지정	차트 서식
37	차트 작성	차트의 구성 요소
38	인쇄 작업	[시트] 탭
39	통합 문서 보기	페이지 나누기 미리 보기
40	매크로 작성	매크로

정답

문제 p.079

01	①	02	④	03	③	04	①	05	②
06	①	07	④	08	②	09	②	10	①
11	④	12	②	13	②	14	②	15	②
16	③	17	①	18	③	19	①	20	④
21	①	22	①	23	③	24	④	25	③
26	④	27	②	28	①	29	③	30	①
31	②	32	④	33	③	34	④	35	②
36	④	37	④	38	①	39	①	40	③

1과목 컴퓨터 일반

01 ①

개념끝 001

응용 프로그램의 오류가 발생했을 경우 오류가 발생한 응용 프로그램만 강제 종료할 수 있는 선점형 멀티태스킹을 지원한다.

02 ④

개념끝 012

실행 중인 프로그램의 강제 종료는 [작업 관리자] 창에서 할 수 있다.

03 ③

개념끝 016

표준 계정은 자신의 계정에 대한 암호는 설정할 수 있으나, 다른 사용자나 컴퓨터 보안에 영향을 주는 설정은 할 수 없다.

04 ①

개념끝 017

[돋보기]에 대한 설명이다. [고대비 설정]은 화면에서 텍스트와 이미지가 보다 뚜렷하고 쉽게 식별되도록 할 수 있다.

05 ②

개념끝 010

네트워크 프린터는 연결할 프린터의 포트가 자동으로 지정되므로 포트를 지정하지 않는다.

06 ①

개념끝 021

전문가 시스템은 제5세대 특징이다.

| 오답 피하기 |

② 제2세대: 트랜지스터, 실시간 처리 시스템
③ 제3세대: 집적회로(IC), 시분할 처리 시스템
④ 제4세대: 고밀도 집적회로(LSI), 개인용 컴퓨터 사용

07 ④

개념끝 022

유니코드: 컴퓨터에서 세계 각국의 언어를 통일된 방법으로 표현할 수 있도록 고안된 국제표준코드이다.

| 오답 피하기 |

① ASCII 코드에 대한 설명이다.
② EBCDIC 코드에 대한 설명이다.
③ 해밍코드에 대한 설명이다.

08 ②

개념끝 023

RAID는 여러 개의 하드디스크를 모아서 하나의 하드디스크처럼 사용할 수 있도록 하는 기술로 보조기억장치와 관련된 기술에 해당된다.

09 ②

개념끝 024

| 오답 피하기 |

① SRAM이 사용되어 접근 속도가 매우 빠르다.
③ 연관 메모리에 대한 설명이다.
④ 플래시 메모리에 대한 설명이다.

10 ①

개념끝 026

예상치 않은 상황에 대비하여 시스템을 주기적으로 백업하는 것이 좋다.

11 ④

개념끝 027

응용 소프트웨어에 대한 설명이다.

12 ②

개념끝 028

컴퓨터가 동작하는 동안 주기억장치인 RAM에 위치하여 효율적인 자원 관리 서비스를 제공한다.

13 ②

개념끝 027

셰어웨어는 주로 일정 기간 동안 일부 기능을 제한한 상태로 사용하는 프로그램이다.

| 오답 피하기 |

① 프리웨어는 라이선스 없이 무료로 배포되어 누구나 임의의 용도로 사용할 수 있는 프로그램이다.
③ 패치 프로그램은 이미 배포된 프로그램의 오류 수정이나 기능 향상을 위해 프로그램의 일부를 변경해주는 프로그램이다.
④ 트라이얼 버전은 일정 기간 무료로 사용할 수 있는 체험판 프로그램이다.

14 ②

개념끝 031

다양한 아날로그 데이터를 디지털 데이터로 변환하여 통합 처리한다.

15 ②

개념끝 032

모델링은 물체의 형상을 컴퓨터 내부에서 3차원 그래픽으로 어떻게 표현할 것인지를 정하는 과정이다. ②의 설명은 랜더링에 대한 설명이다.

16 ③

개념끝 036

전송 계층은 송·수신 시스템 간의 논리적 안정과 균일한 서비스를 제공한다. ③에 대한 설명은 데이터 링크 계층에 대한 설명이다.

17 ①

개념끝 037

인터넷 서비스를 위한 프로토콜로 웹 페이지와 웹 브라우저 사이에서 하이퍼텍스트 문서를 전송하기 위한 프로토콜이다.

| 오답 피하기 |

② DHCP: IP 주소를 동적으로 할당해 주는 프로토콜이다.
③ ARP: IP 주소를 물리적 하드웨어 주소로 변환하는 프로토콜이다.
④ TCP/IP: 서로 다른 기종의 컴퓨터 간에 데이터를 송 · 수신하기 위해 개발된 인터넷 표준 프로토콜이다.

18 ③

개념끝 040

송신자가 작성한 메일을 수신자의 계정에 전송하는 역할을 담당하는 프로토콜은 SMTP이다.

19 ①

개념끝 040

WAIS는 여러 곳에 분산된 전문 주제 데이터베이스의 자료를 키워드를 사용하여 검색할 수 있는 서비스이다. ①은 유즈넷(Usenet)에 대한 설명이다.

20 ④

개념끝 045

| 오답 피하기 |

① 스니핑: 네트워크의 주변을 돌아다니는 패킷을 엿보면서 계정과 패스워드를 알아내는 행위이다.
② DDos(분산 서비스 거부 공격): 여러 대의 컴퓨터를 일제히 동작시키는 방법으로 대량의 데이터를 한곳의 서버 컴퓨터에 집중적으로 전송시켜서 특정 서버가 정상적으로 동작하지 못하게 하는 공격 방식이다.
③ 피싱: 유명 기업이나 금융기관을 사칭한 가짜 웹사이트나 이메일 등으로 개인의 금융정보와 비밀번호를 입력하도록 유도하여 예금 인출 및 다른 범죄에 이용하는 컴퓨터 범죄 유형이다.

2과목 스프레드시트 일반

21 ①

개념끝 048

| 오답 피하기 |

② 셀 포인터의 위쪽과 왼쪽에 틀 고정 구분선이 생기고, 틀 고정 구분선은 드래그하여 위치를 조절할 수 없다.
③ 화면에 표시되는 틀 고정 형태는 인쇄할 때 적용되지 않는다.
④ 셀 편집 모드이거나 [페이지 레이아웃] 상태일 때는 틀 고정을 설정할 수 없다.

22 ①

개념끝 050

숨겨진 행 또는 열을 다시 표시하기 위해서는 감춰진 행 또는 열이 포함된 범위를 드래그한 후 마우스 오른쪽 단추를 눌러 '숨기기 취소'를 클릭한다.

23 ③

개념끝 051

여러 셀에 같은 데이터를 입력하기 위해서는 Ctrl+Enter를 누른다.

24 ④

개념끝 051

| 오답 피하기 |

① 위쪽 셀의 내용으로 채우려면 Ctrl+D, 왼쪽 셀의 내용으로 채우려면 Ctrl+R을 누른다.
② 문자+숫자 데이터는 Ctrl을 누른 상태에서 자동 채우기 핸들을 드래그하면 문자와 숫자 모두 복사된다.
③ 숫자 데이터는 한 개의 셀을 선택하고 자동 채우기 핸들을 드래그하면 숫자 데이터가 복사되고, Ctrl을 누른 상태에서 자동 채우기 핸들을 드래그하면 1씩 증가한다.

25 ③

개념끝 053

| 오답 피하기 |

① 0: 유효하지 않은 자릿수는 0으로 표시한다.
② ?: 유효하지 않은 0 대신 공백을 삽입하고 소수점 기준으로 정렬한다.
④ ddd: 요일을 Sun ~ Sat로 표시한다.

26 ④

개념끝 053

조건부 서식의 스타일에는 셀 강조 규칙, 상위/하위 규칙, 데이터 막대, 색조, 아이콘 집합이 있다. 그림은 포함되지 않는다.

27 ②

개념끝 056

COUNTA(인수1,인수2,...): 공백이 아닌 인수의 개수를 반환한다.

28 ①

개념끝 056

- MIN(수1,수2,...): 인수 중에서 가장 작은 값을 반환한다.
- LARGE(범위,K): '범위'에서 K번째로 큰 값을 반환한다.
- COUNTIF(범위,조건): '범위'에서 '조건'을 만족하는 셀의 개수를 반환한다.

29 ③

개념끝 058

- VLOOKUP(값,범위,열번호,방법): '범위'의 첫 번째 열에서 값을 찾아 지정한 열에서 대응하는 값을 반환한다.
- 방법
  - 0 또는 FALSE: 정확히 일치
  - 1 또는 TRUE: 유사 일치

30 ①

개념끝 060

| 오답 피하기 |

② 글꼴 색을 기준으로 정렬할 수 있다.
③ 오름차순은 숫자 → 텍스트 → 논리값 → 오류값 → 빈 셀 순으로 정렬된다.
④ 숨겨진 행이나 열은 정렬 결과에 포함되지 않는다.

31 ②

개념끝 060

중간과 기말 모두 35 이상이거나 합계가 70 이상인 데이터의 개수는 2개(양숙희, 김경아 데이터)이다.

32 ④

개념끝 063

부분합에서 중앙값은 사용할 함수 목록에 포함되지 않는다.

33 ③

개념끝 062

| 오답 피하기 |

① 목표값 찾기: 수식에서 원하는 결과를 알고 있지만, 그 결과를 얻는 데 필요한 입력값을 구하는 경우에 사용하는 기능이다.
② 피벗 테이블: 광범위한 데이터를 다양한 형태로 요약하여 보여주는 대화형 테이블을 만드는 기능이다.
④ 데이터 표: 특정 값의 변화에 따른 결과값의 변화 과정을 한 번의 연산으로 빠르게 계산하여 표의 형태로 표시하는 기능이다.

34 ④

개념끝 064

피벗 테이블을 삭제하더라도 피벗 테이블과 연결된 피벗 차트는 삭제되지 않고 일반 차트로 변경된다.

35 ②

개념끝 066

| 오답 피하기 |

① 표면형 차트는 두 개의 데이터 집합에서 최적의 조합을 찾을 때 사용한다.
③ 분산형 차트는 데이터의 불규칙한 간격이나 묶음을 보여주는 것으로 주로 과학이나 공학용 데이터 분석에 사용된다.
④ 원형 차트는 각 항목의 값이 항목 합계의 비율로 표시되고, 하나의 데이터 계열에만 표시할 수 있다.

36 ④

개념끝 068

보조 축에 해당되는 데이터 계열을 구분하기 위하여 보조 축의 데이터 계열만 선택하여 차트 종류를 변경할 수 있다.

37 ④

개념끝 065

범례는 표시되지 않았다.

38 ①

개념끝 071

'메모'는 메모의 인쇄 여부로, '없음'과 '시트 끝', '시트에 표시된 대로' 중 하나를 선택하여 인쇄할 수 있다.

39 ①

개념끝 070

수동으로 삽입한 페이지 나누기는 파란색 실선으로 표시되고, 자동으로 추가된 페이지 나누기는 파란색 점선으로 표시된다.

40 ③

개념끝 072

바로 가기 키의 조합 문자는 영문자만 가능하다.

제6회 기출변형문제

문항별 출제 영역 & 키워드

문항	영역	키워드
	1과목 ǀ 컴퓨터 일반	
01	파일과 폴더	탐색기
02	[설정] 창 – 시스템	[시스템 속성] 대화상자
03	[설정] 창 – 계정	관리자 계정
04	[설정] 창 – 접근성	접근성 센터
05	인쇄	스풀(Spool) 기능
06	컴퓨터의 발전과 분류	컴퓨터의 분류
07	자료의 표현과 처리	ASCII 코드
08	중앙처리장치	연산장치
09	기억장치	플래시 메모리
10	컴퓨터 관리와 문제 해결	컴퓨터 문제 해결
11	소프트웨어의 분류	시스템 소프트웨어
12	운영체제	처리 프로그램
13	소프트웨어의 분류	사용권에 따른 소프트웨어 분류
14	멀티미디어 개요	멀티미디어
15	그래픽 데이터	비트맵(Bitmap)
16	OSI 7계층과 네트워크 장치	네트워크 장치
17	프로토콜	TCP/IP
18	인터넷 서비스	IMAP 프로토콜
19	최신 정보통신 기술 활용	엑스트라넷
20	컴퓨터 범죄	컴퓨터 범죄

문항	영역	키워드
	2과목 ǀ 스프레드시트 일반	
21	엑셀의 개요	틀 고정
22	엑셀의 개요	엑셀 화면 구성
23	데이터 입력	데이터 입력
24	데이터 입력	자동 채우기
25	서식 설정	사용자 지정 표시 형식
26	서식 설정	조건부 서식
27	수학/삼각 함수, 통계 함수	수학/삼각 함수
28	수학/삼각 함수, 통계 함수	통계 함수
29	수식 작성	이름 정의
30	정렬과 필터	정렬
31	정렬과 필터	고급 필터
32	개요와 부분합	부분합
33	가상 분석	목표값 찾기
34	피벗 테이블과 피벗 차트	피벗 차트
35	차트 작성	차트 종류
36	차트 요소 추가	추세선
37	차트의 편집	차트
38	인쇄 작업	[머리글/바닥글] 탭
39	통합 문서 보기	페이지 나누기 미리 보기
40	매크로 작성	매크로

정답

문제 p.087

01	②	02	④	03	②	04	②	05	③
06	①	07	②	08	②	09	③	10	③
11	①	12	①	13	①	14	④	15	③
16	④	17	④	18	④	19	④	20	③
21	③	22	①	23	②	24	④	25	④
26	①	27	②	28	②	29	②	30	①
31	①	32	③	33	④	34	①	35	③
36	②	37	③	38	③	39	④	40	①

1과목 컴퓨터 일반

01 ②

개념끝 007

Backspace를 누르면 현재 폴더에서 상위 폴더로 이동한다.

02 ④

개념끝 012

[원격] 탭은 원격 지원에 대한 사용 여부를 지정한다. ④의 설명은 [시스템 보호] 탭에 대한 설명이다.

03 ②

개념끝 016

관리자 계정의 사용자는 컴퓨터 보안에 영향을 주는 설정을 변경할 수 있다.

04 ②

개념끝 017

접근성 센터에 대한 설명이다.

| 오답 피하기 |

① 동기화 센터: 동기화 센터(Sync Center)를 사용하면 컴퓨터와 네트워크 서버의 폴더에 저장된 파일 간 정보를 동기화할 수 있다.
③ 원격 데스크톱: 윈도우를 OS로 하는 다른 PC에 접속하여 원격지에서 PC를 관리하고 사용할 수 있다.
④ 프로그램 호환성 문제 해결사: 현재 버전의 Windows에서 실행되는 기존 프로그램 문제를 찾아 해결해준다.

05 ③

개념끝 010

프린터가 인쇄 중이라도 다른 응용 프로그램을 실행할 수 있다.

06 ①

개념끝 021

| 오답 피하기 |

② 아날로그 컴퓨터는 증폭 회로로 구성되며, 디지털 컴퓨터는 논리 회로로 구성된다.
③ 아날로그 컴퓨터는 미분이나 적분 연산을 주로 하며, 디지털 컴퓨터는 주로 산술이나 논리 연산을 한다.
④ 디지털 컴퓨터는 범용이며, 아날로그 컴퓨터는 특수 목적용으로 많이 사용된다.

07 ②

개념끝 022

ASCII 코드는 7비트로 구성되며 128가지의 문자를 표현할 수 있다.

08 ②

개념끝 023

명령 레지스터는 제어장치의 구성 요소이다.

09 ③

개념끝 024

| 오답 피하기 |

① 캐시 메모리에 대한 설명이다.
② 가상 메모리에 대한 설명이다.
④ 연관 메모리에 대한 설명이다.

10 ③

개념끝 026

메모리가 부족한 경우 불필요한 프로그램을 종료하거나 시스템을 재부팅하거나 불필요한 시작 프로그램을 삭제한다.

11 ①

개념끝 027

스프레드시트와 포토샵 프로그램은 응용 소프트웨어 종류이다.

12 ①

개념끝 028

데이터 관리 프로그램은 제어 프로그램에 포함된다. 제어 프로그램에는 감시 프로그램, 작업 관리 프로그램, 데이터 관리 프로그램이 있다.

13 ①

개념끝 027

패치 버전은 이미 배포된 프로그램의 오류 수정이나 기능 향상을 위해 프로그램의 일부를 변경해주는 프로그램이다.

| 오답 피하기 |

② 데모 버전: 프로그램의 홍보를 목적으로 주요 기능을 시연하는 프로그램이다.
③ 알파 버전: 베타 테스트를 하기 전에 제작 회사에서 테스트할 목적으로 제작된 프로그램이다.
④ 베타 버전: 정식 버전이 출시되기 전에 테스트용으로 제작되어 일반인에게 공개되는 프로그램이다.

14 ④

개념끝 031

멀티미디어는 정보 제공자와 사용자 간의 상호작용으로 데이터가 전달되는 쌍방향성 특징이 강화되며 발전하고 있다.

15 ③

개념끝 032

비트맵 파일 형식에는 BMP, GIF, JPEG, PNG 등이 있다.

16 ④

개념끝 036

브리지는 독립된 두 개의 근거리 통신망을 상호 접속하는 연결장치이다. ④는 게이트웨이에 대한 설명이다.

17 ④

개념끝 037

TCP/IP 속성에 웹 서버 주소는 포함되지 않는다. TCP/IP 속성에는 DNS 서버 주소, 서브넷 마스크, 기본 게이트웨이, IP 주소가 포함된다.

18 ④

개념끝 040

IMAP은 Internet Messaging Access Protocol의 약자로 서버에서 이메일을 읽는 프로토콜이다.

| 오답 피하기 |

① SMTP에 대한 설명이다.
② POP3에 대한 설명이다.
③ MIME에 대한 설명이다.

19 ④

개념끝 041

| 오답 피하기 |

① 광역 통신망(Wide Area Network): 보통 공중 통신 사업자가 제공하는 전용선, 패킷 교환망, 종합 정보 통신망(ISDN) 등의 통신 회선 서비스를 사용하여 광범위한 지역에 분산되어 있는 근거리 통신망(LAN)이나 도시권 통신망(MAN)을 상호 접속하여 형성한 대규모 통신망이다.
② 근거리 통신망(Local Area Network): 네트워크 매체를 이용하여 집, 사무실, 학교 등의 건물과 같은 가까운 지역을 한데 묶는 컴퓨터 네트워크이다.
③ 부가 가치 통신망(Value Added Network): 회선을 소유하는 사업자로부터 통신 회선을 빌려 독자적인 통신망을 구성하고, 거기에 어떤 가치를 부가한 통신망이다.

20 ③

개념끝 045

| 오답 피하기 |

① 웜: 네트워크를 통해 연속적으로 자신을 복제하여 시스템을 과부하시키는 프로그램이다.
② 트로이 목마: 시스템에 다른 프로그램 코드로 위장하여 침투시키는 행위이다.
④ 트랩 도어: 시스템에 침입한 해커가 다시 쉽게 침입하기 위해서 만들어 놓은 불법 침입 경로이다.

2과목 스프레드시트 일반

21 ③

개념끝 048

| 오답 피하기 |

① 나누기: 현재 작업 중인 워크시트를 나눠서 보는 기능으로 구분선을 드래그하여 크기 조정을 할 수 있다.
② 모두 정렬: 현재 실행 중인 통합 문서들을 한 화면에 정렬하여 표시한다.
④ 새 창: 동시에 여러 곳에서 작업할 수 있도록 문서를 다른 창에서 연다.

22 ①

개념끝 048

상태 표시줄에는 현재 작업 상태에 대한 기본적인 정보가 표시된다. ①은 제목 표시줄에 대한 설명이다.

23 ②

개념끝 051

셀 안에서 줄을 바꾸어 데이터를 입력하려면 Alt+Enter를 누른다.

24 ④

개념끝 051

두 개의 셀을 범위로 지정하고 자동 채우기 핸들을 드래그하면 두 셀의 차이값만큼 증가 또는 감소한다.

25 ④

개념끝 053

'?'는 유효하지 않은 자릿수에 공백을 추가하여 소수점을 기준으로 정렬하므로 표시 결과는 ' 3.14'가 된다.

26 ①

개념끝 053

조건을 모두 만족하기 위해 논리 조건은 AND 함수를 적용, 행 전체에 배경색을 지정하기 위해서는 열을 고정해야 하므로 열에만 절대참조를 지정한 혼합참조를 사용한다.

27 ②

개념끝 056

MOD(수1,수2): '수1'을 '수2'로 나눈 나머지를 반환한다.

| 오답 피하기 |

① ROUND(숫자,자릿수): '숫자'를 지정한 '자릿수'로 반올림하여 반환, 소수점 둘째 자리에서 반올림하여 첫째 자리까지 표시하므로 결과는 5.5이다.
③ MID(문자열,시작위치, 개수): '문자열'의 지정한 '시작 위치'에서 '개수'만큼 문자 추출하여 반환하므로 결과는 ' 한'이다.
④ POWER(수1,수2): '수1'을 '수2'만큼 거듭제곱한 값을 반환하므로 결과는 25이다.

28 ②

개념끝 056

RANK(수,범위,방법): '범위'에서 '수'의 순위를 반환, 방법이 0인 경우 내림차순, 1인 경우 오름차순이며 생략 시 내림차순이 기본값이다.

29 ②

개념끝 054

| 오답 피하기 |

① 이름은 기본적으로 절대 참조를 사용한다.
③ 이름은 대소문자를 구별하지 않는다.
④ 셀 주소와 같은 형태의 이름은 사용할 수 없다.

30 ① ↗ 개념끝 060

| 오답 피하기 |

② 논리값의 경우 FALSE 다음 TRUE의 순서로 정렬된다.
③ 텍스트는 특수 문자 → 소문자 → 대문자 → 한글 순으로 정렬된다.
④ 빈 셀은 오름차순과 내림차순 정렬에서 항상 마지막에 정렬된다.

31 ① ↗ 개념끝 060

두 개의 조건 모두가 만족할 경우 데이터를 추출해야하는 AND 조건이다.

32 ③ ↗ 개념끝 063

'새로운 값으로 대치'를 선택하면 이전의 부분합의 결과는 제거되고 새로운 부분합의 결과로 변경된다.

33 ④ ↗ 개념끝 062

찾는 값은 직접 80을 입력한다.

| 오답 피하기 |

① 양숙희의 '평균'이 80이 되기 위해서 '영어'가 몇 점이 되어야 하는지를 목표값 찾기 기능을 이용하여 '영어'에 대한 값을 변경하였다.
② [수식 셀]은 [E11] 셀을 선택하였다.
③ [값을 바꿀 셀]에는 목표값을 얻기 위해 [C11] 셀을 선택하였다.

34 ① ↗ 개념끝 064

피벗 테이블 보고서가 있어야 피벗 차트를 작성할 수 있다.

35 ③ ↗ 개념끝 065

분산형 차트에 대한 설명이다.

36 ② ↗ 개념끝 067

| 오답 피하기 |

①, ③, ④: 추세선이 불가능한 차트이다.

37 ③ ↗ 개념끝 066

| 오답 피하기 |

① 기본적으로 워크시트의 행과 열에서 숨겨진 데이터는 차트에 표시되지 않는다.
② 차트 제목, 가로/세로 축 제목, 범례, 그림 영역 등은 마우스로 드래그하여 이동할 수 있다.
④ 시트에 삽입된 차트는 '차트 이동' 기능을 이용하여 새로운 시트나 현재 통합 문서의 다른 시트로 이동할 수 있다.

38 ③ ↗ 개념끝 071

머리글/바닥글에 대한 설명이다.

39 ④ ↗ 개념끝 070

자동으로 표시된 페이지 구분선은 점선, 사용자가 삽입한 페이지 구분선은 실선으로 표시된다.

40 ① ↗ 개념끝 072

매크로 이름 정의 시 공백은 포함될 수 없다.

eduwill

다 알고 가는 사람은 없습니다.
굳게 믿고 가는 사람이 있을 뿐입니다.

– 조정민, 『고난이 선물이다』, 두란노

여러분의 작은 소리
에듀윌은 크게 듣겠습니다.

본 교재에 대한 여러분의 목소리를 들려주세요.
공부하시면서 어려웠던 점, 궁금한 점,
칭찬하고 싶은 점, 개선할 점, 어떤 것이라도 좋습니다.

에듀윌은 여러분께서 나누어 주신 의견을
통해 끊임없이 발전하고 있습니다.

EXIT 합격 서비스 exit.eduwill.net
- 부가학습자료 및 정오표: EXIT 합격 서비스 → 자료실/정오표 게시판
- 교재 문의: EXIT 합격 서비스 → 실시간 질문답변 게시판(내용)/
  Q&A 게시판(내용 외)

2025 에듀윌 EXIT 컴퓨터활용능력 2급 필기 기본서

발 행 일	2024년 9월 12일 초판
편 저 자	이상미 · 양숙희
펴 낸 이	양형남
펴 낸 곳	(주)에듀윌
I S B N	979-11-360-3404-5
등록번호	제25100-2002-000052호
주 소	08378 서울특별시 구로구 디지털로34길 55 코오롱싸이언스밸리 2차 3층

www.eduwill.net
대표전화 1600-6700